梅毅说中华英雄史

两晋南北朝

迷乱狂欢三百年

梅毅 著

天地出版社 | TIANDI PRESS

图书在版编目（CIP）数据

两晋南北朝：迷乱狂欢三百年 / 梅毅著. —成都：天地出版社，2017.10（2024年11月重印）
（梅毅说中华英雄史）
ISBN 978-7-5455-3167-1

Ⅰ. ①两… Ⅱ. ①梅… Ⅲ. ①中国历史－魏晋南北朝时代－通俗读物 Ⅳ. ①K235.09

中国版本图书馆CIP数据核字（2017）第235329号

LIANG JIN NAN–BEI CHAO: MILUAN KUANGHUAN SANBAINIAN
两晋南北朝：迷乱狂欢三百年

出品人 杨 政
作 者 梅 毅
责任编辑 杨永龙 聂俊珍 陈文龙
装帧设计 水玉银文化
责任印制 王学锋

出版发行 天地出版社
（成都市锦江区三色路 238 号 邮政编码：610023）
（北京市方庄芳群园3区3号 邮政编码：100078）
网 址 http://www.tiandiph.com
电子邮箱 tianditg@163.com
经 销 新华文轩出版传媒股份有限公司

印 刷 北京中科印刷有限公司
版 次 2018年1月第1版
印 次 2024年11月第8次印刷
开 本 660mm×920mm 1/16
印 张 45
字 数 603千字
定 价 97.00元
书 号 ISBN 978-7-5455-3167-1

咨询电话：（028）86361282（总编室）
购书热线：（010）67693207（营销中心）

名家评论

李国文（著名作家）

梅毅在评骘论定某段历史事实、审知识鉴某个历史人物时，与时下某些史学家、某些文学家，刻意要将历史写成某种样子，以达到取悦谁，讨好谁，达到获取更大利益的个人目的，是有着天壤之别的。……他宁愿坐冷板凳，啃硬骨头，溯本追源，寻出真情，回顾返视，以求真知。有什么说什么，秉持史学家的直笔；有多少说多少，体现文学家的良知，这是难能可贵的治学精神。

蒋子龙（著名作家）

梅毅英美文学专业出身，毕业后即入金融界工作，浸淫资本市场二十余载，风华正茂之年，信笔游缰，以“赫连勃勃大王”名头驰骋互联网，大哉壮哉！吾尝细谈其历史小说《南北英雄志》第一部《驺虞幡》，英伟雄健，如此笔力如此才，“茅盾文学奖”，不亦易乎！

高洪波（著名作家）

“梅毅说中华英雄史”的出现，让我们中国作家这个群体感到欣喜：因为，梅毅让我们看到了作为作家自我扩展的无限可能性，认识到作家书写历史，其实是自司马迁以来的传统！而作家梅毅所撰写的历史著作，无论从文笔还是史实，都可以称之为“好的”。一部“好的”历史书与“坏的”历史书的区别，就在于好的历史学家能够运用他自己独特的判断力去解析历史。

沈渭滨（复旦大学历史系教授）

要写活历史，除了扎实的史学功底和睿智的识见外，生动的文笔当不可少。我细读了“梅毅说中华英雄史”，感到梅毅的文笔确实生动，具有亦庄亦谐的感人魅力。他的一系列历史纪实体作品，似乎有着共同的写作风格：他力图继承太史公开创的历史文学余绪和评判史实的精神，努力效法历史演义家的结构布局和善于演绎的流风，倾心于散文、小说家捕捉细节、铺叙感受的技巧，试图熔于一炉。

王学泰（中国社会科学院文学研究所古代史研究员）

梅毅没有像过去有些历史学家那样，只要不利的资料，都否定。梅毅的书附的史料也很多，包括一些当时人的记载，包括内部文件，还包括一些外国人的记载，给我们开阔了眼界，为我们理解某一段历史提供了一个评价平台。

雷　颐（中国社会科学院近代史研究所研究员）

“梅毅说中华英雄史”有很重要的意义，他把史学界的成果大众化了。从前教条主义的教育，对梅毅来说没有形成一个框架，没有形成一个偏见。他的书里面的很多东西，虽然是近代史学界已经研究过的，已经谈得很多了，但是他的突出意义在于把它大众化。

张　鸣（中国人民大学国际关系学院教授）

梅毅虽然写得很通俗，有点像小说，但是一看就知道他是下狠功夫看过史料的，跟那些网络上完全演绎、完全口语化、变成现代化的历史叙述、根据一点东西进行演绎的东西，还是很不一样的。……梅毅很注意那种历史细微的细节，你一看就感觉挺有趣的，实际上史料都有，但是过去没有人揭示这个。

杨念群（中国人民大学清史研究所教授）

梅毅的书比较可贵的地方在于，在整个的叙事过程中，历史人物的悲欢离合和成败得失，是在历史的叙述中一环环展现出来的，没有马上就进入一种历史判断。……按照历史情景的本身来展现双方的对垒的过程，实事求是地，可以说是相对平实地去展示历史。这样出来的效果，相对来说是有一定的说服力的。

钱文忠（复旦大学历史系教授）

像梅先生这一批具有金融背景的人，可能更了解现代人在想什么。……梅先生“一方面沉醉于纸醉金迷的生活，一方面留恋于历史的幽暗光线”，这种生活状态，这么一种冲突，在一个写作人身上体现出来，经过微妙的递嬗后，又去影响他们的文字，而这种文字，以其独特的韵味来影响现代人的心志。

雷　达（著名评论家）

梅毅高产，又有见解，而且能辩证地看时代、文学的发展，这一点非常棒。最近这些年，我们国内关于历史方面非常“热”，电视热播、网络热聊、影院热映、图书热销。而他 2003 年底就已经开始写中国大历史，可见他极富预见性。

白　烨（著名评论家）

梅毅的历史写作，基本上还是正史的写法，同时有天马行空的类似杂史、野史的感觉，所以让人印象深刻。梅毅的大手笔，是他能在写事件时突出人物，以点带面，这种写法是他的首创。梅毅与众不同的历史写作，还在于他能用现代意识回顾以前的历史，他从人性角度细腻观察历史。

肖复兴（《人民文学》副主编）

梅毅讲述历史一点也不枯燥，正因为他是以人来贯穿的，并不是以从前传统的方式来进行断代史的研究。形象演绎是梅毅书写历史的专长，他写起历史来不仅好看，而且能活灵活现地把过去的历史再现于我们面前。

叶延滨（《诗刊》主编）

梅毅的历史写作有两大优点，第一，他确实有见识，他的历史观察力非常奇特。如果讲历史的真实性，人们宁肯去相信枯燥的教科书，但是人们读梅毅的历史著作，主要是想读作者的见识。第二个优点，梅毅的历史写作以文笔取胜。

刘鸿儒（中国证监会首任主席）

我看“梅毅说中华英雄史”的时候，符契相合，感到由衷的欣喜。在我们证券监管单位的梅毅，竟然打着一面“赫连勃勃大王”的大旗，成为声名显赫的历史学家，而且风生水起，已成“中国互联网历史写作先行者”。他不仅写出了几百万字的中国历史作品，可谓“著作等身”，而且坊内畅销，洛阳纸贵。从2010年开始，他又在中央电视台《百家讲坛》节目开讲《鲜为人知的杨家将》《隋唐英雄志》，好奇之余，我更多感到的还是欣喜。

朱伟一（证监会研究员、社科院法学所兼职教授）

读了梅毅的历史书，我觉得历史比小说更深刻。……梅毅的视角独特，让人读之津津有味。

曹可凡（著名电视节目主持人）

他（梅毅）发现了很多别人没有发现的材料，当然他更多的是可以从现有平凡的材料当中找出历史的端倪。这些可能显而易见，但是有时对显而易见的东西不忽略，反而可以找出历史的真谛，这是梅先生的书突出的地方。……作为一个传媒从业者或者一个普通的读者，通过这个书，我可以获得很多知识。

自序

英雄是民族最闪亮的坐标

2016年11月30日，我作为中国作协九大代表，在人民大会堂，亲耳聆听了习近平总书记的讲话："中华民族生生不息绵延发展、饱受挫折又不断浴火重生，都离不开中华文化的有力支撑。中华文化独一无二的理念、智慧、气度、神韵，增添了中国人民和中华民族内心深处的自信和自豪。"

话语入心，感受颇深！

联想到我本人的创作，从2003年到2015年，12年时间，正是为了弘扬中华传统文化，为了找回中华民族那份沉甸甸的文化自信和历史自信，在中国最物质的南方城市深圳，我坐着冷板凳，独立完成了10卷本、500多万字的《帝国真史》系列丛书。

抚今追昔，纵观历史，如今，我静下心来，俯首思之，得出这样的结论：我们这个民族之所以伟大，就在于我们是一个历史上有无数英雄的民族！

回望中国历史数千年进程，特别是朝代更迭的那些铁血岁月，英雄鹰扬，豪杰虎跳，确确实实让后人无限神往！在每一个令人目眩神迷的伟大时代中，各类英雄横空出世，他们之间的纠葛、交结、争斗，无不充满了动人心魄的感人故事，处处闪耀着人性的光辉，荡溢着历史的波谲云诡，迸发出惊人的感动力！即使在今天，无数中华历史英雄那些激动人心的时刻，肝肠寸断的瞬间，那些汗与泪倾泻而成的故事，依旧晶莹闪耀……

一个没有英雄的民族是不可想象的！物质时代，我们对中华民族的英雄崇拜，可以治疗拜金主义的“软骨症”，可以治愈蝇营狗苟的精神瘫痪，可以让我们在庸常生活中重新体味诗性的、崇高的人性大美与激情，可以一砖一瓦地重新建砌我们民族精神的巍峨华殿，可以让我们在对英雄人物的遭遇感同身受的同时，细细咀嚼诗性而永恒的苦难、孤独与崇高——一切的一切，就是要进一步提升和重铸我们伟大民族的精神风骨！

我在“以人为本”“以人带史”的独特历史讲述中，总会给大家展示历史洪流中那些血肉英雄的人生传奇。大哉英雄，他们离奇跌宕的命运和令人扼腕叹息的结局，他们之间的惺惺相惜和恩义散场，连我这样冷静的写作者都每每为之流泪动容。我希望能够以客观的、现场感的讲述，消除流水账式的干巴巴的教科书式的平铺直叙，一改宫廷史书荒诞不经的星宿下凡式的神化，一改旧时代民间叙事中英雄故事天命巧合的际遇铺陈，泯除昔日怪力乱神的“超现实”力量冲突——最终的目的，就是要重力突破传统中国通史写作那种老旧的格套，从崭新的、完全的、人性义理的角度，去描写、描摹历史中的“人”在乱世之中生存挣扎所遇到的矛盾、痛苦，从而进一步展示出那些伟大时代伟大英雄的反省、发愤、坚忍，展现乱世之中人性的恢宏壮美和平凡生命力的顽强不屈。

在两千多年中国历史的宏大画幅中，我们面对灿若群星的历史人物，有时候，确实不能以成败论英雄。波澜壮阔之间，我总会发现那些欢乐或悲伤英雄身上的熠熠闪光，他们高尚的友情、撼天动地的义气、深沉的亲情以及奋不顾身的勇气——所有这些，无不具体而形象地展现出我们国人一直以来崇尚的价值观，体现出我们最原始、传统的道德。他们的英雄传奇、他们的侠义勇武、他们之间的惺惺相惜，无不与我们中华民族传统的道德观相契合，故而历久弥新！

以历史的逻辑和历史的纵轴、横轴构建传奇化的个人经历，确实非常不容易。为此，如同入群山寻宝，我只能对史料细细爬梳，从汗牛充栋的史料中仔细挖掘，以历史真实为基础，增添合理想象，还原历史，润饰附会，撷取那些细微、深刻而又不经意处的细节，继而细细雕琢，默默推想，最终来张扬我们心目中的历史英雄楷模，体现出那些英雄们平凡中自然而然的感人情怀，挖掘出埋藏于历史深处的复杂而伟大的人性！

正如习近平总书记所言："祖国是人民最坚实的依靠，英雄是民族最闪亮的坐标。歌唱祖国、礼赞英雄从来都是文艺创作的永恒主题，也是最动人的篇章。……对中华民族的英雄，要心怀崇敬，浓墨重彩记录英雄、塑造英雄，让英雄在文艺作品中得到传扬，引导人民树立正确的历史观、民族观、国家观、文化观，绝不做亵渎祖先、亵渎经典、亵渎英雄的事情。"

在十多年的写作过程中，我力避当下坊间最流行的群氓庸俗搞笑史观，扬沙弃砾，以历史守护者的角度，切入中华大历史活生生的血肉肌体之中，从中发现每个伟大时代各路英雄的英伟、自我突破，甚至是狂狷的人格状态，探究辉煌乱世大时代中作为个体的"英雄"的挣扎过程。

看啊，这些人，有血有泪，有悲伤有欢乐，有飞扬有落魄。看啊，这些历史长河中伟大英雄们短暂而辉煌、悲伤的人生历程，真实而丰沛的情感。今天的人们，肯定能够在谛听和仰视中，深刻感受我们伟大历史嬗变无常的命运，沉浸于历史戏剧性的快感中，体悟那些英雄在困境中的抉择和成长。

在我们为泪水所溅湿的笑声中，在惊回首的历史探望中，那些具有冰山大漠魂魄的英雄雕像，在中华民族雄浑壮美的历史背景映衬下，会越来越清晰而丰满！

2017 年 8 月 6 日于深圳

目录

导

读

中华盛世的胎动期

两晋南北朝的华丽血时代

如果能有部历史回放机，我们按“返回”键，搜索 265 年至 589 年的历史，肯定会在这 324 年间、中华历史上称作“两晋南北朝”的时间段上，发现许许多多惊心动魄、令人叹为观止的场景。

场景之一：280 年，晋武帝司马炎灭吴国一统天下。飘飘然之余，这位身材魁梧的美男子皇帝，日日欢宴，夜夜笙歌。他成日坐在羊车之上，在锦绣皇宫内的美人玉体丛中徜徉、流连。

场景之二：291 年，晋武帝的儿子、又黑又胖又憨愚的晋惠帝端拱于巨大的龙椅之上，大臣们向他禀报说，外间天灾频频，老百姓无粮，饿死不少。惠帝翻翻大眼珠子，想了想，反问道：“百姓没有粮食吃，为什么不喝肉粥解饿呢？”

场景之三：311 年，西晋“八王之乱”后不久，羯族石勒的军队在宁平城围杀晋撤退的王室队伍，一日之内竟射杀和砍死仓皇逃跑于途中的西晋王公士庶十余万人。而刘渊的匈奴部将刘曜在攻陷洛阳后四面纵火，把侥幸未死的王公士民三万余人烧杀干尽，并以“烤人肉”为食。

场景之四：318 年 1 月，占据中原广大地区的匈奴帝王刘聪，命令被俘获的西晋皇帝晋愍帝身穿仆佣青衣，洗盏行酒，并责令这位失位帝君立于自己身后，手执仪盖服侍。殿中数位晋臣失声痛哭，均被拖出斩首。当夜，时年十八岁的晋愍帝也被匈奴人活活勒死。

场景之五：306 年，大文豪刘琨困守愁城晋阳。一夜，城外胡骑纷纷，团围如桶。刘琨一袭白衣，乘月登楼，发出阵阵清啸之声。匈奴劲卒闻之，皆凄然长叹。夜阑人寂，刘琨吹奏胡笳，哀感贼人，大批匈奴铁骑均流涕唏嘘，顿起感怀故乡之情。一时之间，匈奴人竟弃围而去。

场景之六：349 年，石虎昔日的手下大将冉闵、李农二人，因恼怒羯人不同心，颁发了“杀胡令”。一天一夜之间，邺城凤阳门外广场上，堆满了数万羯族兵民的人头。几天之内，二十多万羯族人，被长久以来深受残酷压榨的汉人兵民杀掉。“以暴易暴”，不久，后赵政权瓦解。

场景之七：317 年，建康城内，东晋元帝司马睿登基，百官陪列，乐声清扬。出于真心的感激之情，即位新君不停召唤大臣王导与他共升御座。最后，王导推辞说：“若太阳下同万物，苍生何由仰照！”虽如此，“王与马，共天下”，已广为世人所知，东晋南朝门阀士族的政治时代，正式开始了。

场景之八：淝水两岸，一边是东晋八万精兵严阵以待，一边是前秦苻坚大帝的数十万大军。前秦军队背后，还有源源不断正从长安等地奔赴前线的数十万钢铁士卒组成的洪流。但是，在东晋军开始渡河、秦军阵脚后移的瞬间，双方都没有料到，苻坚大帝一句“稍稍后撤”的命令，会断送掉一个蒸蒸日上的帝国。中国北方又重陷四分五裂、互相杀伐的血海之中。

场景之九：420 年夏，晋恭帝草诏，推国“禅位”于老英雄刘裕，南朝进入了一个新的时期——宋。一年多后，被废黜的晋恭帝正在软禁处念佛，刘裕派去的兵士逾墙而入，用被子活活闷死了这个“欣然”让出国家的前朝废帝。自此，有样学样，南朝前朝末帝，再无一个有善终。

场景之十：426 年，北魏太武帝拓跋焘攻克大夏暴君赫连勃勃修筑的统万城。仰观穷极文采、雕梁画栋的高大台榭，再摸摸坚硬得可以磨砺刀斧的统万城墙，太武帝叹道："蕞尔小国，穷侈如此，怎能不亡！"十三年后，拓跋焘灭掉十六国割据政权中最后一个北凉沮渠氏，一统中国北方。

场景之十一：453年正月甲子夜，刚刚经历了北伐大败的宋文帝刘义隆正在寝宫办公，其太子刘劭与谋逆兵士提刀闯入。文帝本能地举凳自卫，叛兵快刀砍下，文帝五指皆落，被弑于床边，时年四十七。名噪一时的"元嘉盛世"，画上了黑色的休止符。

场景之十二：528年，淫荡成性并且狠心毒死自己亲生儿子的北魏胡太后被押至契胡大将尔朱荣面前，未等这位母仪天下的太后多做解释，尔朱荣拂袖而起，命人把胡太后与她新立的年仅三岁的小皇帝扔入黄河浊流，活活淹死。至此，北魏王朝走到了尽头。

场景之十三：549年夏，在建康军民死亡十多万人之后，原东魏大将侯景攻入台城。八十六岁的一世英杰梁武帝，非常后悔自己引狼入室的行为。当时，他身边无一侍从，独自躺在净居殿的草席上，多病口苦，无人答应。凄惶之下，连声"嗬嗬"，含恨而死。

场景之十四：581年，隋文帝杨坚篡取北周帝位，把自己年仅十岁的外孙小皇帝宇文衍杀掉后，遍诛宇文氏皇族，共计杀掉北周文帝子孙二十五家、节闵帝及明帝子孙六家、武帝子孙十二家。数千凤子龙孙，一时之间，屠戮殆尽。

场景之十五：589年，隋军共近百名大将、兵卒五十二万人，在晋王杨广统领下，以摧枯拉朽之势，攻入建康。南朝最后一位文人帝王陈叔宝与二妃仓皇入井，成为隋军的俘虏，中国重新进入了大一统时代。在数十万隋军蜂拥渡河时，秦淮河竟一度滞塞不流，正应了预测大师郭璞"淮水绝，王氏灭"的预言。由此，延亘数百年的门阀士族制度，也如玉树后庭花一样，终于"花开不复久"，走向尽头。

上述种种，似幻似梦，但全都是历史真实的瞬间！

在长达三个多世纪的时间里，只有西晋王朝有幸“享受”过短短三十七年的暂时统一。其余时间内，中华大地一直陷入四分五裂的状态，共出现过三十多个大大小小的割据政权。数百万北方各族民众涌入中原，无数北方汉族人口流寓江淮以南地区，各种阶级关系、民族关系实现了崭新的重组。士族门阀，经历了从巅峰到谷底的过程；中华民族的血肉交融，也在这一时期攀升到一个高潮。

两晋（十六国）南北朝时期，是中国历史上最痛苦、最黑暗的时期。同时，它又是中国古代一个伟大的英雄时代。文明的崩溃，总会带来“时势造英雄”的必然后果。西晋的灭亡，虽然使黄河流域跌入了血海深渊，各个政权你方唱罢我登场，烽火处处，但也最终在最大程度上促成了中国历史上的第一次民族大融合。北方游牧民族新鲜的文化和尚武精神，为中华民族精神血脉增添了勃勃的生机，为中华文化增加了新鲜因子，并为日后隋、唐的盛世大一统奠定了基础。

在这样一个使后人屏息凝神的时代，出现了那么多英雄、豪杰、骚客、奸雄、懦夫、贤媛，他们共同上演了一出出世间大戏。

同时，这充满血与火的三百多年间，又是中华民族精神大丰收的年代。千山竞秀，万壑争流。佛教、道教、儒教、玄学、法家、名家以及其他各种学派，争奇斗艳，百花齐放，标新立异。文学流派五彩纷呈，宗教艺术大放奇葩。舞蹈、音乐、绘画、书法、雕塑均达到一个前所未有的高峰。

为了避免像一般的断代历史书那样，依时间顺序用枯燥的事件刻板地书写“流水账”，笔者力图从鲜活、创新的角度，以描写历史存在的真实个人来带出历史事件的独特手法，撷取两晋南北朝中最具戏剧性的人物和历史事实，串珍珠般把此段历史缀连在一起。

同时，笔者以新颖、独特的切入点，使得各个王朝的重要人物在叙述中有主次分明、安排合理、梳理精密之感，鲜明地展现两晋南北朝时代的独特脉络。此外，本书涉及面广博，力图做到繁而不芜、精而不碎、亦庄亦谐、旁征博引。这种历史写作方法，既能避免一般历史小说中不必要的“虚构”，又能比偏倾学术化的历史研究著作更加生动、有趣、平俗易懂。

历史不是死亡的人与事物，历史不是年代、数字、人名、名词解释的枯燥混合体。如果作者能达到“精致地写作”，读者能够进行“趣味地阅读”，我们就会得到一种在沉睡的历史深处突然发现珍宝奇物般的超乎想象的惊喜。

喜剧怎样变成悲剧

晋惠帝时代的“八王之乱”及西晋的衰亡

魏晋风度，听上去，似乎那么令人向往——竹林七贤，刘伶醉酒，阮籍傲歌，嵇康抚琴，王衍清谈，名士风流，人物俊爽。但真正掀开厚重的史书，更多的是刀与火的杀伐，是泪与血的呻吟，是奸谋的肆行与忠义的沦丧。

西晋司马氏在太康元年（280 年）俘孙皓三分归一统，结束了自董卓之乱长达九十一年的分裂。但是，天不祚晋，晋武帝没有选对继承人，他的白痴儿子晋惠帝袭位，木偶人一样，任由贾南风乱政，骨肉相残，朝局紊乱。很快，就导致了血雨腥风的“八王之乱”。

由此，人民死伤无数，兵戈相接不歇。中原板荡，重堕分裂，兵来马往，杀戮循环，生灵涂炭——“风流总被，雨打风吹去”。

三分一统晋业兴

晋武帝时代的大好局面

晋朝司马氏得国，同曹魏差不多。但曹操、曹丕父子，芟夷群雄，一统北方，使弱汉得以苟延残喘，如同摘下一颗自栽果树的果实，安享帝座，还能让人信服。而司马懿受魏明帝把臂相托，却装病、装傻，趁机干掉曹魏宗室曹爽。从彼时起，祖孙三代一直把持国权。

“司马昭之心，路人皆知矣。”

奸雄生奸雄。魏元帝咸熙二年底（265年），司马炎篡位，建立晋朝，史称西晋。

魏朝末年，三国时代的老英雄们早已凋零殆尽，大多病死、战死。蜀国在诸葛亮死后政事紊乱，扶不起的刘阿斗只能在邓艾奇兵压境下携城投降。吴主孙皓暴虐，群下离心。王濬楼船排江来，金陵王气黯然收。

晋武帝于太康元年（280年），降孙皓三分归一统，晋朝终于正式结束了汉末三国以来分裂的局面。

“时无英雄，遂使竖子成名矣。”晋武帝并非胸怀大志、深谋远略的雄才之主，他平灭吴国之后，专事游宴，怠于政事，掖庭美女有近万人，恣意淫乐。

灭蜀平吴，天下一统，确实是不一般的宏兴伟业，天时地利人和加上亿万种偶然因素聚集到一处，才能实现。司马炎毕竟是俗人一个，缺乏帝王应有的深思熟虑和“万世帝基”的远图，统一之时，举国欢庆，但衰亡之征，已露端倪。

说句公道话，司马炎虽逼魏帝曹奂禅位，但他本人却不失厚道。对降主如刘禅、孙皓，前代主如曹奂，都是锦衣玉食外加好宫殿、好仆婢丰厚供养着，未曾加以残害。对于忤意的臣下，武帝也有容人之量。

太康三年，武帝司马炎在南郊行祭祀礼后，兴致不错，便问身边陪同的司隶校尉刘毅：“朕与汉朝诸帝相比，可与谁齐名啊？”

刘毅不假思索，回道：“汉灵帝、汉桓帝。”

司马炎吃惊大过生气，问：“怎么把朕与这两个昏君相比？”

刘毅说：“桓、灵二帝卖官钱入官库，陛下卖官钱皆入私门。以此言之，您还不如桓、灵二帝。”

司马炎闻言大笑：“桓、灵之世，不闻此言。今朕有直臣，固为胜之。”

由此，可见晋武帝的大度和厚道。

晋武帝统治中后期，国家无事，文恬武嬉，奢侈无度。大臣何曾，“日食万钱，犹曰无下箸处”。其子何劭，更是有样学样，“食之必尽四方珍异，一日之供，以钱二万”。父子两人，吃顿饭就过万钱，由此推断，可以想见这些人的豪奢。

《世说新语》中集有《汰侈》十二则，专讲晋武帝的大臣纸醉金迷、竞相斗富的荒唐生活，现摘取数篇，可从一个小小的侧面窥视当时诸人的荒唐和奢靡：

> 石崇每要客燕集，常令美人行酒。客饮酒不尽者，使黄门交斩美人。王丞相（王导）与大将军（王敦）尝共诣崇，丞相素不能饮，辄自勉强，至于沉醉。每至大将军，固不饮以观其变。已斩三人，颜色如故，尚不肯饮。丞相让之，大将军曰：“自杀伊家人，何预卿事？”
>
> 石崇厕，常有十余婢侍列，皆丽服藻饰。置甲煎粉、沉香汁之属，无不毕备。又与新衣著令出，客多羞不能如厕，王大将军往，脱故衣，著新衣，神色傲然。群婢相谓曰：“此客必能作贼。”
>
> 武帝尝降王武子（王济）家，武子供馔，并用琉璃器。婢子百余人，皆绫罗绔䙆，以手擎饮食。蒸豘肥美，异于常味。帝怪而问之，答曰：“以人乳饮豘。”帝甚不平，食未毕，便去。王、石所未知作。
>
> 石崇与王恺争豪，并穷绮丽，以饰舆服。武帝，（王）恺之甥也，每助（王）恺。尝以一珊瑚树高二尺许赐（王）恺，枝柯扶疏，世罕其比。（王）恺以示（石）崇。（石）崇视讫，以铁如意击之。应手而碎。（王）恺既惋惜，又以为疾己之

宝，声色甚厉。（石）崇曰："不足恨，今还卿。"乃命左右悉取珊瑚树，有三尺、四尺，条干绝世，光彩溢目者六七枚，如（王）恺许比甚众。（王）恺惘然自失。

王武子被责，移第北邙下。于时人多地贵，济好马射，买地作埒，编钱匝地竟埒。时人号曰"金沟"。

《世说新语·汰侈第三十》

石崇连杀自家劝酒美女，王济用来做菜的小猪用人奶喂养，王恺、石崇斗富更是千古穷奢极欲的典型，用麦芽糖水涮锅、以蜡烛当柴做饭的荒谬，恰似以美钞点香烟，是没有任何意义、只求扭曲快感的变态浪费！

"侈汰之害，甚于天灾。"当时纵欲之风盛行，整个社会，从上到下，都处于狂迷放纵的气氛之下。

大好江山谁承继

晋武帝的生前身后事

晋武帝在位后期，继承人问题成为关键的关键。

自魏文帝曹丕设"九品中正制"后，士族门第，积年以来不仅在政治上成为一股巨大的力量，也成为上层统治阶级联姻所考虑的最关键指标。门第清望，成为高级士族缔结姻亲的首选。

继司马师娶东汉名儒蔡邕的外孙女羊氏为妻，司马昭娶魏朝名儒王肃长女王氏为妻，司马炎本人，也聘弘农华阴高族杨氏女为妻。

晋武帝"长发委地，姿容甚伟"，皇后杨艳"少聪慧、善书，资质美丽"。这样一对强强联合的夫妻，共生下三子三女。其他孩子都不错，唯独太子司马衷（日后的晋惠帝）生下来就智商不高（晋武帝长子司马轨早殇）。

从遗传学角度讲，司马炎与杨艳都很健康，太子司马衷日后共有一子四女，个个都聪明伶俐。三代人中间，就司马衷一个低智商。虽然帝王父子不像寻常父子在一起吃住，但司马炎也深知太子司马衷的实情。

武帝司马炎并不缺儿子，几乎可以说是儿子成群，他共有子二十六人。“八王之乱”中的三王（楚王司马玮、长沙王司马允、成都王司马颖）以及后来的晋怀帝司马炽，个个都相貌堂堂，智商超出常人。

武帝与杨皇后夫妻关系不错，一日他回宫后，表示皇太子不堪继奉大统，想换个儿子继统。

杨后闻言大惊，劝说：“立嫡以长不以贤，岂可动乎！”

从封建宗法制度来说，皇后此话大有道理。但任由自己的傻儿子坐储君这个位子，实在是没有任何远虑。

晋武帝耳朵软，经皇后一劝，更不想再弄出些麻烦。

此外，皇太子司马衷的儿子司马遹，特别乖巧聪慧，深得晋武帝欢喜。所谓“看孙不看子”，司马炎易换太子的想法就愈加淡薄。而太子妃贾南风入宫后，擅于心计，更在关键时刻帮了傻太子的大忙。

皇太子司马衷大婚前，晋武帝很想为儿子迎娶卫氏家族“种贤而多子、美而长白”的卫瓘之女。但杨皇后与权臣贾充的老婆郭氏关系很好，私受了郭氏不少奇珍异宝，就在皇帝面前盛称贾南风大方贤淑，可为太子妃。

一向耳软的晋武帝又一次为皇后所误，把贾南风迎进宫内。这位“貌陋而心险”的太子妃，成为日后断送西晋王朝的最大一颗定时炸弹。

本来，做太子妃的应是贾南风之妹贾午。贾午当年十二岁，比太子司马衷小一岁，“丑而短黑，短小未胜衣”。于是，杨后和郭氏一合计，就把时年十五岁的贾南风娶进宫中当太子妃。

贾南风妒嫉多权诈，太子畏而惑之，别的嫔御罕有机会受到临幸。

而且，贾南风生性酷虐，曾亲手杀掉左右侍女数人。有一次，她发现有个宫女偷偷怀上了司马衷的孩子，妒怒之下，就以锐戟剖其腹，已经成形的胎儿，应声堕地而死。

当时，晋武帝闻讯大怒，决定把她废锢金墉城（晋朝专门囚禁被废宫嫔后妃和皇族的地方）。而那时的杨皇后（杨艳堂妹杨芷。杨艳死前，在武帝怀中嘱托后事，让武帝迎娶她的堂妹，武帝流涕许之），由于贾南风是堂姐所荐，加上贾家与自己杨家关系不错，就好言相劝武帝："贾公（贾南风之父贾充）有大功于社稷（帮司马氏篡魏），其家即使有罪也应再三宽赦，更别说他的亲生女儿了。现在贾妃年轻，正是好生嫉妒的年龄，不该以其小过掩其父大德。"

闻及此言，晋武帝才打消怒气。

作为当朝皇后，虽然年纪只大贾南风十多岁，杨皇后还是多次训诫这位"儿媳"，让她收敛行迹，好好做人。

贾妃并不知道杨皇后背后救过自己，反而认为其在武帝面前说自己坏话，于是对这位"婆婆"心中充满怨毒之情。

晋武帝后期，酒色过度，身体很不好，群臣深以为忧。尚书和峤委婉进谏，对晋武帝说："皇太子有淳古之风，而季世多伪，恐不了陛下家事。"

司马炎默言不答。

老臣卫瓘，也有一次趁着宴饮酒劲，抚着御座对晋武帝说："此座可惜。"

臣下如此劝谕，晋武帝心中也不踏实。一次，他把太子东宫大小官属都招至皇宫内宴饮赐酒，然后用大信封密封文件数件，派人送给太子断决，想在没有东宫官吏作弊帮忙的情况下，考考太子处理政务的能力。为了防止造假，武帝让使臣就在外面坐等太子的文件批复。

贾妃大惧，找了个文人做枪手。她知道，如果老公被废，自己就从太子妃变成普通的王子妃，新皇登基后，肯定任人宰割。本来，她下

晋武帝司马炎 《历代帝王图》(局部) 阎立本

嫁太子，就是图他日后九五至尊的龙椅旁边的皇后位子。如果眼前这份“答卷”交不好，万事皆空！

估计她临时抓忙，找了个冬烘腐儒当枪手，在批复里猛掉书袋，满纸的典故和成语。

偏偏宫内有个名叫张泓的闲差太监很聪明，进言说：“太子不好学习，人所共知，如果广引古文典故，必定会被皇帝看穿，最终怪罪下来，肯定还追究背后主使人。不如直接就事论事，简单写上判断意见。”

贾南风大喜，对张泓说：“就麻烦你为我好好写吧，日后保你富贵荣华。”

张泓太监素有小才，打个草稿，然后让太子照猫画虎誊抄。

最后，贾南风派一直等候的使臣把文件送交正在皇宫与东宫僚属及当朝大臣宴饮的酒席之上。

武帝仔细看罢，甚悦，就先把文件给太子少傅卫瓘展示。本来，司马炎对太子司马衷的期望值很低，忽然看见傻儿子亲笔写的判词立意清楚、处事得当，他大喜之余，把文件递给卫瓘，无形中泄露了这样一个信息：“您常表示太子不具备接班条件，看看，还不错嘛！”

见此情此景，当时在朝上的大臣们就知道卫瓘先前肯定对太子有微词。由此，贾南风一家上下也暗中记下卫瓘一笔，准备留得秋后算账。

当然，各种史书都把贾南风写得无比有心机，好像完全是靠她欺上瞒下才最终使司马衷成为晋惠帝。

但笔者认为，真正最后拿主意定大计把儿子司马衷当继承人的，仍旧是晋武帝司马炎本人。他所看重的，恰恰是儿子的儿子司马遹。

据史书记载，司马遹之母是谢玖，清惠贞正，先被选入晋武帝后庭作才人。司马衷十岁被立为太子，一入东宫，选太子妃就被列入首要大事。“武帝虑太子尚幼，未知帷房之事，乃遣（谢玖）往东宫侍寝。”

很快，谢才人就怀孕。贾南风过门后，对太子宫内别的嫔妃可以随意杀戮，对谢才人则不敢。谢才人也知道贾妃奇妒，自求还归西宫，生下了司马遹。

几年后，太子司马衷进宫朝见父皇，见一个三四岁的白胖小子与数位皇子在一起玩耍，非常可爱。他走过去，拉着小孩的手嘿嘿傻笑。武帝远远望见，行至近前，对司马衷说："这个孩子，是你儿子啊。"司马衷不明就里，只能跪于地上拜谢。

让晋武帝始料不及的是，太子妃贾南风太阴毒，朝中大臣太没用，司马氏子弟太不争气。因此，他撒手一死，不仅晋朝很快分崩离析，自己最喜爱的皇太孙（或皇子），也最终死于贾南风的屠刀之下。

除了儿子众多外，晋武帝其实还有个"明德至亲"的胞弟——齐王司马攸。他本是晋武帝司马炎的亲弟弟，两人同父同母，本属血脉最浓的至亲。当初，司马懿死后，其长子司马师仍旧把持魏朝大权，以抚军大将军"辅政"。司马师的亲弟司马昭见兄长没有儿子，便把自己的二儿子司马攸过继给兄长为子。司马师东征西伐，不断增扩司马家族的势力和功业，最终在平淮南文钦的战役中病死军中，时年四十八。晋朝受禅后，追封司马师为景帝。

司马师死后，做弟弟的司马昭也非善茬，他没有听从魏朝命其坐镇许昌的诏命，忽然间自率大军回师洛阳，得以进位大将军加侍中，都督中外诸军，完全控制了魏朝的军政大权。

司马昭掌权时期，魏帝曹髦"造反"被杀，他又立魏宗室曹奂为傀儡皇帝，所以，有"司马昭之心，路人皆知矣！"之说。

司马昭在魏朝获封晋王，多次想把二儿子司马攸立为世子。首先，司马昭和哥哥司马师感情笃深，常对左右人说："天下，景王之天下也（当时晋未禅代，所说司马师的谥号是景王而不是景帝）！"因此，他要立自己过继给司马师的二儿子司马攸为世子，也是司马昭想对过世的兄长有个交代（司马师是司马懿嫡长子，司马攸过继给司马师，依理也应承嫡）；其次，司马攸为人，"清和平允，亲贤好施"，声名良好，才望都在司马炎之上，是棵品质端良的好苗子。所以，当时司马昭每次见到这位过继给兄长的二儿子，都会拍着自己的座位，高兴而亲昵地称呼司马攸小名说："桃符，这是你的座位呵。"

因此，司马攸几次差点被司马昭立为世子。

但是司马昭的亲信左右何曾、贾充等固谏，盛称司马炎"聪明神武，有超世之才。发委地，手过膝，此非人臣之相也"。这打动了一直想篡魏鼎的司马昭的心，加之司马炎毕竟是自己的嫡长子，最终，他才没有下决心把二儿子司马攸扶上世子之位。

知子莫若父，察子莫若母。司马昭临死，还挣扎着向司马炎、司马攸兄弟讲解汉朝淮南王、魏朝陈思王（曹植）与当兄长的皇帝之间不相容的故事，劝诫二人友爱相扶。王太后临死，也流着泪对司马炎说："桃符（司马攸小名）性急，而你这位当哥哥的也不慈爱，如果我死了，恐怕你们兄弟必不相容。希望你能友爱自己的弟弟，勿忘我言。"

齐王司马攸，确实不是什么矫情饰貌、潜藏野心的虚伪王爷。晋武帝践祚后，获封齐王的司马攸统领军士，抚宁内外，有匡济大功。这个王爷本性仁德，每逢水旱灾祸，对其封国的百姓，都会减免赋税，恩养有加。平时，他对人谦虚谨慎，非常和蔼，并不时劝谏哥哥晋武帝务农重本，去奢即俭。

朝内朝外，都为有这样一个持重厚道、宽仁和气的王爷而感到高兴。

武帝晚年，诸子并弱，太子不慧，内外朝臣心中皆属意齐王司马攸登上帝位。

晋武帝左右的谄臣，中书监荀勖、侍中冯紞等人害怕武帝死后司马攸继统，会对自己身家地位不利，便乘机进谗于晋武帝，冯紞首先发话："陛下万岁之后，太子不得立也。"

武帝大惊，问："为什么？"

荀勖在一边接言："朝内朝外官员皆归心于齐王，太子怎能得立呢？陛下如果不信，可以假装下诏书让齐王之国（回到其封地），肯定会出现举朝以为不可的局面。”

冯统马上在一旁敲边鼓：“陛下遣诸侯之国，也是国家大法，应该从亲人着手。至亲，莫若齐王，他应该首先响应命令离开京城去自己的封地。”由于早存芥蒂于心，晋武帝大以为然。他宣示诏令，假意把济南郡划入齐国封地，封司马攸儿子司马蹇为北海王，诏赠六佾之舞、黄钺朝车等等仪物，命齐王司马攸回封地就任。

诏下，朝中王浑、王骏、羊琇、王济等一帮大臣，纷纷劝谏，都认为齐王是至亲王爷，应留京辅政才是。同时，大臣们抬出司马昭、皇太后等人的遗命，举典论旧，劝说晋武帝收回成命。

武帝不听，怒言道：“兄弟至亲，定无他想。今派齐王之国，是朕家事！”然后，他下诏把王浑、王济等人贬放外任。

忧惧怨恨之间，深知荀勖、冯统等人在背后构陷自己，齐王司马攸上书乞求留在京城，为死去的生母王太后守陵。武帝不许。

眼见催促之国的诏书一道比一道急，司马攸又气又急，病势加剧。

为了查明这位老弟是否装病以推延离京，晋武帝不停派宫中御医到齐王府邸诊视。

御医们终日宫中行走，揣知武帝心思，回宫后报称齐王身体好好的。

齐王司马攸生性刚强，虽然已经病得几乎不能走路，仍旧挣扎着换上一身新朝服，梳洗冠带停当，入宫面辞武帝。

见此，武帝心中更疑。

兄弟两人各怀心事，握手道别。

辞出数日，半路颠簸辛苦的齐王终于支持不住，吐血而亡，年仅三十六岁。

晋武帝接知皇弟死讯，才明悟司马攸不是装病，而是真死。武帝悲从中来，恸哭不已。

侍中冯统倒也会开导，说：“齐王名过其实，而天下归之。现在，他自己得病身亡，是社稷之福啊，陛下您何必如此哀痛呢！”

闻言，晋武帝收泪而止。

临丧之时，司马攸之子司马冏伏地号啕，哭诉御医诬称其父无病，耽延了诊治。

晋武帝愧疚之下，顺坡而下，下诏处死了数位为齐王诊病的御医，趁机掩饰自己的过失。

持平而论，晋武帝有如此呆痴之太子，还不如把君位留给同父同母的亲弟司马攸。依据常理推断，本性至孝、宽和谦虚的司马攸，如果真正继承了帝位，应该不会对傻侄子下毒手。而且，国赖长君，他具有丰富的领兵和统治经验，晋朝的国祚，很可能在他手中有另外一番鼎盛景象。

但历史没有任何“如果”和“假设”，存在就是事实，父子家天下的嫡长袭位制，亦非能轻易动摇。每个历史人物，都有其独特的、固有的命运。

“牝鸡司晨”朝纲紊

晋惠帝登基后的西晋时局

晋武帝病危弥留之际，未及提名顾命大臣。加上勋旧重臣病死的病死、退休的退休，在禁宫内侍疾的，只有杨皇后的父亲侍中杨骏。

趁此机会，杨骏在委任状上随便填上自己亲信的名字，加印后即为法令行之。同时，内宫侍卫，也都换成他所信任亲近之人，亲王大臣皆不能进宫问候探视皇帝病情。

其间，晋武帝回光返照，乍一清醒，见左右侍卫个个都很陌生，不由得正色怒斥杨骏：“怎么现在就搞成这个样子！”他忙唤中书作诏书，召还已被任命为镇南大将军但还未外出就职的叔父汝南王司马亮回来，与杨骏共辅朝政。

杨骏闻言，深恐这位经验老到的皇族与自己争权，借口要查看诏书内容有无纰漏，让人从中书省拿回诏令，随即销毁。

不久，晋武帝大渐。杨皇后召来中书监华廙和中书令何邵，口头宣布武帝诏令，任命自己的父亲杨骏为“太傅，都督中外诸军事、侍中、录尚书事”。同时，还下诏急催汝南王司马亮马上外出许昌就任。

武帝临崩前，有片刻的清醒，挣扎着问：“汝南王来了吗？”左右侍从说无，晋武帝闻言又惊又急，一下子昏了过去，从此就再也没有醒来。

太子司马衷即皇帝位，改元永熙，尊杨皇后为皇太后，立贾妃为皇后。

杨骏好谋无断，外刚内怯。他在宫内太极殿居住、办事，周遭遍布百余名全副武装的卫士，天天如临大敌一般。

汝南王司马亮还未出京城，听闻晋武帝驾崩消息，也不敢入宫临丧，只能在大司马门外大哭以尽臣礼。哭毕，司马亮上表，要求留侍武帝入葬后再外出就镇。

其间，有人趁机进言，谎称这位司马王爷想举兵讨伐杨骏。

杨骏大惧，忙和皇太后女儿商议此事。他们把新帝司马衷叫来，让他亲手写诏书给大臣石鉴和张劭，命二人马上率兵擒拿司马亮。

张劭是杨骏外甥，闻诏马上披甲上马，急赴石鉴处要他一起受诏出兵。石鉴认为司马亮是帝室尊亲，就持兵不发。

司马亮这边，手下人劝他起兵讨伐杨骏。思虑再三，老王爷终于下不了决心。于是，大奸雄司马懿的这位亲生儿子，连夜驰赴许昌，避逃而去。

大丧期间，宫殿暂时粗安，避过一次萧墙之乱。

杨骏知道自己因女儿为皇后而骤贵，没有民望，更无高门士族的真心拥戴，便大行封赏，滥加爵级，以博求美誉令名。这种荒唐做法，连他的亲弟杨济、外甥李斌以及同党石崇等人也多相劝谏，但杨骏仍旧我行我素，听不进去。

同时，杨骏在政事处理方面，严碎专愎，对内深怀猜忌，对外私昵亲党，把司马皇室宗亲更是一概排除于中央决断枢要之外，故而树敌广众，招致无数怨愤。

太原人王彰因清名被杨骏辟为司马，王彰竟逃避不受。有人问其究竟，王彰回答说："自古一姓出两个皇后的家族，一时贵盛，日后未有不败者。杨骏太傅本人，昵近小人，疏远君子，专权自恣，能支撑多久呢？武帝不计身后社稷大事，嗣帝没有继业才能，顾命大臣又所任非人，天下之乱，可立待也！"

杨骏不仅在朝内滥行赏爵，对那些从关中内迁的匈奴等少数民族头领也都加官晋爵。日后攻灭西晋，俘杀怀、愍二帝的匈奴人刘渊，当时也被加封为"建威将军、匈奴五部大都督"。可以说，当朝杨太傅，为这位汉化的匈奴人日后顺利起事，送上了一顶权高位重的大官帽。

皇后贾南风阴险猜妒，又多权略，杨骏对此倒早就留意。为了防止贾南风坐大，杨骏以自己的外甥段广为散骑常侍，主管军国机密；亲信张劭为中护军，主持禁卫军。至于一般的重大诏命，都由皇帝司马衷走个形式画个押，入呈杨太后和杨骏后，才下诏施行。

贾南风虽然丈夫为帝，自己贵为皇后，仍觉内外都很不爽。因为，朝中大权皆为太后杨氏及其父杨骏把持，自己只是以小辈的身份仰人鼻息。

皇宫内的殿中中郎孟观和李肇二人，一直为杨骏所轻，常有怨言。贾后察知此事后，就派身边亲信太监联络孟、李二人，密谋除掉杨骏。有了里应，还缺外合。李肇和孟观两人，分别暗中联系汝南王司马亮和坐镇荆州的楚王司马玮。对此，汝南王司马亮拒绝，而楚王司马玮二十来岁，少年果锐，一口应承，并且上书请求入朝面君。

杨骏一直忌惮楚王司马玮的英武勇锐，此前就欲招之入朝并趁机除掉，但一直犹豫不决。现在，看见他“自投罗网”，高兴得马上以惠帝名义下诏，召他和坐镇扬州的淮南王司马允一起入朝。

晋惠帝元康元年（291 年）四月的一天，晋惠帝正呼呼大睡，忽然被殿中中郎李肇、孟观叫醒，让他签署诏书，报称杨骏谋反，诏书上面，命令楚王司马玮屯兵司马门，东安公司马繇率禁兵四百人去逮捕杨骏。

仓促之下，惠帝没有辨别是非的能力，傀儡一样就在诏令上签了字。被杨骏派在内殿掌管机要的段广，跪在惠帝前叩头为舅舅辩解：“杨骏孤公无子，岂有谋反篡位之心，希望圣上仔细考虑。”

惠帝本来就傻，大半夜被人从被窝里拉出来，糊里糊涂，傻愣愣地不发一言。

太傅杨骏当时住在曹爽旧宅，临近西晋的国家武库，听闻宫内有变，他忙召集朝中大臣集中在自己家里商议对策。

杨骏本性怯懦，坐在那里惊惶无限，向众人问策。

太傅主簿（杨骏的幕僚长）朱振建议：“现在宫廷内变，定是贾后设谋要害您，应该马上派人点火烧掉云龙门来大造声势，然后，带人入宫逮捕造反者，再派兵攻开万春门，引东宫兵及外营兵来保护皇太子入宫。如此，宫内的人因为恐惧，肯定会斩送首谋之人大开宫门迎降。否则的话，杨公您无法免难！”

如此万分紧急关头，杨骏思虑半天，只冒出一句话：“云龙门是魏明帝时候建造的，费工费钱无数，奈何烧之！”

本人及族党性命攸关之际，杨太傅突然变成个文物保护者，众大臣大失所望之余，各个托称自己要进宫观看皇帝安危，一哄而散。

杨骏的党羽左军将军刘豫一直没有接到太傅的信儿，率大队军马刚到杨骏门口，迎面遇见右军将军裴頠（贾南风皇后表兄），忙问太傅何在。裴頠骗他说：“太傅已经乘辆小车，带着两个从人逃去西城。”

刘豫武人粗疏，不问究竟，忙问自己该怎么办，裴頠说：“您应该去向廷尉自首。”刘豫闻言，果然听话，委弃自己统领的重甲劲卒，真的向廷尉自首去了。

皇太后杨氏知道消息最晚，禁宫各门都被贾后及同党关闭，无奈之余，她自己在丝帛上写字“救太傅者有赏”，派太监射出宫城外。

恰巧，贾后党羽拾得帛书，贾后就趁机诬称杨太后与父亲一同谋反，封门囚禁了这位当朝太后。

本来，乱起之初，相关诸人皆在观望。假使朱振烧龙云门计成，或者刘豫率大军拥杨骏围皇宫，殿中诸人可能会马上翻脸，杀掉贾后等人以求功。

杨骏惶怯无计，宫外局势渐渐明朗，皇宫外面又无兵马来围逼，不久，殿中禁卫军冲出，放火焚烧杨骏府邸，弩手们居高临下，于阁上往下发射弩箭。

杨骏的卫兵都为箭雨所阻，被困于宅内。兵溃如山倒，禁卫军很快冲入杨骏家，最后搜出躲在马厩里的杨俊，就地一刀，结果了他的性命。

孟观等人一鼓作气，连夜逮捕了杨骏的弟弟杨珧和杨济以及段广、刘豫等多名同党，诛夷三族，一口气杀掉数千人，老幼不免。

皇太后杨氏，也因“图危社稷”的罪名被废为庶人。其母裴氏依罪该斩，杨氏本人截发跪拜，上表儿媳贾后，自称臣妾，哀求饶母亲性命。贾后当然不许，当着这位“婆婆”的面杀掉杨骏的妻子后，又把杨太后幽禁，断绝饮食，活活饿死了这位风华绝代的美人。

一直为杨骏所排斥的汝南王司马亮、楚王司马玮以及东安王（因功升级为王）司马繇都入朝掌握大权，太保卫瓘也被任命为录尚书事。

贾南风皇后的族兄贾模、堂舅郭彰以及外甥贾谧也都鸡犬升天，入朝辅政。

汝南王司马亮为取悦众心，大论诛伐杨骏之功，竟滥封一千零八十一人为侯爵，开滥赏之最。

御史中丞傅咸劝说司马亮："今封赏熏赫，震动天地，自古未有。无功而获赏，则人莫不乐国之有祸，是祸原无穷也！"傅咸又称，杨骏本人正是因有震主之威、委任亲戚才招致灭族大祸，而司马亮加倍而行之，是开非常危险之端。

忠言逆耳，司马亮均不纳。

大乱过后没过半个月，汝南王司马亮就以东安王司马繇"欲擅朝政"的罪名把他远贬至带方郡安置。

楚王司马玮由于自己在诛伐杨骏一事中居功至伟，非常自负，加之年轻气盛，一身好武艺，任谁都不放在眼里。于是，当朝辅政的汝南王司马亮和太保卫瓘对他产生厌恶，想夺其兵权，并商议散遣在京城的司马玮及各位王爷归国就藩。

司马玮当然愤怨，其长史公孙宏、舍人（侍从官）歧盛便劝主公向贾后靠拢，并遣积弩将军李肇（就是首倡诛杨骏的那位）到贾南风处告发汝南王和卫瓘想废掉惠帝，拥立别人。

贾后本来一直就因卫瓘在晋武帝面前说过司马衷不能继统而心怀怨恨，加上汝南王司马亮与卫瓘德高名重，自己不得专擅朝政，早就想除掉二人。

天假其便，楚王司马玮这一状告准，贾后便让惠帝做手诏给司马玮："汝南王及太保卫瓘欲行废立，楚王可宣诏，令淮南、长沙、成都三王屯兵诸宫门，免（司马）亮及（卫）瓘官。"

深夜时分，宫内黄门小太监秘密入楚王府，以诏书授司马玮。

司马玮起初也犹豫，不知诏书真伪，想入宫复奏，黄门小太监催促说："事恐泄漏，非密诏本意也。"

楚王司马玮觉得其言有理，又想趁机报复，便立马调动本军披甲提枪，包围汝南王司马亮和太保卫瓘府第。

一不做二不休，司马玮自己矫诏，征洛阳内外三十六军皆由自己节制。

忽闻大兵围府，汝南王司马亮大惊。其侍卫长李龙请命，要率卫兵拒战，司马亮不听。

很快，司马玮兵士登墙高呼，喧嚣一片。司马亮立于中庭，惊骇之余，大声发问：“吾无二心，何至于是！若有诏书，其可见乎？”

公孙宏等人当然不会给他看诏书，促兵进攻。

司马亮的长史刘淮劝道：“他们拿不出诏令，可见必是奸谋，王府内精兵强将众多，可尽力拒战。”

司马亮处事犹豫，不听。

楚王兵马一拥而入，擒住了这位汝南王，并把他围坐在兵车下严密监押。

汝南王叹息道：“我对皇上忠心，可昭示天下！”

夏天天亮得早，日头毒，看守卫兵也知道这位老王爷无辜，有人为他用仪扇遮阳。直至正午时分，也无人敢上来加害他。

楚王司马玮闻知此讯，忙下令：“能斩司马亮者，赏布千匹！”

乱兵贪利，马上蜂拥而起，千枪百刃，直朝这位老实巴交的王爷肉身捅刺劈砍，“鬓发耳鼻皆悉毁焉”，其世子司马延明也同时被害。

太保卫瓘府邸的侍卫兵少，但也可聚众一战，其左右力劝关门拒战，卫瓘不听。跟随清河王司马遐逮捕卫瓘的将军荣晦，曾为卫瓘任司空时的帐下都督，因罪遭卫瓘斥遣。至此，他正好报怨，立时斩杀卫瓘及其子卫恒、卫岳等祖孙九人，只有卫恒二子卫璪、卫玠因就医在外得免。

讲个题外话，卫瓘于晋朝不失为忠臣，但也是一老谋深算之徒。想当初邓艾、钟会二人夺西川后，二人争功，邓艾专权，钟会就与当时的监军卫瓘合谋陷害邓艾。钟会派卫瓘逮捕邓艾，并想卫瓘兵少，肯定会被邓艾杀掉，自己再因之攻杀邓艾。卫瓘夜至成都，遍告诸将，称受密诏逮捕邓艾，其余一无所问。黎明时分，邓艾父子还在睡梦之中，卫瓘已乘车至成都殿前，把这位攻取成都有首功的邓艾父子擒获。邓艾亲将纷纷要劫囚车，卫瓘假称自己正草表替邓艾鸣冤，诸将信之而止。不久，钟会与姜维合谋在四川自立，卫瓘诈病，乘机跑出钟会营中，作檄文令众将共讨钟会。钟会与姜维被杀后，邓艾诸将追及槛车打破锁具，拥邓艾父子还成都。卫瓘自以为当初与钟会合谋构陷邓艾，恐怕反被邓艾杀掉，又想独占诛杀钟会、姜维的奇功，便派遣与邓艾有私怨的护军田续连夜至绵竹，袭斩邓艾父子。但其孙卫玠，乃中国历史上与潘岳齐名的美男子，并且待人宽恕，有君子之风，平生不见喜愠之色。由于名声太大，人长得太美，就有了如下遭遇："京师人士闻其姿容，观者如堵。玠劳疾遂甚，永嘉六年卒，时年二十七，时人谓玠被看杀。"（这就是"看杀卫玠"典故的由来。）

杀掉汝南王司马亮和太保卫瓘后，楚王司马玮的舍人歧盛劝言道："应因此兵势，进宫诛除贾后等人，以安天下。"

楚王司马玮为人年轻轻率，经验不足，刚刚做出诛杀一亲王一大臣的大事，一时间还下不了第二次动手的决心。

闻乱而起的太子少傅张华老成持重，收集各方信息后，派人劝说贾南风："楚王既诛二公，则天下威权尽归之矣，人主何以自安！宜以其专杀之罪诛之。"本来贾后就想乘乱除掉异己，闻此欣然同意，立刻让皇帝草诏除掉司马玮。

张华乘机入朝，派殿中将军王宫高举驺虞幡出殿解兵，大声高呼："楚王矫诏擅命，大家不要听从他的命令。"

众人一听，"皆释仗而走"，楚王司马玮顿成光杆司令，周围一人不剩，武艺再强，也只能束手就擒。

驺虞幡与白虎幡是晋朝皇宫内非常之物。白虎威猛主杀，是督战之旗，驺虞是仁兽，以之解兵息战。纵观晋书，在关键时刻以驺虞幡扭转局势的共有七次之多，众兵见驺虞幡就会惊走溃散，可见这面旗子的威力有多大。中国历史上其他任何朝代都无"驺虞幡"之名，只有晋朝才有。

被押至闹市问斩时，司马玮还拿出藏在怀中的惠帝青纸诏书，流泪声称自己无辜。监刑官知道他冤枉，但上命严切，只能陪他流泪片刻，然后下令施刑。司马玮死年二十一岁。其谋士公孙宏、岐盛皆三族被杀。

身为武帝第五子的司马玮，开济好施，能得众心。身死之日，百姓为之立祠，昔日将士也多为其下泪。至此，“八王之乱”第一幕闭幕，汝南王司马亮和楚王司马玮“谢幕”。

皇后贾南风大权在握，开始委任亲党。为了调和矛盾，在其外甥贾谧的建议下，以为张华、裴頠等人名望贵重，又非皇族，对帝室没有直接威胁，便任命张华为侍中、中书令等高官，掌管机要。

张华尽忠帝室，弥缝遗缺。贾后虽凶险，犹知敬重张华，贾模与张华、裴頠并心辅政，所以，数年之间，虽暗主在上，而朝野安静。

将近十年之间，西晋政局粗安，京城政治中也没有太大事件发生。

树欲静而风不止

元康年间巨变之前“歌舞升平”的西晋政局

皇后贾南风擅权，贾家人当然吃香。

贾谧是贾南风皇后的亲外甥，自然大受宠幸。加之他承袭其外祖贾充之爵，又有皇后椒房之亲，权过人主，威福无比，“器物珍丽，歌僮美女，选极一时”，仍然不满足于奢侈。有人谀称贾谧文章华美，可与汉代大才子贾谊比肩，贾谧立刻开门延宾，一时间海内辐凑，那些贵游豪戚及浮竞之徒，纷纷登门。当时声名赫赫的这个文学小圈子，共有二十四人，号为“文章二十四友”，其中不仅有刚刚幸免于杨骏之难的美男子潘岳，还有中国文学史上数位名人——陆机、陆云、左思、刘琨，以及那位因富而流名后世的石崇等人。

言及贾谧，不得不交代一下他的外祖父、当朝皇后贾南风之父贾充。“杀人放火富贵终，修桥补路贫贱死”，贾充正是这样一个一生坏事做尽，却安享荣华富贵的典型人物。

贾充，本来是曹魏朝大臣。司马氏掌权后，他马上见风使舵，倾心附和司马氏。魏帝曹髦在喊出“司马昭之心，路人皆知矣”后，持剑登车，亲自从宫中杀出，讨伐权臣司马昭。贾充率军士与曹髦拒战。由于皇帝亲自出马，司马氏私军于情于理皆处于下风，将有奔溃散逃之险。关键时刻，贾充对太子舍人成济说：“司马公豢养汝辈，正为今日之急，你还等什么！”经过此番“激励”，成济纵马而出，一戈就把二十岁的俊美善丹青的皇帝曹髦捅死于马下。

不久，司马昭虽然假惺惺诛杀成济三族以表示自己与“谋弑”无关，心中却对贾充这位保全了司马家族、杀掉魏帝曹髦的“幕后黑手”非常感激，对他封侯增邑，列为亲密心腹。

司马昭临死，本想传位给司马攸，又是贾充盛赞司马炎宽仁嫡长，力保立司马炎为世子。司马炎篡魏后，感念贾充推荐力保的“建明”大恩，封其为鲁国公，转车骑将军、散骑常侍、尚书仆射。

贾充家门贵幸，其前妻李氏之女为齐王司马攸的王妃，其后妻郭槐之女贾南风为太子妃。贾充自以为对司马父子有推立深恩大功，常常肆无忌惮，恃功倨傲。当然，他也有遭受尴尬下不了台的时候。吴主孙皓被俘，晋武帝大会群臣引见孙皓及吴国诸降官，对孙皓说：“朕设此座已待卿久矣！”孙皓虽然是淫暴之君，但有南蛮的锐气英武，回答说：“臣于南方，亦设此座以待陛下。”晋武帝大度一笑（现又有说法认为孙皓是谄媚晋武帝，指自己在南方设帝座待晋武帝，完全是误读史书）。

贾充想当众斥责孙皓给自己长威风，就咄咄逼人地问：“听说你在南方凿人眼睛，剥人面皮，这是什么名目的刑罚啊？”孙皓一点面子也不给他，直视贾充说：“人臣有弑其君及奸回不忠者，则加此刑耳。”贾充闻言，知道孙皓话里有话，默然有愧色。

一次，朝士宴饮，河南尹庾纯醉酒，与贾充争吵，贾充大怒，斥责说：“父亲老病，你却贪官位不归家奉养，真是无天无地，不忠不孝啊！”庾纯也反口相讥：“高贵乡公何在！”（曹髦遇弑后，被贬封为高贵乡公。）贾充惭怒，也无可奈何。

古人以忠孝治天下，宋、明、清历朝历代更是如此，堂堂赫赫如明朝权臣张居正，父死不守丧，虽然是以皇帝名义让其“夺情”理政，仍导致天下汹汹之议。晋朝篡魏，写《陈情表》的李密开宗明义便讲“圣朝以孝治天下”，其实是委婉地表达晋朝不能以忠为首，因为司马氏本身就是以下篡上。封建社会对忠孝之义极其看重，有时甚至是孝在忠上，因为不为孝子，肯定枉做忠臣。

贾充后妻郭槐奇妒。贾、郭二人原有两个儿子，皆因郭槐奇妒而死。长子贾黎民三岁时，乳母抱于怀中，贾充从外面进来，小孩子见到爸爸乐得手舞足蹈，贾充走近前逗孩子玩耍。郭槐望见，以为贾充与乳母有一腿，当庭就抢下孩子，把乳母鞭打而死。小孩子整日和乳母吃住在一起，感情极深。眼见乳母被打死，又惊恐又想念，很快便死掉了。后来，郭槐又生一男孩，已有一岁多时，贾充爱儿子，用手抚摸乳母怀抱中的小孩子的光脑袋。郭槐疑妒乳母，又杀之，小孩子又惊吓思慕而死。好好两个儿子，因郭槐奇妒，皆幼小时就暴死，贾充因之没有了继承人。

贾充与侍中任恺不睦。任恺便在一次朝会时，借口关中氐羌反叛，劝说武帝派“德高望重”的贾充都督秦凉二州诸军事，拟外派做官。京官做久，外派虽然又增加了几个虚衔，其实和被贬差不多。只要远离了政治核心和皇帝，疏于走动，很快就会被人遗忘。

贾充愤懑之际，私交甚好的朋友荀勖给他出主意，劝他嫁女与太子。皇储结婚，丈人肯定得留居京师，这样，既无推辞之名，又可因故不行。于是郭槐四处活动，杨皇后又使劲吹枕边风，贾充亲信等人也不断向武帝讲贾家女儿“才质令淑”，果然最终事成，贾南风成为傻太子的正妃。

贾谧是贾充小女儿贾午（当时差点嫁给惠帝）的儿子，其父亲是南阳人韩寿。“窃玉偷香”一典，正是来自贾谧的这位美男子爸爸。

韩寿“美姿容，善容止”，也是贵族子弟，其曾祖父韩暨曾为魏国司徒。韩寿二十岁左右，即被贾充辟为司空掾，成日与贾充一帮僚属在府中宴饮论事。贾午少女思春，曾于窗户间窥见美貌郎君韩寿，就遣一婢女往韩寿处，充当红娘。这婢女伶牙俐齿，说贾午“光丽艳逸，端美绝伦”。韩寿心动，逾垣而至闺房。

之后，贾午把晋武帝御赐给贾充的西域异香也偷出来赠送给韩寿。贾充的僚属报称，韩寿身上奇香扑鼻，经月不歇。贾充大惊，深知这种异香武帝只赐给自己和大司马陈骞。又联想小女儿近来“悦畅异于常人”，便也顺坡下驴，把贾午嫁予韩寿为妻。韩寿于惠帝即位后不久的元康初年就病死，但他的四个兄弟和老婆贾午，后来均被族诛，贾午更是被大棍乱捶而死。

因此，贾谧原姓韩，应为韩谧才对。正是因其外祖贾充无子绝后，他才以外孙入继贾家，改姓为贾。贾充于晋武帝太康三年（282 年）病死，博士秦秀还认为他“悖礼溺情，以乱大伦”（指其以外孙为后嗣之事），请上谥曰“荒公”。武帝感激贾充拥立之功，不从，更谥为“武”。

风波过后，西晋上层歌舞升平，高官士族聚敛无度，不理政事，多以清谈为乐。

王戎为司徒公，与时浮沉，无所匡救，政事皆委任僚属，自己做撒手大掌柜，天天出外猎饮宴乐。而且，他本性贪吝，园田遍天下，天天自执牙筹，“昼夜会计，常若不足”。其家有品种优良的李树，出卖赢利，又怕别人取李树种种植，便用细针在售出前把李子核钻透，简直财迷到了神经病的地步。

尚书令王衍、河南尹乐广以及王衍弟弟王澄等人，皆善清谈，宅心事外，名重当世，个个都是大名士派头，朝野之人，争相效仿。这帮人，成天手执麈尾，宽衣大袖，剃面熏香，望之如神仙中人。他们以政事为“俗务”，成日钻研老庄玄言，而且举国若狂，以他们为为人处世的仪准，上行下效，想不亡国也难呀！

此外，阮咸、阮修、胡毋辅之、谢鲲、毕卓等士族名士，皆以荒淫放荡为放达，醉狂裸体，胡天胡地。

魏晋交迭之际，阮籍、嵇康等人为了逃避政治杀戮，醉酒佯狂，疯疯癫癫，还情有可原。晋武帝中后期，政局稳定，四边无大征伐，本来正是励精图治之时，这些朝廷精英们却一反常态，个个变成了大哲学家和大诗人。吏部郎毕卓（字世茂）有首诗最能表达这些人的“精神境界”：

一手持蟹螯，一手持酒杯。
拍浮酒池中，便足了一生。

贾南风这边，更是荒淫放恣。

众人昏昏之间，也不是没有清醒之人。南阳人鲁褒作《钱神论》以讥时世：“钱之为体，有乾坤之象……亲之如兄，字曰孔方。无德而尊，无势而热，排金门入紫闼，危可使安，死可使活，贵可使贱，生可使杀……凡今之人，惟钱而已！”

除此讥讽之论以外，还有对国家大事切忧于心并泱泱作论上表朝廷的正人直士。太子洗马江统见迁居关中的匈奴等少数民族时有纷乱，便上《徙戎论》，以警朝廷。他先是旁征博引，历述先世夷狄“怪气贪婪，凶悍不仁……弱则畏服，强则侵叛”的旧事，又讲东汉马援、魏武帝曹操迁移羌戎于关中的弊害，指出东汉以来的种种迁移政策皆是“权宜之计，一时之势，非所以为万世之利也”。关中土沃物丰，殷实富足，帝王常以此为都城，“未闻戎狄宜在此土也。非我族类，其心必异，戎狄志态，不与华同”。而且，当时乘其部族衰弊，迁徙众多戎狄之人于关中，汉族士庶侮其轻弱，“使其怨恨之气毒于骨髓”。况随时间推移，繁衍众盛，“以贪悍之性，挟愤怒之情，伺隙乘便，辄为横逆”。因此，朝廷应该凭借当今兵威方盛之时，把北地、京兆等地的羌、氐各族，迁移至其原来居住的旧地，“各附本种，返其旧土……戎晋不杂，并得其所……纵有猾夏之心，风尘之警，则绝远中国，隔阂山河，虽为寇暴，所害不广……”虽然并州胡人（匈奴）、氐、羌等族“天性骁勇，弓马便利”，但大晋一统后这些族属正处于“势穷道尽”的状态，这些措施得以执行，必能“创业垂统，谋及子孙”，否则，江统警告说：“惮暂举之小劳，而忘永逸之弘策；惜日月之烦苦，而遗累世之寇敌。”

最后，江统又明白深刻地指出：“夫为邦者，患不在贫而在不均，忧不在寡而在不安。以四海之广，士庶之富，岂须夷虏在内，然后取足哉！此等皆可申谕发遣，还其本域，慰彼羁旅怀土之思，释我华夏纤芥之忧。惠此中国，经绥四方。德施永世，于计为长。”

江统论上，朝廷不用。不到十年，江统的忧虑皆成现实。匈奴、鲜卑、羯、氐、羌，纷纷杀入中原，大地板荡，黎民涂炭，一发不可收拾。

想当初，216 年，大英雄曹孟德把降附的匈奴人分为五部，立单于呼韩邪（魏朝时改姓刘）为部帅，在当时的兹氏县（今山西汾阳）和祁县、新兴（今山西忻县）等地居住，渐渐与汉人混居杂处，许多人从事农业生产。但匈奴屠各族的刘姓贵族仍持有旧时声威，又有现成的五部军事组织，一呼百应。此外，散居上党的还有匈奴别种羯族许多人，他们也常常遭受当地汉族地主的歧视与欺压，加上居于并州附近虎视眈眈的鲜卑、扶风等地的氐族，以及自东汉以来散居关中诸郡的羌族，数股势力都蠢蠢欲动，只要有机可乘，“仇恨的怒火”，终会像火山一样爆发出来。

当其时也，有识之士皆早已看出离乱战杀之征。“关内侯敦煌索靖，知天下将乱，指洛阳宫门铜驼叹曰：‘会见汝在荆棘中耳！’”（索靖的《出师颂》书帖于 2003 年由嘉德公司拍出 2200 万元人民币，由故宫博物院拍得。当然，此帖真伪很值得怀疑。）

晋惠帝元康六年（296 年），征西大将军赵王司马伦宠任属下孙秀，在西北地区与雍州刺史解系交恶，互相攻讦，更相上表朝廷。晋廷朝议后，以梁王司马肜接替赵王司马伦职务，征司马伦入朝为车骑将军。解系的弟弟解结时任朝中御史中丞，在司空张华前力陈孙秀奸贪及祸乱氐、羌的事情。张华闻知后，就让梁王司马肜到任后诛杀孙秀。孙秀惊惧，派好友辛冉携带大批珍宝到梁王处说好话，表示“氐、羌自反，非（孙）秀之罪”。梁王司马肜与赵王司马伦和孙秀没什么过节，又收到一大笔好东西，自然不了了之。

赵王司马伦入朝后，依照孙秀的谋划，大散珍宝，与贾氏亲族深相结纳，贾后对他们非常宠信。与贾后搞好关系后，司马伦上表请求录尚书事，想参与中央朝政。廷议时，张华与裴頠坚决不答应，由此，司马伦与孙秀深恨张、裴二人。

赵王司马伦与孙秀入朝，为日后的祸乱埋下了一大伏笔。

血肉横飞杀戮始

皇太子司马遹被杀引起的大乱

贾后淫虐日甚，秽声播于宇内。官为散骑常侍的贾后外甥贾谧，也自我感觉特好。他在太子东宫侍讲时，态度倨傲，与太子下围棋时，和这位当朝储君争抢棋子丝毫不让，没有一点人臣谦卑的态度。

当时，皇太子司马遹的十六叔、成都王司马颖在座，看见贾谧如此没有尊卑之分，便当面叱责他。贾谧心怀怨恨，很快就入宫向姨母贾南风告了司马颖一状。

贾后自然偏向外甥，立马下诏派司马颖出镇邺城，将其赶出京都。

贾谧虽依恃贾后肆无忌惮，但并非所有贾氏亲戚都这么跋扈。贾后族兄贾模与贾后表兄裴頠害怕日后出事，非常忧虑。他们两个找到当朝司空张华，一起商议时下国事。

裴頠建议废掉淫荡放肆的贾南风，拥立皇太子生母谢淑妃为后。

此言一出，张华和贾模都很惊惧，认为“皇帝本人并无废掉皇后的意思，如果我们专而行之，皇帝恐怕不会赞同”。同时，二人又怕司马诸王各拥兵镇，朝中朋党林立，弄不好会引发祸端，如此，“身死国危，无益社稷”。

裴頠此议，本是深思熟虑，见张华、贾模不同意，他孤掌难鸣，也无可奈何。他问：“贾后昏庸荒淫，无所忌惮，乱可立待，将如之何？”

张华老臣，无意生事，便对贾、裴两人讲：“您两人现在因为是皇后亲戚，颇见信任，希望多在左右劝告皇后，如果不出什么事，天下还未必会生出什么大乱。如此，我们这些人还能善终于家。”

张华虽一直是晋朝忠臣，但临危不断，明哲保身，也是书生之流，最终三族不保，身首异处。

忧惧之余，裴頠只能找到贾后的母亲、自己的亲姨郭槐，言辞恳切地陈说祸福，让老太太申诫贾后善待皇太子。

贾模多次面见皇后贾南风，陈说祸福。贾南风不仅听不进去，还认为这位族兄胳膊肘往外拐，怀存异心，便开始在朝中排斥贾模。贾模郁郁不得志，又忧发于心，不久就患病而死。

一生奇妒无比的贾后亲妈郭槐，这时倒常常劝皇后女儿对皇太子好一些，并不时切责怒骂无礼于太子的外孙贾谧。为了亲上加亲保证太子继位后贾家无祸，她还想把贾谧的妹妹许配给太子当太子妃。而太子司马遹自己，也想娶贾谧的妹妹巩固自己的地位。贾后、贾谧以及贾午都不听，反而为太子迎娶大臣王衍的小女儿为妃。同时，贾后又为贾谧聘王衍大女儿为妻。

皇太子早就听说王衍大女儿相貌更美，现在反被贾谧抢去，心中甚不能平。

人之将死，其言也善，郭槐临终一直谆谆嘱咐女儿贾南风要对太子慈爱，不可听从贾午、贾谧的话。贾后不听。

言及晋末大乱，不得不提惠帝太子司马遹。

皇太子司马遹，字熙祖，为晋惠帝长子（也可能是武帝司马炎之子）。史载，他“幼而聪慧，武帝爱之，恒在左右”。一次，皇宫内半夜失火，晋武帝登楼观望，司马遹当时才五岁，在一旁牵武帝的衣带把他拉入暗影之中。晋武帝觉得很好奇，问小孩子为什么这样做，司马遹说：“暮夜仓猝，应严加提防，不应该让旁人看见皇帝在光亮中。”武帝因此对司马遹更加称奇。

司马遹六七岁时，陪晋武帝到太牢（祭祀部门）养猪的地方观玩，他对武帝说：“这些猪又肥又大，为什么不杀掉给臣下们吃呢？留在这里浪费五谷粮食。”武帝大喜，马上派人杀猪分赐众臣，并抚着小孩的后背对大臣傅祗说：“此儿当兴吾家。”不仅如此，武帝还在朝会上对群臣表示，司马遹人品样貌，与晋朝开国皇帝司马懿很类似，从那时候起，小孩子的令誉流于天下，无人不夸，成为无人可替的皇储样板。

可惜的是，小时了了，大未必佳。皇太子司马遹青春期后，不好学，与左右嬉戏，非常讨厌老师。阴险恶毒的皇后贾南风，一直很忌讳这位素有令名、又非自己亲生的皇太子，密遣身边太监不时去怂恿太子极意游玩。

处于青春期的司马遹，见无人管束自己，更加放肆，慢弛益彰，常常不去上朝拜见父母，总在后园游戏玩耍。他常常割断马鞍束带，又命左右侍从骑马奔驰，看见这些人纷纷落马，他就哈哈大笑，以此为乐；有人稍不如其意，便亲自上前拳打脚踢。他还常常在太子东宫开设市集，买卖为乐，而且“手揣斤两，轻重不差”。

朝廷每月供东宫五十万钱，太子司马遹常常超支，并且派人把太子西园所收获的青菜和自用的米、面、鸡弄到集市上卖掉，收入统统用作自己赏赐左右的开销。

时为太子洗马的江统（《徙戎论》作者）上书太子，劝谏他改正过失，太子不纳。太子舍人杜锡也不时谏劝太子修德进善，司马遹又怒又不耐烦，让人把大针藏在杜锡的坐垫中，刺得老先生鲜血淋漓。

由于太子司马遹与贾后外甥贾谧年纪相仿，两人互不相容。太子娶了王衍相貌稍差的小女儿，贾谧娶了王衍貌美的长女，太子心中更是愤愤不平，溢于言表。贾谧至东宫参见，太子常不以为意，甚至往往把贾谧一人甩在室内，自己到后庭与左右玩耍游戏。

贾谧心中怨愤，于是入宫见皇后姨妈，说太子曾对人表示，他要仿效先前废杨后的故事废掉贾后，并杀掉贾氏一族。贾南风眼里不揉沙子，一直心忌太子，闻言当然大怒，马上派人四处揭宣太子之短，于是朝野上下，咸知贾后有废太子之意。

晋惠帝元康九年（300 年）十二月，经过长久谋划，贾后终于下定废杀太子的决心。她以惠帝生病为由，遣人唤太子入朝。此前，晋朝著名的美男子潘岳连夜被贾谧唤入宫中，面见贾后。

潘岳与贾谧熟识，但入宫面见当朝皇后，还是第一次。贾后直率，把想废太子的意思直说出来，让潘岳以太子口气手写个草稿，准备把太子灌醉后哄他抄写，借此定罪。

潘岳惊惧，但箭在弦上，不得不发。美男子落定惊魂，思虑久之，提笔仿冒太子口吻写下这样的草稿：

“陛下宜自了；不自了，吾当入了之。中宫（皇后）又宜速自了；不自了，吾当手了之。并谢妃（太子母）共约克期而两发，勿疑犹豫，致后患。茹毛饮血于三辰之下（指盟誓），皇天许当扫除患害，立道文（太子之子）为王，蒋（蒋氏，太子侧妃）为内主。愿成，当三牲祠北君，大赦天下。要疏如律令。”

书意迷乱，不仅仅是因潘岳惊惧使然，笔者推想也是潘岳故意为之，想给太子（也给潘岳自己）留条后路，因为只要是稍有常识的明白人，一眼就可看出这段话内容逻辑混乱，胡言乱语，绝非太子神志清醒时所为。

无论如何，牵入皇家内部的事务，算潘岳倒霉，仅仅这一条，就足够以他三族的人头来抵换了。

大清早还未吃早饭，太子司马遹就被急召入宫。进得内殿，太子下跪，遥见贾后堂上端坐，并命侍婢陈舞持三升酒与一大盘枣子令太子当面吃喝。

太子忙称自己平常不饮酒，加上早晨腹空，怕喝酒后颠倒失措，在皇帝父亲面前有失礼仪。

贾后堂上呵斥："你怎么这么不孝顺，父母让你饮酒你都不肯，难道酒中有什么恶物吗？"

侍婢陈舞也立于太子面前逼促。不得已，太子只得把三升老酒饮尽，很快，他体中荒迷，不省人事。

这时候，有个宫女持笔砚纸墨，催促太子抄写一张白纸上的字样（潘岳打的草稿）。醉迷之间，太子抖手抄录，其字多半不成，贾南风派人填补，马上派人送惠帝验看。惠帝其实也根本不知道轻重，只是木偶而已。

在贾皇后主持下，惠帝升殿，召众大臣议事。

贾后派太监手持太子平日手书以及他醉迷之中抄写的青纸诏令，遍示众人，表示说司马遹书大逆不道，应该赐死。

众臣皆不敢有异议。唯独大臣张华和裴頠力保太子无辜。两人旁征博引，反复议争，一直争到天色渐晚，廷议也无结果。

惧怕事久生变，贾后急忙上表请废太子为庶人，又自作皇帝诏书"许之"。张华、裴頠见事已如此，毕竟还保全了太子一命，只得退朝。

贾后派人持诏书于东宫，废太子司马遹为庶人，把他及其三个幼小的儿子皆软禁于金墉城，并下诏杀掉太子生母谢妃以及太子侧妃蒋俊。

才过春节，贾后威逼东宫太监自首，说太子联络人想造反。趁此机会，她以惠帝名义下诏把太子又送往洛阳之外的许昌宫囚禁。

颠沛道中，太子本来就生病的才几岁的长子困厄而死。

“太子既废，众情愤怒”。曾经在太子东宫做过侍卫官的右卫督司马雅、常从督许超以及殿中中郎士猗等人聚集在一处商议，准备废掉贾后，复太子之位。

大家商量来商量去，都觉大臣张华和裴頠一直安常保位，不能与之谋事，而当时手握重兵的右军将军赵王司马伦本性贪冒，可以怂恿他加入起事。

诸人知道孙秀是司马伦的“主心骨”，暗中约他相会，劝说道：

“贾后凶妒无道，与贾谧等人诬废太子。现在国无嫡嗣，社稷将危，多位大臣都准备起事。孙公您与赵王和贾氏一族关系很好，废太子一事，都传说您二位也有参与。一朝事起，祸必相及，为什么不争取主动，化祸为福呢？”

孙秀听毕一席话，大觉有理。他去王府把情况告知赵王司马伦，劝主子暗中准备起事。司马伦对孙秀言听计从，又约结宫中值勤的张林和张衡等人，准备伺机行事。

一切准备就绪后，孙秀思来想去，多出一个心眼。他对司马伦说：

“太子聪明刚猛，若还复东宫，肯定不会受制于人。明公您一向是贾后之党，路人皆知，虽能废掉贾后拥太子复位，肯定也落不下什么好，太子会认为您是逼于民望不得已行之，以举事来免于罪祸。因此，日后太子得势，肯定会对您吹毛求疵，说不定您也免不了被诛杀的命运。依我看，不如拖延起事日期，其间贾后必害太子。只要太子一死，我们废掉贾后之举就会大得人心，不仅能彻底免祸，还能掌握大权。”

司马伦连连称是。

于是，孙秀派出不少人出外散布谣言，都讲皇宫内有不少人想废掉贾后，拥返太子复位。

贾后虽然天天欢宴淫乐，但提防之心也从未松懈，常派宫女太监乔装打扮，混于市场坊间探听消息。

获悉有人要拥复太子的事情后，贾后大惧。同时，赵王司马伦和孙秀竭力劝说贾谧等人，要他们早早除掉太子以绝众望。

贾后身边皆是贾谧、贾午这样没有政治经验的年轻人和妇人，很怕太子返宫，联同朝内大臣们一起把贾氏家族一勺烩掉，便心急火燎地劝贾后动手。

贾后命太医程据在殿内调配毒药。然后，派太监孙虑携毒药，专程去许昌宫毒杀太子。

司马遹被废黜后，一直怕被毒杀，天天自己在屋内煮食。太监孙虑到许昌后，见无从下手，就与监守太子的刘振商议对策。

刘振就派人把太子迁移到一处小黑房子里，断绝他的食物来源。宫中侍女及太子随从，都对太子很忠心，他们不时隔墙抛扔食物，司马遹因此又苟延了几日。

孙虑等得不耐烦，便破门而入，拿出毒药逼太子喝下去。

太子不肯，大太监也急了，凶相毕露，顺手操起一个棒球棒一样的药杵，一下子把太子敲得脑浆迸出，气绝身亡。

贾后闻知太子已死，假惺惺地上表，请以王礼安葬太子。

看见贾后一党步步依照预设的局往下走，孙秀和司马伦就准备动手了。

惠帝永康元年（300 年）五月的一天，赵王司马伦、孙秀先约当值的右卫佽飞督闾和为内应，约定半夜以鼓声为号起事。

布置停当后，孙秀又遣司马雅去司空张华处告变："赵王欲与张公共匡社稷，为天下除害！"

张华仍旧拒绝。

司马雅大怒，说："刀将在颈，还敢说不！"言毕掉头就走。

这位张华也真是糊涂。贾后犯天下之怒，事已至此，仍不明确表态，看来只能听天由命了。

赵王司马伦全身披挂，假称皇帝诏敕，召集禁卫军三部司马长官，以惠帝名义宣诏："中宫（皇后）与贾谧等杀吾太子，今使赵王入宫废贾后，汝等皆当从命，事毕，赠爵关中侯，不从者诛三族。"

众人皆表示遵从。

司马伦、孙秀等率大队禁军夜入皇宫，陈兵满道，控制宫内各个进出要害后，就派惠帝的堂兄弟齐王司马冏冲入内宫，将惠帝劫持到东堂，拿他充当必不可少的"道具"。

众人坐定，就以惠帝名义下诏召贾谧，称有急事商议。

贾谧进宫后，看见殿上皇帝傻乎乎坐着左右顾看，赵王司马伦等人杀气腾腾，各执利剑在手，顿感大事不妙，边跑边大叫："皇后救我！"

兵士枪捅剑砍，贾谧瞬间被杀。

贾南风白昼宣淫后，夜里忽听殿外喧哗，惊起一看，见窗外凶神恶煞一般的齐王司马冏正让兵士撞开殿门。

贾后吓坏了，忙问："爱卿你因何事而来？"

司马冏回答："有诏令逮捕皇后！"

贾后仍旧问："诏令都是出自我手，爱卿遵的是谁下的诏？"司马冏也懒得再理她，执剑指挥兵士猛撞大门。

贾后狼狈不堪，直逃上殿中高阁。她远远看见惠帝正在东堂内坐着，便高声喊道："陛下有妇，使人废之，亦行自废矣！"

话音未落，齐王司马冏已冲奔到她身后，一脚把她踹倒。

事已至此，贾南风倒冷静下来，问司马冏："起事者是谁？"

司马冏回答："赵王（司马伦）和梁王（司马肜）。"

贾后闻言，后悔不迭，拍地大叫："系狗当系颈，反系其尾，何得不然！"悔之晚矣，贾后被立废为庶人，幽禁于建始殿。

同时，起事诸人立刻在京城逮捕了贾氏亲党，皆全家诛死。贾谧之母、贾后亲妹贾午也被逮入狱，大棒击死。司马伦由于已存篡逆之心，想要先尽除朝中人望，报复宿怨，“下诏”逮捕大臣张华、裴頠，以及早先与孙秀有仇的解系、解结等人。斩杀这些人不说，还杀掉他们的三族老幼。

可惜张华受刑前还辩称自己是大晋忠臣，执刑的军官称诏诘问：“卿为宰相，太子之废，不能死节，何也？”

张华辩称自己当时竭力谏阻贾后废太子。军官又问：“谏而不从，何不去位？”张华无言以对。

该废的废了，该杀的杀了，该关的都关了，赵王司马伦“称诏赦天下，自为使持节、都督中外诸军事、相国、侍中，一依宣、文辅魏故事”，集文武大权于一身，并大封诸子为王侯。孙秀等人也皆封大郡，掌握军权，文武官封侯者数千人。

司马伦是司马懿的第九子，为晋惠帝的叔祖辈，当时差不多六十多岁，本性素来庸愚，接下来反而受制于手下人孙秀，自己实际上成了孙秀手中的傀儡。

孙秀当上了中书令，威震朝廷，天下人皆知有孙秀而无求于司马伦。

为收买人心，赵王下诏追复司马遹太子位号，封其二子司马臧和司马尚为王。并以梁王司马肜为太宰（梁王不久就病死），淮南王司马允为骠骑将军，兼领中护军。

诸事已定，司马伦派人至贾后被幽禁的金墉城，以金屑酒赐死。

贾后死状，史不详载。

综观晋武帝死后的三次宫廷政变，废杨后、废太子、废贾后，有两点值得注意：一是禁卫军权的重要，二是出身寒门的士人在其中所起的关键作用。

《晋书·杨骏传》中，写杨骏父女矫诏独掌西晋军政大权后，杨骏“又多树亲党，皆领禁兵”，显然一开始他就知道掌握禁卫军的重要性。

但由于杨骏政事繁忙，主要精力又大都倾力于严防司马氏皇族子弟，认为惠帝太傻、贾后妇人，他对皇宫内廷的禁卫军权没有太重视，只有自己的外甥张劭做中护军，亲党刘豫做左军将军，两个人皆是宫外禁军的高级将领。而最终导致杨骏覆亡的，恰恰是平时不受杨骏重视的宫中禁军中级官员殿中郎李肇和孟观。

当时，贾后居禁廷皇宫，可以直接书诏，外间又有一直怨气冲天、不受重用的司马氏诸王，事变一起，唯一可用的左军将军刘豫又被裴頠骗去自首，身边没有了“枪杆子”，本来就无大智勇略的杨骏只能死路一条。诛杀杨骏后，禁卫军及外营兵将封侯者有一千零八十一人之多。

贾后利用楚王司马玮除掉杨骏，而后又利用他杀掉汝南王司马亮和太保卫瓘，但贾后很快又凭其族兄贾模和从舅郭彰两人所掌的内廷禁卫军攻杀司马玮，完全控制了内外禁军三十六军，并使外甥贾谧任后军将军从军，亲舅郭彰任右卫将军，表兄裴頠任左、右军将军。如此，诬废太子司马遹就是非常容易之事。

赵王司马伦入京后，深与贾氏宗族结纳，并最终得到“右军将军”这样关键的禁卫军权位。由此，贾后也为自己及其宗族找好了掘墓人。

在废除贾后的行动中，多名中下层禁卫军军官参与了事变，有左卫司马督、司马雅、常众督许超、殿中郎士猗、殿中侍御史殷浑、右卫司马督路始、右卫佽飞督闾和，加上宗室翊军校尉齐王司马冏。这些人，深夜入殿，贾后计谋再深、势力再强，也难逃这些职业军人之手。

赵王司马伦大权在握后，也命他和孙秀的几个儿子担当禁卫高官，完全控制了禁卫军。掌握了禁卫军，也就掌握了皇帝。皇帝在手，挟天子以令诸侯，借天子之名做事就可以事半功倍，左右天下局势。只是后来司马三王相继起事，直攻京城，司马伦不得不把精锐禁卫军派出城去抵挡，削弱了力量，最终也导致了他自己的覆亡。

在导致西晋政局剧烈动荡的重大事件中，数位寒门出身的文吏，也成为极其关键的人物。

杨骏之诛，楚王司马玮大显身手，而后诛杀汝南王司马亮，也是由他而起，开启“八王之乱”的序幕。但楚王司马玮才二十出头，在政治斗争场上完全是个“乳臭未干”之辈，真正左右局势的，当属他的长史公孙宏与舍人岐盛。此二人先给司马玮出主意让他靠拢贾南风，得以留侍京都。杀掉司马亮和卫瓘后，二人又切谏司马玮趁机直入宫废掉贾后。司马玮犹豫之间，时机已失，贾后先发制人，诬称司马玮假传圣旨，擅杀亲王大臣，最终把司马玮干掉，公孙宏和岐盛也被“诛三族”。假使司马玮听从这两人的劝告，后事的结局会全然不同。

赵王司马伦年长庸愚，凡事皆由孙秀出谋划策。孙秀起自琅琊小吏，纯粹的寒人出身，但他一手包办策划了赵王司马伦从入京师见贾后、联络禁卫军官、激使贾后杀掉太子、最终又废杀贾后的全部过程，并在政变成功后为侍中、中书监、骠骑将军的高官，又与皇帝成为亲家，实际掌握了晋朝的朝政。

在以阀阅为重的西晋，士族高门不论贤愚，一直垄断各级要职，寒人阶级一直在备感压抑的气氛中努力争取往上爬。这些人，往往天资聪颖，又无路显达，只能想尽一切办法投身于诸王或高官门下，乐乱好祸，迂回反抗。

当然，寒人阶层的谋士们，只是贵显一时，昙花暂现，很快就三族被诛，连根杀净。

攻伐大乱满京城

“八王之乱”高潮迭起

赵王司马伦和孙秀骄横跋扈，潜怀废立之心。惠帝的兄弟淮南王司马允，在平定贾后之乱后被封为骠骑将军，并兼任中护军，执有一部禁卫军军权。

司马允本性沉毅，宿卫将士皆敬服他。他逐渐知悉赵王司马伦有篡逆之志，便称疾不朝，密养死士，暗中准备趁机诛除赵王和孙秀。

司马伦很忌惮这位年轻英果的亲王，便加封司马允为太尉，外示尊崇，实际上是剥夺他的兵权。

司马允言称自己有疾，不接受太尉官号。司马伦忍耐不住，派御史持诏收司马允中护军印信，并弹劾其大逆不道。

淮南王司马允接诏，细看之下，上面是孙秀的笔迹。大怒之下，司马允厉声对左右宣言："赵王欲破我家！"于是壮士感奋，左右七百多人随同司马允起兵，从王府杀奔而出，沿路大叫："赵王造反，我将攻之，佐淮南王者左袒。"如此，一路归附的人非常多。

淮南王本想率兵先入皇宫，把惠帝控制起来。但赵王司马伦的死党尚书左丞王舆派人关紧左掖门，门墙牢固，一时攻不进去。

不得已，司马允就率左右精兵围攻司马伦的相府。司马允手下兵将，皆淮南奇才剑客。这些人武艺高强，能打善战，一举杀掉司马伦护兵一千多人。

接着，司马允于承华门前结阵，施放弩箭，齐往相府中放射。飞矢雨下，幸亏司马伦秘书挺身遮蔽。司马伦相府中办事的官员无法走避，都躲于树后，每树树身都有数百箭射中，让人心惊胆战。

太子左率陈徽心向淮南王，集结东宫兵鼓噪呐喊，为司马允助威。但他没有诏令，不能发兵实助。

陈徽的哥哥陈准，当时在宫中值勤，也想帮司马允，便对傻愣愣又惊又吓的惠帝说："应遣人举白虎幡出宫解斗。"惠帝痴愚，连连点头。

陈准原意很好，白虎幡是麾军进战之旗，驺虞幡才是解斗之旗。陈准本想派人持白虎幡授其弟陈徽，助战司马允，那样一来，司马伦手下兵将看见宫中白虎幡归对方，肯定会不战自溃。

谁料，人算不如天算。陈准派出执举白虎幡的司马都护伏胤，在出门前被当时正在门下省办事的司马伦的儿子汝阴王司马虔叫住，哀求说："如果能帮助我父亲，富贵当与卿共之！"

伏胤墙头草，贪图富贵，便携带没有写字的空白诏书出宫，诈称"有诏助淮南王"，没有把白虎幡递送到陈徽手中。

淮南王司马允见皇帝哥哥的诏使前来，心中不疑，认为来人手中必是派自己讨伐司马伦的圣旨。他开阵让伏胤进来，自己从兵车跳下，跪地接诏。

伏胤乃禁军军校出身，身手敏捷，抽刀一下就把司马允的脑袋砍下。淮南王司马允左右虽有千人之众，都束手无策，眼睁睁看着主公被杀。

伏胤口宣诏令，表明他是受帝命斩杀司马允。同时，他命跟进的军士立杀司马允的三个儿子。

司马允死年二十九岁。京城百姓听闻这位王爷被杀，莫不叹息。

事后，司马伦、孙秀广为株连，司马允手下数千人被杀。

斩杀淮南王司马允父子后，孙秀报称潘岳、卫尉石崇以及石崇的外甥欧阳建皆密谋参与淮南王谋反一案。

潘岳自不必说，孙秀小人，其未发迹时曾为潘岳役使小吏，多次因为狡诈行事受到责罚，怀怨于心，必报前仇。欧阳建做尚书郎时，曾上表奏称赵王司马伦罪恶，结怨于前。石崇本来就是贾谧亲党，贾氏宗族被收捕后，他已经被免官于家。

后人说起石崇，想到的总是他和贵戚王恺、羊琇竞相斗富的故事，想当然以为他是个贪鄙暴富的粗陋之人，如此，则大谬。石崇之父石苞（字仲容）就是个美男子，时人称"石仲容，姣无双"。石苞为晋武帝之父司马昭所知，大受信用。曹魏末年，石苞已官至镇东将军、东光侯。在一次入辞魏帝曹髦时，君臣相谈甚欢，留语尽日。但石苞感念司马氏提携，出宫后就提醒司马昭："皇帝（曹髦）不是一般人。"数日后，曹髦就为司马氏爪牙成济弑掉。司马昭死后，石苞成为司马家族篡魏的得力功臣。石苞晚年，官至司徒，死后谥曰武，备极哀荣。石苞有六个儿子，石崇最小。石司徒临终时，把家财均分给五个儿子，唯独不分财给石崇。石苞老婆问其原因，石苞说："此儿虽小，后自能得。"

石崇字季伦，生于青州，所以小名齐奴。这个人年轻时就敏惠机灵，勇而有谋。晋武帝时，因石崇是功臣后代，气局丰厚，深得信任。杨骏辅政时，石崇受排挤，被外放为荆州刺史、南蛮校尉。也正是在荆州任上，石崇常带手下官兵如外出打猎一样，戴着头套，劫掠远使客商，顿成天下豪富之人。由于石崇是性情中人，行事很不检点，朝廷对他屡拜高官，但屡拜屡免，他自己也丝毫不放在心上。后来，他被召入京师做卫尉（京师卫戍司令），和潘岳等人谄事贾谧，是"文章二十四友"中的重量级人物。一般史书皆言他和潘岳对贾谧望尘而拜，但晋书《石崇传》中讲"广城君（郭槐）每出，（石）崇降车路左，望尘而拜"，此载较为可信，以石崇的出身地位，拜贾谧的姥姥说得过去，拜贾谧就不符合他一贯的为人性格了。

石崇财产丰积，室宇宏丽。后房美人数百，皆曳纨绣，玉耳金翠。家中不仅丝竹尽当时之选，庖膳也穷水陆之珍。

孙秀势焰熏天时，听说石崇有一位名叫绿珠的美人，美而艳，善吹笛，于是就派人去索要。石崇当时正在他的金谷别墅宴饮，便让他数十位婢妾都出来，任孙秀的使者挑选。使者不上当，看了一圈后，表示："您这些美人确实都漂亮非常，但我受命只索绿珠，不知哪一位是她？"石崇勃然大怒："绿珠吾所爱，不可得也。"孙秀使者很沉得住气，劝说道："君侯您博古通今，愿加三思！"石崇坚称不可。使者出而又返，石崇就是不许。

孙秀大怒，当时他正在推审淮南王"造反"案，顺便就把石崇的名字列入逆党之中。

全副武装的兵士前往逮捕石崇时，石崇正欢宴于楼上。忽见刀枪盈庭，他转头对身旁的绿珠说："我今为你得罪。"绿珠也是一烈性女子，泣言"妾当效死于官前"，言毕，越梯而下，跳楼自杀。

石崇自恃晋朝功臣之后，没想到会被杀头，更没想到会被诛三族。他当时对左右从人说："吾不过会被朝廷流徙交、广（岭南）之地罢了。"谁知，囚车并未把他押至官狱，而是把他一大家子人都径直载往东市刑场。石崇至此，方知不免于死，自叹道："奴辈们是看上了我的家财啊！"

骑马押送他的军校闻言回驳他："知财致害，何不早散？"

石崇无言以对。

潘岳那边，也是一大家子依次被执，检校正身，直接以槛车载送东市。眼见白发苍苍的老母也身披锁具，忆起昔日对自己的劝诫叮咛，潘岳泪如雨下，跪拜于地痛陈："儿负阿母！"

史书记载，"（潘）岳母及兄侍御史（潘）释、弟燕令（潘）豹、司徒掾（潘）据，据弟（潘）诜，兄弟之子，已出之女，无长幼一时被害"。

美男子披头散发被押到刑场，忽见石崇一家好几十口已经背插罪标跪在那里。石崇一抬头，在这个场合看见潘岳也吃了一惊，随即明白事由，苦笑说："安仁，你也有份儿呵。"

《晋书》讲"（石）崇乃与黄门郎潘岳阴劝淮南王（司马）允、齐王（司马）冏以图（司马）伦、（孙）秀"，乃是史官不辨真伪，依照当时晋朝的官方文件照抄进去。试想，假使潘岳、石崇真是结党在背后与司马允等图谋，那么司马允死后，石崇不可能还安心天天大搞宴饮潇洒，更不会在刑场上看见潘岳大吃一惊，本来两人的被捕就是"俱不相知"。

可见，石、潘二人被牵入淮南王案中，完全是孙秀诬告而成。

潘岳回思前因后果，也苦笑对石崇说："今天真可谓'白首同所归'了。"

潘岳曾有《金谷集作诗》，陈述"文章二十四友"在一起欢饮笑谈、切磋诗艺的快乐时光，怀念风花雪月、清啸赏乐的同志友情，其中最后两句就是"投分寄石友，白首同所归"。

一语成谶，今朝显验。

潘岳原诗，本来是讲两人友情笃深，当一起终老田园，即所谓"白首同所归"，殊不料，横祸忽来，二人一起于盛壮之年血溅黄壤。

回头再说晋朝中央政事。贾后之废，晋武帝的亲侄齐王司马冏（其父司马攸是司马炎弟弟，差点被司马昭立为世子）居功不小，但事后叙功，只得了个游击将军。司马冏非常不满意，大有恨色。

孙秀觉察到这位王爷怏怏不快，又怕他在京城内会生出什么事端，就一纸诏书把他外调，坐镇许昌。

为了继续抬高赵王司马伦的威望，加紧篡逆步伐，孙秀在朝议上提出为司马伦加九锡（只要人臣加九锡，一般距篡位只有半步之遥）。这个提议，几乎就是自己给自己封官，"朝廷"当然同意。司马伦得了"九锡"，诸子皆握各路禁军大权，孙秀自然也水涨船高，加侍中、辅国将军、相国司马等官。

司马伦及他的几个儿子，都是庸愚无识之徒，真正的幕后主人公，反而是寒人小吏出身的孙秀。

这位孙秀，狡黠贪淫，与他共事的人又皆邪佞之士，唯竞荣利，无深谋远略，而且这帮人也不团结，志趣乖异，互相憎嫉。真正是小人得志，因时趋势。

孙秀有个儿子叫孙会，形貌短陋。为了彰显老孙家，孙秀竟把惠帝亲生女儿河东公主娶为儿媳。一年前，孙会还和数位商人之子在洛阳城西贩马，如今，城中百姓忽闻这位丑八怪马贩子当了驸马，莫不骇愕。

晋惠帝永宁元年（301 年）春正月，孙秀与司马伦再也等待不了，派晋惠帝的堂叔义阳王司马威去惠帝那里逼其"禅位"。

惠帝愚憨，但也知道身上的玺绶是很重要的东西，抱持不放。司马威伸手就夺，几乎把惠帝手指掰断，惠帝嗷嗷大哭。

司马伦以兵士“护送”惠帝至金墉城，表面上尊惠帝为“太上皇”（辈分简直乱了套，司马伦是惠帝的叔祖，侄孙竟成为自己的太上皇），同时，他下令把已被立为皇太孙的司马遹之子送入密室一刀结果。可怜这数岁小儿，虽生于天家，却没几天好日子可过。

赵王司马伦即位，改元“建始”。坐上帝位，自然是大封“功臣”，孙秀、张林、司马威等加官晋爵，其余党羽，皆为卿、将，超阶超次，不可胜记。下至奴卒，亦加爵位。

每次朝会之时，貂蝉盈座，“时人为之谚曰：‘貂不足，狗尾续’”。（这就是“狗尾续貂”典故的由来。）

司马伦虽当了皇帝，但真正的皇帝显然是孙秀。孙秀专执朝政，司马伦所出诏令，孙秀辄更改涂抹，自书青纸为诏，或朝行夕改，百官转易如流，朝政大乱。

为了安抚宗室，拉拢人心，孙秀也以司马伦名义加封齐王司马冏（坐镇许昌）、成都王司马颖（坐镇邺城）以及河间王司马颙（坐镇关中）三个人“大将军”名号，并把司马伦亲信多人派出给三王充当僚佐，以为监视和内应。

司马伦称帝才两个多月，在许昌坐拥强兵的齐王司马冏就遣使告成都、河间、常山、新野四个司马王爷，移檄天下，发兵讨伐赵王伦，声称“逆臣孙秀，迷误赵王，当共诛讨。有不从命，诛及三族”。

一时间，各地响应，军队赶至朝歌县时，已汇集二十多万人。

孙秀、司马伦听说三王起兵，大惧不已。不得已，二人只得硬着头皮派亲信将领张泓、士猗、许超以及孙会等人率京中禁军四出拒战。

司马伦、孙秀两个人笃信邪教巫术，日夜祈祷，厌胜以求多福，天天弄几大帮人在宫里跳大神。

也是碰巧，齐王司马冏在颍阴被张泓打败；孙会、士猗等人又在黄桥大败成都王司马颖，杀死成都王数万兵马。

消息传回宫内，孙秀、司马伦大喜，大赏黄桥之功，士猗、许超与孙会，皆得“使持节”的衔号。这样一来，三将地位相当，各不相从，军政不一，谁也不听谁的指挥和调动。骄傲之际，他们对于仍未退军的败军之将成都王司马颖更是不放在眼里，以为朝夕可灭。

司马颖在黄桥大败后，本来想逃跑，被手下卢志等人劝住，并乘孙会等人松懈之机，突然进攻，大败对方，乘胜长驱渡过黄河。

三个败将带数名残卒跑回城内，孙秀大惧，忧懑不知所为。几个人连夜商量对策，有的说西，有的说东，有的建议收败兵出战，有的想要焚烧宫殿趁乱逃跑，有的指出要挟持司马伦南逃荆州，还有的干脆劝说孙秀大搜宝物乘船东逃入海……

这些人正你一言我一语争吵，手中掌有精装禁兵的左卫将军王舆先窝里反，率七百多兵士从南掖门入宫，攻杀孙秀、许超、士猗等人，并召八座大臣入殿，强迫司马伦发诏：“吾为孙秀所误，惹怒三王；今已诛杀孙秀，迎取太上皇复位，吾归老于农亩。”

于是，宫内高举驺虞幡解兵，数千甲士又迎惠帝复辟。

事定之后，三王入城，发诏杀掉赵王司马伦四子，捕斩孙秀等人亲党，并派人送金屑酒给司马伦，赐死。

司马伦惭愧惊恐，以巾覆面，嚷嚷道：“孙秀误我！孙秀误我！”饮药自杀。

八王之中，司马伦是第三个死的（淮南王司马允没有在“八王”之中）。

这次混战虽然只打了两个多月，却战死士兵十来万，成为皇族大血战的第一个高潮。

你方唱罢我登场

“八王之乱”的“渐入佳境”

惠帝复辟，篡位的赵王伦被赐死，齐王司马冏自然也要大赏“功臣”。齐王司马冏获封大司马，加九锡；成都王司马颖为将军，加九锡；河间王司马颙为太尉，加三锡；常山王司马乂改封长沙王，为抚军大将军。

其中，齐王司马冏是惠帝堂兄，成都王司马颖和长沙王司马乂与惠帝都是同父异母的兄弟（司马乂与楚王司马玮同父同母，楚王起兵时跟随左右，后被贬为常山王），这几个人都是二三十岁的青壮年王爷。河间王司马颙是惠帝堂叔，年纪在四十岁左右。

可以想象，这些人在一起，宫中横坐的皇帝又傻，谁又能向谁低头呢?

手夺惠帝玺绶的义阳王司马威从外退兵至九曲（今河南巩义市）时，闻听赵王司马伦倒台，慌忙丢下所统军队，逃归洛阳大宅子待罪。诸王商议想饶他不死，一直呆呆坐在上座的惠帝忽然发话:“阿皮（司马威小名）掰我手指，夺我玺绶，不可不杀。”

这句话，也是他当皇帝一辈子唯一自己做出的“决定”，诸王当然无话，派人杀掉司马威。

刚刚安定没几天，数位王爷各自结伙拜祖陵。

途中，新野王司马歆劝说齐王司马冏:“您与成都王一起建立不世之功，应该留下他在京城辅政，如果无此心，应该削去他的兵权。”

长沙王司马乂在拜陵时对异母兄成都王司马颖建议:“天下者，先帝之业，王宜维正之。”意思是应该由武帝一系的人来维持，提防齐王。

成都王幕下高参卢志提出以退为进的谋略，他说:“齐王当时号称有百万之众，为张泓所败，正是王爷您强攻孙会，才成大功。两雄不俱立，大王您应该以太妃（成都王生母）有病为由，上表还归邺城，朝廷委重齐王，此举可收四海之心。”

成都王司马颖很听话，马上入宫辞别惠帝，与从人快马加鞭从洛阳返回邺城，由是士民对司马颖的高风亮节，都赞誉有加。

回到邺城后，司马颖又推却九锡殊礼，表论功臣，赈济灾民，埋葬阵亡将士，深受爱戴。其实，所有这一切，都是卢志给他出的主意。史载，“（司马）颖貌美而神昏，不知书，然气性敦厚，委事于（卢）志，故得成其美焉”。

齐王司马冏，一直怀疑大才子陆机为赵王司马伦替惠帝撰写禅位诏书，就把陆机、陆云兄弟抓起来，并想杀掉。成都王为之辩理，救了二人，并表陆机为平原内史，陆云为清河内史。

二陆兄弟的友人，劝他们赶紧还吴地，远离是非。陆机认为，司马颖对自己有保荐之恩，想留下来找机会立功，报答这位王爷。

齐王司马冏手下的东曹掾张翰（字季鹰）也是吴中人士，他人在洛阳，见秋风起，顿思恋吴中老家莼菜羹、鲈鱼脍，叹息道：“人生贵得适意耳，何能羁宦数千里以邀名爵！”于是遂命驾回家。此举聪明，果然保全性命。

莼菜汤、鲈鱼脍，不见得多么好吃，但以此为借口挂帆而去，不仅能避祸，还能留千秋万古潇洒之名，张季鹰此举是真名士所为。

由于惠帝太子司马遹被贾后杀掉，司马遹的两个儿子又被赵王司马伦杀掉，按继承人顺序，“大将军（司马）颖有次立之势（可为皇太弟）”。齐王司马冏当然不会任情势这样发展下去，于是他就奏请立惠帝的侄子、年方八岁的司马覃为皇太子，他本人自任太子太傅，并加封亲信东海王司马越为司空，领中书监。

司马越，也是惠帝族叔辈。

齐王司马冏大权在手后，骄奢擅权，大起府第，耽于宴乐。侍中嵇绍、殿中御史桓豹、孙惠等人皆上书相劝。尤其是孙惠，言语恳切，辞理分明：“天下有五难、四不可，而明公皆居之。冒犯锋刃，一难也；

聚致英豪，二难也；与将士均劳苦，三难也；以弱胜强，四难也；兴复皇业，五难也。大名不可久荷，大功不可久任，大权不可久执，大威不可久居。大王行其难而不以为难，虑其不可而谓之可，明公宜思功成身退之道……”

齐王司马冏对这些良谏，都表示虚心接受，但坚决不改。

一年多以后，惠帝永宁二年（302年），河间王司马颙在长史李含的怂恿下起兵。

李含出主意说：“成都王司马颖是皇帝至亲，齐王司马冏越亲而专权，朝野怨恨，现在发檄长沙王司马乂讨攻齐王，齐王必会先干掉长沙王，我们因此再以此罪除掉齐王，拥戴成都王入京，以安社稷。”

河间王司马颙本来就是赵王司马伦亲信，当时也是因形势所逼才不得已加入讨赵王的军队。而且，他知道齐王对他一直怀恨在心。至此，觉得时机成熟，他派部将李含、张方为先锋，率军直奔洛阳。同时，他遣使邀成都王司马颖一起发兵。

卢志谏劝，司马颖不听，准备兵马待发。

河间王部将李含、张方临近洛阳屯军，便发檄让长沙王司马乂攻讨齐王司马冏。这两位王爷，本来同时在京，关系还不错，但齐王认为长沙王与成都王是兄弟（同父异母），便先下手为强，派人攻袭长沙王。

司马乂身长七尺五寸，开朗果断，才力绝人，虚心下士，甚有名誉。他率百余人飞驰入宫，关闭诸门，声称“奉天子攻大司马府”。有皇帝在手，一下子就转被动为主动。

当夜，城内大战，齐王称“长沙王矫诏”，长沙王称“大司马（齐王）谋反”。

相攻之下，飞矢雨集，火光冲天。

在上东门楼上避难的惠帝，又被吓了一大跳，飞矢乱飞，群臣死者相枕。

连战三日，齐王部队大败，最后，司马冏被自己的长史赵渊执送入宫。司马冏至殿前之时，惠帝恻然不语。

司马乂催促左右把齐王牵出，斩于阊阖门下，徇首六军示众。

齐王司马冏，成为八王中第四个死掉的王爷。

河间王司马颙的部将李含、张言等人闻知齐王已死，就引兵还据长安。

才过半年多，惠帝太安二年（303年）八月，因长史李含等人为长沙王司马乂所杀，河间王司马颙又起兵讨伐。

成都王一直在邺城，但恃功骄奢，起先他还能“遥制朝廷”，但随着长沙王司马乂翅膀渐硬，兄弟生出嫌隙。于是，成都王附和河间王，共同前往洛阳讨伐长沙王。

卢志谏劝，司马颖不听。

河间王司马颙以张方为都督，将兵七万自幽谷东趋洛阳。成都王司马颖引军屯朝歌，以陆机为前将军、前锋都督，率二十多万人南向洛阳。

众人大战，死伤数万。长沙王手中有惠帝这张王牌，关键战斗皆在军中显耀皇帝旗鼓。建春门一战，陆机大败，他手下败兵争赴七里涧，死者如积，水为之不流。

由于陆机兄弟与成都王司马颖的太监孟玖不和，孟玖就说陆机有二心想联合长沙王谋反。成都王没主见，下令诛杀二陆兄弟及其三族。

被杀头之前，大才子陆机叹道：“华亭鹤唳，可复闻乎！”与当年咸阳市上被腰斩的秦朝丞相所发黄犬之叹，大相类似。

知退不退，后悔无及！

打败成都王派来的陆机，长沙王司马乂深觉惠帝这个幌子确实好用，就让人抬着惠帝去进攻张方。

张方的士兵看到乘舆（皇帝御车），都惶恐走避，张方军大败。

双方僵持不下。长沙王主簿祖逖（“闻鸡起舞”“击楫中流”两个典故的主人公）建议，派人持诏到西北，命雍州刺史刘忱起兵，去袭击河间王司马颙的后方。这样一来，张方军不得不回，可解京城之围。

长沙王司马乂对惠帝服侍周全，礼数不亏，故而城中粮窘食缺，而士卒没有离心叛意。数次争战，他前后斩获对方六七万人。

围城二王兵马略尽，张方也准备逃回长安。

关键时刻，本来与长沙王一伙的惠帝族叔东海王司马越忽然反水，他害怕城外二王兵马越聚越多，就与殿中亲将密谋，半夜冲入司马乂房中，把这位俊伟英勇的长沙王捆绑起来，关在金墉城里，并以皇帝名义下诏免其官职，召成都王司马颖等入城辅政。

城门既开，殿中将士见外兵不盛，都非常后悔，想再劫出司马乂抵拒司马颖。

司马越见情势不妙，大惧，想杀掉长沙王司马乂以绝众望。

于是，黄门侍郎潘滔（与潘岳同官同姓同为文人）出了个绝好的坏主意，遣人密告张方，借张方之手除掉司马乂。

张方本性残暴，派兵从金墉城中押出司马乂，绑缚于城外兵营中，放在火堆上慢慢烤炙而死。

司马乂被杀，时年二十八。“冤痛之声达于左右，三军莫不为之垂涕。”

八王之中，长沙王司马乂是第五个被干掉的。

交战中数次大败的成都王司马颖，此刻得意，耀武扬威入京师后，还镇于邺城。于是，他以惠帝名义，下诏自己为丞相，加封东海王司马越为“守尚书令”。

司马颖派亲信将领石超守洛阳十二城门，凡是殿中禁卫军军将与自己不和的，他都下令杀之，撤换了全部禁卫军。他还废齐王所立的皇太子为清河王。

河间王司马颙乘机卖好，表请立司马颖为皇太弟，“诏从之”。

西北方面，河间王司马颙屡为刘忱所败，急召张方还长安。张方临行，掠劫洛阳宫中男女万余人而去，途中乏食，便杀掉掠来的男女夹杂牛羊肉充当军粮。到关中后，张方与司马颙双方合军，大败刘忱，腰斩了这位雍州刺史。

皇太弟司马颖僭侈日甚，加上嬖幸用事，大失众望。居于京中的东海王司马越，久有自固之心，就于惠帝永兴元年（304年）秋天，勒兵入云龙门，声讨成都王，并恢复司马覃的皇太子身份。

司马越还效仿司马乂，劫持惠帝北征，挟十余万军队直扑邺城。

此前，洛阳城内为司马颖守城门的石超，早已闻讯跑出，逃回邺城。司马颖给他五万兵，命他迎击司马越。

双方兵马在荡阴（今河南汤阴）相遇，石超大败司马越军。

混乱之中，晋惠帝车倒草中，脸上中刀，身中三箭，狼狈不堪。百官侍御皆逃散，唯有侍中嵇绍下马登辇，以身蔽护惠帝。

乱兵把嵇绍从车上拉下，用刀乱砍。惠帝高叫："忠臣也，勿杀！"

兵士们回答："奉太弟令，唯不犯陛下一人。"

于是，嵇绍死于乱刀之下，血溅惠帝之衣。

不久，司马颖派卢志找到坐在草中号啕大哭的惠帝，把他转移至邺城。

"左右欲浣帝衣，帝曰：'嵇侍中血，勿浣也！'"书至此，史臣也慨叹：孰言惠帝憨愚哉！

嵇绍之父嵇康，当初在魏末不与司马氏合作，受诬被杀。嵇绍纯臣，尽忠司马氏而死，可谓君子伟丈夫，难怪日后文天祥在《正气歌》诗中，也以他为忠臣样板。

东海王司马越从洛阳出兵时，河间王司马颙已派张方袭取了洛阳。兵败的司马越，只得逃回自己的封地东海（今山东郯城）。按常理，司马越这个宗室疏宗已经败成定局，怎么也不能再缓过神来扳动成都王司马颖和河间王司马颙。

历史总是存在那样的偶然性。时任晋朝"都督幽州诸军事"的王浚，坐山观虎斗之余，在边疆地区联合鲜卑、乌桓部落骑兵，与东海王司马越的弟弟东嬴公司马腾合兵，南下进攻邺城。

司马颖听说少数民族骑兵来攻，忙派王超等人拒战，但连连败绩。王浚属下的鲜卑等部落骑兵所向披靡，秋风扫落叶一般。“邺中大震，百僚奔走，士卒分散”。

卢志劝司马颖奉惠帝还洛阳，当时还有甲士一万五千多人，逃跑时做护卫还绰绰有余。黎明时分，司马颖生母程太妃眷恋邺城，迟迟不愿起身。狐疑未决之际，他手下士兵溃散一空。

司马颖和卢志，只带数十骑拥着惠帝乘犊车南奔洛阳，狼狈不堪。

逃至邙山，张方率万骑精兵“迎谒”。

“（张）方将拜谒，帝下车自止之”。堂堂皇帝，虽傻乎乎，也觉察到自己如今连一个将军的跪拜也承受不起了。

王浚攻入邺城之后，纵兵大掠。兵还蓟州之前，王浚又怕鲜卑士兵携带抢掠的妇女行军耽误正事，便下令：“敢有挟藏者斩！”当时，诸族骑兵还很害怕晋朝军法，纷纷把千挑万选抢掠来的绝色妇女都推入易水中淹死，共死亡八千余人。

诸王争战期间，晋朝的流民首领李雄，已在巴蜀成割据之势，自称成都王。匈奴贵族刘渊，本来被成都王司马颖荐为冠军将军，也趁乱率五部杂胡起事，建国号曰“汉”，自称汉王。西晋最后两个皇帝怀帝和愍帝都为他们所俘虏，接连让晋帝上演“青衣侑酒”的历史悲剧，成为历代汉族臣子心中永拂不去的伤痛。

惠帝入返洛阳后，张方拥兵专治朝政，成都王司马颖丧失前权，形同软禁。

张方所部士兵大多从长安来，一直把京城当作块大肥肉。他们在洛阳剽掠搜刮，都吵嚷着要“奉帝迁都长安”。于是，张方以请惠帝出郊拜谒陵庙为由，想把惠帝和群臣骗出城。惠帝不愿再颠簸，不答应出城。

张方来硬的，率大批军士披甲执兵入殿，搜出躲在后园竹林里的惠帝，逼使上车，皇帝垂泣从之。

张方军士临走前，在后宫大肆奸污宫女，抢劫珍宝，这些人分争府藏，割流苏、武帐为马障，致使魏、晋以来的丰厚蓄积，扫地无遗。

行前，张方还想一把火把宫室和宗庙烧毁以绝人望，卢志劝他："董卓无道，焚烧洛阳，怨毒之声，百年犹存，何为袭之！"张方这才作罢。

张方挟持惠帝、成都王司马颖以及惠帝另一个弟弟豫章王司马炽到长安，河间王司马颙就暂时成为西晋王朝真正的主人。他让惠帝下诏废掉司马颖的皇太弟身份，改立豫章王司马炽为皇太弟。"（惠）帝兄弟二十五人，时存者唯（司马）颖、（司马）炽及吴王（司马）晏"。

惠帝永兴二年（305年）七月，东海王司马越喘定之后，又以张方和河间王司马颙"劫帝车驾"为罪名，发檄天下讨伐河间王。成都王司马颖的旧部也纷纷在河北起兵。

见山东、河北等地兵起，河间王害怕了，就重新起封原来和自己一个战壕现在又被自己软禁的司马颖为镇军大将军，派卢志和千余兵拥他一起返归河北招抚。

成都王司马颖此时兵马衰弱疲极，早已丧尽昔日手下数十万熊虎大军的威风。

东海王司马越东山再起之势勃然，一路进兵顺利，军近洛阳。眼见一天不如一天，河间王司马颙想与司马越言和。

由于张方自己有"劫驾之罪"，怕二王和解后对自己不利，坚决表示反对。河间王便遣张方的老友郅辅以送信为名，趁张方读信时，一刀砍下这位骄横将领的脑袋。

司马颙本以为杀了张方后东海王司马越会许和退兵，但政治斗争向来是"得寸进尺"，东海王司马越继续西进。

当时携残兵驻洛阳的成都王司马颖，在洛阳也站不住脚，狼狈败向华阴。他中途听说河间王和东海王有言和之势，如九雷轰顶，不知何去何从。

两王如果讲和，成都王自己肯定会被当作牺牲品干掉。

306年5月，东海王的将军祁弘攻入关中，连败河间王司马颙的军队。司马颙本人跑入太白山中。当时百官散走，司马颙在山谷中拾采橡实充饥。祁弘军攻入长安后，部下的鲜卑军人纵情大掠，杀掉两万多人。

祁弘抢到惠帝后，拥着皇帝还都洛阳。河间王趁机夺回长安城，但关中地区都臣服于司马越，因为惠帝在司马越手中，河间王仅保有长安一城。

306年7月，惠帝回到旧都洛阳，改元光熙。

每经一次劫难，惠帝就被迫改一次年号，这也是西晋“八王之乱”的一大特色。

东海王司马越拥大军入驻洛阳后，被委任为太傅、录尚书事（实际上是自己委任自己）。并以自己的亲宗堂兄范阳王司马虓为司空，镇军邺城（司马越和司马虓两个人都是司马懿的弟弟司马馗之孙，按理讲是帝室疏宗）。他还加封进攻成都王甚有“功劳”的王浚为骠骑大将军，都督东夷、河北诸军事，领幽州刺史。

惶惶在外的成都王司马颖，听说东海王兄弟已经控制了京城，便想从华阴往武关方向逃跑，行至新野县，得知东海王已经以惠帝名义下诏搜捕他。

惶急之间，司马颖也顾不上老母妻子，只和一个御车的兵士单车载着两个小儿子渡过黄河跑到朝歌，又召集了从前的属下数百人，想投奔老部下公师藩。

没走多远，范阳王司马虓属下把司马颖等人一网打尽，关在邺城监狱里。虽然范阳王司马虓幽禁他，并不想杀他。

不巧的是，范阳王忽然暴疾而死，他手下长史刘舆（大文豪刘琨之兄）知道司马颖从前一直在邺城坐镇，声名不错，怕有人再趁机劫持他生出后患，便派人假称台使，连夜称诏，赐死了司马颖。

在最后的时刻，这位年轻貌美的王爷倒很镇静。读毕“诏书”，他问监守田徽：“范阳王死了吗？”田徽答说：“不知道。”这一问一答很有意思。见有赐死自己的诏书，司马颖就猜到范阳王已死；田徽作为办公人员，也不好透露消息。

司马颖又问：“您今年多大？”田徽答：“五十岁。”司马颖问：“知天命了吗？”（孔子说自己“五十而知天命”。）田徽说：“不知道。”

面对这位冷忍无情的监守，王爷也无可奈何，与这样的人不可能再深谈下去，他自叹道：“我死之后，天下安乎不安乎？我自放逐，于今一年，身体手足不见洗沐，取数斗汤来！”

魏晋风度，在这么一个临死王爷身上也可窥见一斑。

司马颖两个儿子在一旁惊恐大哭，王爷知道惜死无益，怜子亦无益，挥手让人把两个小孩子带走，以免让他们看见自己的死状。洗沐已毕，他散发东首卧，自己躺倒，命田徽把自己缢死，时年二十八。很快，他两个小儿子也被杀掉。由于他人缘不错，邺中百姓哀之。

成都王司马颖，乃八王中被杀的第六位。

306年（惠帝光熙元年）12月，东海王司马越觉得惠帝没什么利用价值了，便派人于饼中置药，毒死了惠帝，惠帝时年四十八。

惠帝自登基以来，十六年来风风雨雨，多少个夜晚被人从梦中叫醒，强掖升殿，被迫书写诛杀自己姥爷、母后、皇后、皇子、皇兄、皇弟、皇叔以及多位他连名字也搞不清的大臣的诏书。今天被这个劫持当挡箭牌，明天被那个拉着放在军阵里炫耀，几乎没一天安生过。

终于有这么一天可以长睡过去，永远不会有兵士用冷冷的大手于凄冷的夜晚把他从热被窝里拽出来了。

可悲的是，晋惠帝处于半傻半愚之间，知冷知热，知苦知痛，既能因司马威掰他手指而怒，也能因嵇绍血溅己衣而悲，但就是不能像常人那样有条理地行事，白白身居九重帝位。尤其他那“何不食肉糜？”

的流传千古的“笑话”（及天下荒乱，百姓饿死，帝曰：“何不食肉糜？”），我们读之细品，只有伤悲，只有哀怜。

晋朝真正的祸乱根源，在于“武皇（司马炎）不知其子”，在于其生母杨后的妇人之仁。

惠帝安生了，天下士民也喘了口气，大家终于如释重负，热切盼望能出个好皇帝镇住天下。

惠帝崩后，司马越立惠帝二十五弟司马炽为帝，改元永嘉，是为晋怀帝。

想起还有困守长安孤城的河间王司马颙，太傅东海王司马越就以晋怀帝名义下诏，以司马颙为司徒。

司马颙接受诏命就征，与三个儿子心情复杂地坐车赶往洛阳。刚刚走到新安雍谷，东海王亲弟南阳王司马模派来的将领梁臣已率一队精兵“等候”他。问明车上确是河间王，梁臣下马，突入车中，用大手活活掐死了这位一向老谋深算的王爷。而后，梁臣又抽出刀来，三刀砍落河间王三个少年儿子的人头。

至此，八王中的河间王司马颙被杀，排名第七。

八王之中七王相继被杀，东海王司马越挨到最后，似乎是最后一个胜利者，其实他的下场也好不到哪里去。

司马越拥立怀帝后，大权独揽，首先他害掉怀帝的侄子——十四岁的清河王司马覃。司马覃曾被惠帝立为皇太子，司马越怕日后这个孩子又会继怀帝后登基，所以先下手为强。不久，他又杀掉怀帝亲舅王延及大臣高韬等人，窜逐大臣荀晞。“（司马）越专擅威权，图为霸业，朝贤素望，选为佐吏；名将劲卒，充于己府。不臣之迹，四海所知。”

怀帝永嘉五年（310 年），眼见洛阳城外狼烟四起，内不自安的司马越戎服入朝，请讨石勒，想趁此拥大兵立功以自固。他率四万精军出讨后，飞檄各州郡征兵，但“所征皆不至”。

这个时候，公利罄乏，州郡携贰，上下崩离，祸结衅深。忧惧劳顿之际，又得悉晋怀帝密诏荀晞等人要杀自己，东海王司马越兵至项城（今河南沈丘）时，忽发暴疾，死于当地。

同军而行的襄阳王司马范和太尉王衍秘不发丧，准备率军送司马越尸身还葬其封地东海（山东郯城）。

羯族首领石勒（当时为匈奴种的汉王刘渊部属）得知消息后，率劲骑追赶这群群龙无首、兵官家眷交杂的队伍，并在苦县宁平城（今河南郸城）大开杀戒，大队骑兵像打猎一样围着数十万西晋军民发箭狂射，一天下来，晋朝王公士庶死者十余万人。

石勒派兵士一把火烧掉司马越棺柩，说："此人乱天下，吾为天下报之，故烧其骨以告天地。"

侥幸未死的西晋兵民二十多万，被刘渊另外一部将王璋一把大火烧死，至于烤熟的尸体，不少成为石勒军士的军粮。

石勒军队逮捕了太尉王衍、吏部尚书刘望等多位晋朝高官，还有襄阳王司马范、任城王司马济等六个皇族王爷。

"众人畏死，多自陈述"，王衍还劝石勒称帝。只有襄阳王司马范神色俨然，叱责诸位哀乞求生的人："今日之事，何复纷纭？"

半夜，石勒派兵士推倒屋墙，把王衍和司马范活活压死，但他们总算保了全尸。

司马越留派洛阳的部将何伦等人闻败，慌忙拥司马越世子和他的王妃裴氏从洛阳往东海方向逃跑，城中百姓士民也紧随军人一起外逃。

他们跑到洧仓，又被石勒大军迎截，东海王世子以及皇族四十八个王爷都死于乱兵之手，东海王王妃裴妃被乱兵抢去，被奸后转卖。

311 年（怀帝永嘉五年）6 月，晋怀帝被匈奴人刘渊手下的汉军抓获，313 年被杀，时年三十。

316 年，惠帝另一个侄子晋愍帝司马邺也肉袒出降，不久被杀，时年十八。

至此，西晋灭亡。

怀帝、愍帝，都是很不错的青年干才，但“八王之乱”已经使晋朝大厦产生难以修补的巨大裂隙，孤木难支，任谁也无力回天。

祖逖曾讲，“晋室之乱，非上无道，而民庶怨叛。由诸王争擅，自相夷灭，遂使戎狄乘虚，毒遖中土”。

晋惠帝虽昏而不虐，但这么一个幅员辽阔的皇皇大晋，由一个愚君来统理，简直是古今无有的事情。晋武帝没有远见，所托非人，儿子不争气也罢，托孤大臣不是杨骏那样的擅权鼠辈，就是张华那样的世故老臣，以至于贾后秉国，赵王司马伦篡逆，诸王争起，亡乱终至。

“八王之乱”的一个独特之处在于，大乱开始时，各种势力都是打着拥护皇权的旗号，或者“矫诏”行事，绝非像东汉末年那样赤裸裸地胡乱开打。这主要是因为晋武帝在位二十六年，皇权威力影响甚深。赵王司马伦势力如此之大，但一旦篡逆，很快就被打着迎归惠帝旗号的诸王所击败，而司马衷这个“土木偶人”恰恰可以成为各位皇族野心家手中最大的王牌，一直到306年，东海王司马越眼见傻子皇帝再无可用之处，晋武帝时代威赫皇权的余晖全然逝去，才一把毒药把他毒死。

造成西晋最终灭亡的八个司马皇族，最初完全是出于“封建亲贤，拱辅帝室”，但晋武帝没有远图，惠帝失于暗劣，执政大臣安于奢放，致使贾后擅权，八王又暗怀私心，相迭而起，煽风速祸，致使“崇国俱亡，身名并灭”。

然而，这八王的人格禀性也不尽相同。汝南王司马亮，“少清警有才用”，乱非其起，不失厚道。楚王司马玮“开济好施，能得众心”，是位年轻气盛，没什么政治经验的王爷，虽有挟怨私心，终为贾后杀人工具，自己也不免挨刀。赵王司马伦以叔祖之尊，昏暗愚懦，诸子皆不成器，又成为孙秀的傀儡，肆行篡逆，可以说是八王中最令人不齿的。齐王司马冏，“少称仁惠，好振施”，如果公正持平，完全可中兴晋廷，但最终为自己的野心所累，暴尸于市。长沙王司马乂“开朗果断，才力绝人，虚心下士，甚有名誉”，应该说是文武全才，果断聪明，但乱世人心叵测，最终被东海王出卖，功败垂成。成都王司马颖本来在谋士卢志等人的辅佐下，扫平大逆，颇得众心，但最终他宠信宵小，不仅与堂兄齐王翻脸，又与同父异母的兄弟司马乂同室操戈，遥制朝廷后，又不能当机立断，自恣其欲，最终也一条绳索搭上性命。河间王司马颙，本是司马皇室疏宗，“少有清名，轻财爱士”，晋武帝赞叹其“可以为诸国仪表”，但正是这样一个看似老成君子的王爷，先附赵王司马伦，又与齐王司马冏共攻赵王，再与成都王司马颖攻打长沙王司马乂，其部将张方更是残酷无比，劫持惠帝车驾，祸害京都洛阳，乘东海、成都二王交恶，他又浑水摸鱼，把惠帝劫至长安，软禁成都王，完全成为当时诸王混战的祸头，虽有如此城府，最终仍不免被人活活掐死。东海王司马越也是晋室疏宗，“少有令名，谦虚持布衣之操，为中外所宗”，在严酷的政治斗争中，司马越临危出卖同盟者长沙王，再与成都王翻脸，又攻击河间王，并毒死晋惠帝，虽最终能成为“八王”中不被砍头的王爷，但尸骨未寒，被石勒的一把大火烧成灰烬，世子死于刀剑之下，妻子惨遭乱兵轮奸变卖，下场也可嗟叹。

“自惠皇失政，难起萧墙。骨肉相残，黎元涂炭，胡尘惊而天地闻，乱兵接而宫庙堕，支属肇其祸端，戎羯乘其间隙，悲夫！”

倘使晋武帝的后继者为一平庸守业常主，所有这些王爷大可以善始善终，拱列晋室。即使哪个怀有狼子野心，在大一统的皇权下面也只能做太平顺王。

晋武帝时代另一措置失当之处，就是裁撤大批州郡士兵。当然，裁兵的初衷不错，根据西晋的《占田法》，这些退伍士兵可以分得一份土地从事劳作，不仅保障了自己的衣食，还可以给国家上缴租调。但是，州郡兵力减弱，真正有重大事件发生，比如有宗室拥兵叛起，或者边陲少数民族构乱，邻近州郡当然会束手无策，只能听天由命，任人宰割侵占。当时尚书仆射山涛劝谏武帝不要解除州郡武备，但正陶醉于“大一统”胜利中的晋武帝根本听不进去，认为州郡养兵费钱费力又无产出，下诏严命裁兵。

恰恰是“忘战必亡”，武帝死后不久即成祸乱满天下的现实。试想，大郡才有武吏百人，小郡才有武吏五十人，如此的“偃武修文”，晋武帝的谋浅和短视何其甚也！

此外，西晋初期大封同姓诸王，也并非“八王之乱”的真正导火索。细心考究西晋制度，可以发现宗室诸王在封地上没有什么治民的实权，王浑上书谏劝晋武帝不要派齐王司马攸“之国”时就指出：“……今出（齐王司马）攸之国，假以都督虚号，而无典戎干方之实。”诸王治地，“法同郡县，无成国之制”。真正招致诸王能有力量相继起兵为乱的原因，其实是武帝后期赋予他们专镇一方的威权，诸如楚王司马玮镇荆州，淮南王司马允镇江、扬州，汝南王司马亮镇许昌，等等。惠帝继位后，赵王、河间王等人又相继坐拥关中重镇，成都王坐镇邺城，齐王司马冏坐镇许昌。诸王带兵日久，幕府人杂，问鼎之心于不知不觉中悄然滋长，最终导致他们纷纷而起。

西晋是中国历史上没有亡于农民起义的少数几个政权之一。虽然经学的衰落，玄学、佛教的兴起和少数民族内迁成为西晋政权削弱的重要干扰来源，但其真正的灭亡原因，则是八王互攻而造成的内部混乱和崩塌。

法国哲学家帕斯卡尔说过：“进步的事业必须被进步所取代。”

福兮祸兮，虽然西晋的灭亡造成了一百余年间中国南北方极大的社会动荡，各个政权你方唱罢我登场，但也在中国历史上达成破天荒的头等大事：中华民族第一次在与各民族的“兄弟之战”中最大限度地加速了民族大融合，胡族文化涤荡冲洗了汉族原有文化中的糟粕和余渣，在中华民族的精神血脉中添加了新鲜的活力因子，并为日后隋、唐的大一统奠定了丰厚的思想基础和心理积淀。

纷乱大伪之世，却生出那么多英雄、豪杰、骚客、奸雄、懦夫，共同合演了一场盛大的世间戏。台上戏是先离后合，与台上之戏不同，世间戏却先合后离，辛酸处处，血迹斑斑。

“这是最好的时代，也是最坏的时代；这是智慧的年代，也是愚蠢的年代；这是信仰的世纪，也是怀疑的世纪；这是光明的季节，也是黑暗的季节。我们拥有一切，我们一无所有；我们直上天堂，我们直落地狱……”——英国大文豪狄更斯这一段话，形容“八王之乱”前后的西晋社会是再恰当不过的了。

血海中原的狼头大纛

匈奴刘渊的瞬间崛起及其短命王朝

晋惠帝登基，贾后弄奸，皇权旁落。“八王之乱”，更使大晋山河摇摇欲坠。统治阶级你杀我斗、天昏地暗之际，虽然司马王爷们纷纷在白刃下失去颈上头颅，高级士族也因“站错队”被整族地消灭，但真正遭受最直接、最惨烈痛苦的，当属晋朝绝大多数的无辜平民。

特别是黄河流域的汉族人民，在纷至沓来的“五胡”铁蹄下，一次又一次遭受屠灭，在惨无人道的政治、经济高压下苟延岁月。

祸起萧墙之际，大晋的司马王爷们没有一个真正占到便宜，倒让一位号称是大汉刘氏皇族后裔的匈奴人趁机而起，给了西晋王朝深达肺腑的致命一刀。

群“狼”的缘起

内迁的匈奴

自汉朝以来，居住在今天蒙古大草原上的匈奴人在“逐水草而居”的同时，时不时高举狼头大纛，啸聚而来，狂风一般地忽然出现在汉族人的北部边地。他们践踏庄稼，洗劫城市，烧毁房屋，杀戮当地居民。大肆劫掠后，往往掳走成千上万的汉人为奴隶。未等汉族大军到来，匈奴人便鬼魅一般地消失在无尽的大草原中。吃肉喝酒之余，这些骏马骑士们在朔朔北风中享受他们掠来的女子玉帛。

这种情况，不是一天两天，不是一年两年，也不是十年二十年，而是长达数个世纪之久。

东汉建武二十二年（46年），匈奴人赖以生存的蒙古大草原发生了前所未有的大旱灾，赤地千里，草木尽枯。对于以畜牧为生的匈奴人来说，大旱，成为空前的灾难。牛羊没有草吃，饿毙千万；牧人无食，相继而死。而人畜的尸体交相堆积，无人清理，又引发了一轮又一轮的瘟疫。于是，一直号称“天之骄子”的匈奴人死耗大半，强盛雄武的匈奴汗国，也终于陷入分裂，散裂为南、北匈奴。

南匈奴暂时收起狼性，匍匐于汉朝的金龙旗下；北匈奴则被迫向西迁移。91年，东汉大军乘胜把北匈奴赶到金微山（阿尔泰山）以外，惊慌失措的北匈奴部族只能向西复向西，跨过乌拉山，逃过伏尔加河，一直到里海以北，他们才敢坐下喘口气。

过了两个多世纪后，在迁徙中不断与当地族群通婚繁衍的北匈奴在现在的匈牙利平原重新立国，开始立足东欧，虎视西欧。五世纪的匈奴王阿提拉，曾经大显神威，杀得欧洲血流成河，被罗马帝国畏称为“上帝之鞭”。但好景不长，453年，阿提拉在美女怀中暴死。北迁的匈奴汗国终于分崩离析，散落并融合于欧洲各族。

回头再说南匈奴。依附东汉的南匈奴有五千余落，开始时他们被安置在五原塞（现内蒙古包头以西、乌拉山以南），不久就迁至西河美稷（现内蒙古准格尔旗）。东汉每年耗银一亿多供给他们，想让他们成为捍御北匈奴的屏障。但是，估计是当初汉军神威太猛，匈奴人的勇武魂魄已经被打得七零八落，继匈奴而后起的鲜卑人尽占匈奴故地后，又不断向西，南匈奴一败再败，人马被杀无数，牛羊损失千万，日益南退，最后，他们退至山西离石的左国城（现山西吕梁市离石区以北）。

东汉黄巾乱起，汉朝政府发令要匈奴骑兵进入中原帮助镇压起义，南匈奴各部当然不愿去当“炮灰”，于是他们杀掉亲汉的羌渠单于，立顺卜骨都侯为单于。

羌渠单于的儿子于扶罗本来向汉地奔亡，途中看见汉地烽火四起，互相杀伐，于是这位匈奴王子狼性顿起，率数千精骑与中原的乱军搅和在一起，四处攻杀，趁火打劫。

216年，大英雄曹孟德发现，迁居塞内的匈奴人种落繁盛，人口众多，便分其威权，把南匈奴分为左右南北中五部，目的在于弱其势众，每部置部帅一人，派汉人做司马以为监督（曹魏时，部帅改称“都尉”）。

南匈奴左部统率一万余落，居故兹氏县（今山西临汾）；右部统六千余落，居祁县（今山西祁县）；南部辖三千余落，居蒲子县（今山西隰县）；北部统四千余落，居新兴县（今山西忻县）；中部统六千余落，居大陵县（今山西文水县）。由此，汾水流域一带，南匈奴三万余落遍布四周。

但彼时的匈奴各部，畏服于英明神武的曹操大丞相。他们平时耕牧，打仗时出兵出马，部曲服事供职，与编户无异，完全是汉朝的“顺民”。那个时候，内迁的匈奴人，和内地的汉族百姓基本没有太大的差别。

入塞的匈奴中，共有十九种，每种皆自相隶属，各有族统。其中最著名的，有屠各种、羌渠种、卢水胡等。这群人在日后的十六国时代大显狼威，屠各种有刘氏建立的汉、前赵（304—329年），赫连氏建立的大夏（407—431年）。羌渠种（羯人）建立了后赵（319—349年）。此外，卢水胡中的沮渠氏也在西北建立过北凉（397—439年）。

由于汉高祖刘邦时代曾嫁宗室公主入匈奴，所以屠各贵族就冒姓刘氏。他们在匈奴诸种中地位最尊，因此五部匈奴部帅都是刘姓匈奴贵族。此外，匈奴有呼衍、卜、兰、乔四大贵姓，皆是刘姓贵族的辅佐高官。所有这些匈奴人，移居塞内时间久长，汉化日深。他们当中的贵族子弟，不仅博览群书，又精于骑射，可以说是能文能武的中国北方少数民族的高门士族。

虽为大晋臣民，与周遭广大汉人杂居，但这些匈奴部帅，仍对五部控有传统的威权。匈奴五部平日备战不辍，可以一声令下在瞬间化为强有力的军事组织。

狼血在流动

刘渊的青壮年时代

刘渊，字元海，匈奴冒顿单于直系后裔。

东汉末年，羌渠单于被杀后，其子于扶罗自称单于，率几千骑逃入汉地，恰值董卓之乱，他就趁机狂掠太原、河东地区，并在河内地区驻屯。于扶罗单于死后，其弟呼厨泉单于得立，以于扶罗单于的儿子刘豹为左贤王。这位左贤王，就是日后大名鼎鼎的刘渊的父亲。

曹操分南匈奴为五部，刘豹得为左部帅。在《晋书》中，刘渊以字称，写到他都称他为“刘元海”，因为《晋书》是唐朝大臣编撰，为避高祖李渊的名讳（另一位羯族皇帝石虎被统称为“石季龙”，因为李渊他爷爷叫李虎）。

刘渊自幼居于汉地，深受汉文化熏陶，从小就刻苦好学，师从上党名儒崔游，学习《毛诗》《京氏易》《司马尚书》等汉族传统典籍。由于出身将种，他还特别喜爱研读《春秋左氏传》《孙吴兵法》等与征伐相关的权谋兵书。史载，他“《史》《汉》，诸子，无不综览”，可称是高度汉化的匈奴人。

此外，刘渊七岁的时候母亲病死，他擗踊号叫，哀感旁邻，宗族部落，咸共叹赏。如此“孝道”，也显示出刘渊这些匈奴人的道德礼仪近乎完全汉化。

青年时代，刘渊就有大志，常对同门学习的汉人文士讲：“吾每观书传，常鄙随陆无武（汉朝文臣随何、陆贾），绛灌无文（指汉朝武将周勃和灌婴，周勃曾受封绛侯）。道由人统，一物之不知者，固君子之所耻也。”

于是，他发奋习武，妙绝于众，猿臂善射，膂力过人。本来就是尚武的匈奴王族直系后代，五部又多善骑射之人，刘渊习武，肯定是水到渠成的易事。不仅文采风流，又有一身好武功，才兼文武，刘渊在当时不啻人中之龙。

由于世为匈奴贵种，刘渊的遗传基因非常优秀。相貌方面，此人“姿仪魁伟，身长八尺四寸，须长三尺余，当心有赤毫毛三根，长三尺六寸”。晋人喜从一个人的相貌判断将来运数，好几个相士见到刘渊后，都大惊说：“此人相貌非常，吾所未见也。”

太原大族王浑也深叹刘渊一表人才，并命其子王济拜见刘渊。

曹魏咸熙年间（264—265年），刘渊作为“任子”（即少数民族贵族子弟在京城做“人质”）在洛阳居住，当时，司马昭就很器重他，常邀之入府做客。

晋武帝受禅后，时任晋朝大臣的王浑就不停地在晋武帝面前荐举刘渊这个“半老乡”。晋武帝召见刘渊后，大悦，对王浑的儿子、自己的女婿王济说：“刘元海仪容机鉴，由余、金日磾也比不过他啊。”王济应答说：“圣上所言皆是，但刘元海的文武才干远远超出由余和金日磾两个出身异族、辅佐汉室的古人。陛下如果能派他去平吴国，肯定能马到功成。”

听到王浑、王济父子的荐举，晋武帝自己又对刘渊有很好的印象，一高兴还真要下旨派这位匈奴人去带兵平吴。幸亏当时的大臣孔恂、杨珧很有政治远见，谏说道：“刘元海之才，确实超出常人。陛下如果给兵不多，不足以成事；如果授之以威权，恐怕他平吴之后，肯定自立为王，再也不会北渡了。非我族类，其心必异！如果真把匈奴本部交由他统领，他凭借朝廷威名外讨，为臣真为陛下寒心！”武帝默然，没再坚持。由此，刘渊的第一个“好机会”就这样错过了。

鹿形金兽　战国

后来，关陇一带的氐族酋帅树机能反叛，晋武帝于朝中大臣间访寻能胜任平叛主将之人。刘渊的另一位老乡、上党人李憙（时任尚书仆射）又推荐他："陛下诚能发匈奴五部之众，授刘元海将军名号，鼓行而西，可指期而定。"大臣孔恂又一次谏阻："李公之言，只能是一患未平又生一患！"

李憙勃然大怒，辩驳说："以匈奴之劲悍，元海（刘渊）之晓兵，奉宣国威，为什么不能平叛呢！"

孔谏对称："刘元海果真能斩杀树机能，夺取了凉州，恐怕凉州才是真正面临大祸乱。蛟龙复得云雨，就不会再蜷缩池中了。"

武帝再次打消了念头，刘渊第二次一显身手的机会就又错过了。

受到这两次沉重打击，刘渊也真的心灰意冷。一次，以游侠著称的东莱人王弥自洛阳返乡（这王弥日后也成为晋朝一大祸害），刘渊于九曲之滨为王弥饯行。几巡酒后，刘渊哭着对王弥说："王浑、李憙两位是我的老乡，多次在皇上面前举荐我，却招致谗毁之言。其实我本来就没有当大官的打算，二公好心却成坏事，唯足下您深明我心！自今以后，我恐怕要老死于洛阳城内，与君永诀了！"言毕，悲歌慷慨，纵酒长啸，一座之人皆为其这一番"表演"而感动。

刚巧，晋武帝的弟弟齐王司马攸当时也在九曲宴客，听见附近人声喧哗，又歌又哭又叫唤（长啸），便飞马驰近瞧个究竟。

刘渊的一番言语表演，皆为这位明睿聪明的王爷所睹闻。他回朝后，马上对皇帝大哥司马炎说："陛下不除掉刘元海，臣恐并州日后不得安宁！"

关键时刻，又是刘渊的老乡、晋武帝的儿女亲家王浑出面保奏："刘元海是个厚道人，我以身家性命担保他不会有异心。我大晋现正怀远以德，怎能做出杀害匈奴入侍质子之事！"

晋武帝非宏图远略之君，认为王浑说的有理。刘渊逃过一劫。

四海鼎沸时

“八王之乱”后的天赐“机遇”

不久，刘渊的父亲、匈奴左部部帅刘豹病死。依据晋朝律令，刘渊得以返回本部，世袭左部帅之职。武帝太康末年，朝廷拜他为北部都尉。

刘渊回到本部后，明刑法，禁奸邪，轻财好施，推诚接物，五部俊杰，皆闻名而至。就连幽州、冀州一带的汉族名儒、秀士，也不远千里，慕名而来。

晋武帝死后，外戚杨骏辅政，为了拉拢远人，树立私恩，加封刘渊为建威将军，五部大都督，并封他为汉光乡侯。晋惠帝期间，八个司马王爷以及众位勋贵各怀鬼胎，你争我斗。刘渊乘机在五部纠集人马，以观时变。惠帝元康末年，由于刘渊所部有人叛逃出塞，他被依法免官。

八王乱起，成都王司马颖掌权时，他为了拉拢这位非常有号召力的匈奴大都督，把刘渊召至邺城，封其为“行宁朔将军，监五部军事”。殊不料，这位宁朔将军不“宁朔”，最后倒是“乱朔”。

虽然是空号虚封，但“监五部军事”的官职是刘渊日后成功最大的基础。因为，在魏晋后期，匈奴的什么左贤王、右贤王的封号其实完全没有实际意义，已经在岁月的流逝和晋武帝的威权下成为装饰品了。

刘渊当时在邺城，眼见晋朝宗室相伐，天下动荡，心中窃喜，只是身在汉地，不敢有太大动作。

中原大地板荡之时，居于汾水流域的匈奴五部蠢蠢欲动。刘渊的堂叔祖刘宣秘密召集五部上层贵族，对当时的情势发表意见，准备见机起事。“我们匈奴先人（南匈奴）与汉朝约为兄弟，荣辱与共。自汉朝灭亡，魏晋代兴，我们匈奴族人只有虚号，没有实土之封，虽号称王族世家，和普通百姓编户没什么区别，想想真是屈辱呵。现在司马氏骨肉相残，四海鼎沸，正是我们兴邦复业的大好时机。刘元海姿器绝人，为超世人杰，正是兴复大业的最佳人选。”

于是，五部贵族上层秘密盟誓，推举刘渊为大单于，并暗派匈奴族人呼延攸到邺城，把五部盟誓的事情通报给刘渊。

刘渊听说自己已被五部暗中遥尊为大单于，欣喜过望。但他仍不动声色，假称五部族人有丧事，向成都王司马颖请假，说自己要回部落参加葬礼。司马颖当时没答应。倒不是这位司马颖王爷多聪明，有先见之明，而是当时各王之间争斗激烈，他太想把刘渊留下来当帮手了。

眼见不能成行，又不敢贸然私下逃归，刘渊便让呼延攸自己先回去，叫他嘱咐刘宣等人召集五部并诱引宜阳诸部胡人，齐集兵马，打着声援司马颖的旗号，准备伺机兴兵。

晋惠帝永安元年（304年），自我膨胀的司马颖在邺城宣布自己为皇太弟，废掉侄子司马覃的皇太子位号，这下给东海王司马越以口实，双方开打。荡阴一战，司马颖得胜，把惠帝掌握于自己手中，高兴之余，他又加封一直在身边出谋划策的刘渊为冠军将军。

司马颖没高兴多久，与司马越近宗的晋朝宗室、并州刺史东嬴公司马腾和安北将军王浚起兵，合力攻打司马颖，率鲜卑、乌桓等十多万人，直扑而来。

强敌来逼，“貌美而神昏”的司马颖不知所措。

刘渊乘机进言：“现在二镇跋扈凶猛，有甲士劲卒十多万人来攻，恐怕都京宿卫军士抵御不了这些强寇。请殿下允许我只身返回五部，带匈奴五部之兵杀返，以赴国难！”

司马颖迟疑。“匈奴五部能保证发兵吗？即使五部兵能来，王浚等人率领的鲜卑、乌桓士兵劲速如风云，五部兵能打得过他们吗？……我想护卫皇帝返归洛阳，避其锋锐，再传檄天下，以逆顺制之，不知君意以为如何？”

面对这位大敌当前只识“鸵鸟政策”的成都王，刘渊心中十分瞧不起。但为了自己能顺利返回五部之地，刘渊仍一脸虔诚庄重，一面给司马颖戴高帽，一面“深忧王事”地出主意：

"殿下您乃武皇帝亲子，对帝室立有殊功，威恩光洽，四海钦慕，谁都想为您效命献身啊！有您的命令，五部会闻命而动。况且，王浚竖子，东嬴公是王室疏宗，这两个人怎能与殿下您争锋！殿下您千万别离开邺城，兵马一动，示弱于人，又怎能到得了洛阳呢。即使能到洛阳，威权也不在您手中了。鲜卑、乌桓虽号称悍勇，但比起匈奴五部还差得远。希望殿下您镇抚士众，安静以待，我返回五部后，发二部兵击东嬴公司马腾，再发三部兵进攻王浚。如此，这两个鼠辈的首级，不久即可传至邺城！"

司马颖闻言大悦，拜刘渊为北单于、参丞相军事。

简言之，几个司马宗室王爷少不更事，纷纷外借鲜卑、乌桓、匈奴雇佣兵来参加"内战"，这些人狼子野心，谁又能真心为了司马家事而投身效命呢。

蛟龙终归大海。刘渊一回到左国城，刘宣等五部贵族马上奉上大单于尊号，建都离石，拥众五万。

"天赐"的帝业

匈奴人的复"汉"大业

王浚所率鲜卑大军一到，司马颖一败涂地，裹挟着司马衷南逃洛阳。

已是"大单于"的刘渊此时闻讯，叹骂道："司马颖不听我言，一战即溃，真是昏庸的奴才！但我和他有约，不可不救。"

刚刚摆脱司马氏控制，惯性思维下，刘渊起先还真想再扶司马颖一把，想派属下二万余骑进讨鲜卑。

刘宣等人马上阻止他，劝道："晋朝无道，一直像使唤奴隶一样使唤我们匈奴五部。现在司马氏父子兄弟自相鱼肉，是上天给我们匈奴人光复大业的机会。违天不祥，逆众不济。天与不取，反受其咎，望大单于三思！”

刘渊何其聪明之人，马上借坡而下，他叹言道：“你说得太对了。帝王之业怎有定数呢。大禹出于西戎，文王生于东夷，天授有德之人啊。现在我们有强兵十万，皆可以一当十，鼓行而摧灭晋朝，有拉朽摧枯之势！做好了可成汉高祖的大业，做不好也不失曹魏的霸业。”

言至此，老谋深算的刘渊沉吟片刻，半自言自语半对在座五部匈奴豪酋说：“以光复匈奴大业为名，晋朝人是不会响应我们的。汉朝享有天下日久，恩德结于人心，当初昭烈皇帝（刘备）以区区一州之地（蜀），也能抗衡天下。依名分讲，我是汉室之甥，当初与汉朝约为兄弟，兄亡弟继，合情合理。”于是，刘渊称汉王，在晋惠帝永兴元年（304 年）于左国城登基，建号元熙，依据汉制建百官。这样，刘渊就成为十六国第一个政权的创始者。

现在看来可笑的是，刘渊尊蜀汉后主刘禅为孝怀皇帝，立汉高祖以下三祖五宗神主，假模假式地真以汉朝后嗣来立国。“乐不思蜀”且安然而死的刘禅做梦也想不到，在他死后几十年，竟有个匈奴“孙子”打着他的旗号在汾水流域光复“大汉”。这，真是个历史的大幽默！

刘渊立国未久，西晋宗室、东嬴公司马腾派将军聂玄征讨，双方于大陵激战。此役，匈奴五部兵大显神威，击败聂玄的晋军。司马腾惊惧之余，忙率并州两万多户仓皇奔走山东。刘渊乘胜，遣其族侄刘曜，一举攻克太原、屯留、长子、中都等地。

转年，刘渊打败司马腾派来的司马瑜等晋军，但在版桥一战中，晋朝并州刺史刘琨击败刘渊的前将军刘景，占据晋阳。

刘渊受挫后，有段时间一筹莫展，本想退保，但其汉族臣下王育等人进谏：“……殿下如能命将四出，决机一掷，枭刘琨，定河东，建帝号，克长安而都之，以关中之众席卷洛阳，肯定易如反掌！”

刘渊大喜，说：“这正是我所想做的啊。”于是，他进据河东，攻陷

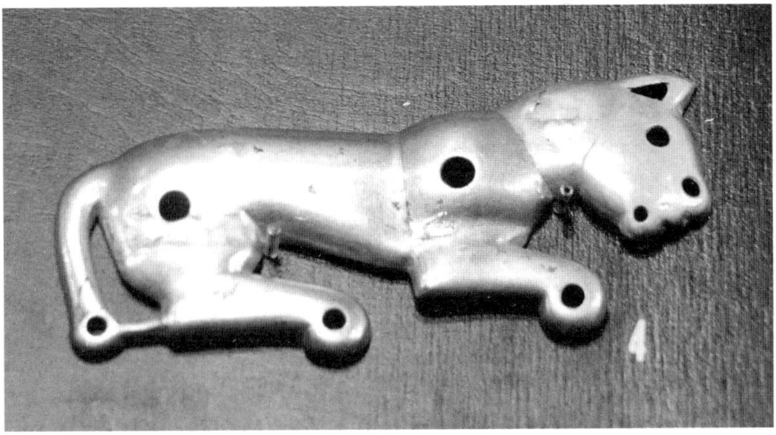

虎形金

蒲坂、平阳等地，击降上郡四部鲜卑。

晋朝内贼王弥（在九曲和刘渊喝酒的那位）、氐酋单征以及羯族头领石勒都慕其威名，投靠在刘渊旗下。刘渊对这些人一一封官晋爵。

晋怀帝永嘉二年（308 年），刘渊称帝，改元永凤，迁都平阳（今山西临汾）。当时，“八王之乱”中的八王已有七王命归黄泉，晋惠帝也被东海王司马越毒死，在位的是晋武帝第二十五子、晋惠帝之弟司马炽，即西晋怀帝。

刘渊称帝后，大举攻晋。他命其子刘聪与王弥进攻洛阳，并遣刘曜等人率匈奴军为后援。匈奴联军一路皆捷，接连打败东海王司马越和平昌公司马模派遣的数支晋军。

连胜之下，刘聪顿起骄心，不久，匈奴汉军被诈降的晋朝弘农太守垣延认偷袭得手，大败而还。

气恼之下，当年冬天，刘渊派刘聪、王弥、刘曜、刘景等人率精骑五万进攻洛阳，并派呼延翼率汉族步兵殿后，在河南大败晋军，包围了洛阳城。

好景不长，大将呼延颢和呼延朗接连被杀，匈奴军夺气，刘渊见好就收，忙下令召还诸将，匈奴军还于平阳。

刘渊深信其能卜会算的大臣鲜于修之言，不再攻晋，静待“辛未之岁得洛阳”的谶言。他于境内大赦，大封诸子、宗室，立其妻单氏为皇后，立儿子刘和为皇太子。

永嘉四年（310 年），刘渊病死，在位六年，被谥为光文皇帝，其子刘和继位。

刘渊打着“兴汉”的旗号，借尸还魂，起兵之初，确实很有政治头脑和政治手段。其将刘景攻克黎阳后，曾残暴地把三万多汉族百姓赶入黄河中淹死，刘渊闻讯后大怒，马上下旨把刘景降职。但是，由于他长期坐镇平阳，根本约束不了匈奴本部狼性勃勃的诸子和五部诸将，致使匈奴汉军攻掠之地百姓多流移四散，死亡委厄，白骨横野，十不存二……

在刘渊统治末期，他已经看到匈奴和汉族人民之间的民族仇恨难以泯灭，原先“称汉以怀人望”的政策根本行不通，就只得放弃他自小学来的那套“汉家儒法”，恢复匈奴旧制，实行“胡汉分治”，此举虽属刘渊的“不得已而为之”，但也成为日后十六国诸多少数民族政权进行统治的“法宝”，他们对此纷纷仿效，命祚虽短，确实也加速和深化了乱世中的中华各族大融合。

西晋掘墓人

刘聪的雄武与残暴

刘渊死后，太子刘和继位。刘和身长八尺，雄毅美姿仪，和他老爹一样，自幼饱读诗书，好学夙成。但是，他当太子后，内多猜忌，驭下无恩。刚登帝基，他就在其舅呼延攸的撺掇下，想杀掉手拥重兵的四弟楚王刘聪等三个王爷。不料，他派去攻杀其弟北海王刘乂的田密等将领斩关奔逃，奔向拥兵十万的刘渊第四子刘聪处通风报急。

混乱之间，刘和派人斩杀安昌王刘盛、安邑王刘钦、永安王刘安国、齐王刘裕、鲁王刘隆，大杀宗室成员。但最后，刘聪率大军攻入西明门，冲进内宫，斩杀了刘和，并收斩呼延攸等人。

刘聪杀掉刘和后，虽朝中大权皆归己手，但还没有马上自立为帝的野心。由于当时刘渊年轻的孀妇单氏是“皇太后”身份，刘聪就想尊单氏所生的儿子北海王刘乂为帝。

刘乂很有大局观念，与公卿涕泣固请，尊奉刘聪为帝。刘乂当时也就是一个十四岁左右的少年王爷，应该不是演“政治”戏，加上他自己也差点被刘和杀掉，推举这位四哥，想必是出于真心。依据当时情势，刘聪登上帝位，也是众望所归、水到渠成之事。

刘聪推辞许久，最后答应。他在朝中对宗室和大臣讲：“皇弟刘乂以及众位大臣值此四海未定之际推举我，是因我年长的缘故。国家大事，我不敢不从。待到皇弟刘乂日后成年，我会把皇位再让与他。”

于是，刘聪即皇帝位，改元光兴，尊刘渊的皇后单氏为皇太后，生母张氏为帝太后，拜刘乂为皇太弟，领大单于、大司徒。刘聪还立其妻呼延氏为皇后，封其子刘粲为河内王，署使持节抚军大将军、都督中外诸军事。

据说刘聪母亲怀孕十五个月才把他生出来，左耳间生有一根白毫毛，二尺多长，光泽莹亮。由于生长于汉地，刘聪也是自幼好学，十四岁时，他已精通经史百家，并工草隶，善属文，不仅精习《孙吴兵法》，还著有述怀诗百余篇。由于是匈奴贵种，刘聪十五岁起又开始学习击刺，“猿臂善射，弯弓三百斤，膂力骁捷，冠绝一时”。

刘聪身上既有父氏匈奴骁武的遗传，也有母氏汉族诗文积淀的灵性，确是人中龙虎。弱冠之年，刘聪即在洛阳游学，交结名士无数，当时的大臣乐广、张华都对他大加叹赏。在京城见过大世面后，刘聪回到新兴故地，官至右部都尉，善于抚接匈奴五部士众，族人归心。其父刘渊在成都王司马颖手下效力的时候，唯恐父亲有三长两短，刘聪当时也自告奋勇，在司马颖手下任积弩将军，常常冲锋陷阵，为父亲刘渊争脸邀功。

因此，无论是从禀赋、阅历、政治经验哪个方面讲，刘聪都是个成熟、老练的帝王。即位之后，刘聪马上派遣刘粲、王弥、刘曜等率四万精兵，长驱洛川，在梁州、陈州、汝州、颍州等地辗转袭击，攻陷汉族人所建的坞堡一百多座。同时，他派呼延晏率禁兵两万七千人，从宜阳入洛川，与王弥、刘曜、石勒大军相呼应，在河南与晋军大战，前后十二胜，杀晋军三万多人，包围了洛阳。

西晋方面，刘琨联合鲜卑部酋拓跋猗庐，大破与刘聪结盟的匈奴支属刘虎以及鲜卑白部。取胜之后，刘琨上书把持西晋朝政的东海王司马越，要求他派兵共讨刘聪、石勒。但司马越害怕与他不和的晋臣苟晞等人趁机夺权，就以洛阳饥荒、养不起外兵为由，拒绝了刘琨的建议。这样一来，也使刘聪围攻洛阳的军队更加有恃无恐，再无被反包围的危险。

晋朝大臣刘琨无奈，只能“厚谢”拓跋猗卢，并按约定把陉北的五县晋民迁于陉南，割陉北之地与鲜卑。

狼群攫一龙

晋怀帝的被擒

洛阳方面，饥困日甚。东海王、太傅司马越遣使以羽檄征天下兵入援京师，但响应者寥寥。每有使者临行，晋怀帝都亲自面见，可怜兮兮地嘱托说：“请替我转告各地将帅，今日尚可救，迟则无及矣！”

最后，只有征南将军山简和荆州刺史王澄两人派兵相救，半路皆被邀击，溃败而还。

眼见救援不至，又失众心，东海王司马越知道洛阳难保，便以征讨石勒为名，面见怀帝，要带兵出洛阳。

怀帝大惊，哀乞说：“现在胡虏已侵逼至远郊，人无固志，朝廷正倚赖您，怎能此时带兵远出，使洛阳丧失守卫呢？”司马越回答说：“为臣我出兵，或许侥幸能破贼，使国威复振，与其坐待穷困，不如拼死一搏。”言毕，也不听怀帝挽留，东海王司马越亲率四万精兵，放弃洛阳而出。

东海王司马越是个权臣，名将劲卒、朝贤素望，都被他当成佐吏带去打仗，连太尉王衍也随军为军司。他只留下世子司马毗及几个亲将“守卫”京师。名为“守卫”首都，实际上是防察怀帝以及朝内臣士。

洛阳宫禁无复守卫，荒馑日甚，殿内死人交横。城内，盗贼公行，杀人抢劫之事常常发生。府寺营署，都只得掘堑自守。司马越留下“守卫”的将领，不仅不守城，还抢掠京城公卿家属，甚至逼辱公主。

晋怀帝早就愤恨司马越专权，此时就密予大臣苟晞手诏，让他征讨司马越。出洛阳后一直带兵兜圈子的东海王司马越，内外交困，后来又得知怀帝密诏讨伐自己，忧愤成疾，在项城病死。

不久，刘聪的大将石勒在苦县宁平城全歼这数万晋军，杀太尉王衍以及数位宗室勋贵。闻败讯而逃的东海王世子司马毗不久也于狂逃途中被杀，四十八个司马宗室王爷，均被石勒军士剁下了脑袋。

再说晋朝君臣。本来怀帝依从苟晞的意见要迁都仓垣，但公卿左右贪念洛阳家财府邸，犹豫不行。又过几日，眼见连粮食都已尽绝，城内已经开始出现人吃人的情况，怀帝司马炽无奈，带数十朝士决定出逃。主意已定，却找不到侍卫车马。

一行人出宫走到铜驼街，遇见大帮乱民组成的盗贼，堂堂大晋皇帝，竟然在自己的都城被劫掠一空，只得仓皇返回宫中。

很快，刘聪大将呼延晏攻入东阳门，并烧掉怀帝逃跑的最后希望——停在洛水旁的舟船；刘聪的族弟始安王刘曜也很快攻入西明门；汉将王弥克宣阳门，纵兵大掠。

各营兵将把皇宫内的珍宝、宫女都抢入各自的营中。

晋怀帝司马炽从华林园门逃出，想趁乱亡奔长安，没走多远，便被匈奴汉兵抓住，关押在端门之上。

刘曜派兵挨家挨户搜掠，杀掉太子司马诠、吴王司马晏、右仆射曹馥等王公及士民三万多人。接着，他派兵发掘皇家陵寝，并一把火把洛阳烧成白地。

大乱之时，太子司马诠的弟弟豫章王司马端逃至仓垣，被苟晞等人立为皇太子。但不久，苟晞与司马端均被石勒俘杀。吴王司马晏的儿子秦王司马邺时年十二，逃至密州，被苟藩等人奉戴。

海内大乱之时，唯独晋朝的宗室琅琊王司马睿所在的江东一带稍稍平静，他在镇东司马王导的劝告下，召辟贤才，总揽俊杰，总算使晋朝有了一块安全的喘息地。

眼见晋朝的传国玉玺将被送至平阳，晋怀帝司马炽及晋惠帝的皇后羊氏也被送俘于内宫。刘聪大喜，下令把羊皇后赐给攻陷洛阳有大功的宗室刘曜。陶然之际，他宣布大赦，改元嘉平。

此时，虽然为帝不到一年，刘聪已内外全然改变。权力对人的腐蚀力量是巨大的。他不仅再无传位于皇太弟刘乂的意思，甚至对比自己年岁稍长的哥哥刘恭也大行猜忌，派人夜间穿墙而入，刺杀了这位皇兄。

刘聪入居皇宫以后，见后妈单太后貌美，也蒸而淫之（古汉语讲究，下淫上曰“蒸”，上淫下曰“报”）。

皇太弟刘乂听闻此事，心中惭怒，常常入宫“谏劝”。左不成，右不成，单氏惭恚而死。

刘聪心中生恨，但因思恋单氏，暂时忍耐，未对这位“不懂事”的皇弟下手。

刘乂的舅舅单冲泣谏刘乂，让他把皇储之位让与刘聪的儿子刘粲。

刘乂不听，说：“天下者，高祖之天下，兄终弟及，何为不可！”

单氏死后不久，刘聪的皇后呼延氏也病死。正当盛年而又极其好色的刘聪，就不顾同姓之义，纳太保刘殷二女为左右贵嫔。不久，觉得刘家女人貌美又能畅情，他再把刘殷的四个孙女也迎入宫中封为贵人。一时之间，“六刘之宠，倾于后宫”。

志得意满之际，刘聪大设宴席，引见被俘的晋怀帝。晋怀帝司马炽入平阳后，被匈奴刘氏“封”为会稽郡公。

三巡酒后，高坐于上的刘聪言语温和，对战战兢兢坐在侧席的晋怀帝说：“爱卿你做豫章王时，朕当时也在洛阳，曾和王武子（王济）一起到你府上去拜访。当王武子把朕介绍给你时，爱卿当时还讲，你对朕闻名已久，还把你当时所作的乐府歌词展示给我们看，并对朕说：‘闻君善为辞赋，请指正一二。’朕当时与王武子各作一篇《盛德赋》，爱卿你对朕所赋赞叹良久。不久，爱卿你带朕与王武子一起去皇堂射箭，王武子和你都得九筹，朕得十二筹。爱卿当时很高兴，赠朕柘弓、银砚。你还记得这些事吗？”

显然，当时作为一区区小“自治领”人质儿子的刘聪，对于能有幸接近司马大宗王爷记忆深刻。确实，当时一般人真没有多少机会能与晋武帝亲生儿子见面。会面之时，几个人论文论武，他还获赐良弓美砚，当时的刘聪，肯定作感激涕零状，跪受司马炽的赏赐。

世易时移。从前一匈奴部帅的儿子如今是“大汉”皇帝，高居九重，而身上流着晋武帝血脉，又曾拥九五之尊的司马炽却堕为俘囚，北面事人。如此重大的角色互换，相互之间的心理震动肯定都非同小可。

自午至夕，两位“老朋友”谈得投机，纵论昔时洛阳城景色和青年时代的文思武技。临别之时，刘聪竟一时兴起，把“六刘”中的一位小刘贵人赐给晋怀帝，并嘱咐说：“这位是名家淑女，现特以赐卿，希望你能善待她。”

晋怀帝不敢不受，只得深深拜谢。

胜后起骄心

刘聪残暴本性的暴露

大概是峰谷效应。刘聪自攻陷洛阳、擒获晋怀帝之后，为政日昏，常因“鱼蟹不供”或“做殿不成”等小事找茬诛杀大臣。而且，他还游猎无度，常早出晚归，至夜也不回宫，带着成千的仪卫和后宫佳丽，在汾水边上大张灯烛。河边几十里，亮如白昼，刘聪与众人欢笑，在河边打鱼捞虾，玩得不亦乐乎。

军事方面，刘曜等人也连连在长安城周围遭受败绩。败退之余，这些匈奴军人还忘不了抢掠十多万汉族士女退归平阳，并把这些良家百姓均分，赐给五部匈奴人作奴隶。

攻取长安不克，刘聪又派刘曜、刘粲等人进攻晋阳的晋将刘琨。由于晋军内讧，匈奴刘曜等人连连得手，晋将刘琨父母被杀，他自己仅与十余骑人马逃出，晋阳失陷。

刘琨与鲜卑头领拓跋猗庐关系良好，二人曾经结为兄弟，得到刘琨求救信后，拓跋猗庐派儿子日利孙和宾六须两人率六万鲜卑精兵向晋阳进发。

匈奴虽猛，只是相对于晋军而言。他们遇见鲜卑，恰是硬碰更硬。

汾东一战，匈奴大将刘曜大败，他自己也身中六箭，几乎死于阵中。刘曜连夜逃回晋阳后，与守城的刘粲一起连夜驱掠城中百姓，翻越蒙山狂逃而去。

拓跋猗庐亲自率骑兵追赶，在蓝谷又大败刘粲军，杀死杀伤不少匈奴兵将。至此，晋将刘琨终于有了喘息的机会，收拾离散，在阳曲驻扎下来。

313 年春节，刘聪于光极殿大会群臣。席间，这位匈奴帝王狼性忽现，一改数月以来对被俘晋怀帝司马炽的彬彬之态，在大殿上逼使这位昔日的大晋皇帝身着仆隶青衣，为在座的匈奴贵臣执壶行酒。

晋怀帝无奈，只能屏气息声，手执酒器，于殿上往来逡巡，在满殿匈奴人的吆喝和笑骂声中为他们斟酒。

与晋怀帝一同被俘并获封官爵的庾珉、王俊等晋家旧臣不胜悲愤，当众号啕大哭。

刘聪非常恼怒。特别近来汉军连连挫败，又听闻晋怀帝的侄子吴王司马晏的儿子司马邺被晋臣在长安立为皇太子，刘聪恶从心起。宴饮之间，左右有人报告说庾珉等人暗中谋划要在平阳城内起事接应刘琨，更让刘聪杀心顿起，他立命卫士把大殿中参加宴会的晋朝旧臣庾珉等十多人牵出，斩于殿外。

然后，他派人送上一杯毒酒，当殿鸩杀了晋怀帝。

晋怀帝司马炽被杀时，年仅三十。

“怀帝天姿清劭，少著英猷，若遇承平之世，足为守文佳主。而继惠帝扰乱之后，东海（司马越）专政，故无幽、厉之衅而有流亡之祸矣！”对于此位而立之年被辱杀的皇帝，后世汉臣多有哀惜慨叹。

但话又说回来，怀帝的数位哥哥（除惠帝外），才能都不比他差，恰恰因为骨肉相残，最后才轮到这位排行二十五的儿子继位。身逢乱世，辱死匈奴之手，也是冥冥之中的定数。

这位怀帝，当亡国受俘半年多，得以毒酒一杯，也免去了日后不少污辱。至于刘聪先前赐给晋怀帝的小刘贵人，仍回后宫，继续在汉宫当她的“贵人”。

晋怀帝凶讯传至长安，“皇太子”司马邺继位，是为晋愍帝，改元建兴。

313 年 3 月，刘聪立贵嫔刘娥为皇后，并命人为她修建宏丽的凰仪殿。廷尉陈元达切谏，刘聪大怒，叫骂道：“朕贵为天子，起一宫殿，关你鼠辈屁事！不杀鼠辈，朕营殿不成！”严命左右说：“推出去杀头，和他妻儿一起枭首东市，使群鼠同穴！”

入殿之前，陈元达以铁链缠腰，听闻刘聪怒骂，他把自己和旁边的一棵树锁在一起，大叫道：“臣为社稷献忠言，而陛下要杀臣。汉元帝忠臣朱云说过：‘臣得与龙逢、比干地下同游，此愿足矣。’”殿中卫士虽多，却都手忙脚乱，解了半天也解不开陈元达锁在树上的铁链。

同时，殿中大司徒任凯等多个大臣叩头出血，为陈元达求情。

刘聪默然。

后宫的刘皇后知悉此事，忙下令左右停刑，并手疏上言：

“今四海未一，宜爱民力。廷尉之言，社稷之福也，陛下宜加封赏，而更诛之，四海之民谓陛下何如哉！陛下为妾营殿而杀谏臣，天下之罪皆归于妾，妾何以当之！妾观自古败国丧家，未始不由得妇人，心常疾之，不意今日身自为之，使后世视妾由妾之视昔人也！妾诚无面目服侍陛下，愿赐死妾于后堂，以塞陛下之过！”

刘聪观刘皇后的手疏，为之凛然色变。

这位皇后刘娥与一妹四侄女同侍刘聪，齐门贵幸，也属匈奴高门贵种，但其父刘殷和刘渊一样，都是高度汉化的匈奴人，归化后一直熟习汉儒典籍，通晓《诗经》《史记》。刘殷在世时，就对刘聪因事进规，多有谏劝，并明晓谦抑和自我贬损之道，从不当面指摘皇帝过失，总在群臣出殿后谏劝刘聪，备受刘渊敬重，善终于家。所以，刘娥虽匈奴血统，但她从小受的教育，皆是汉族道德伦理，知书达礼，故而能在关键时刻挺身而出，明晓大义。

看看手中皇后的手疏，又望见殿下群臣伏地叩头流涕不已，刘聪心意回转，说：“朕近日以来，微得风疾，喜怒失当，不能自制。元达忠臣，朕愧于心，何敢忘之。”他命人引陈元达上殿，赐诸大臣落座，出示刘皇后手书，又说：“外辅如公，内辅如后，朕复何忧！”接着，他又扭头对陈元达说：“卿当畏朕，而反使朕畏卿耶！”

由此，成就了匈奴汉国为数不多的一件君后臣下的佳话。

当然，乍看陈元达的名字，读者可能会误以其为汉人。其实，他原姓高，是匈奴北部人，也是刘渊的族人。他作为匈奴出身的知识分子，一心一意为了刘汉政权卖命，也是很自然的事情。

晋龙又堕地

刘聪攻陷长安俘获晋愍帝

由于晋愍帝司马邺在长安继位，刘聪就派遣刘曜等人大举进攻。

渭阳一战，晋朝大都督麹允大败，刘曜手下悍将赵染趁夜攻入长安外城，一把大火烧掉龙尾及诸军营，杀掠千余人，惊得晋愍帝跑入射雁楼中的小屋躲避。

危急之中，麴允整集军马，连败匈奴刘曜一军，晋朝的冯翊太守索綝等人也纷纷起兵，入援长安。

匈奴诸军见一时得不了手，便纷纷退军，暂归平阳。

休整之后，匈奴刘聪的诸将纷纷挥军出师。刘曜驻军渭汭，赵染驻军新丰。晋将索綝看准赵染骄横，攻其不备，大败匈奴军于长安城西。刘曜本来要率军进攻镇守怀城的晋军，刘聪却派使臣要他集中兵力进攻长安。

长安城外，匈奴大将刘曜与晋军数战，皆遭败绩。于是，他进师上党，打败刘琨后，先拣软柿子捏，做进攻阳曲的准备。

刘聪闻知，忙派人催刘曜返归长安，集中军力要拿下这颗钉子。

晋愍帝这边，将寡兵稀，只能依赖大都督麴允和尚书仆射索綝两人。麴允本想带着晋愍帝去宗室南阳王司马保那里，但索綝与司马保不和，说："司马保得到天子，必逞其私欲。"此议遂被搁置。

由于晋廷内外不和，长安之外的粮草接济逐渐断绝，百官饥乏，纷纷出外采集野草充饥。

晋愍帝继位之初，曾声言要扫除匈奴刘氏，奉还怀帝梓宫，并下令王浚、刘琨攻取平阳，命南阳王司马保来卫长安，琅琊王司马睿攻取洛阳。而实际情况是，王浚想割据自立，刘琨手下只有鲜卑兵可用，在甘肃一带的司马保，根本没能力大举出兵，江东的司马睿也只想保全一隅之地，只有忠臣祖逖募集两千兵，冒死北进，牵制了汉将石勒的一部分军队，对西晋的灭亡暂时起到了延缓的作用。

晋愍帝建兴四年八月，刘曜攻陷北地后，乘胜追击麴允的晋军，进至泾阳，连克渭北诸城。

长安城下，晋朝散骑常侍华辑所率京兆、冯翊、弘农、上洛四郡兵屯于灞上，焦嵩等晋将也引兵临近，皆畏惧匈奴兵强而退缩不进。司马保所派的胡崧一军非常勇猛，在长安西四十里的灵台大破刘曜军。

但是，胡崧晋军得胜后，没有乘胜追击汉军以解长安之围。他害怕长安围解后麹允、索綝重拾威权。出于派系私念，这位刚刚大胜的晋朝将军竟统帅城外诸郡兵屯于渭北，观望逗留。不久，晋军又退至始平郡的怀里县。

奇怪归奇怪，匈奴大将刘曜倒不会放过机会。他挥军猛攻，陷长安外城。麹允、索綝只能退保内城。当时，内外断绝，城中饥荒，一斗米值黄金二两，百姓相食，死者大半，兵士逃亡不可控制。最后，太仓中只剩麦饼数十，麹允把这些粗麦饼搓碎煮粥以供“御馔”。但吃了几天，也就到了粮尽水绝的地步。

316 年 12 月，又饿又渴的西晋皇帝司马邺哭着对麹允说：“今穷厄如此，外无救援，朕当忍耻出降，以活士民。”

晋愍帝派侍中宗敞送降书给刘曜，半路被索綝截留。他转派自己的儿子为使臣，出城对刘曜说：“现在长安城中食粮犹可支持一年，不是那么容易攻陷。如果答应以我父亲索綝为万户郡公，当以长安城投降汉军。”

刘曜根本不吃这套。他抽剑一挥，砍掉索綝儿子的脑袋，派随行人传话：“帝王之师，以义行也。孤将兵十五年，未尝以诡计败人，必穷兵极势，然后取之，今索綝所言如此，真是奸臣！天下善恶同一，我已经杀掉他来讲和的儿子。如果你们觉得长安可守，当勉力固守；如果粮竭兵微，也应该早悟天命，马上投降！”

索綝卖城未果，还搭上了儿子的性命。

年仅十七岁的晋愍帝叫天天不应，呼地地不灵，只能依礼做足全套投降仪式，“乘羊车、肉袒（露出左臂，割除袍袖），衔璧（口中衔玉璧），舆榇（车上拉着棺木）出东门降”。

俘送平阳后，晋愍帝于光极殿内跪地稽首，被刘聪封为“怀安侯”。

麹允自杀。刘聪以为忠臣，厚葬，赠车骑将军，谥节愍侯。他怒斥索綝不忠，把他斩于都市。

同样一个死，麹允、索綝两人结局形同霄壤。想当初他们拥戴晋愍帝之时，长安城内一片残破，居民不满两千，车驾只有四五乘，二人不离不弃，坚守孤城，奋拼三年多，使得晋祚得以继延，更牵制住匈奴大军一直在长安附近打圈子，为江东的司马睿赢得了不可多得的喘息机会。

当然，他们两个人私心很重，晋愍帝投降前也哭着说："麹、索二公误朕。"就是讲这两个人不让他外出到别的晋朝将领那里去。当时，只要皇帝逃得出，就有复国的希望。但无论如何，晋朝能苟延残喘，麹、索两人的贡献着实不小，

最后时刻，索綝卖国求荣，错一步而贻万世之羞！索綝之父，正是大名鼎鼎的晋朝书法家索靖，其人有先识远量，知天下将乱，曾指洛阳宫门铜驼，叹道："会见汝在荆棘中耳！"索靖有《索子》《晋诗》《草书状》等著作。八王乱起，索靖率领义兵与盗贼相战，伤重而死，获赠司空，谥曰庄。如此忠孝之人，竟生出索綝这样反复之辈，可叹！索綝年轻时代，为了报兄仇，曾一个时辰内手杀三十七人，如此血性男子，生死关键时刻竟然掉链子，也真是做人没有原则。

言及西晋消亡，撰写《晋书》的房玄龄等人曾发感叹：

> ……夫作法于治，其弊犹乱；作法于乱，谁能救之！彼元海（刘渊）者，离石之将兵都尉；王弥者，青州之散吏也。盖皆弓马之士，驱走之人，非有吴先主、诸葛孔明之能也；新起亡寇，乌合之众，非吴蜀之敌也；脱耒为兵，裂裳为旗，非战国之器也；自下逆上，非邻国之势也。然而扰天下如驱群羊，举二都如拾遗芥，将相王侯连颈以受戮，后嫔妃主虏辱于戎卒，岂不哀哉！

此段话明显承袭贾谊《过秦论》的笔势和行文。接着，史臣又指

出西晋社会的败坏："……风俗淫僻，耻尚失所，学者以《老》《庄》为宗而黜《六经》，谈者以虚荡为辩而贱名检，行身者以放浊为通而狭节信，进仕者以苟得为贵而鄙居正，当官者以望空为高而笑勤恪……"

如此，不亡何待！连俘晋朝两帝，刘聪骄扬跋扈之情，自不待言。

骨肉亦相残

匈奴刘氏内部的互相杀戮

匈奴汉国的皇太弟刘乂虽仍有储副的名号，居于东宫，但他威权日去。

恰值一次天落红雨，他所居的延明殿周围一片殷红，形同上天降血。古人迷信，刘乂心中不由得惧恶顿生，忙把东宫属官卢志、崔玮、许遐等几个汉族儒官请进宫来，商议对策。

卢志等人劝说道："当初皇帝以您为皇太弟，是继位之初安定人望而采取的不得已举动，他真正的想法，肯定是传位给晋王（刘聪长子刘粲），朝中王公大臣都心知肚明，一边倒地拥戴晋王。况且，晋王近日获封为相国，相国是赠官，自魏武帝以来，没有人臣能居此位，明显是皇帝要以晋王为太子来继位的信号。晋王如今羽仪部伍已超逾您所居的东宫，朝中大事无不由得他专决，殿下您想继位根本是不可能之事。不仅继不了位，您现在还要旦夕忧虑身家性命，实在应早作打算。如果能下决心，东宫四卫精兵有两万之众，京内统领各营诸王都年幼，可一举夺掉他们的兵权。相国（刘粲）轻佻无防，派个刺客就可以把他解决掉。大将军刘骥连年征战在外，城内没有可以抵战的悍将，只要您有意，发兵鼓行冲向云龙门，宿卫将士肯定倒戈奉迎，必能成功！"

卢志等人远虑深谋，把情势分析得头头是道。

皇太弟刘乂毕竟年少，极其缺乏政治经验，没有勇气行此大事。

没几天，刘乂手下的东宫舍人荀裕就上告卢志等人劝刘乂谋反，刘聪大怒，忙把卢志等数位汉人收入诏狱，随便安个别的罪名杀掉。（最可惜的是卢志，当初他在成都王司马颖手下，做了不少好事。）同时，刘聪又下令冠威将军卜抽监守东宫，把刘乂软禁起来。

忧惧之下，"皇太弟"刘乂上表，乞为黔首百姓，并求免去自己两个儿子的王封，还要把皇储之位让给刘粲。

监守东宫的卜抽接到刘乂表奏，看也不看，扔入火中。

深居内宫的刘聪不仅贪酒好色，又宠幸起中常侍王沈、郭猗等数位太监。刘聪游宴后宫，有时三个月都不上一次朝。朝中大政，皆由王沈等大公公专决，根据他们的喜怒爱憎胡乱授官赏赐。这些人结党营私，引用亲旧，一起奢僭贪残，残害良善。

太监、外戚把持国权后，他们屡进谗言，激怒刘聪，杀掉了平素为阉党所忌恨的十多位朝中大臣。宗室太宰刘易与御史大夫陈元达等人诣阙进谏，冒死陈说，劝刘聪留心政事，不要残杀忠良。

刘聪大怒，亲手撕烂刘易的表章，极赞王沈等小人"心向王室，忠清不二"。太宰刘易积愤成疾，归府后不几天就气死了。御史大夫陈元达悲恸之下，也自杀而死。

中宫仆射大太监郭猗曾遭皇太弟刘乂不待见，眼看刘乂威权已失，便想趁机干掉这位失势的"太弟"。

一次，宴饮之间，他对刘聪的儿子、相国刘粲说："皇帝在世，皇太弟刘乂尚且有篡位的打算，如此看来，此人乃殿下父子之深仇，四海苍生之重怨。皇上太过宽仁，一直不忍明诏废掉刘乂的皇太弟名号。日后，一旦有风尘之变，小臣我真为殿下您揪心啊。殿下您是高祖（刘渊）世孙，当今皇上嫡统，怎能不争取储君的位子呢？我听说皇太弟与大将军刘骥等人密谋，一旦他们篡位成功，您和皇上必定不免于祸难！如果不信小臣之言，相国您可去问大将军手下从事中郎王皮和卫军司马刘惇。"

刘粲听后，将信将疑。

郭猗一刻不闲，出刘粲府门，便派人密召王皮和刘惇来见。

听闻皇上身边大红人公公有事相召，王、刘两人急忙赶来。

郭猗坐在上座，一脸忧虑，眼瞅着王、刘二将，长久不发一言。

两人内心忐忑，良久，忍不住发问："大人唤我二人何事？"

郭猗公公沉吟半晌，低声问："皇太弟刘乂和大将军刘骥想要造反，皇上和相国现在都知道了这件事，你们两个人也和太弟等人同气吗？"

两人闻言，肝胆俱碎，忙辩白："没有的事，皇太弟和大将军从未找我们说过要谋反的事情。"

郭公公一脸哀矜，叹气说："皇太弟造反之事已经一清二楚，只是我和你俩关系不错，老交情了，恐怕事泄后二位老弟要被族诛啊！"

二将闻言，向郭猗叩头哀求。郭公公问："我有一计可救你俩，能听我话吗？"

两人叩头出血，哭着说："请大人教诲，死生唯命！"

郭猗说："皇太弟谋反之事，相国一定会秘密审问你俩，你们一定回答说知道此事。如果相国责问你们，为什么不早告发，你们就说，知道皇上宽仁慈爱，相国爱惜骨肉亲情，故而不敢宣发此事。"

王皮、刘惇两人不停地叩头，感谢郭公公给自己指出生路。

果然，很快两人就在不同时间被相国刘粲召入府中，受审谋反之事。先前有公公交代，二将异口同声承认皇太弟刘乂有谋反企图。刘粲早就对这位挡在自己前面的小皇叔恨得牙根痒痒，至此更是杀心顿起。

不仅太监郭猗构陷皇太弟刘乂，国丈靳准也深恨刘乂。

靳准的女儿未入宫前，他四处钻营，总想与皇家攀亲，终于得到机会把一个堂妹送入皇太弟刘乂身边做侍妾。这位靳妹妹生性淫荡，一次大白天趁刘乂不在，与卫兵在后园通淫，恰被因事回府的刘乂撞个正着。怒起之下，刘乂把他们杀死。其后，刘乂每在朝中见到靳准，都拿他堂妹说事，冷嘲热讽，靳准深为惭恨。

如今，两女入宫侍帝，已为国丈的靳准心知肚明刘乂正走背运，正好落井下石，想置这位皇太弟于死地。

靳准夜访相国府，开门见山说：“我听外面纷纷传言皇太弟刘乂想阴谋篡位，希望殿下您早有准备。”

刘粲见国丈也为自己撑腰，心中暗喜，但他表面不动声色，问：“那又能怎么办呢？”

靳准出主意：“皇上对皇太弟深加爱信，忽然上告说有谋反之事，恐怕皇上不会贸然相信。依臣愚计，可以表面上解除东宫的警戒，不要阻挡求见皇太弟的宾客门人。刘乂此人一向轻财好士，警卫解除后，肯定有不少人出入他的府第，到时下官自会先上表曝其罪恶，殿下您再把与他来往相好的人一网打尽，严刑伺候，定能审出罪来。”

言至此，靳准意味深长地望了刘粲一眼，压低声音但又加重语气，说：“不然的话，现在朝望大臣，多归心皇太弟，皇上一旦晏驾，殿下您怎能得以继统呢！”

刘粲连连点头。他马上命卜抽撤出包围东宫的军队。

一直被重兵软禁在府内的皇太弟刘乂见门外忽撤兵仗，以为皇帝回心转意，心中稍安。

没过几天，刘乂正在府中呆坐，忽然相国刘粲手下的将军王平闯入，一脸焦急和凝重，通告说：“奉皇上诏旨，京城内有人想叛乱，请诸王宗室裹甲执兵，以备非常！”

刘乂闻命，不敢怠慢，连忙命令东宫府臣卫士全身披挂，各执兵器，在府内集结，等待命令，准备为皇上效死。

刘粲得知一切皆如意料中发展，他马上带领卫队，直奔皇宫，驰告正在宫中值勤的靳准和太监王沈、郭猗等人：“据将军王平讲，皇太弟在东宫集结甲士，准备入宫篡弑，要怎么办呢？”

靳准、王沈、郭猗三人相互对了对眼色，知道一切“按计划进行”，他们立刻进入内殿向皇帝刘聪报告：“皇太弟要造反！”

刘聪闻言，大惊道：“怎么会有这种事！”

王沈、靳准等人同声回禀：“臣等久闻刘乂欲反，但恐对陛下言讲，您不相信。”

惊疑之下，刘聪忙命刘粲率京中重兵包围东宫，果然发现皇太弟刘乂和东宫卫士们披挂齐整，一副出兵欲战的样子。

未及反应，刘乂及其手下卫士，均被相国刘粲的兵士缴械。

由于皇太弟刘乂有大单于的头衔，平时在京中的氐族和羌族贵族均由他掌属。靳准抓住这一突破口，逮捕了十多位正在京中居住或做任子（质子）的氐、羌贵族，施以酷刑，把诸人悬吊于半空，以烧红的烙铁灼烫这些人的眼睛，百般苦毒。

最后，这些人被屈打成招，都自诬与皇太弟一直密谋，准备造反。

狱成，刘聪阅览案宗后，又气又惧又喜，拍着王沈的肩膀，说：“自今往后，吾知卿等忠心于朕。卿当知无不言，勿计前嫌，不要怪念朕从前没有听你们的话。”

于是，刘粲等人立诛东宫宫属及平日与自己有过节的大臣数十人，并对东宫四卫将士近两万人进行集体屠杀，一个不留。

刘聪没有立刻杀掉皇太弟刘乂，而是下诏废其为北部王。刘乂刚出京城不久，在赶往新封地的路上，靳准等人早已手执利刃等候多时。

一伙贼人拥上前去，枪捅刀劈，把这位形神秀爽的青年王爷肢解杀掉。

由于留侍平阳的质子无故被杀，氐、羌等部数十万众相继造反，刘聪派靳准为车骑大将军前去镇压，又屠杀数万人。镇压期间，靳准奉刘粲之命，乘机杀掉皇太弟刘乂的两个儿子，斩草除根。

因告变有功，刘聪封刘粲为皇太子，领相国、大单于，总摄朝政。大单于，其实就是匈奴的“副王”，总掌国内精兵，并领胡、羯、鲜卑、氐、羌诸豪酋之兵。匈奴刘渊实行胡、汉分治，在官位名号上即可清楚看出。

除去“心腹之患”皇太弟刘乂，刘聪自觉逃过一劫。高兴之余，他率数万羽林卫队出猎上林苑。

临行之际，为了宣示威仪、窘辱晋臣，刘聪命被俘的晋愍帝为“车骑将军”，身穿军服，手执长戟，作为前导开道。

皇帝出行，百姓有不少人围观，人们指指点点，都讲“那位最前面的是长安从前的天子”。不少对晋朝有深厚感情的中老年百姓，眼见堂堂皇帝形同仆役杂卒，纷纷于路旁哭泣拭泪。

此情此景，皇太子刘粲看在眼里，怒在心上。并行之间，他对父皇刘聪讲：“现在举兵相抗的晋人，都以迎复司马邺为名，不如早除之，以绝人望！”

刘聪深以为然，说：“上次杀掉庾珉、司马炽（晋怀帝）等人，而如今民心仍是如此心向晋朝，汉人难制，看一段时间再说。”

318年1月，刘聪宴群臣于光极殿，故伎重演，命晋愍帝行酒洗盏。数巡酒后，刘聪从厕所归来，让晋怀帝立于自己身后，高举仪盖伺候。

见此情状，大殿中被俘的晋臣不少人涕泣，有失声大哭者。尚书郎辛宾悲不自胜，冲过去抱着年轻的晋愍帝痛哭失声。刘聪恼怒，命卫士把辛宾推出殿外斩首。

一不做，二不休。当夜，刘聪派人杀掉了当了近一年俘虏时年十八的晋愍帝。

对于敌国前朝的汉族君主，杀之可也，囚之可也，好吃好喝软禁之亦可也，唯独不要大庭广众之下弄这些“青衣侑酒”“洗爵张盖”之类的侮辱把戏。如此，逞一时之快，激亿夫之愤。纵观历史，匈奴刘聪、金国完颜氏，都爱搞此类“表演”，使汉族臣子积恨于心，常思“壮志饥餐胡虏肉，笑谈渴饮匈奴血”。观其结果，匈奴刘氏及女真完颜的后代基本被诛杀干净，寸根不留。

不过蒙古人中还出了个深明大义的皇后弘吉剌氏。对被俘入元廷的南宋小皇帝，她阻劝忽必烈帝不要行侮辱性的受俘之礼，说：“自古无不亡之国，奈何辱其末帝！本朝子孙若能幸免亡国，方可庆幸！”此情此景，真可谓女中豪杰，深谋远识。元亡之后，暴戾残忍的朱元璋，对于没有跑掉的故元皇族都没下绝手，遥思当初，也是元朝皇后一点慈悲之心的报答吧。

不过，上苍报应有时太快。三个多月后，平阳城内宫殿大火，烧死刘聪的儿子会稽王刘康等龙子王孙共二十人，皆皮焦肉烂，尸成焦炭。刘聪听到如此“噩耗”，自投于床，哀塞气绝，良久乃苏。

哭归哭，哀归哀，刘聪仍然迷恋于美色。为邀宠自固，皇宫内的大太监们纷纷收取美色姑娘做养女，进献刘聪，以博宠幸。

刘聪果然高兴，立太监王沈养女为左皇后，立太监宣怀养女为中皇后。

匈奴刘氏虽然凶暴，但忠于他的汉臣们仍很敬业。尚书令王鉴、中书监崔懿之、中书令曹恂等人纷纷上书，认为皇后母仪天下，应该选择世德名宗之女，不应让太监养女主持后宫，如此则是以婢女充正宫，沦倾纲常，对国家不利。

对于刘聪来讲，这些谏疏简直让他败兴怒狂。他马上派太监宣怀告诉皇太子刘粲：“王鉴等人，谩侮主上，狂言乱语，没有君臣之礼，立刻逮捕问斩！”

刘粲得旨，马上派人收捕王鉴等三人，送东市行刑。大太监王沈不解恨，以大棍猛击身被枷锁、跪于地上的王鉴，并破口大骂。

王鉴瞋目怒骂：“竖子，灭大汉者，正是像你这样的鼠辈和靳准之徒，我死后变为厉鬼也要抓你下地狱！”

崔懿之也大骂监斩的靳准：“靳准枭声獍形，必为国患。汝既食人，人亦当食汝！”

话音未落，诸位谏臣头颅皆被斩落。

刘聪政权虽擒灭西晋二帝，表面上是中原地区的主人，其实势力非常有限，实际统治地区只包括山西一部分地区和刘曜镇守的关中地区，“东不逾太行，南不越嵩、洛，西不逾陇坻，北不出汾、晋”。其首都平阳城闹饥荒，竟也一次饿死数万人之多。加之战争无岁不兴，部民逃散，人情不附，内部统治已有岌岌可危之势。

318 年 7 月，刘聪病重将死之际，宣诏以大司马刘曜为丞相，以上洛王刘景为太章，济南王刘骥为大司马，昌国公刘凯为太师，呼延晏为太保，托付后事。很快，刘聪暴亡，太子刘粲继位。

刘聪在位九年，谥昭武皇帝，庙号烈宗。

身死宗又灭

刘聪死后的皇族被屠事件

刘粲，字士光，“少而俊杰，才兼文武”。但他自从诬死皇叔刘乂之后，大权独揽，威福任情，刻薄寡恩，而且大兴宫室，动辄征伐。

继位后，刘粲入住皇宫，昼夜宣淫，轮流让他名义上的母后们侍寝。

靳准此时大权在手，备受刘粲信任。他一个女儿是刘聪皇后，一个女儿是刘聪贵嫔，还有一个女儿是刘粲的皇后，一家二后一嫔，贵宠无比。

通过观察，靳准深知刘粲乃一无道庸君，暗中起了篡逆之心。

为了扫除障碍，他亲自劝说刘粲：“听说诸位大臣想行伊尹、霍光故事，废掉皇上您，奉大司马刘骥（刘聪另外一个儿子）为帝。陛下如果不先发制人，为臣恐怕祸起须臾！”

起先，刘粲不信。

靳准心中危惧，就入宫密见女儿，说：“大臣们现在正私下密谋，想废掉皇上，立济南王刘骥为帝。如果事发，我们靳家会被杀得一个不剩。你们一定要趁机说服陛下早下手。”

父亲的话不能不听。他们向刘粲哭诉宗室即将造反，自己命在旦夕。沉湎酒色之中的刘粲立马派太监带兵，诛杀上洛王刘景、济南王刘骥、齐王刘励、昌国公刘凯、吴王刘逞等人，一天之内，就把兄弟辈刘氏亲王杀了个干干净净。

刘粲在上林苑大阅兵，准备兴兵讨伐一直三心二意的石勒。但刘粲阅兵后即刻驰还后宫，开始终日在大内池苑里游宴享乐。

为安心享乐，他封靳准为大将军、录尚书事，决断一切军国大事。

靳准矫诏，任命堂弟靳明为车骑将军、靳康为卫将军，把皇宫禁卫部队完全控制在自己手里。

318 年 9 月，靳准亲率精兵，全副武装，冲入光极殿，命甲士把正在后宫淫乐的刘粲抓来，面数其罪，然后砍掉他的脑袋。

估计刘粲临死也想不通，这位平素一脸谄媚，既是自己姥爷又是自己老丈人的靳大将军，为什么忽然变脸呢？靳准禄位，人臣至极，他又图个什么呢？

杀掉刘粲后，靳准下令：“刘氏男女，无少长皆斩东市。”凡是在平阳的屠各种匈奴刘姓宗亲，成族成族被杀，几乎一个不漏。同时，靳准又下令发掘刘渊、刘聪的陵墓，并命人将刘聪的尸体扶跪于地，大刀砍下这位死皇帝的脑袋。接着命人一把大火，把刘氏宗庙烧个干净。

对此，无论当时还是后世史家皆百思不得其解。刘氏对靳准不薄，又没有什么前仇后果，竟遭靳准如此对待。晋怀帝、晋愍帝泉下有知，当可欣然一笑。

靳准自号大将军，汉天王。更为奇怪的是，他把刘聪从晋朝缴获的玉玺捧出，对汉人胡嵩说：“自古无胡人为天子者，今以传国玉玺付汝，还入晋家。”胡嵩无识，以为靳准是试探他，不敢接受。

靳准大怒，一剑把胡嵩刺死于地。他派出使臣，对晋朝的司州刺史李矩说：“刘渊乃屠各小丑，因晋之乱，矫称天命，使二帝幽没。我欲还二帝梓宫，请以上闻。”

远在江东称帝的东晋元帝接信后，虽摸不着头脑，仍赶忙派太常韩胤等人迎还怀、愍二帝灵柩，归于晋土落葬。

眼见匈奴刘氏大半被诛，天下乱起，一直觊觎皇位企图自立的大将军、羯族人石勒马上出精兵五万，打着兴复匈奴汉室的旗号，亲自征伐靳准。

驻扎在长安的大司马、相国刘曜（刘聪族弟）也率兵赴难。

匈奴的延续

刘曜的称帝与改“汉”为“赵”

刘曜，字永明，是刘渊的族侄。其父早亡，他由刘渊一手养大。

这个人，幼而聪慧，大量奇度。刘曜八岁那年，跟随刘渊在西山游猎，途遇大雨，众人在树下避雨。突然，迅雷震树，众人皆吓得纷纷趴在地上，唯独刘曜神色自若，镇定异常。刘渊见此，叹道：“此吾家千里驹也！”

长成后，刘曜身高九尺三寸，垂手过膝。“生而眉白，目有赤光”（匈奴血统，眼睛有色其实没什么稀奇，只是史臣对帝王出身的神奇附会）。

刘曜生性落拓高亮，与众不同。而且，他善属文，工草隶，不仅文采斐然，还雄武过人，铁厚一寸，能射而洞穿，于时号为神射手。

刘渊建立汉国后，刘曜四处征伐，立下赫赫战功。晋怀帝、晋愍帝之被擒，皆是刘曜大功所至。

靳准杀掉刘粲后，刘曜亲率精兵从长安而来。一直处于半独立状态的石勒也很快率军开至襄陵县北原。

靳准想速战建威，屡次派兵挑战石勒。石勒坚壁不战，以挫靳准士气。

318年（东晋元帝太兴元年）11月，刘曜大军行至赤水川，太保呼延晏等人也从平阳城中逃出，与太傅朱纪等人共劝刘曜称帝。当是时也，匈奴刘氏所有的至亲王爷，不是被刘聪、刘粲自己下诏杀掉，就是被靳准阖族斩杀，只剩刘曜枝属最近，加上他本人战功赫赫，大兵在握，承袭匈奴汉统，按理讲是必然之事。

刘曜遂称帝，改元兴初。他下令大赦，唯靳准一门不在赦之列。刘曜以朱纪为司徒，呼延晏领司空，以石勒为大司马、大将军，进爵赵公。

石勒眼见时机成熟，便发大兵进攻据守平阳城的靳准。都城周围的巴族、氐族以及羯族人，皆闻风而降，共十余万部落。

靳准心虚，忙派侍中卜泰带着皇帝袍服和乘舆出城，送与石勒，想与之讲和，顺表奉戴之意。

石勒审时度势后，没有接受和议，捆缚卜泰送与刘曜处理。

刘曜深知平阳城坚固易守，强攻会死人无数。为此，他先施攻心计，为卜泰（刘曜亡妻兄）松绑，好言相劝道："先帝（刘粲）末年，实乱大伦（指刘粲蒸淫其诸母后）。靳将军行伊、霍之权，才使朕有登基为帝的机会，功劳很大。如果他能早开城门迎驾，免死不说，朕当以朝中政事相委！爱卿你回平阳，向大家宣示朕意。"

卜泰回平阳城，马上在大殿上转达了刘曜的意思。靳准虽属轻狂迷乱之辈，也知道自己已杀尽平阳匈奴刘姓宗室，连刘曜的亲母和哥哥也人头落地，手上沾满皇家鲜血。刘曜的话虽好听，却不能让靳准安心，故而他再三犹豫，沉吟未从。

靳准犹豫不决，他的两个帮凶——其堂弟靳康、靳明等人却忍耐不住。眼见城外石勒大军攻势甚锐，情急之下，靳氏两兄弟心存侥幸，与几个禁卫军将领一起，乘靳准不备，一刀砍落这位堂兄的脑袋。

于是，众人推靳明为主，派卜泰奉匈奴汉国的传国玉玺，送至刘曜处投降。

石勒闻变大怒，心恨靳明等人舍近求远，不向自己投降，反而绕道奉送代表皇天正统的玉玺给刘曜。于是，石勒指挥大军进攻平阳。

靳明出战，大败，逃回平阳，婴城固守。

石勒愤恨不已，调派其侄石虎所统的幽州冀州精兵，会军合力，猛攻平阳。靳明屡战屡败，不停向刘曜求救。

刘曜派刘雅率军，做出救援靳明的姿态。靳明率平阳士女一万五千人，在刘雅掩护下撤离平阳。他刚离虎口，即入狼穴。自以为于刘曜有功的靳明，下得马还来不及喘口长气，便被刘曜手下就地斩首。接着，刘曜下令，大索靳氏男女，无论少长，皆寸斩之。凡是姓靳的，一概逃不出一个“死”字。

靳明、靳康先前帮助靳准杀掉刘粲、刘氏宗族数百口，即便能“大义灭亲”杀了靳准，又怎能摆脱全族被杀的命运呢。

石勒恼怒之下，又不好即时宣明与刘曜翻脸，便点燃一把大火，将平阳城烧成白地。

刘曜明白石勒此时羽翼已丰，不好叱责他焚毁汉国都城，便派人加授石勒太宰，进爵赵王。

由于平阳城宫室尽毁，周围又被石勒占据，刘曜就还都长安，并立先前在洛阳抢来的惠帝皇后羊氏为皇后。

这位羊皇后当初之所以能被立为皇后，是因为外祖父孙旂与赵王司马伦的“大管家”孙秀合族，故能在太安元年被立为惠帝皇后。入宫之时，羊氏衣中着火，当时的人便以为是不祥之兆。成都王司马颖讨伐长沙王司马乂时，废羊后；司马颖败后，羊后复位；张方入洛阳，羊后又被废。河间王司马颙掌权时，还因羊后“屡为奸人所立”，差点派人杀掉她。惠帝还洛阳后，羊后又得以复位。惠帝被司马越毒死后，独住宫中的羊后自认为皇太弟司马炽与自己是叔嫂关系，唯恐自己不能称太后，就派人暗接前太子司马覃入宫，想立其为帝，结果未成。怀帝即位，天性仁恕，没把羊后怎么样，尊羊后为惠帝皇后，居弘训宫。洛阳大战，羊后最终被作为“战利品”送到了刘曜的军中大帐。

虽然羊后已经三十岁左右，但毕竟是大家闺秀，曾母仪天下，风韵自然非一般女人可比。刘曜曾问羊后：“我和司马家儿（晋惠帝）相比如何？”

羊后回言道：“怎能互相比较啊！将军您乃开基之圣主，彼亡国之暗夫！臣妾当初从洛阳出发时（指被俘入平阳）真不想再活下去了，谁料会有幸今日得您雨露之恩。臣妾生于高门，一直以为世间男人都差不多。自从侍奉过您，才知天下有伟丈夫！”

此番话语，百分之八十出于真心，百分之二十出于奉迎。何者？刘曜文武全才，又是匈奴人体格，体形健美，相貌英俊，肯定比傻皇帝司马衷要强上数倍。

刘曜眼见昔日的大晋皇后如此褒赞自己，虚荣心获得极大满足，把羊氏日夜带在身边，而且两相恩爱，登基后立刻立羊后为皇后，日夜临幸。羊后还接连为刘曜生下三个儿子，并因产第三子时得产后风而死。获谥献文皇后。

319 年夏天，刘曜在长安立宗庙、社稷，下诏称：“吾之先人，起于北方，光文帝（刘渊）立汉宗庙以从民望。今宜改国号，以单于为祖先。”

群臣复议后，上奏表示：“光文帝曾受封为卢奴伯，陛下又曾受封为中山王，中山，古为赵地，请改国号为赵。”

刘曜从之，以冒顿单于配天，刘渊配上帝。至此，汉变为赵，是为十六国中的“前赵”。自此，刘氏匈奴政权也完全以单于后人自居，不再打汉朝的旗号了。

同年冬，羯族石勒也自称为赵王，“依春秋列国称元年”。

为与刘曜建立的“赵”区分开来，石勒的赵国，史称“后赵”。

刘曜建国初期，颇思进取，接连出兵，攻陷陈仓、草壁、安定、陇城等地，并在大臣游子远辅助下平定关中的巴、氐、羌、羯等族。同时，他在长安立太学、小学，简取五百多名青少年，选择朝贤宿儒做教师。朝中大臣有规谏刘曜大兴宫室的弊害，他也能虚心听取，并下诏褒扬。

不久，长安附近的终南山山体滑坡，有人进献山崩时发现的一方白玉，上面有“皇亡，皇亡，败赵昌”等字（估计是有人假造符瑞以邀赏）。当时群臣皆贺，认为是赵王石勒的败亡之征。唯有中书鉴刘均泼冷水，进谏道：“山崩石坏，象征国倾人乱。‘皇亡，皇亡，败赵昌’，此意思是讲皇室将为赵所败，赵因之而昌。我们大赵现在于长安建都，而石勒却跨据传统所讲的赵地全境，‘赵昌’之言，应在石勒，不应在我们。”

刘曜听后虽心中不悦，但也“怃然改容”，表示要认真对待“上天示警”。

虽征兆不祥，刘曜仍不断亲征，并在关中连获大捷，斩晋南阳王司马保大将陈安，氐、羌大震，纷纷送质子于长安。

当时，刘曜手下有劲卒二十八万五千人，在与晋朝凉州刺史张茂相持之时，前赵的匈奴军临河列营，百余里中，钟鼓之声沸河动地，看上去确实吓人。不久，张茂畏惧示降，遣使称藩。

眼见张茂贡献的良马、牛羊、黄金、美女充溢于营中，刘曜大悦。此番得胜，他没有怎么用心奖赏手下文臣武将，反而先下令把长安附近正在修建的羊皇后陵墓增高至九十尺（当时羊后刚病死不久）。

当初，靳准乱平阳，遍杀匈奴刘氏宗亲，刘曜在城内的世子刘胤趁乱逃出，躲在同属匈奴种的黑匿郁鞠部。待刘曜河西大胜消息传来，刘胤自觉再无生命危险，就前往郁鞠营帐，表明了真实身份。郁鞠大惊，忙资给衣马，派人欢送这位匈奴王子归平阳。

刘胤，字义孙，美姿貌，善机对，十岁时，已是姿容雅娴，眉鬓如画。汉主刘聪当时见而奇之，就劝刘曜立刘胤为世子。刘曜因当时已立长子刘俭为世子，回答说：“臣为藩臣，子孙能守祭祀足矣，怎可乱长幼之序。”刘聪劝说：“此儿神采昂然，非义真（刘俭）所能比，爱卿你勋格天地，国兼百城，当世祚太师，受专征之任，非一般藩国可比。朕可另外为义真封一国，以义孙（刘胤）为世子。”

皇帝发话，不能不听，刘胤就成为刘曜世子。

本以为这位世子早已在靳准之乱中遭到屠害。谁料四年过后，一直流离于匈奴黑匿部的刘胤忽然返回，他站在殿上，风骨俊茂，爽朗卓然，身长八尺三寸，发与身齐。

父子相见，抱头痛哭。悲喜之余，刘曜封郁鞠为忠义大将军、左贤王。由于久处草原，刘胤多力善射，纵马游缰，骁捷如风云。

此时，刘曜长子刘俭已死，羊皇后所生的儿子刘熙为皇太子。刘胤归来后，经过苦难磨炼，处世谦逊，文武兼备，又是匈奴刘氏“先帝”御封的世子，刘曜就想废掉刘熙，重新立刘胤为储君。

一天，趁群臣上朝之际，他说出了自己的想法：“义孙可称是凌寒不凋的奇人，义光（刘熙字义光）虽然已先立为皇太子，但年纪幼小，性格儒谨，恐怕于此动乱时世难为储君承统。义孙年长明德，又先为世子，朕欲立为皇储。”

太傅呼延晏等人顺口奉迎，均讲“陛下为国家无穷之计，实亦宗庙四海之庆”。

左光禄大夫卜泰、太子太保韩广则表示异议：“陛下如果内定废立，应自行做主，不应垂询臣下。如果您有所疑虑，为臣等则有不同看法。皇子刘胤，确实文武才略，神度弘远，独绝一时；但太子刘熙，孝友仁慈，志尚冲雅，足为承平之贤主。况且，储君无过，不可轻加废易。”这二臣之中，卜泰还是刘胤的亲舅，故而，他这样不偏袒外甥的劝谏，更显示出公忠之心。

刘曜默然。

朝堂之上，刘胤也立于朝臣中间。他事先不知道父皇有立自己为皇太子的意思。此时，他进身而前，泣诉道：“父之于子，当爱之如一，等同看待。如果废刘熙而立儿臣，我又何敢自安！倘若陛下觉得儿臣可堪驱使，难道我不能辅助弟弟维护国家基业吗？如果陛下坚持立我为皇储，儿臣当投死于前，不敢闻命。”

既然刘胤如此明白表示，大臣又说得有理，加之羊皇后尸骨未寒，刘曜最终下不了易储的决心。于是，他追谥刘胤生母卜氏为元悼皇后，迁卜泰为太子太傅以彰其忠，封刘胤为永安王，都督二宫禁卫诸军事，录尚书事。同时，命皇太子刘熙在宫中对刘胤行家人之礼。即在正式场合，刘胤虽年长，仍要向弟弟皇太子刘熙下拜；在宫内，刘熙则向刘胤行拜见兄长之礼。

后赵灭前赵

刘曜的最后败亡

刚刚办妥了家事，刘曜终于喘了口气，立刘氏为皇后。

赵王石勒于 325 年 4 月，派手下亲将石佗自雁门出上郡，攻袭依属于前赵的北羌王盆句除，俘三千余落，获牛羊两万余而归。

刘曜闻讯怒甚，投袂而起，当天就自长安出兵，派中山王刘岳追击石佗。刘曜自己，领兵在富平驻营以为声援。

刘岳师出得利，河滨一战，大败后赵军，斩石佗及其甲士一千五百名，五千多后赵军被赶入黄河中淹死。

奉刘曜诏令，刘岳乘胜前进，猛攻后赵大将石生于洛阳。

开始，前赵匈奴军作战顺利，刘岳军斩获后羯族赵兵卒五千余人，并进围石生于金墉。危急时刻，石勒的侄子大魔头石虎率步骑四万入成皋关，与刘岳大战于洛西。

结果，刘岳大败，退保石梁（洛水北岸）。石虎进而大败前赵大将呼延谟，临阵杀之。

刘曜闻知败讯，亲率大军救援刘岳；石虎自领三万大军前来拒战。

刘曜小战先胜，在幽谷附近的八特坂击溃石虎手下将领石聪。

夜间，刘曜大军于金谷屯营，半夜无故大惊，军中溃散，只得退屯渑池。不料，士卒再次无故大惊，没有任何敌人来袭，大军连夜又奔溃四散。

刘曜无奈，只得退归长安。

刘岳残军见救援无望，很快溃败，包括刘岳在内的前赵高级将领八十多人被生俘，囚送襄国，一万五千多士卒被后赵军队坑杀。

经此大败，刘曜愤恨成疾。还至长安后，祸不单行，其皇后刘氏又病死。死前，刘曜亲自来到床前拥她入怀，问她有什么临终遗言。

回光返照之际，刘皇后说："臣妾叔父刘昶一直无子，我自小被他抚养，无以报德，希望陛下能贵显我这位叔父。我另一个叔叔刘皑有个女儿非常贤淑美丽，但愿陛下能纳之为后。"

刘曜对刘皇后的临终"嘱托"一一照收，马上下诏封刘昶为大司徒、录尚书事；立刘皑之女为皇后，并把刘皇后一门亲族皆委以高官厚职。

尚书郝达等人固谏，刘曜大怒，派人携大盆毒酒鸩杀了这几个谏臣。

328年（东晋成帝咸和三年）6月，后赵石勒又派其侄中山公石虎带领四万大军从轵关（今河南济源市）西入，进攻前赵河东地区，一时之间，有五十多县纷纷响应，后赵军势如破竹，直攻蒲坂（今山西永济市）。

劲敌来攻，刘曜不得不又一次御驾亲征，率领精锐水陆诸军以救蒲坂。同时，他派皇子刘胤守卫长安都城，命河间王刘述发氐、羌之兵以御河西。

后赵的中山公石虎虽号称骁将，但面对赵主刘曜亲率的十万大军，心中不得不惧。

刘曜军队自卫关北渡后，石虎见敌军来势汹汹，急忙率军引退。

刘曜本人就是军将出身，知道机不可失，麾军追击。

九月间，刘曜军队在高侯（今山西闻喜县）追上了石虎，双方接战。由于有皇帝在军中，人数又占优势，前赵军奋勇冲杀，石虎军大败，大将石瞻被杀，后赵军枕尸二百余里，丢失资仗铠甲无数。

石虎率残兵败将往朝歌（今河南淇县）方向撤退。

刘曜从大阳关（今山西平陆县）渡过黄河，进攻守卫洛阳金墉城的后赵大将石生，并掘河水猛灌后赵守军。

前赵乘胜势，分遣诸将进攻后赵的汲郡、河内等地，后赵荥阳太守尹矩和野王太守张进纷纷出降，一时间，形势对刘曜非常有利。但他当时犯下了致命错误，即没有挟必胜之威进攻后赵都城襄国，耽误了上天赐予他的大好机会。

冀州襄国城内，后赵王石勒又气又急，马上要自己将兵去救洛阳。朝臣中有人劝他“不宜轻动”，但石勒自有主意：“刘曜乘一战之胜，围守洛阳，庸常之辈皆认为其锋不可当。可是，刘曜带甲兵十万，攻一城而百日不克，师老兵疲，以我百战锐卒击之，可一战而擒之！”

接着，石勒又进一步分析道：“假如洛阳失守，刘曜乘胜必来冀州相攻，自河而北，席卷而来，如此，则大事去矣！”

石勒谋臣徐光非常赞同，说：“刘曜乘高侯战胜之势，不能进临襄国，更守金墉，此其无能为可知矣。以大王威略亲统大军，彼必望旗奔败。平定天下，在此一举！”

于是，后赵国主石勒亲自统步骑四万向洛阳方向进发。

329 年 1 月，后赵诸军齐于成皋（今河南荥阳市），共步卒六万、骑兵二万七千。更让石勒感到可喜的是，成皋关前竟无前赵守军。于是，石勒大军卷甲衔枚，诡道兼行。

刘曜这边，因胜而骄。军旅在外，他不思攻防之略，天天与几个嬖臣在大营里饮酒、赌博，根本不恤士卒。左右随臣进谏，刘曜大怒，以为妖言，立斩之。

直到石勒率兵已过黄河的消息传来，刘曜才开始与众将商量增强荥阳城防的事情。

不久，后赵前锋杀至洛水。双方遭遇战中，前赵擒得后赵羯族兵士，刘曜亲自审问虚实：“大胡（石勒）亲自领军吗？带多少人马来？”

俘虏实话实说：“赵王自来，军势甚盛。”

刘曜闻言变色，马上下令从金墉撤围。他下令在洛西布阵，以迎石勒大军。

本来刘曜想包围洛阳，如今，自己反倒被包围了。

小山坡上，前赵军十多万人立阵，南北横亘十余里，石勒见此，不惧反喜，对左右说：“你们可以向我言贺了！”

石勒先不与刘曜交战，而是率四万步骑进入被围数月的洛阳城中。

刘曜正犹豫间，忽然发现石虎率三万步兵自洛阳城北出现，向西而来；石堪、石聪两人各将精骑八千自城西疾驰向北，合军进攻刘曜的前锋军。双方大战于西阳门；石勒本人亲贯甲胄，从洛阳阊阖门冲出，形成对刘曜大军的夹击之势。

刘曜自年轻时就喜饮酒，称帝后酒瘾更大。大战已临，他仍饮酒数斗，不知是壮胆还是解馋。

刚刚披挂上马，刘曜平时一直乘骑的赤色骏马不知是何原因，前腿跪地不能站起。战事危急，也来不及找到好马，他临时牵了匹运送货物的小马跨骑而上。临出营门，他又狂饮美酒一斗多。

赶至西阳门，刘曜指挥手下准备加入战斗。

后赵大将石堪认识刘曜（因为双方从前同为匈奴汉帝刘聪名下的“友军”，曾并肩作战），急忙率精骑直扑这位皇帝而来。

前赵军大溃。

刘曜昏醉之中，被败兵裹挟着往后奔逃。他所骑的小马速度慢，力量又不够，前蹄陷在石渠中，一下子把刘曜甩落于冰面上。

后赵追兵箭射枪捅，刘曜身上严重受伤。由于失血过多，刘曜支持不住，终被石堪抓住，押送至石勒大营。

点算人头，这次战斗，后赵军共斩杀五万多前赵兵将。

此时，这位曾叱咤风云、雄极一时并俘虏过西晋二帝的匈奴皇帝刘曜，威风全无，浑身是血地被扔在石勒营帐内的地上。前赵皇帝，倒在了后赵国王的脚下。

刘聪时代，刘曜与石勒曾多次协同作战，可谓是患难与共的“老战友”。趴在地上，刘曜支起肘，向“老朋友”石勒问候：

“石王！曾忆重门之盟否？”（即两人在怀帝永嘉四年共同于河内进攻晋军的合作旧事。）

石勒倨然高座，良久，他让徐光下阶传话：“今日之事，天使其然，说别的有什么用！”

虽拒绝与刘曜叙旧，石勒仍下令医生为刘曜医伤，并派孙子石邃领精兵监守，把刘曜押送襄国。

途经洛阳北苑，有位名叫孙机的老人要求见刘曜一面，获石勒允许。

孙机白鬚飘飘，持酒进于躺在担架上的刘曜，口中念念有词：“仆谷王，关右称帝皇。当持重，保土疆。轻用兵，败洛阳。祚运穷，天所亡。开大分，持一觞。”

面对老人如此数落自己，刘曜倒也豁达，他撑起身，接过酒觞，说：“说的真有道理，当为老翁您痛饮此杯！”

石勒闻之，凄然改容道：“亡国之人，足令老叟数落！”

到襄国后，刘曜被囚禁在永丰小城。开始，石勒对这位“老战友”还好吃好喝好待遇，给还妓妾，派严兵围守，并派先前在石梁俘获的刘岳等人鲜衣骏马地去看望刘曜。

刘曜见到自家“中山王”刘岳，也吃了一惊，说：“一直以为爱卿你早已被杀，石王仁厚，全活至今，而我先前却斩杀了石王大将石佗，真令人有愧。今日之祸，应是自找呵。”

前赵这对昔日君臣，留宴终日，至夕泣别。

眼见刘曜伤势日有起色，石勒便派人让刘曜给长安城内的皇太子刘熙写信，劝他们尽快投降。

虽已被俘，刘曜仍旧有匈奴人血性，算条汉子，他只写了几个字给太子刘熙：“与诸大臣匡维社稷，不要因为我被俘而服软投降！”

石勒观书而怒，知道刘曜再无利用价值，便派人进入刘曜囚所，一刀结果了这位前赵皇帝。

刘曜被囚杀的消息传至长安，太子刘熙与南阳王刘胤等人惶然大惧，仔细商议后，他们想从长安撤出，西保秦州。

尚书胡勋劝谏：“今虽丧君，境土尚全，将士不叛，且当并力拒之；力不能拒，逃跑不晚！”

南阳王刘胤大怒，认为胡勋沮阻众心，命推出斩首，然后急率百官逃奔上邽（今甘肃天水）。

刘胤才武兼人，但父皇被擒杀的噩耗已使他丧尽肝胆，加之其太子弟弟刘熙年少怯懦，众人无识，竟然抛弃长安这样一个坚城根据地向外奔逃，果真是天数已尽了。

太子、南阳王一跑，长安周遭的各镇宗室、将领也都弃城跟随，关中大乱。

前赵将军蒋英、辛恕等人拥众数十万于长安，遣使向后赵石勒投降。石生得石勒诏命，率洛阳兵士前往长安，兵不血刃地接收了这座本来要死伤数十万兵马也不见得轻易攻克的坚城。

329年（东晋成帝咸和四年）9月，在上邽喘息已定的前赵南阳王刘胤又后悔当初撤出长安之举，率兵数万反攻长安，陇东、武都、安定、新平、北地、扶风、始平诸郡原先臣服后赵的兵民皆起兵响应。

刘胤在长安外围仲桥一地屯营。长安城内的石生见敌人来势汹汹，就把洛阳坚守的故伎重施，婴城固守。

听闻刘胤前来送死，石勒派中山公石虎率精骑二万飞奔洛阳。

十月，双方大战于义渠，刘胤大败，奔还上邽。

石虎沿途追杀，枕尸千里，一直追至上邽。上邽之兵，本来都被刘胤带走回击长安，如今兵败如山倒，刘胤溃兵入城后未及关城门，石虎的后赵骑兵便蜂拥而入，把前赵帝王将相一网打尽，俘虏了太子刘熙、南阳王刘胤及其王公卿校三千多人。

石虎为人残暴，当即下令对这些人全部屠杀。皇子刘胤再也没能重演逃出生天、东山再起的活剧。一代英才，窝囊而死。

而后，石虎下令把五郡的匈奴屠各族种的贵族及先前所俘前赵的王公五千多人，押往洛阳，集体活埋。

从刘渊即位起，汉（前赵）至此共历三帝（刘渊，刘聪，刘曜），共二十七年。居于中原的匈奴屠各种人，都被石勒下令斩尽杀绝。

“天之骄子”的尊贵种群，刹那之间，灰飞烟灭。

功业未及建　夕阳忽西流

悲剧英雄刘琨

功业未及建，夕阳忽西流。
时哉不我与，去乎若云浮。
朱实陨劲风，繁英落素秋。
狭路倾华盖，骇驷摧双辀。
何意百炼钢，化为绕指柔！

——《重赠卢谌》

如此清拔雅壮、意慨不凡地抒发英雄末路的苍凉诗句，出自西晋时期大英雄刘琨笔下。

此诗，苍苍莽莽，一气直达，兼悲兼壮。刘琨一生气象，皆于诗中表露无遗。

夜宴金谷园的豪客

四处逢迎的青年时代

刘琨，字越石，中山魏昌（今河北无极县）人，是汉中山靖王刘胜之后。刘胜即在河北满城陵墓中放置金缕玉衣的那位西汉荒淫王爷。

他有儿子一百余人，三国刘备也号称其后代。

刘琨青少年时代，完全过着贵族子弟醉生梦死、豪奢不羁的生活。

刘琨的祖父刘纳曾为相国参军，其父刘蕃位至光禄大夫。如此父祖，可以想见刘琨作为贵族公子哥，周围的环境定是笙歌满目，金玉满堂。

二十六岁时，刘琨已得“司隶从事”这样的清闲官职，平日一直是大豪客石崇（与皇帝的舅舅王恺斗富的那位名垂千古的富翁）金谷园别墅的座上常客。他饮酒赋诗，听琴观舞，纵情山水，日日夜夜享乐其间。

皇后贾南风权势熏天之时，她外甥贾谧官至秘书监，也是一位喜爱文墨、专事冶游的贵族公子哥。当时的一帮文士豪客，都与他气味相投，其中包括刘琨、石崇、左思、潘岳、陆机、陆云、欧阳建等人，号称“文章二十四友”——这个贵族沙龙鱼龙混杂，什么样人品的人都有，大小诗人、政客厕身其间，虽然在很大程度上带有趋炎附势的味道，但这些人中间也不乏上佳的诗作问世。

游冶之日，刘琨一首《胡姬年十五》最能体现他当时的轻佻、放荡以及声色犬马之情：

虹梁照晓日，渌水泛香莲。
如何十五少，含笑酒垆前。
花将面自许，人共影相怜。
回头堪百万，价重为时年。

赵王司马伦杀掉皇后贾南风，虽知刘琨与贾后一党关系不错，但司马伦的儿子司马荂是刘琨的姐夫，两家有秦晋之谊，加上刘家兄弟声名卓异，所以，不仅没杀没罚，还对他们加以拉拢，以刘琨为记事督。

成都王司马颖、齐王司马冏等宗室三王兴兵讨伐司马伦，刘琨被司马伦任命为冠军将军，与孙秀的儿子孙会率三万禁卫兵出战。

黄桥一战，刘琨大败，烧掉河桥仓皇逃跑才保得一命。

齐王司马冏等人因杀赵王司马伦，很想把这位曾抵拒三王军队的刘琨抓起来杀掉，但是，关键时刻，门阀起了作用。齐王等人认为刘琨父兄皆有当世之望，就特赦他们，拜刘舆为中书郎，刘琨为尚书左丞。

全凭西晋有尊崇名望的社会风气，刘琨不仅最终没被杀掉，还能在乱世中升官发财。其中缘由，除了其贵族名望的因素外，刘琨早年在金谷园与王族贵戚的宴饮交游和文学才能肯定也帮了他的大忙，其出口成章的才能与作曲作赋的敏思，给诸位司马氏王爷留下了很深的印象。

齐王司马冏执政不久，就被长沙王司马乂所杀。混乱之间，刘琨与哥哥刘舆跑到镇守许昌的范阳王司马虓那里，被委以军中司马之职。

东海王司马越为政，刘琨与司马越一系的司马虓患难与共，使这位范阳王能成功拥有冀州之地。他还带兵成功地救出陷入敌军手中的父母，统帅几路军马奉迎晋惠帝于长安。

东海王司马越见刘琨为自己卖命，高兴之余，封他为广武侯，食邑两千户。

晋怀帝永嘉元年（307 年）东海王司马越任刘琨为并州刺史，加振威将军，领匈奴中郎将，作为“自己人”安插至并州一带，以抵御反叛的五部匈奴刘渊等胡人。

刘琨之所以能被东海王司马越委以如此重任，全赖其兄刘舆的鼎力相助。

刘舆，字庆孙，年少时就与弟弟刘琨名重当时。京都人有语曰：“洛中奕奕，庆孙、越石。”兄弟两人青年时代举止浮夸，一直以贵族高门子弟自居，数次欺侮寒人出身的孙秀。这位杀掉大才子潘岳的小人，手中得权后，很想将刘氏兄弟干掉。但刘氏兄弟与赵王司马伦有姻亲关系，孙秀牙根恨得痒痒，也不能把这两个人弄死。

经历了赵王司马伦、齐王司马冏两“朝”王爷，兄弟俩因“清贵显名”都能保得一命。范阳王司马虓深念自己兵败逃命时刘舆、刘琨兄弟一直追随自己左右之功，他在邺城站稳脚跟后，向自己一系的东海王司马越竭力保荐刘氏兄弟。刘舆被封为征虏将军、魏郡太守。

范阳王司马虓病死后，刘舆当机立断，矫诏赐死了邺城内被囚的成都王司马颖，为东海王司马越除去了一大心病。

久闻刘舆之名，司马越想把刘舆召至京城在自己身边做事。有人很嫉妒刘舆的才干，就对司马越讲他的坏话：“刘舆像块脏肉，谁接近他都会受到污染。”

司马越先前没有直接和刘舆打过交道，听亲信这么一说，也很警惕。所以，这位东海王把刘舆召至京城后，一直对他心存疑戒，未加重用。

刘舆入京后，参阅档案文籍，遍阅天下兵簿及仓库、牛马、器械、水陆之形，一一默记。

当时，战事频繁，内忧外患，军国多事。司马越每次开会召集众臣僚佐商议对策时，他手下那些文士、武将都唯唯诺诺，不知所对。唯独刘舆侃侃而谈，有条有理，要数据有数据，要细目有细目，山川、水路、战术、战略，娓娓道来，应对如流。

见刘舆人才如此，司马越倾膝酬接，提拔他为自己的左长史。刘舆并非只是那种仪貌堂堂、只会耍嘴皮子的主儿，史载：“宴客满筵，文案盈机，远近书记日有数千，（刘舆）终日不倦，或夜以继之，皆人人欢畅，莫不悦附。命议如流，酬对款备，时人服其能。”

他欢饮笙歌之余，竟也把军国大事处理得服服帖帖。如此看来，刘舆不仅仅有情商，其智商也超出常人。

正是由于东海王司马越把刘舆视为至亲心腹，才对其弟刘琨加以器重，最终派刘琨镇守并州，当北面之重任。如此，也是为东海王在西北巩固一个根据地。

刘舆才高如此，也逃不过一个“命”字。不过，此位仁兄死得很是时候，各路胡人大军四路杀来，洛阳尚未失陷时，他因手指感染，得败血病而死，时年四十七。他死后备极哀荣，被追赠骠骑将军，谥曰贞。

好风凭借力。凭借亲哥哥的保荐，刘琨终有一展抱负的机会。

荆棘丛生

胡贼横行的并州路

刘琨当初在赵王司马伦手下打过大败仗，福兮祸兮，增添了不少领兵打仗的经验。在赴任路上，道险山峻，胡寇塞路，他以少击众，冒险而进。

在给朝廷的表章上，刘琨道出了并州一带胡寇猖狂、人民深受其害的悲惨景象：

> ……臣自涉州疆，目睹困乏，流离四散，十不存二，扶老携幼，不绝于路。及其在者，卖妻鬻子，生相捐弃，死亡委危，白骨横野。哀呼之声，感伤和气。群胡数万，周匝四山，动足遇掠，开目睹寇。

艰难苦恨途中，刘琨作《扶风歌》以抒怀，心情沉郁，词意慷慨：

> 朝发广莫门，暮宿丹水山……据鞍长叹息，泪下如流泉……烈烈悲风起，泠泠涧水流。挥手长相谢，哽咽不能言……去家日已远，安知存与亡。慷慨穷林中，抱膝独摧

藏……资粮既乏尽，薇蕨安可食……君子道微矣，夫子固有穷。惟昔李骞期，寄在匈奴庭。忠信反获罪，汉武不见明。我欲竟此曲，此曲悲且长。弃置勿重陈，重陈令心伤。

历尽千辛万苦，刘琨率领一路招募的一千多号人，沿路搏斗进击，最终到达晋阳城（今山西太原）。

当时的晋阳，经五部匈奴军队蹂躏，官府建筑全都被烧焚一空，尸骸遍地。侥幸存活下来的民众，个个被饿得面无人色。整个城内，不仅荆棘成林，吃饱了人肉的野狼也四处乱窜。

刘琨到后，剪除荆棘，收葬枯骸，选朝府，建市狱，几乎重新建设了晋阳城。其间，胡寇和坞堡强盗相继来袭，刘琨率从属兵士与之恶战，恒以城门为战场，数历惊险，驱除贼寇，终于在晋阳安顿下来。

刘琨乃晋人，自有浑然天成的“魏晋风度”。在许多寒风凛凛的夜晚，晋阳城外胡骑纷纷，团围城市。当守兵、百姓窘迫之际，刘琨一袭白衣，乘月登楼，发出阵阵清啸之声，群贼闻之，皆凄然长叹。（“啸”是魏晋时代名人常有的举动，鲁迅等人认为是吹口哨，笔者觉得“啸”更可能是以低嗓发出的悲吟之声，类似歌声中的低音咏叹。）

夜深之际，刘琨吹奏胡笳，音声哀感行人，胡族士兵流涕嘘唏，顿生怀土之意。黎明时分，刘琨再吹胡笳，群贼泪流满面，皆拍马而去。在那样一个血腥、杀戮、离乱的年代，音乐方有如此巨大的魔力，“胡笳退兵”竟成中华史上的万古绝唱。

直至唐代，仍保存有刘琨创造的《登陇》《望秦》《竹吟风》《哀松露》《悲汉月》五首曲子，统称《胡笳五弄》，其间融有愁远绵长的胡笳之曲，宛转凄伤，令人顿起怀乡思旧之情。

城楼之上刘琨独自一人，仅一支胡笳在手，明月当头，呜呜咽咽。墙外群胡，伫马低首，泪眼迷离，谁也不忍心抽白羽搭弦发射。

艺术的魅力，至此已臻极致。

《洛神赋图卷》（局部） 东晋 顾恺之

当时，匈奴刘渊已经称汉王，其老巢离石距晋阳才三百多里地，匈奴铁骑可以一天内驰至晋阳城下。

刘琨文武全才，对周遭的匈奴别部“杂虏”施以离间计，来降者有万余户。结果，刘渊大惧，迁出离石，在蒲子造坚城而居，唯恐刘琨来袭。

说来也好笑，刘渊称王时，立汉高祖以下三祖五宗神主而祭之，并追尊蜀汉主刘禅为孝怀皇帝。刘备一直号称中山靖王之后，刘禅肯定也当属中山靖王之后无疑。而这位大晋忠臣刘琨，恰恰是百分百没有掺假的中山靖王之后，汉室血亲。如果论理讲礼，刘渊和刘琨还真能论论世系排行。

苦心经营

屡败屡战的艰难岁月

经过岁余经营，晋阳城流民返回，鸡犬之音复闻。在虎狼争斗之地，附近的汉族人民终于找到了一块相对安全的飞地，他们生活、生产、战斗三不误，初具立城规模。刘琨的父母此时也从洛阳赶来与儿子相聚，远近士子流民争相奔赴，依附刘琨。

但是，刘琨善于怀抚，短于控御。一日之中，虽归者数千，离去者数目也相类。他的公子哥性情，终归不能全然改戒。刘琨平素豪奢惯了，嗜好声色。虽能在艰难中暂自矫励，不久便纵逸如初，美女伎乐，挥金如土。

如在歌舞升平之日，刘琨这种豪奢也没什么太可指摘之处。但是，当时晋阳三面受敌，北有鲜卑、南有匈奴、东有王浚，皆虎视眈眈，视刘琨为眼中钉、肉中刺，皆欲拔之而后快。

308 年 10 月，刘渊在蒲子称帝。其间，汉将石勒连陷巨鹿（今河北宁晋）、常山（今河北正定）、冀州（今河北冀州市），一百多当地坞堡武装向石勒投降。不久，刘渊的儿子刘聪、汉将王弥与石勒合军进攻壶关，刘琨遣去的晋将接连被杀，西晋上党太守投降。

屋漏偏逢连夜雨。不仅战败消息从各地传来，原先附晋的匈奴右贤王刘虎和白部鲜卑也纷纷向刘渊称臣，对刘琨的晋阳根据地形成了严重的威胁。

审时度势后，刘琨只能遣派使人，带大份厚礼恳请鲜卑拓跋部酋长猗卢出兵，与自己一道，与刘渊争衡。

拓跋猗卢倒是很讲义气，派其侄拓跋郁律率领两万鲜卑骑兵助战。刘渊匈奴兵很能战，但心理上一直害怕鲜卑人的勇猛和亡命。

交手后，匈奴刘虎的军队大败，白部鲜卑也损失了不少人马，皆败于刘琨、鲜卑联军手下。

得胜之后，刘琨与拓跋猗卢置酒高会，两人结拜为兄弟。由于患难相助，感激之余，刘琨上表朝廷，奏请拓跋猗卢为大单于，以代郡封之为代公。当时代郡在割据一方、怀有不臣之心的晋朝宁朔将军王浚所统的幽州属内。王浚当然不答应，并派兵偷袭拓跋猗卢，反被猗卢军队击败。由此，刘琨与王浚的矛盾也开始表面化。

正在崛起中的拓跋猗卢很想趁机进入汉地发展势力，便率部落万余户从云中入雁山，向刘琨索求陉北之地。刘琨力不能制，又想倚之为援，就把楼烦、马邑、阴馆、繁峙、崞五县（现山西代县以北的地区）的百姓迁于陉南，以其地送与拓跋猗卢。

311 年年底，刘琨与王浚因州民问题发生了直接冲突。

王浚，字彭祖，是西晋博陵郡公王沈的儿子。当初曹魏少帝曹髦带兵攻打司马昭，临行前召王沈、王业两人，以实情相告。这两人扭头就跑，驰告司马昭，为这位曹魏权臣争得了宝贵的时间，最终导致了少帝曹髦被弑。

王浚袭其父爵，在晋惠帝时出镇许昌。愍怀太子司马遹被贾南风幽禁，王浚承旨，与太监孙虑谋杀了这位太子爷，获迁为宁北将军。不久又升官，被封为宁朔将军、都督幽州诸军事。

眼见当时朝廷昏乱，盗贼蜂起，王浚知天下大乱，深为自安之计，结好周边的少数民族首领。他把一个女儿嫁给鲜卑酋长务勿尘，另一个女儿嫁与胡人酋长苏怒延。赵王伦篡位，司马三王起兵，王浚首鼠两端，持兵观望。成都王司马颖当时就想讨伐他，但内战繁急，无暇他顾。气愤之余，司马颖以右司马和演为幽州刺史，暗中嘱咐他去杀掉王浚并统领其兵马。

和演手持成都王司马颖密诏，先秘见乌丸单于审登，得到对方口头支持，一同谋执王浚。新官上任，和演和王浚约定在蓟城（今北京）城南清泉水上共聚宴饮。当时，蓟城内有两条驰道，和演和王浚各走一道。和演想趁两人宾随仪仗交合、马上作揖行礼时，趁机杀掉王浚。不巧，天降暴雨，兵器皆湿，不便弓刀，谋杀王浚未果。

乌丸族的审登单于很迷信，他和族人嘀咕："和演想杀王浚，几乎要得手的时候，忽然天下暴雨，定是上天佑助王浚。违天不祥，我们还是别站在和演一边。"于是，审登单于向王浚告密，告之和演要杀掉他。王浚惊恐之下，忙召集兵士，与审登一起攻杀了和演。

控制了当地局势后，王浚召来鲜卑女婿务勿尘，率鲜卑联军两万人，大举进攻司马颖，攻击邺城，杀死汉族士庶数万。鲜卑骑士在城里抢掠了不少汉族美女。回军途中，王浚怕有误战事，下命："有挟藏者处斩。"当时，鲜卑骑兵还很怕晋朝将军的将命，纷纷把抢来的美女推入易水，淹死八千多人。

晋怀帝继位后，封王浚为骠骑大将军、司空，领乌丸校尉，并封他的女婿务勿尘为大单于、辽西郡公。

王浚在河北挟势自重，带着一大群鲜卑雇佣军，与刘曜大将石勒持战，互有胜负。

刘琨派族人刘希到中山各地活动，代郡、上谷、广宁三郡人民，皆归于刘琨。

王浚见刘琨和自己争地盘，也顾不得去打石勒，调转马头，率大军与刘琨属军交战。

王浚的鲜卑联军战斗力很强，攻杀刘希，驱略三郡士女出塞。刘琨力不能及，只得退避。

由于晋将刘琨、王浚两人窝里斗，匈奴刘氏屡屡得手。怀帝永嘉五年，继石勒全歼司马越十万余众之后，汉帝刘聪的军队攻陷洛阳，生俘晋怀帝，杀伤数万汉族兵民，满载而归。

窘迫之余，又是拓跋猗卢派儿子拓跋六修来助刘琨，并为晋朝守卫新兴（今山西忻县）。

与拓跋六修一起守新兴的刘琨守将邢延找到数块上好玉石，进献给刘琨。为感激拓跋氏来投附帮忙，刘琨就把这些玉石转送给拓跋六修。这位鲜卑王子贪财，得了好处不说，又向新兴城内的晋将邢延索要更多的玉石。邢延表示所得玉石均已上献刘琨。拓跋六修不信，把邢延的妻儿抓起来囚禁，逼索玉石。邢延大怒，率所部兵将攻袭六修，打跑了鲜卑兵，他以新兴城向匈奴刘氏投降，还请兵进攻并州。

局势如此危急、复杂，自以为有大将气度的刘琨仍安然自若。晋怀帝永嘉六年（312 年），他一面移檄所辖州郡，表示十一月会军平阳（今山西临汾）进攻汉国；一面在治所内大张乐宴，声色是娱。

河南人徐润是个音乐家，刘琨引以为同行、知音，非常宠幸他，竟提拔这个填词作曲的哥们儿任晋阳令。

徐润骄恣，贪财爱货，干预政事。刘琨的护军将军令狐盛是个正直的军人，多次劝刘琨杀掉徐润，刘琨不听。

徐润知道此事，暗恨令狐盛。一次，趁刘琨饮酒赏乐、兴致正浓之际，徐润忽然“告发”，说令狐盛要率众拥刘琨为帝。

一向以精忠晋室为己任的刘琨大怒，不细审情由，立刻派人斩杀令狐盛。

其实，仔细推究，刘琨很有可能一直有忌恨、提防令狐盛的心理，借此机会正好发泄。

刘琨的母亲是个贤明知理的老太太，知晓此事后，严责刘琨：“你不能宏图远略，驾驭豪杰，只想除掉比自己强的人，以此自安，又怎能完成大业呢？如此下去，祸必及我！”

知子莫若母，刘琨的祸事，的确已经不远。

闻知父亲被枉杀，令狐盛的儿子令狐泥忙逃至匈奴汉国刘聪处，具言刘琨虚实。汉国大将刘粲、刘曜以令狐泥为向导，率精骑进攻并州。

刘琨闻讯东出，四处收兵，以图抵战汉兵。

刘粲与令狐泥乘虚突袭晋阳得手，杀死刘琨的父母及留于晋阳的家人。晋朝各路军大败。

听闻晋阳失陷、父母被杀，血泣之余，刘琨只得率十余骑人马奔逃至常山。

败亡危急关头，还是拓跋猗庐出手相助。

313 年 11 月，拓跋猗庐以儿子拓跋六修等为将领率众数万进攻晋阳，他本人率二十万大军殿后。反观刘琨，此时只有近日招集的汉族散卒数千，夹在鲜卑军中以充向导。

匈奴刘氏的中山王刘曜连忙把军队调出，在汾水东岸与拓跋六修军对阵，双方开打。

匈奴遇鲜卑，如狼对虎，始终心怀畏惧。交战不久，汉军大败，刘曜本人身中七创，差点死于阵中。

他逃入晋阳城后，连夜与刘粲等人掠晋阳之民，翻越蒙山逃归。

拓跋猗庐率大军追击，在蓝谷（蒙山西南部）大败匈奴汉军，杀得对方伏尸数百里。其实，这横倒百里的人尸，估计大半是被汉军裹挟的晋阳百姓，真正的匈奴兵将有马有武器，逃跑途中估计也不忘刀砍斧剁，大肆杀戮平民。最可怜的是这些无辜晋民，即使侥幸在匈奴刀口下生存，马上就被追上来的鲜卑人砍掉脑袋。

刘琨自营门步入拜谢，固请进军。拓跋猗庐婉言回绝，说：“吾不早来，致卿父母见害，诚以相愧。今卿已复州境，我远道而来，士马疲弊，待我后举。”他馈送刘琨兵车百乘，马、牛、羊各千余以为军资，并留下两个本来就是晋人的将军协助刘琨守卫晋阳。

现在，刘琨经营了几年的晋阳，重新变成废墟，再也无法重建。无奈，刘琨移军至阳曲（今太原以北），虽然仍兢兢业业，招集亡散，但世易时移，形势对他越来越不利。

晋愍帝建兴二年（314 年），石勒忽然来书要与刘琨请和，并表示愿意率兵征讨王浚以效力晋廷。刘琨大喜，认为石勒可以为自己除掉身边一个劲敌。其实，石勒真正的目的，是想集中力量干掉王浚，先卑辞下礼稳住刘琨，以免腹背受敌。

王浚父王沈，字处道，他就牵强地认为他们王家应了“当涂高”之谶，有称王为帝之命。其属下官员谏劝，不是被外放，就是被杀掉。

王浚又宠信苛刻小人，矜豪日甚，不理政务，辖境人民饱受压榨，纷纷逃亡到邻近的慕容鲜卑部落。

王浚在“八王之乱”中凸显实力，全靠他手下的鲜卑、乌桓雇佣兵。此时，这些人纷纷离他而去，使他失掉手中最大的王牌。加之天灾人祸，王浚的实力大不如前，日益虚弱。

石勒想除掉王浚，但又不知对方虚实，便先遣使向王浚问候，主要目的是探察其军事、政治实力。

石勒的手下参谋多建议石勒以当年羊祜、陆抗那种敌国将领相抗相敬之礼去见王浚。石勒的幕僚长张宾表达了自己的不同意见：“王浚名为晋臣，其实是想废晋自立，只怕四海英雄不会追随他。因此，他太渴望得到您的拥持。以您威震天下之大名，卑辞厚礼，折节事之，才有可能使王浚信赖您。”

石勒称善，派人带了数车珍宝奇货，奉表于王浚，表示说：“我石勒本小胡，遭世饥乱，流离屯厄，窜邻冀州，窃相保聚以救性命。今晋祚沦夷，四海无主，为帝王者，非公而谁！伏愿陛下顺天应人，早登皇祚。我石勒奉戴殿下，如天地父母，殿下察勒微心，亦当视我如子也。”

王浚得到石勒书信，高兴之余，探问石勒使臣：“石公一时豪杰，跨据赵魏之地，为什么要向我称藩呢？”

石勒使臣早有心理准备，趁机奉承道：“殿下您中州贵望，威行夷夏。自古胡人未有能为帝王者，石将军深信帝王自有历数，非智力能取。项羽虽强，终归汉有。石将军熟悉史实，所以应天顺命，欲归身殿下，攀龙附凤，以为辅佐名臣。”

一席话说完，王浚不得不信。大喜之余，他连石勒派来的两个使臣都“加封”为列侯，回馈石勒更厚的一份大礼。

为获取王浚的进一步信任，石勒还斩杀了王浚手下叛逃到自己营中的人。由此，王浚深信这位羯胡头子对自己忠诚无比，再也不怀疑石勒的动机。

王浚使者来到石勒的根据地襄国，石勒马上藏匿起手下的劲卒、精甲，羸师虚府示弱，并对王浚使者北面而拜。王浚赠送石勒一柄麈尾，石勒悬之于壁，朝夕跪拜，还向王浚使者说：“我不见王公，见其所赐，如见公也。”

同时，石勒不停地向王浚进献珍宝，并提出四月中旬要亲自去幽州面见王浚，奉戴王浚称帝。王浚骄傲至极，对石勒不复加防备。

石勒送走王浚使臣，便向自己的使臣问王浚的虚实。使臣汇报说：“幽州去年发大水，百姓无粮食可吃。王浚积粟百万，不能赈济。刑政苛酷，赋役繁重，忠贤内离，夷狄外叛。人人都知道他离灭亡不远，而他自己意气自若，没有丝毫戒惧之心，还布列百官，大修台阁，自谓才过汉高祖、魏武帝。”

石勒大笑，知道王浚已是囊中之物。

314 年 4 月，石勒率大军抵达易水。王浚手下将军孙纬派人驰告，准备出兵抵拒。

王浚将佐纷纷进言，认为胡人“贪而无信，必有诡计”，希望王浚下命迎击石勒。

王浚大怒，大声申斥诸将："石公来此，正是要奉戴我称尊，再有敢讲迎击石将军的，必斩不饶！"

众将不敢再进言。

石勒大军逼近蓟城，吆喝守城军士开门。由于王浚有命，门军忙大开城门。

王浚毫无戒心，石勒却多留一个心眼。他害怕进城后会遇到埋伏，就先派兵赶进数千头牛羊，声言献礼，以堵塞城内通道。即使王浚有伏兵，这么多牛羊塞路，也兵不得发。

听闻此事，王浚始惧。

石勒入城后，立刻纵兵大掠。

王浚手下恳请出兵抵御，王浚仍不答应。如果此时出兵，即使不能击败石勒，最起码王浚及手下诸将还有逃跑的机会。

见主帅在危急关头仍不下令，诸将一时离散。

王浚等了半天，也没见石勒来拜见自己，倒听见兵士气喘吁吁地跑来禀告，石勒已经在衙署中庭高高上坐，正发布命令。

终于知道自己上了大当，王浚赶紧逃跑。无人护卫，王浚没跑多远就被石勒兵士抓住，送至府堂。

终于见到了石勒。

王浚双臂被绑，见这位一直向自己称臣装孙子的大胡酋高坐堂首，王浚大骂："胡奴，你竟然哄骗我，太凶逆无道了！"

石勒回话："王大人，您位冠元台，手握强兵，而坐观本朝倾覆，欲自为天子，您才是凶逆之人呵……听说您残害百姓，委任奸贪小人，毒遍燕土，罪过真是不小！"

言毕，石勒变脸，遣精骑五百押送王浚至襄国，下令收杀王浚手下精兵猛将一万多人。

王浚在襄国闹市问斩时，昂头直躯，大骂而死。即使如此，又有何益！

刘琨坐待王浚被石勒击灭。如今，石勒不仅没有归身晋朝，反而调集大兵，在没有后顾之忧的情况下，准备向刘琨发动攻击。

晋愍帝建兴三年，刘琨获拜为司空，都督并、冀、幽州诸军事，官衔虽堂皇，周遭的形势却十分令人担忧，根本没有什么他可以真正长久立足的地方。

屋漏偏遭连夜雨。晋愍帝建兴四年（316 年），一直为刘琨倚为根本后援的鲜卑酋长拓跋猗卢被杀。

拓跋猗卢于愍帝建安三年已被晋朝封为代王。鲜卑人有爱宠幼子的习惯。代王拓跋猗卢想立小儿子比延为嗣，就把长子拓跋六修派去新平城，还黜废了他的母亲，打入冷宫。六修有日行五百里的骏马，代王猗卢也强夺过来送给小儿子。拓跋六修惭怒之下，不告而去。

猗卢大怒，率军讨伐六修，结果反被儿子打败。这位鲜卑老英雄换了件破衣服逃离战场，半路被一乡下妇人认出，报告给拓跋六修。

逆子驰马而至，当胸给了老爸一刀，老英雄含恨而死。

六修自立为代王，不久就被堂兄普根攻杀。普根代立后，内部大乱，新旧猜嫌，迭相诛灭。混乱之中，依附鲜卑多年的晋人将领卫雄、箕澹两人，率所统晋兵以及乌桓兵士，共三万余家、马牛羊十万头，拥戴刘琨在鲜卑的质子刘遵，一起归复刘琨。

由此，刘琨之势得以复振。虽如此，拓跋鲜卑之精兵猛将，再也不会成为他危难时刻的后援友军了。

此年年底，晋愍帝于长安被匈奴刘氏的汉军生俘。

石勒方面，忽发大兵进攻晋臣韩据的乐平（山西昔阳），刘琨刚得新锐之兵，便要率手下军队前往救援。

愍帝被俘、江河日下之时，刘琨确实出于一腔忠勇，其志可嘉。

刚刚从鲜卑来归的晋人将领箕澹、卫雄谏劝，说："我们从鲜卑部落带来的这帮兵士，虽属晋民，久沦异域，一直不晓明公您的恩信，难以控御。当今之计，最好是内收鲜卑的余粮，外抄残胡的牛羊，闭关守险，休养生息，使来归兵士服化感义，有一段休整时间，让他们慢慢熟悉晋朝制度，感受德化，然后再派他们征战，可以立功。”

刘琨征战得胜心切，不从二将之议，倾兵而出。他命二将为先锋，将兵二万先行，自己率军继之。

石勒闻讯，于山地设伏击圈，先佯装小败，而后四面合围，大败晋军。箕澹和卫雄二将只剩一千余残兵，突围逃走。晋将韩据闻败，也慌忙弃城逃跑。

仓皇逃亡

寄人篱下的最后岁月

山穷水尽之时，幸得晋朝幽州刺史段匹磾派人来邀。穷极无路，刘琨只得前往蓟城，依附段匹磾。

段匹磾一直很敬崇刘琨，两人相见，相约共扶晋室，尽忠朝廷，并结为兄弟。同时，两人又一起上表给远在建康的司马睿，拥戴他为皇帝。

段匹磾，东部鲜卑人，其族种劲健，世为鲜卑酋长。其父务勿尘，就是王浚嫁女与之的那位鲜卑首领。务勿尘被晋朝封为大单于时，段匹磾也受封为左贤王，率众帮助晋朝征讨匈奴刘氏。务勿尘病死后，段匹磾的哥哥疾陆眷在叔父涉复辰的拥立下承袭大单于封号。

刘曜攻打洛阳时，王浚派疾陆眷等人与晋军一起攻打襄国的石勒。段匹磾的堂弟段末杯追击石勒被俘，石勒不仅没杀他，反而送还于疾陆眷。为此，东部鲜卑与羯胡结盟，双方不再战斗，晋将也不能阻止。

段匹磾一直不赞成兄长与石勒休战的做法，尊晋朝大臣刘琨为大都督，遣兵准备攻击石勒。

大惧之下，石勒派人厚赂段匹磾堂弟段末杯。段末杯既想报石勒先前不杀之恩，又想乘段匹磾在外征战侵夺他的地盘，便向疾陆眷和涉复辰二人进言，认为他们以单于兄长和叔父之尊，不应该听从段匹磾。他又讲，即使讨伐石勒，一旦有所成功，大功也归于段匹磾一人，对疾陆眷单于没有什么好处。

此计果然奏效，东部鲜卑主力引军而还。

段匹磾孤掌难鸣，只得回军。不久，疾陆眷单于病死。段匹磾闻讯，率军赶回为哥哥奔丧，段末杯声言段匹磾要回来篡位，半路设伏追击，段匹磾败走。

段末杯趁机杀掉堂叔涉复辰及其子弟二百多人，自立为单于。

因此，刘琨依附段匹磾之时，这位鲜卑人自己也处于多难之秋。

惺惺相惜，两人关系开始处得很不错。

当初，段匹磾在奔兄丧时，刘琨的儿子刘群也和他一起。段末杯大败段匹磾，段匹磾自己逃走了，刘群被俘。

段末杯抓住刘群后，表面上很尊敬他，答应推戴刘琨为幽州刺史，结盟共击段匹磾。

刘群年轻无知，就写信给父亲刘琨，并派密使送信。半路，段末杯派来为刘群送信的人被段匹磾手下抓获，搜出密信。

对此，刘琨一无所知。

一日，刘琨忽然受到段匹磾“邀请”，便欣然前往。

两人坐定，段匹磾拿出刘群的密信，对刘琨说：“我也没有怀疑您参与此事，特意把真情告知您。”

刘琨览信过后，神情凝重。良久，他推心置腹地说：“我与您结盟，志在恢复晋室，以雪国家沦亡之耻。即使我儿子的书信送至我处，也不会因一子之故辜负您！”

段匹磾不断点头。他一直钦敬刘琨的操节，知道其所言发自内心，便想听任刘琨回营，重新统领其所属部伍。

其间，段匹磾的弟弟段叔军把兄长唤至厅外，劝道：

“我们本来就是胡夷外族，过去能让晋人畏服，正是我们人多势众的原因。如今，我们家族内部骨肉相残，正是晋人良图之期。如果有人奉戴刘琨从中起事，恐怕我们家族会尽被屠灭！”

段匹磾闻言，深觉有理，于是他下令把刘琨软禁起来。

消息传出，刘琨长子刘遵害怕遭到囚杀，与刘琨僚属一起闭门自守。由于兵少，段匹磾的兵将很快攻下营垒，执捕众人。

刘琨一向忠于晋室，素有重望。他被段匹磾拘禁的消息传出后，远近兵民，闻之愤叹。连被段匹磾任命的代郡太守，也和刘琨任命的雁门太守一起，密谋计议，准备联召军兵，袭击段匹磾，救出刘琨。

不久，两个太守谋泄被杀。

段匹磾虽杀掉数人，自己也内心惶恐。

刘琨自被拘禁，自知必死，神色怡如。他写下五言诗，赠其手下官员卢谌。此诗，即是文章开篇那首《重赠卢谌》。

东晋朝廷方面，权臣王敦派人密告段匹磾，让他杀掉刘琨。

段匹磾外迫于王敦，内惧属下造反，就声称皇上诏旨，下令诛杀刘琨。

刘琨听说王敦来使，就已预料到自己的命运，他对儿子刘遵说：“处仲（王敦字处仲）派使臣来而不告我，是杀我也。死生有命，但恨仇耻不雪，无颜在地下见父母二亲啊。”

大英雄言及此，泪下如雨。

段匹磾遣兵士闯入，缢杀刘琨，时年四十八。同时遇害的，还有刘琨的子侄四人。

由于当时晋廷还要依仗段匹磾抵拒石勒，没有立即为刘琨正名举哀。两年多后，晋廷才下令赠刘琨为侍中、太尉，谥曰愍。

南宋大诗人陆游与民族英雄文天祥，都有佳诗赞美刘琨：

买醉村场半夜归，西山落月照柴扉。

刘琨死后无奇士，独听荒鸡泪满衣。

——陆游《夜归偶怀》

寥阳殿上步黄金，一落颠崖地狱深。

苏武窖中偏喜卧，刘琨囚里不妨吟。

生前已见夜叉面，死去只因菩萨心。

万里风沙知已尽，谁人会得广陵音。

——文天祥《己卯十月一日有感而赋》

段匹磾杀掉刘琨后，其属下汉人、胡人多奔散。杀刘琨，是段匹磾一生最大的败笔，但这个鲜卑人一直忠于晋室。不久之后，他与晋臣邵续合力，进攻段末杯。

石虎乘段氏兄弟互攻之际，乘机掩袭，最终把段匹磾包围于蓟城。

段匹磾本想突围逃生，单骑归朝，被人劝阻。最后，眼见救援无望，段匹磾身穿晋朝朝服，手持晋节，率从人出见围攻他的石虎，正色凛然道："我受国恩，志在灭汝。不幸族内自乱，以至于此。既不能死，也不会奉汝为主。"

石虎从前与段氏鲜卑一族常打交道，二人还曾结拜为兄弟。石虎虽残暴成性，但对段匹磾仍十分尊敬，见兵士押这位鲜卑英雄入帐，他赶忙起而拜之。

段匹磾被执送襄国后，遭石勒软禁，常常也被石勒"请出"参加赵国的"朝会"。段匹磾总是一身晋朝朝服，手持晋节，从不向石勒下拜。

以石勒、石虎之暴，一时竟也不敢对段匹磾下手，可见这位鲜卑大人的威武和人格魅力绝非常人可比。

石勒忍耐了一年多，见始终无法降服这位辽西鲜卑，又怕其族人趁机拥之东山再起，便加以谋乱罪名，派人杀掉了段匹磾。

《晋书》对段匹磾的评价非常中肯：

> 段匹磾本自遐方，而系心朝廷，始则尽忠国难，终乃抗节虏廷，自苏子卿以来，一人而已。越石（刘琨）之见诛段氏，实以威名；匹磾之取戮世龙（石勒），亦由众望。福祸之应，何其速哉！《诗》云："无言不酬，无德不报。"此之谓也。

关河大志闻鸡起舞

祖逖的恢复大志

"闻鸡起舞""中流击楫"，是中国人耳熟能详的典故。但真正了解这两个典故的主人公祖逖事迹之人，却又寥寥无几。

祖逖，字士稚，范阳遒人（今河北涞水）。祖家世为北州大姓，出了很多食禄二千石的大官。

祖逖年少丧父，兄弟六人，共同撑持家业。青少年时代，祖逖生性豁荡，不修仪检，十四五岁还不爱读书，诸兄皆为此忧虑。但他轻财好侠，慷慨有节尚，常派散谷帛以周贫乏，受到乡党宗族的敬重。后来，他博览群书，往来京师，见者都认为祖逖有赞世之才。

晋武帝太康年间，二十四五岁的祖逖与刘琨一起任司州主簿。两人英雄相惜，谈诗饮酒，共为豪爽喜侠之士。

史载，二人"情好绸缪，共被同寝。中夜闻荒鸡鸣，（祖逖）蹴琨曰：'此非恶声也。'因起舞。"

由于二人皆是不羁骑士，常常夜中坐起，纵论世事，互相勉励说："若四海鼎沸，豪杰并起，吾与足下当相避于中原耳。"

由此，可以看出祖逖已经预见国中将有兵灾变起之日。

“八王之乱”后，晋室沦丧。311 年（怀帝永嘉五年），洛阳陷落。祖逖率亲族乡党数百家避乱于淮泗（今江苏徐淮地区）。一路之上，祖逖躬自步行，把自己的车马让给老弱疾病之人、衣粮药物施予有急之人。

逃亡途中多遇盗贼险阻，祖逖应付自如，显示出极强的组织、领导才能，被同行诸人推为“行主”。

抵达徐泗时（今江苏徐州），当时的琅琊王司马睿任命他为徐州刺史。不久，祖逖又被征为军谘祭酒，在京口（今江苏镇江）屯驻。

行主，是坞壁首领的称呼之一，又称坞主、营长等。坞壁组织是中国历史上动乱时代的百姓为了自身生命和财产安全，相聚于山林险地、凭险依势，形成的一种相对独立的宗社流民自治组织。坞壁在王莽末年大动乱时代已经出现，到西晋末及东晋十六国时期，由于世道混乱，坞壁最为繁盛。“永嘉之乱，百姓流亡，所在屯聚”。坞壁的规模，大小不一，从几百家到几千家。首领多由乡里威信高的大族豪强担任。宗族是坞壁的核心构成，而各地流民则构成坞壁的基层组织。因而“招纳流亡”也成为坞壁的一大特色。

此外，在门阀士族把持朝政的南北朝，坞壁也是民间下层豪强一显身手的唯一表演空间，在这样一种且战且耕的组织内部，只有靠义气、信誉、公正以及坞壁主的个人魅力来进行管理和沟通，宗法与恩义是坞壁赖以生存、发展的两大支柱。当然，坞壁日后也成为南北朝政局不稳的重要因素，地方豪强中也有不少人演变为动乱的潜在因子和新一轮门阀的候选人。

作为一时人杰，祖逖常怀恢复之志。晋愍帝继位后，下诏命远在江东的司马睿率兵赴洛阳勤王。

司马睿当时致力于确保江南一隅不失，根本无意（也确实没有足够力量）进行北伐。

祖逖上表，慷慨陈词，司马睿就顺水推舟做人情，给祖逖虚封一个豫州刺史的衔号，象征性地拨调千人粮饷、三千匹布帛以充军费，让他自己想办法招募兵士。至于甲胄弓矢、士卒粮马，琅琊王再没有任何支持。

大英雄祖逖本来完全可以在江南依附司马睿，求田问舍享清福。然而，他毅然出发，率先前和他一起南渡的宗族部曲百余家，从京口北渡长江。

行至中流，祖逖拔剑而起，眼望茫茫大江，敲击着船楫说："祖逖不能清中原而复济者，有如大江！"辞色壮烈，众皆感奋。

渡江之后，祖逖屯驻江阴，冶造兵器，招募兵卒。拥有两千多名武装后的士卒后，祖逖开始北进。

当时，长江以北地区属于大乱过后的"三不管"地带，各处流民和当地住民纷纷建立坞堡武装，自封刺史、太守，看谁力量大就依附谁，完全乱了"王法"。

祖逖纵横捭阖，击败击降坞主张平、樊稚等人。太丘之战胜利后，祖逖攻克谯城。

后来，蓬陂坞主陈川叛归石勒，并引来大魔头石虎的五万羯族精兵，祖逖出战，与赵兵相持。

319 年（东晋元帝太兴二年），祖逖与后赵兵在浚仪相持。晋兵屯兵东台，后赵兵屯据西台，双方紧张相持四十天，粮草都到了精光的境地。

祖逖派人用布囊盛满砂土，假装是食用的大米，派千余人运至晋兵据守的东台。然后，他又派数人挑着真正的大米（也是用同样的布袋盛装），佯作累坏了躺在道旁喘气歇息。

西台的后赵兵望见，马上派精兵来袭，担夫都依据计谋，假装惊惧状弃担而逃。

后赵兵将打开袋子，见里面全是上好的大米，推断晋军粮食充足，非常害怕。古代人打仗，拼的就是粮草，见敌方粮多士饱，羯族兵将自然心中泄气。

石勒遣大将以千头壮驴运粮，支持浚仪城西台的后赵兵。祖逖在汴水设伏，尽得其粮。后赵兵无粮，不支退走。

此后，祖逖军将凭据封丘、雍丘，多次出兵攻打石勒的后赵军，使石勒的力量在河南一地迅速萎缩。

与此同时，祖逖还调和河南诸晋将和坞堡头目之间的矛盾，示以祸福，最终使这些人都听从他的节度。

而河南一带的坞堡堡主，祖逖对他们送质子于后赵的权宜之计也表示理解，灵活处理政治纷争，不仅常对他们施以德惠，还不时遣小股军队假装击扰这些坞堡，让后赵方面想当然地认为这些坞堡地主是忠于自己的队伍的。

感激之余，坞堡堡主常常向祖逖暗通消息，把后赵军队的行军意图和路线一一提前报告。

“（祖）逖爱人下士，虽疏交贱隶，皆恩礼遇之，由是黄河以南尽为晋土”。河南父老乡亲感悦祖逖的恩仁德政，作歌咏叹其美。

刘琨对此位老友的文治武功很是感慨，在与亲旧的书信中感赞祖逖。

于是，东晋朝廷徙祖逖为镇西将军。

由于有祖逖在，号称攻无不取、战无不胜的羯胡石勒，再也不敢侵入河南之地，并派人在成皋县修葺祖逖母亲的坟墓。

石勒还写亲笔信给祖逖，要求“通使交市”。祖逖虽不回信，但却听任军民与河北的羯胡互市，交换各自所需，于是收利十倍，公私丰赡，士马日滋。

正当祖逖想“推锋越河、扫清冀朔”之际，东晋朝廷对他拥兵一方产生了疑忌，派江南士族出身的文人戴渊为都督，出镇合肥，以牵制祖逖。

前人栽树，后人乘凉，祖逖心中非常不舒服。当时，东晋朝中，王敦与刘隗交恶，互相攻讦。祖逖深知内难一起，北伐大业会因之搁浅。忧愤如此，他仍然加紧一切军事准备工作，带病指挥营建武牢坚城。

321 年 10 月，天文有变，“妖星见于豫州之分”。

古人迷信，病入膏肓的祖逖识天文，夜中，他仰视星空，叹息道：“此星是应在我身！本想进军平定河北，而天欲杀我，这是对国家不利的征兆呵。”

几天后，满怀遗憾，祖逖病亡，时年五十六岁。

宋人胡曾有首咏史诗，表达了对祖逖病亡的历史遗憾：

策马前行到豫州，祖生寂寞水空流。
当时更有三年寿，石勒寻为阶下囚。

毛泽东也有《七律·洪都》一篇叹美：

到得洪都又一年，祖生击楫至今传。
闻鸡久听南天雨，立马曾挥北地鞭。

祖逖死后，东晋朝中久怀逆乱的王敦大喜过望，他先前一直因忌惮祖逖而不敢有异谋，至此始得肆意。

东晋派祖逖之弟祖约代替其兄统领其众，但节节失败，被祖逖收复的河南大片土地，最终被后赵攻陷。

史臣把刘琨与祖逖同编一传，并在赞语中有非常中肯的评价：刘琨年少之时，本无高节异操，终日走马贾谧门下，博饮石崇金谷园中，谈笑于司马伦幕府，实为轻佻幸进之徒！祖逖青年初期，义气散谷周济贫乏，半夜闻鸡昂然起舞，潜思中原烽火燎原，贪幸天下兵灾多艰，疑其本意，确乃贪乱乐祸之辈！然而，一俟国家有难，皇室沦亡，此二人各运奇才，并腾英气，疾风劲草，节操磊磊，捐身赴义，死所不辞，身虽丧亡，但成就万世千秋英名。

从疯狂走向灭亡

羯族石氏后赵王朝的兴亡

在山西榆社县，每逢节假喜庆之日，就会看见城乡四处的男女，数十数百，身着红绸衣，手执一种号为“霸王鞭”的道具，或舞或跳，左甩右敲。老乡手中的鞭杆上，系有玲珑的铜铃和精细的绸穗，在复杂的“四点法”敲击声中，鞭随人舞，人借鞭势，脆响声声，红男绿女们憨厚、纯朴的脸上洋溢着小康的满足和平安世道的喜悦。

殊不知，他们手中飞舞的“霸王鞭”源自一千六百多年前一位本土英雄手中的指挥马鞭。

唰唰脆响声中，那样不可一世的后赵王朝，似乎就在瞬间的挥甩之中完全幻化为历史的烟尘。

一时英豪

后赵开国皇帝石勒

石勒，字世龙，原名訇勒，上党武乡（今山西榆社）出生的羯族人。

根据《晋书》中记载，石勒的祖父耶弈于与石勒的父亲“并为部落小帅”。耶弈于，应该是波斯语的 eelkhany，现代一般译为“伊儿汗尼”，意思是游牧部落首领。

据此判定，他们这一家很可能是西域胡人昭武九姓中的某一支属，可能是康居（羌渠，曾居于今新疆塔什干地区）人，语言应该是属于伊朗语系，属于入塞匈奴十九种姓中的一种。

他们的样子，“高鼻、深目、多须”，应该是欧罗巴人种之一。由于内迁日久，到石勒这辈，已经完全沦落为当地汉族地主的佣工。

从七八岁起，石勒整日面朝黄土背朝天，赤脚在田里干苦力。当时这个苦孩子除相貌怪异外（羯人高鼻深目），没有什么特别过人之处，只是在回家吃饭时，常常向母亲抱怨说自己听到有战马嘶鸣、金鼓擂击之声。

对此，石母不以为然，劝他说：“你干活太累，耳鸣罢了，不是什么不祥的征兆。”

当时，乡村相士们纷纷夸赞石勒相貌不俗，一般人皆嗤之以鼻，唯有同村的郭敬和阳曲县的宁驱二人，都认为石勒必非俗子。这两个人虽是财主，对石勒倒很照顾。

十四岁时，身骨壮健的石勒为人雇作脚夫，曾贩运东西到洛阳城内的上东门。大概是劳累数日，刚刚饱餐一堆胡饼，石勒腹圆肚饱之际，兴奋地大吼。恰值东晋高门贵族王衍乘轿经过，看见怪模怪样的一个大身板少年在那里乱叫，就对左右人讲：“刚才那个胡族小孩，观其音声相貌很奇特，恐怕将来会成为动乱天下的祸害。”

于是，他命人快马返回，想抓住石勒。

集市已散，往来人多，石勒早不知混到哪个沟垄地边去歇着了，并很快被大清谈家王衍忘得无影无踪。

佣耕少年志叵测

晋惠帝太安年间（302—303 年），并州地区发生饥乱，石勒与当地为人佣佃的杂胡们纷纷逃亡，自雁门流落到阳曲，依附从前的雇主宁驱。

当时，各地兵将趁乱，纷纷捆缚流散胡人，卖去外地。当地的北泽都尉有一次率部伍“清户”，抓了好几百号人，闯入宁驱的庄园。幸亏宁驱把石勒藏在米囤里，使这位羯胡逃过一劫。

眼见阳曲一带军人四处抓人，宁驱保他一次难保二次，石勒便想去纳降都尉李川那里投军。当兵虽苦，但不会被人当作奴隶卖掉。

走到半路，又饥又渴的石勒狼狈不堪。喘息间，遇见从前同村的财主郭敬，石勒泣拜，自言饥寒。郭敬见他不成人形的样子，忙把准备弄到城里卖好价钱的货物就地贱卖掉，为石勒买些吃食和衣物。

数个胡饼落肚，身上又多了几件棉袄棉裤，石勒缓过心神，对郭敬说：“现在并州饥荒严重，守穷就肯定饿死。周围的诸族胡人没东西可吃，可以哄骗他们，说带领他们去冀州找饭吃，趁机卖掉他们。这样，既能赚钱，也可为这些胡人找条活路。”

郭敬觉得此计可行。石勒雄心勃勃，拜别郭敬，准备到李川军中献上此计，赚他个盘满钵溢。

哪知，才走了几里地，晋朝的并州刺史、东嬴公司马腾的军士已在四处搜寻流散的杂胡，准备把他们卖掉以换取军需。

军士们远远看见一个相貌丑怪的大家伙低头笑着走过来，就一拥而上，把正盘算着一个人能卖多少钱的石勒逼在原地。这下倒好，石勒自己未及卖别人，先被别人卖掉。

司马腾眼见这批“货”数目差不多数千，够走一趟，便命手下将军郭阳和张隆押着这些四处搜掠来的胡人去冀州变卖，用一块板子套两个胡人脖子，一路马鞭乱抽，把他们牲口一样地押送去集市。

并州离冀州道路崎远，一路上这些“货”病死饿死大半，多亏将军郭阳是郭敬的族兄，提前收受了钱财，沿路对石勒的饮食有所照顾，使他终于能活着走到冀州。

石勒被卖给茌平人师欢为奴，天天耕作，挑水挖田，虽累但毕竟有口饭吃。他有气力，脑筋活，师欢也很信任他，不像对待一般奴隶般成日锁住、严加看管。

石勒闲不住，见师欢家的田地附近是政府的养马场，便以自己能相马为名，找机会同管理马场的魏郡马头汲桑搭话。三言两语，见石勒确实是行家，汲桑很高兴，渐渐两人成为能在一个炕头喝酒的朋友（石勒以贱奴身份，能和马头汲桑说上话，确实不容易）。

其间，田主师欢把石勒转租给武安的地主。半路，他又被一帮抢掠卖人为生的军士抓住，捆在当地准备弄到集市卖掉。凑巧荒野里有一群鹿驰过，嘴馋的兵士们都想吃烤鹿肉，一群人纵马赶过去追逐鹿群。石勒挣脱绳索，侥幸逃脱。

此次大险使石勒终于想通，为人当牛做马做顺奴，只能是被动地像牲口一样任人奴役，不如自己武装起来干一场，大不了是个“死”字。

于是，他从田间偷了匹马，召集平时一起干活认识的哥们儿王阳、桃豹等八个人，弄些农具磨尖擦亮，开始干起四处抢劫的营生。不久，又有郭敖、呼延莫、支屈六等八个人加入，一帮人号称“飞天十八骑”，奔入赤龙等皇家养马场中，跨乘上好的骏马，抢马抢枪，四处抢劫搜掠富户。

当时世乱，官府皆自保不暇。石勒如鱼得水，把大批抢劫得来的珍宝送给马头汲桑，结交这个地方势力以自固。

眼见石勒不仅不骚扰自己的养马场，还把其他皇家马场的好马成百地赶来孝敬自己，汲桑高兴之余，就给石勒起名言字。因此，石勒的名姓字，皆是马师汲桑所起。

如果是太平时节，石勒这种底层社会的黑社会小头目抢夺公物，与政府农场主相勾结，实属“罪大恶极”，应当很快会谋泄事发，被捕快们抓去县城问斩。

英雄出于乱世。当时，正值“八王之乱”，司马宗室开打，匈奴族刘渊趁机跑回，在黎亭自称汉王；成都王司马颖的故将阳平人公孙藩自称将军，起兵于赵魏之地，拥众数万。

审时度势之后，汲桑带着石勒投靠了公孙藩，两人把数百匹上好的皇家骏马作为见面礼。公孙藩大喜，拜石勒为前队督（冲锋连长），进攻邺城的西晋平昌公司马模。

不过，汲桑、石勒两个人这次押错宝，公孙藩不久大败被杀。

汲桑、石勒于混乱中逃出，在昔日的皇家牧马场中东躲西藏，四处招聚亡命之徒，劫抢郡县的囚犯，形成了一股不小的武装。汲桑自称大将军，以替成都王司马颖讨伐东海王司马越为名，封石勒为扫虏将军、忠明亭侯。

在汲桑的指挥下，石勒率军进攻邺城，杀掉东赢公司马腾（先前就是他的手下把石勒卖到冀州），攻杀万余人，劫掠不少妇女珍宝，扬长而去。

这两个小农场主、耕奴指挥战斗，节节顺利，竟也渡过延津，进攻兖州（今山东郓城）。

成都王司马颖大惧。这支打着自己旗号的武装虽然干掉了对手司马腾等人，但他们忽袭兖州，是不宣而战，抢夺自己的地盘。惊怒之下，司马颖命兖州刺史苟晞讨伐汲桑、石勒。

苟晞，这位号为“屠伯”的晋将，用法严酷，运兵如神，数月之间，双方在阳平、平原之间大小三十余战中，杀掉汲桑、石勒部众一万多人。二人败走，慌忙间想投附匈奴刘渊。

半路，他们遭到晋朝冀州刺史丁绍袭击，石勒、汲桑两人失散。石勒逃往乐平。汲桑就没那么好运，半路被晋朝的“乞活军”抓住，斩于平原县。

穷急窘迫之中，石勒恨不得立时投奔至刘渊的匈奴营中。但单枪匹马空手见人说不过去，于是，石勒在上党说服拥众数千、不知所从的两部胡人一起去拜见刘渊。

大喜之余，刘渊封石勒为辅汉将军、平晋王。

空手套白狼计成，石勒受到巨大鼓舞，他接着以计谋劫持了拥众两千多的乌丸张伏利度，率其部众归附刘渊。刘渊马上加封石勒督山东征讨诸军事。

不到一年时间，石勒从一个佣耕的奴隶摇身一变，成为刘渊手下尊贵的王爷和拥众数千的地方武装大头目。

狼头旗下立功多

308年，刘渊称帝，遣使授石勒持节、平东大将军、平晋王。

刘聪进攻壶关时，石勒自率七千精锐为前锋都督，杀晋将黄秀。接着，他进攻邺城、赵郡、巨鹿、常山，攻杀晋军数万人，并派和他起兵的十八将分头率兵到并州山北诸郡县，说降了不少散落游荡的胡人地方武装来附。

石勒虽替匈奴汉国攻城略地，但和刘氏家族的兵将不同，他很少残杀当地居民。对于魏郡被攻陷的各个民间地方坞堡，他拣强壮青年五万为军士，老弱安堵如故，军无私掠，这在当时，非常罕见，百姓内心感怀。

攻陷冀州后，石勒还能把各地的读书人安置在一起，号为“君子营”，成为为他出谋划策的智囊班子。他手下最得力的谋士张宾，也是此时归顺的。

转战之中，石勒遭受的较大挫败，当属飞龙山战役。晋朝幽州刺史王浚派遣的鲜卑头领务勿尘（段匹磾之父）等率领的鲜卑、晋朝联军共十余万，把石勒打得败走黎阳。

即便如此，石勒也未伤元气，转而进寇信都，杀掉晋朝冀州刺史王斌。接着，他东袭鄄城，杀晋朝兖州刺史袁孚。乘胜而进，石勒连陷广宗、清河、平原、阳平诸县，降九万多人。武德之战，石勒攻杀晋朝冠军将军梁巨，坑杀抵抗的降卒一万多人，威震河北。于是，河北诸处堡垒大震，皆请降，向石勒送子弟为人质。

匈奴刘聪继位后，赠石勒征东大将军、并州刺史等一大堆头衔。

一是为在新主人面前挣面子，二是为自己争地位，扩充军队，石勒就配合刘聪的儿子刘粲会攻洛阳，又进攻襄阳，陷江西垒壁三十余所，当时很有雄据江汉之志。

谋士张宾有远谋，劝石勒北还。正在兴头上的石勒，忘乎所以，不听。不久，晋朝琅琊王司马睿派王导率军讨石勒。由于粮草不继，加之军中瘟疫流行，石勒损兵折将，伤亡大半。他最终听从张宾之策，裹粮卷甲，一路攻杀，折军北还。

西晋怀帝永嘉五年（311年）4月，以讨贼为名逃出洛阳的东海王司马越忧急病死。司马越带出的二十多万朝中卿相、将军、士兵以及随军家属，拥着他的大棺材向东撤退，准备到东海（今山东郯城）为司马越归葬。

石勒闻讯，于5月间亲率轻骑倍道兼行，在苦县宁平城（今河南鹿邑）包围了这只送丧大军，他大败晋兵，纵骑围而射之，晋朝将士十余万人相践如山，无一人得免。晋朝太尉王衍、襄阳王司马范等六个宗室王爷以及数十朝廷高官，皆成为石勒的阶下囚。

望着这些衣冠飘飘、甲胄华丽的士族、王爷们现在都垂头丧气地坐在大帐前的草地上等候自己发落，石勒得意至极。

痛饮数杯美酒后，石勒就向王衍询问晋朝衰亡的原因。

王衍具陈祸败之由，辩称朝廷大事他无权参与，祸败不关他事。众人见二人谈得投机，也纷纷插话，为自己开脱。唯独襄阳王司马范神色俨然，仍旧一副凛然傲然的王爷派头，踞坐于原地大声呵斥诸人："今日之事，何复纷纭！"

见司马家有此等人物，石勒也肃然起敬。

王衍此人，神情明秀，风姿详雅，是晋朝少有的美男子。少年时代，王衍造访名士山涛，山涛嗟叹良久，临别，目送王衍叹息道："何物老妪，生如此宁馨儿！然误天下苍生者，未必非此人也！"。

王衍还是魏晋之际非常有见解的大哲学家，“每捉玉柄麈尾，与手同色。义理有所不安，随即改更”，是成语“信口雌黄”的主人公。但此人无忠贞之操，与世浮沉，唯求自保。

石勒十四岁时在洛阳城被王衍识破英雄骨相，差点被杀。但亲眼见到这位望重人雅的晋朝太尉，草莽英雄石勒也不觉为之心折。他心甚悦之，与王衍亲切交谈数日。

王衍见这个杀人魔王很好说话，为了进一步讨好，他就劝说石勒称帝。不料，此语一出，不仅没有保身，反而生成杀身大祸。

石勒勃然色变，振衣而起，斥责王衍说：“君名盖四海，身居重任，少壮登朝，至于白首，何得言不预世事！使天下破坏如此，正是君罪所致！”

随即，他命左右卫士把王衍押出大帐。

回到被监押的房子里，王衍自知难逃一死，对周围的人哀叹道：“呜呼！吾曹虽不如古人，倘若先前不祖尚浮虚，合力匡济天下，犹可不至今日！”

但是，对于这些大晋朝的重臣们，是杀是留，石勒一时间还真下不了决心。恰好将军孔苌在身边，石勒问：“我横行天下多年，未曾见此等仪观不凡、能言善辩的人物，能留他们命在吗？”

孔苌粗人有粗理，回答说：“这些人都是晋朝王公大官，肯定不会真心屈服于我们，留着有什么用，杀掉算了！”

石勒点头，主意已定：“此等奇人，可保全尸，不可加以锋刃也。”于是，他派兵士把余人一一牵出斩首，只留王衍和司马范，把两人单独押关在一间砖房里，让军士半夜推墙，压死了他们。

古人总觉全尸而死是施惠于人，其实，与其在砖石土瓦间屈憋窒息而死，还不如一刀斩头来得痛快。王衍这位“岩岩清峙、壁立千仞”（顾恺之语）的一代大玄学家，就这样在碎砖石中结束了性命。

石勒再接再厉，在洧仓（今河南鄢陵）大败从洛阳逃出的晋军，杀东海王世子司马毗等晋朝四十八个王爷。

同年七月，石勒与刘曜攻克洛阳，俘虏了晋怀帝司马炽。

获取大功的石勒在许昌屯兵不久，听闻晋朝大都督苟晞在蒙城拥立晋怀帝的儿子豫章王司马端为皇太子，便马上带兵出发，先攻克阳夏杀掉晋守将，马上驰袭蒙城，俘虏了这位曾威风一时并大败石勒老上司汲桑的儒将。

一个多月后，见苟晞不为己用，石勒才杀掉他。

至此，进退自如、攻无不胜、战无不克、羽翼已成的石勒，开始把下一个目标转向一直对自己势力形成严重威胁的友军——匈奴汉国的大将军、齐公王弥。

王弥，东莱人，父祖均为太守级别的官员，家世清白而显贵。王弥青年时代就有才干，博学强记，但好游侠之举，习武击剑，交游甚广。洛阳隐士董仲道善相人，曾对他说："君豺声豹视，好乱乐祸，若天下骚扰，不做士大夫矣。"可能这种预言给了王弥某种心理暗示。晋惠帝末年，以宗教为名起事的妖人柏根在东莱起事，王弥就坚决"背叛"了他的家庭，率家中仆僮"从贼"。

柏根被杀后，王弥逃入长广山做了强盗。由于受过良好教育，王弥多权略，每次出去抢劫都豫图成败，举无遗策。而且，他弓马迅捷，膂力过人，当地人称他为"飞豹"。

后来，王弥率众贼接连侵扰泰山、颍川、汝南、襄城诸郡，并攻入许昌，打开武库，抢走不少精良的铠甲器杖，最后有众数万，朝廷对他也奈何不得。

会值八王相攻、天下大乱之际，这位士大夫出身的贼头竟也率军进逼洛阳，致使京邑大震，宫城大门大白天也要关闭。当时，晋朝军队还有反击能力，司徒王衍派晋将在七里涧与王弥军激战。王弥大败，逃跑途中，想起从前在洛阳相熟的老朋友、匈奴五部首领刘渊（当时刘渊已称汉王），便带着数百残兵败将前去投靠。

刘渊刚刚立国，闻讯大悦，派使郊迎。王弥一见老相识，便劝刘渊称帝，感激之下，刘渊盛赞王弥为“孤之孔明”，大有如鱼得水之感，立署王弥为司隶校尉，加侍中、特进。

王弥非常卖力，他先随刘曜攻河内，又与石勒会军攻临漳。永嘉初年，王弥在高都大败晋军，杀数万晋军。不久，他和刘曜、石勒攻破魏郡、汲郡、顿丘，陷五十余壁。

在与石勒合力进攻邺城时，王弥又获大功。接着，王、石二人又合军攻陈郡，大破东海王司马越的晋军。

王弥可称是晋朝的克星。匈奴刘曜与他合军，也是连连得胜。两人率军进寇襄城，遂逼京师。时京邑大饥，人相食，百姓流亡，公卿都欲奔河阴逃命。

王弥在前，刘曜随后，汉军攻陷洛阳。王弥首先下令大掠。刘曜后至，唯恐财宝珍奇尽归王弥，就下令阻止王弥军将。王弥不从，刘曜在街上斩杀王弥的牙门将王延。王弥大怒，双方阻兵相攻，死亡一千多人。后经人相劝，双方表面上重归于好。

刘曜耻于自己晚一步进入洛阳，也纵兵大掠，并娶惠帝羊皇后为妻，杀掉怀帝太子司马诠以及百官士庶三万多人。

王弥劝刘曜：“洛阳地处天下之中，有山河四险之固，保存现在的宏丽宫殿，可把汉国都城从平阳迁至此处。”

刘曜哪里肯听，一把大火把壮丽的洛阳烧成废墟。

王弥望着大火大骂：“屠各小奴，岂有帝王之意乎！此辈休想一统天下！”

盛怒之下，他引兵东屯项关。

不仅刘曜与王弥结怨，石勒也一直忌惮王弥的骁勇，经常嘱咐部下防备他。

这几个人虽一直并肩作战，但都貌合神离，在乱世之中各怀鬼胎，总想趁机兼并对方。

攻破洛阳后，与刘曜结下梁子，王弥就派人送给石勒大批美女宝货以示友好。听说石勒生擒苟晞并以之为左司马，王弥去信庆贺：“您获苟晞而用之，何其神也！使苟晞给您当左手，我王弥给您当右手，天下足定也！”

石勒虽是没读过什么书的大老粗，但智略一点不比士人出身的王弥低半分。他持信对谋士张宾说：“王弥位重而言卑，一定心存图我之意！”

石勒当时与乞活军首领（因饥荒而外出求食的军队称“乞活军”）陈午在蓬关交阵，王弥与晋将刘瑞相攻。

王弥向石勒搬救兵，起先未获应允。谋士张宾劝石勒：“您常忧虑没有除掉王弥的机会，现在正是天赐良机。陈午小竖，不足虑；王公（王弥）人杰，当早除之。”

石勒从计，率大军袭击与王弥交战的刘瑞，并斩下其头送给王弥。王弥大喜，以为石勒亲近自己，不再对他加以戒备。

311年年底，石勒派人持厚礼，请王弥在已吾县见面宴饮。王弥手下劝阻主公不要轻出赴“鸿门宴”，王弥根本听不进去。加之石勒是多年并肩作战的老战友，刚刚又帮大忙杀掉自己的敌手刘瑞，王弥兴高采烈，只带几个随从就去赴宴。

两人相见甚欢，把手入席，纵叙昔日战斗友情。

酒酣之际，石勒起身。王弥以为对方又要敬酒，笑脸相迎之际，石勒从腰间抽出快刀，白光闪处，王弥的脑袋已从脖子上搬家。

这位青州豪杰，做梦也想不到，自己没有死于能臣名将之手，反而被一个耕田胡儿所杀。

杀掉这位与自己逐鹿中原的潜在对手，石勒恶人先告状，上表匈奴皇帝刘聪，说王弥叛逆，已被斩首。刘聪大怒，责怪石勒“专害公辅，有无君之心”。

骂归骂，用人之际，王弥死都死了，以后还要依靠石勒，刘聪仍旧遣使加封石勒为镇东大将军、督并幽二州诸军事、领并州刺史，“以慰其心”。

自古英雄不问出处

石勒攻掠豫州诸郡后，屯军葛陂（今河南新蔡），大军在江淮一带东驰西突，丰衣足食，耀武扬威，并声言要造大船进攻建邺。

其间，在山西与匈奴刘氏相抗衡的晋臣刘琨，捕得与石勒失散多年的母亲王氏以及他的堂侄石虎（即日后的石季龙）。刘琨派人把石勒母、侄送还，写信劝降石勒。刘琨大文豪，文采华章，英姿纵横，言之凿凿，书信语言很是诚挚感人。

在乱世纷扰、英雄辈出的年代，虽惺惺相惜叹赏刘琨的卓然之采，倾慕其淳淳操节，石勒仍不为所动，他报书答刘琨：“事功殊途，非腐儒所知。君当逞节本朝，吾自夷，难为效！

为报答刘琨送母送侄之情，石勒回馈刘琨名马、珍宝一批，厚待来使，谢绝归晋。

石勒在葛陂休整兵马，整造大船。假如不是连下三个月的大雨，他还真有极大的可能一举攻克江南琅琊王司马睿的根据地。

石勒所率军士，绝大部分是北方人，到南方本来就水土不服，战斗力下降。赶上连月大雨，军中瘟疫流行，粮食断绝，得痢疾、血吸虫病而死以及饿死的兵士，将近一半还多。司马睿一方，深知当前是生死存亡的紧要关头，没有任何退路，便严命诸将在寿春（今安徽寿县）集结，准备拼死相抗。

石勒一时也陷在葛陂。要进攻，士卒疲惫病伤，根本不可行；要后退，又害怕聚集在寿春的晋军随后追杀，一网打尽。

搜集了一堆晋军方面送来的檄文和招降书，石勒大会众将问计。

右长史刁膺首先发言，他劝石勒先向琅琊王司马睿献表表示投降，以为晋朝扫清河朔为名，待晋军退走后再作别的打算。

听此议，石勒愀然长啸，困虎生威，异于常人。

中坚将军夔安劝石勒就高避水。石勒愤言：“将军怎么这么胆怯！”

孙苌、支雄等三十多位石勒旧将，均属胆气豪壮、有勇无谋之辈，上前进言：“现在晋军还未集聚完全，请各授我们三百步卒，乘船分三十余道，夜登其城，斩守将首级，得其城，食其仓米。如此，今年肯定会破丹阳，定江南，把司马家子弟尽数活捉！”

石勒闻言一笑：“确实是勇将之计。”立刻赐众将每人铠马一匹。

其实，石勒心中明白，这些武将是在吹牛。

最后，见谋士张宾一直不说话，石勒问：“君计如何？”

张宾成竹在胸，一一道来：“将军您攻陷帝都洛阳，囚执天子，杀害王侯，奸掠妃主，拔将军之发不足以数将军之罪，怎么可能向晋朝称臣呢？去年您诛杀王弥后，本不应在江南一带逗留。现在，天降大雨，数百里皆成泽国，正是上天示警，将军您不宜长留此地。邺城有三台之固，西接平阳，四塞山河，应回军北上攻占此城。伐叛怀服，扫平河朔，又有谁能与将军你争锋呢？”

看见石勒赞同之余，脸上仍旧有忧虑之色，张宾进一步打消石勒的顾虑：“晋军齐集寿春，是惧怕将军您率大军攻击，如果听说我们回师北上，他们高兴还来不及，根本不可能想出奇兵追击我军。我们可以先使辎重回撤，主力大军故意做出对寿春发动总攻的姿态，敌人必不敢轻动。待辎重过后，大军按部就班，慢慢回撤，进退有据，可以万全！”

石勒站起，掀髯大笑：“张宾之计正合我意！”接着，他扭头责斥刁膺：“你做辅佐谋臣，应该规成功业，怎能劝我投降？本该斩你，但念你本性一向怯懦，并非出于私计，所以这次我宽恕你！”

石勒立即宣布把刁膺降职，右长史一职由张宾接任，加中垒将军，号曰“右侯”。

石勒在部署军队后撤的同时，遣其侄石虎率精骑二千直奔寿春，做出进攻前锋的姿态。

当时石虎战争经验不足，见江边晋军运粮船新到，与左右将士贪念船中军资，争相攻抢。晋军在江边早已严阵以待，数道伏兵一齐冲出，在巨灵口大败石虎一军，石虎所领的羯兵掉入水中淹死五百多，余众四奔，溃退百里，一直逃到石勒正往北回撤的后军那里。

石勒军中大怖，以为晋军主力来攻，营中慌乱异常。久经战阵的石勒倒还镇定，指挥兵士排成阵形。

追击而至的晋军怕有埋伏，见好就收，回军坚守寿春，如此，则丢失了乘乱歼灭石勒的最佳机会。

回军路上，石勒部众确实艰苦异常。由于晋军采取坚壁清野的战略，石勒军中无粮，士众互相杀食之余，拼命北撤。

行至东燕，依张宾之计，石勒出奇兵夺取晋将向冰的战船，把军队整船整船地运送过河，然后前后夹击，大败向冰，夺取大量军粮和物资，终于挺过难关。

休整过后，石勒下令，长驱进攻邺城的晋将刘演，击降晋军数万。

由于邺城三台险固，石勒一时不能攻下，诸将皆建议不计代价死拼。关键时刻，又是张宾出主意："三台不可轻易攻克，不如暂且舍之，令其自溃。今天下鼎沸，人无定志。得地者昌，失地者亡，邯郸、襄国，赵之旧都，依山凭险，形胜之国，可择此二地为都城，然后命将四出，授以奇略，如此，霸业可图。"

正是依从张宾之计，石勒攻占襄国（今河北邢台），有了一个稳固的根据地。从此，石勒一扫昔日百战百胜但又飘忽不定的盗贼习性，开始有了更为长远的打算。其实，刘琨先前的劝降书，对石勒及其谋士张宾等人，无形中也起了一点警醒作用。英雄谋略，自是不同凡人。

石勒在襄国立足未稳，首先遭受的严重挑战是来自晋朝幽州刺史王浚派来的鲜卑联兵。段部鲜卑的陆疾眷、其弟段匹磾以及其堂弟段末杯等率五万多兵众大举进攻襄国。当时襄国城防未修，守具缺失，石勒军卒只能修筑临时隔城抵御。

双方交战，鲜卑人战斗力极强，数次击败石勒的军队。诸将畏惧，皆建议固守不出。石勒认为，敌众我寡，如果时间一久，外接不至，内战断绝，只能困于城中等死，应该出城一战。

谋士张宾赞同石勒之议，他说："敌军大众远来，认定我军寡弱不敢出战，必然懈怠。段氏鲜卑勇悍，段末杯部更是强中之强，应出其不意，速在北垒凿开突门二十余道，以迅雷不及掩耳之势冲出，直击段末杯大帐。打败了这支精锐，其余的鲜卑、汉族兵士就不足畏惧。"

石勒依计而行，命孔苌等将率兵从突门冲出，大败鲜卑兵，生擒了段末杯，并乘胜追击，鲜卑军、晋军伏尸三十里，丢弃铠马五千匹。

鲜卑将领陆疾眷屯军于渚阳，喘息之际，送铠马金银，打算与石勒讲和，想赎回被俘的段末杯。

诸将痛恨鲜卑屡次杀戮兵士，纷纷劝说石勒杀掉段末杯以挫鲜卑之锐气。石勒不从，说："辽西鲜卑，健国也，与我素无仇怨，他们只是受王浚指派来攻击我。今杀一人而结怨一国，非明智之计。放段末杯回去，他们必定感怀，以后必不为王浚所用。"

石勒此议，深谋远虑。石虎与陆疾眷结为兄弟，鲜卑军队引还。

段末杯更是感激石勒不杀之恩，归途中不停向南跪拜石勒。自此，段氏鲜卑大部，再也不为王浚所用。

上白一战，石勒攻杀乞活军首领李恽（晋朝任李恽为青州刺史），石勒恩其拒战，要坑杀全部降卒。

扬扬得意之际，石勒骑马从要被处死的汉人队伍前走过，忽然，他眼前一亮，发现了从前一直善待自己的老雇主郭敬。

这位老人可怜巴巴，形容枯槁，鼻青脸肿。石勒赶忙下马，执着郭敬的手问："是郭三爷吗？"郭敬忙伏地叩头："正是在下。"

石勒泪如雨下，他青少年时代，如果没有这位财主恩人相救，恐怕尸首早已喂野狗了。"今日相遇，真是天意啊！"石勒悲喜之下，马上吩咐从人献上衣服车马，立拜郭敬为上将军，准备坑杀的数千汉人，也一并免死，归为郭敬统领。

善有善报，终于在老实人郭敬身上体现了一回。

晋愍帝建兴元年（313 年），石虎大军攻克邺城。石勒亲派守令，重新营建，使他在河北的根据地日益扩大和巩固。

不久，他利用晋臣刘琨和王浚之间的矛盾，使其互不相救，袭杀了王浚，占据了幽州。

接着，石勒军将连破晋臣刘演、温峤等人，并镇压了河间等地王春的起义，大败乞活军将领王平，活捉了刘演的弟弟刘启（刘演和刘启都是刘琨的侄子）。

石勒很仗义，因感激刘琨送归其母侄，下命赐刘启田宅，并派儒官为刘启讲授儒经。

晋愍帝建兴四年（316 年）底，石勒在广牧（今山西寿阳）附近山间设伏，大败刘琨刚从拓跋鲜卑部收来的晋兵数万人，刘琨受重创。晋朝并州守军也闻风投降，大英雄刘琨不得不投靠段匹磾，不久被杀。

后赵建国立规模

318 年，汉主刘聪暴病而死。太子刘粲继位不久，就被国丈靳准干掉。石勒终于找到借口，以讨伐靳准为名，率精兵五万五千人，进据襄陵北原。

汉国宗室刘曜很快自立为帝。为了讨好石勒，刘曜晋封他为赵公、大司马、大将军，加九锡。

不久，汉国平阳内讧，靳准为其堂弟靳明所杀。靳明等人不仅没有就近投降石勒，反而派人送传国玉玺于刘曜。石勒闻讯大怒，挥军进攻靳明。

平阳大急，派人向刘曜求救。靳明得间从平阳突围，率众归于刘曜。狂怒之下，石勒攻入平阳后，把都城宫室烧成灰烬以泄愤。至此，石勒与刘曜已经到了公开决裂的边缘。

不久，刘曜把国号从汉改为赵，史称“前赵”。出于礼貌，石勒派王修为使，前去奉贺。刘曜刚称帝，很需要石勒的支持，忙派使出发，准备封赠石勒为太宰，进爵赵王。

石勒从前的一个从官曹平乐现在是刘曜的手下，为了巴结新主子，他对刘曜说：“石勒派王修为使来贺陛下登基，表面上十分尊敬，其实是以王修为间谍，探查陛下的实力。等王修返回，石勒得知您的军力虚实，肯定会趁机袭击陛下。”

刘曜当时初登大位，人情不附，加上匈奴刘氏骨肉相残，以及靳准的屠戮，宗室几乎被杀个精光，军力确实弊弱。听曹平乐一席话，刘曜大怒，他忙追还前去加封石勒为赵王的使臣，派人把石勒的使臣王修斩于来路。

王修从人逃归，细述因由，石勒拍案而起，召集群臣，公然宣布与刘曜反目：“我石氏奉戴刘家，人臣之道没有亏欠。此次如果没有我去平阳平灭靳准，刘曜能南面称朕吗？根基刚立，便想图谋害我，杀害我远道派去的使臣，过分至极！帝王之起，岂有常理？如今，我为赵王、赵帝，全看自己的欢喜，名号大小，岂是刘曜所能授予的！”

石勒手下众将谋士摸准了石勒的心思，大家一起上书，劝石勒称尊号。假意推让一番，石勒于晋元帝太兴二年（319 年）称赵王，依春秋列国纪元，改称赵王元年。

赫赫帝王中原路

石勒称王后，删定律令，减百姓一半田租，严禁兵士欺侮衣冠华族士人，并在襄国都城内立小学十余所，崇文敬教，铸造赵国自己的丰货钱。

石勒自己是羯族出身，便以羯人为“国人”，严禁国内百姓蔑称羯人为“胡”，违者处斩。从这个法令中，可以看出石勒这个佃佣奴仆出身的羯人，在内心仍有很深的自卑情结，多树忌讳，以此建威。

即使如此，从下面几件小事，也可看出石勒仍有厚道的一面，他也并非因小事动辄杀人的魔王：

其一，有位饮酒大醉的羯人骑马闯入王宫，石勒大怒，立即怒问卫队小队长汉人冯翥："君王威行天下，王宫之内，为何有人敢驰入，作为守卫值班的军官，你为什么不能阻止来人！"惶惧之间，冯翥忘了忌讳，回答说："刚才那个醉胡乘马驰入，速度很快，我向他喊叫了半天，那个羯胡也听不懂我说什么。"话音刚落，冯翥忽然意识到自己刚才犯了"国讳"，叩头出血，以求宽恕。谁料，石勒笑了，说："确实难和胡人讲话沟通。"

其二，石勒闻知汉人参军樊垣清贫有操守，便授其为章武内史，外派为官。樊垣辞行时，石勒见这位大儒衣冠破旧，浑身褴褛，大惊而问："樊参军怎么穷到这个份儿上？"樊垣生性淳朴直率，顺口回答说："我临来的路上遇见一伙羯贼，把我全家抢了个精光。"石勒闻言大笑："羯贼怎么能这样暴掠别人的财物呢？我替他们偿还你吧。"樊垣忽然意识到面前的赵王本人就是个"大羯贼"，大惧，叩头泣谢。石勒好言相解："孤王的法令是防禁俗士，不关卿辈老书生也。"赏赐樊垣车马衣服钱三百万。

其三，称王之后，石勒派人把武乡老家的邻居故旧相好都接到襄国，欢饮笑语话平生。他发现年轻时为了争麻池天天与自己打斗的老邻居李阳没来，石勒对家乡父老说："李阳，壮士也，何以不来？争麻池是布衣之恨，孤王现在称王天下，怎会计较从前那种小事呢？"他马上派人把李阳请来，聚众欢饮，拍着李阳的肩膀说："孤往日吃足了你的老拳，你也备尝孤的毒手。"言毕，赐李阳甲第一区，拜参军都尉。

由于石勒为政较为宽和，赵国境内的人民在兵荒马乱之后，稍得喘息。同时，石勒和河南的晋臣祖逖也修书示好，双方罢战，兵事不兴了好一阵子。

石勒为人，虽是文盲出身，但重视教育，常亲自到大学、小学去视察，赏赐学士老师衣物。军旅之中，他也常让儒生读史书给他听，并往往做出超出常人的议论和判断。

一次，石勒听人读《汉书》，当他听见郦食其劝刘邦立六国的后人为君，石勒大惊，说："如果这样，又怎能统一天下啊？"儒生接着读张良的谏言，石勒喘了口气，说："幸亏有留侯的好主意。"

东晋元帝太兴四年（321 年），石勒军队进攻晋朝幽州刺史段匹磾，生俘了段氏兄弟，尽有幽州之地。转年二月，石虎以四万精兵在泰山攻杀降而复叛的晋将徐龛，使徐州、兖州也附于后赵。

323 年，石勒军队进攻东晋青州守将曹嶷（曹嶷原为匈奴汉将，降于东晋），坑杀三万军士，俘斩曹嶷。324 年，石勒军队攻取了东晋的下邳、东海和彭城等地。

325 年 6 月，石勒大将石生占据洛阳后，进攻东晋的司州刺史李矩。李矩等人不敌，就派人向前赵的刘曜投降。

刘曜派中山王刘岳率一万多精兵驰援，在孟津和石梁打败后赵军队，俘杀五千多人。

至此，前赵、后赵完全撕破脸面，公开交战。

石勒大怒，马上命中山公石虎率四万步骑飞驰成皋关，与前赵中山王刘岳大战于洛水。刘岳大败，退守石梁。刘曜亲率大军增援，夜中军营多次无故溃乱，只得撤回长安。

最后，石虎攻克石梁，俘虏了刘岳等前赵将领八十多人，坑杀前赵士兵一万多人。此战过后，石勒的力量已经扩展至淮河流域。

东晋成帝咸和三年（328 年），石勒发动了灭前赵的战役。但刘曜一战小胜，大败石虎于高侯原（今山西闻喜）。

前赵乘胜前进，但没有直接扑向襄国，而是包围了洛阳。

年底，石勒孤注一掷，亲自率兵前往，与刘曜决战。洛阳一战，石勒大胜，擒杀前赵皇帝刘曜，灭了前赵。

大胜之后，群臣功进。东晋成帝咸和五年（330 年），石勒称大赵天王，行皇帝事。不久，他索性直接称帝，改元建平。至此，中国北方几乎全部归于赵土。

这以后，一直到石勒去世，后赵与东晋也没有特别大的战事，双方以淮水为界，暂时休战，各自经营内务。

灭前赵，称皇帝，石勒的后赵达到了鼎盛时期。夷汉宾服，四方来朝。得意之际，在一次宴见高句丽使臣的大会上，石勒酒酣之余，问身边的近臣徐光："朕与古代君主相比，能和谁相仿呢"？

徐光当然捡好听的话讲："陛下神武筹略比汉高祖刘邦还高，雄艺英武可比魏武帝曹操，有史以来，轩辕黄帝第一，陛下您排第二。"

石勒闻言大笑，说："爱卿所言太过。人应该有自知之明啊！朕若逢汉高祖，当北面而事之。若遇光武帝刘秀，当与其并驱中原，鹿死谁手，亦未可知。大丈夫行事应磊磊落落，朕终不效曹孟德、司马仲达父子，欺他孤儿寡母，狐媚以取天下也。所以，朕之才能当在刘邦、刘秀之间的样子，又怎能与轩辕黄帝相提并论呢？"

群臣皆顿首称万岁。

帝王最难身后事

石勒称赵王后，其心腹谋臣张宾已经去世。石勒当时深加痛惜，哭叹说："老天不欲我成就大事，怎么这么早就夺去我的右侯呵！"后来，他与谋士徐光、程遐等人议事，常常觉得这些人水平太低，使他时时感叹："右侯舍我去，令我与此辈共事，岂非酷乎！"

石勒后期，继承人问题也是他很矛盾的事情。其太子石弘，幼有孝行，恭谨自守，自小跟随汉儒学典籍，文质彬彬。

想起自己的太子平素亲近文士，石勒很担忧，对徐光说："太子文弱，殊不似将家子弟。"

徐光回曰："汉高祖以马上取天下，孝文帝以玄默守之，圣人之后，必有胜残去杀者，天之道也。”

石勒闻言大悦，觉得很有道理。

徐光因之进言：“皇太子仁孝温恭，中山王（石虎）雄暴多诈，陛下一旦不讳，臣恐社稷必危，应渐夺中山王威权，使太子早参朝政。”

石勒点头。

右仆射程遐是皇太子石弘的亲舅，他更加担心国家的安危，也向石勒进言：“中山王石虎勇武权智，群臣莫及，但其本性残忍，骄横不法，其诸子皆掌兵权。陛下在，自当无事，应早除之，以安天下大计。”

石勒不听：“今天下未平，太子年轻，正要依靠中山王辅佐。”

徐光、程遐二人日夜忧心，合计道：“中山王石虎深恨我们两人，一旦主上晏驾，皇太子必遭他的毒手，我们两人也难逃残戮，为了安国宁家，要拼死劝谏皇上除掉中山王。”

于是，趁另一次觐见之机，徐光问石勒：“陛下拓平八州，帝有海内，但神情之间仍有不悦、忧虑之色，为什么呢？”

石勒答道：“吴蜀未平，书轨不一，司马氏犹据有江东，恐后人讥笑我未为一统天下之帝王，故而忧形于色。”

徐光进言：“臣还以为陛下是为腹心之患而忧，谁知您在为四肢小患而忧！陛下您鼎定中原，占据洛阳、长安二都，为中国堂堂帝王，天命所归，谁能不服？司马氏余孽，江东之患，四肢之小疾也；中山王石虎，凭借您的神威，攻伐四克，自言英武只在您之下，此人残暴多奸，见利忘义，常有怏怏不足之色。近日宴集，多有轻视皇太子之色，陛下隐忍容之，臣恐陛下万年之后，宗庙必生荆棘，此人才是您腹心大患，应早予除之！”

石勒默然。豪杰老矣，该断不断，英雄一世，糊涂一时，子孙骨肉，皆为人所食。

东晋成帝咸和七年（333 年）八月，石勒病重，未等宣诏，中山王石虎便带兵入宫“侍疾”。

石虎矫诏，群臣亲戚皆不得入。石勒的病状，外人一无所知。

石虎怕石勒死后在外拥有重兵的宗室造反，就矫诏宣秦王石宏、彭城王石堪回襄国入宫侍疾。

回光返照之际，石勒见石宏在床边正哭，大惊道："朕让你提兵在外拥有强藩，正是预备我病亡后发生万一之事。是谁宣召令你入京啊，还是你自己为了探视我来的？如果有人宣召，马上派人杀掉他！"

石虎大惧，忙在一旁说："秦王是来探病，暂时还京小住，我马上派他回封地。"

话虽如此说，石虎仍派人把石宏等人软禁在京城。

几天过后，昏迷中的石勒再次醒转，问石虎："石宏回封地了吗？"

石虎回答："当时就回去了，现在大概已快到了。"

临终，石勒遗令："三日而葬，敛以时服，载以常车，无藏金宝，无纳器玩。大雅（皇太子石弘）冲幼，恐非能构荷朕志。大雅与其兄弟宜善相维持，司马氏乃汝等殷鉴；中山王石虎深可三思周公辅佐之功，勿为将来口实。"

石勒在位十五年，死年六十。其灵柩夜瘗山谷，无人知道真实埋葬地点，虚葬高平陵。

一代枭雄，含忧而逝。

石勒以十八骑起家。后赵王国全盛之时，"南逾淮海，东滨于海，西至河西，北至燕代"，石勒确实是十六国时期非常有魄力的帝王。

石勒虽文盲出身，但喜史书，以史为鉴，效法西汉吏治。他亲自四处巡幸，劝民农桑，并减轻所辖境内人民的负担，可以说后赵所收租税为曹魏以来最轻。

同时，石勒还注重人才培养和教育制度的建立，并首创了秀、考试经制度，举贤荐能，开一代良好的学风。虽身为羯胡，石勒并不轻蔑汉人，他手下的重要谋士大臣均为汉人所担当。

此外，石勒还能坚持传统的道德标准，对奸臣逆子从不姑息，显示出本性之中天真淳朴的一面。

简而言之，这个由奴仆而身登九五的帝王，在十六国那样的乱世，不失为一代明主人杰。

万世暴君

赵皇帝石虎

石虎，字季龙（《晋书》中总称其为石季龙。唐高祖李渊的祖父名叫李虎，撰写《晋书》的唐臣怕犯讳，故以字称），自小由石勒的父亲抚养，大多史书载他是石勒的侄子，也有史书记录他是石勒的堂弟。最有可能的是，石虎从辈分上讲是石勒的侄子辈，但自小由石勒之父抚养，比石勒小十几岁，所以从年龄方面看又似兄弟辈。

石虎少年时代，赶上晋末大动乱，石勒自己也被当作奴隶卖到河北。少年石虎自然更是于乱世中四处颠沛。后来，刘琨为了笼络石勒，派人找到了石勒的母亲和石虎，一并送回给正在葛陂准备进攻建邺的石勒。

石勒当时很感激，但拒绝了刘琨要他归降晋朝的要求。

按理讲，石虎自小苦大仇深，本应该有股争强好胜的穷人骨气。他被刘琨送入石勒营中时，十七岁左右，正值青春。但他本性残忍，好驰猎，游荡无度，尤喜用弹弓射人，军中以为毒患。

石勒大怒，向母亲禀告，准备杀掉这个四处给自己惹事的小魔头。

王氏老太太很慈悲，为石虎求情："快牛为犊子时，多能破车，还是忍耐一下，石虎长大些就会变好的。"

似乎老太太的话很灵验，也就过了一年，石虎收敛很多，待人接物懂事了不少。他身长七尺五寸，矫捷便弓马，勇冠当时，打仗勇敢，很快将佐亲戚，都对他加以敬惮。

其实，这个凶神恶煞的侄子的性情并没什么大变化，只是对于石勒来讲，这个侄子变得“有用”了，一下成了自己手下得力的大将。

由于作战勇敢，石勒署石虎为征虏将军。

石虎与将军郭荣之妹结婚未久，又结交了戏子郑樱桃（男人女名），杀掉了结发之妻。石虎继娶清河大姓崔氏的姑娘，郑樱桃进谗言，石虎接着再杀掉貌美如花的崔家女儿。而且，凡是军中诸将有勇略气力的，以及和自己不对眼的人，石虎总是找碴杀掉对方，酷虐霸道。

在战场上，他率军四处攻城略地，降城陷垒，根本不别善恶，坑斩士女，鲜有遗类。

石勒对他屡次斥责、说服，均于事无补，石虎仍旧我行我素。

石虎杀人虐众，却为石勒冲锋陷阵，功劳甚多。而且，他在指挥方面也有一手，御众严而不繁，指授攻讨，所向无前。为此，石勒愈加对其宠任，委以专征大权。

石勒后期，光禄大夫程遐眼见石虎把军事重镇邺城当成自己的根据地来经营，怕对自己的外甥、皇太子石弘日后不利，就建议石勒委任石弘镇守邺城。石勒派人重修邺城宫殿，配太子禁兵万人，并迁出石虎的家人与兵将。

痛恨之余，石虎竟派数十武艺高强的壮汉，夜间飞檐走壁，闯入程遐家里，痛揍程遐一顿，掠走全部值钱的金银宝物，并当着程大夫的面，轮奸其妻子、女儿。

程遐是太子的亲舅，其妻其女皆是太子至亲。石虎在石勒活着的时候，就敢做出此等胆大妄为之事，可以想见这位中山王的野心与凶残达到何等程度。

迫不及待忙篡位

当初，石勒于襄国称帝，石虎自以为大单于之位肯定要属于自己（胡人立国传统，大单于之位相当于副帝、副王，是国家的二把手）。结果，石勒把大单于的位号授予了太子石弘。

石虎当时又恨又气，私下对他的儿子石邃说："主上（石勒）自从在襄国定都称王以来，只是居于都城指挥部署，真正亲冒矢石、冲锋血战的都是我一个人。二十多年来，南擒刘岳，北走索头，东平刘鲁，西定秦雍，我打打杀杀，击平十三州之多。成就赵国大业的，是我石虎的功劳，授我为大单于才能彰显我的大功。主上昏昧，竟把大单于之号授给乳臭未干的孩子，每思及此，让人寝食不安。主上晏驾之后，我当灭尽其子孙！"

说到做到。石勒刚刚咽气，石虎便逼石弘上朝，完全把皇太子当成手中的提线木偶。他立刻下令把程遐和徐光逮捕入狱。二人同为辅政大臣，做梦也想不到老皇帝刚刚咽气，自己就被凶神恶煞似的兵士关入高墙深狱。

见到石虎的儿子石邃率近卫军队冲入皇宫，文武奔散，石弘大惧，忙向这位中山王爷下拜，请求把自己的皇位让给石虎来坐。

"皇帝崩逝，太子继位，为臣怎敢违背制度！"石虎不领情，厉声回答。

石弘泪流满面，恳求让位。

石虎更加恼怒。"如果你不堪继统，天下自有公论，何必现在就搞这个！"

话外之音，是警告石弘，现在还要利用你这个幌子，别不识抬举！

东晋成帝咸和八年（333 年）九月，石弘被"逼立"为帝，改元延熙。石虎在石弘登基当日，下达的第一个"诏令"，就是诛杀程遐和徐光两家人。第二个诏令，就是拜石虎为丞相、魏王、大单于，加九锡，总统朝政，同时，“下诏”封石虎诸子坐大镇、拥劲卒。石虎先前的僚属，全部入京居省台要职，并窜贬前朝旧僚。

石虎还把原先的太子宫改名崇训宫，令石弘、太后刘氏以及石勒的嫔妃宫人全部迁入居住。此前，石虎亲入石勒后宫，拣选石勒的宫人、车马、服玩，皆弄到自己的丞相府。

石勒的皇后刘氏很有胆略。石勒生前，常和她一起决断朝中政事，可称有吕后之风。她不堪被幽禁的命运，暗中与彭城王石堪会面，哭泣之后，说：“先帝刚刚晏驾，丞相即骄蛮如此，皇祚不久当灭，王爷您有什么打算？”

石堪原姓田，是石勒养子，勇武有谋，他一腔忠愤地回答：“先帝旧臣皆被贬斥，众军又已经易帅，宫内无人做内应。我想趁机逃出京城，奔兖州，拥南阳王石恢（石勒幼子，当时坐镇廪丘）为盟主，宣达太后您的诏令，命令各镇讨战石虎。”

“形势危急，王爷您要立即行动，否则夜长梦多。”刘太后催促道。

彭城王石堪趁石虎对他防备未严，化装后单骑出逃，直奔兖州。由于一路躲避搜捕，石堪赶路很慢，加之消息早已泄露，等他到达廪丘时，城门紧闭，年少的南阳王石恢已经被征还京城。

石堪无奈，南奔谯城。半路，石虎兵将抓住了石堪，逮送他至襄国。

石虎全然不念过去二十多年浴血奋战的情谊，用小火慢慢烤炙，把石堪折磨至死。接着，他派人冲入宫去，一刀捅死了刘太后。

不久，忠于石勒的宗室河东王石生在关中起兵，石朗在洛阳起兵，都声言要平灭石虎。石虎不敢怠慢，自率步骑七万直趋洛阳。

石虎一战而擒石朗，砍掉石朗的双脚再杀死。

长安一战，本来石虎大败，枕尸三百余里，岂料本是石生同盟军的鲜卑人临阵反叛，反击石生，使得石虎重振军势。不久，石生就被部下斩首，献于石虎。

石虎虽残暴蛮勇，却不失经图大略。他先是击降了西北的氐、羌部落，又平定了关中地区，广立威权。

334年10月，石弘带着皇帝玺绶等全部仪仗，亲自到丞相府拜见石虎，想把皇位让与石虎。

石虎不屑。望着立于阶下苦苦哀求自己的“皇帝”石弘，他倨傲地说：“天下人自有公议，轮不到你自告奋勇！”

石弘还宫后，流泪对其生母程氏说：“恐怕先帝子孙很快要被杀个精光！”

赵国的尚书为讨好石虎，主动上奏说：“现在宜行禅让之事。”

石虎览奏，沉吟半晌，表示：“石弘愚暗，居丧无礼，应该废掉他，用不着行禅让之礼。”

于是，石虎下令废石弘为海阳王。

石弘为人慈爱文弱，出宫之日，群臣、宫人莫不痛哭流涕。没过几天，石弘、程氏以及他的兄弟秦王石宏和南阳王石恢等人，都被石虎派人一并杀死。石弘死时，年仅二十一岁。

群臣劝进。石虎还假意谦让：“皇帝乃圣德之号，我不敢当，且暂称居摄赵天王。”

于是，他改元建武。

勃勃杀气之中，唯独赵国的西羌大都督姚弋仲称疾不贺。石虎屡召，姚弋仲才来。

老姚性直，正色对石虎说：“我一直认为大王您是命世英雄，奈何受先帝把臂相托之恩，现在又夺其子之位？”

石虎老大不高兴。但他知道姚弋仲是大老实人，羌族势力又不可小觑，只能好言劝抚，敷衍道：“我真乐于做皇上吗？只是觉得石弘年轻，不堪大任，故而代他以了家事。”

另外值得一提的是，天竺僧人佛图澄在石勒活着的时候，因数次预言成败有效而广获敬重。石虎继位后，更是以这位大和尚为上宾，衣以绫锦，乘以彫辇。朝令之日，让太子、诸公扶翼佛图澄上殿，主者高喊

“大和尚到”。

上行下效，赵国掀起好大一阵出家拜佛热潮。石氏后赵自石勒起，一直崇尚佛教，其实也是羯人不忘祖先“戎神”的一种体现。

石虎自己曾讲：“朕生于边壤，忝当期运，君临诸夏。至于飨祀，应兼从本俗。佛是戎神，正所应奉。”

佛图澄是龟兹人，又会神咒、治疗、观相等方术，自然大得石勒、石虎欢心。据《高僧传》等书中所记，佛图澄“能善神咒，以麻油杂胭脂涂掌，千里外事，皆彻见掌中”；“佛图澄左乳旁有一孔，围四五寸，通彻腹内。有时肠从中出，或以絮塞孔。夜欲读书，则拔絮，则一室洞明。又斋日辄至水边，引肠涤之，还复纳中”，等等。这些幻术，自然让石虎等人心悦神怡，惊为神人。

所以，残暴寡恩的石虎，在宗教方面倒是个彻底的开明人士，既信祆教，又崇佛教。

东晋成帝咸康元年（335 年），石虎把国都从襄国迁到邺城。转年，他下令把洛阳先前象征西晋王朝威权的铜驼、翁仲、九龙等巨大青铜礼器仪物全都迁移到邺城，以壮声威。

石虎在迁都邺城的同时，又在襄国造太武殿。太武殿高二丈八尺，以文石綷之，下穿伏室，置卫士五百人于其中。东西七十五步，南北六十五步。如此大宫殿，都是以漆瓦、金铛、银楹、金柱、珠帘、玉壁来装饰，穷极技巧。

邺城方面，石虎在显阳大殿后再建灵凤台九殿，四处搜掠数万美女充实其中。石虎特别喜爱女子“仪仗队”。他以千名美女排练，这些人都戴艳紫色纶巾，金银缕带飘扬。姑娘们下身穿熟绵织成的彩袴（袴，是一种类似今天裤子的衣服，妇女穿裤，中国从石虎才开始有。当时的女人，一般是穿“深衣”，即衣裳相连的前后等长的裙服），远远望去，五色绚烂。

女官们皆手执羽仪，排场又大又好看。

无聊之际，石虎下令在邺城南投石于河，兴建“飞桥”，功费数千亿万，但最终也未能把桥建成。

赵国境内，众役繁兴，军旅不息，加之久旱谷贵，金一斤只值米二斗，百姓穷困至极。

至此，石勒中晚期的与民休息政策，被石虎破坏得荡然无存。

337年，石虎正式称“大赵天王”，追赠父祖，立其子石邃为皇太子。

父子凶淫世间稀

石虎的太子石邃，自少年时代起就随父从军，深得石虎喜爱。

老暴君常对群臣讲：“司马氏父子兄弟自相残灭，才使朕有今天在中原称帝的机会。仔细看看，我们父子感情多深，我可能会杀阿铁（石邃小名）吗？”

石邃被立为皇太子后，血液中遗传的残暴本性越演越烈。他更加荒淫无度，滥杀无辜。

石虎称帝后，虽立石邃为太子，但同时也很宠爱另外两个儿子——河间公石宣和乐安公石韬。

为此，石邃对这两个兄弟恨之入骨，觉得此二人是自己日后登基的最大竞争对手。

石虎喜怒无常。石邃总摄朝政，有时把朝中大事呈递石虎过目，石虎大怒斥责：“这种小事，用得着上呈吗？”有时石邃几天不上报政事，石虎又会无故发怒，把儿子叫来痛骂：“朝中大事，为何不让我知道？”由于打人打顺手，石虎常常亲自大棍子“伺候”石邃一顿，虽贵为皇太子，又是成年人，但每月数次受诮责杖捶，石邃心中怨怒日益加剧。

他每次挨打后，都会郁闷气愤地对自己的属下、中庶子李颜等人讲：“主上真难伺候，我想做冒顿单于做过的事（弑父），众位能和我一起干吗？”

平日这些近臣和他一起宴饮，以杀人为乐，但牵涉到杀皇帝之事，都只能跪伏于地，不敢应声。

渐渐地，石邃越来越烦。他自称有病，不再上朝理事。一天，石邃率太子宫臣五百多骑前往李颜别墅里狂欢，喝得大醉之后，他忽然狂跳起来，对手下人大叫：“我现在去冀州杀石宣，有不从者斩！”石邃乘醉跨马，舞刀向前。快马颠了数里，他的手下皆渐渐逃散，最后李颜牵住马缰，叩头固谏。

见身后无人，石邃也昏醉而归。

石邃的母亲郑皇后在宫中听说儿子做这种愚狂之事，又惊又怕，私下派遣身边贴心的宫人到太子宫来告诫、责备儿子。石邃淫暴成性，一剑把母后派来的宫人刺死。

石虎起先对诸事还不知情，听说太子生病不上朝，就派宫内的女官前来探视。父皇派人探察，假装生病也就过去了，谁料他躺在床上，唤石虎的女官近前说话。女尚书刚一近身，石邃腾地起身，一刀把她捅死。

从人皆惊散奔还，跑回石虎的皇宫。

太子竟敢连父皇的女使也杀。石虎大怒，忙派人把石邃的手下李颜等人逮捕，严刑拷问。这些人当然马上都一一招供。

石虎更怒，立马把李颜等三十几个人全部于殿中斩首。

狂怒之下，石虎命人派重兵把石邃幽禁在太子东宫。但毕竟父子情深，石邃又曾在自己手下立下不少战功，不久，石虎赦之，在太武东堂召见石邃。

石邃傲狠成性，见面也不道歉，草草行礼，振衣而出。石虎强压心头火，派宫人对石邃说：“太子应入见母后，怎么就这样走了呢？”石邃理也不理，仍大摇大摆而去。

石虎气得大叫，马上宣布废石邃为庶人。

当夜，石虎怒从心起、恶向胆生，派兵士冲入东宫，杀掉石邃、太子妃妾以及石邃的儿女共二十六人，把尸体统统装在一个大木棺材里找个肮脏地方埋掉。接着，他还下令诛杀东宫宫臣、近侍二百多人，废石邃的母亲为东海太妃。

杀掉皇太子，石虎又立另一个儿子石宣为天王太子。

天灾人祸频兴兵

石虎日夜饮酒、淫乐、打猎，但绝非那种不事征战的庸君。青年时代的征伐战斗，已经成为他的习惯。为讨伐辽西鲜卑首领段辽，石虎派王华为渡辽将军，统舟师十万大出渝津；派姚弋仲等人为冠军将军，统步骑七万为先锋，从陆路伐段辽。石虎统大军次于金台。

重兵出发，自然取胜。讨伐段辽取胜后，石虎怪慕容皝说话不算数，没有出军帮忙，想顺便率领大军平灭慕容鲜卑。大和尚佛图澄及太史令赵揽等人固谏，请石虎不要连续用兵。石虎不听，自率数十万大军进攻棘城，结果被慕容皝的儿子慕容恪在城门拖树枝扬尘的两千骑兵吓得肝胆俱裂，弃甲而逃，跑回襄国。

此战，各路后赵兵马被杀三万多，唯独石虎养孙石闵一军边打边撤，有条不紊，无一人损失。

出兵受挫于慕容鲜卑，并不妨碍石虎频兴大军。他想攻伐昌黎，运谷三十万斛于海岛，准备食储。又运三百万斛谷于高句丽，派兵将大集海滨屯聚。同时，他还下令在青州造船千艘，以备海战之用。

攻伐鲜卑的战事，有胜有败。石宣进攻朔方鲜卑斛摩头，大胜，斩首四万多；麻秋进攻慕容皝，大败，士兵被斩首两万多。不久，慕容鲜卑突袭幽州、冀州，掠赵民三万多而去。

不仅北讨，石虎也派军队南征。石闵在荆扬地区一路大胜，杀东晋兵一万多人；胡亭一役，后赵军掠七万户晋民凯旋。

兵事频兴之时，后赵境内的天灾不断。先是冀州八郡闹蝗灾，饿死数万人。又逢大旱，一年内赵境粮食减产，又有几万人冻饿而死。

水旱蝗灾如此严重，石虎仍旧横征暴敛。

史载，“季龙（石虎）志在穷兵，以其国内少马，乃禁畜私马，匿者腰斩，收百姓马四万余匹以入于公。兼盛兴宫室于邺（城），起台观四十余所，营长安、洛阳二宫，作者四十余万人。又敕青、冀、幽州三五发卒，诸州造甲者五十万人。百姓失业，十室而七。船夫十七万人，为水所没、猛兽所害，三分而一”。

石虎为了打仗，下令：“征士五人车一乘，牛二头，米各十五斛，绢十匹，调不办者以斩论。”

此令一出，害得百姓穷窘绝望，卖妻卖子以充军调，后赵境内，道路两旁上吊自杀的人比比皆是。

石虎对百姓穷征极调，对儿子却加官晋爵。封石宣为天王太子后，他又封另一子石韬为太尉。

石宣怕自己失权，便削弱公侯吏兵，增益东宫府兵五万人。

横暴如此，石虎仍然妄言福瑞。

有好事者入殿进贺，告诉石虎说，济南平陵城北有块虎状巨石，一夜之间忽然自行移动，行至城东南角，路上有千百条狼狐的脚印随行，印痕成路。

石虎闻言大悦，大言道：“石兽者，朕也。自城北而移向东南，是天意预示朕当平定江南，诸州大兵明年齐集，朕当率六军，以符天意！”群臣进贺，大拍马屁的一百零七人进献《皇德颂》。

骨肉相屠天所报

先前，石虎并宠诸子，已有石邃怨恨、欲乘醉杀石宣的前鉴。石虎没有就此接受教训，下令石宣、石韬皆有“生杀拜除”的权力，用不着再向他上禀。

后赵司徒申钟进谏，说：“度赏刑威，名器至重，是皇帝陛下您自己应该掌握的，不可以轻易授人。太子作为国之储君，应以尽孝为本，不应该这么早就决断朝政，庶人石邃之祸就是由参政引致，应引以为鉴。此外，如今太子石宣与石韬两人分政，肯定会因争权生成嫌隙，势必造成乱国害亲的后果。”

书奏，石虎不听。

太子石宣自以为是未来的皇帝，淫虐类似其父石虎。隆冬季节，他派人砍伐树木，在漳水边大兴台阁，冻死累死数万人。眼见尸体满路，这位太子爷视之神色如常。

石宣的手下，个个势焰熏天。太子詹事孙珍在上朝时眼睛发痒，便问旁边的赵国侍中崔约：“我有眼病，有什么药方能治吗？”

崔约平时和孙珍关系还算不错，就开玩笑说：“用人尿可治。”

孙珍奇怪，问：“人尿怎么可能治眼病？”

崔约笑言：“您眼窝深陷，正可用来盛尿呵。”

孙珍闻言怀恨，下朝就把此事转告太子石宣。石虎诸子之中，石宣高鼻深目，最具典型的胡人相貌。

轮廓鲜明，直鼻凹目，在现今的崇洋年代，是英俊、时髦的代名词，在古代中国，一个人长成“胡貌”，可是件丢人的事情，常会被人讥笑。

崔约并无恶意，只是平时和孙珍狎笑惯了，才拿孙珍开涮。

石宣大怒，找茬立诛崔约父子。小小一句玩笑话，孙珍私下这么一激，石宣立马就下令杀掉一个相当于今天正部级的首长及其儿子数人，可见，这位太子的横暴到了何种地步。

朝政由二子决断，石虎本人就天天以游猎宴饮为乐。

胡人本性都爱打猎。为王称帝后，石虎日益肥壮，胖得不能骑马，但驰猎的兴头反而更大。于是，他下令制造数千乘辕长三丈、高一丈八尺的巨大“猎车”，并开辟广袤的猎场，严禁百姓捕捉其中的动物，违者论死。

估计中国乃至世界历史上，再也没有出现过像石虎一样的人，拥有方圆近万里的猎兽场。

石虎派出的御史，个个皆是凶暴奸邪之徒，百姓家有美女良马珍宝者，如果求之不得，就诬称对方“犯兽”，因此罪被杀的就有一百多家。

石虎政权另外还有一个奇怪的特色，就是他乱加女官的官位，“增至女官二十四等，东宫十有二等”。赵国境内，二十岁以下、十三岁以上的姑娘皆要编入名籍，以待甄选。

各地地方官，争相以选美来邀宠，即使出嫁的美女也送入宫。如果哪位百姓妻有美色，当地豪强一定前往威胁，不少人自杀躲祸。

最后，各地进献美女四万多人，全部送入邺城皇宫。

石虎临轩拣视，见佳丽充盈，美姝满目，大悦之下，封十二个“有功”的官员为列侯。

游猎、选美的同时，石虎征发十六万人重建长安未央宫，又发二十六万人重修洛阳宫殿，强征百姓耕牛二万多头配入朔州牧场。

石氏父子如此暴虐淫酷，赵国臣下大多奉进献媚，只有尚书朱轨和远在边地的氐族首领冠军将军蒲洪进谏。石虎恼怒，以“讪谤朝政”为名，杀掉尚书朱轨。

蒲洪的谏奏很直率：“……今襄国、邺宫足康帝宇，长安、洛阳何为者哉？（您）忽为猎车千乘，养兽万里，夺人妻女，十万盈宫……刑政如此，其如史笔何！其如四海何！”

蒲洪是边地氐族豪酋，势力强大，石虎览奏虽大怒，也无可奈何，不好怪罪。

后赵君王，自石勒算起，大概因是穷怕了的奴仆出身，都刻意聚敛财宝，明火执仗地盗取皇陵。上至秦始皇陵，下至赵简子墓，反正中原广大地区是传统的“帝王之都”，都成为石家“王朝盗墓贼”的下手对象。

石虎还挖掘秦始皇冢，想取铜铸器。估计因嬴政的陵墓数百万工修了几十年，太难发掘，以石虎之不恤人力，只能挖及陵墓的附属建筑遗址，挖出些大铜柱子后，也只好罢手。

石氏王朝，说来简直就是人渣聚集地。滥用人力如此，还有位名叫吴进的和尚出坏主意：“胡运将衰，晋当复兴，应该苦役晋人（汉人）以改天运。”

石虎很迷信这一套，言听计从，大发邺城附近男女十六万人、车十万乘，昼夜不息，运载土石修华林苑，并在邺北筑长城围之，长数十里。

掌管天文星相的礼部官员有谏，石虎大怒说：“长墙朝成夕没，吾无恨矣！”他催促在工地夜间燃烛，让汉人役夫连轴转地苦干。恰值暴风大雨，役夫死亡数万。

苑园建成后，其间遍植奇木，养放珍禽异兽。石虎天天泛身池中，观兽饮酒，不亦乐乎。

如此刮榨民脂民膏，石虎仍嫌不足，命太子石宣祈福山川。按理讲，派些仪从，备足香烛礼器也就够了。石宣不然，他名为祈福，实去游猎，乘大辂、羽葆、华盖，建天子旌旗，共率十六个军团，精甲利矛兵士十八万人，从金明门鱼贯而出，旌旗蔽日，烟尘障天，金鼓齐鸣。

石虎爱看热闹，他稳坐后宫高达数百米的凌霄殿宝椅上，远望如此盛宏的场面，大笑道：“我家父子威风如此，除非天崩地陷，能有什么值得忧虑的事呢？老夫我就在宫里抱子弄孙享乐吧！”

石宣出行，离开邺宫后，便完全由他一个人说了算。一路之上，行宫几十里就建一所，供役食酒，皆由当地百姓贡献，所过三州十五郡，政府储积及当地人民布帛粮食，均被糟蹋一空。

石宣出行后，石虎让他所宠爱的另一个儿子石韬也依样行之，率十余万大军自并州出发，在秦、晋之地游示宣威。

石宣闻之，又嫉又恨。

石虎宫内的太监赵生与石宣关系亲密，曾因小事忤冒石韬受过责罚，借此机会，劝石宣择机除掉石韬。

晋穆帝永和四年（348 年），石虎某日心情不好，因小事怒太子石宣忤旨，高声道：“我后悔不立石韬为太子！”

左右太监不大工夫就把话传了出去。石宣闻之惭怒，石韬闻之喜悦。

石韬命人在自己的太尉府内大造明堂，起名宣光殿，梁长九丈，明显违制。

石宣找碴，率人闯入，尤其看见“宣光殿”三字，忤犯自己名讳，更火上浇油，手斩数名工匠，命人砍断大梁，悻悻而去。

石韬回家，见工匠尸体狼藉，大梁被削去数米，也大怒，他马上征召更多的工匠，把长梁增至十丈长。

石宣闻之怒火中烧。他对手下杨杯、牟成以及从石虎宫中到自己身边做事的太监赵生说：“竖子敢傲愎如此！你们当中有谁杀掉石韬，我称帝后当以石韬的封国转赠。石韬一死，主上肯定会临丧，到时我们一起干大事（指杀掉石虎），不可能不成功！”

杨杯等人一口应承，纷纷回去做暗杀的准备工作。

深秋九月。行刺当日，天空东南出现黄黑云，东西经天，色黑而青。石韬本人素解天文星占，见而恶之，马上对左右讲：“天有大变，当有刺客起于京师，不知应在谁身上。”

当夜，石韬和太尉府僚属多人在东明观饮宴。酒酣乐奏之时，石韬大概是预感到某种不祥，愀然长叹道：“人生在世，居世无常，别易会难。今各付一杯，诸位开怀畅饮，请大醉为乐！谁知后会何期，能不高兴一天算一天吗？”

言罢，石韬连尽数杯，泫然流涕。当夜，他因醉就宿于佛堂精舍。

在石宣指挥下，杨杯、牟成、牟皮、赵生等人爬软梯入东明观高墙，闯入内室。几个人刀捅剑劈，残杀了睡梦中的石韬，然后丢掉凶器，爬软梯逃走。

转天早晨，石宣假装刚得到弟弟石韬被刺杀的消息，急忙派人入皇宫禀奏。石虎闻讯，哀惊气绝，良久乃苏。号哭之中，老暴君爱子心切，伤子心痛，马上要前去观丧。

司空李农谏阻："杀害秦公石韬的凶手，肯定是朝内之人，陛下应严加防备，不可轻出。"

李农一句话，救了石虎一命。

于是，石虎在皇宫内的太武殿布列严兵，把爱子石韬的尸体装进大棺材运进来，于宫内大办丧事。

石宣带随从千余人，全副武装，乘素车白马而来。他临丧不哭，揭开盖在石韬尸体上面的罩尸布，细细看了一遍浑身是洞的尸体，大笑而去。

石家子弟个个人面兽心，石宣、石韬是同父同母亲兄弟，竟能手足冷酷相残至如此。

石宣出宫门后，下令逮捕平素与自己不睦的大将军记室参军郑靖等人，准备嫁祸于人。

其实，闻听石韬被杀，石虎已经怀疑系石宣所为。纵有天大的胆子，谁敢不顾诛灭九族的大罪而谋害石虎的爱子呢？尤其是石宣在石韬葬礼上大笑的举动，早被丧仪宫人告到石虎那里去了。

害怕石宣得到宣诏不入宫，石虎便派人假称其母后因丧子之痛哭得昏迷，已经病危，召石宣入视。

石宣想不到石虎会怀疑自己杀弟，昂然而入。刚入宫，他就被禁兵软禁于内省。

很快，石虎派人把杨杯、牟皮、赵生等人逮捕，一一拷问。杨杯、牟皮两人武将出身，功夫又好，夜间破枷而逃。赵生乃一公公，大刑伺候下，全部招供。

石虎悲怒弥甚，立刻逮捕石宣。他派人用铁环穿进石宣的腮帮子，将其四肢用镣铐锁紧，唯恐这个逆子逃脱。接着，他派人制作大木槽，倾洒剩饭剩汤，像喂猪狗一样让石宣趴在地上吃。

腮帮以铁环勾住，估计石宣想学猪狗吃东西的样子，也吃不进去多少。

石虎特别喜爱被杀的石韬，他拿起沾满爱子鲜血的刀剑，不停地舐舔，哀号声震动宫殿。

依据常理，一个儿子杀掉另一个儿子，国法家法，都该偿命。家丑不可外扬，何况帝王乎？当私下把石宣处决，则一了百了。

石虎凶残，他独出心裁，大张阵势，“公审大会”一般公开虐杀自己的太子石宣。

经四处找寻，赵国官员最后在邺城城北的铜雀台附近找到一块开阔地，堆起数丈高的大柴垛，在柴垛上扎扎实实制作了处决石宣用的木桩。木桩伸出的横木上，安置有轱辘，以此协助石宣“升天”。

石虎也不找职业的行刑的刽子手，而是派爱子石韬平素最喜爱的两个太监郝稚、刘霸来担当。这两个太监本来就性情阴毒，如今又怀有深深的丧主之痛，行刑时的残忍极虐自不必言。

郝稚先用一把锋利的快刀在石宣腮帮子上一边扎了一个洞，然后把粗绳穿入这位太子爷的面颊，用轱辘把石宣绞吊在柴垛上。刘霸不紧不慢，站在柴垛上，用刀仔仔细细剜去石宣的双目。郝稚也不闲着，用双手不停地生拔石宣的头发，一边拔一边把头发扔在周遭。拔光石宣的头发后，他用一个大铁钩勾出石宣的舌头，连根砍断。至此，石宣满头满脸血肉模糊，口中呜呜乱叫。刘霸又抽出钢刀，一丝不苟地慢刀砍断石宣的双手双脚。接着，太监把石宣的腹部剖开，里面的肠肚脏器登时落下来。

见伤口形状和四肢被截断的位置与自己的主人石韬尸身相吻合，两个太监才满意地互相点头击掌。

石宣仍在挣扎喘息。两个太监从柴垛上下来，命令兵士四面纵火，把大柴垛点燃。

石虎本人率宫中数千貌美宫女和嫔妃齐集铜雀台，看戏一样地观望行刑过程。

大火小火烧灼了一个多小时，石宣身体已成灰烬。石虎命人把这位前太子的骨灰分置城中各个十字路口，任千人践万人踏。

“好戏”没完。石虎认定石宣“暴逆”，应全家杀光。早已被押于柴垛一边的石宣妃子以及几个儿子共九人，均被钢刀剁头，扔入还在燃烧冒烟的炭堆之中。

石宣最小的儿子才五六岁，聪明伶俐，模样可爱，小嘴甜甜，一直被石虎养在宫中。石虎虽恨石宣，对这个孙子却百般喜爱，抱之而泣。

小孩子看见自己的父亲、母亲和兄弟相继被残杀，几个卫士、太监又奔向自己，吓得紧紧抓住爷爷的衣服，哀求说：“孙儿我没有罪过啊！”

石虎想宽赦这个孙子一命，石韬的太监已杀红了眼，从石虎怀抱中抢过孩子，当头就是一刀，临死，小孩子拉着石虎的衣服哀号。

周围的宫女、嫔妃，见之泪落。大魔头石虎，也因小孩子被杀而惊吓哀恸，生了场大病。

杀却石宣及其妻儿，石虎仍旧怒不可遏。他下令逮捕东宫内太监五十人以及东宫兵卫中高级军官三百人，以车裂极刑处死了这批人，把肢解的尸体全部投入漳水喂鱼。

“恨和尚憎及袈裟”，石虎宣诏，把东宫卫士十万多人全部送去凉州“劳改”。

最可怜的，当属石宣、石韬的生母杜氏，二儿互相残杀，自己也被废为庶人。

至此，大赵王国又无太子。

石虎召大臣齐聚，讨议立储问题。太尉张举出自公心，说：“燕公石斌、彭城公石遵皆有武艺文德，陛下神齿已衰，四海未一，请从这两个年长的王子中选择。”

戎昭将军张豺进言："陛下先前的石邃、石宣二子，其母皆出自娼贱之家，所以祸乱连结。现在择立太子，当选母贵子孝者立之。"

张豺当初领军破上邽时，曾掳获前赵皇帝刘曜的小女儿，时年十二，进献给当时还是石勒手下的中山公石虎。石虎当即把这位帝王之女纳为妾。

如今，刘氏的儿子石世年方十岁。假如石世被立为太子，石虎死后，刘氏就会成为太后，张豺肯定就会以"恩人"的身份拥有辅政大权。

石虎看了看张豺，知道了这位臣子的意思，就说："卿且勿言，吾知太子处矣。"

转天，石虎又集众臣议于东堂。他开宗明义，先痛心疾首地发言："我真想用纯石灰三大斛来清洗自己的腹肠，内中秽恶，连生凶子，两个儿子一过二十就要杀爹。现在，石世才十岁，等他二十岁，我也老得差不多了，不用再担心这个儿子要对我做什么了。"

暴君一言已出，群臣不敢说什么，都在太子推举书上署名签字。唯独大司农李莫不署名。石虎问其原因，李莫说："天下业重，不宜立少君，所以不敢署名。"

石虎叹息，说："你是忠臣，但不理解朕的心意。"

诏下，赵国立年方十岁的石世为太子，其母刘氏为皇后。石虎这一招棋，是他这辈子最臭的一招棋。他全然不顾自己身后的家国大事，只想能平安度过余生。

由于太子位定，石虎大病初愈，一直自称大赵天王的老暴君，终于要过真正的皇帝瘾了，他于东晋穆帝永和五年（349 年）十二月即皇帝位，改元太宁，诸子进爵为王。

称帝后，按习惯应该大赦。石虎余恨未消，谪戍凉州的原太子东宫卫士仍旧不在赦列。

路经雍州（今陕西凤翔县），刺史张茂又把这批军士的马匹全部强行留下，让他们用手推车担运粮食，步行到凉州戍所。

高力督梁犊深知东宫卫士心中的怨怒之情，派人到士兵中间鼓动，宣布要起兵东还。从前锦衣玉食，如今沦为戍囚，忽听有人带头，军士们无不跳跃欢呼，誓言跟从。

于是，梁犊自称晋朝征东大将军，率众起事。这些人虽无兵器甲胄，但都是身材魁梧、以一当十的大汉。当初石宣挑选军人，精挑细择，东宫卫士们都身高一米八左右，力大无穷，所以称这些人为“高力”。

不仅身高力大，他们还武艺精湛，能刀善射。造反后，他们抢掠百姓大斧，执长棒，攻战若神，所向披靡。接着，各地戍卒也纷纷加入了队伍，一路攻城略地，至长安时，众已十万。

镇守长安的乐平王石苞率重兵出击，一战而溃，只能退守坚城。梁犊率众人东出潼关，往洛阳进发。

石虎忙派李农为大都督，率征虏将军石闵等集十万军卒前去阻挡。新安一役，李农败绩；洛阳一战，李农又败。

梁犊率军东掠荥阳、陈留诸郡，势如破竹。

大惧之下，无复英气的石虎体衰不能自己将兵，便命儿子燕王石斌为大都督，统率冠军大将军姚弋仲、车骑将军蒲洪等人，一起讨伐梁犊。

姚弋仲率八千羌军至邺城，要求亲见皇帝石虎。

石虎当时病重，不能马上召见，就派人赐御馔给姚弋仲。

姚大怒，跳叫道：“主上召我来击贼，应该面授方略，我难道是来求饭吃的吗？主上不露面，我怎么知道他是死是活？”

石虎只得接见。他倚在御榻之上，强打精神，接见姚弋仲。

姚弋仲鲁直之人，责备说：“怎么啦，是为儿子死的事情忧愁得病吗？儿子小时你不择良师教导他们，长大了就肆行悖逆，杀就杀了，又有何愁！你久病在床，又立小孩为太子，假如你病不好，天下必乱！你应该为这事发愁，不必愁贼！梁犊率穷困思归之人为乱，不足为虑，待老羌我为你一举击灭他们！”

姚弋仲本性耿直，称呼石虎也是一口一个“你”，石虎也不怪罪。乱起之时，正靠此辈忠勇之人。

石虎挣扎坐起，授姚弋仲为征西大将军，赐以良甲骏马。

姚腾身上马，大叫：“等我破贼给你看！”他身披铠甲跨马于中庭，策马南驰，不辞而出。

梁犊兵势再盛，遇见姚弋仲的羌军和蒲洪的氐军，也只能自认背运倒霉。荥阳一战，高力造反的军士大败，数万人，包括梁犊本人，皆人头落地。

蒲洪，即苻洪，其孙子苻坚建立大秦帝国，追谥蒲洪为惠武帝；姚弋仲的后代建立后秦，追谥其为始祖皇帝。所以，此支征讨大军中有两个皇帝。

胜利消息传来，石虎却不行了。弥留之际，他以彭城王石遵为大将军，镇守关右；以燕王石斌为丞相，录尚书事，张豺为镇卫大将军、领军将军、吏部尚书。二人并受遗诏辅政。

石虎糊涂，既然尊崇自己的儿子石斌，就不应授张豺吏部尚书（组织部长）和镇卫大将军（卫戍司令兼禁卫统领）这么大的权位。总握文武大权后，张豺就与刘皇后合谋，把在襄国旧都饮酒打猎的石斌征召回邺城，责其无忠孝之心，软禁起来。

接着，彭城王石遵到邺京，张豺给他禁兵打发他出京城，至死也未能再见老父石虎一面。

石虎回光返照，让人辇抬自己到太武殿西阁，最后找一找帝王的感觉。忽然，有龙腾中郎二百余人列拜于前。龙腾中郎是皇宫中的中级禁卫军官，眼见老皇帝要驾崩，深恐国乱被杀，这些人一起向石虎提出诉求。

石虎问：“你们想要做什么？”

“主上圣体不安，应令燕王石斌入宫宿卫，主掌天下兵马。”众人回答。其中有人高言：“应以燕王为皇太子。”

石虎根本不知道石斌被软禁，恍然道：“燕王不是在京城吗？把他召来！”

石虎左右太监、宫女皆是刘皇后的死党，他们骗石虎：“燕王喝酒过多，现在来不了。”

石虎吩咐：“以我的辇车去迎他入宫，我要亲自把皇帝玺绶交给他。”本来，当初立石世为太子，石虎还以为自己最少能再活十年。

如今，半年不到，已病成这样，石虎知道自己死期将近，很想改变主意，立石斌这样的“长君”。

宣令数声，无人承应。石虎此时完全是孤家寡人，张豺、刘皇后的眼线遍布宫中，没人敢前去把燕王石斌召来。

很快，张豺率兵卫赶到，轰散了那帮“龙腾中郎”。

石虎还想说些什么，忽然一阵眩晕，昏迷过去。他此次再没有醒来，数个时辰过后，终于咽下最后一口气。

石虎刚死，皇后刘氏就矫诏以张豺为太保，都督中外诸军事，录尚书事，一如汉朝霍光辅政的故事。接着，刘氏和张豺马上派人杀掉最具威胁的燕王石斌。

太子石世继位，由于孩子年少，刘氏以太后身份临朝称制。

刘后当时才二十多岁的年纪，政治经验十分缺乏。最关键的是，她自己的家族是前赵皇族，石勒平灭刘曜时，把刘氏皇族杀得干干净净，刘氏没有任何叔伯兄弟侄甥，宗族势力几乎等于零。京城以外，她又没有亲戚坐拥强镇大城作为后盾，手里只有个十岁多点儿的皇帝。张豺也非胆略超常之人，是个不折不扣的政治庸才。

这样的政治联盟，其存在寿命大概只能以天数来计算。

张豺杀掉燕王石斌后，与太尉张举合谋干掉司空李农。张举平日和李农饮酒欢聚，是感情不错的老同事，全然不顾政治斗争中你死我活的原则，把消息透露给李农。

李农大惧，当即逃出京城，奔往乞活军的根据地广宗（今河北威县），并率数万兵民在上白坚壁拒守。李农本人就是乞活军首领出身，所以有地方可逃可躲。换作别的京官，官阶再大也只能在家里等死了。

刘氏忙派张举率领禁卫军包围李农。李农之所以能逃出生天，本来就是张举泄密，刘氏竟不明就里，仍旧派老同事围攻老同事，结果不判自明。

最要命的是，李农不是争皇位的宗室，把京城精锐禁卫军全部抽调去打这么个人，等于把心脏暴露于腹腔之外，邺城首都，可一攻即溃。

于是，邺中群盗大起，迭相劫掠。老皇帝驾崩，儿皇帝登基，人心思乱，中原大地，马上要陷入血雨腥风之中。

彭城王石遵率三万禁军行至河内，闻知父皇石虎的死讯，停军不前。此时，刚刚消灭梁犊，全军大胜而归的姚弋仲、蒲洪以及石闵等人正率大批将士回军，在李城与石遵相遇。

石遵是石虎先前杀掉的太子石邃的同母弟，年长有智，依照继位次序也排于前列。于是，众人齐集石遵大营，进劝说：

“殿下长且贤，先帝也有意以殿下为嗣君，但晚年昏惑，为张豺等人所误。今女主临朝，奸臣用事，上白（指攻打李农的军队）相持未下，京师宿卫空虚。殿下如公布张豺罪名，鼓行而讨之，邺城谁不倒戈开门而迎接殿下您呢？”

石遵当然乐意。他在李城公开起兵，拥重兵直趋邺城。半路，留守洛阳的洛州刺史刘国等人也率大军加入，一同开进。

石遵檄文送至邺都，张豺这才慌了心神，忙遣飞骑驰召在上白围攻李农的禁卫军。

路途遥遥，大军一时不能回返。此时，石遵大军已于荡阴扎营，共集后赵锐军九万多，以平虏将军石闵为先锋。

张豺虽慌惧，也是武将出身，仍旧布置城守防御，准备凭借坚城一战。但邺城内的羯族部帅兵士都纷纷聚言：“天子儿子来奔丧，我们应该出门迎接，不能为张豺做守城兵。”于是，众人乱哄哄地往城外跑，前往石遵处“投诚”。

张豺手斩数十人，根本挡不住城中兵士出逃的洪流。

怔忡之间，忽然有人报告，他自己的亲信张离也率禁宫中最最精锐的二千龙腾军斩关冲出，迎接石遵。至此，张豺完全心凉，知道自己要完了。

宫中，刘皇后刚刚垂帘二十多天，忽然发现天下大乱，母子性命危在旦夕，先前下令诛杀石斌、攻杀李农的果敢一下子蒸发不见了。

她召来张豺，悲哭道：“先帝梓宫未殡，而祸难繁兴。如今皇嗣冲幼，托之于将军您，有何计谋可以匡济时难呢？”

张豺武人，傻呆呆地不知怎么回答。

“给石遵封以高官，可以躲过此次灾难吗？”刘氏又问。

张豺唯唯。此时，这位一人之下、万人之上的大将军惶怖异常，根本想不出任何招数。

刘氏只能自己拿主意，下令以石遵为丞相，领大司马、都督中外诸军，录尚书事，加黄钺、九锡，增封十郡。

张豺硬着头皮，大开城门，亲自于城外安阳亭跪迎彭城王石遵。

没等张豺开口说两句奉承、道歉的话，石遵手一挥，数名士兵上前，一顿拳脚乱揍后把张豺捆起。

石遵贯甲曜兵，率数万劲卒自凤阳门而入，升于太武前殿，先至石虎大棺材前祭拜。然后，他进入东阁办事。

首先，他下令押送张豺于平乐市人多处公开斩首，并夷其三族。接着，他假借刘氏“皇太后”诏令，称“石世年幼，皇业至重，不能继承，以石遵继位”。

石遵假意谦让，群臣真心推举。

石遵即位称帝，大赦天下，并下令上白围攻李农的军队回撤。

他先封刘氏为太妃，石世为谯王。没过一天，就派人把这娘儿俩一起杀掉了。

石世这个小皇帝，只当了三十三天，就和母后一起脑袋搬家了。

至此，赫赫匈奴刘氏，连在人间的最后一点骨血也荡然无存了。

大乱交迭羯赵亡

石遵称帝后，尊其母郑氏为皇太后（郑氏苦尽甘来，其长子石邃被废杀时已被贬），以石斌的儿子石衍为皇太子，石鉴为侍中，石冲为太保，石苞为大司马，石琨为大将军。并封功劳最大的石闵为都督中外诸军事、辅国大将军、录尚书事，辅政。一直在上白抵拒张豺军队的李农也还朝，石遵复其官职。

349 年五六月间，北中国天灾人祸频频。好好的初夏时节，暴风拔树，电闪雷鸣，自天而落的冰雹竟有水杯那么大，砸死行人无数。邺城的宫殿又因雷击起火，太武殿、晖华殿荡然无存，只留一地灰烬。大火连烧一个多月才灭，后赵帝国首都光焰照天，金石皆尽。更为可怖的是，邺城天落红雨，殷红如血。

坐镇蓟城的沛王石冲是石虎庶子，听闻石遵杀石世自立为帝，心中很是不服，对左右僚佐说："石世是先帝御封的太子，石遵竟然废杀，罪逆滔天。传孤敕令，内外戒严，孤王要亲自率军征讨。"

石冲行动迅速，上午表志，下午就带领五万精兵向邺城进发，四处传檄，讨伐石遵。大军行至常山，各路人马已有十来万之众。

在苑乡扎营时，石冲收到石遵情深意长的亲笔信，劝晓说大家都是兄弟，血脉相连，并允诺要授予石冲尊权重兵。

石冲看看信，想了想，也觉石遵言之有理，就对左右将说："唉，都是我的弟弟辈，死的人也不能再复活了，干吗要再继续骨肉相残呢？

我们回去算了。”

石冲此语，足以表明他涉世未深，可以一怒起兵，可以一哀息兵。王族内讧，不是你死就是我活，怎可这等儿戏。

石冲话音未落，其帐下大将陈暹就突地站起，大叫道：“彭城王篡弑，天地不容，大王您尽可自己回去，为臣我率兵进攻邺城，擒获石遵，然后再奉您大驾入京。”

帐中诸将也多有附和。见众怒难犯，石冲自己把握不了大局，又依众人之计继续前行。

石遵再派朝中大臣王擢携亲笔信劝谕石冲。石冲箭在弦上，不得不发，根本不听。无奈之下，石遵授予石闵黄钺、金马镫等御物，派这位义弟与李农一起率十万精兵去迎击石冲。

平棘之战，后赵王朝的两支精锐立阵厮杀，毕竟石闵厉害，石冲全军大败，自己也被石闵的军士在元氏县抓住，就地赐死。

此外，石冲所率的三万劲卒，也都被石闵等人坑杀。

石赵内乱，慕容鲜卑出大兵二十万，虎视其境。东晋的桓温等人也进据寿春，步步逼近。

镇守长安的后赵宗室石苞见石遵称尊，也生觊觎之心：既然你能当皇上，我也有资格称帝。于是，他率关中部队准备起兵。其属下左长史石光等人谏劝，石苞大怒，诛杀石光等一百多人，深失众心。

由于石苞“性贪而无谋”，关中豪右都知道这个家伙不能成大事，许多人就密谋和东晋的梁州刺史司马勋联系，准备投靠晋朝。司马勋乐得有人接应，忙率晋军奔赴，在距长安仅二百多里的悬钩扎下营盘，攻杀后赵的京兆太守。

关内一带的地方势力闻风而动，纷纷杀掉后赵派遣的地方官，坐拥三十多座坚壁，共五万多人，和司马勋遥相呼应。

石苞还没来得及进攻邺城，东晋兵马已经来到眼皮底下，他只得暂缓夺位，派将军麻秋、姚国等人率军队出拒晋兵。

石遵早已听闻石苞想来邺城推翻自己，就以讨伐东晋司马勋为名，派车骑将军王朗率二万精骑驰赴长安。

石苞见救兵来到，以为石遵还不知自己的图谋，忙开城迎接。王朗马上派人逮捕石苞，捆送邺城。

司马勋见后赵援军赶到，眼见占不到多大便宜，便扭头杀向宛城，攻杀后赵南阳太守后退回梁州。

石遵听闻石苞已逮送入京，东晋司马勋退兵，深深喘了口大气。但是，他放松得太早了。

当初，石遵在李城发兵向邺城进军夺取皇位，为了“激励”石闵为自己死战，曾许诺说：“好好干，大事成功，我当立你为储君。”

石遵称帝，宝位坐稳，也就“忘了”事前对石闵的许诺。

石闵非常失望。他自认为勋高一时，应总揽朝政。石遵怕他在朝中势大，处处牵制。但是，石闵掌统内外兵权，尤其是殿中禁卫将士及东宫高力（身高善射的大力卫士）一万多人都由他控制。

石闵为收买人心，把许多禁军中下级头目奏为殿中员外将军，赐爵关内侯，并出宫中美貌宫女赏以为妻。

石遵只知在朝中抑制石闵的辅政权，对石闵收买禁军军将的事情一直未加警惕，反而任意削夺禁卫军军将的官职。这样一来，他自己反倒做了恶人。守卫皇宫的禁军将军、士兵，得好的心中感激石闵，没得好的就怨恨石遵。

不久，左卫将军王鸾等人劝石遵削夺石闵兵权，石闵更加怒形于色。

石遵很想诛杀石闵，但关涉“家事”，自己拿不定主意，就把石鉴等石氏宗室勋贵一并召入宫内，在太后郑氏面前一起议事。石氏兄弟长幼都无异议，全都同意杀掉石闵。

老太后郑氏心软，自小看着石闵长大，就劝说：“自李城回师，棘奴（石闵小名）功大，无他便无今日，小事应忍让，不可随便杀人！”

因此，诛杀石闵之事也就不了了之。

石鉴怀存私心，一出宫门，他就派宫内太监骑快马告知石闵有人要杀他。石闵闻讯，马上劫持了当朝司空李农与右卫将军王基，与他俩合谋废掉石遵。

二人不敢不从。三人议定，召禁卫军将领苏亥等人率三千甲士冲入如意观，包围了正与嫔妃弹棋玩乐的石遵。

石遵愣在当地，惊问："谁要造反啊？"

军将回答："义阳王石鉴当立为帝。"

石遵苦笑，说："我都落到这个地步，你们立石鉴，又能挨过几时？"

军士早已得令，拥石遵于琨华殿，乱刀杀死。同时挨斩的，还有太后郑氏、太子石衍以及左卫将军王鸾等人。

石遵在位，仅一百八十三天。

该石鉴上场了。

石鉴登基为帝，以石闵为大将军，封武德王；封李农为大司马，录尚书事。

石鉴也是找死，刚刚称帝不几天，就暗中派先前在长安起事未果、被押送至京的石苞与中书令李松、殿中将军张才等人，想谋杀石闵和李农。

事发当夜，石闵和李农两人都在宫内的琨华殿议事。由于身边护卫众多，李松等人又无正式皇帝诏命，没能杀掉石闵、李农不说，几个人还浑身是伤，退回禁中。

石鉴害怕石闵识破自己要杀对方的计谋，假装惊讶，并派人前迎，杀掉石苞、李松几个灭口。

既然石遵推倒了篡位的多米诺骨牌，一个杀一个的戏肯定按部就班地上演下去。

镇守襄国旧都的石虎的另外一个儿子新兴王石祗，也与羌族姚弋仲、氐族蒲洪联合，移檄各处，要发兵诛讨石闵、李农。

这厢，石鉴下诏，派石琨为大都督，率步骑七万分讨石祗等人。

邺城的石氏宗室石成、石启、石晖联合起来，都想趁机诛除石闵和李农，但这些少爷王爷要兵没兵、要才没才，都反被石闵和李农杀掉。

眼看石闵、李农二人的权势越来越大，时为龙骧将军的羯族人孙伏都等密结了三千多羯族士兵，埋伏在宫内胡天殿附近，准备趁石闵、李农入宫时袭杀二人。

石虎信拜火教，又称祆教，北朝当地人称为胡天教，胡天殿即祆教神殿。很奇怪的是，石勒讳“胡”，曾把“胡饼”改称为“抟炉”，把“胡豆”改名为“国豆”。但石虎时代又把祭祀祆教天神的宫殿更名为“胡天”，表明石虎本人并不十分讳“胡”。《晋书·石季龙载记》中原文如下：“龙骧孙伏都、刘铢等结羯士三千伏于胡天，亦欲诛闵等。”由此可见，祆教大殿的规模应该非常壮观，里外能埋伏三千多人。可以推测，殿庭上应该有拜火教的生火大祭坛。石虎大臣成公段“造庭燎于崇杠之末，高十余丈，上盘置燎，下盘置人，緪缴上下”，大殿外面有这样规模的“庭燎”，估计胡天殿内也不遑多让。

孙伏都起事，事先也不和石鉴商议。他只想劫持石鉴当幌子，干掉石闵、李农后，很有可能再杀掉石鉴。当时，恰巧赶上石鉴正和几个宫人登上皇宫里的制高点中台赏景，忽然看见孙伏都指挥羯兵搬砸东西堵塞阁道，又惊又怕，忙问他要干什么。

“李农等人造反，要从东掖门进攻，为臣正率领卫士严防。”孙伏都还算反应快，敷衍石鉴。

石鉴也“将计就计”，高声说：“爱卿你是功臣，好好为朕出力，朕在这里看着你立功，会大力报谢你的！”

孙伏都也来不及“谢恩”，闻听石闵、李农从东掖门进宫，便率一大帮兵士猛扑上去。

石闵本人就是“万人敌”，李农又是乞活军出身，谋晓斗战之法，两人手下也有兵将，且一直有警戒之心。

所以，两方攻战不久，孙伏都等羯人就不支，败走之间纷纷被砍掉脑袋，自凤阳殿到琨华殿之间，羯族兵士人头滚滚，横尸相枕，血流成渠。

杀尽宫内的三千多羯兵，石闵、李农两人大怒未消，宣令内外："六夷胡人有敢持兵器者皆斩！"同时，两人下令，把"皇帝"石鉴幽禁在皇宫深处御龙观内，严加监守。

听说国内大乱，后赵的胡人或斩关，或逾城，都慌里慌张往外逃跑。为试探人心，石闵在邺城内下令："近日孙伏都等人构逆，支党伏诛，余皆不问。自今日起，与本官同心者留于城内，不同心者听任外出。"

当时的景象，肯定是数十年间最为壮观、混乱的场面。方圆百里的汉人，扶老携幼，全往邺城里面涌。而一直以邺城为老窝的羯胡及六夷外族，推车挑担，拼命往外跑。

石闵深知羯人、胡人不会为自己所用，便颁下中国历史上有名的《杀胡令》："汉人斩一胡人首级送凤阳门者，文官进位三等，武职悉拜东门。"

一日之中，就有数万颗羯人的脑袋堆在邺城凤阳门的大广场上。石闵本人也亲自率领汉族将士，在邺城内外搜杀胡羯——"死者二十余万，尸诸城外，悉为野犬豺狼所食"。

屯据四边的各镇，也根据石闵命令四处捕杀羯胡，由于以首级诣功，有些长得高鼻深目多胡须的人也倒霉，纷纷被左右邻居、兵士杀掉以邀赏。

石勒占据中原以来，一直采取胡汉分治的歧视政策。数十万羯族人自以为是上等统治民族，三十年来，他们掠人妻女、夺人财物，皆于光天化日下公共进行，没有任何约束。程遐官至右仆射，又是石勒亲儿子、太子石弘的亲舅，这么高的官职，这么近的皇亲，但就是因为他是汉族，得罪了石虎之后，这位中山公竟可让一帮羯族人半夜闯入程家，尽数轮奸程氏妇女，掠尽珍宝，喧哗而归。樊垣是石勒委任的地方长官，在皇宫外面也被一帮羯族人大模大样地抢掠一空——仅仅举此二例，就可以想见羯胡对汉人的压迫和统治到达何种令人发指的地步。

火山口一旦揭开，爆发的愤怒是无法想象的。仅邺城及其周围，就有二十多万羯胡被杀，可以想见，在石闵、李农势力可及的范围内，数字肯定更加惊人。

《杀胡令》一下，整个后赵王朝炸了窝，许多羯族或与羯族关系密切的汉族高级官员纷纷外逃，各地的地方长官也纷纷闭城坚守。姚弋仲、蒲洪等氐、羌势力，趁机割据一方，天下沸腾。

后赵宗室汝阴王石琨、太尉张举以及王朗等数名赵将召集七万大军，黑压压地直奔邺城扑来，大有以巨石击卵之势。

石闵大发神威，他将一千多骑从邺城北门奔出，手执两刃矛，飞驰闯入敌阵，如狼入羊群，敌军将士应锋毙命。石闵一次冲荡下来，三千多敌军人头落地，余下诸军一哄而散，飞奔逃回冀州。

石闵、李农乘胜，集众三万出邺城，前往石渎讨伐后赵大将张贺度。已成笼中之鸟的石鉴仍不消停，派一个太监暗送密信，召外面的羯兵乘邺城空虚之时进攻。谁料，这位太监主意大，把密信直接送给了石闵和李农。

二人赶忙率军队驰还邺城。他们冲入皇宫，二话不说就把石鉴剁成数段，又杀光石虎邺城内所有的三十八个孙辈，尽杀石氏宗族。

石鉴在位，总共也就一百零三天。

自石勒于成帝咸和三年（328 年）称王，至穆帝永和六年（350 年）石鉴被杀，后赵共二主四子，二十三年。一场空忙，全族成灰。

石虎小儿子石琨后来在襄国趁乱逃出，和妻妾数人千辛万苦地跑到建康，投奔东晋，但马上被收捕，斩于闹市。

所以，石虎十三个儿子，五人为冉闵所杀，七人自相残害，一人为东晋政府斩首，一个不剩。

石氏王朝，其实早在其建立之初就已经注定是一个必将失败的王朝。即使石勒死后石弘顺利登基继位，即使石弘不停地纳汉人姑娘为后妃，即使石氏帝王二代三代之后身上的汉人血液日益增多，即使石氏对汉人的压迫日益减轻，即使……即使所有的假设都成为现实，石氏王朝也不可能长久地统治中原地区。

为什么呢？很简单，石氏王朝的统治主体是一群来自西域的“杂胡”汇合而成的，高鼻深目（无论当时还是现在）的“羯”人，就算他们是昭武九姓中的一大姓，也仅仅是异域胡人而已。中原地区如果不发生战乱，这帮相貌怪异的家伙，连做梦也不会想见自己会成为中原大地的主人。而且，这些羯胡重商轻农，几乎人人都有恶霸习气。三十多年来，饱受欺压的汉人对这些身穿“奇装异服”、头戴金线缕织合欢帽、相貌令人生憎的羯人怨入骨髓，一旦仇恨的盖子揭开，肯定会倾尽宿怨。

英豪冉闵梦难成

石闵，原姓冉，字永曾，小名棘奴。其父冉瞻，本是乞活军（“乞活军”是一种兵民混合的组织，以家为单位，当初从并州拥随司马腾出外就食，号称“乞活”）首领陈午帐下的一个少年兵。

当年石勒破陈午，俘虏了不少乞活军军将，其中也有年仅十二岁的冉瞻。石勒喜爱这个英挺的少年，就命石虎认冉瞻为义子。

冉瞻从几岁起就随“乞活军”四处冒死冲荡，骁猛多力，自小就是良将的料子，为石虎立下赫赫战功，历位左积射将军、西华侯。冉瞻盛壮之年，于军中病死，石虎待冉闵如同诸孙一样。

老羯胡虽是暴虐君王，应该也很宠爱这个少年丧父、和自己没有直系血缘的孩子。冉闵幼而果锐。长成后，身长八尺，善于谋策，勇力绝人，一直是石虎帐下得力的勇将，历位北中郎将、游击将军。特别是石虎进攻慕容鲜卑时，二十多万军队全线崩溃，唯独冉闵一军独全，由此功名大显。

先前梁犊的东宫戍军叛乱，冉闵作为诸军先锋，威声弥振，诸将莫不惮之。古代军将，拼比的就是勇武和果决、胆量和血性，数战数胜，使人不得不服。

"乞活军"当初之所以背井离乡出外"乞活"，本来就是因为各地胡人叛乱，无粮无地陷入绝境后，不得已才冒万死成为兵民。陈午临死，还嘱咐诸将"莫事胡也"。冉瞻被掳时已经十二岁，苦难之际人皆早熟，身边的叔叔大爷哥哥们前赴后继，死于胡人之手无数，想必在内心深处留有深刻的记忆。虽然为石氏养以为子，食人之食死人之事，但心中肯定有一定的是非标准。而且石氏政权中的"乞活军"旧部，肯定也会以某种秘密形式有一定的联系，平素大家一起抚今追昔。

所以，冉闵的少年时代，一定常常听父辈讲起从前往事，对过去"乞活军"的英勇抗胡和羯人的血腥杀戮有着深深的印象和直观的感觉。《乐府诗集》的《并州歌》中，有这样一段："奴为将军何可羞，六月重茵披衲裘，不识寒暑断人头，雄儿田兰为报仇，中夜斩首谢并州。"可见，当时的乞活军中一名名叫田兰的壮士，为了给司马腾报仇，还有一件刺杀石勒老上司汲桑的可歌可泣的故事呢。

因此，冉闵之杀羯胡，绝非一时冲动之举。

由于国中无主，司徒申钟等人就联名上书，请冉闵称帝。冉闵固让李农，李农死让冉闵。开始阶段，这两个人之间的谦让是发自内心的。数月之间，两人历尽艰险，多次差点被羯人将士攻杀，可以说是同呼吸、共患难的生死之交。

冉闵仍旧犹豫，表示："我们都是从前的晋人，现在晋家皇室犹存，我与诸君分割诸郡，各称牧、守、公、侯，奉表迎晋天子还都洛阳，各位以为如何？”

尚书胡睦首先发言：“陛下圣德应天，宜登大位。晋室衰微，远窜江表，岂能总驭英雄，混一四海乎？”

此话虽有拍马屁的成分，但基本也是实情。司马氏皇族个个怯懦，东晋兵士又屡战屡北，如果在当今情势下迎奉他们来中原，恐怕那些人还真没胆量踏进这块北方胡人经营了三十年的广大地区。

冉闵禁不住众人进劝，乃于350年年初即皇帝位，国号大魏，改元永兴。立其子冉智为皇太子，以李农为太宰，封齐王。

鉴于后赵新灭，冉魏新立，周遭各方正蠢蠢欲动。东晋朝廷听说大乱，也想复国。姚弋仲和蒲洪都想据有关右地区，前者首先遣其子姚襄率五万精兵进攻老战友蒲洪。

蒲洪迎击，大败羌军，斩获三万首级。

大胜之下，蒲洪自称大单于、三秦王，改姓苻（谶文有“草付应王”，加之其孙蒲坚后背有“苻”字，因而改姓）。

燕王慕容俊也派兵四出，准备夺取赵国地盘。

同年四月，据守襄国的原后赵新兴王石祇称帝，以汝阴王石琨为相国。六夷胡人，由于冉闵杀胡之事已做绝，纷纷承认石祇政权，并接受他的封号。

五月，冉闵杀李农及其三子，同时杀掉尚书令王谟、侍中王衍、中常侍严震、赵升等人。各种史书，对冉闵杀李农一事，皆没有详细的进一步解释。冉魏政权短命，没有“实录”等官方史书，继之而起的慕容鲜卑杀掠汉人殆尽，自然也不会关心其间到底发生了什么。

据笔者揣测，冉闵杀李农，仍是人性中丑恶的一面在作怪。权力是人生中最大的腐蚀剂，武将出身的冉闵和李农更不会例外。从前平起平坐，一朝分为君臣，人心总争短长，总有小事引起不忿。真正在长期过程中逐渐形成的君威和臣顺，习惯成自然，但冉闵和李农这种忽然分隔的君臣关系肯定非常脆弱，不仅臣疑君，君更疑臣。加之李农并非纯文人出身，有“乞活”大军作后托，逐渐就会成为对冉闵皇位的最直接威胁。从与李农一起被杀的那些人的官职来看，有手握朝权的尚书令，也有居于深宫的中常侍，种种迹象表明这些人里应外合，很可能想杀掉冉闵再推李农上台。一直处于高度戒备的冉闵身已为帝，自然稍有威权优势，趁早一步，先把老战友送上西天。

冉闵杀李农，也意味着分散各地的“乞活军”中那些汉人再也不会为冉魏卖命，从而失去了重要的支援力量。

估计内忧外患之下，冉闵心里着慌，他遣使到江南，对东晋表示：“胡逆乱中原，今已诛之。若能共讨者，可遣军来也。”

冉闵称帝，江南小朝廷自然不舒服，现在他的来书又语气倨慢，以敌国礼来见，自标正朔的东晋自然不加理睬。

石祗在襄国旧都称帝后，众胡来附，很快就找到了感觉。350 年 8 月，他派相国石琨和镇南将军刘国率十万大军进攻邺城。双方战于邯郸，石琨大败，万余军士被杀。刘国等人又与后赵将军张贺度等人联军，在昌城集结准备再次大举攻邺。

冉闵先派王秦等三大将率步骑十二万于黄城屯扎，他本人亲统八万精卒为后继。

双方大战于苍亭。后赵大将张贺度虽是沙场老将，但在战场上仍不敌冉闵，十来万人的军队，被杀近三万，除主要战将骑快马逃跑外，其余军士皆被冉闵所俘。

冉闵振旅而还。戎卒三十万，旌旗钟鼓绵亘百余里，看上去天下无敌。

此时的大魏帝王冉闵，正处于他人生的巅峰。

虽如此，有识之士早已预见大祸之端。一直隐居不仕，眼见匈奴刘氏和羯胡石氏败亡全过程的陇西名士辛谧，就写信给冉闵，劝说道：“物极必反，致至则危。君王功已成矣，宜因兹大捷，归身晋朝，必有由、夷之廉（许由、伯夷的廉明），享松、乔之寿（赤松子、王子乔的高寿）。”

这种劝诫，已被胜利冲昏头脑的冉闵根本听不进去，完全沉浸在自己单人独臂纵横天下的快感当中。

350年年底，冉闵亲率步骑十万进攻襄国。战前，他署其子太原王冉胤为大单于、骠骑大将军，以一千投降的胡人配为亲军。

光禄大夫韦謏切谏：“胡、羯，我之仇敌，今来归附，苟存性命耳。万一为变，悔之何及。应该诛屏降胡，去单于之号，以防微杜渐。”

冉闵正欲收买众心，抚纳胡人，大怒之下，诛杀韦謏及其儿子韦伯阳。

这冉闵真是头脑发昏，开始步步走向灭亡。他的《杀胡令》一下，中原五六十万羯胡人头落地，胡人对他恨得要死，怕得要命，不可能有真心降附之人。他的皇制本来是汉族统治，却忽然又效仿匈奴刘氏和羯胡石氏那一套实行胡汉分治，重新启用大单于位号，是制度上的反动和大倒退。而且，给亲儿子冉胤身边配一千全副武装的胡兵，无异于是把一只肥羊送入狼群来牧守。

襄国乃后赵旧都，坚城深壕，一时难下。猛攻三个多月，冉闵军士死伤无数，仍旧未能冲入。

石祗也是困兽夺气，自去皇帝之号，称赵王，派“太尉”张举亲自去慕容燕国那里乞师，并许诺要把传国玉玺送与燕国；同时，他又派将军张春去姚弋仲处，乞军求援。

姚弋仲立即派其子姚襄率二万八千兵来救，慕容俊也派将军悦绾率三万兵来赴，大家都来看看有什么便宜可以捞一把。

冉闵听闻燕兵来救石祗，派大司马从事中郎常炜出使燕国，劝对方不要出兵。

慕容俊见常炜，开口就加以斥责：“冉闵此人，乃石氏养子之后，负恩作逆，岂敢妄称尊号！”

常炜正色回答：“商汤放桀，武王伐纣，以兴商、周之业；曹孟德养于宦官，莫知所出，卒立魏国之基；苟非天命，安能成功！推此而言，何必致问！”

慕容俊又问：“据说冉闵称帝后，铸金为己像以卜成败，金像屡铸不成，是真的吗？”

常炜答：“没有此事。”

“南来之人皆言及此，何必隐瞒呢？”慕容俊又问。

常炜说：“奸伪之人才会假称天命迷惑众人，凭借铸像、龟卜一类的东西自重。我大魏主手握玉玺，占据中州，受天命而称帝，怎么反真为伪，做出自铸金像卜测的傻事？”

慕容俊追问：“传国玉玺在哪里？”

常炜答：“在邺都！”

慕容俊心中疑惑：“石祗派张举来，哀求说如果我们燕国出兵就送我传国王玺，这宝物应该在襄国才对。”

常炜冷笑，傲言答道：“杀胡之日，邺城宫内的胡人殆无孑遗，即使有漏网之人，皆窜命于沟坎暗洞之内，怎会有人知道传国玉玺的下落。张举来求救兵，妄言送玉玺，实属骗人妄辞！”

慕容俊不信。他派人堆了个大柴堆在常炜身边，又遣臣下劝诱：“不说实话，恐怕您要被烧成灰烬！”

常炜临危不惧，正言道：“石氏贪暴，当年屡攻燕国，有必灭之心。我大魏国主诛灭石氏，虽不为燕国，但也有利于你们慕容鲜卑。作为燕国臣子，听闻仇国被灭的消息应该欢欣鼓舞，不应该来威胁、斥责我大魏使臣呵。听说人死之后，骨肉入于土，精魂升于天，蒙君之惠，快快加柴点火，让我能尽快到天帝那里诉说此事。”

鲜卑人纷纷拔刀提剑，要赶过来杀掉常炜。慕容俊呵止住，说：“此人不怕杀身而义殉其主，忠臣也！即使冉闵有罪，与使臣又有何干！”

夜间，慕容俊又派常炜的老乡赵瞻秘密劝说：“常君您何不实话实说，燕王大怒，要把您远流至辽海苦寒之地囚禁。”

常炜一脸平静，说：“我束发以来，尚不欺布衣，况人主乎！曲意苟同，性所不能，因而直情尽言。如燕王不满，把我沉落东海，也不敢辞避！”

慕容俊心中佩服冉闵手下的血性汉人不辱使命。他下令先把常炜软禁起来。

襄国方面，见腹背受敌，冉闵想亲自出战。

卫将军王泰进谏：“今襄国未下，外救云集，正想我军出战，再腹背夹击。我们应该坚壁高垒，观势而动，寻找机会出奇兵。况且，陛下以万乘之尊，亲临行阵，万一有失，大事去矣！”

冉闵觉得有理，不停地点头。

不料，道士法饶是个不懂什么军战之事的家伙，他口出狂言：“我观天象，太白入昴，当杀胡王！陛下您围襄国日久，无尺寸之功；今外贼大至，又畏敌不击，如此，将何以服众？”

法饶这么一激，使总爱逞匹夫之勇的冉闵拍案而起，拔剑下令：“我战意已决，敢谏阻者斩！”于是尽众出战。

冉闵军队顿于坚城之下日久，意沮力疲，本来进攻能力已经大打折扣。如今，背面又压来两支生力援军，惧心弥甚。如果依王泰之计，稳定军心，相持下来后，指挥得当，还可能击败前后之敌。冉闵头脑发热，竟然下命出击，正撞到羌、鲜卑军队的锐矛之上。

结果，当然不会出人意料。冉闵的魏军在三面夹击下，一败涂地。

冉闵死战，与十余骑逃还邺城。

最倒霉的是他的儿子冉胤，先前配由他指挥的一千胡人就等着这个机会，不仅没有临危救主，反而突入帐内，绑上这位王子以及正与他议事的左仆射刘琦，向石祗投降。

二人立刻被绑在大柱之上，胡人满怀深仇大恨，对他们加以肢解虐杀。

邺城中都讹传冉闵被杀。喘定之后，冉闵亲自出面行郊祀之礼，众心稍安。痛定思痛，他下令追封被自己杀掉的韦謏为大司徒，并肢解了给自己出馊主意出战的道士法饶父子。

赵王石祗喘过气来，马上派其大将刘显将兵七万向邺城进攻。

刘显一路行进，驻军于距邺城二十多里的明光宫。此时，冉闵变成了守方。

冉闵忧心如焚，急召卫将军王泰入宫，想与他共议抵拒之策。王泰深恨前计不用，托称败退之际中箭，伤重不能前来。冉闵亲自上门探问，王泰坚称自己有病。

冉闵大怒，驰还宫中。他对左右说："王泰这个巴奴（王泰是巴蛮出身），朕之身家难道靠他吗？看我先灭群胡，回来再斩王泰！"

冉闵果真英雄。凭借一腔豪气，悉众出战。

刘显等人以为冉闵刚刚大败，肯定龟缩城里不敢出来。谁知大军冲出，冉英雄金身锦袍，立马当先，如风一般已经杀入后赵军中。

刘显大败，冉闵军斩敌军首级三万余。

冉闵乘胜追击，一直把刘显赶杀至阳平。

刘显大惧，秘密派人请降，表示回襄国杀石祗以自救。冉闵这才止兵，大胜而归。

有人上告王泰欲叛入秦中，冉闵杀之，并夷其三族。由此，可看出冉闵仍旧一介武夫，爱憎泾渭，无人君之气量。

刘显说话算数。他引军还入襄国，趁"汇报工作"的机会忽然发难，杀掉赵王石祗及其宗室、高官十多人，送这些人的首级至邺城。

冉闵命人把石祗首级当街焚毁，下诏封刘显为上大将军、大单于。

值得一提的是，在襄国会战的燕军统帅回去后，向慕容儁报告实情，燕国上下才知道石祗手里确实没有传国玉玺。慕容儁于是杀掉石祗派驻的使臣张举，释放常炜，并派人找到常炜在中山的四子二女，使他们一家人团聚。

杀掉石祗后，刘显觉得冉闵威胁已远，自己又“君”临襄国旧都，感觉一上来，也想趁乱占地为王。于是，称王之后（这人短命又倒霉，史书上都没有记载他到底称什么王），刘显进攻冉闵辖下的常山。

冉闵留大将军蒋干辅佐其年幼的太子冉智留守邺都，自率八千精骑驰救常山。

冉闵军马一到，刘显的大司马王宁就率军投降。冉闵根本不给刘显缓神的机会，以少击众，再次大败刘显，并乘胜追至襄国。

刘显刚刚逃入城中，想凭城拒守，但他的大将军曹伏驹大开城门迎降冉闵。

冉闵大开杀戒，一下子杀掉刘显及“公卿”一百多人，又把石勒经营数年的襄国宫室付之一炬，迁其民于邺城。

史载：“魏主（冉）闵既克襄国，因游食常山、中山诸郡。”

史书此记，透露出这样一个消息：冉闵虽屡战屡胜，但也是军疲乏食，只能率军四处游食。他称帝之初，为树私恩，把石氏政权囤积于各地的粮仓全部打开，任由人取，缺少长远的战略眼光。加之与羌、胡相攻，无月不战，冉闵的资储很快消耗殆尽。而且，当时大乱四起，百姓根本无法耕种，粮食等物只能坐吃山空。

352 年（东晋穆帝永和八年）5 月，燕王慕容俊派慕容恪、慕容霸等人深入中原，进击冉闵以及其他后赵残存势力。

当时，慕容鲜卑乘后赵灭亡后的混乱，已经侵据了幽州、蓟州，并向冀州进攻。

冉闵率军，很快与慕容恪的鲜卑军相遇，准备开战。

冉闵的大将军董闰和车骑将军张温久经战阵，谏劝说：“鲜卑乘胜锋锐，且彼众我寡，宜先避之；俟其骄惰，然后益兵以击之！”

冉闵不听，大怒道：“晋欲以此众平幽州，斩慕容俊。今遇（慕容）恪而避之，人谓我何？”

他刚愎自用，一心要与鲜卑军拼个高下。

见冉闵如此执拗，司徒刘茂与特进郎闿深知大难不远。“吾君此行，必不还矣，吾等为何坐待戮辱？”两人自杀。

冉闵在安喜扎兵，慕容恪引鲜卑兵逼近。由于深惧冉闵神勇，燕兵也不敢贸然进攻。

冉闵率军往常山方向转移，慕容恪鼓起勇气，麾兵进击，双方立阵于廉台，开始实打实地较量。

十次交锋，虽鲜卑燕兵数倍于汉人魏兵，但皆大败。更可一提的是，燕军是骑兵，冉闵属下多是步卒。燕兵有如此优势，仍不能战胜魏兵。

冉闵素有勇名，兵精将锐，燕人惮之。冷兵器时代，个人的神威勇武能成为军中之胆，发挥超常的能量。悍勇野蛮如鲜卑，竟也惮冉闵十分，可以想见这位大汉英豪的能力和刚武。

慕容恪是鲜卑军中罕有的智勇双全之人。最后，他想出一招毒计，利用“连环马”，诱冉闵步军于平地决战，下令诸将道：“冉闵本性轻锐，又自以众少，必与我军死战。我厚集中军之阵以待之，候其合战，卿等从旁击之，必可大胜！”

冉闵骑跨朱龙宝马，左操两刃矛，右执钩戟，身先士卒，击冲燕兵军阵，一人斩杀三百多燕兵燕将。

远远望见大旗，冉闵知是敌人中军所立，就纵马直冲过去。慕容恪一挥令旗，燕军两翼收摆，把冉闵全军围于中间。

如在平日，以冉闵之神勇，会在极短时间内率众杀出一条血路，率万众从中突出。但此次战阵，慕容恪用“连环马”，人马即使死掉，仍旧锁连在一处，形成重重障碍，阻挡了冉闵及其兵众的突围。

三面受敌之下，又寡不敌众，激战半日，魏军悉数英勇战死。

冉闵虽被围数重，最后仍能溃围而出，他向东跑出二十多里后，估计上天绝人，这位汉族英雄所乘的朱龙宝马忽然倒地而毙，把冉闵摔于地上。

鲜卑骑兵一拥而上，生擒了这位盖世英雄。

被俘送蓟城后，慕容俊下令把冉闵缚送大殿，高声斥责道：

“汝奴仆下才，何得妄自称帝？”

大英雄冉闵虽强龙见缚，仍不减冲天之豪气，他一脸蔑视，声如铜钟，道出了响彻两晋南北朝时代的汉人最强音：

“天下大乱，尔曹夷狄，人面兽心，尚欲篡逆。况我中土英雄，何为不可做帝王？”

惭怒之下，慕容俊下令把冉闵送于龙城处斩，终年二十七岁左右。

值得称奇的是，燕国境内一时大旱、蝗灾四起。处斩冉闵的遏径山周围七里，草木尽枯。鲜卑人迷信，又惧崇勇武之人，认为冉闵死后为神。慕容俊赶忙追谥冉闵为武悼天王，立庙祭祀。祭祀当日，天降大雪。

一股中州英雄气，直入霄汉化雪来！

鲜卑乘胜而进，大军进围邺城。留守的冉魏大将军蒋干见情势危急，就派缪嵩、刘猗两人奉表于晋，表示要归顺司马氏。东晋濮阳太守戴施自仓垣进驻棘津，拦下刘猗两人，索要传国玉玺。

缪嵩又跑回邺城，表示晋将要求得到传国玉玺才相信是真归顺。蒋干一时沉吟不决。戴施得玺心切，率壮士三百人入邺，助守三台。他面见蒋干，说：“你先把传国玉玺给我，放在我这里保管。现在城外盗贼横行，不敢立即送回朝廷。但皇上听说玉玺在我这里，定知您投顺至诚，马上会派军运粮而至。”

见戴施说的有理，蒋干把传国玉玺交出。戴施假称派都护何融出外迎取粮草，暗中令他怀揣传国玉玺送回京师。

至此，象征皇权正朔的传国玉玺重归晋朝。

“江南之未得玺也，中原谓之‘白板天子’。”

一块玉石大印，其象征意义之重大，超出常人意料。如果没有这块玉玺，东晋皇帝就像做官没有委任状一样，着实尴尬。

鲜卑攻城甚急，蒋干横下心，率锐卒五千及数百晋兵出战，寡不敌众，大败。不久，城中军将打开城门投降，蒋干、戴施等人只得缒城而下，逃归仓垣。

冉闵皇后董氏及太子冉智均被生俘，送往蓟城。数位冉魏高官自杀殉国。

冉魏立国三年，就此灭亡。

慕容俊对外诈称冉闵妻董氏进献传国玉玺，赐董氏为“奉玺君”。很快，这位鲜卑人称帝，改元元玺。

石虎当政末年，兵役繁兴，天灾人祸，中原广大地区的农业已经一蹶不振。冉闵建国之后，连年累月与胡、羌攻战，汉族士民的生活更是困苦不堪。

自永嘉年间（307—312 年）匈奴刘氏军队残掠攻杀，中原萧条，千里无烟。各地少数民族纷纷入徙，大多是被当权者迁入中原地区：318 年，石勒迁羌、胡、氐族十万余落于河北诸郡；320 年，刘曜迁巴、氐二十多万于长安；329 年，石勒又迁氐、羌十五万余户于河北；332 年，石虎迁氐、羌数万户至关东，并命氐酋苻洪（蒲洪）居于枋头（今河南浚县）；并以羌酋姚弋仲为西羌大都督，居清河滠头（今河北枣强）。

冉闵下“杀胡令”，是想从根本上消除各少数民族对中原地区的威胁，当时他严命“青、雍、荆州徙户及诸氐、羌、胡、蛮数百余万，各还本土”。于是，中原再次大乱，移民之间也“互相杀掠”，加之饥饿疾疫，最终能活下来人口不足原来的五分之一。

此后，苻洪之子苻健率众入关，在关中建立苻秦政权；姚弋仲之子姚襄也率众西归。三原一战，被苻氏打败杀掉，其弟姚苌率众投降。

所以，冉魏的汉人政权，孤掌难鸣，处于群胡的包围进攻之中，最终不敌而亡国。经过大战、饥荒以及无数次的杀戮，幸存下来的二十多万汉人，对胡人杀戮残虐的恐惧已经到了极点，就聚集在一起奔向黄河。他们抢渡之后，准备投奔东晋政权。

但东晋的征北大都督褚裒提前回军，这二十多万汉民最终皆被依次阻截，为各少数民族兵士报复性地屠杀殆尽，成为冉魏政权灭亡之后一个黑色的大感叹号。

江南罡风吹浮萍

东晋建国后的内耗：王敦、苏峻、祖约之叛

标榜“魏晋风度”的千古名著《世说新语》中,《豪爽》卷共十三篇，其中的“王大将军”王敦一人就占有五篇，占全卷将近二分之一的篇幅。正是他惊世骇俗、放达不羁的个性，才使得这位高门子弟独标一格，卓然不群。千载之下，其落拓不羁的豪爽气概，仍令人拍案称绝。

王大将军年少时，旧有田舍名，语音亦楚。武帝唤时贤共言伎艺事，人皆多有所知，唯（王）敦都无所关，意色殊恶。自言知打鼓吹，帝令取鼓与之。（王敦）于坐振袖而起，扬槌奋击，音节谐捷，神气豪上，旁若无人，举座叹其雄爽。

王处仲（王敦字处仲），世许高尚之目。尝荒恣于色，体为之弊，左右谏之，处仲曰：“吾乃不觉尔，如此者甚易耳。”乃开后阁，驱诸婢妾数十人出路，任其所之，时人叹焉。

王大将军自目高朗疏率，学通左氏。

王处仲每酒后，辄咏“老骥伏枥，志在千里。烈士暮年，壮心不已”。以如意打唾壶，壶口尽缺。

桓宣武平蜀，集参僚置酒于李势殿，巴蜀缙绅莫不悉萃。桓（温）既素有雄情爽气，加尔日音调英发，叙古今成败由人，存亡系才，奇拔磊落，一坐赞赏不暇坐。既散，诸人追味余言。于时，寻阳周馥曰：“恨卿辈不见王大将军！”

此外，《世说新语·汰侈》中，也记载了另外两件反映王敦不羁性格的故事：

> 石崇每要客燕集，常令美人行酒。客饮酒不尽者，使黄门交斩美人。王丞相（王导）与大将军（王敦）尝共诣（石）崇，丞相素不善饮，辄自勉强，至于沉醉。每至大将军，固不饮以观其变。已斩三人，颜色如故，尚不肯饮。丞相让之，大将军曰："自杀伊家人，何预卿事！"（《晋书》中，此事记载见于王恺家，并详载"美人悲惧失色，而（王）敦傲然不视"。）
>
> 石崇厕常有十余婢侍列，皆丽服藻饰。置甲煎粉、沉香之属，无不毕备。又与新衣着令出，客多羞不能如厕。王大将军往，脱故衣，着新衣，神色傲然。群婢相谓曰："此客必能做贼。"

东晋的建立

东晋的建立者是司马睿，字景文。他是司马懿曾孙，但以晋武帝一系的血缘上讲，属帝室疏宗。

假使没有"八王之乱"时晋家血亲的自相残杀，假使不是石勒在宁平城和洧仓杀掉了五十四个司马皇族的王爷，再怎么轮排，也轮排不到这位琅琊王司马睿当皇上（虽然他和惠帝、怀帝同辈）。

晋惠帝在位早期，天下纷纭，国家多事。司马睿作为一个地方王爷，恭俭退让，常心怀惴惴。当时的侍中嵇绍（嵇康之子，晋朝大忠臣）有识人之明，曾对人讲："琅琊王毛骨非常，殆非人臣之相也。"

估计嵇侍中是厚道人，没有大肆张扬。否则，当权的几个司马王爷中有一个萌起杀心，一道诏旨就会把司马睿这么一个疏宗王爷送上西天。

304年（惠帝永兴元年），荡阴之战后，成都王司马颖把惠帝挟持到邺城。司马睿的亲叔叔，是东安王司马繇，他曾劝成都王应对其兄惠帝尽人臣之礼。成都王怀恨在心，加上他当时正和东海王司马越交手频频，容不得有“异心”的人在身边，便找了个借口杀掉了东安王司马繇。

亲叔叔东安王被杀，司马睿大惧，连夜出奔。

当夜，月明星稀，光白如昼，成都王司马颖的追捕兵马四处搜捕，这位琅琊王没头苍蝇一样东碰西撞。

忽然，天气乍变，忽下暴雨，捕快们纷纷驰入遮掩处躲雨，使得狂逃的司马睿终于趁机跑出了邺城。

成都王早已下令，严防与自己不睦的司马氏皇族和大臣出入诸关口。司马睿跑到黄河边时，守卫渡口的军兵一拥而上，把他堵在当地。关键时刻，幸亏他的随从宋典从后疾驰而来，用马鞭鞭杆抽打着司马睿战马的屁股，笑着对战战兢兢的司马睿说：“舍长（看房小吏），官府禁止贵人出入，怎么你这样的人也会被阻拦呵。”言毕，宋典不慌不忙，策马慢行。

巡河的军兵听宋典此言，见马上人一身普通装束，确信司马睿不是什么人物，就挥手放他过去。

305年，晋惠帝永兴二年，东海王司马越派与自己一个派系的琅琊王司马睿留守下邳（今江苏睢宁），并派手下参军王导给司马睿当助手。

东海王拥立晋怀帝后，于307年派司马睿独当一面，坐镇建邺，彼时，王导随之同去江南。

司马睿初到江东，面对孙吴旧政权留下的强宗大族，胡萝卜加大棒，又打又拉，招纳了顾荣、贺循等当地望族名士，平定了孙弼和杜宣的叛乱，最终在当地站稳了脚跟。

说来也怪，司马睿的爷爷、老琅琊王司马伷在晋初的平吴之役中曾立下赫赫大功，孙皓呈献玺绶，正是首呈司马伷请降。由此，可以说老、少琅琊王与江东之地，或许冥冥之中就有不解之缘。

晋怀帝永嘉五年，匈奴汉国军队攻陷洛阳，大批中原士族纷纷南渡，包括临沂王氏、太原王氏、颍川庾氏、高平郗氏、陈郡谢氏、谯国桓氏等等，携家带口，成族成宗地一窝蜂狂逃，纷纷避难江东。

在此情况下，司马睿在王导的辅助下，举贤用能，罗致了不少人才，为江南积累了一大批能政治、善管理的杰出人才。

晋愍帝继位后，遥授远在江东的琅琊王司马睿为左丞相。由于晋愍帝名叫司马邺，从此建邺为避帝讳，改称建康。

长安陷落前，十七岁的少年天子司马邺深知自己难逃被俘的命运，派平东将军宋哲捎信给司马睿，表示“……朕今幽塞穷城，忧虑万端，恐一旦崩溃……丞相可摄统万机，还据旧都，修复陵庙，以雪大耻”。

晋愍帝司马邺被匈奴刘曜俘虏后，刘琨、段匹磾、段辰、邵续、刘演、曹嶷等晋朝汉、夷众臣纷纷上表劝进。

318 年 4 月，愍帝被害消息传来，司马睿继帝位，改元太兴，是为晋元帝。

东晋王朝正式建立。

“王与马，共天下”

江东地区，在司马睿到来之前，地方势力（江东原有的世家大族）仍旧非常强大。晋惠帝、晋怀帝时期，陈敏、钱璯等人相继叛乱，江东大姓周玘动员世家大族，出钱出力出人，配合西晋政府军队，接连平定了这些人的谋乱，时称“三定江南”。虽然周玘等人的初衷完全是为了保护自己的家族利益，但客观上也为东晋后来在江东的统治营造了一个比较安定的政治局面。

当初，在东海王司马越和太尉王衍掌权期间，王氏家庭重要成员就已经被派入江南地区担任关键职务。王澄是太尉王衍的弟弟，王敦是王衍的族弟。晋怀帝永嘉元年，王澄被委派为荆州都督。怀帝永嘉三年（309年），王敦获任为扬州刺史。

由此，可以明显见出以王衍为首的琅琊王氏早就有南渡的心理和物质准备。司马越病死后，王衍本人虽被石勒杀掉，但王氏家族在江东已经握有实权和重兵。

王氏家族最重要的人物当属王导。王导是太尉王衍的族弟，王敦的堂弟。司马睿初到江东，当地的世族大姓对这帮北来“伧父”甚为不屑，内心不附。北来诸人移镇建康一个多月，也没有多少当地人来投附。

忧心忡忡之余，王导率先想出一个主意：趁着秋季“褉祭”日，司马睿本人坐在肩舆之上，大摆王家堂皇仪卫。然后，王敦、王导等北方大族名流皆骑马跟从，仪势威严，表情肃穆，使堂堂大晋的威仪，展现于江南土著面前。

史载，“吴人纪瞻、顾荣，皆江南之望，窃视之，见其如此，咸惊惧，乃相率拜于道左”。以风度、排场降服人心，这也只能是在魏晋时代可以做到的事情。

这出戏导演得很成功，加之对当地土著大姓代表加以高官厚爵后，司马皇族气派彰显，百姓归心。

司马睿终于在江南得到当地人的拥戴，立稳了脚跟。因此，司马睿倾心依赖王氏，不仅仅由于王氏是他先前当琅琊王时自己封地内的望族高门，也有过江后王氏对他极力推戴的原因。

洛阳陷落后，面对滚滚而至的中州难民潮，王导劝谕司马睿大收人心，选择其中的“贤人君子”加以任用，于是荆、扬晏安，户口殷实。

眼见拥戴自己的呼声越来越高，司马睿对王导倍加信任，情好日隆，号王导为“仲父”，并比之为“萧何”（司马睿自己就是“刘邦”了）。

王导本人，一片纯臣之心，常良言谏劝司马睿克己励节，宽容抚众，优礼吴人。

王业草创之际，君臣互信互爱，成就了当时的一段佳话。

司马睿登基之日，百官陪列，乐声清扬，仪式庄严。

司马睿开始还没找到皇帝的感觉，出于真心的感激之情，他竟招手要站在殿上的王导“升御床共坐”。

王导固辞，司马睿又连连呼唤，“至于三四”。

最后，王导推辞说：“若太阳下同万物，苍生何由仰照？”

司马睿给王导这一点拨，才忽然感觉自己是“太阳”了，终于安坐帝位，成为东晋的第一任国君。

王敦方面，司马睿初即位，便任命他为荆州牧，从此坐镇荆州上流之地，手握强兵，掌统军政实权。

由此，当时人称“王与马（指司马氏），共天下”，绝非虚言。

左思有诗：“世胄蹑高位，英俊沉下僚。”从魏晋一些寒族诗人的文学作品中，似乎人们有这么一种印象：世家大族都是“公门有公，卿门有卿”吃白饭的主儿。

其实，在东晋之初，正是王、谢这样的大族在国家民族危亡关头挺身而出，风神秀彻之余，慨然渡江，身为士先，冒死而进，确实起到了勇于承担的带头作用。而这些舍身忘我的举动，对于他们门第的进一步提升，也起到了至为关键的作用。

强龙与地头蛇之争

虽然司马睿政权对江东大族一直采取笼络、安抚政策，还授给贺循等人太常、侍中这样的“大官”做，但其实都是虚衔，没有什么实际的意义。司马睿真正依靠的，还是王导这样的北来士族，并使他们多居显位，执掌实权。

自北方逃来的世家大族们有了政治上的优势后，自然索求经济利益，良田、美宅是他们必不可少的追求目标。但江南传统富庶地区，早就“名花有主”，当地土著大地主们数代经营，怎肯轻易把膏壤良田让给这些踉跄从北方跑来的高级难民？因此，南北士族之间的裂痕日益增大。

司马睿坐稳江东后，首先对义兴（今宜兴）周玘疑而惮之。“三定江南”中立有大功的周玘，郁郁不得志，他思忖自己对司马睿没有推戴之功，便想发动吴人叛乱，杀掉诸位当朝执政大臣，反客为主。

由于谋划不周，事情泄露，周玘几个同谋纷纷被杀。如此谋逆大罪，假设发生在西晋初期或承平年代，周玘早就该被灭九族。

司马睿刚继帝位，怕“影响”不好，压住此事不发，改授周玘为建武将军、南郡司马，让他异地做官。

深知自己谋泄，又被排斥外任，周玘忧愤成疾，得病而死。临终，他对儿子周勰说：“杀我者，诸伧子。能为我复仇，乃吾子也！”（吴人谓北方人为“伧”）

周勰不乖父志，暗地联络族人及吴地世族，招兵买马，准备响应已经起兵的吴兴人徐馥和吴国降主孙皓的族人孙弼。

周勰的族兄周续先在义兴起兵，打着讨伐王导、刁协的名义，准备与司马氏政权一决高下。周勰的叔叔周札闻知此事，权衡利弊，认为成功完全没有可能，就向义兴太守孔侃告变。周勰闻信也没敢动手。

不出所料，徐馥、孙弼、周续很快被杀，但司马睿最终也没有“穷治”此案。

周勰失志归家后，索性淫侈纵恣，常醉中叹言曰：“人生几时，但当快意耳！”由此，他能因为酒色过度而死，算是善终于家。

既然已经对当地豪强示以“颜色”，北来的世家大族也明白了自己这些侨客要收敛，不能过分激怒当地这些“地头蛇”，便转而向浙东一带求田问舍，率宗族、部曲、乡里对那里进行开发，并把势力逐渐扩展到温州、台州广大地区。

这样一来，北来大族和太湖流域的吴地豪强之间的矛盾逐渐缩小，东晋政权的内部争斗得以冷却下来。

王敦的愤怒

王敦，字处仲，是王导的本家堂兄。此人少有令名，又出身名族，得娶晋武帝女儿襄城公主为妻，是堂堂正正的驸马爷。

正统史书、《世说新语》等志异类文学作品记载了不少王敦事迹，无不与其豪爽的性格和不羁的个人风格有关。尤其是这一则：王敦在石崇家宴饮，石崇派美人劝酒，王敦死活不给面子，就是不喝。石崇连斩三美人（《晋书》记载故事发生在王恺家），王敦神色不变。王导叹息说：“处仲（王敦）如当权，心怀刚忍，肯定不得善终。”

此则故事，笔者总觉是后人编撰，以讹传讹。何者？成王败寇，正统史家，肯定要找些秽行来涂污“乱臣”。

想当初，王敦官拜太子舍人。晋惠帝太子司马遹被废，贾南风命人把太子押送许昌，并明诏东宫官属不能相送。王敦冒着杀头、族诛的危险，与太子洗马江统等几个人在路旁涕泪交加，拜送押在囚车里面的太子。如此义气之人，应该不会干出眼见数个美女被杀而自己眼都不眨的事情。再说，即使果真有此事，受谴责的，也应该是下令杀人的石崇，不应该是处于被动、做客人家的王敦。魏晋风度，讲究的就是迅雷震而不变色，泰山崩而不摇足。区区杀人之事，即使有之，王大名士颜色自若，也是当时的生活环境和时代积习使然。

赵王司马伦篡位时，王敦劝说他时任兖州刺史的叔父王彦起兵，立有大功。晋惠帝复位，拜王敦为左卫将军、侍中，并出任青州刺史。怀帝继位，征王敦为中书监。

晋朝天下大乱之际，王敦雄武豪爽，把家中襄成公主随嫁的美貌侍女百余人皆许配给军中将士，金银宝物也散之于众，然后单车还于洛阳。

东海王司马越擅权时，拿王敦当“自己人”，任他为扬州刺史。

司马越手下的谋士谏劝，说：“派王敦外任扬州，正可肆其豪强之心，恐有后患。”司马越不听。

司马睿继位后，仍以王敦为扬州刺史，并进左将军、都督征讨诸军事。司马睿在江东之所以能由鱼化龙，王敦、王导出力最多，正是由于他们的忠心拥戴，才能有东晋的建立和这些北方流民偏安一时的可能。

与魏晋世家大族的清谈家最大的不同，王敦本人是个杰出的军事家。在扬州刺史任上，他运筹帷幄，讨灭反叛的江州刺史华轶。蜀人杜弢作乱，王敦坐镇豫章，指挥得当，由他推荐的陶侃等人大施才华，最终击灭杜弢。由此，王敦得封汉安侯，都督江扬荆湘交广六州诸军事，成为东晋最大的军区司令长官。

根据人性的、历史的必然，有了选置用人的权力，王敦“专擅之迹”渐露，他不仅私自擢用杜弢降将杜弘，而且还授予据险自固的何钦等人四品将军的官职。当然，假如王敦善终，这些小事情均可美称为“将在外君命有所不受”，但兵败身死，史家自然把小事渲染成大事。

王敦与东晋元帝司马睿之间产生嫌隙，起因还真不是王敦自己先有什么不臣之心，而是其堂弟王导在朝中被冷落所致。

司马睿坐稳帝座后，渐渐感觉王家势力过大，毕竟“王与马，共天下”的谚谣都传入自己耳朵里面，不能不对其有所抑压。特别是司马睿从前做琅琊王时的两个王府旧人刘隗和刁协，常常以强化皇权为借口，不断怂恿元帝打压王氏等大族势力。等刘隗当权后，司马睿更加疏远王导。

元帝也不太厚道，刚过河就拆桥。

王导生性淡然，又深识谦抑之道，默然居守。

王敦居上游之重，又有大功于司马睿，闻知王氏家族诸位人员被排斥，心中自然愤愤，便上书朝廷，为王导抱不平。

王导在建康先收到这份疏奏，见王敦为自己出头，怕惹出事端，就把这份“报告”封还给王敦。

王敦固执，复派人直接送达元帝司马睿。

一般的疏奏，估计就由大臣处理，而王敦的疏奏，当然由元帝司马睿亲自览观。

虽然王敦疏中口口声声称“臣非敢苟私亲亲，惟欲忠于社稷”，元帝仍旧不快。他叫来自己的叔辈宗室谯王司马承，示之以王敦的疏奏，抱怨说：“王敦过去虽有功劳，现在的官职足以酬报他了。可他仍旧不断提出过分要求，点评朝政，朕拿他怎么办呢？”

谯王司马承当然顺承元帝之意，叹息说：“陛下您不早下手，王敦必为后患！”

320年，元帝太兴三年，湘州刺史一职空缺，王敦表奏自己的亲信、吴地大族沈充任湘州刺史之职。

刘隗览奏后，当然心急，忙劝元帝司马睿不要答应王敦。元帝找来谯王司马承，对他说：“王敦奸谋渐明，看来想把我当成惠帝那样的摆设了。湘州据上流之势，控三州之会（荆州、兖州、广州），朕想派叔父您去那里，怎么样？”

谯王老成，当然遵命，但他临行表示说：“陛下有诏，臣不敢辞。但湘州经杜弢贼军蹂躏，民力官力凋敝，恐怕要经营三年以上的时间才有出兵出力的能力。如果事起仓促（指有人谋反），恐怕为臣粉身碎骨，也难救大事。”

谯王司马承得诏赴任湘州刺史一职。途经武昌，王敦作为地主，款待这位老王爷。

席间，王敦大大咧咧地对司马承说："大王您一直是文雅君子，恐怕非将帅之才。"

司马承五十来岁的老王爷，竟也言谈慷慨，引用汉朝班超的豪言，回答说："王公您恐怕不了解我，铅刀岂无一割之用？"

王敦闻言冷笑，举觞劝饮。

回到自己的署衙，王敦对亲信钱凤说："司马承不知害怕恐惧，而学古人壮语，我足知其不武，此人无能也！"于是，王敦未对谯王加以阻拦，听任这位"忠有余而才不足"的老王爷去湘州赴任。

晋元帝太兴四年（321 年）秋，司马睿任命尚书仆射戴渊为征西将军，都督司、兖、豫、并、雍、冀六州诸军事，镇合肥；任刘隗为镇北将军，都督青、徐、幽、平四州诸军事，镇淮阴。名义上，他是派此二人防备后赵石勒，实际上是戒防王敦。

刘隗虽外任，元帝仍旧与之谋以大事，成日密书往来，以为谋主。

王敦先君子后小人，派人送信给刘隗，可以算是推心置腹："圣上信重阁下，今大贼未灭，中原鼎沸，欲与您勠力王室，共静海内。如果大家同心，帝业得以兴隆，否则，天下永无望矣！"

刘隗骄狂小人，回信不逊，表示说："鱼相忘于江湖，人相忘于道术。"狂妄至极。

这一来，惹得王敦大怒，下决心要除掉这位没事尽给元帝出馊主意排挤王氏家族的得志小人。

朝廷方面，元帝表面上对王导升官，加侍中、司空、领中书监，实际上是以虚衔架空。

御史中丞周嵩上疏，表示"（王）导忠素竭诚，辅成大业，不宜听孤臣（刘隗）之言，惑疑似之说，亏旧往之恩，招将来之祸"。

见此疏奏，元帝也颇有感悟，王导由此也没受进一步的谗害。

东晋草创之际的首次大内讧

晋元帝永昌元年（322年），王敦引兵内向，以诛讨刘隗为名，向建康进军。王敦的心腹沈充立即在吴兴起兵，响应王敦。

行至芜湖，王敦又上表，声讨元帝的另一位心腹刁协。

晋元帝览表大怒。他自以为大局在握，马上下诏：

“王敦恃宠生骄，敢肆狂逆，疏言无礼，意在幽囚朕躬。是可忍也，孰不可忍！今亲率六军以诛大逆！”

恐怕谯王司马承在湘州举兵扰乱后院，王敦派人去说服这位老王爷。司马承对元帝忠心耿耿，叹息道：“吾其死矣！地荒民寡，势孤援绝，将何以济！然死得忠义，夫复何求！”一口回绝了王敦。

见谯王不从，王敦就派自己的表弟——南蛮校尉魏乂率两万精兵进攻长沙。

元帝忙招戴渊、刘隗回军，入卫建康都城。

刘隗喜见王敦举兵，刚入建康，当着文武百官的面，意气自若，洋洋大言，表示要一举消灭王敦。入见元帝后，他与刁协一起劝说元帝，要尽诛王氏全族。“帝不许，（刘）隗始有惧色。”

王敦起兵痛快。最倒霉的，要数留在建康城内的王导。

要知道，造反谋逆，最起码是要诛三族的大罪。王导是王敦的堂弟，惴惴之情，自不待言。

这位大名士，天天带着王邃、王彬、王侃等在朝廷任职的王氏宗族二十多人，跪在宫门外待罪。

一边是王敦兴大兵直杀建康，一边是王导素服待罪，晋元帝司马睿还真不知如何处理。

尚书左仆射周顗入宫面君，跪于门下的王导高声哀求：“伯仁（周顗字），我以宗族百口托付于您！”

周顗没有搭理王导，直入宫门不顾。

入宫后，周顗向元帝盛赞王导忠诚，深加求护。这位周伯仁，真是中国历史上罕有的大好人，如果换了别的文士出身的大臣，肯定对王导满脸悲悯，拍着胸脯大言要搭救“老同事”。入宫后，又会百分百自告奋勇充当抄家先锋，不劝皇帝杀掉王氏九族才怪。

周顗大名士，喜饮酒。与元帝商议好政事后，于宫中痛饮，尽醉而出。王导一行人还在门外长跪。见周顗晃晃悠悠出宫，忙膝行而前，大呼求救。周顗仍旧不搭理王导，醉乎乎对左右从人讲：“今年看我杀取诸贼，取斗大金印系肘后！”

回家后，稍待酒醒，周顗亲自上表元帝，再三申明王导无罪，言甚切至。所有这一切，王导全然不知，认为周顗不救自己，内心深恨。

在周顗等人的谏劝下，元帝命人送还王导朝服，并于宫中召见。

王导跪地叩首，说：“逆臣贼子，何代无之，不意今者，竟出臣族！”元帝闻言下座，光脚走至王导身边，扶起这位老好人，表示绝对相信王导的忠诚。

322 年 4 月，元帝下诏，以王导为前锋大都督，以戴渊为车骑将军，共讨王敦。同时，他下令征虏将军周札（吴中大族周玘之弟）守建康石头城，以刘隗统军守金城。元帝身穿甲胄，亲自出城巡示诸军，表示出御驾亲征的决心。

王敦大军，从芜湖沿江而下，很快逼近石头城。

由于痛恨刘隗，王敦想首先进攻金城。深受王敦厚待的杜弢降将杜弘劝言：“刘隗手下死士甚多，未易一举攻克。不如首攻石头城，周札刻薄少恩，兵不为用，攻之必败。周札一败，刘隗门户已失，也定然败逃。”

王敦听从杜弘之意，并以其为前锋，猛攻石头城。周札是江南旧族，对晋元帝本来就三心二意，没做什么抵抗，大开城门迎纳杜弘军入城。

至此，王敦占领了建康的军事要地石头城。

宴乐纹漆器　东晋

听闻败讯，元帝着慌，忙命刁协、刘隗、戴渊合军进攻石头城，下令王导、周顗、郭逸等人三道并进，一齐出战。

所有这些人，大部分都是文臣，兵战斗策非其所长。他们加起来，也不是王敦的对手。刚交手，兵皆大败，一时间四散狂逃。

刘隗、刁协慌忙入宫，跪伏于元帝面前连称死罪。元帝流泪呜咽，劝两人出逃避祸。两人表示："臣当守死，不敢有贰。"

元帝念旧，仍遣人对这两个老人旧僚给马派从，让他们出宫逃命。

刁协年老，又素无恩信，一出宫身边从人就全都逃散，老头子很快被人砍掉脑袋，送至王敦处邀赏；刘隗脚力健，连滚带爬，昼伏夜行，最后跑到石勒的后赵避难，有幸捡得一条命。

按理讲，王敦并非造反。刁协伏诛，刘隗逃走，他应该入宫面君才对。但王敦拥兵不朝，听任士卒劫掠，宫省官员奔散。晋元帝司马睿，此时真成了孤家寡人，身边只有值勤的安东将军刘超和两个太监侍立，静待王敦兵士的到来。

元帝脱掉戎装，身着朝服，派人向王敦传话："公若不忘本朝，则天下尚可共安；如其不然，朕当归琅琊以避贤路。"

本来元帝得晋朝帝位就是侥幸，此话有七八成是真。

王敦不答。其实，这位王大将军也不失厚道。当初，他与堂弟王导竭尽忠心拥戴司马睿这位晋室疏宗为帝，如今，乘胜凭势，完全可以幽禁废杀司马睿，但王敦没有下手。

元帝见王敦不搭理自己，没辙，只得命公卿百官齐去石头城拜见王敦。

从感情、心理上讲，元帝此时也不见得有多么悲愤，他自己依靠王氏家族的扶植才得立为帝。王敦真把他废掉，他也没什么话好讲。

王敦与众臣见礼已毕，居于上座。首先，他戏问手下败将戴渊："前日之战，有余力乎？"

戴渊坦言："岂敢有余，但力不足耳！"

王敦又问："吾今此举，天下以为如何？"

"见形者谓之逆，体诚者谓之忠。"戴渊不卑不亢，语带讥讽。

王敦也笑："卿可谓能言之人。"

略作沉吟，王敦又对周顗埋怨道："伯仁，卿负我！"

周顗依旧一脸不在乎："公戎车犯顺，下官亲率六军，不能成功，使王师奔败，以此负公！"

周顗这个人，少有重名，神采秀彻。"周仆射，时人谓'言谈之林薮'"（《世说·赏誉第十八》）"世目周侯，嶷断如山"（《世说·赏誉第五十六》）。正史、小说，都对他赞誉不少。

但周顗雅望非常，以戴渊之豪放，在其座不敢多发一语；以王敦之俊爽，每见周顗都面红耳赤，冬天寒日也要连连扇面。刚过江时，王导曾与周顗狎饮，乘醉倚枕在这位大名士的腿上，指着他的肚子问："这里面有什么呢？"周顗豪语道："此中空洞无物，然足容卿辈数百人！"其豪放事迹，皆有类于此。

表面上，事情至此告一段落。晋元帝下诏大赦，封王敦为丞相、都督中外诸军、录尚书事。王敦却不给皇帝面子，全部推让不受。

元帝内心不安，他在广室殿召见周顗，问："大事渐息，二宫无恙（指元帝自己及皇太子司马绍），诸人平安，大将军（王敦）看来还不负所望吧？"

周顗回答："皇上、皇太子自可万全，臣等尚未可知。"

有人劝周顗趁机外逃，被他拒绝："吾备位大臣，朝廷丧败，宁可复草间求活，怎会外投胡、越敌国！"真正一条好汉子，磊磊落落，虽常因酒废事，仍不失为铮铮直臣。

王敦手下的参军吕猗，曾在戴渊手下做事，与彼时的老上司深有过节。他劝王敦说："周顗、戴渊，皆有高名，足以惑众。先前明公质问二人，他们一点愧色也无，令人痛恨。若不除之，必有再举之患。"

王敦深觉吕猗之言有理。但毕竟周、戴两人名望太大，王敦自己下不了决心，便试探性地向堂弟王导征询意见：“周顗、戴渊，南北之望，无疑可以做三公吧？”

王导不答。

“做尚书令、仆射之官总可以吧？”王敦又问。

王导仍旧默然。当时跪于宫门之门，数次哀求周顗在皇上面前为自己家族求情，没有得到对方任何反应。对此，王导耿耿于怀。

王敦会意：“这样的话，应该杀掉两人才对吗？”

王导仍旧无语。

于是，王敦下令逮捕周顗和戴渊，随便捏造个罪名，押至石头城处决。

路经太庙，周顗放声大骂：“天地先帝有灵，贼臣王敦，倾覆社稷，枉杀忠良，陵虐天下。上天有灵，当速杀王敦！”

押送军人惶恐畏惧，忙上前用利戟对周顗当口就刺。虽血流至踵，周顗仍颜色不变，举止自若，慷慨受死，观者纷纷流泪。

不久，王导在中书省翻检他失势时朝廷官员呈给皇帝的疏奏，发现了周顗为解救自己而上的奏书，其中内容极赞王导忠诚，申诉备至。

此时，王导才知道自己做了小人。他执表流涕，悲不自胜，对儿子们说：“吾虽不杀伯仁，伯仁由我而死。幽冥之中，负此良友！”（“吾虽不杀伯仁”之典，由此而来。）

说句公道话，王敦之祸，实属元帝司马睿因听信刁协、刘隗两人之言排挤王氏宗族所致。刁、刘二人，器量浅狭，不能容物，致使王敦发怒，找到兴兵的借口，但最终倒大霉的，反而是周顗和戴渊这样的仁厚长者。

王敦大权在握，以堂弟王导为尚书令，以堂弟王舒为荆州刺史，以堂弟王彬为江州刺史，以堂弟王邃为徐州刺史，以亲兄王含为卫将军、都督扬州江西诸军事，改易百官及诸军镇，转徙黜免者数百人，对政令朝行暮改，随心所欲。

长沙方面，谯王司马承终于力不能支，被魏义攻败，自己也被活捉，关在囚车里押送武昌。走至半路，王敦派人一刀结果了这位志大才疏而又不失忠梗的司马老王爷。

权力使人腐败，极权使人极端腐败。王敦既得志，暴慢滋甚，四方贡献多入其府，将相州牧皆出其门。

他最宠信的，当属吴地大族沈充和他的老乡钱凤，并对二人言听计从。凡有得罪沈、钱的官员，必死无疑。这两个人土豪出身，大起营府，侵人田宅，发掘古墓，剽掠市道，使得士庶怨恨，皆望其早败为幸。

322 年年底，王敦率军还武昌（今湖北鄂州），遥制朝廷。

不久，元帝司马睿“忧愤成疾”，病重而死，时年四十七。

元帝至死，王敦也没有去朝见他。

值得重点说明的是，元帝确实是病死善终，不是被毒死、刺杀、绞死或者暗杀。

失势君王中，元帝也算运气比较好的一位。史家评价他“恭俭之德虽充，雄武之量不足”。

最最奇怪的是，就连总为尊者讳的正统史家也明言，“恭王妃夏侯氏竟通小吏牛氏而生元帝”，也就是说，司马睿其实并非司马氏的后代，而是一个姓牛的小官吏与司马睿“父亲”的王妃夏侯氏私通之子。这，真是天下奇闻！

东晋一百年天下，原来并非司马血脉在帝系流动，果真天道循环，以此报司马家族开基者的阴毒残忍。

元帝死后，王导受遗诏摄朝政，皇太子司马绍继位，是为东晋明帝。改元太宁。

王敦最后的下场

东晋明帝刚刚继位三个多月，一直体虚多病的王敦也有日暮途穷之感，加强了篡位的准备步伐，他暗示朝廷征召自己入朝辅政。

王敦自己不好在没有借口的情况下带兵入建康，所以暗示明帝，要皇帝下诏征召他入朝，以做到“名正言顺”，然后再顺水推舟，按部就班地过把皇帝瘾。

东晋明帝年轻果锐，危急时刻坦然不惧，亲笔写诏书让王敦入京。

这样一来，反让王敦感到有些进退两难。

王敦想谋逆，但其宗族诸人并非一味跟随。王导不必讲，一直是以整个王氏宗族的安全为最高利益，拥戴帝室；王敦堂弟王棱屡次劝谏，被王敦派人暗杀；另一个堂弟王彬为人忠直，“谏之甚苦”，差点被王敦杀掉；荆州刺史王舒，也是王敦堂弟，知道王敦要起事，马上和王导站在一起，秘劝东晋明帝加紧准备，谋讨王敦。

顺便一提的是，王敦移镇姑孰，“入朝”建康之前，还听从钱凤之言，族灭了吴地最大的地方势力——以周札为主的周氏。

周札时为会稽内史，一门五侯，宗族强盛。钱凤是沈充老朋友，自然要替沈氏出力。江东土豪，沈、周二家最强。周氏一灭，沈氏家族自然在江东就无人可比了。

于是，王敦诬称周氏一家密谋不轨，派沈充等人带领众兵，尽灭周氏。可叹的是，王敦失败后，沈充一族也被诛除殆尽，吴地土生大族至此烟消云散。（值得一讲的是，周札的父亲是周处，京剧《除三害》的主人公。）

大事临发的关键时刻，王敦却病势加重。他自己无子，其兄王含的儿子王应过继给他做儿子。于是，他矫诏拜王应为武卫将军作为自己的副手，拜王含为骠骑大将军。

钱凤作为谋主，非常焦虑，便问王敦：“脱有不讳（万一您病重

“过去”了），王应能承继大事吗？”

王敦倒是明白人，表示：“非常之事，非常人所能为。王应年少，岂堪大事！我死之后，莫若释兵散众，归身朝廷，保全门户，上计也；退还武昌，收兵自守，贡献不废，中计也；及吾尚存，悉众而下，万一侥幸，下计也。”

钱凤师爷浅见，为自身计较，认为“公之下计，乃上策也”，与沈充等人定谋，准备王敦一死即兴兵作乱。

东晋明帝年轻英果，才兼文武，不像他老爸元帝那样窝囊。审时度势后，他决定先发制人，以司徒王导为大都督，并命大臣温峤、郗鉴等人各领兵马，下诏讨伐王敦。

王导深谋远虑，率宗族子弟先为王敦“发哀”，造成王敦已死的假象，皇帝一派的军众以为王敦已死，胆子都大了起来。看来，王敦名头确实大，如果身子骨硬朗，晋明帝、王导诸人加上一班文武诸臣，还真不是他一个人的对手。

王敦见皇帝讨伐自己的诏令，甚怒；本想亲自带兵，但病势转重，不能上阵。

晋人崇信卜筮，王敦便让其记室参军郭璞算上一卦。

郭璞本来就反对王敦起兵，胡乱掐指，便回答：“不成功。”

王敦怀疑郭璞一直与朝廷中温峤等人关系密切，听说又是凶卦，坚信郭璞胳膊肘往外拐。他压住怒气，问郭璞：“你再算算我能活多久。”

郭璞想了想，说：“考虑刚才的卦象，明公起事，必祸不久；若住武昌，寿不可测。”

王敦大怒，问：“卿寿几何？”

郭璞自知不免，答：“我命尽今日日中。”

王敦立命军士收斩郭璞。

郭璞，字景纯，河东闻喜人。大文学家、大诗人、大卜筮家、大风水家。其所作《游仙诗》意象新奇，开中国山水诗先河，文采富艳，意境深远，诗作有“中兴第一”之称。

不仅能诗，郭璞还善作赋。其作《江赋》《南郊赋》等，皆辞藻瑰丽，不拘一格。当然，作为中古诗人，郭璞许多诗赋作品现在已鲜为人知，但在当时是开一代风气之先的大师级人物。

晋明帝做太子时，与郭璞、温峤、庾亮“皆有布衣之好”，关系非常亲密，难怪王敦怀疑郭璞对自己有二心。

《晋书》之中，郭璞的大名，与大炼丹家、大化学家葛洪并列一传，而并非与一群医士和卜士胡乱列入《艺术传》中，由此足见他在当时的重要性。他不仅撰有卜筮大全《洞林》一书，又注释《尔雅》《三苍》《山海经》《楚辞》《子虚赋》《上林赋》等典籍数十万言，诚为学问大家，才兼儒道，为一代宗师。

郭璞这么一个聪明人，竟也为王大将军临死垫背，也正是那种“善为人谋而拙于谋己”的人物。

324年（晋明帝太宁二年）8月，王敦以诛温峤为名，让大哥王含等率五万多水陆精兵，一时并进，直奔建康杀来。

假使明帝司马绍是孱弱之主，王敦便可一举成功。但这位青年皇帝有文才武略，很是英锐。大战之前，明帝司马绍以万乘之尊，竟能微服出行，带几个从人骑马至姑孰，侦察王敦的兵力部署情况。

明帝衣着普通，但相貌不凡。他的母亲荀氏一族是燕代一带的人，他有鲜卑血统，黄须白面。

听兵士讲营盘附近有个长着金黄胡须的人四处转悠，王敦于病床上闻声惊坐，大叫：“此必黄须鲜卑奴来也！”忙派骑兵四出追捕。

明帝见势急，上马驰奔而去。一路上，每有停歇，他就让从人用冷水浇马粪，追骑见马粪冰凉，认为敌人侦骑已来不及追赶，就止马当地。由此，明帝逃出生天。如果推举皇帝级的“孤胆英雄”，东晋明帝司马绍应该数一数二。

王含是王敦的大哥，可龙弟鼠兄，才能相差甚远。越城一战，明帝属下将军段秀（鲜卑段匹磾之弟）以千把号人大败王含，并斩杀前锋何康。

听闻大哥出兵即败，王敦大怒："我兄，老婢耳。门户衰，大势去矣！"本想强撑病体，亲去前线指挥。无奈病入膏肓，他刚坐起身，就一阵眩晕，摔倒于床上。

很快，王敦就病重身死，时年五十九。

《晋书》记载，王敦死前表示要王应即位为帝，先立文武百官，然后再为他发丧。想来想去，殊不可解。王敦深知自己将亡，不可能还思前想后让不争气的过继儿子王应称帝以招灭族之灾。

成王败寇，败者一方的"事迹"只能由"胜利者"汇述了。

王应真是死狗扶不上墙。形势如此严峻，他既不明言称帝，给部下一个当开国功臣的"盼头儿"，也不为王敦发丧，更不思忖攻守谋略。这个败家子真真不知忧愁为何物，天天与手下几个狎客纵酒淫乐。

至于王敦的尸首，被这个不肖之子用席子包裹起来，外面涂了几层厚蜡，埋在议事大厅地下。

假若王大将军死后有灵，天天躲在大青石板下面，严严实实被包裹得像个粽子，在地下静听逆子（应该是逆侄）在上面大肆淫乐，丝竹声声，一辈子以豪爽著称的驸马爷、大将军，也只能哀叹自己命运不济了。

晋明帝方面，派出吴兴人沈桢去诱降王敦的铁杆死党沈充，许以司空高官。

沈充关键时刻非常像条汉子。他拒绝了明帝的"好意"："三公之位，应由望美才高的人担当，岂是我辈能及。以此甘言厚币诱我，不敢生受。况且大丈夫相交共事，当存始终，岂能中道变易。果真如此，世人能容我的反复之举吗？"

言毕，沈充提兵，直奔建康，率万余人与王含合军。

沈充虽有侠义之风，战非所长。有人建议他挖掘玄武湖水倒灌建康，乘大水舟行而进，可一举成功。沈充犹疑，不能从计。

相持之间，各地勤王兵马纷纷赶到，尤其是临淮内史苏峻所率的兵众，战斗力很强。

沈充、钱凤两人一合计，觉得苏峻等人远道而来，兵将疲困，应该先发制人，便合兵主动进攻建康城。

两军交战，沈充等人还占了先机，把东晋军队打得节节败退，一直追杀到宣阳门。

叛军正清除路障，准备一举攻城之际，本以为远来疲惫不能出战的苏峻等人忽然率众冲出，横击沈充、钱凤的攻击兵士。

沈充等人大败，手下兵士掉入江水中淹死的就有三千多人。未及喘息，东晋刘遐一军又大破沈充于青溪。

最草包的当属王含。好几万劲卒在手，却没有配合沈充进攻建康，只是在一旁观望、逡巡。得知沈充败讯后，他更是三十六计走为上，连夜烧营遁走。

王含带着儿子逃往荆州，想投靠堂弟王舒。不料，迎接他们父子的不是热酒美食，不是殷勤笑脸，而是冰冷的锁链。六亲不认的王舒，把堂兄、堂侄锁起，话也不多说一句，当众扔入江中淹死，以“实际行动”与王敦、王含划清了界限。

钱凤跑到阖庐洲，被本是同一阵营的寻阳太守周光斩杀，拿着他的脑袋到京城“诣阙自赎”。

兵败如山倒。沈充慌不择路，闯入昔日手下吴儒家避难。

古语云：“有急莫投亲旧。”吴儒一脸坏笑，把老上司沈充诱至复壁内，咣当一声把一大块石头挡在暗门外。他爬到高处，自上而下笑着向从前的恩将说：“我可得三千户侯啦！”（东晋政府当时以五千户侯悬赏斩钱凤，以三千户侯悬赏斩沈充。）

沈充倒也冷静，仰头对吴儒讲：“封侯不足贪也。尔以大义存我，我宗族必厚报汝。若必杀我，汝族灭矣！”

吴儒小人，当然不信“死灰复燃”之理，一脸狞笑加冷笑，与僮仆数人矛刃俱下，把沈充活活捅死在狭窄的夹壁当中，割下沈充的脑袋到京城领取封赏。

沈充是江东几代大族，枝蔓繁广，临死之前一段话，也是有恃而言。但他自己万万想不到的是，替他报仇的不是沈姓亲族，恰恰是他自己的长子沈劲。

王敦之乱平定，钱凤、沈充不仅本人被杀，依王朝律令，谋逆造反至少要诛三族。沈充之子沈劲命大，竟然在乡人的庇护下捡得一条性命，没被东晋政府抓去砍头。如逢王朝盛世，这种父亲造反儿子得活的概率几乎是零，但东晋偏处一隅，强敌在邻，世道纷乱，没过多久，逢上皇帝生日、婚庆、诞子等喜庆大赦，沈劲就又冒出市面，并果真率人把吴儒一家老小上下杀了个干干净净。

吴地土豪自相鱼肉，东晋政府也乐见他们窝里斗，加上沈劲又是子报父仇的大孝之举，道义上也受到各方支持。沈劲不仅报得父仇，又以侠勇之名名扬四海。日后，他自告奋勇过江抵御北虏，屡次与慕容燕国兵将争战，东晋穆帝升平三年（359年），沈劲以五百兵士坚守许昌，抵御慕容恪。不久，兵败城溃，沈劲不屈而死，被东晋朝廷追赠为“东阳太守”。

如此，青史之中，父亲沈充附于“逆臣”王敦传后，儿子沈劲赫然列于“忠义传”中。可见，血统之论，诚无真凭。

至于王敦，盖棺论定，封建史家也不得不承认他的功绩：

“王敦历官中朝，威名素著，作牧淮海，望实逾隆，弼成王度，光传中兴，卜世延百二之期，论都创三分之业，此功固不细也。”

笔者以现代人的眼光，也觉得王敦不失为一刚烈大丈夫，敢爱敢恨，敢作敢当，而且他起事之因，是由于王氏家族成员受排挤，并非完全出于个人野心。刁协、刘隗小人煽风点火，钱凤、沈充激成祸难，叹只叹时兮命兮，不佑英雄。身死之后，英名一世的王大将军还被东晋政府刨出尸首，死都死了，还被扶跪着，斩去头颅。

王敦死后，亲兄王含、继子王应被杀，但琅琊王氏并未被牵连，反而因讨伐王敦有功而有多人加官晋爵。王导以司徒进位太保，王舒迁湘州刺史，王导堂弟王彬为度支尚书。所以，王氏一大家子多人位进不衰，仍旧是东晋世家豪族的翘楚。

一波刚平一波又起

平定王敦之乱后，晋明帝司马绍不久即病死，年仅二十七岁。

虽然只当了三年左右的皇帝，史臣对他还是有很高的评价："帝聪明有机断……属王敦挟震主之威，将移神器。帝骑驱遵养，以弱制强，潜谋独断，廓清大昆……拨乱反正，强本弱枝。虽享国日浅，而规模弘远矣。"

皇太子司马衍即位，年仅五岁，是为东晋成帝。

孩皇帝即位，明帝皇后庾氏就以皇太后身份临朝称制，虽然明帝遗诏太保王导录尚书事，与中书令庾亮一同辅政，但真正的权力，都集中在庾亮一人手里——当朝皇太后庾氏是他亲姐，孩皇帝司马衍是他外甥。

庾亮，字元规，出身世族，大名鼎鼎。此人美姿容，善谈论，酷爱《庄》《老》，是魏晋风度中的一个楷模人物，《世说新语》中常常提及此人。

但在政治上，庾亮是个十足刚愎自用、心胸狭窄的庸才。

明帝病重时，其舅虞胤为右卫将军，与左卫将军南顿王司马宗同掌禁卫军权。由于这两人私人关系不错，惹起庾亮的猜忌与不满。王导出于公心，与庾亮一起曾向明帝提醒，怕司马宗与虞胤在明帝死后拥立司马宗的哥哥西阳王司马羕为帝。明帝不信，反而更加信任虞胤、司马宗。

司马宗、司马兼兄弟，是汝南王司马亮的儿子（汝南王是“八王之乱”中第一个被杀的老王爷，他自己从未为乱，也被编入“八王”之中，确实冤得可以）。从辈分上讲，司马宗、司马兼是明帝的叔祖辈，都五十岁左右，与元帝一系又为疏宗，应该没什么篡位的野心。

庾亮只想着明帝死后自己外甥登基的绝对安全，十分疑忌这两个司马王爷。

明帝病重时，庾亮想半夜入见，被南顿王司马宗呵止，吆喝道：“皇家宫廷大门是你们自己的家门吗，想进就进？”

为此，庾亮更是对司马宗恨之入骨。

明帝弥留之际，庾亮声泪俱下，指称司马宗、司马兼与虞胤三人有逆谋，希望明帝马上“处理”他们。

明帝不纳，反而让人把时任太宰的司马兼、太保王导、尚书令卞壶、车骑将军郗鉴、丹阳尹温峤以及庾亮等人叫在一起，共受遗诏辅政。

虽然如此，明帝死后，庾太后称制，孩皇帝冲幼，大权自然集于庾亮一人手中。

王导主持朝政时，宽和驭下，深得众心；庾亮掌权，苛刻任法，颇失人心。同时，他对拥军在外的陶侃、祖约、苏峻等人深加猜忌，整日盘算如何提防这三个人。

陶侃时为荆州刺史，拥有荆、湘、雍、梁四州之众。祖约任豫州刺史，统管其兄祖逖北伐后占领的大片地盘。这两个人见明帝遗诏中褒进大臣名单里没有自己，都怀疑是庾亮从中作梗，删除了他们两人的名字。此外，历阳内史苏峻，在平讨沈充、钱凤过程中居功甚大，手中拥强兵数万，也存骄盈之心。

为了防备这三个外臣，庾亮派和自己关系不错的老友温峤任江州刺史，镇武昌；任王舒为会稽内史，以为声援。同时，他派人大修石头城，以防万一。

母后临朝，皇帝冲幼，外戚专政。如此，祸乱之萌，已见端倪。

成帝咸和元年（326年）十一月，庾亮执政才半年多，就借口南顿王司马宗谋反，派禁兵上门逮捕。司马宗老王爷性格固执，拒捕反抗，被杀。其兄西阳王司马羕被降封为县王，已被封为虚官大宗正的前右卫将军虞胤，也被贬为桂阳太守外任。

庾亮此举，一点不是出自公心，大失天下之望，人们都认为他是剪除宗室，巩固自己的威权。

司马宗、司马羕兄弟，一直与苏峻关系很好。事发后，司马宗手下有个亲信跑到苏峻处匿藏，庾亮派人去抓捕，苏峻隐匿不交，更是惹得这位皇上大舅恶从心起。

六岁的晋成帝对外面发生了什么一无所知。有一天，学习功课完毕，忽然想起了什么，便问庾亮："从前常常在殿中看见的那位白头发老爷子去哪里了？"

司马羕、司马宗两个王爷，对成帝来讲是曾叔祖辈，宗室元老，都在朝会大殿上专门设有床位（坐床，以示尊崇）。

庾亮告诉外甥："那个人谋反，已经被杀掉了。"

小皇帝一听，哭了。平日里司马宗对他很好，常常抱着他在宫内游玩。白头白须的慈祥相貌，更使小孩子觉得亲切。

"舅舅你说别人做贼，便杀之。如果别人说舅舅你做贼，又当如何？"小孩子抽泣着说。

庾亮闻言大惧，色为之变，也不知如何回答这位六岁小皇帝的问话。

庾太后很生气，立刻用牙尺敲打成帝的脑袋，怒斥："小孩子怎么说这种话？"显然她看见哥哥被儿子说得一脸惊惶，心中不忍。

苏峻因怒起兵

成帝咸和元年（326年）年底，北方的后赵军队猛攻坐镇寿春的祖约。祖约多次上表请求救兵，东晋朝廷就是不发兵相助，其实是庾亮本人对此无动于衷。

寿春城坚，强攻不下，后赵军队就进犯淮南诸地，杀掠五千多人。这样一来，直接威胁到建康政府的统治。

至此，庾亮等人才着慌，忙下诏命王导为大司马，驻军江宁，以抵御后赵兵。

危急时刻，幸亏苏峻派大将韩晃出击，打跑了后赵石聪所率的羯族军队，危机暂时缓解。

庾亮为了防止后赵军队再来，准备在江南防线内开挖大塘、充水作沼泽，使敌军骑兵不得驰骋。虽然此举有利于防御，但也把寿春城孤悬于大塘之外。

本来祖约就深恨朝廷前番不派救兵驰援，闻知此讯，愈加怨恨。

后赵侵逼之患刚去，庾亮不仅没有厚赏击敌有功的苏峻，反而想先发制人，征召身在历阳的苏峻入朝，削夺他的兵权。

王导老谋深算，劝庾亮说："苏峻为人猜险，必不奉诏。不如暂先包容他，慢慢相图。"

庾亮不听。众臣朝会之时，他大言道："苏峻狼子野心，终必为乱。今日征之，纵不顺命，为祸犹浅；若复经年，不可复制！"

王导不再说话。众臣唯唯，只有光禄大夫卞壶表示反对："苏峻强兵在手，驻镇距京都又近，一天之内就可抵达，一旦有变，易成祸难！"

庾亮不听。

在外带兵的大臣——庾亮的好友温峤闻讯，也多次写信劝阻庾亮，皆遭拒纳。

苏峻，字子高，长广掖县（今山东莱州）人。他少为书生，有才学，做事果敢。永嘉之乱，各地士民纷纷筑坞自保，苏峻在家乡结垒，有数千家归投其下，形成一方非常有影响的地方民兵势力。

由于书生出身，苏峻才兼文武，加上他善抚士众，就被当时晋朝的青州刺史曹嶷（此人反复，谁势力强就向谁称臣）惦记上，欲率军消灭苏峻。苏峻知道自己远远不是曹嶷的对手，忙率部曲泛海南渡，归于广陵。当时的东晋朝廷嘉其远来投靠，封他为鹰扬将军。

王敦第一次起兵时，苏峻因卜卦不吉，带军一直迟回不进，退保盱眙。王敦二次起兵，苏峻因自己军力比以往强盛，毅然受朝命入建康，讨伐沈充、钱凤。南塘一战，苏峻与其将韩晃奋勇冲杀，首战告捷，奠定了最终的胜局。王敦之乱平息后，朝廷因功授苏峻冠军将军、历阳内史，封邵陵公。

有功于国，威望渐著，苏峻自我膨胀，加之手下有锐卒万人，器械甚精，他的军队成为东晋数一数二的“王牌军”。由此，他颇怀异志，招纳亡命，非常嚣张。朝廷发饷运粮若有迟误，苏峻往往打发忿言，口出不逊。即便如此，乱世重军阀，苏峻其实在起初并没有造反的念头。

听说朝廷要征自己入朝，苏峻很心慌。真把自己从军队调回“中央”，威权尽失，说什么也没用。

于是，苏峻忙派属下司马入建康拜见庾亮，表示：“明公派我讨贼外任，远近惟命。把我内调，我不敢受命。”

庾亮不许。同时，他派人派军驻于苏峻军队左右，严加防备。

为了诱使苏峻入朝，庾亮以成帝名义下“优诏”，征苏峻为大司农，位特进，命其弟苏逸代领其军。大司农一职，位高职虚，明眼人一看就是个“幌子”。

苏峻上表，恳切地表示：“往昔明皇帝亲执臣手，使臣北拒胡寇。今中原未靖，臣何敢即安！乞授我青州界一荒郡，以展我鹰犬之用！”话说到这份儿上，近乎哀求了。只要不把自己调离本军，随便让去哪儿都行。

庾亮严拒。

苏峻起初不敢造反，想交权听命，犹豫未决。确实事关重大，一去京城，深不可测。蛟龙失池，不及鱼虾。

苏峻的谋士任让劝道：“将军您求处荒郡而不见许，事势如此，恐无生路，不如勒兵自守。”

苏峻大以为然，便不应朝命。

庾亮更沉不住气，遣使往返催促，其实就是话里带刺软威胁，命苏峻立刻应召进京。

苏峻大怒，愤言道：“庾亮讲我要造反，我入京还能活吗？我宁可山头望廷尉，不能廷尉望山头。往者国危如累卵，非我不济！狡兔既死，猎犬理应自烹，但我一定以死来报造谋者（指诬害他的庾亮）！”

起事之前，苏峻派人联络祖约。祖约一直对朝廷愤恨，马上捎信给侄子祖涣、女婿许柳，让他们协助苏峻。

祖约其人，是大英雄祖逖同父同母亲弟，但无论人品、才能，都与其兄判隔云壤。

当初，祖约在元帝手下做官，就是个超级“妻管严”，怕老婆怕得要死。某晚在家外小妾处过夜，他起床小便，被人乱剁几刀。祖约害怕，知道是老婆派人害自己性命，上奏元帝说要放弃在京城的官职。元帝不许，祖约竟私自跑出京城，躲避老婆的“毒手”，被司直刘隗狠狠参了一本。后来，由于祖逖立功江北，祖约也日渐任遇。

祖逖死后，朝廷命祖约代其兄职，为平西将军、豫州刺史。当时，祖约的异母兄祖纳就密奏元帝，认为祖约“内怀陵上之心，抑而使之可也，如假其权势，将为乱阶”，元帝不听，以为祖纳妒忌其弟贵宠。

祖约到任，无才无德，士卒不附。加之后赵军连连围攻进逼，朝廷不加援手，祖约一直怨恨满腹。

如今，接闻苏峻密书，祖约大喜，马上加以迎合。

温峤听闻苏峻拒命，便想立刻率军趋卫建康。

庾亮不予批准，回信说："吾忧西陲（指陶侃），过于历阳（指苏峻）。足下无过雷池一步也（雷池在今安徽望江县，后来的成语"不越雷池一步"即出自庾亮言）。"

陶侃居荆州，坐拥上流之地，庾亮对他的疑惧，也并非完全是空穴来风。就东晋（连同以后的南朝）而言，荆、扬二州是其政治、经济和军事中心，"江左大镇，莫过荆、扬"。荆州一直是"甲兵所聚"之地，不仅地理位置特殊、物资供应充足，而且荆楚风俗悍勇，又多当地"蛮僚"入充将士，战斗力十分强悍，种种优势，几乎占全。建康位居下游，虽九重帝居，群臣围拱，但只要荆州兵锋指下，京城马上岌岌可危。

王导的司马（军事参谋）陶回有远见，他劝王导："苏峻军队未至，我们应切断阜陵，坚守江西诸渡口，彼少我众，一战可以制胜。如不先发制人，苏峻必占据阜陵，到那时人心骇惧，就难与其争锋了！"

王导转告庾亮。不从。

果然，苏峻军队先发，其将韩晃、张健一战而陷姑孰，东晋军队的粮米军资、舟船器械，尽落入苏峻之手。

建康大惧，京师戒严。朝廷授庾亮都督征讨军事的大权，派左卫将军赵胤为历阳太守，命宗室左将军司马流带兵屯驻慈湖以抵御。328年正月，温峤也入援建康，屯军于寻阳（今湖北黄梅西南）。

司马流是软骨头，素无计谋，本性又怯懦，将战之时，吃饭都找不到自己的嘴，可见其胆有多小。

苏峻军一攻而捷，杀掉了司马流。

苏峻本人，连同祖约派遣的祖涣、许柳两人，共合军两万多人，渡过横江（今安徽和县），在陵口屯军。其间，晋兵数次来战，皆大败而去。

苏峻、祖涣等人的兵士作战经验丰富，与后赵兵相攻都不会吃亏，所以，同台军（政府主力军）相遇，自然占据优势。

成帝咸和三年（328 年）三月，苏峻军已经打到建康近旁的覆舟山（今南京太平门附近）。

陶回再次直接向庾亮献计："苏峻知道石头城有重兵守卫，不敢直下，一定会取道小丹杨以南步行而来，应该在半路设伏，忽然邀击，可一举成功。"

庾亮当然又是不从。

果然，苏峻从小丹杨迂回而进，而且军队半夜迷路，扰乱不堪，假使晋兵在此设伏，可把苏峻等人一网打尽。

庾亮闻之，开始后悔。

眼见节节败退，三军总指挥庾亮自己不上前，下诏派大臣卞壶任方面军统帅，与侍中钟雅等人率军在西陵与苏峻军队交战。

双方一交手，晋军根本不是苏峻之敌，一战溃败，死伤数千。

苏峻军猛攻建康青溪栅，卞壶等人抵御不力，连连后退。苏峻又派人因风纵火，纵烧台省及诸营寺署，一时荡尽。

大忠臣卞壶背创未愈，与左右力战而死，其二子也紧随其后，赴敌而死。

卞壶老母抚尸而哭，叹道："父为忠臣，子为孝子，夫何恨乎！"

云龙门附近，丹阳尹羊曼等人都相继战死。

庾亮没办法，只得硬着头皮亲自出战，与诸将率兵士在宣阳门列阵。

未及成列，士众皆弃甲而走。

可见，这位天子大舅是何等不得人心。

无奈，庾亮只得带着三个弟弟与赵胤等人乘船逃奔寻阳，依附温峤。

苏峻兵士冲入建康台城。王导与四个大臣急忙奔入内宫，抱着孩皇帝登上太极前殿，共登御床，以身体护卫着龙种小童。

当时，百官奔散，殿省萧然。叛军入宫后，大声呵斥殿上的几个人出殿。

侍中褚翜朗声答道：“苏冠军（苏峻军号是冠军将军）来觐见至尊，军人岂得侵逼！”

叛军没接到命令，不知以何态度和礼节对待殿上君臣。经褚侍中呵斥，真还没人敢上殿。

兵人爱财，便一窝蜂突入后宫，见什么抢什么，连庾太后的左右侍人也遭受劫掠。

苏峻为泄愤，也乐得放纵士兵在京城四处抢夺，这些乱兵裸剥士女，四处劫掠，哀号之声，震动内外。

这帮兵士在早春时分，把京城百姓抢得一干二净，连里外衣服也不放过，实属穷凶极恶。不仅如此，他们驱役百官，连光禄勋王彬等人都被强迫当苦工负土至蒋山，沿途被叛兵脚踹鞭打，形同奴隶。

据当时遭抢的物质统计，共有布二十万匹，金银五千斤，钱亿万，绢数万匹，全被苏峻军士搜抢一空。

最可怜的是，“御厨”们连给小皇帝做饭的原料都找不到，只能从仓库地上扫出几石抢劫后散在地面的米粒，煮粥给孩子吃。

苏峻完全控制建康后，称诏大赦，唯独庾亮兄弟不在原宥之例。

王导德高望厚，苏峻对他连根毫毛都没动，依旧让他原官入朝，位在苏峻本人之上。

苏峻封自己为骠骑将军、录尚书事；封同盟军祖约为侍中、太尉、尚书令，许柳为丹阳尹，祖涣为骁骑将军。

被庾亮降职废居于家的弋阳县王司马羕，终于盼来“自己人”，他亲自拜见苏峻，猛拍马屁。

苏峻一高兴，恢复他西阳王的位号，进位太宰，录尚书事。

万分焦心的温峤在寻阳苦等消息，迎来的却是丧魂落魄的庾亮兄弟。知道建康不守，皇帝落入苏峻之手，温峤放声大哭。

哭了半日，眼泪救不了国难，温峤只能和惹事佬庾亮商议平定苏峻之策。这两个人，一直提防陶侃，如今，也只能厚着脸皮，派人哀求陶侃出兵。

驻屯荆州的陶侃本来一肚子气，马上对温峤派来的都护王愆表示："吾疆场外将，不敢越局。"

温峤哀求多次，就差亲自去荆州跪求陶侃了，但陶就是按兵不动。最后，还是王愆一席话，使得陶侃幡然感悟，戎装登船。

"苏峻，豺狼也，如得遂志，四海虽广，安有明公容足之地乎？"

于是，众人四处发檄，陈列苏峻、祖约叛逆之状，移告征镇，共同发兵。

苏峻之乱的最后平定

东晋成帝咸和三年（328年）六月，陶侃亲率大军抵至寻阳。当地的朝臣将士均议论纷纷，以为陶侃来后肯定会先诛庾亮以谢天下。

庾亮又惊又怕，急得差点跳河。幸亏老友温峤出主意，让他亲自前往陶侃营帐拜见、道歉。

陶侃没有心理准备。忽然看见权倾一时、玉树临风的皇帝大舅跪伏于自己面前，口中喃喃道歉不已，也大惊失色："庾元规竟拜我陶士行啊！"

史载，"（庾）亮引咎自责，风止可观，（陶）侃不觉释然"。

晋人就是这样天真、大度，崇仰人物风采。面对这样一个祸乱天下、引狼入室又曾要加害自己的权臣对手，放在其他朝代的人身上，早就举刀恶狠狠当头剁下。但"魏晋风度"的魅力不可小觑，言语举止之间，竟可以化干戈为玉帛、化仇恨为友谊。

陶侃大笑，说："君侯您大修石头城就是防备我，今天倒来求我办事了！”

言毕，两人谈宴终日，言笑甚欢。

陶侃出兵，局势陡然改观。他手下戎卒四万，旌旗七百余里，钲鼓之声，震于远近。

苏峻没想到陶侃会和庾亮讲和，忙从姑孰回军，还据建康石头城，分遣众将以迎战陶侃。

陶侃，字士行，鄱阳人。此人少而孤贫，喜读书。入洛阳后，为张华所叹异。陈敏作乱江南，陶侃在江夏太守任上，屡次破贼。元帝至江东，陶侃多所赞襄，并在进讨王冲、杜弢的战役中立功不少，深得王敦举荐。后来，王敦开始忌陶侃功高，差点杀掉这位自己曾竭力推举的将军。王敦之乱，陶侃坚决站在明帝一面。事平后，得授荆州刺史，征西大将军。

陶侃本性聪敏，勤于吏职，恭而近礼，爱好人伦，终日敛膝危坐，日理万机。他还尤其憎恨属下赌钱、饮酒，斥之为“牧猪奴戏”，对犯者痛加鞭捶，无所宽怠。

在崇尚浮华清谈的晋朝士大夫中，像陶侃这样对政事身体力行的实干家非常少见，综理微密，非常人可比。尚书梅陶曾非常中肯地赞叹陶侃：“陶公机神明鉴似魏武（曹操），忠顺勤劳似孔明（诸葛亮）。”

虽如此为世所重，陶侃有媵妾数十，家僮千余，府内珍宝奇货富比皇室，一生富贵荣华，七十六岁时善终，有子十七人。最值得一提的是，他有个曾孙最有名——陶渊明。可见，富不过三代，到陶潜之时，已经穷得天天思量着是否“为五斗米折腰”了。

话说回头。苏峻为保险起见，打好手中王牌，便强迫小皇帝移迁至石头城。

王导固争，苏峻当然不听。

小皇帝哀泣登车，宫中恸哭声一片。小孩子年仅七岁，忽然从他所熟悉的皇宫被逼搬家，其惊惧可想而知。

到了石头城，苏峻腾出一座空仓库作为孩皇帝的宫室，天天有事没事在小孩子面前放肆狂言，大骂庾亮等人。

这苏将军也是丧心病狂，他读书人出身，又曾有大功于东晋，得势之后，竟天天对着一个小孩发威作福，可见已经被皇帝大舅庾亮气成了失心疯。

幸亏钟雅、刘超、华恒等几位大臣忠心耿耿，轮流伺候这位被幽禁的孩皇帝，并天天教他读书写字学文化。

双方接战，互有胜负。接着，晋军取得较大的胜利，温峤属下毛宝劫取苏峻送给祖约的万斛粮米，并斩杀贼兵近万，祖约逐渐粮草不供，削弱了苏峻这支最重要同盟军的士气。

不久，陶侃率水军进至蔡洲，屯于石头城西岸的查浦，温峤屯军于沙门浦。苏峻登上烽火楼，远观晋军势盛，始有惧色。

庾亮立功心切，派手下督护王彰进攻苏峻，交战大败。

惭愧之余，庾亮把自己的节符送交陶侃请求处分。陶侃倒幽默，派人转告说："古人三败，君侯始二。当今事急，不宜三败。"

诸军齐至石头城后，都想马上与苏峻决战。陶侃拿定主意，说："贼众方盛，难与争锋，当以岁月，智计破之。"

众人不听，结果屡战无功。

苏峻军队身经百战，早先在江北常和后赵的羯族军队拼杀，骁勇凶悍，一般的晋军，还真打不过这支队伍。

祖约方面，其侄祖涣被毛宝打得大败，合肥戍也被晋军攻占。不久，祖约诸将暗中与后赵通谋，石聪、石堪等人指挥后赵大军抢渡淮水，里应外合，使得长久以来不得人心的祖约丢弃寿春老巢，逃奔历阳。

祖约败讯传来，苏峻心腹路永等人害怕大事不济，劝苏峻尽诛王导等大臣，清空朝堂。

苏峻一直敬重王导，不听。

眼见己计不用，路永等人对苏峻也起了二心。

王导听闻消息后，反而派人诱使路永归顺自己，并在十月间由路永引路，带着两个儿子奔逃出石头城，跑到庾亮驻军的白石。

双方相持之中，数次交锋，晋军多败。

从石头城逃出的朝臣都讲："苏峻狡猾有胆略，其徒骁勇，所向无敌。"

温峤气得大骂："诸君真是怯懦，怎么反夸贼人英勇？"

待到晋军累战不胜，温峤自己也害怕得不敢说话了。

更要命的是，温峤军队的军粮很快食尽，不得不向陶侃借粮。陶侃愤恨温峤等人轻易出兵，不答应借粮，并想撤兵再作打算。

最后，毛宝自告奋勇，前去激劝陶侃，并亲自率兵烧毁苏峻在句容等地的军储。

陶侃定下心神，怒气渐消，重新布置兵力，并分粮米五万石给温峤军队。

苏峻的军队，确实是善打硬仗的士兵。这些叛军不仅不理亏势穷，反而连连掉转头主动进攻晋军在建康周围建立的城垒。白石垒攻不下，他们又猛攻大业垒（今丹阳附近）。

陶侃本想派兵救援大业，他手下长史殷羡劝言："我们的兵士不习步战，如果救大业而不胜，则大势去矣。不如急攻石头城，则大业之围自解。"

陶侃从之。当时，吴县、嘉兴、海盐、宣城等地战场，官军连连败绩，如果此时没有出现一件离奇的偶然事件，晋军不一定打胜。双方苦战，没准哪天苏峻一生气，杀了孩皇帝和诸大臣，东晋王朝便会即刻灭亡。

这一离奇事情，太不可思议，就像一个蹩脚的小说家，为了偏帮理想中的正义一方，凭空给"坏人"安排了一个离奇的死亡结局——苏峻阵亡！

事情的经过是这样：东晋将领温峤和赵胤，得知同盟军陶侃逼近石头城，他们龟缩已久的憋气，终于演化为懦人之胆。二人从自己的垒中出来，率步兵一万多人南上列阵，想居高临下进逼叛兵。

苏峻丝毫不惧，只率八千人出战迎击。

对阵之时，苏峻的儿子苏硕与叛军勇将匡孝两人，只率数十骑人马，冲着赵胤的前军就奔杀过来，竟然把晋军打得大败。

几十骑打一万多，诚为战争史上的奇迹。

苏峻立马阵中，看得高兴，连饮数盏美酒，忙派人重赏那几十个得胜还营的将士。估计是太过高估自己的身手，苏峻对左右说："匡孝能破贼，难道我本事不如他吗？"言毕，他自己一人跃马冲入温峤那小部分要跑未跑正在犹豫的晋军军阵，身后只有数骑亲兵跟随，其属下大军，都还未缓过神来。

酒劲发作，风吹加颠簸，苏峻摇摇晃晃，平时的英武，只剩下空架子。他突阵未遂，被立阵的晋兵用长盾和长矛阻挡不得前进。

见不能入阵，苏峻掉转马头，想就近趋上高坡，再掉转马头借坡势重新突阵。

晋军阵中几个牙门将，抓住这千载难得的机会，把因醉在马背上摇摇晃晃的苏峻当成活靶子，就近嗖嗖甩出数支投矛，一下子把苏峻洞穿数处。于是，这位传奇将军摔下马来，糊里糊涂结束了他传奇的一生。

几个晋将急忙赶上前，挥刀剁下苏峻首级，肢解尸体，并在阵前把剩下的中间一截尸体焚烧（头颅四肢用作领功邀赏）。晋军兴高采烈，高声呐喊。

一切发生得如此突然，叛军一方，只得眼睁睁看着主帅被本来大败的晋军当成一只白切鸡"料理"了。

与一般的叛乱不同，这次即使首领苏峻被杀，叛军仍旧人心未散。苏峻的司马任让，立刻推戴苏峻之弟苏逸为主，继续与晋军抗衡。

苏硕悲惧之下，找到庾亮父母的坟墓，剖棺焚尸。

苏逸一方，只能闭城自守。苏峻派外攻掠的诸将，闻主帅死讯，也只好纷纷回撤。虽然仍能定住军心阵脚，但苏峻的突然死亡，叛军锐气已泄，只能反攻为守了。

晋朝的冠军将军赵胤恢复了精神，率军猛攻龟缩于历阳的祖约。

眼见城守不住，祖约率家族及亲信数百人北逃，投降昔日他哥哥祖逖的死对手后赵“天王”石勒。

石头城内的晋朝侍中钟雅、右卫将军刘超等人听闻苏峻死讯，暗中积极活动，准备乘机带着小皇帝逃出石头城，投向四面集结的政府军。

谋发事泄，苏逸派任让去捕杀钟、刘两人。看见叛军兵士手执明晃晃的兵刃，把正教自己习字的两个忠臣绑起，粗暴地往外推搡，孩皇帝上前抱住两人，悲哭不已，叫道：“还我侍中！还我右卫将军！”

任让倒干脆，当着小孩子的面，两刀结果了刘超和钟雅的性命。

成帝小小孩童，还没见过这样血腥的场景，又悲又怕，昏死过去。

这一幕，实是叛军最后的疯狂。

329 年（成帝咸和四年）3 月，数路晋军发起总攻，进击石头城。

苏峻死后，叛军肝胆已丧，完全不见从前勇悍威猛的战斗力，很快就溃不成军，石头城被攻破。小皇帝被晋将救出，送回温峤的指挥船上。

“群臣见帝，顿首号泣请罪”。这场景现在想来很可笑，一大群老大不小的文臣武将，跪在一个八岁小孩子面前大哭请罪，真是又壮观又古怪。

兵败如山倒。苏峻之子苏硕及韩晃等人，均在逃跑途中被晋军斩杀，昔日的能军强将，均成为自己人的刀下之鬼。

韩晃勇将，他被官军包围在高山之上，众人不敢下山。唯他独出，带两囊箭，却据胡床，弯弓射之，杀伤晋军甚众。箭尽被杀，着实英勇。可惜如此猛将，没有在中原同胡人力战而死，却死于东晋汉人自己的内讧。

又到了秋后算账的时刻。

由于建康宫殿全在交战中被烧毁，群臣与皇帝都在原先建平园（御花园之一）的小房子里处理政事。西阳王司马羕“附贼”，罪过不小，和两个儿子一起被五花大绑，当众杀头，可惜司马皇族至今没剩下几个“宗室元老”，至此，如此德高望重的老王爷也被连根除掉。苏峻的司马任让，与陶侃是多年的老朋友，陶侃上表请求免罪。小皇帝虽然才八岁，又刚刚被众人救出，但两位忠臣被杀的情景，仍历历在目。听见有人为任让求情，他对诸大臣说：“就是这个人杀掉了我的侍中和右卫将军，不可赦免。”孩皇帝虽是孩子，却也是皇帝。金口玉言，任让马上被拉出去砍了。

众人正在论功行赏、诛杀罪人之时，有军士气喘吁吁地跑进来，把王导逃跑时未及带走的象征身份官职的节杖送了回来。

陶侃掀髯，笑着说：“苏武之节，似乎与您老的东西不大一样。”

王丞相脸一红，也不好回辩什么。

王导此人，虽当时被庾氏家族压抑了好一阵子，仍是开创东晋门阀政治的风云人物。东晋元帝即位时之所以要他同登御床，正是说明了当时的世家大族已一反西晋朝的政治装饰物，成为东晋司马政权的主要依附和统治基础。元帝死后，晋成帝给王导的亲笔信中，多次使用“顿首”“惶恐言”诸类的字眼，为历代帝王对臣子书信中所未有。孩皇帝成帝到王导家，见王导老婆竟然下拜，行孙子见老奶奶的礼数。王导上殿，成帝也要起身示意。这完全不是皇帝对权臣的畏惧，而是出自内心的敬重和尊崇。

士族和“仕族”本来同义，也称世家、门阀、高门、世族。魏晋南北朝时期，门阀士族的地位越来越高，皇权对他们的依赖也越来越重。但真正使世家大族成为政治统治中不可或缺的关键力量，非王导一人莫属。

想当初，王导初过江，想方设法团结吴人。身为丞相，没事见人也枉贵屈尊说几句“吴语”，被人讥讽也不在意，就是想拉近与当地人的距离。最令人称道的当属一次聚会：“王丞相拜扬州，宾客数百人，并加沾接，人人有悦色，唯有临海一客姓任及数胡人（胡僧）未洽，公因便还到任（姓客人）边云：‘君出，临海便复无人。’任（姓客人）大喜悦。因过胡人前，弹指云：兰阇！兰阇！群胡并笑，四座并欢。”

由此可见，王大丞相简直就是一个高级交际花了。虽然出于无奈，可见他为了团结诸类人等的努力和付出。

论平苏峻之功，陶侃为侍中、太尉，封长沙郡公，郗鉴为侍中、司空，南昌县公，温峤为骠骑将军，始安郡公，卞壶及死难诸臣皆加赠官谥号。

激起兵变的庾亮上书诉罪，表示自己应阖门流放荒远之地，还假模假式地全家上船，准备外出京城当老百姓。结果，当然被“优诏”拦阻，仍封为豫州刺史，出镇芜湖。

最后，交代一下叛逃石勒处的祖约。

他千辛万苦逃到后赵境内，石勒薄其为人，很久都不接见他。先前祖约之兄大英雄祖逖一直和石勒打仗，使这位大羯胡在河南寸步难行，势力萎缩得厉害，估计这也是他不愿见祖家人的原因。

不久，石勒的谋士程遐进言：“天下粗定，当褒忠除奸，当初汉高祖斩丁公（以其不忠于项羽），即是此意。现在，忠于事君者莫不擢拔贵显，背叛不臣者尽加诛夷，这正是大王您广受拥戴的原因。祖约叛晋来投，主上您对他却不加处理，让臣等实为困惑。这样的叛臣来附，竟还不时大会宾客，与宗族宾客夺人土地，乡里为患，如此之人，留着也是祸害。”

石勒本来就自比汉高祖，经程遐一撺掇，杀心顿起。于是，他派人送书信给祖约，表示：“祖君远来，一直因公事繁忙未得欢会，可邀集全家宗族子弟，来京一见。”

祖约内心忐忑，临到觐见那天，假称自己患重病，躲在家里不出。

发昏当不了死，石勒派程遐率大批军士把祖约全家“请”到邺城。

祖约心知难以免祸，大饮至醉。到了邺城，祖家上下一百多男丁，全被直接押送东市开斩，无一得免。

祖约临斩前，抱其外孙而泣。这么一个人，活得窝窝囊囊，死得也不清不楚。一奶同胞，兄是千古英雄，弟是一时鼠辈，真令人嗟叹不已。至于祖家的妇女，全被石勒下令赐给“诸胡”为妾婢。

被杀的一百多祖家男丁中，也有祖逖几个儿子，姓名皆不见史传。其嫡子（正妻所生）皆死，唯独一个庶子（妾生子）祖道重，当时仅十岁，被人救出，藏在寺庙中得活。二十多年后，石氏后赵连同羯族被冉闵整个族群消灭掉，祖道重竟逃出生天，跑回东晋。祖逖大英雄终保存了一支血脉。

救出祖道重的人，名叫王安，是羯族人，本来一直在祖逖手下做奴仆，一直深受祖将军厚待。与石勒在河南相持时，有一天，生性仁厚的祖逖拿出一大笔盘缠，对王安说：“石勒和你同属一个种族，你还是去投靠他吧，我这里也不缺你一个人。”在民族相互残杀的年代，这一举动，实际对王安是一种深思熟虑的保护。王安归后赵后，即是羯族“国人”，又能征战，很快就成为军队中的战将。至此，为报祖逖厚恩，王安才冒死救出祖道重，保全了祖家的一滴骨血。

王敦、苏峻、祖约的三支军队，本来是东晋政权实力最强的军队。至此，这三支生力军皆在自己人杀自己人的内耗中烟消云散。

值得庆幸的是，当时中原地区前赵和后赵正你打我杀争地盘，如其不然，东晋早就被胡人灭掉。

所谓“夷狄之相攻，或为中国之利”（王夫之语），因此，风云飘摇之际，祸起萧墙数次，而终能安然渡过危机，实为东晋君臣的万幸。

大丈夫不能流芳百世　亦应骂名千载

大英雄桓温的抱负与遗恨

东晋政权经历了王敦之乱、苏峻之乱后，建康城内的宫室楼台焚烧殆尽。虽如此，晋朝人心并未涣散，元气未伤，仍有恢复精气神的士气和体力。

假若朝士同心，将士和睦，外坚边界，内养生息，以江南丰腴之地积累实力，待北方胡族政权乱起后反戈一击，一举恢复大晋昔日境土，绝非痴人梦呓。

也是天不祚晋。苏峻之乱刚定，329 年（成帝咸和四年）5 月，为朝廷立有大功而又无丝毫私心的始安公温峤病逝；过了五年，长沙公陶侃又离世。

陶侃死后，激起苏峻之乱的帝舅庾亮像只度过冬眠的蛇虫，趁着热乎劲又探出头来，重掌大权，都督江、荆、豫、益、梁、雍六州诸军事，坐镇武昌。

这位志大才疏的文人，总是摆脱不了中国知识分子“窝里斗”的痼疾，不念昔日与王家合舟共济的患难之情，开始谋划着算计在建康朝堂执政的王导，并写密信给镇守京口（今江苏镇江）的郗鉴，约对方一起兴兵把王导拉下台。郗鉴拒绝，自己属下也纷纷劝说，庾亮不得已，才收起这支欲发的毒箭。

为了立威张势，庾亮又打起了“恢复中原”的主意，于成帝咸康五年（339年）上奏朝廷，准备兴兵伐后赵。

以祖逖之神勇忠贞，尚不能阔步于江北。庾亮区区小才，也敢如此大言，果真是不知天高地厚。

不幸的是，在朝中能阻止庾亮愚蠢冒进行为的王导、郗鉴接连去世。庾亮之弟庾冰任中书监，接替了王导原来的位置，庾氏家族的权势日隆中天，自然再无人牵制他们。

庾亮前后左右没了束缚，正欲甩开膀子大干之际，本来在东晋控制下的邾城（今湖北黄州）被后赵锐兵攻下，晋将毛宝、樊峻拼死突围，皆被赵军逼入江中淹死，晋兵晋民被杀数万。

当年陶侃镇武昌，有人劝他派兵戍守邾城，陶侃就明言反对："邾城隔在江北，内无所倚，北接群夷……且吴（孙吴）时戍此城用三万兵，今纵有兵守，也无益于江南。"如此江外孤城，庾亮竟然也想作为北伐的踏脚石。还未动腿，这块石头就被搬空。

东晋征伐大旗还未及张举，后赵兵已经抢先一步攻拔坚城。

失望至极的庾亮上表朝廷，要求自贬三级。不久，这位智小谋大的帝舅就郁闷而死，时年五十一。其弟庾翼代领其任。

庾亮是研究老、庄之学的大家，文采卓然，风姿飘逸。葬礼之上，他的老友何充就叹息："埋玉树于土中，使人情何能已！"如遇太平盛世，有个清显闲散的官职，庾亮之徒确是很高级的装点。乱世纷纭，此种"华藻琼玉"，真乃家国之不幸。

就实而论，庾亮虽是个心胸狭窄的庸才，其弟庾冰、庾翼皆有不凡的器干，且私心甚少。

342年，东晋成帝病逝，年仅二十二岁。舅氏庾冰做主，拥立成帝的同母弟司马岳继统，是为康帝。庾冰立另一个亲外甥为帝，倒绝不是出于私心，当时成帝的儿子都是襁褓小儿，加之外有强敌，立长君不失为明智之举。

东晋的运气也确实不好，才过两年，康帝又去世，年仅二十三岁。

庾氏兄弟又想立元帝的儿子、已经成年的会稽王司马昱为帝。何充坚持立康帝的儿子司马聃。

康帝不晓事，死前遗诏以己子为后。因此，两岁的小娃娃司马聃，就成为当朝皇帝，是为东晋穆帝。

在立储之事上未得便宜，庾冰又病死，庾氏一族已在朝中大为失势。转年，庾翼也在夏口任上因病去世。临终，他上表朝廷，希望让自己的儿子庾爰之接替自己荆州刺史的职位。

和庾氏私交不错、但政治上渐渐成为对手的何充，对庾翼遗表大不以为然（何充是王导的妻甥，自然是王氏一派，和庾氏显然也有族派的"天然"隔阂）："荆楚，国之西门，户口百万，北带强胡，西邻近蜀，地势险阻，周旋万里，得人则中原可定，失人则社稷可忧，岂可以白面少年（庾爰之）当之哉？"

思前想后，何充推出了理想的人选：桓温英略过人，有文武气干，荆州之任，无人能比桓温者！"

由此，一代英雄豪杰，终在波谲云诡的东晋政治斗争中被推到了前台。

天生奇骨的驸马爷

自古英雄出少年的桓温

桓温，字元子，为宣城太守桓彝之子，响当当的"烈士"子弟。桓彝此人，一直忠心晋朝。王敦之乱，他深受明帝信任，进计良多，得封万宁县男，并由温峤举荐去重镇宣城任内史，颇有惠政，为百姓所怀。苏峻之乱，兵弱民寡的桓彝毅然赴难，当其时也，周围郡县守令大多投降或"伪降"，桓将军誓言忠于晋朝，固守城池经年，终于力屈城陷，为苏峻骁将韩晃所杀，时年五十三。东晋政府追赠桓彝为廷尉，谥曰简。

桓彝被杀时，桓温年仅十五岁。由于知道杀害父亲的主谋是泾县县令江播，桓温枕戈泣血，志在复仇。三年过后，江播病死。他的三个儿子害怕桓温来闹丧，在灵堂迎接吊孝来人时也在杖中暗藏利刃，以备不测。

严密如此，仍无法躲避复仇心切的桓温。这位青年人身着素白衣衫，佯称是吊客，混进灵堂。突然之间，他于衣中抽出刀来，把惊吓得瞠目结舌的江播长子江彪一刀捅死在当地。接着，他又猛追仓皇逃散的江播另外两个儿子，一刀一个，把江氏三兄弟尽数杀死，终于替父报仇，片刻之间就使害父仇人江播成了绝户。

正是此种为父报仇的刚烈勇猛，为桓温在当时赢得了至孝、猛毅的良好声名。

桓温出生不久，其父桓彝的好友温峤就见而叹异，说："此儿有奇骨，让我听听他的哭声。"及闻其声，温峤表示："真英物也！"

温峤在晋朝"素有知人之称"，桓彝因此当即为这个大胖小子起名为桓温（温峤的知人之鉴，也成为他当年在王敦属下迷惑王敦心腹钱凤的"秘密武器"。为了交好钱凤，降低这位名师的戒心，温峤常对人讲："钱世仪（钱凤字）精神满腹。"就这"精神满腹"四个字，使得"（钱）凤闻而悦之"，与温峤成为"挚友"，使温峤在王敦起事的关键时刻得由钱凤推荐，出为丹阳尹，逃出生天）。

成人之后，桓温豪爽有风概，长相魁伟，姿貌甚伟，面有七星。当时的名士刘惔就慨叹："（桓）温眼如紫石棱，须作猬毛磔，孙仲谋、晋宣王（司马懿）之流亚也。"

魏晋之时，人物相貌、风度非常重要，相貌堂堂的国字脸上长有七颗雀斑，也能被名士们附会为"七星"。

如此不俗之表，如此手刃仇人三子的孝义之举，又是忠良之后，东晋明帝选女婿，自然把此等人物作为首选。桓温二十出头，便娶明帝爱女南康长公主为妻，拜驸马都尉，袭其父爵万宁县男。

一入龙门，节节高升，他很快就得任琅琊太守，累迁徐州刺史。

桓温之父桓彝生前与国舅庾亮是好友，桓温本人也与庾亮之弟庾翼相交甚密。明帝时，庾翼作为太子舅氏，就向皇帝极力推荐这位好友。

才气、名气、运气，可以说在青年时代的桓温身上汇聚在一起了。

庾翼死后，由于朝中各派的政治斗争，大家只能走中间路线，推举出一位为世人所接受的、有“四海之望”的人来接替庾翼。

估计庾翼自己当初也想不到，他所竭力举荐的好友桓温，会在后来占了自己儿子的位置。

朝廷诏下，以桓温为都督荆梁四州诸军事、安西将军、荆州刺史、领护南蛮校尉。如此，命世英雄，终于有了施展雄心和抱负的人、才、力、地。

蜀地立勋灭李势

一战平灭成汉的桓温

新官上任三把火，桓温也不例外。为扬名立万、树立威勋，桓温当然是拣软柿子捏，准备先拿割据蜀地的成汉伪政权开刀。于是上表朝廷，要兴兵伐蜀。

至此，也要交代一下坐享锦绣一隅近半个世纪之久的李氏成汉家国。

东汉末年，一支原居巴西（今四川阆中）周遭地区的氐人迁移至汉中。曹操进据汉中后，作为氐酋的李氏一族便赶忙归附，被迁到略阳（今甘肃秦安），至此，以巴氐之名见称于天下。西晋元康年间（291—299年），关中乱起，略阳一带数万百姓流亡入汉中，世为氐酋的李特、李庠、李流兄弟理所当然地被推戴为流民首领。

元康末年，李特等人在朝廷认可下进入蜀地“就食”。在剑阁，李特见如此形胜之地，叹道：“刘禅据此而束手被擒，真乃庸才！”言语之间，已见英雄割据之心。

不久，时为益州刺史的赵廞因其亲戚加后台贾南风被废，便也想据蜀做“刘备”，招收李特兄弟等流民队伍，阴谋作乱。赵廞庸下小人，眼见李氏兄弟雄武，就找个借口把李庠杀掉。这下可捅了马蜂窝，李特率流民队伍攻入成都，大肆劫掠，并上表晋廷陈诉赵廞的不臣之心。很快，赵廞就在逃跑途中被人杀掉。

晋廷本来就万事杂乱，根本过问不了蜀地之事。于是，一纸诏书，对李特兄弟封侯拜将，并派梁州刺史罗尚为平西将军、益州刺史。罗尚本来就是贪残之人，到任后更容不下已成气候的李特兄弟，借晋廷之诏命令流民离蜀返乡。

如此一激，李特兄弟自然不放过天赐良机，率六郡流民正式造反，自称镇北大将军。302 年，李特击败晋将张微，303 年，他在打败晋军罗尚后又击降了晋朝蜀郡太守徐俭。亢龙有悔，正当李特自我感觉极佳之时，罗尚率数万晋军突然袭击，一举杀掉李特、李辅兄弟。

李特死后，其弟李流接过大旗，自称益州牧，带着李特之子李荡、李雄等人顽强奋战。由于境遇困苦，李荡不久也被官军杀死。李流肝胆俱裂，想向官军投降，遭到兄弟子侄的反对。夺气之余，李流把权力交给李特之子李雄。不久，李流病死，李雄被部众拥立为益州牧、大将军。304 年年底，李雄率军攻占成都，击走罗尚。

304 年（晋永兴元年）11 月，李雄自称成都王。又隔了一年多，李雄自称皇帝，国号大成，辖地包括今天四川、陕西西南部、云南和贵州北部，大概相当于三国时的蜀汉范围，是十六国中第一个称帝的地方割据政权。

“关起门来做皇帝”，倒是李雄的写照。此人本性宽厚，简刑约法，与民休息，在位三十年间，“时海内大乱，而蜀独无事”。

死前，李雄虽有儿子十多个，却选择战死沙场的哥哥李荡之子李班为皇太子。李班仁厚酷似其伯父李雄，但李雄的儿子却不是什么善茬。一天，刚继位没几个月的新皇帝李班夜间正在灵堂哭殡，即被李雄之子李越、李期暗杀于室内。

杀掉李班后，李越虽年长，但是庶出，便推兄弟李期为帝。李期为人残暴好杀，滥杀贤良，任用奸佞，兄弟子侄不顺己者一概毒杀。当时，镇守梁州的李骧（李骧是李特之弟）之子汉王李寿惶恐之余，趁成都不备，拥大军忽然袭城，一举杀掉李越等人，并把李期废为邛都县公。悔叹之余，李期在囚所上吊自杀。

昏君被废，后继的李寿篡位之后，遍杀李雄子孙，并纵兵奸淫李雄一支的妇女殆尽。同时，他一反李氏前期几个"皇帝"不与晋朝为敌的做法，和北方的大暴君石虎通好，准备联兵伐晋。

李寿称帝后改国号为汉，后人便称这一盘踞蜀地的氐族李氏政权为"成汉"。

李寿派往后赵的使臣回来"汇报工作"，讲述石虎宫殿壮丽、美女盈宫、刑法严峻，这一下子把李寿羡慕得不行，立时仿效，大修宫室、广选宫女、动辄诛杀臣下立威，搞得蜀地人民苦不堪言，被赋税徭役压得喘不过气来。荒淫六年后，东晋康帝建元元年（343 年），李寿病死，其子李势继位。

李势相貌不俗，身长七尺九寸，腰带十围。此人当太子时很能装模作样假谦恭，称帝后，即原形毕露，先逼杀了自己的亲弟弟李广，又杀掉直谏善政的大臣马当和解思明。不久，宗室李奕起兵，蜀人多拥护相随，但功败垂成。李奕逞一夫之勇，攻成都城时一马当先，被守兵乱箭射死。

李奕被平灭，成汉的统治却已经溃入腹心，渐成绝症之势。其境内的獠夷部族乘乱而起，四处劫杀，军守缺离，疆土日蹙。加之李势天性猜忌，诛残大臣，滥加刑狱，致使人怀危惧，上下离心。

正是在成汉分崩离析的前夕，大英雄桓温果断提出伐蜀之策。

对于桓温伐蜀之举，其属下僚佐竟有百分之九十表示反对，弄得大将军自己心里也产生了犹豫。

江夏相袁乔力劝桓温伐蜀，他进言道：

“经略天下大事，自非凡人所能及。今为天下患者，胡、蜀（指北方后赵和蜀地的成汉）二寇而已，蜀地虽险，势力却较羯胡为弱。李势无道，臣民不附，加之他自恃险远，战备不修，正是攻袭的绝佳良机。可先选精卒万名轻装疾驰，等敌方发觉我方出兵，我军已经逾过其险固隘口，李势可一战而擒。蜀地富饶，人口繁庶，当年诸葛亮恃此能与中原曹魏抗衡，如果能占领蜀境全土，实为国家大利。”

为了打消桓温的顾虑，袁乔进一步说明：“朝野众人劝阻伐蜀的主要原因，是害怕我们大军西进，北方胡寇会趁机攻掠。其实，胡寇忽然听闻我军万里远征，肯定一时缓不过神，会认定我们国内严加防备，绝不敢轻动。即使他们冒险来攻，沿江守卫部队足以拒守，必无后患。”

经此一说，桓温伐蜀决心便不可逆转。

东晋穆帝永和二年（346 年）年底，桓温率益州刺史周抚、南郡太守谯王司马无忌等人，提兵伐蜀，未等朝廷明诏可否，桓温就已经踏上征程。

他手下谋士袁乔能文能武，亲率两千人为先锋。

伐蜀大军已经开拔，奏表才送至建康朝廷。殿堂之上，文武朝臣议论纷纷，都以为蜀道险远，桓温军队人数又少，对此次兴兵皆抱悲观态度。唯独桓温的老友、大名士刘惔断定此行必能成功。

朝臣们大都面有忧色，三三两两凑过来问刘惔为何对桓温这么有信心。

刘惔说出的话令众人面面相觑：“我是根据过往与桓温赌博的经验得出此论。桓温，是个赌博大玩家，下注必下大注，没有百分百的胜算，他决不轻掷。由此观之，蜀地必为其所得！”停顿片刻，刘惔又说："但恐怕桓温克蜀之后，终必会专制朝廷啊。"

东晋穆帝永和三年（347 年）三月，桓温的晋军忽然出现在蜀地的青衣县。

天天酒肉美女的李势闻报惊骇异常，简直不敢相信这一切是真的。惶急之下，他派叔父李福、堂兄李权以及前将军昝坚等人大集兵马，自岷江以北向青衣方向急行军，欲图阻御晋军。

蜀军诸将大多认为应以逸待劳，设伏于江南突袭晋军。昝坚不听，引大军从江北的鸳鸯碕出发直奔犍为（今四川彭山以东）。此时，桓温晋军已经赶到彭模（今四川彭山东北），准备在成都平原上纵马驰骋。

在彭模休整时，有军中参谋建议晋军应分为两道，异路而进，可以分解成汉部队的兵力。

先锋袁乔再次提出他本人的判断："现在，我军深入万里之外，胜则大功可立，败则一人无存，应当合势齐力，以取一战之大捷。如果兵分两路，则众心不一，假如一路败北，全盘皆输。"

桓温大为赞同。他下令晋军全军而进，丢掉所有的军用炊具等多余后勤装备，只带三天的干粮，全速前进，直扑成都。

此命一下，晋军知道首将已经表示了"不成功则成仁"的决心，死下一条心，都准备作殊死之战。

前进途中，桓温与成汉宗室镇南将军李权大军相遇，三战三胜，成汉兵散走，败还成都。

成汉另一位镇军将军李位都见大事不妙，带着军队径直向桓温投降。

另一方面，成汉大将昝坚率大军赶至犍为，才知道根本和晋军异道而行，连照面都打不上，甭提排阵开战了。惶急之下，昝坚率这大批疲惫之军奔返成都，刚刚涉水渡过沙头津，已有游骑报告说晋军主力早已在成都近郊十里陌驻扎完毕，正摆开阵势迎候昝坚。

这下可好，两军主力还没开打，昝坚军不战自溃，四散奔逃而去。

困守愁城的李势无法，只得悉众出战，在成都西南的笮桥与晋军决战。有个“皇帝”在身后面，成汉军队的士气还真忽然上来了一下子。

两军初接，晋军前锋进攻部队遇到汉军死命抵拒。

初战不利，东晋的参军龚护被杀。

成汉军得势汹汹，喊杀阵阵，数只利箭也射向位于中军的桓温马前。

晋军心惧，很想回撤逃命。眼看成汉军队大瞪眼珠子，抡着大刀片子死命向前，一路上没遇过劲敌的晋军顿起惧意，乱哄哄往反方向倒退。

千钧一发之际，又是历史的偶然性在关键时刻显示出“无常”的黑色幽默——晋军鼓手本应鸣金退兵，估计这几个人手中没兵刃，眼看成汉兵士的长矛、大刀明晃晃杀来，他们手中的大槌乱敲，误鸣进攻鼓点，咚咚地把进军牛皮大鼓连连猛敲（吓得哆嗦，所以鼓点挺急）。

士兵们在战场上、训练场上都已经形成条件反射，闻鼓则进，闻金则退。听见大鼓声声，晋军个个扭头又往前冲。

身为前锋的袁乔书生执剑，下马督战，指挥已经内心生怯的晋兵拼死进攻。

成汉兵也就是一鼓作气，看见晋兵比自己还不要命，抵挡一阵，都掉头回逃。

桓温大胜，乘势直驱至成都，四处纵火，每个城门都笼罩在火焰烟雾之中。成汉兵士惶惧，无复斗志。

李势至此，知道自己的“大汉”已经灰飞烟灭，呆坐殿上，不知所为。

中书监王嘏等人劝他出降。侍中冯孚认为：“东汉时吴汉伐蜀，尽诛公孙氏。现在晋朝的檄文上又明讲‘不赦李姓一族’，即使出降，恐怕也不得活。”

李势越想越怕，趁夜逃出东门，迎头赶上身旁只有一两个仆从的大将昝坚，一起往葭萌逃窜。

逃都逃了，李势又觉不妥，没法逃出生天，派人送降表给桓温。降表文笔不错，肯定出自哪位文士之手，词意哀怜，废话不多，兹录于下：

> 伪嘉宁二年三月十七日（自称“伪”朝），略阳李势叩头死罪。伏惟大将军节下，先人播流，恃险因衅，窃自汶、蜀。势以暗弱，复统末绪，偷安荏苒，未能改图。猥烦朱轩，践冒险阻。将士狂愚，干犯天威。仰惭俯愧，精魄飞散，甘受斧锧，以衅军鼓。伏惟大晋，天网恢弘，泽及四海，恩过阳日。逼迫仓猝，自投草野。即日到白水城，谨遣私署散骑常侍王幼奉笺以闻，并敕州郡投戈释杖。穷池之鱼，待命漏刻。

看见降书写得这么让人高兴，没多大工夫，见李势自己在军门前“舆榇面缚”，桓温大喜，按照相关传统政策“解其缚，焚其榇”，正式举行了受降仪式。

成汉小朝廷，自李特在惠帝太安元年起兵，到此经六世，共四十六年。

李势父子贪淫残暴，竟也全得善终。在成都的李氏“皇族”十多人都被送至建康，由于属于“自首归命”，李势在东晋得封归义侯，好酒、好肉、大房子，直至升平五年（361 年）才病终于家。

刚过而立之年，像如今一些人绞尽脑汁为个副处长、副科长位子拼命挤的岁数，桓温已经立下平灭一国的不世之勋。他举贤旌善，随才授官，待蜀境全定之后，振旅还军江陵。

东晋朝廷上下大喜过望，进位桓温征西大将军、开府，封临贺郡公。

桓温灭蜀后，威名大振，朝廷惮之。

把握朝政的会稽王司马昱为了制约桓温，就以扬州刺史殷浩为心腹（此人初与桓温齐名），参理朝政。由此，他们与桓温形成对立的两派。

“不图今日复见官军”

第一次北伐的桓温

东晋穆帝永和五年（349年），后赵大魔头石虎病死，境内大乱。

桓温闻此，立刻屯军安陆，准备北上收复中原。

东晋朝廷内部，当然不愿桓温再立殊勋。褚太后的父亲、大名士、征北大将军褚裒当时镇京口，马上上表，自告奋勇，要去攻伐后赵。这位国老，也想效仿桓温，拜表即行，欲趁后赵大乱去捡大便宜。

画虎不成反类犬。代陂一战，褚国丈派去北上接应鲁郡归附民众的二将全军覆亡。一腔豪气的褚国丈，连忙退至广陵，致使渡过黄河南迁的二十多万汉人百姓全被追赶上的胡人诛杀殆尽。羞愧惭恨之余，大名士病忧死于京口，时年四十七。

褚裒当大名士可以，打仗却完全是个外行。

至此，东晋朝廷仍不给桓温机会，反而于350年委任与会稽王司马昱私交甚好的殷浩为都督，统扬、豫、徐、兖、寿五州诸军士，统军北伐。

当时的中国北方四分五裂，东晋朝野上下，都认为可以趁机收复中原，兴复大晋。唯有光禄大夫蔡谟是个清醒明白人，他说：“胡人灭亡确是大庆，但恐怕使朝廷生出更大的忧患。”旁人问及原因，蔡谟回答：“能顺天乘时救济苍生万民的，非上圣与大英雄不能为也。观今日之事，诸位时贤都不度德量力，皆想乱中立功，必将各自经营，疲民耗国，最终财殚力竭，智勇俱困。”

以后的事实，不幸皆为蔡大夫一一言中。

殷浩，字深源，弱冠即有美名，尤善玄言，是位谈吐不凡的大清谈家。此人广负盛名，年轻时一直称疾不做官，当时的名流人士都嗟叹："深源不出，奈苍生何！"（谢安不出，大家也说："安石不出，奈苍生何！"）十多年后，会稽王司马昱"哀求"多次，才把殷浩请出来做官，而且一做就是扬州刺史这样的大官。

其实，庾翼就曾对人讲过："（殷浩）此辈应束之高阁，候天下太平，然后议其任耳。"此议，真有鉴人之明。

眼见中原鼎沸，志大才疏的殷浩在司马昱支持下，很想一显身手，博他个青史流芳，兴冲冲提兵北伐。殷浩出发时飞跨上战马，立刻摔了个大马趴，军中上下皆以为不吉之兆。

果然，殷浩手下兵将虽多（有七八万之众），但他自己缺乏统领的才能。殷浩名士，加之又有知识分子猜忌狭隘的本性，逼反了本来降晋的羌酋姚襄（姚弋仲之子。后赵灭亡后，姚氏父子向东晋投降）。使得这支盟军掉头来攻晋军。

结果，殷浩手下多员大将被杀，士卒亡叛，器械军储也多为姚襄所获。至此，大言北伐，折腾了近四年，损兵折将，殷浩灰溜溜不知如何下台。

一直憋气的桓温，趁机狠狠参了殷浩一本，讲他"神怒人怨，众之所弃，倾危之忧，将及社稷"。

东晋朝廷不得不听从桓温之议，废殷浩为庶人，徙于东阳偏僻之地。

桓温既逐殷浩出朝，心中得意，对左右人讲："小时候我与殷浩玩竹马游戏，我每次骑完丢弃，殷浩总会捡起来玩，故而他应当在我之下。"

殷浩虽遭罢官出放，倒仍持大名士姿态，谈咏不辍，故作夷然，常常在空中以手写"咄咄怪事"四字，估计是自己和自己较劲。

不久，桓温念起童稚之谊，认为殷浩"有德有言，足能作令仆之官”，想推举他重新入朝做中书令，并派人送信告知。

殷浩接书，高兴得几近失态，马上写回信言谢。唯恐书信中哪个字哪个词写得不达意，得罪桓温，殷浩“开闭者数十”，信封开了封，封了开，最终送到桓温手上的，竟是一封空函。

如此，气得桓温大骂“不识抬举”，命人把殷浩“永远禁锢不用”。一代大名士，郁郁死于乡下。

现在说起“玄学”，似乎总是贬大于褒。其实，玄学产生于汉帝国崩溃的时代，正是那个礼崩乐坏的时期，士人们对于儒家伦理开始产生了深刻的怀疑，想从哲学高度找寻真正的“世界本体”。玄学的思辨精神，对于“谈中之理”“理中之谈”“谈中之谈”等进行了深刻的弘扬，讨论宇宙、人格本体。而且，其中最重要的“才性问题”“有无问题”“言意问题”“有情问题”“一多问题”，是中国哲学史上非常关键的哲学命题，体现了当时学人对自然和无限的深情追求。当然，渐渐地，玄学就成了统治阶级无聊的游戏，尤其是日后佛学和玄学合流后，玄学日益消解为茶余饭后的谈资。

殷浩一废，东晋内外大权一归于桓温。

东晋穆帝永和十年（354 年）三月，桓温自统四万军出江陵，水军舰队也同时自襄阳入均口，开始了他第一次北伐。

此次北伐的目标，是 351 年在关中称天王的氐酋苻健。苻健建国大秦，史称前秦。

桓温出师顺利。晋军前军分别攻取上洛（陕西商州）和青泥（陕西蓝田）。晋将司马勋从梁州出子午道伐前秦，前凉的秦州刺史王擢也配合桓温进攻前秦的陈仓（陕西宝鸡）。

前秦主苻健大惊，忙遣太子苻苌等人率五万军士在峣柳（今陕西蓝田附近）结营，以迎战桓温。

苻健的儿子苻生虽是独眼龙，却骁勇异常。蓝田一战，他单骑突阵，出入以十数，杀伤晋将士甚众。

桓温不为所惧，亲自于军前督阵，终于大败秦军。不久，桓温之弟桓冲在白鹿原（今陕西蓝田以西灞河附近）大败前秦丞相苻洪。

势如破竹之际，桓温率晋军连战连捷，于354年5月攻至灞上。

大敌当前，前秦太子苻苌等人退守城南；苻健本人与几千老弱残兵固守长安小城，于城前开挖深壕，悉遣精兵三万外出，与苻苌合兵，只求能守住长安。

假若桓大英雄马不停蹄，径攻长安，凭锐气利卒，有百分之九十的可能会一举击灭前秦苻氏，收复中原。

但不知为何，善出奇兵的桓温忽然持重起来，屯兵固垒，观望待变，总想等长安城内有人接应，可兵不血刃地克复坚城。

当是时也，三辅郡县皆来迎降，一派大好景象。关中耆老纷纷垂泣，哽咽说："不图今日复睹官军！"

因战乱一直隐居华阴山的豪杰名士王猛，听闻桓温入关中，"披褐谒之，扪虱而谈（"扪虱而谈"，也是魏晋风度标志之一）当世之务，旁若无人"。

桓温对王猛为人深加叹异，便问王猛："我奉天子之命，将锐兵十万（其实不到四万）为百姓除残贼，而三秦豪杰未有至者，何也？"

王猛回答："明公您不远数千里，深入敌境，今距长安咫尺之遥而不渡灞水进攻，百姓不知您到底想些什么，故而没有前来投附。"

桓温默然久之，然后，答非所问地讲了句"江东没有您这样的人物"，给王猛封了个"军谋祭酒"的散官，打发了事。

各种史书，均认为桓温当时伐秦的初衷是想以功名彰显朝廷，树立己威，并非想真的恢复中原。笔者认为，当时的桓温私心未著，只是因为兵力太少而缺乏信心所致。关中秦兵彪悍，不似蜀人易克，也使桓温起了"持重"之心。但人谋过深，常常会招致相反的结局。果真当时桓温就有立威谋篡的私念，大可一克长安，再挟胜威回江东取帝位。

本来，桓温自恃关中即将麦熟，军粮无忧。不料，前秦派人四处芟麦，坚壁清野，使得晋军立时产生了断粮乏食之忧。

喘息已定，前秦各军纷纷反攻。苻雄与桓温再战白鹿原，晋军不利，被杀一万多人。桓温回撤，前秦太子苻苌一路追击，又令晋军损失上万军卒（苻苌本人却中流矢而死）。司马勋、王擢两部晋军也屡遭败绩，分别逃往略阳和关中。不久，王擢又向前秦投降。

桓温撤退前徙关中汉人三千多户随军归江东，拜王猛为高官都护。王猛推辞不就。

10 月，桓温回军襄阳。

此次北伐，大胜终败，收获不大。

“树犹如此，人何以堪！”

第二次北伐的桓温

东晋穆帝永和十二年（356 年）元月，羌酋姚襄占据许昌后，得陇望蜀，又想攻占洛阳。洛阳当时为晋朝叛将周成所据，双方激战，一时胶着。

姚襄，字景国，是羌酋姚弋仲第五子。此人身长八尺五寸，臂垂过膝，雄武多才艺，而且他好学博通，雅善言谈，使人倾倒。当年降晋，豫州刺史谢尚见其单骑渡淮，也屏去仪仗，便服相迎。一相交谈，便欢如平生之交。

叛晋之后，姚襄总想占据有山河四塞之固的洛阳开建大业，不惜损威劳众，猛攻坚城。

356 年 7 月，东晋朝廷拜桓温为征讨大都督、督司、冀二州诸军事，进讨姚襄，这就是桓大将军的第二次北伐。

桓大将军乘船，自江陵率水陆大军，浩浩荡荡直奔中原而来。

夏日晴朗，桓温与众位僚属随员登上大船顶楼，北望中原，叹息道："遂使神州陆沉，百年丘墟，王夷甫诸人不得不任其责！"可见，对于王衍等人的清谈误国，桓温深恶痛绝。

经过金城，见自己青年时代亲手栽植的柳树已茁壮长成，桓温慨然道："木犹如此，人何以堪！"随即攀枝执条，泫然流涕。

魏晋风神，于桓大将军真情流露之际可窥见一斑。

9月，桓温已至洛阳城南的伊水，惊得姚襄急忙撤围，聚兵结阵，来抵御晋军。

姚襄耍小聪明。他先把精兵埋伏于伊水北的密林中，派人送信给桓温，表示："明公您亲率王师而来，姚襄想奉身归命，希望您下令三军稍稍后退一步，我当亲自拜伏道左迎候。"

桓温何许人也，怎能中此小计。他对姚襄使人说："我此来是开复中原，拜敬皇陵，与君无关。要来相见便来，马上就有机会见面，不要再烦使人往还。"

见计不成，姚襄据伊水与晋军开战。

桓温结阵而前，本人亲自披甲督战。

双方开打，桓冲等晋将勇猛冲锋，杀得姚襄大败，数千人被斩首。

姚襄率残兵数千奔逃于洛阳北山。由于姚襄为人"勇而爱民"，在他屡战屡败之际，许昌、洛阳附近的人民扶老携幼，仍旧一路跟随。听说姚襄伤重身死的传闻，桓温营中刚刚被"解救"的百姓竟然都望北而泣，可见他确有不凡的人格魅力。

不敌之下，姚襄向西遁逃，径往平阳（今山西临汾）而去。

桓温召见姚襄从前的手下杨亮，问姚襄为人。杨亮回答："神明气宇，孙策之俦，而雄武过之。"

不久，姚襄想谋图关中，与前秦争霸。

当时的前秦主苻生，忙派堂兄弟苻黄眉、苻坚等人与之激战于三原（今陕西三原县）。

双方大战一场，姚襄不敌，被秦兵擒杀，时年二十七岁。其弟姚苌率余众降前秦。

后来，苻坚大帝兵败淝水，各族降将纷纷反叛，姚苌最终缢杀了虎落平原的苻坚大帝，自己建立了后秦，并追谥姚襄为魏武王。此是后话（姚襄被杀时，苻黄眉本来要弄死来投降的姚苌。关键时刻，当时身为前秦大将的苻坚求情，才救了他一命）。

凭城瞭望，眼见晋军得胜，姚襄败北，洛阳的周成自知不敌，率众出降。

桓温大军入城，屯金墉城。然后，他本人亲领僚属，拜谒西晋几处皇陵，修葺墓所，并留两千兵士镇戍，迁降民三千余家于江汉平原，执逮周成返归建康复命。

劳苦功高，东晋改封桓温为南郡公，封其子桓济为临贺县公。

至此，桓氏一族，兄弟子侄皆掌重镇要职，显赫一时。

361 年（穆帝升平五年）5 月，桓温派其弟桓豁督沔中七郡诸军提兵回至许昌，大败前燕大将慕容尘。

6 月，东晋穆帝病死，年仅十九。

由于穆帝死后无嗣，朝臣拥立成帝长子琅琊王司马丕为帝，是为东晋哀帝。

哀帝兴宁元年（363 年），前燕军队进攻洛阳，桓温派兵数千赴援，并上书朝廷，建议迁都洛阳。

此时的桓温，已被晋廷加封侍中、大司马、都督中外诸军事、假黄钺，威势莫此之盛。一言既出，晋廷上下惶惶不可终日。

桓温迁都之议，确是想虚张声势威吓朝廷。南迁江东的东晋官吏，大大小小，早已在江南安家立业，广占山泽。如果北迁洛阳，他们会丢掉几十年辛苦积攒下来的家业不说，且洛阳地处前线，保不准哪天又失守，身家性命一朝玩完。

最终，倒是扬州刺史王述点明桓温不过是恫吓朝廷，出主意说，“但从之，自无所至”。

晋廷“优诏”答桓温，互相都有了大台阶下。迁洛阳之事，也就不了了之。

东晋哀帝继统没过三四年，就于365年病死，时年仅二十五。其同母弟司马奕继位，是为东晋废帝（海西公）。

枋头之败阻帝业

第三次北伐的桓温

军政大权在握，加之本性英武，桓大将军渐有代晋的“非分”之想。

平日无聊，他常卧对亲僚讲：“为尔寂寂，将为文景所笑！”意思是不举大事默默无为，曹丕、司马师那样的篡国俊杰，将会在地下笑话他这位活人。

众人惶恐不敢应对，面面相觑。桓温扶枕而起，朗言曰：“大丈夫不能流芳百世，亦应骂名千载！”

由此，可见其雄豪不臣之心已不可自抑。

桓温武人，总想以军功树威，他一直思忖着要北上再打个大胜仗，回江东后再心安理得地夺取司马家皇位。但人算不如天算，战场上风云突变，胜负决于呼吸之间，不是想打胜仗就能打胜仗，天时地利人和，缺一不可。

当时，中原形势对晋朝讲很不乐观。前燕和东晋在许昌经过几次拉锯战之后，最终丢掉了这一重镇。兴宁年间，淮阳一带也失守。最后，洛阳城守将见孤城难守，找个借口自己带兵逃离，只留下沈劲一人带区区五百人守城（《江南罡风吹浮萍》一文交代过，沈劲是王敦“逆党”沈充之子，一直想以身殉国挽回家族声誉，他就等着这种“光荣”的机会）。365年，前燕名将慕容恪、慕容垂兄弟率兵进攻，洛阳自然苦守不住，沈劲死节。不久，鲁郡、高平、宛城又接连被前燕军队攻取，燕军甚至攻掠到汉水以北地区，大掠而去。

海西公太和三年（368年），晋廷加大司马桓温殊礼，位在诸侯王之上。转年五月，桓温自领徐州、兖州刺史，率步骑五万，从姑孰出发，进行他的第三次北伐。

七月，桓温行至金乡，由于天旱水绝，水路不通，他使属下将军毛虎生派人在巨野凿河道三百里，引汶水与清水交汇。晋军大小军船相继，连绵数百里。

桓温手下最重要的谋士郗超献计，说："清水入河，难以通运。如果敌人相持不战，运道断绝，那样就会陷入危境。我们现在不如率全军直驱邺城，鲜卑敌寇畏惧明公威名，必望风逃溃，远遁辽碣之地。假若他们敢近战我军，大事也可立见胜败。如果燕军坚守不出，四周百姓皆会为我军所用，易水以南尽在我们掌握之中。"

桓温摇头。一战而决胜负，桓温认为过于轻率，不敢尝试。

郗超又献计："我们还可以屯兵于黄河、济水一带，控引漕运，待资储完备，明年夏天再进兵。"

桓温又摇头。他恐怕时间久长，燕军四处得以严备，师出无功。

郗超很忧虑："舍此二策，连军北上，进不能速决，退必遭阻遏。如果鲜卑与我军不战相持，渐至秋冬，供运输军需的河道冻结，后勤难以保障。而且，北土早寒，我军将士又无裘褐厚装，到时难免饥寒。"

不知何故，一向深谋远虑的桓温对郗超的建议皆不采纳。

桓温继续北上，连战皆捷，湖陆一战（今山东鱼台），擒燕将慕容忠；黄墟一战（今河南开封以东），大败燕将慕容厉两万劲骑；林渚一战（今河南新郑），又败燕将傅颜。不久，燕国高平太守举郡投降晋军。

八月，桓温屯军于武阳（今山东莘县），由于当地人起事接应，桓温很快抵至枋头（今河南浚县）。前燕国主慕容暐及太傅慕容评大惧，商议要逃奔燕国故都和龙（今辽宁朝阳）以避桓温军锋。

前燕上下惶惧之时，吴王慕容垂自告奋勇，表示：“请命臣率众击之，如果不胜，走未晚也。”

慕容暐还能当断即断，以慕容垂为南讨大都督，率兵五万以抵拒晋军。同时，前燕派使臣往前秦请救兵，并答应割虎牢以西之地给前秦作为酬谢。

此时，前秦已是苻坚代苻生自立为帝，他引王猛等众臣于朝堂，商议对策。前秦大臣多表示：“从前桓温攻伐我们，燕国不救；现在桓温伐燕，我们也袖手旁观。”

王猛有远谋，他密劝苻坚说：“燕国虽强，但远非桓温对手。一旦桓温进屯洛阳地区，收幽州、冀州之兵，引持并州、豫州的粮粟，肯定会再攻关中，那时我们就大势去矣。所以，不如现在与燕国合兵以拒桓温。桓温败走，燕国也丧元气，到时我们再趁机图之！”

苻坚对王猛言听计从，派军二万前去支援前燕。

桓温逡巡观望，耽误了大好时机，一切皆如郗超所料——先前开凿的水道（桓公渎）因为干旱水位下降，不能再凭此水道运粮。晋将袁真没能如期打通石门（汴口），此条水路也断绝。延至十月，燕将李邽又率兵切断桓温陆路粮道。

至此，整个战事开始向燕军一方倾斜。

燕将慕容宙率一千骑兵与晋军相遇，他对属下说：“晋人轻剽，怯于陷敌，勇于乘退，应先佯败诱使他们来进击。”

果然，两百多燕军骑兵前来挑战，打了一会儿就佯装败逃。晋军随后猛追，正陷慕容宙埋伏圈，一战就损失几千人马。

接连下来，桓温数军皆败，粮储不接，听闻前秦援军又要赶到，无奈之下，他只得下令焚毁舟船，尽弃辎重铠仗，从陆路急行军撤退。

桓温从东燕（今河南汲县）出仓垣，沿途也不敢喝河水，怕燕军下毒，每每派兵士凿井取饮。

又累又饿只有一大肚子水饱的晋兵，仓皇回逃，日夜兼行，七百里马不停蹄。

燕将个个摩拳擦掌，自告奋勇要追杀晋兵。

燕国吴王慕容垂老谋深算，说：“现在不可急追。桓温撤兵惶恐，必严设后备，挑选精锐军士殿后，回击有准备之军，不易得手。晋兵昼夜疾趋，心中必庆幸我们没有发兵追及。等他们跑累了，力尽气衰之时，我们一举攻击，肯定大胜。”

于是，慕容垂不慌不忙，亲率八千精骑行蹑于晋军之后，一路尾随。数日之后，思忖晋兵已力乏，慕容垂忙下令：“可以直击桓温军队！”

燕兵个个扬缰跃马，手持利矛，在襄邑（今河南睢县）追及晋军。晋军惶急之下，起先还挣扎抵抗，不久，先前回到襄邑东涧的燕国范阳王慕容德四千伏兵也忽然而起，大叫杀至，双方夹击，大破晋军，斩首三万余级。

逃至谯郡，桓温军遭燕将苟池截击，又损失上万人马。

其实，早在桓温失败之前，早有人预料到他日后的结局。

前秦太子太傅封孚问另一位大臣申胤：“桓温士众强整，乘流猛进，今大军逡巡高岸，兵不接刃，结果会如何呢？”申胤答道：“从桓温现在的势头看，似乎大有可为。但以我的观点，他必定不会成功。因为晋朝皇室衰弱，桓温专制其国，晋廷朝臣未必和他同心。所以，桓温得胜，是晋臣不愿见到的结果，一定会千方百计阻挠其事。而且，桓温骄而恃众，怯于应变，以大军深入，放着好机会不加以利用，反而持重观望，欲图不战而取全胜。如果日后晋军乏粮，军心摧沮，肯定会不战自败。”申胤一席话，几乎是百分百预言了枋头之役。

因此，内部之间的三心二意不团结，是东晋群臣一直不能北伐胜利的最关键因素。

十一月，桓温收集散余兵士，在山阳（今江苏淮安）屯军，稍稍才能喘口气。此次北伐，以桓温的完全失败而告终。

大军显败而还，晋帝仍派人携牛酒至山阳犒军，并遣会稽王司马昱于途中迎接桓温。

祸不单行，桓温之妻南康公主不久也病逝。

桓温郁闷至极，深以枋头之败为耻。同时，他差遣百姓大筑广陵城，自己率军移镇其中。

由于屡起兵役，加上瘟疫流行，百姓困苦，死者近半，一时间远近嗟怒，桓温威望渐损。

嗟叹英雄业不竟

桓温的最后结局

桓温枋头大败后，诿过于人，上表朝廷说是因为袁真没有打开石门水路，才使晋军丧失了水上退路，要朝廷治其罪。

袁真当然不服，认为桓温诬陷自己，上疏表称桓温罪状。

晋廷不置可否。

桓温虽败，军政大权仍齐集手中，故而晋廷根本不敢表态。

袁真一怒之下，据寿春城向前燕投降。

桓温怒极，提兵而进，费了近一年时间，才于太和六年（371 年）重新收复寿春。当时袁真已病死，桓温就杀掉了袁真的儿子袁瑾及其主要谋士朱辅等人。

攻克寿春之后，桓温问其参军郗超：“此役足以雪枋头之耻乎？”

郗超是桓温最亲密的心腹，当然知道主公有言外之意。不久，两人夜中密谈，郗超说：“明公当天下重任，今以六十之年，败于枋头，未建不世之勋。假如您不能行大事，不足以震慑四海民心。”

“我又能怎么办呢？”桓温明知故问。

“明公您不行伊尹、霍光之事（意即废旧帝立新帝），就不能树立威权。”

桓温连连点头。本来他是想北伐得胜后，即返江东受九锡，然后取晋以代。不料大败而回，九锡谈不上，篡晋的步骤也不得不放慢下来。

思来想去，也只能走废掉皇帝司马奕这一步棋。

司马奕即位未久，一直礼敬桓温，行政之权也多在会稽王司马昱等大臣之手，无甚过错。要说有错，也就错在他坐在皇帝的位子上。

371 年 11 月，桓温想，这位皇帝一向恭谨无过，只能拿床笫之事来说事儿，就报称司马奕一直是阳痿没有性功能，诬蔑他在藩王位子时与内宠相龙、计好、朱灵宝三人搞同性恋，声言司马奕与嫔妃所生的三个儿子其实都是那三个男相好的种，并称司马奕欲立这几个“杂种”为皇嗣，倾移司马氏帝基。

上表同时，桓温、郗超派人在民间散布小道消息。朝野议论纷纷，莫知真伪。

371 年年底，桓温亲自率兵还于建康，派人给褚太后捎话，要废掉司马奕，立元帝少子、会稽王司马昱为帝，并把已经以皇太后名义写好的诏书底稿送呈褚氏。

当时，褚太后正在佛堂拜佛，见人送上大司马“急奏”，连忙起身，倚着佛堂门随便看了几眼，对来人表示：“我本来就怀疑皇帝有此事。”

这位太后，深知晋室不兴，权臣势重，司马奕又非她自己亲生，阻止也无济于事，不如顺水推舟。

于是，褚太后提笔在诏草上写下数字：“未亡人（褚后自称）罹此百忧，感念存没，心焉如割。”意即表示赞同废立之举。

古代中国，废立皇帝是天大的事情，桓温权力再大，也要走太后这道“手续”。送呈诏草之前，桓温还怕褚太后有异议，他悚动流汗，见于颜色。看见诏书被褚太后签字批准，桓温大喜。

371 年十五乙酉，桓温集百官于朝堂，宣示太后的废立之诏。在晋代，先前还没有发生过这样的事情，百官震慄，桓温本人也色动，不知所为。这下倒好，大事决定下来，废立程序却没一个人知道。

倒是尚书左仆射王彪之知道其事不可逆转，就建议按照《汉书》中霍光废昌邑王立汉宣帝的故事，现取《汉书》现“取经”，宣太后诏令，废司马奕为东海王（过了一年又降为海西公），以会稽王司马昱继承皇统，是为简文帝。

废帝司马奕只得退位，他身着白帢单衣，步下西堂，乘犊车出神兽门。群臣拜辞，莫不唏嘘。可见，司马奕这位皇帝人缘还不错。

这位废帝很快被送到吴县严加看管。咸安二年年底，有人诈称有太后密诏，奉迎司马奕起事还宫复位。司马奕起先还有所动，幸亏一直跟随他的保姆劝谏，他没敢轻举妄动。前来准备劫持司马奕当幌子起事的人很着急，说：“大事将捷，怎能听信女人之言呢？”废帝回答：“我得罪于此，幸蒙朝廷宽宥，怎敢妄动。假如太后有诏使我复位，应有宫使来，怎么只有你一人无凭无据来此，定是你们想作乱。”来人见事泄，赶忙逃走。

从那以后，司马奕更是深虑横祸，终日酣饮。有宫人为自己生下孩子，他皆派人即时淹死，以求保得余年。由此，这位废帝还算命好，又活了十五年才病死，时年四十五。

一不做，二不休。桓温废掉司马奕后，奏称简文帝的哥哥武陵王司马晞与其子和袁真通谋，欲行不轨，免掉其太宰之官，废放于家。此外，桓温深恨殷、庾两家人在朝中势大，于是迫使宗室新蔡王司马晃“自首”，牵告殷浩之子殷涓及庾亮之弟庾翼的三个儿子庾蕴、庾冰、庾倩等人谋反，并族诛了涉案诸人。

殷浩少与桓温齐名，成年后两人争权，殷浩失败，于乡下郁郁病死。桓温派人吊祭，殷涓不答，得罪了桓温。但庾氏一族自庾亮和桓彝起，就与桓氏子一辈父一辈的老交情，庾翼还曾在关键时刻向晋明帝举荐过桓温。所以，诛除庾氏一家数支人户，老英雄做事未免有些过绝了。

“大事”行毕，桓温废立杀人之事果然收到大成效。侍中谢安远远望见桓温，忙下跪拜礼。

桓温见大名士此举也吃惊，忙问：“安石，你怎么向我行如此之礼？”

谢安答：“未有君拜于前，臣揖于后。”可见，连谢安当时都把桓温当皇帝来拜了。

桓温的参军郗超官职虽不高，但朝中诸臣知道他是大司马的智囊，都畏而谄事之。

谢安曾与左卫将军王坦之一起前往郗超府中拜会，由于巴结奉承的人多，两人从早晨等到中午，还轮不上被接见。王大少爷忍耐不下去，想乘车离去。谢安急忙抓住王坦之的袖子，哀求说：“难道你就不能为了宗族性命再忍耐片刻吗？”

新被桓温拥立的简文帝司马昱，字道万，是东晋元帝的小儿子。此人少有风仪，是个貌美儒雅的玄言大家。如此之人，虽神识恬畅，却无济世勇略。所以，登帝位后，司马昱心中常惧废黜，只是做个皇帝幌子而已。

谢安对这位影子皇帝评价甚恰当，认为简文帝是惠帝之流，只不过是清谈方面比惠帝略胜一筹罢了。

简文帝没什么福分，当皇帝才一年多，就病入膏肓。

他弥留之际，晋廷一日一夜发四道急诏，召桓温入朝辅政。桓温推称有事不回。

无奈，简文帝强撑病体，亲自写信给桓温，让这位大司马“以周公居摄故事”代理朝政，并表示：“我儿子可辅者辅之，如不可，君自为之。”

倒是侍中王坦之截留此信，在简文帝床前亲手撕碎，表示：“天下乃宣帝、元帝之天下，陛下您怎能想给谁就给谁？”

简文帝知道王坦之一片忠心，就让王坦之把诏书内容改为如下：“家国事一禀大司马，如诸葛武侯、王丞相（王导）故事。”

嘱托完毕，简文帝于当日病逝，时年五十三。

当时，朝中群臣还不敢马上拥立太子司马昌明为新帝，想等桓温还朝后再做决定。尚书左仆射王彪之临危决断，认为天子崩、太子代立是天经地义之事，马上拥立年幼的司马昌明为帝，是为孝武帝。本来褚太后已下了命桓温行周公居摄故事的诏书（即任桓温为“代理皇帝”），也被王坦之谏阻。

桓温方面，一直想当然认为简文帝临死会把皇位主动禅让给他，即使不然，也会以周公之礼居摄朝政。

结果，读毕简文帝遗诏，知悉二事都不成，太子已经嗣位，桓温怒极。他认定是王坦之、谢安从中作梗，深恨二人，形于颜色。

孝武帝宁康元年（373年）三月，桓温提军入朝建康。当时，都城内人情汹汹，都盛传桓温入京要诛王、谢两族，并移晋鼎，取而代之。

听说传闻后，王坦之惊惧异常，谢安坦然自若。

晋廷下诏，命百官郊迎大司马桓温于新亭。王坦之害怕性命难保，想推辞不去。谢安劝道：“晋祚存亡，决于此行。”

桓温至新亭，晋廷百官拜于道侧。桓温大陈兵卫，依次接见百官，当时的晋朝大官，皆战栗生色，王坦之也吓得流汗沾衣，倒执手版，只有谢安一人从容就席。

众人坐定，谢安果真是有名士风范，他笑对桓温说：“我听说诸侯有道，守在四邻。明公您何须在周围墙后安排那么多兵士呢！”

桓温也为谢安怡然之态而折服，笑着回答说：“不得不这样做呀！”便命左右撤去壁后手持利刃的军兵。

谢安曾经在桓温手下为官，为大将军司马，两人算是“老朋友”。

至此，二人谈天说地，忆旧言朋，笑语移日。

晚间，桓温独召谢安、王坦之两人，商谈国事。郗超依桓温安排躲在屋中卧帐里偷听三人谈话。风吹帐开，一眼瞥见郗超撅着屁股凝神偷听，谢安笑道："郗生可谓入幕之宾呵。"

正是由于谢安等人的镇定、从容，在外有强臣、内有幼主的危乱局面下，晋室得以保存。

在建康停留了十四天，桓温旧疾复发，便拥兵返回老巢姑孰。

疾笃之时，桓温不停派人示意朝廷加九锡给他，很想临死前过一把皇帝瘾。

谢安、王坦之两人不敢直接回绝，便命袁宏起草加桓温九锡的诏命。袁宏草就，给王坦之看。王坦之叹其文笔华美，但表示："卿固大才，安可以此示人！"谢安见到诏草，也胡乱改易，故而诏命一直发不出去。

袁宏渐渐看出端倪，就密问王坦之到底要怎样做。

王坦之说："听说桓温病势一天重过一天，估计拖延不了多少时间。九锡之诏，能拖就拖。"

诏命一拖再拖，桓温却等不到看见"九锡"了。

373 年七月乙亥日，桓大将军病死姑孰，时年六十二。晋廷以霍光之礼葬之，追赠丞相。

桓温死前，以其弟桓冲袭领其众。桓温世子桓熙和其弟桓济不服，想谋杀叔叔桓冲。桓冲事先知其谋，秘密逮捕了这两个无才无能的侄子，表奏桓温幼子、当时年仅六岁的桓玄为桓温之嗣，袭封南郡公。

桓温有六子。桓熙、桓济杀叔不成，被送至长沙囚禁，算是"无期徒刑"；第三子桓歆早死；第四子桓祎生下来就是个傻子，不辨菽麦；第五子桓伟忠厚诚实，为官清明，历任安西将军、荆州刺史等职，三十岁左右病死；袭爵的第六子桓玄最有名，曾一度称帝，但最终也导致了桓氏宗族被族诛的结局。

桓冲虽为桓温之弟，却温良敦厚，并自请解去要职，外任扬州，把朝中大权让给谢安。后来，苻坚南侵，晋朝降将朱序当初就是桓冲所保举。朱序降秦，桓冲惭耻不安。淝水大战，朱序又临阵大叫“秦军败了”，立功返回晋朝。桓冲为此更是惭恨，加上一直身体多病，竟在东晋大胜之时，发病而卒，时年五十七。晋廷赠桓冲太尉，谥宣穆。厚道好人，也算善终。

史载，桓温病重时，桓冲问大哥死后如何“处置”谢安、王坦之。桓温回答说：“渠等不为汝所处分。”

由此，史官们自以为是地认为：桓温以为自己活着，王、谢诸人肯定不敢立异；桓温死后，王、谢又非桓冲所能畏服。所以，如果杀掉王、谢诸人，于桓冲无益，更失当时之望——如此猜想，完全是把桓温当成一个逆臣来推想。

人之将死，其言也善。桓温最后英雄老去，含忧而逝。假使他真有篡逆之心，如司马师、司马昭之流，肯定会杀掉谢安诸人。政治角力场上，权势相随，人在人情在，人都杀掉了，“时望”又奈我何！

但历史不能假设，我们只是应该以公允立场认定桓温终以大局为重，为东晋保留了重要的政治人才。否则，日后苻坚大帝百万大军来犯，就没有谢安石“为君谈笑静胡沙”了。

总是自标正统的封建史臣，对于桓温伐蜀以及他第一、第二次北伐的历史功绩，都还表示钦赞：

> 桓温挺雄豪之逸气，韫文武之奇才，见赏通人，夙标令誉。时既豺狼孔炽，疆场多虞，受寄扞城，用恢威略，乃逾越险阻，戡定岷峨，独克之功，有可称矣。及观兵洛汭，修复王陵，引旆秦郊，威怀三辅，虽未能枭除凶逆，亦足以宣畅王灵。

桓温晚年，经过王敦之墓，心中感慨，连称王敦：“可人！可人！”

王敦、桓温两人，有许多相似之处：同是少年英武，同是尚主驸马爷，同为大将军，同是豪爽英武，同是功业不俗，同是晚年有篡夺之心，同是大业不成、忧病而死。因此，史臣把两位“大将军”同列一传，也自有其正史之理。

最可惜的是，桓大将军既未能开基建业而流芳百世，亦没能篡夺人国而被骂名千载。

曹操、司马懿、高欢死后，还能在地下做开国皇帝。桓温呢，只吃过两年多“宣武皇帝”的冷猪肉，整个家族就因桓玄的灭亡而烟消云散！

一场战争输掉的光辉帝国

最令人惋惜的一代人杰：苻坚大帝

西晋灭亡后，黄河流域广大地区成为一个历史大戏台，匈奴、鲜卑、羯、氐、羌五大少数民族乘势在中国北方你方唱罢我登场，几十年间，竟出现了十六个“国家”，大多是游牧民族首领称王称帝，其中如后赵、北燕、大夏、后汉等政权的国主大多凶狠残暴，喜于杀戮，几乎都是“兴也勃焉，亡也忽焉”。盛强时虽有控弦衣甲之士百万，崩溃之时却如溃穴之蚁，刹那间消散。

十六国中，最令人慨叹、最令人惋惜、最令人扼腕的当属一代英豪帝王苻坚——此君在王猛等汉族大臣辅助下，灭张平，收张蚝，击乌延，威震西凉，还在潞川大破燕国慕容暐四十万大军，灭亡前燕，继而又灭凉击代，一统北方。

当此之时，如果大英雄苻坚休养生息，善抚士民，静待天时，趁东晋内乱一举起兵，统一中国当属反掌之势。但他偏偏逆时而行，不顾群臣反对，短时间内发兵八十七万，号称百万，并骄狂地说，以此强兵百万，“投鞭可以阻流”。于是，大军前后千里，旌鼓相望，欲一击而灭晋朝。恰恰此时，覆亡之势，已不可避免。

淝水之战，风声鹤唳，草木皆兵。苻坚大帝为中国战争史平添了极不光彩的典型战例，为中国文学史增加了数个满含贬义的成语，为文人骚客平添了无数怅然的想象和凭吊的辞章。

详读史章，就会发现苻坚绝非残暴鲁莽的君王，反而是个开明大度、高瞻远瞩、审时度势、谨恭有礼、慕义怀德、善于纳谏、雄才大略而又完全汉化的一代英杰。

可惜的是，他最后关头一意孤行，对于前燕、东晋等降臣太过宽容，特别是淝水之战，最终导致一败涂地，使赫赫前秦分崩离析。最后，他本人为降将姚苌勒毙于佛寺。否则，隋文帝的大一统时代，极有可能在苻坚大帝的时代提前到来。

史重正朔，十六国历史短暂而扑朔，故而苻坚的事迹后人仅能从“投鞭阻流”“风声鹤唳”“草木皆兵”几个成语中窥得一二，且是从极其负面的角度把他当作一个刚愎自用的外族入侵者。

拂去历史重重的灰尘，搁置“岛夷”“索虏”的互相谩诋，作为中华大家庭万古流传的一代人杰，苻坚应当得到公允、正确的评价和忆念。

“草付应王”天意偏

前秦的崛起

说起苻坚，应先从其祖父苻洪讲起。

苻洪，字广世，是西晋略阳临渭（今甘肃秦安）的氐族酋长。因为家里池中有蒲叶生成，长五丈，五节个个如型，周围人众都称这个家庭为“蒲家”，开始便是以“蒲”为姓。

西晋内乱，匈奴族的刘曜僭号称帝，蒲洪被迫归顺，被封为率义侯。很快，刘曜为后赵石勒所败，蒲洪降附石虎，累有战功，封西平郡公，其部下获赐关内侯的就有两千多人，蒲洪就获封为关内领侯将。

石虎的养子冉闵（就是后来遍诛石氏子孙，杀了数十万羯族人的汉族大将）当时就暗劝石虎：“蒲洪雄果，他的八子又个个不凡，应该秘密把他们除掉。”石虎虽是出了名的残暴嗜杀，却没有听从冉闵的劝告，反而对蒲氏“待之愈厚”，大概是看重了蒲洪战功卓著，不忍诛杀。

后赵在老暴君石虎死后，很快溃灭。蒲洪审时度势，先在名义上降附晋朝，许多汉族民众纷纷归附，渐渐属下拥有十余万兵卒。永和六年，晋朝封蒲洪为征北大将军、都督河北诸军事、冀州刺史、广川郡公。

当时，蒲洪属下就屡屡有人劝他称尊号。谶文有“草付应王”的说法，他的孙子蒲坚一生下来背上就有“草付”两字的纹理。于是，一家人改姓“苻”。苻洪自称大将军、大单于、三秦王，轰轰烈烈的前秦王朝，由此开端。

苻洪袭击石虎的部将麻秋，并俘虏了他，留在军中任自己的军师将军，对其很是信任。苻氏几代帝王，总是犯下这种对降敌手软“慈德”的通病，可悲可叹。

麻秋心怀野心，设宴招待苻洪，暗里酒中下毒，准备鸩杀苻洪后，并领其众。

苻洪的世子苻健发现情况有异，马上带兵收斩麻秋，但苻洪已经中毒。

苻洪临死，对世子苻健说：“中原不是你们兄弟能占据的地方。关中形胜，我死后可鼓行西进。”言终而死，时年六十六岁。

苻健嗣位后，去秦王位号，佯称晋朝封赐的爵号。他以五千军兵入潼关，击败晋将杜洪、张先，入都长安，安定三辅。

永和七年，苻健自称天王、大单于，建元皇始，置百官。永和八年，苻健称帝。

此后，他大败晋将张琚，令晋镇西将军谢尚（谢安的族兄，人物潇洒风流，打仗却是个大草包）仓皇逃命。

永和十年，前秦在白鹿原大破桓温军，奠定了氐族在西北的统治地位。

此后，苻健与百姓约法三章，轻徭薄赋，修尚儒学，优礼士人，留心政事，治下呈现小康之象。

“瞎儿一泪”掌生杀

苻生的暴虐

苻健不久病重。太子苻苌在桓温入关时中流矢而死，第三子苻生被立为太子。

苻菁是苻健的侄子，听说苻健病重将死，急忙带领一帮人马杀入东宫，准备把堂弟苻生杀了自立为王。

这苻菁并非无名之辈，也是个勇猛善战的勇将，当年他与苻健两个人，在黄河南北双双挺进，跃马横枪，屡立奇功。

苻健闻乱，从病榻上艰难起身，升端门陈列甲士，跟随苻菁造反的兵士看见皇帝还活着，一哄而散，苻菁被抓住杀掉。

过了数日，苻健病死，年仅三十九岁，在位四年。

太子苻生继位。这位苻生，是中国历史上出了名的残暴君主。史书上记载，苻生“幼而无赖”，儿童时代就凶邪无比。爷爷苻洪当时就很讨厌他。苻生生下来就瞎了一只眼，十岁左右，有一天苻洪想逗他，问身旁的侍者说：“我听说瞎眼的孩子只是一只眼流泪，是真的吗？”侍者回答：“是真的。”苻生在一旁听了很恼怒，拔出佩刀往自己脸上刺了一刀，血涌而出，恨恨地说：“这也是眼泪啊。”苻洪大惊，拿起鞭子猛抽这个凶戾的孙子。苻生也不躲闪，反而想激怒老头子，说：“我本性喜欢抗受刀砍槊击，不能忍受鞭打的羞辱。”

苻洪气得大叫：“你再这样下去，我要把你当成奴仆使唤。”

苻生又答：“没准我会变成石勒那样的人物。”

当时石氏后赵王朝正是石虎当政，虽然他把石勒的儿子们杀戮无遗，但仍然是以石勒接班人自居，且把后赵的残暴政权整得如日中天。石氏出名的杀人如麻，苻氏一族仅仅是降附的一支军队，随时会被石氏屠戮。苻生竟敢直呼大行皇帝的名讳，而且揭穿皇帝当过奴仆的伤疤（石勒年幼时曾与人为奴），如果此话让后赵上层知道，估计石虎一生气，苻氏一族可能鸡犬无遗。

听到苻生这样口无遮拦，吓得苻洪顾不得穿鞋便从胡床上滚落，掩住苻生的嘴，转头对苻健说："这孩子狂悖至极，应该早早杀掉，否则长大以后必会使家族残败！"

苻健拔刀要杀，当爷爷的苻洪又叹息一声劝止："这孩子长大后应该会改好，也不至于现在就杀掉他吧。"

苻生长成后，力举千钧，雄勇好杀，能徒手格击猛兽，飞跑能追上骏马，击刺骑射，冠绝一时。晋朝桓温北伐时，苻生常常单马入阵，十几次搴旗斩将，勇冠三军。从前听单田芳、刘兰芳以及袁阔成等人的评书，言及古代战将以一当百，有什么"万夫莫当"之勇，总觉是艺术夸张。如果真正研读历史，就会发现自宋以前，特别是东晋十六国、南北朝，一直至隋、唐，军队中大将的作用极其重要。

冷兵器时代，将是兵之胆，一人敌数千人，并非虚夸。那个时代，鲜卑汉儿，羌杰氐豪，弯弓走马，飒爽英姿，俊逸绝伦，真真正正是英豪辈出的时代！

苻生初立，即大开杀戒。

先是大将强怀阵亡，其子强延应该袭封将军，正值苻健死丧，未得袭封。苻生出游，强怀的妻子樊氏于道上书，请苻生议封忠烈之后。由于阻滞苻生的游兴，新皇帝大怒，操起弓箭就射杀了樊氏。

秦国的中书监上书，说天象示警，不出三年，国有大丧，大臣戮死，希望皇帝修德养国，安民乐道。

苻生闻言，嬉笑着说："朕和皇后对临天下，可应大丧之变。至于大臣嘛，毛太傅、梁车骑、梁仆射受遗诏辅助我治天下，把他们杀了就可以应天警了。”

于是，皇后梁氏和几个辅政大臣一同被推上断头台杀掉。

不久，苻生杀了刚正直言的丞相雷弱儿及其九子、二十七孙。

苻生在服丧期间，游戏饮酒自若，荒诞淫虐，常常手携弓箭利刃会见朝臣，左右案几上锤钳锯凿一应俱全，随时随地以杀人为乐。

一次，苻生在皇宫招待大臣饮酒，他自己放声高歌，钟乐齐鸣，见有臣下不喝酒，他引弓射杀典劝官，吓得众大臣个个举杯猛往嘴里灌酒，昏醉一地，蓬头污服，苻生以此为乐。

都城长安刮大风，发屋拔树，宫人奔扰，苻生抓住那些奔跑的宫人，生刳其心。

他亲舅舅强平上谏，劝他爱礼公卿，勤于政事，苻生大怒，用凿子凿穿强平的头顶。

见自己弟弟被儿子凿死，皇太后强氏忧恨而死。

当时秦国治下野兽食人，苻生杀人，群臣有强谏的，苻生回答说：“野兽饿了吃了，吃饱就停止了。现在我杀人不过数千，算不上什么刑罚峻虐。大街上行人比肩，也不能说人少嘛。”

去阿房游幸，见道上有兄妹偕行，这位暴君又强逼二人乱伦。二人不从，苻生大怒，把兄妹一同杀掉。

在咸阳故城大宴群臣，见有稍稍迟到的，苻生立即下令全都拖下斩首。

苻生好酒，连月昏醉。平时问起身边侍从，左右有的说：“陛下圣明，太平天子。”苻生生气：“谄媚讨好我！”拖下殿去砍头。左右又有上言：“陛下刑罚稍稍过分一些。”苻生又怒：“竟敢诽谤诋毁我！”拖下去又杀头。

身边的妻妾小有不如意，只要形于颜色，苻生就马上杀掉抛入渭河之中喂鱼。他喜好把牛羊驴马活活剥皮，三五十为一群，笑看这些刚被剥皮的动物在殿中哀号奔走，又喜欢把死囚的面皮剥掉，让他们载歌载舞，让大臣聚集“欣赏”，以为嬉乐。

由于苻生自己是个“独眼龙”，忌讳尤多，臣下上书言事和讲话不能涉及“不足、不具、少、无、缺、伤、残、毁、偏”等字词，不小心犯之而死者不可胜数。苻生天性好杀，动不动就把左右属下锯颈、刳心、截肢、腰斩。

苻氏王族苻黄眉立有大功，羌酋豪杰姚襄即是败死于这位爷手中。苻生根本不加旌赏，常常在大庭广众之下污辱他。苻黄眉又气又恼，想杀了苻生自立。事发之后，不仅全家被杀，有一点亲戚关系的苻姓亲族也株连诛死一大堆，使得人心惶惶，朝不保夕。

苻生即位之初，曾梦见大鱼吃蒲叶。而后，都城长安又传有童谣：“东海大鱼化为龙，男便为王女为公。问在何所洛门东。”

苻生想来想去，认为梦中之兆和童谣所指肯定是姓鱼的大臣——马上诛杀侍中、太师鱼遵，并其七子、十孙。

事情发生后，苻氏皇族中有一个人心旌摇荡，再也不能安席——东海王苻坚。苻坚是苻生的堂兄，其父苻雄是苻健的弟弟，多谋略，善兵书，但不幸年轻时就病死，遗下苻法、苻坚两兄弟。苻坚的“东海王”封号，与童谣暗合，宅第又在洛门以东，看见太师鱼遵家里被杀得一个不剩，苻坚亡魂皆冒，寝食难安。

一日，苻生饮酒至夜，对旁边的侍女说：“阿法兄弟也不能让人信任，明天我要杀了他们。”

偏偏这个侍女平日受过苻法、苻坚兄弟不少好处，深夜溜出宫门报信。

兄弟两个大惊，情急智生，苻法带领数百人潜入云龙门，苻坚率三百壮士鼓噪进攻，值勤的御林军都放下武器加入苻坚的队伍。

众人攻入内宫，苻生仍旧昏醉未醒，糊里糊涂地被拖到小屋子里杀掉，时年二十三岁，在位两年。

历史中有很多我们所不知的秘密。据《洛阳伽蓝记》中记载北魏隐士赵逸的话说："苻生虽好勇嗜酒，亦仁而不杀。观其治典，未为凶暴。及详其史，天下之恶皆归焉。苻坚自是贤主，然贼君去位，妄书君恶，凡诸史官，皆是类也。"

由此，也可以看出，苻生残暴，很大部分也带有苻坚的史臣渲染的结果。他当皇帝时的苻氏政权，从来未对汉族百姓有过什么类似石赵羯族那样的暴政。

姿貌瑰伟幼不凡

苻坚的帝王之路

苻坚，字永固，生下来后背就有红色纹理，隐约看上去是"草付臣又土王咸阳"八字。他从小就聪颖不凡，目有紫光，苻洪非常喜欢这个孙子，称他为"坚头"。

七岁左右，苻坚伺候于爷爷苻洪左右，举止中礼，很得爷爷欢心。八岁时，苻坚主动向爷爷要求请家庭教师，教习自己儒学，高兴得苻洪连声赞道："我们这个家族，世生边陲，只知道喝酒吃肉，谁料到你这么小就知道求学呵？"

苻健入关后，封这个侄儿为龙骧将军，跟随大军转战南北。苻坚常身先士卒，部下惮服。加之他博学多才，胸存大志，广结英豪，周围有王猛、吕婆楼、强汪、梁平老一帮谋臣猛将，故而能一举而发，诛除昏主苻生，登上龙座。

当上皇帝之后，苻坚有一次登龙门山眺望，大发感叹道："美哉山河之固！"其臣下权翼劝谏道："山河之固不足恃，仁德的君主应该效法古代仁君，怀远以德，统治之道在德不在险。"

苻坚大悦，言听计从，开山泽之利以让民，金玉宝物赐予战士，偃甲息兵，休养生息。

为了抵制氐族贵族豪强，他以汉臣王猛为京兆尹，主持朝政。

眼见汉人执掌枢要，氐人豪贵又气又恼。对苻家立有大功的氐豪樊世，就酸不拉叽地对王猛说：“吾辈耕之，你竟吃现成的粮食！”王猛针锋相对，回答说：“君不但为我耕之，又将为我炊之！”怒极之下，樊世当众侮辱王猛说：“我一定把你脑袋砍下悬于长安城门，否则我就不要活在世上！”

苻坚听后大怒，对王猛说：“杀了他，朝规肯定能得以整肃！”

二人正说话间，樊世进宫言事，苻坚也不理他，转头对王猛说：“我想让杨璧娶我女儿，杨璧这个人怎样？”

樊世在旁勃然大怒：“杨璧是我的女婿，订婚好久了，陛下怎么能让他娶公主呢？”

王猛趁此机会高声斥责：“陛下是天下之主，你敢和陛下争女婿，一点也没有尊卑上下！”

樊世粗人，起身要打王猛，左右急忙拉扯解劝。樊世破口大骂。

苻坚大怒，此等臣下竟敢在自己面前动粗，马上命武士立斩樊世于马厩。

宫内的氐族贵族纷纷护短，在苻坚面前极数王猛的不是。苻坚更气，或骂或打，朝廷之上乱成一团。

大臣权翼乘机进言，说：“陛下您有汉高祖宏达的气度，但谩骂斥责的态度也不可取。”苻坚闻言而笑：“朕也有过错啊。”

事情虽然平息，朝中大臣公卿，特别是氐族贵族，从此就极其惧怕王猛。王猛与中丞邓羌两个人齐心协力，数月之间整肃法纪，杀了贵戚强豪二十多人，其中包括苻健的妻弟强德。

一时间，前秦百僚震肃，风化大行，路不拾遗。

苻坚为之兴叹：“我现在才知道天下有法可行，知道天子的尊贵威严。”

同时，苻坚重农抑商，减免赋税。他还每月亲临太学，鼓励士子学习儒经。数十年间，众人竟以教化研习为荣，促进了汉文化的发展与传播。在此期间，虽有屠各族张罔等人的寇乱，匈奴左右贤王的叛乱，以及苻生兄弟苻柳、苻双、苻庾的皇族内乱，但都很快被苻坚迅速平息。

东晋权臣桓温讨伐前燕的慕容氏，苻坚以唇齿之义派军救护，使得桓温大败而去。此战役使前燕慕容氏得以苟延残喘。

前燕国主慕容暐从苻坚处要兵时曾许诺割武牢以西之地给秦国，桓温败走之后，慕容氏变卦不予，自食其言。

苻坚大怒，自此下定了灭燕的决心，下令以王猛为主帅，进攻燕国。

风云际会君臣缘

名士王猛的辅弼

言及苻坚，就不能不言及其谋臣王猛。

王猛字景略，北海剧（今山东昌乐）人，自少博学，好兵书，气度雄远，平日谈不上的人理都不理，当时的浮华之士，都轻笑他是个痴人。

桓温第一次入关时，王猛披件破长袍请见，对着桓大将军一面摸索着衣服里的虱子，一面大谈世事，旁若无人。魏晋风度最重要标志之一的“扪虱而谈”就是首起于这王景略。桓温大为惊奇，在王猛临走时又送车子又送官，拜为高官督护，邀王猛与他一起南还。

王猛回到华阴山请教他的老师，得到的回答是：“你怎么能和桓温并世相处呢？在北方待着自可富贵，何必舍近求远！”

于是，王猛就继续留在北方。

苻坚当东海王时，心有大志，闻知王猛的大名，便派人招来相谈。

两人一见便若平生之故，都有刘备遇孔明的感受。王猛就成为苻坚的主要谋臣。

苻坚登位后，任王猛为中书侍郎，明法峻刑，禁勒豪强，一时间秦国大治。苻坚接连任命王猛为尚书左仆射、辅国将军、司隶校尉、居中宿卫，一年之内，五次高升。君臣风云际会，言听计从，荣宠莫比。

燕国慕容暐在苻坚帮助下打退了桓温的进攻后，反悔前言，不再割地与秦国。其国内的皇族又起内讧，功臣慕容垂被逼得走投无路，带着一家子侄投奔苻坚。

苻坚大喜过望，一面封慕客垂为高官，一面命王猛谋划进攻燕国。

苻坚平生最大的优点是爱才容人，最致命并最后导致他丧身失国的也是这种柔仁容人。两晋时代人物，崇尚仪容谈吐，帝王士人往往惺惺相惜。那慕容氏一家人，个个倜傥不凡，容仪甚伟，苻坚每次相见都叹赏不已，赏赐巨万，并授以要权高官。

王猛对此非常忧虑，劝说道："慕容垂是燕国勋贵，此人宽仁待下，恩结士庶，燕赵之地都有奉戴他的意愿。加上他的儿子们个个明毅能干，都是人中之杰，所谓蛟龙猛兽是不可驯养之物，不如现在除掉以免后患。"

苻坚不许："我现在是以恩义招致英豪，如果杀了他们，后人将如何评价我啊？"

慕容垂确实会韬光养晦，大有昔日刘玄德之风。他充当向导，获封为伐燕的冠军将军，一同前去进攻燕国。

大概在一世纪左右，今天西拉木伦河以北的蒙古草原上，聚集着众多的游牧部落，长年争战期间，渐趋统一、融合，形成强大的鲜卑种群。当时与鲜卑人语言、习俗相近的，还有乌桓（乌丸）族。

一世纪五十年代，昔日盛极一时的匈奴分裂，南匈奴内附东汉，北匈奴西逃，广袤的蒙古草原成为无主之地。于是，鲜卑人出占漠北，乌桓人出占漠南，匈奴余众十余万落融入鲜卑，也自号鲜卑。由此，鲜卑渐盛。

二世纪中期，在鲜卑檀石槐当权时期，控弦十万，军力大盛。其属下的主要部落同盟有三部：中部大人慕容，即慕容燕国的祖先；东部大人槐头，就是宇文部的祖先；西部大人推演，就是日后拓跋部的祖先。

三世纪早期，鲜卑在轲比能统治下更加强大，并渐趋汉化。

十六国政权当中，属于鲜卑支系的有前燕、后燕、南燕（慕容氏），北燕（鲜卑化的汉人冯氏），南凉（秃发氏），西秦（乞伏氏）。

慕容氏鲜卑，由于肤色比其他鲜卑种落的人要白皙，故一直称为“白部鲜卑”。魏晋之际，慕容鲜卑已迁至辽东北地区，并长期袭扰汉人边境地区。西晋灭亡之时，慕容廆趁乱自号鲜卑大单于。337年，慕容廆的儿子慕容皝称燕王，并打败不可一世的后赵石虎大军，杀掉后赵八万多军士。

大胜后赵后，慕容皝信心大涨，迁都龙城（今辽宁朝阳），接连击破扶余、高句丽，攻灭同种的宇文鲜卑，成为广阔辽西的真正主人。

西晋灭亡时，已有大批中原汉人投靠慕容鲜卑，并撺掇慕容氏不要采取仇视、奴役汉人的政策，而慕容氏又假装一直以东晋为宗主国，更是吸引了中原羯族高压下逃离的不少汉人。

348年，慕容皝死后，其子慕容俊继位。此时的燕国，已有大军近三十万，农耕发达，国力强盛。冉闵灭羯族石氏，燕国出兵猛攻冉闵。正是由于慕容氏一直向东晋称藩，冉闵却称帝，东晋才对冉闵见死不救。

慕容鲜卑攻杀冉闵后，慕容俊于352年称帝，立都蓟城（今北京），史称前燕。

待东晋政府缓过味儿来，为时已晚。

当时，前燕占有今天的河北、河南、山西、山东等大片地区，黄河流域唯一能与其匹敌的，只有氐族苻氏建立的前秦。

360年，慕容俊病死，其子慕容暐继位，时年仅十一岁，朝政掌握在慕容俊的弟弟太原王慕容恪和慕容廆的弟弟上庸王慕容评手中。慕容恪是汉化极深的鲜卑贵族，忠公不二，清贞自守，他执政的七年是前燕最为安定的年头。

367年，慕容恪病死。临死，他推荐其弟吴王慕容垂担当大司马一职。慕容暐庸劣，慕容评猜忌，不听慕容恪遗言，转而任命慕容暐年少德轻的弟弟慕容冲为大司马。

至此，前燕的气数已到尽头。

桓温第三次北伐，吴王慕容垂大败晋军于枋头。然而，功高震主，慕容评等人日夜想诛杀慕容垂。惶急之下，慕容垂逃亡至前秦苻坚处。

前燕自折栋梁，灭亡的日子就一日近过一日了。当时的前燕，政以贿成，官非才举，群臣切齿，人民负担极其沉重。鲜卑上层穷奢极侈，杂役繁兴。

苻坚伐燕之役，正是在这样的情况下进行的。

太和五年，王猛率邓羌、杨安、张蚝等十余名大将、步骑六万伐燕。苻坚亲自送别王猛，临行腹心相见，鼓励王猛一心攻伐，不必内顾。

王猛为报恩顾，一路所向披靡，相继攻下壶关、晋阳等地。经过半年攻伐，最后在渭源誓师，准备与燕军决一死战。

决战前一天晚上，秦将徐成归营误期，军法当斩。邓羌以徐成是自己的郡将，替徐成求情。王猛坚执不许。邓羌大怒，返营整军要攻杀王猛。王猛经过思考，也为邓羌的义勇打动，便说："我只是试探将军一下，您对自己的郡将尚且忠信如此，对国家肯定会更加尽力的。"

转天决战。燕军数倍于秦军。

王猛激励邓羌："今日之战，只有将军你出马才能成功。"

邓羌高卧，回答道："如果答应封我做司隶这样的官职，您就不用

敦煌莫高窟 《得眼林故事》 西魏

再担心战事了。”

王猛着急：“战胜了，我保证你能当上安定太守、万户侯，而司隶那样的职位，我不敢擅自答应你。”说话间，帐外已经开战，邓羌仍旧睡卧在军帐中不起身。

咬咬牙，王猛答应了邓羌的要求。

于是，邓羌在军帐中大开酒坛，猛灌老酒之后，与徐成、张蚝等大将跨马运槊，飞驰入慕容评军中，冲出冲入，如无人之境，夺旗斩将，杀伤甚众。

一上午，秦军俘斩五万多名燕军，乘胜追击，又俘斩十多万燕军。

王猛连战连捷，率秦军围攻燕都邺城。苻坚闻讯大喜，以帝王之尊亲率十万骑兵御驾亲征。

最终，前秦军队攻陷邺城，俘虏燕主慕容暐、太傅慕容评，查收燕国户籍账册，接收一百五十七郡、一千五百七十九县，共计人口九百九十八万。

伐燕成功之后，王猛又替苻坚不发一兵一卒写信说服了凉州的割据军阀张天锡，令他奉表称藩。接着，君臣合力，攻取了梁州、益州，至此，西南等地，皆归附于秦。

到王猛死前，秦已基本统一了中国北方。以天下十分来讲，秦已占其七。

苻坚与王猛的君臣关系十分融洽，他常对太子说：“汝事王公，如事我也！”其君臣交心的程度，只有刘备与诸葛孔明那样的关系可比。

宁康三年，五十一岁的王猛一病不起。他临终时上疏，希望苻坚知道功业的来之不易，做国君应该“战战兢兢，如临深渊”。

弥留之际，苻坚亲临病榻，王猛说出了他最后的劝诫和忧虑：

“晋国虽然局促于偏僻的吴越之地，毕竟是正朔相承，应该勤修邻国之礼，不应该随意图袭晋国。鲜卑、羌酋，是国家的仇敌，最终必为大患，应该逐渐根除他们以利社稷。”

苻坚在王猛生前对他言听计从，唯独对这临终遗言没有听进耳内。而后，前秦败亡，果真是应在这两件事上。

假若天假其年，王景略多活五年，天下最终肯定为前秦一统。

纳谏如流邦国乐

前秦的极盛之时

苻坚作为少数民族君长，性爱打猎，有一段时间，他跨马持弓在西山追射野兽，十天半月也不返宫，宫内的伶人（演员）王洛扣马而谏，说："大王您万一有个闪失，太后怎么办，天下怎么办？"苻坚大悟，自此不再射猎为乐。

闲暇时间，他频频亲临太学，给太学生们出考题，留心儒学。又在长安诸州的道路旁边广植槐柳，二十里一亭，四十里一驿，商贩云集，百姓乐业。

军事方面，苻坚打败晋国梁州刺史杨亮，击败蜀人张育等人的叛乱，派兵十三万讨伐张天锡。

张氏前凉政权，始于张轨。张轨，汉朝中山王张耳的十七世孙，安定乌氏人（今甘肃平凉）。晋惠帝时，张轨在洛阳任官散骑常侍。见内敌将兴，便乘机到西北发展，获任凉州刺史。张轨有干才，于 305 年大败鲜卑若罗拔部，俘获十万多口。洛阳沦陷后，张轨对晋廷仍忠心不二，并在晋愍帝时派三千锐卒去保卫长安。

张轨于 314 年病死，其子张寔袭位。六年之后，张寔被手下信奉邪教的阎沙等人暗杀，其弟张茂统持大政。323 年，前赵皇帝刘曜统三十万大军亲击凉州，最终没有得到什么便宜，张茂只在名义上向刘曜"称藩"了事。

324 年，张茂病死，张寔之子张骏继位，称凉州牧、西平公。张骏秉政期间，前赵败亡于后赵，张骏趁机尽占陇西之地，军力强盛，西域多个国家均纷纷进贡，汗血马、火浣布、孔雀、巨象等珍异二百余品，尽见于凉州。

346年，张骏病死，其子张重华继位，年仅十六岁。后赵石虎想乘人之丧攻伐，却在枹罕（今甘肃临夏）被前凉击败，损失数万军士。石虎大怒之下，命本来就遭遣戍的原东宫卫士前往凉州增援，半路爆发了梁犊等人的起义，而后国内连锁反应，烽火四起，石虎竟以忧死。由于此次大胜，前凉众臣推张重华为“丞相、凉王、雍秦凉三州牧”，仍奉晋朝正朔。

这时，是前凉最盛时期，其地“南逾河、湟，东至秦、陇，西包葱岭，北暨居延”。

353年，张重华病死，时年二十七。其子张曜灵才十岁，继位。张重华的庶兄（其父妾生子）张祚辅政，并先与张重华生母马氏私通。

马氏竟下令废掉亲孙张曜灵，以张祚为凉州之主。张祚派人掐死十岁的侄子，埋于沙坑。

张祚本来博学雄武，有政事之才，但主政凉州后极其淫暴残虐。他奸通马氏后，又把张重华的妻子裴氏弄到床上，尽污弟弟的妾侍，连十二岁的亲侄女也不放过，肆行淫污。

淫暴三年，张氏宗人张瓘自枹罕起兵，杀掉张祚，拥立张重华另一个小儿子张玄靓为凉王。张瓘兄弟不久要篡立，被辅国将军宋混兄弟袭杀。不出窠臼，宋氏兄弟继之跋扈，张氏宗人张邕又起兵，尽灭宋氏，与张重华之弟张天锡一起“辅政”。很快，张天锡杀张邕，并在363年暗杀了十四岁的侄儿张玄靓，自为凉州之主。

张天锡嗣位之后，荒于政事，官吏贪残，天灾人祸，接连不断。正是在此情势下，苻坚发大兵攻讨。

前秦出兵，所战皆捷。困窘之下，张天锡不得不投降，归长安后，被前秦封为归义侯，住在宏丽的大宅子里。至此，前凉自张轨起，共传九世，七十六年。由于前凉一直以晋朝为正朔，从未称帝，《晋书》中未把前凉张氏归为“僭伪”之君传列。

后来，苻坚淝水之战败北，随军的张天锡也“于阵归国”。这位前凉主少有文才，很是有名，晋廷封他为金紫光禄大夫。但朝士皆认为他是“国破身虏”之人，没什么人看得起他。会稽王司马道子曾问他凉州地方有何物产，张天锡回答：“桑葚甜甘，鸱鸮革响，乳酪养性，人无妒心。”不卑不亢，很是得体。后来，张天锡生活越来越潦倒，司马道子的儿子司马元显常把他召至宴会上当笑料用。桓玄篡位时，欲招怀远人，就拜张天锡为凉州刺史。没过几天，张天锡病死于家中。作为前凉国主，他的下场还不算太差。

灭前凉后，大英雄苻坚派兵十万讨伐代王什翼健，兵势威猛，那位本来也是一世之雄的代王最后被儿子出卖。代国灭亡。

苻坚对亡国君臣，从来不杀，反而都在长安待以豪宅大宦。而且，他最恨不忠不义之人，战胜过后，马上下令把不孝不仁执父求降的代国王子拓跋寔君车裂。对于向前秦归附的部落首领，他还亲自教习以儒教礼义。

西域各国闻听苻坚威德，朝贡不断，一时间，大宛的千里马等西域珍异五百余种，充塞秦国宫库。

太元四年，苻坚军队攻陷东晋的襄阳，俘获中郎将朱序。押送长安后，朱序被苻坚封为度支尚书。

在此期间，苻坚的堂兄弟苻洛造反，兴师动众，最后苻洛与其大将被俘入国都。对于这些造反的亲族，苻坚都没有予以杀害，只是易地让他们继续做官而已。

平定诸国，疆域大扩。秦国国力日强，苻坚也免不了示人以侈，在宫内悬以珍珠做的幕帘，宫宇车乘、器物服御都以奇宝装饰。尚书郎裴元略进谏，以秦始皇穷奢极欲最后亡国的史实为例，劝说苻坚贱金玉，珍谷帛，爱惜民力。苻坚大悦，马上下令撤去珠帘，封裴元略为谏议大夫。

苻坚治下国土广大，就想仿效周朝那样分封诸侯，于是他分苻姓皇族支姓以及亲近贵族三千户分镇四方。

离别之日，皇族亲人们悲号哀恸，当时的有识之人，都私下认为这是丧乱流离的兆象。而在首都长安，苻坚安插了数万户灭燕灭代以后俘虏的鲜卑以及羌人，授以他们要官大宅，确实是以用人不疑的君王之态大度善待他们。

苻坚的臣子赵整有一次侍宴，鼓琴而歌："阿得脂，阿得脂，远徙种人留鲜卑，一旦缓急语阿谁！"

苻坚听出其中的谏劝语意，笑而不纳。

英雄末路淝水边

最不可思议的败绩

大英雄苻坚经过二十多年苦心经营，国富民强，基本统一了中国北方，只有偏安一隅的东晋尚未征服。

攻克襄阳俘获朱序后，他认为自己统一天下的时机已经完全成熟。于是大会群臣，说出自己伐灭晋朝的想法。接着，他又让众大臣各抒己见。

出乎意料，除秘书监朱肜以外，大臣们都反对伐晋，认为晋朝君臣和睦，上下同心，又有长江之险，不可轻易攻打。

苻坚自己也有道理，言之凿凿："从前夫差威陵上国，勾践能一举成擒；孙皓承三代之业，司马军队一到，君臣受俘。晋朝即使有长江之险，有如虚设。以我之众多兵力，投鞭于长江，足可以断流！"

群臣听毕，意见无法统一，仍众说纷纭。

苻坚令群臣散去，留下亲弟弟苻融商议决断。

苻融流泪劝谏苻坚，以为伐晋有三不可：第一，天象不利，吴越之地有福象（古人非常迷信“天命”）；第二，晋国国君是明君，臣下又有谢安、桓冲这样的江表伟才；第三，国家连年数战，兵疲将倦，有畏战之心。最后，苻融把王猛临终遗言又复述了一遍，顿首泣诉：

“伐晋必无功而返，而且陛下您宠信鲜卑、羌、羯等各族人等，他们遍布国都附近，手中有兵有权，而我们皇族贵戚，却都在远方偏僻地区守边。如果我们现在倾国而去伐晋，一旦出事，恐后悔莫及！”

此后，苻坚的大臣权翼、受苻坚宠爱的少子苻诜以及国师道安等数十人面谏上书，苻坚均不听。只有先前投降的燕国勋贵慕容垂大力支持苻坚，发兵前，他自己与子侄辈都做好了趁乱复国的各方面准备。

慕容垂说的话很动听：“陛下英明威武，而司马昌明（东晋孝武帝）敢依一隅之地，拒承王命，如果不加以征伐，怎显大秦威德。往昔孙氏跨踞江东，最终为晋朝吞并，是天意气运使然。为臣听说，小不敌大，弱不御强，况且大秦上应符命，以陛下强兵百万，能将如林，神谋独断，怎能把僭伪之朝的贼虏留为子孙后代之忧呢。陛下应天机独断，不须广访群臣，以免耽误建立不世之功的机会。”

苻坚闻言大喜：“与吾定天下者，惟卿一人耳！”

淝水之战之前，前秦虽盛极一时，但只是表面的荣光，其内部隐藏着无数民族矛盾——河北、辽东以及河南以北，遍是慕容鲜卑余部；山西、陕西北部，都是山胡（匈奴支系）盘踞；关陇一带，羌人与卢水胡比比皆是；赵魏一带，丁零四布；山西东北和内蒙古一带，拓跋鲜卑自成一系。至于广大的中原地区，汉族更占人口优势。相比之下，氐族人数稀少，将近十五万户氐族的雄武之士又被派往四处以充军事殖民之用。如此勉强黏合的政治军事集团，其内部结构其实非常脆弱。

前秦在攻陷襄阳俘虏朱序之后，集中六万步骑进攻三阿（今江苏宝应），致使建康君臣大为震动。

当时，谢安主持朝政，忙派其弟、征虏将军谢石统水兵屯聚涂中

（今安徽滁州市），又派侄子谢玄从广陵急赴三阿，击退秦军。

后来，双方互有胜负，呈胶着状态。

晋将桓冲时任荆州刺史，于381年末在竟陵（今湖北潜江）派其侄桓石虔击败前秦军，斩首近万，活捉一万多。383年6月，桓冲本人亲率十万晋军，进攻襄阳，并取得一定的胜利。苻坚大怒之下，派儿子苻睿和慕容垂率步骑五万救襄阳，数路俱进。慕容垂善用疑兵，连夜命军人每人持十个火把，遍挂树枝之上，"光照数十里中"。桓冲以为秦兵无数，畏惧而还，退保上明（今湖北松滋）。

谢安在桓温死后，深知中央政府应保持有一支可以直接指挥的"嫡系"部队，便以"土断"为手段，在北来侨民中征募了大批强壮年轻男性，号为"北府兵"，由谢玄负责训练。

虽然"北府兵"不过十万人左右，但皆是失土怀恨的北方流民子孙和因难忍少数民族高压政权冒死逃至江东的汉人，这些人斗志昂扬，战不惜死。

苻坚下书令各州十丁遣一兵，征用公私马匹，发步骑二十五万为先锋，由慕容垂统帅，他自己率戎卒六十多万，骑兵二十七万，前后千里，旗鼓相望。

发兵同时，苻坚已把东晋皇帝预封为尚书左仆射，谢安为吏部尚书，桓冲为侍中，并在长安修建了精美的大宅院，以准备得胜后安置诸人。

大儒王夫之对帝王亲征有过如下看法："苻坚不自将以犯晋，则不大溃以启鲜卑之速叛；窦建德不自将以救洛，则不被擒而两败以俱亡；完颜亮不自将以窥江，则不挫于采石，而国内立君以行弑；佛狸（拓跋焘）之威，折于盱眙；石重贵之身，擒于契丹……"

此外，隋朝炀帝因亲征加速亡国；英明神武如唐太宗，征辽也是无功而返；还有明英宗的土木堡之役，被蒙古生擒，差点亡国。

御驾亲征的成功例子，只有明朝的明成祖朱棣和清朝征噶尔丹的康熙大帝。即使是澶渊之盟名义上获取主动的宋真宗，也对寇准把自己推到兵临城下的危殆境地耿耿于怀，后来将他贬谪外放。

所以，帝王亲征，如此轻动确实最易招致危亡，而此危亡之始，最早起自苻坚。

东晋朝廷听闻苻坚倾国而来，忙调谢石为征讨大都督，以谢玄为前锋都督，加上谢琰（谢安之子）、桓伊等将领的辖下兵马，共八万余人，倾力抗御前秦的来侵。

因此，“北府兵”就成为东晋一方的战斗主力。

战争初期，前秦一方进展极其顺利。苻融等人一举攻陷东晋坚城寿春，俘虏了东晋平虏将军徐元喜、安丰太守王先；慕容垂攻陷郧城，杀晋将王太兵；秦将梁成也率五万劲卒，屯于洛涧，数败晋军。

晋廷闻报，忙派谢石、谢玄、谢琰、桓伊等人提军而来，相继赴前线抵拒秦兵。

由于忌惮梁成兵盛，在离洛涧二十五里处，晋军皆停留观望，不敢前进。

东晋龙骧将军胡彬先是坚守硖石，很快粮尽兵瘦，只能天天运沙冒充粮食来欺骗秦军自己还有吃食。私下里，胡彬派人送信于谢石等晋将，声称贼盛粮尽，并且表示自己恐怕没命再向朝廷复命了。

送信人突围之后，没走多远，为苻融军队俘虏。

苻融大喜，派飞骑驰告苻坚，要求速进众军，一战而胜。

苻坚阅信大悦，他害怕晋军主力不战先遁，就马上舍其大军于项城，自己只率八千轻骑倍道而行，直奔寿春。

所有这一切，晋军方面一无所知。

但是，祸兮福兮，人算不如天算。

东晋龙骧将军刘牢之忽现神勇，亲率五千劲兵，乘夜进袭秦将梁成大营，斩杀梁成等十名秦国大将，杀秦兵一万五千多人。

谢石等人一见梁成已败，也立刻胆气倍增，水陆继进，迎敌而来。

苻坚与苻融两人登城，见晋国部阵齐整，将士精锐。北望八公山上，草木都像人的形状（其实是晋朝会稽王司马道子害怕秦国，临时抱佛脚，在草木之间鼓吹拜钟山之神时用草及纸板扎成的人形木偶和仪仗）。

见此，苻坚开始心虚，转头对苻融说："这些也是劲敌啊，怎能说他们人少呢？"

为了打心理战，他派先前俘虏的晋将朱序前往晋营游说谢石等人投降。也真是天不佑秦，这朱序一过去，就把苻坚军内的虚实全都告诉给谢石："应该马上和秦军先头到达部队决战，如果挫其前锋，肯定可以成功。真的等秦国百万大军陆续到来，晋军根本就不是对方的对手。"

当时秦将张蚝正在淝南大败谢石的军队，谢玄、谢琰将兵数万在淝水一侧接应。张蚝不敢追，在淝水另一端列阵。

晋将谢石派使臣去通告苻融："您大军深入，置阵临水，并不是持久之计。希望您稍稍后退一下，空出双方战士格杀战斗的空地。这样，我与您立马观赏争杀，不亦乐乎！"

苻融并非宋襄公那样食古不化的君王，此人也是能文能武的人中之龙，他本意是想乘晋军半渡入河之际引兵直击，在得到苻坚首肯后，他同意谢石建议，指挥军队往后移。

谁知刚一却阵，朱序大叫"秦军败了"！

秦军中的鲜卑、羌、羯等各族兵丁，各怀鬼胎，转头就跑。再往后的军队，根本就看不见前面发生了什么事，看见黑压压一帮溃兵洪水般压来，也扔下兵杖转身就逃。

苻融策马想阻止逃军，马倒被杀。秦军溃败涂地，晋军乘胜而前。

苻坚自己被流箭射中，单骑逃遁至淮北。一路上，风声鹤鸣，草木皆兵，秦军仓皇逃奔不止。

晋军乘胜逐北，收复寿阳，并俘虏了前秦的淮南太守。

拨开历史的迷雾，淝水之战，可能也算不上典型的以少胜多的战例。

苻融三十万军队西至郧城、东至洛涧五百里驻守，沿途还拨出几十万军队分别驻守要冲，九十万军队，实际当时在淝水的估计也就十多万（秦军战线之长，前军已到阵前，中间都是队伍，最后的部队才刚刚从长安出发）。

反观晋军，本来就有八万精兵严阵以待，加之后来新加入的兵力，总共也有十万左右。他们以逸待劳，内部团结，特别是西晋灭亡后汉族士庶对北朝政权残杀屠戮的畏惧心理，都化为抵抗的同仇敌忾之意。

在双方兵力差不多的情况下，天时地利人和加上走大运的偶然因素，终使大英雄苻坚一统天下的宏愿成为泡影！

让人百思不解的是，东晋宰相谢安因此战一举成名，无数诗词歌赋颂扬他，史书上却鲜见他排兵布阵的计策，只记得胜利消息送到后，谢太傅对下围棋的客人说了句“小儿辈遂破贼”，神情淡定，只是在进屋时内心狂喜而脚步过重，踩断了木屐的后跟。

依笔者愚见，淝水之战东晋战胜的偶然性也很大，大运撞上了，取得莫名其妙的胜利。如果失败，估计谢安和“信口雌黄”的西晋宰相王衍一样，也会名士潇洒，国亡而不色变的。

大帝梦断新平寺

苻坚的最后结局

淝水战后，前秦元气大伤，先前被征服的鲜卑、羌等部族酋豪纷纷举兵反叛，建立割据政权。

慕容家族中，慕容垂逃回前燕故地，而后，慕容宗族的子弟跃马披甲，遍地狼烟。羌族的姚苌等人也重新崛起，丁零、乌丸相继起叛。北方重新四分五裂。

苻坚困守长安，看见前燕贵族背信弃义，把慕容暐叫到面前大骂：“你们家族兄弟子侄，布列上将，当时虽称是灭国，其实我待你们如手足，尔辈恰似像归家一样。现在，慕容垂、慕容冲、慕容泓各个称兵，你们家族，真是人面兽心，枉亏我以国士待你们。”

虽然如此，苻坚看见在自己面前涕泣陈诉装孙子的慕容暐等仍不忍诛杀。

长安城外，慕容暐之弟慕容冲率军歼灭秦军数万，占据阿房城，步步逼近。

慕容冲阴狠凶戾，十二岁时前燕国亡，曾与十四岁的姐姐清河公主一道为苻坚纳入后宫，作为娈童服侍苻坚。当时姐弟专宠，旁人莫进。最后还是王猛切谏，把他放出外任做大州刺史。

鲜卑大军进攻长安城，苻坚凭城观看，心里慨叹敌人之强。他派人送一锦袍与慕容冲，想打动对方念忆从前的床笫之情。

慕容冲答道：“孤家现在以天下为任，怎能看这一袍小惠。如果你束手来降，我们慕容家对待你也不会比你从前待我们家差。”

苻坚气得几乎吐血，大叫：“后悔不用王景略和阳平公（苻融）之言，使白虏敢猖狂如此！”（慕容鲜卑族人皮肤白皙，故苻坚呼之为白虏）

长安城内，犹有鲜卑数千人在大宅子里住着。慕容暐时刻不闲，秘密招集族人准备埋伏人马袭杀苻坚。其间，消息泄露，苻坚大惊，这才诛杀慕容暐父子及其宗族，城中鲜卑，不论男女老幼，全被杀光。

自此之后，灭人国者如果不忍心对亡国家族下绝杀令，劝谏者往往以苻坚“柔仁邀名”为例，致使后代亡国之皇族，罕有保全者。

慕容冲在长安城外围城日久，城中乏粮，以至于出现人吃人的惨剧。苻坚倾最后家底设宴款待群臣，打仗的将军也分不到几片肉吃，塞进嘴里不敢咽下，回到家“吐肉以饴妻子”。

数月之间，烟尘四起，百姓死亡无数。

慕容冲率众登长安城，苻坚全身甲胄，亲自督战。这位大帝飞矢满身，血流遍体，指挥杀敌。

最后，苻坚听信谶言“帝出五将久长得”的鬼话，从长安出奔，只留太子苻宏守城。

慕容冲纵兵大掠长安，死者不可胜计。

苻坚逃到五将山（今陕西岐山县），羌族首领姚苌派兵包围了他。秦兵溃奔，苻坚身边只剩下十余个侍卫。

此时，苻坚帝王之度不改，坐而待之，召厨师进食。

姚苌大将吴忠驰马赶到，把苻坚捆起来送到新平；继而，姚苌派人向苻坚索要传国玉玺。

苻坚大骂：“国玺已送晋朝，怎能送给你这个忘恩负义的叛贼！”

姚苌又让苻坚把帝位禅让给他，苻坚接着骂：“禅代是圣贤之间的事。姚苌什么东西，敢自比古代圣人！”

姚苌羞愤，派人把苻坚缢死在新平佛寺，时年四十八岁。其子苻诜，两女苻锦、苻宝以及夫人张氏等人皆自杀。

最奇怪的是，淝水之战东晋一方幕后“总指挥”谢安，也于同月病死。

一南一北两个大人物，同时离开历史舞台，真是一种意味深长的“巧合”。

历史学家陈登原，认为苻坚有四大善事：文学优良，内政修明，大度容人，武功赫赫。

纵观中国古代君王，真正能做到这四点的寥寥无几。

苻坚与王猛君臣相得，明锐果决，想得到的一定要成功，豪俊不凡，但可惜的是矜大好功，不知休息民生，怀妇人之仁，内有慕容垂等心腹之患而不除，又大举伐晋，一跌而失天下，成为后世讥讽攻击的对象。

宋代大儒王安石有他自以为盖棺论定的评价：“苻坚好功，而不能忍，智大而不见机。（王）猛知其不能除（慕容）垂，故劝以勿伐晋耳。不然，以（苻）坚之强，而欲取晋，夫又何难之有！”

然而，《资治通鉴》的编纂者司马光，有他独到的见解：

> （苻）坚之所以亡，由骤胜而骄故也。魏文侯问李克吴（国）之所以亡，对曰：“数战数胜。”文侯曰：“数战数胜，国之福也，何故亡？”对曰：“数战则民疲，数胜则主骄，以骄主御疲民，未有不亡者也。”秦王（苻）坚似之矣！

帝国分崩如沙散

前秦的黑色休止符

苻坚死于新平佛寺后，留守长安的太子苻宏也守不住长安，率数骑突围而出，一路辗转，最后竟向东晋投降。

一直镇守邺城的苻坚庶长子苻丕，受到鲜卑慕容垂二十多万兵马围攻，情急之下，也向晋将谢玄求救。

谢玄派大将刘牢之将兵两万，带粮草来救。鲜卑个个能战，东晋政府又无意中原，刘牢之不久就受命率晋兵回撤江东，苻丕只得仓皇逃往晋阳（今山西太原）。

闻知苻坚已死、苻宏已降晋的消息，苻丕索性在晋阳称帝。

苻丕，字永叔，自少聪慧好学，博综经史，曾就学于老将邓羌，研习兵法。此人文武全才，志在复兴，便留大将王腾守晋阳，亲率大军四万进取平阳（今山西临汾）。

当时，关中鲜卑族人由慕容永带领，要经河东回河北，起先他们不愿和苻丕开打，只求借路。苻丕不从，派属下大军进攻，反而被急困思归的鲜卑人打得大败。

真是天不佑秦，苻丕手下只剩三千人，南奔东垣（今河南新安），又想趁机袭击东晋的城池。东晋的扬威将军正想找个软柿子捏捏邀功，闻讯于半路邀击这些败亡的氐军，于战中斩杀苻丕，并俘其太子苻宁等人，执送建康。东晋朝廷赦而不诛，把他送归投降的苻宏。

苻丕败死，众氐推苻坚族孙苻登为主，从枹罕起兵，与姚苌等人展开激烈的战争。

苻登为人善战，他特别愤恨杀掉苻坚大帝的羌人。当时天下大乱，交战各方都缺军粮。苻登每次攻打羌军，都把羌人尸体称为“熟食”，激励手下战士说：“汝等朝战，暮便饱肉，何患于饥！”

氐军听从，每战必大嚼羌军死人肉，欢健能斗。

姚苌闻讯，忙召回与苻登相持的弟弟姚硕德，说：“你不走，必为苻登所食尽！”姚硕德吓得逃回姚苌大营。

苻登于晋孝武帝太元十一年（386 年）称帝后，便立苻坚神主于军中，车建黄旗，羽葆青盖，以精甲武士三百人护卫，每次战斗前，他都率领将士预先向苻坚神主致礼。

苻登深念苻坚大帝之“酷冤”，次次在敬告神主时，皆慷慨流涕，手下将士莫不感奋，都在铠甲上刻“死休”二字，示以必死之心。他们战法奇特，每战以长槊钩刃为方圆大阵，厚薄得体，从中分配，人自为战，所向无前。

一路进战顺利，苻登至胡空堡时，已有十余万氐、汉等族人民归附。氐、羌相战，日久无食，苻登军食人肉不够，只能采桑葚为食。

苻登求战心切，率铁骑万余在姚苌大营环驰，并且四面大哭，哀声动人，打心理战。

姚苌闻而恶之，就下令三军回哭。

如此一幕，实是中国古代战争史上最有趣的一幕：氐军因激愤而万口同哭，羌军因恐惧而万口齐嚎。

此情此景，世莫有二。

姚苌屡败，认定苻坚有神验，也在自己的军中刻木像以为苻坚大帝神主，并亲自祷告说：“往年新平之祸（指苻坚被缢杀），非我姚苌之罪。为臣我的兄长姚襄，从前在陕北被陛下与苻黄眉击杀，是他谕示我杀陛下报仇，非臣之罪。苻登乃陛下疏宗，尚欲复仇；为臣我为亲兄雪耻，合情合理。陛下过世为神，怎能借苻登之手而报复为臣呢？现立陛下神像于此，愿您听臣至诚，勿计臣过。”

姚苌絮絮叨叨，没有任何情理逻辑而言。

苻登挥师进攻，升木楼指向姚苌大喝：“自古及今，安有杀君而反立神像请福之人，你别再妄想了！”接着，苻登放声高呼：“杀君贼姚苌出来，我与你单挑独斗！”

姚苌惮而不应。自立苻坚神像以来，羌军仍旧每战不利，军中夜夜惊恐，见无效验。于是，姚苌命人击鼓数遍，砍掉苻坚神像之首，掷送于苻登军阵之中。

苻登连战连捷，俘斩数万羌军。

得胜麻痹之下，苻登忽遭姚苌夜袭。苻登妻子毛氏、二子以及大将数十人被杀，损失百姓五万余口。不久，苻登又数败于鸯泉堡、新罗堡等地。接着，马头原、安定二战，苻登又败。

虽然数战数胜，一直迷信神怪的“杀君贼”姚苌却夜中数梦苻坚索命，神思恍惚，至于病危。

苻登闻讯，拜礼苻坚神主，希望大帝亡灵保佑成功。

知悉姚苌扎营安定，苻登率军疾趋。姚苌病势稍缓，亲自安排进兵术略，派羌将夜间主动袭扰苻登营垒。苻登畏惧退兵。姚苌又亲率大军一直蹑追苻登军三十多里地。

平明时分，军士向苻登报告：“贼诸营已空，不知所向。”

苻登大惊，感叹道：“何物老羌，去令我不知，来令我不觉，谓其将死，忽然复来！朕与此羌同世，何其不幸！”

于是，苻登收兵众还退雍州。

不久，苻登委任的右丞相窦冲叛乱，自称秦王。苻登率兵进攻，窦冲向姚苌求援，苻登又损失一路兵马。

姚苌病死，其子姚兴袭位。苻登闻姚苌死讯，大喜，说："姚兴小儿，吾将折杖以笞之。"于是，他率全部氐军，向关中挺进。

苻登攻屠各姚奴堡、帛蒲堡后，后秦的新君姚兴率军逆击氐军。

苻登见后秦军势众，往废桥撤退。不料，姚兴手下大将尹纬已经踞桥而待。氐军后有追兵，前有堵截，奔跑行军一口水也喝不上，竟渴死三分之一人马。

绝望之际，苻登挥师与尹纬交战，大败。夜间军溃，苻登单骑奔亡雍州。

留守胡空堡的苻登之子苻崇与苻登之弟苻雍，听闻苻登战败消息，竟然置最后的老巢于不顾，出奔而逃，致使余众迸散，不可复制。

苻登还军至胡空堡，无所投靠，只得逃往平凉，在马毛山中（今宁夏固原）收集余众，同时以儿子苻崇为人质，向陇西鲜卑头人乞伏乾归求救兵。

乞伏乾归派二万军马来援。苻登拼死一搏，与前来追击的姚兴决战于山南。

两军接战，苻登大败被杀，时年五十二。其诸子不久皆被杀。

至此，前秦自苻健于穆帝永和七年（351 年）称帝，至孝武帝太元十九年（394 年）苻登被杀，共五世，四十四年。

前秦淝水大败，败后，东晋诸将势如破竹，接连收复襄阳、益州、梁州等地。同时，谢玄率大军北伐，连克彭城、鄄城、青州、邺城，迫使慕容垂逃往中山（今河北定县）以避晋军兵锋。

但好景不长，东晋朝廷并无恢复中原的决心，不久就把刘牢之等人撤回江东。河北、关中地区不能恢复，河南之地也很快不保。

淝水大战后，不到十年之间，黄河以南的战略要地接连失守，南燕（鲜卑慕容德）竟在青州（今山东东部）建起王朝，可以说是对东晋一个绝大的讽刺。

于万死中逃出生天的北方汉族人民，在由北而南的逃亡途中，不仅没有受到朝廷“子弟兵”的欢迎，反而有不少被晋军当作“生口”抄掠，卖到江南各地的世家大族庄园中当奴仆。如此官军，又怎能真正博取中原汉族士庶的真心拥戴呢？

因此，淝水一战之后，北中国再堕分裂。后燕、西燕、南燕、北燕、大夏、西秦、南凉、后凉、西凉、北凉等，你方唱罢我登场，长期混战，互相征伐不已，兵马多年，血雨不停。

一直待到北魏王朝的崛起，才最终使混乱局面告一段落。

雨后复斜阳

东晋的衰亡：司马道子父子擅权以及孙恩、桓玄之叛

396年10月深秋的一天夜里，建康清暑殿内，丝竹阵阵，曼舞翩翩，阵阵酒香，氤氲在为兽炭所烘暖的内殿之中。

时年三十五岁的东晋孝武帝，沉迷酒色多年，当晚仍旧欢饮不辍，色眼迷离地望着身笼轻纱的宫人广袖扬舒的美妙腰身。

估计时日渐寒，孝武帝司马昌明比平日又多进了数杯热酒。酒酣之际，望着身边一脸冰霜的宠妃张贵人，孝武帝开玩笑说："爱妃，你都快三十了，依你的年纪，按常理也该被朕废了，我更喜欢年轻貌美的妇人呵。"

说着话，孝武帝哈哈一笑，扬头又尽一觞。随即，他又眼望殿中艳丽多姿的众舞女，连连点头。

张贵人眉尖挑了几下，似乎没什么表情。滔天的妒意和恨意，刹那间自她心头滚滚而过。

很快，孝武帝斜倚在软榻之上，醉入酣甜之乡。

张贵人罕有地亲斟美酒，向当夜值勤的宦者大道辛苦。皇上宠妃敬酒，太监们又惊又喜，跪地狂饮，不一会儿就都大醉如泥。

张贵妃唤人，把值班太监们都送回住处歇息。

暗影红烛之下，望着孝武帝沉睡的面孔，想着两个时辰前这位帝王要废黜自己的话语，张贵人杀心顿起。她万分冷静地坐在席上，指

挥手下四个贴身婢女，把数床锦被蒙在孝武帝身上，并命她们按紧四面被角。

思忖片刻，决心已定，张贵人美目中寒光凛凛。她轻移莲步，亲自坐在孝武帝已被数层锦被蒙盖的头部。

孝武帝痛苦地挣扎，但数床锦被严丝合缝。几分钟后，被子里面的低嚎完全安静下来。司马昌明，这位在位期间曾取得十六国、南北朝期间南北战役中最大胜利的君王，竟然因一句玩笑话，被自己的宠妃活活闷死。

由此，东晋孝武帝成为中国历史上死得最窝囊的帝王之一。

黎明，张贵人对外声称皇帝“因魇暴崩”，即做噩梦死了。

“时太子暗弱，会稽王（司马）道子昏荒，遂不复推问”。堂堂一国之君被人谋杀，首逆张贵人竟没有受到任何“处分”，这，成为中国古代宫廷史上最离奇的事情之一。

太子司马德宗继位，时年十三，是为东晋安帝。这位皇帝还不如西晋惠帝，不仅不会说话，连寒暑饥饱的感觉都没有，完全就是一个活动的植物人。

幸亏安帝同母弟、琅琊王司马德文恭谨聪敏，自懂事起，他就一直在东宫陪侍太子哥哥，伺候傻哥哥吃饭、穿衣、上厕所。登基之后，当时十岁的司马德文，完全成了傻皇帝的贴身专职保姆，天天扶着这个肉傀儡上殿入朝，以尽皇帝“义务”。

福兮实为祸所伏

“淝水之战”后的东晋政局

淝水之战大胜，史书上未见谢安事前有何周详的筹划。胜后，他却大费心机：先上书固让朝廷授给自己的太保荣衔，害怕父子皆有大功

谢安像

勋，恐怕为朝廷所疑；接着，他唯恐桓氏一族失职怏怏，同时也对桓石虔沔阳兴复之功深加内忌，忧其骁勇难制，又担心他依据形胜之地造反，就改授其为豫州刺史，转授性格谦和的桓石民为荆州刺史。安排停当，谢安很想助东晋一统天下，上疏自求北征。

谢安名为北伐，其实是害怕在朝中专权的孝武帝同父同母弟会稽王司马道子。他出镇广陵步丘，筑新城垒居于其中，设法使自己远离建康这个政治漩涡的中心。

因淝水大胜进位太保、太傅，并都督扬江荆司等十五州军事，谢安其实已经有“功高震主”之嫌，他唯恐引起晋室猜疑。

晋孝武帝太元十年（385 年），谢安偶感身体不适，怅然对左右说：“从前桓温在世，我常惧被杀。当时，我做有一梦：梦见我乘坐桓温的轿舆前行十六里，见到一只白色公鸡，就停止不前了。乘坐桓温轿舆，是代替他的位置的预兆，行十六里，可能十六年吧，至今正好整整十六个年头了。白鸡主酉，今年太岁在酉，恐怕我一病就好不起来了。”

果然，没过几天，一世英名的谢太傅撒手人世，时年六十六。

谢安一死，东晋朝中的权力就更集中于会稽王（先为琅琊王）司马道子手中。当时晋廷下诏，称司马道子“神识颖远，宜总二南之任，可领扬州刺史、录尚书、假节、都督中外诸军事”。于是，全部国权，皆握于孝武帝这位亲兄弟身上。

司马道子果真是“神识颖远”吗？正好相反。这位面相俊美的王爷，大绣花枕头一个，天天酣歌为务，正事就是吃喝玩乐。美尼淫僧遍布左右不说，平素为他宠信的，又多为奸佞小人。这些人，打着司马道子的旗号，广收贿赂，卖官鬻爵，侵愚百姓，作恶多端。

朝堂之上，司马道子最宠信的人，就是中书令王国宝。这王国宝来头很大，其父是简文帝时的中书令王坦之，其岳父是大名鼎鼎的谢安。但王国宝根本没有节操，为人谄险，谢安在位时每抑之而不用。

由于王国宝的堂妹是司马道子的王妃，这位王家少爷借此与皇帝亲弟深相狎昵。小人见小人，臭味相投，一拍即合，不时在背后讲他老丈人谢安的坏话。

与司马道子平日亲密不可须臾离身的，还有优伶出身的赵牙和“捕贼吏”出身的茹千秋两个人。在讲求门第才华的东晋，司马道子竟然委任赵牙这么个戏子为魏郡太守，以茹千秋为骠骑咨议参军这样的清闲之官。

投桃报李，赵牙在建康用公款为司马道子新建一所大宅院，筑山穿池，列树竹木，功用巨万。孝武帝曾“御临”过兄弟这座新府邸，见室宇宏丽，面积广大，规劝说：“府内有山，可得瞻视，确实不错。但修饰太过，不是向天下人树立俭素的好榜样啊。”司马道子闻言，只能点头唯唯。

孝武帝一走，司马道子忙对哈腰跟在自己身后的赵牙讲：“刚才真危险，如果皇帝知道府内这些山都是人工堆垒的，你肯定要被杀死啊。”

赵牙一笑，也仿颜回对孔圣人的回话：“公在，我赵牙怎敢先死呢？”为了讨好主子，赵牙营造更甚，把司马道子的大宅子又增扩了一倍。

茹千秋方面，也时时打着司马道子的幌子，卖官贩爵，聚敛累亿。

当时，孝武帝虽是酒徒，也知道老弟权势过大对自己存有夺位的威胁。于是，他下诏任自己的大舅子王恭为南兖州刺史，坐镇北府；任世族殷仲堪为荆州刺史（桓石氏死后，王忱接任，又病死），居于上流重镇；对王珣、王雅等人加以朝中仆射一类的要职，以制约司马道子的权力。

孝武帝后来封自己的二儿子司马德文为琅琊王，就改封司马道子为会稽王。

王国宝闻知孝武帝疏忌司马道子，立即墙头草随风倒，就对皇帝谄媚，开始天天陪孝武帝酒肉玩乐。这位皇帝高兴之下，答应为儿子琅琊王纳王国宝的女儿为王妃。自此，王国宝自然疏远了司马道子。

司马道子大怒，在内省之中当面斥责王国宝脚踏两只船，甚至话不投机以剑掷他，两个人蜜月期告一段落，旧好殆尽。

司马道子非常好酒，常为长夜之宴，蓬首昏目。醉就醉了，这位王爷还极其不稳重，不顾身份乱讲话。有一次，宾客满坐，数百人的大宴会，司马道子又喝高了。当时，桓温的儿子桓玄也在座中，频频举杯，小心伺候。

司马道子的脑袋不知转错哪根筋，忽然在大庭广众之下高言："桓温晚年想造反，是不是这样啊？"

大殿之上，顿时鸦雀无声。

桓玄闻言，忙跪伏殿中，满脸流汗不敢抬头。

要知道，古人十分讲究忌讳。以桓玄来讲，某次有人误在他面前唤人"温酒来"，桓玄就"流涕不止"。这下倒好，当朝皇帝的亲弟、录尚书事司马道子直唤其父名讳，并讲桓温当年要"作贼"，桓玄羞、愧、惧、恨、憎五味杂陈，如坐针毡，如临深渊。

虽然桓温晚年想篡位，但未显于形迹。司马道子的父亲简文帝、亲兄孝武帝之所以得登帝位，正是由于桓温废黜了海西公司马奕，才使他们这一系的父子可以隆登九五之位。司马道子不仅不领情，还当着人家儿子的面讲其老子要作贼，也真是混账至极。

幸亏在尴尬之时，长史谢重离席跪拜，举朝板正色说道："已故的宣武公桓大人黜昏立明，功超伊、霍。外界虽议论纷纭，更应由殿下您加以定评，以正视听！"

这句话虽委婉，意思也很直接：没有桓温，就没有当时的简文帝和今天的孝武帝。

没心没肺的司马道子也有点酒醒，连连点头，用吴地方言讲"侬知侬知"，转过头，又向一直伏地流汗的桓玄举杯示意，桓玄至此才敢起身。

虽然当时有了台阶下，桓玄益不自安，切齿愤恨司马道子，种下了日后桓玄谋反篡晋的根苗。

萧墙伏祸连踵至

各怀鬼胎的东晋臣将

孝武帝死后，王国宝马上重新谄附司马道子。这位王爷不计旧嫌，倚为心腹。王国宝的族弟琅琊内史王绪，也与族兄双双参管朝政，权倾内外。

古今中外，凡是小人都有这样的本事，能令公喜，能令公怒，以利益为最终目的，不惜折节屈膝，不惜甜言蜜语，不惜臭不要脸。何况，会稽王司马道子又是一个庸识暗劣之人。

前将军王恭是孝武帝原配王皇后之兄，安帝之舅，少有美誉，清操过人，加上他世为高门，其为人清正不阿。入朝拜孝武帝坟陵之余，王恭常向司马道子正色直言，劝他不要昵近小人。

本来朝廷授王恭为“平北将军”，但晋朝有“北”字军号的人下场均不好，大家都忌讳“北”字，故而王恭辞去此职，朝廷改之为“前将军”。

王国宝、王绪兄弟对王恭又惧又怕。王绪劝王国宝，趁王恭入朝安帝时伏兵杀掉他。

王国宝本性怯懦，没敢答应。

会稽王司马道子以为自己是安帝之叔，王恭是安帝之舅，起先还对王恭客客气气，常与这位帝舅拉家常讲心里话。但王恭每每言及时政，辄厉声厉色，是个不大懂人情世故的老古板，慢慢使司马道子心生愤恨，渐生相图之意。

王恭方面，手下有人劝他趁入朝时带兵诛杀王国宝。由于害怕王国宝的好友豫州刺史庾楷兵马强盛，王恭犹豫不敢先发。

还镇之日，大庭广众之下，王恭仍旧直脾气，大声规劝会稽王司马道子要敬纳直言，疏远佞人。

“佞人”王国宝、王绪兄弟等人，当时都在送行宾客当中，听王恭之语，心中愈惧。

司马道子不仅没有远佞人，待王恭一走，他下令任王国宝为左仆射，领选，即掌管朝中的人事大权，并把东宫卫兵全划拨王国宝指挥。唯一让国人有一点心理安慰的，是王导之孙右仆射王珣也被朝廷拜为尚书令。

王珣年青时曾做桓温的幕僚，当时就很为桓大将军器重，预言他定为“黑头公”，即不必等到年老白头即可做三公的大官。

王珣和兄弟王珉本来都是谢安女婿，后来，王、谢两大家族因利益摩擦闹翻，兄弟俩被谢安逼着双双与谢家女儿离婚。

孝武帝末年，为了抑制司马道子权势，朝廷把王珣调入中央办事。

王国宝、王绪兄弟掌权后，纳贿穷奢，不知极纪，不断劝司马道子裁撤王恭和荆州刺史殷仲堪的兵权，致使内外扰动，都知道要有大事发生。

王恭、殷仲堪二人闻信，也以“北伐”为名，缮甲勒兵，各做准备。

殷仲堪也是陈郡世家大族出身，清谈大家，年青时就与韩康伯齐名，号称“每三日不读《道德论》，便觉舌本间强”。此人是大孝子，其父殷师病卧多年，殷仲堪自学医术，因长期“挥泪执药”，竟然瞎掉了一只眼睛。入朝为官后，孝武帝很信任殷仲堪。一天，孝武帝问：“我听人说有个大臣的父亲神经衰弱，听见床下蚂蚁打架的声音，就觉得是恶牛相斗，那个人是谁呀？”殷仲堪马上下跪流泪，答称“臣进退维谷”——因为孝武帝讲的那个人正是殷师。古人讲究纯孝，又多忌讳，为臣子的殷仲堪，当时着实尴尬了一回。

殷仲堪虽有美誉，确实并非将帅之才。到任之后，政事紊乱，只是好施小恩小惠来安抚民心。

王恭深觉危日近，便主动派人联络殷仲堪，准备共同起兵讨伐王国宝等人。一直郁郁不得志的桓玄，很想浑水摸鱼，便也撺掇殷仲堪起兵：

“王国宝兄弟擅权，生杀任意，但王恭是国舅，他们不一定敢先拿他下手。明公您是先帝旧人，破格升任荆州刺史，舆论大多以为您非方伯之才，王国宝等人很可能下诏调您入京，夺去军权，那时候您可怎么办[illegible]？”

殷仲堪被桓玄一语道破心事，忙问：“我忧此已久，又[illegible]如何呢？”

“与王孝伯（王恭字）东西齐举，我桓玄举众相随，[illegible]大业。”

殷仲堪深以为然。他召集雍州刺史郗恢和堂兄南[illegible]尉殷觊商议大事，二人均不同意，认为起兵事大，有谋反之嫌。

建康方面，会稽王司马道子听说王恭、殷仲堪有[illegible]，马上宣布内外戒严。同时，他召来尚书令王珣，问：“二藩作逆[illegible]知之乎？”

王珣一直在朝中受王国宝兄弟排斥，只是个花[illegible]，便回答：“我一直不得参与朝政，此事一概不知。”

王国宝闻言，心中更是惶惧，愈发明白王恭[illegible]是专门冲自己一人而来。

王绪狠毒，他劝堂兄王国宝假借司马道[illegible]命，先杀掉王珣、车胤等人，以除时望，再乘机裹胁安帝和司马[illegible]，挟天子以令诸侯，发兵讨伐王恭和殷仲堪。

如此计得行，成功的概率估计还[illegible]了。但王国宝贪污的胃口大，果于诛杀的胆子却很小。

王珣、车胤得召进殿后，[illegible]不仅没下令杀掉对方，反而问计于王珣：“王恭、殷仲堪两人[illegible]我该怎么办？”

“二藩起兵，不过[illegible]争权罢了，彼此之间没有深仇大恨，不必忧虑。”王珣说。

“会不会他[illegible]后把我当曹爽一样处理呢（即司马懿诛曹爽三族故事）？”[illegible]这一问，更暴露了他政治方面的“天真无邪”。

“怎[illegible]那样？即使您有曹爽的罪过，难道王恭等人有宣帝（司马懿[illegible]的魄力吗？”王珣“安慰”王国宝。

[illegible]国宝闻言稍安，扭头问车胤的看法。

车胤表示："如果朝廷发兵讨伐王恭，他一定凭城坚守。相对之时，殷仲堪乘上流之势，一鼓而下，直奔建康，到那时候，您又该怎么办呢？"

经这一席话，王国宝吓得面如土色。杀人的事情早已忘得一干二净，他赶忙上书自求解职，诣阙待罪。

本来手握朝廷大权、禁卫军权、人事调动权，王国宝竟被车胤几句话吓破胆，主动提出辞职，连稍作反抗的表示都没有，确实是庸劣之极。

不久，他本人后悔，诈称有诏，自己恢复了自己的职位。他辞职也就辞了，或许还能保得一命。王国宝估计回府后被王绪一激，他又后悔，想再要有所动作。

一番折腾，本来就怯懦庸下的司马道子，也知道这位"左右手"根本不可倚恃。为了平息二藩起兵，他就把一切过错委于王国宝，派人把王国宝、王绪逮捕入狱。很快，司马道子称诏赐死王国宝于狱，杀王绪于闹市之中。

二王兄弟的人头还真管用。王恭罢兵，退还京口。殷仲堪虽声附王恭，一直犹豫未敢真正发兵。听见王国宝被赐死的消息，他才上疏举兵，遣部将杨佺期进屯巴陵。司马道子亲自写信劝止，殷仲堪也顺坡下驴，率兵还镇。

事情暂告一段落。

树欲静而风不止。司马道子的世子司马元显才十六岁，当时以宗室身份得为侍中。此少年"有俊才"，早熟老到，认为王恭、殷仲堪肯定会再次起兵，劝其父早做准备。

司马道子见儿子所见不俗，大喜，拜司马元显为征虏将军，配了大批兵将归他指挥调度。同时，司马道子起用宗室谯王司马尚之、司马休之兄弟为心腹，派司马尚之的参谋王愉（王国宝异母兄，先前并未因王国宝而获罪）出任江州刺史，用为形援，以备王、殷两人的再次起事。

桓玄方面，见王恭、殷仲堪初次起兵无功而返，自己也没捞到便宜，便上书请求朝廷调任广州。

会稽王司马道子正好心忌桓玄在荆州殷仲堪治内二人相互呼应，马上照准，调任桓玄为广州刺史。桓玄虽受命，仍旧在原地不赴任，拖延行期，以观时变。

豫州刺史庾楷对朝廷割其属下四郡由王愉掌管表示不满，上疏劝阻，朝廷不许。怀恨之下，庾楷派儿子庾鸿劝说王恭："谯王司马尚之兄弟现在掌握实权，比王国宝还坏，目的是要借朝廷名义削弱方镇，要篡夺帝位。现在他们谋议未成，应先下手为强。"

王恭早就怀疑司马尚之兄弟对自己的外甥安帝不利，听从庾楷之议，通使殷仲堪、桓玄，联合再次起兵。

司马道子闻变，派人去拉拢庾楷，说："昔日我与您欢饮帐中，恩同骨肉。如果王恭得志，肯定认为您是反复小人，到时就怕您身首、家族不保！"

庾楷很生气，提笔为书道："当初王恭赴京拜陵，正是因为畏忌我才没敢起事。去年之事（指杀王国宝前的王恭起兵），我一直俟朝命而动。我待王爷，从未相负。但王爷不敢并力抵拒王恭，反而杀掉王国宝以自保。自那时起，天下人还有谁敢为王爷尽力呢？我庾楷可不敢以身家百口性命开玩笑。"

庾楷、王国宝两人是好友，因此，他不仅仅是为王愉分割自己属下辖郡而恼，也是因老友王国宝被司马道子当替罪羊杀掉而恨恨不平。

闻知庾楷已答应王恭共同起兵，广征士马，朝廷上下惶扰不已。

年方十七岁的会稽王世子司马元显初生牛犊，丝毫不畏，劝其父说："先前不讨王恭，故有今日之难。如果再放纵他，大祸可就会降临到您头上了。"

司马道子忧惧，不知所为。于是，他悉以朝政托付给这个儿子，天天饮酒消愁。

司马元显虽然年少，志气果锐，初生牛犊不怕虎。一些附会奉承之人，均誉赞司马元显神武不凡，有东晋明帝之风采。

由于王恭第一次起兵时徘徊观望，殷仲堪一直觉得自己很没面子。此次兴兵，殷仲堪急不可耐，但他自己不会将兵，便把军事指挥权统统交给时为南郡相的杨佺期。

杨佺期为先锋，率水军五千先行。桓玄领兵继之。殷仲堪自带二万军，殿后而行。

桓玄心怀鬼胎自不待表，这杨佺期也非善茬。按理讲，杨佺期九世祖杨震是汉朝太尉，世为弘农大族。西晋永嘉大乱后，杨氏渡江稍晚，其后又没能及时与江东名族缔结婚姻，故而一直受到排抑。杨佺期为此“慷慨切齿”，很想因乱举事，一泄怒气，并趁机使杨家重新进入名族之列。

安帝隆安二年（398 年）九月，杨佺期、桓玄兵船刚至温口，王愉连一箭也未敢发，仓皇逃往临川。

晋廷上下硬着头皮，会稽王司马道子以其世子司马元显为征讨都督，派卫将军王珣、右将军谢琰（谢安之子）将兵讨伐王恭，遣谯王司马尚之将兵讨伐庾楷。

庾楷慷慨义气了半天，一战即溃，单骑奔归桓玄。桓玄有智谋勇力，在白石大破官军，与杨佺期合兵一处，直逼横江。

司马尚之、司马休之兄弟大败。晋军各路皆退，只得回兵固守石头城。

闻听盟军得胜之际，王恭更是扬扬得意。王恭素以才地傲人陵物，杀掉王国宝后，感觉更是好奇，马不停蹄地想立兵威以自肆。原本，这位皇上大舅本无任何野心，可权力场中滋味诱人，总会使人欲罢不能，流连不已。

王恭之所以有恃无恐，两次起兵，全赖其属下南彭城内史刘牢之。

刘牢之这个名字，在淝水之战中给人横空出世之感。正是他率五千“北府兵”，一举击溃苻坚手下名将梁成所率两万之众，临阵斩杀梁成及数名前秦大将，极大鼓舞了东晋将士的必胜信心，奠定了东晋在淝水大战中最终大胜的坚实基础。

淝水之战后，刘牢之率兵北伐，进屯鄄城，河南城堡承风归顺东晋者甚众。后来，后燕的慕容垂与苻坚在北方开战，东晋派刘牢之驰援苻丕。政治就是这样，没有永远的朋友，也没有永远的敌人。东晋、前秦双方相互击刺的矛头鲜血未干，现在又变成盟友共同对付鲜卑人。

王桥泽一役，晋军因争抢辎重，军伍散乱，为慕容垂所击败，刘牢之策马跳五丈涧，才得以逃脱，完全是刘玄德小说演义的翻版。

此败之后，刘牢之冲天煞气似乎一下子消失殆尽。后来，他竟因为不救廪丘被围的友军，坐畏懦免官。

王恭出镇一方后，为讨王国宝，重新任用刘牢之。但王恭以累世高门自居，又自恃皇帝亲舅，待刘牢之没什么礼数，只以爪牙武将遇之。为此，刘牢之心中深怀耻恨。

司马道子的世子司马元显知悉此事后，这个少年阴谋家大喜，忙派人劝说刘牢之抛弃王恭，并答应事成后以王恭的职位转授刘牢之。同时，司马道子本人卑辞下意写亲笔信给刘牢之，陈说祸福。

刘牢之在得到会稽王父子的利诱之初，还有些犹豫，就与自己的儿子刘敬宣商量：“王恭受先帝大恩，又为皇帝亲舅，不仅不奉戴王室，却数次举兵向京师。克捷之日，他难道会屈于天子和会稽王之下吗？现在，我想奉顺讨逆，反击王恭，你以为如何？”

刘敬宣明白父亲的心思，忙说：“朝廷虽非尽善，也无大恶。王恭自恃兵威，暴蔑王室，诚为逆子贼臣。父亲您与王恭亲非骨肉，义非君臣，虽然有一段时间共事，关系并不融洽。反戈讨之，有何不可！”

刘敬宣一席话不无道理，但也有亏心之处。假设王恭不起用刘牢之，恐怕这位英雄就一直荒废蹉跎了。

父子帐中密议，岂料窗外有耳。王恭的参军何澹之手下探知此事。

何参军马上密报王恭。

恰巧，何澹之平时与刘牢之不和，王恭也一直知道这两位手下常有摩擦，就认为是何参军诬告刘将军。他不仅不信何澹之，还摆酒宴请刘牢之，并当众拜刘牢之为兄，精兵坚甲，全部交给他指挥。

王恭平时对刘牢之大大咧咧，只以部曲手下态度轻待。听了何澹之的报告，王恭竟一反常态，拜刘牢之为兄，态度急转，天上地下，倒会使刘将军更加疑惧，反而促成他的速反。

王恭派刘牢之与帐下督颜延一起出征。没走几里，刘牢之就斩杀颜延，向朝廷（其实就是会稽王一方）投降。同时，他派其子刘敬宣和女婿高雅之率劲兵驰还，直捣王恭大营。

王恭没有任何心理准备和军事准备，当时正在城外检阅军队，忽然就见穿着本军军服的兵骑杀到面前，登时军溃。他只得单人独骑向曲阿方向奔逃。

这位大名士不会骑马，颠了数里就把大腿两侧磨得鲜血淋漓。幸亏曲阿有个从前的老部下殷确，不忘旧情，划着小船载上王恭，准备送他去桓玄处“避难”。

半路，两个人竟遇见殷确的仇人钱强。钱强曾因偷税被殷确“处理”过，心怀怨恨。今见殷确船中有人，就估计到是王恭。他马上向政府军告发，王、殷二人均为晋廷抓获，押送至都城建康。

王恭未及入城，便被会稽王司马道子下令在建康东北郊的倪塘斩首。

王恭此人，本性抗直，美姿仪，善清谈，以天下为己任，但志大才疏，不恤下情，崇信佛道，疲劳百姓。北府任上，他调役民夫，大修佛寺，士庶嗟怨。《世说新语》中，“濯濯如春月柳”的美誉，称赞的正是这位王大人。

年青时，王恭身被鹤氅裘，涉雪而行，当时的名士望见，皆大叹“此真神仙中人也”。不过，王恭毕竟中看不中用，用人不当，最终自取灭亡。

无论如何，这位东晋名士也算条汉子，临刑之时，犹诵佛经，自理须鬓，神无惧容，并对监刑者说："我暗于信人，所以至此。原我本心，确实忠于社稷。百代之下，希望有人知我王恭真心！"

王恭五个儿子、王恭弟王珣以及王恭一个侄子皆同日被杀，唯独一个庶子当时年幼，寄养在乳母家。王恭从前的下属，把这小孩子偷送至桓玄处，得以抚养，唯留此一脉。直至桓玄执政，王恭才被平反。告发王恭和殷确的钱强，以及抓捕二人的捕吏，后来都被腰斩。

再说回晋廷会稽王方面。司马道子父子确实没有食言，封刘牢之为都督兖、青、冀、幽、并、徐、扬州晋陵诸军事，完全取代王恭的职位。

王恭虽死，殷仲堪、桓玄、杨佺期等人并无摧折，他们已经分路逼近芜湖和石头城，纷纷上表为王恭诉冤，要晋廷诛杀刘牢之。

刘牢之理直气壮，率北府劲卒驰赴京师，于新亭扎下大营。桓玄、杨佺期见"北府兵"来，皆惊惧失色，忙退至蔡洲（距建康数十里）。但殷仲堪数万大军倒没怎么为刘牢之吓倒，仍向京师不慌不忙逼近。

京城内纷扰之时，左卫将军桓修出来，替司马道子出主意。桓修是桓冲之子，桓温之侄，桓玄的堂兄。中国古代政治就是如此纷杂，同宗同族甚至亲兄弟也站在不同的营垒，互相琢磨算计。

桓修认为："桓玄、殷仲堪等人，一直以王恭为主。现在王恭已死，军中夺气。如果朝廷予以桓玄、杨佺期二人高官厚爵，二人心内必喜，与殷仲堪离意，到时，我们可先除掉殷仲堪。"

司马道子依计行之，以朝廷名义，援桓玄江州刺史，召郗恢回朝任尚书，以杨佺期代郗恢为雍州刺史，以桓修为荆州刺史，黜殷仲堪为广州刺史。

如此阴险的离间计，还真成功。

殷仲堪得诏大怒，下命桓玄、杨佺期进兵。桓玄二人都很想得官，在当地犹豫徘徊。

殷仲堪惭怒，知道此行已无成功的可能，马上拔军自芜湖南归。但他也来了招毒辣之计，派人向屯于蔡州的桓玄、杨佺期手下兵士们散布言论：“你们这些人不归顺随我，我回江陵后，把你们的家属全部杀掉！”

这一招极灵，杨佺期部下立马就有两千人开逃；桓玄也惧兵变，立即引兵西还，追及殷仲堪，陈说自己没有二心。

既然大家聚在一起，就又称兄道弟，饮血酒为盟。同时，殷仲堪、桓玄、杨佺期三人再次共同上书，为王恭诉冤，替殷仲堪的降职抱打不平，并指斥桓修小人。

司马道子确实是个瞬息万变的庸下之才。惮惧之下，他把为自己出主意的桓修罢官，恢复殷仲堪的荆州刺史职务，优诏慰谕，以求和解。

桓修枉作小人，被朝廷指斥为“专为身计，疑误朝廷”。

殷、桓、杨三人，看似铁板一块，但经过此次战事，心中各怀疑虑，皆起相图之心。杨佺期为人骄悍，桓玄自恃才地，对寒人出身的武将总有不屑之意。于是，杨佺期就暗劝殷仲堪杀掉桓玄。

殷仲堪不是不想杀桓玄，只是暗忌杨佺期兄弟勇健，怕杀了桓玄就没人牵制杨氏兄弟，所以一直没下手。

最终，三个人率兵，各还所镇。内心深处，他们各自却都想除掉对方而后快。

虽又化解了一次重大政治危机，但会稽王司马道子数日惊悸，染上重病。他仍以酒当药，狂饮不止。

司马元显深知其父已经没有威望，就唆使朝廷解除了司马道子司徒、扬州刺史的职务，自代扬州刺史一职。

大醉数日之后，司马道子酒醒，才知自己已丧失实权，大怒，却无可奈何。

司马元显时年十八，深谋老到，又有庐江太守张法顺这个官场老油条为他出主意，常常有出人意料之举。

不久，司马元显任“录尚书事”。时人称司马道子为东录，称司马元显为西录。父子分府，西录车骑盈门，东录门可罗雀。

政治场中的趋炎附势，于此可见一斑。

司马元显年纪虽轻，也就今天刚上大学的年纪，但本性苛刻，残暴好杀，征发诸郡刚刚免除奴隶身份的大族附荫民户，把这些人全都强迫迁至京城附近充兵役，号为“乐属”，意思是自己愿意从军被政府统辖。

这批“乐属”，司马元显想用来自己直接控制，因为北府军和荆州军皆不是他的嫡系。但是，司马元显强迫征发的这些青壮劳力，本来祖父为奴，自己刚刚获得自由农身份，新近有田耕有家室，在浙东一带过上夫耕妻织的小日子，忽然又变成了“兵籍”（而非东晋那种世世相袭的“兵户”，社会地位低下），他们心中的怨恨，可想而知。同时，大地主大世族，对此也极为不满，因为晋廷的命令，使他们丧失了许多荫附的佃客，经济利益受到极大打击，由此，他们也对司马元显恨之入骨。

正是这一极不得民心的举动，使得江东诸郡人民痛心疾首，纷纷思叛。

江东鼎沸晋祚摇

孙恩之乱时的东晋政局

东晋朝廷的内忧外患刚刚消停了几个月，就又传来天大的坏消息。安帝隆安三年（399 年）年底，贼人孙恩因民心思动，乘机起事，自海岛出兵，杀掉上虞县令，直攻会稽，攻杀了书圣王羲之的儿子王凝之及其诸子。

孙恩之乱，非朝夕猝发之事。琅琊孙氏，也是世家大姓，几辈子下来都信奉“五斗米道”。孙恩的叔叔孙泰，一直师事钱塘人杜子恭，学了不少“方术”，以此浮狡小计，诱骗百姓钱财。致使百姓中间许多人敬之如神，皆竭财产，进献子女，以祈福庆。

当年，王珣曾向会稽王司马道子告发孙泰以妖术惑人，就把此人流放广州。岂料，广州地方官被孙泰的“幻术”迷惑住，竟然派这个邪教头子当郁林（今广西贵县）太守。孝武帝末年，颇想长生壮阳，把孙泰召还京师。司马道子忙封他个徐州主簿的虚官，给钱给地给人，让这个妖道天天“炼丹”。

王恭起事，孙泰假借讨伐王恭为名，眩惑士庶，私聚徒众。司马元显掌权后，也听说这位妖道壮阳秘术，多次前往其住处求索秘方。

孙泰日益骄横，自认为晋朝运祚将终，就在吴地广诱百姓，以“五斗米道”作招诱，时常与徒众密会，阴谋作乱。

朝廷对此知之甚多，但因他与司马元显交情深厚，没有人敢揭他老底。最后，会稽内史交出真凭实据，向晋廷告发孙泰要造反。

司马道子估计孙泰的阴谋会危及自身，就派人杀掉了这个妖道以及他的六个儿子。

“五斗米道”源于东汉，其原本教义并无太大危害性。但经杜子恭、孙泰等人掌握后，妖言惑众，不断增添“新内容”，就慢慢变成了邪教。而且，在当时没有紧密经济联系的农村社会，邪教正好成为孙泰、孙恩起事的最好组织形式。

邪教的欺骗性非常惊人。孙泰被显戮于市，其教徒闻知消息，都认为教主是“蝉蜕登仙”，纷纷聚集，一起站在海边，向海中抛洒金银宝物以及美酒美食，祭飨这个妖人。

孙恩怀恨在心。叔叔孙泰被杀不久，孙恩深知司马道子父子怨播天下，就凭借邪教骇人的招聚力，在极短时间内聚众数万，一下子就杀掉了吴中八郡王凝之等数位地方官，其中包括谢安的两个儿子谢邈和谢冲，猖獗一时。

孙恩之乱所以如此容易，正在于邪教教众遍布各州郡府衙和守军之中，一呼百应，立时应召。

当时，三吴承平日久，民不习战，郡县兵将皆望风奔溃。

孙恩占据会稽后，自号“征东将军”，名其邪教教众为“长生人”，当地士众凡有不服从者，皆全家全族诛死，婴儿不免。

攻克诸县之后，孙恩邪教组织即把当地守官杀死肢解，大锅煮熟，并当众逼迫守官的妻儿吃掉亲人的尸体。凡有不从者，就虐杀脔割，极尽酷残之能事。

这支丧心病狂的邪教队伍无恶不作，凡攻陷城池，均烧毁城市，填平水井，杀尽不从之民。

邪教徒众皆视会稽为“大人圣城”，往孙恩处聚集。许多邪教妇女，因有小孩在身行动不便，就把亲生骨肉扔入水中淹死，念叨说：“祝贺你先登仙堂，我见教主后随即就与你相见。”痴迷如此，可见邪教的煽动性、欺骗性是多么骇人。

这下倒好，东晋之地，本来除了桓玄、刘牢之、杨佺期等占领的广大地盘外，朝廷的号令只在三吴之地通行。孙恩乱起，八郡皆陷，贼寇蜂起，连建康城内都有不少邪教教徒潜伏。至此，东晋王朝几乎只剩下一个空架子。

晋廷见状，忙以司马元显为领中军将军，命刘牢之与谢安之子谢琰共同率兵讨伐孙恩。

晋军初战告捷。谢琰、刘牢之政府正规军一到，孙恩乱民之伍根本抵御不住，纷纷败北。

乱世出英雄。正是孙恩之乱，引出一位日后功高一时，终于篡晋的大英雄刘裕。

刘裕本京口寒贱之人，青年时代，他仅识文字，以卖履为生。此人喜好赌博，斗鸡走马，其实就是个横行乡里的流氓。

刘牢之击伐孙恩，无论良莠，四处招人，只要有好身板能提枪射箭就行。由此，刘裕加入了晋军，任类似侦察排长的低级军职。

一次，刘裕外出执行巡逻任务，突遇邪教贼众数千。毕竟刘裕地痞出身，军力悬殊至此，他竟然丝毫不惧，带着身边十几个人就冲上前。很快，从人皆死，刘裕本人也被贼人用枪捅到了河岸之下。

邪教分子们也不怕死，一窝蜂上前，想跳下去斩杀这位东晋小头目。

刘裕手执长矛，仰头乱捅，竟然挑死数名贼人，一跃重新跳上岸，大叫冲杀，数千贼众吓得一哄而走。刘裕边叫边杀，成百邪教徒均死于他的矛下。

此情此景，如果当时没人看见，任凭刘裕自己怎么讲，别人也不会相信一人敌数千的“天方夜谭”。偏偏刘牢之之子刘敬宣发现刘裕侦察小分队出外很久不归营，便率军出来寻找，他们正好瞧见刘裕一人“独驱数千人”的奇景。这一帮人，一时间竟然都忘了上前帮忙，立于原地感叹不已。

于是，众人一起击贼，大获全胜，斩获千余人。一战成名，刘裕就这样横空出世了。

当初孙恩攻破八郡，大笑着对手下人讲：“天下无事了，当与诸君共至建康。”不久，听说刘牢之发兵，孙恩又讲：“我割浙江（钱塘江）以东，不失作一勾践！”接着，听闻刘牢之大军过江，孙恩倒豁达，忙讲“孤不羞走”。

说话算话，孙恩忙裹胁二十多万男女百姓向东逃窜，沿路丢弃金银财宝，推落抢来的美貌少女于道中。

刘牢之所率晋军纪律很差，各自争抢美女宝物，竟使得大邪教头子逃跑而去，窜入海岛匿藏。

三吴士民翘首企盼“官军”，但刘牢之到来后却纵兵暴掠，遂大失人望。

晋廷怕孙恩再来，任谢琰为会稽太守，率兵戍守海浦。

年轻的权奸司马元显，自以为平孙恩皆是自己的功劳，更是骄狂得差点飞上天。左右佞谀小人有的夸他一时英杰，有的夸他风流名士。对于这些谄谀之词，司马元显皆信以为然，命朝中大臣均要向自己行拜见礼。

趁着孙恩之乱，昔日的盟友桓玄、殷仲堪、杨佺期三人相互皆想干掉对方。杨佺期粗人，不停送书殷仲堪，要突袭桓玄。桓玄深知杨、殷两家婚姻相结，在旁伺窥自己，便上书晋廷，要求增加自己统领的地盘。

为了离间这三个人，晋廷就加桓玄都督荆州四郡军事，又以桓玄的哥哥桓伟代替杨佺期的哥哥杨广为南蛮校尉。

愤惧之下，杨佺期勒兵建牙，以北伐为名（当时后秦姚兴进攻洛阳），想约殷仲堪一同出兵进讨桓玄。

殷仲堪既惧桓玄，又怕杨佺期得势后骄横，不仅不答应出兵，还派堂弟殷遹屯于江陵以北，遏止杨佺期的进兵。

殷仲堪一向多疑少决。他手下谘议参军罗企生就对弟弟罗遵生表示："殷公仁而无断，必及于难。吾蒙公知遇，义不可去，誓与俱死！"

由于当时荆州地区忽发大水，殷仲堪不得不开仓济民，仓廪全空，军队乏粮。桓玄闻讯，顿时起了乘虚伐人的意图。他先派军袭取了殷仲堪在巴陵的谷仓，然后送信与殷仲堪，表示说自己要带兵讨伐不思进取、遗弃皇陵的杨佺期，命殷仲堪杀掉杨佺期之兄杨广。同时，桓玄暗中派人写密信给正在殷仲堪处的兄长桓伟，让他做内应。

桓伟胆小如兔，惶恐不堪，把桓玄的密信暴露给殷仲堪看。殷仲堪大惊，把桓伟软禁为人质，亲自写信哀求桓玄不要起兵，推心置腹地解劝。

桓玄大军齐进，没有任何犹豫，他对左右说："殷仲堪为人无决断，常怀成败之计，私心甚重，我兄虽为其所拘，肯定没有性命之忧。"

殷仲堪见桓玄撕破脸皮，只得仓促应战，忙派堂弟殷遹率七千水军至西江口以抗桓玄军。

桓玄调度有方，派属下郭佺、苻宏进击，大败殷遹。这位苻宏不是别人，正是苻坚大帝的太子爷。他投降晋朝后，晋廷把他安置在江州，现为桓玄所用。

杨佺期之兄杨广来救，也被桓玄军打败。

困守江陵的殷仲堪狼狈至极，由于城中无粮，只得用原本要榨油的芝麻当军粮给守军食用。芝麻吃一两匙挺香，当饭吃可就不行了，军士们纷纷拉稀。

桓玄大军乘胜进至零口屯军，距江陵才二十里远。

殷仲堪无奈，只得急召杨佺期来救。杨佺期起先不答应，表示江陵无粮，他要殷仲堪率军突围，与自己一起共守襄阳。

殷仲堪志在全军保境，不想丢弃自己的州土奔亡到别人的地盘，就派人骗杨佺期说："近来四处征粮，已有足够的军储。"

杨佺期信以为真，率步骑八千，精甲耀日，一路大张旗鼓而至江陵。

到了城外，殷仲堪派人送饭，只有粗米供杨佺期八千大军食用，聊供一餐而已。杨佺期大怒，狂吼一声："这下完了！"气极之下，他连入城与殷仲堪相见也免了，与其兄杨广指挥军队，直扑桓玄军，作殊死一斗。

眼见杨佺期不要命，桓玄心惧，忙撤军至马头以避其锐。

转天，杨佺期气红了眼，率领军队急击桓玄大将郭佺，临阵差点活捉对方。

正在郭佺抵抗不住的关头，桓玄领兵加入战事。由于人多势众，杨佺期军士肚子又空，最终杨军大败，八千人被杀得一个不剩。

杨佺期单人独骑逃往襄阳。半路，他被桓玄军人追及，立刻遭到斩杀。

龟缩于城中的殷仲堪眼看杨佺期军败，三十六计走为上计，开门出逃，想往鄴城逃避。

半路，听闻杨佺期已被杀，殷仲堪又改变逃跑方向，准备出奔长安投后秦。没走多远，桓玄大将冯该率军堵在路中，生擒了殷仲堪。

根据桓玄事先“指示”，冯该扔给殷仲堪一把刀，要他马上自杀。

事已至此，再无他法，一向能言善辩的大名士，一个字也讲不出来，只能闭目横刀，自刎而死。

至此，桓玄昔日两位强有力的盟友，皆为其所灭。

殷仲堪从江陵逃跑时，只有罗企生一个属官跟从。经过家门时，罗遵生把哥哥从马上拉下，紧紧抱住，哀求说有老母在家，不要哥哥随殷仲堪去死。殷仲堪急于逃命，便也未等罗企生，率从人奔马而去。

桓玄大胜后，殷仲堪昔日的从属皆前去拜见，唯独罗企生不往，并出面为殷仲堪料理丧事。

桓玄恼怒，但由于从前两人有交情，就派人对罗企生说：“如果当面向我道歉，我就放你一条生路。”

罗企生对来人讲：“我是殷公下属，兵败不能救援，内心惭愧，又有什么可向桓公道歉的呢？”

桓玄命人逮捕罗企生，准备当众斩首。刑前，桓玄派人问罗企生有何遗言。

罗企生回答：“文帝杀嵇康，其子嵇绍为晋忠臣；我有老母，求桓公赦免我兄弟，以为老母养老送终。”

于是，桓玄杀掉罗企生，赦其弟罗遵生。

以此观之，桓玄心胸狭隘，终非能成帝王大业者。

桓玄攻杀殷仲堪、杨佺期后，晋廷无奈，只得一任其请，下诏以桓玄都督荆、司、雍、秦、梁、益、宁七州诸军事，荆州刺史。

桓玄仍觉不满足，固求江州刺史也要加上，晋廷不得不答应。

桓玄这边刚消停，孙恩却不闲着。安帝隆安四年春，他率人出袭晋军。

谢琰方面，在会稽镇定得过头，天天诗酒欢狂，根本不把孙恩放在心上。淝水之战，这位美男子曾亲自率八千精兵，以辅国将军的身份冲锋陷阵，与堂兄谢玄并肩作战，轻取大功，因勋劳获封为望蔡公。

到任会稽后，谢琰无绥抚之能，不修武备。府中将帅纷纷劝谏，要谢琰提防孙恩卷土重来。谢琰不听，大言道："苻坚百万，尚送死淮南。孙恩残贼遁海，何敢再来。其能果真再来，正是天杀国贼，令其速死！"

孙恩出浃口（今浙江镇海），入余姚，破上虞，一下子就打到山阴以北三十多里的地方。谢琰派出的两军皆败，众人都劝主帅应持重严备，分兵设伏以待贼军。

谢琰不听，仍旧名士派头，像他老爸那样"镇定自若"。

孙恩军队迅速推进。谢琰正要吃午饭，听说贼军来袭，推食而起，大言道："先灭此寇而后食也！"

于是，这位谢公子跨马而出，挥兵赴敌。晋军前锋将桓宝勇武，摧锋陷阵，一时间还真杀了不少孙恩贼兵。

谢琰方面，军士于河塘之间窄路行军，鱼贯而前。这样一来，正好被两边的孙恩水军当作肉靶，晋军接连应弦倒毙，一片狼藉。

混乱之下，谢琰指挥不利，晋军大败。

逃跑途中，崇信"五斗米道"的邪教信徒、谢琰帐下都督张猛露出狰狞真面目，从背后袭击谢琰，杀掉了这位美男子将军及其两个儿子。

好运不会再至。谢琰父子在淝水大战借天时地利人和，轻易大获全胜。至此，再无谈笑灭敌的时机，终于失掉俊美好头颅。

安帝隆安五年（401年）三月，孙恩大出浃口，被刘牢之击走；四月，孙恩转攻海盐，又为刘裕所败；七月，孙恩从水路忽然出现在丹徒（今江苏镇江），兵士十多万，战舰千余艘，建康晋廷震骇。

当时，刘牢之自山阴邀击孙恩，赶到时，孙恩军队已经过去，于是他命刘裕自海盐入援京师。

刘裕率八九百人的疲惫之师，不加喘息，直接向占据蒜山的贼众冲杀。由于出乎意料，贼兵惊遁，掉落山中和水中而死的不计其数。孙恩狼狈不堪，勉强得还船中。

虽经此败，孙恩仍有数万军卒，便又整兵，出人意料，径向建康杀来。

司马元显率兵抵拒，连战连败。其父司马道子当起缩头乌龟，故伎重施，天天亲自去蒋山，跪于蒋侯庙中祈祷。

由于孙恩楼船巨大，行进速度不够快。行至白石，闻知晋军数路已经入援京师，孙恩便浮海北走郁洲（今江苏灌云）。

晋廷以刘裕为下邳太守，命其进讨孙恩。

双方交战，刘裕连胜。孙恩自此兵力衰弱，缘海南走。

刘裕一路率军尾追。

桓玄方面，坐拥数镇，手握强兵，自以为已经拥有东晋三分之二版图，就屡屡派人献上表示自己能为帝王的符瑞，借以惑众。同时，他又写信给司马道子，指斥朝廷所用非人，使国事沦丧至此。

司马元显见到桓玄书信，大惧，问计于其“高参”张法顺。

张法顺表示：“桓玄刚刚掌握荆州属地，人情未附，可命刘牢之进军征讨。”司马元显深以为然。

恰巧，当时的武昌太守庾楷惧怕桓玄起事后连累自己，密派人向司马元显示好，表示要做朝廷内应，以诛桓玄。司马元显闻之大喜，以为大事可定。

张法顺到京口后，把司马元显讨伐桓玄的意思告诉了刘牢之。刘牢之武将出身，深知桓玄智勇双全，又有强兵，就表示说：“此事甚难。”

张法顺回京，劝司马元显召刘牢之入京杀掉，并领其军，免得坏掉大事。

司马元显不敢听从要他杀刘牢之的建议，只是下令紧急装备水军，准备讨伐桓玄。

东晋安帝元兴元年（402 年）二月，晋廷下诏宣示桓玄罪状，以尚书令司马元显为征讨大教督、都督十八州诸军事，加黄钺，主持征伐。又以刘牢之为前锋都督，以谯王司马尚之为后援，齐军合力讨桓玄。接着，晋廷下诏加会稽王司马道子为太傅。

安帝是个大傻子，所有这些诏令，均出自司马元显及其左右之手。

张法顺劝司马元显杀掉桓修等所有桓氏亲族，并出主意命刘牢之杀桓谦兄弟以示无二心。

司马元显毕竟是二十出头的小伙子，缺乏统驭之术，对这些主意均不采纳。

桓玄虽有代晋的野心，也没料到晋廷反应如此迅速。闻知晋廷出兵，桓玄大惊失色，想退据江陵，固城以求自保。其长史卞范之马上谏劝："明公您声威播于远近，刘牢之大失物情，司马元显乳臭小儿；如果明公直逼京师，其土崩瓦解之势可立时出现；假若退缩不前，延敌入境，后果不堪设想！"

桓玄聪明人，经此点省，大喜。他留兄长桓伟守江陵，抗表传檄，历数司马元显罪恶，自统大军，一直东下。

行前，他又派人把事前向司马元显通风报信的庾楷关押起来。

看见桓玄檄书，司马元显肝胆俱裂。

三月，安帝在皇宫西池为司马元显饯行。公卿满座，司马元显硬着头皮，慷慨激昂了几句，痛饮壮行酒数杯，提剑直上战船。

进入船舱后，小伙儿司马元显心惊胆战，一直没敢下令开船。

刘牢之内心非常憎恶司马元显。他害怕平灭桓玄之后，司马元显会更加骄恣。同时，因担心晋廷鸟尽弓藏，功高不赏，刘牢之一直首鼠两端。

此时，他有一种一厢情愿的想法：先借桓玄之手除掉司马元显。然后，瞅准机会，再借机干掉桓玄。

此时，刘牢之手下参军刘裕自告奋勇，要领兵击桓玄，当然不被允许。

桓玄当然不会闲着，他派刘牢之的族舅何穆前去游说，劝刘牢之说："自古有大功之人，罕有全者。越王勾践之文种，秦王之白起，汉朝之韩信，身事明主，为之竭尽死力，功成之日，犹不免被诛，况且当今掌权的是昏凶的司马道子父子。明公您今日之势，战胜则倾宗，战败则覆族！不如翻然改图，可与我桓玄一起，长保富贵！"

这些攻心之语有理有据，说得刘牢之连连点头。

刘牢之之子刘敬宣、其外甥何无忌以及参军刘裕皆谏劝，认为桓玄狼子野心，是董卓再世，应严加防备，不宜与其沟通。

刘牢之大怒，说："我当然知道桓玄不是好东西，今日取桓玄易如反掌。但是，平灭桓玄之后，司马元显又会想方设法除掉我们！"

于是，四月十五日，刘牢之派其子刘敬宣前往桓玄处，表示归降。

手拥强兵、身坐大镇，刘牢之竟出此下策，可谓是自取灭亡。

桓玄、刘牢之两人已经结盟，司马元显那边还迟迟未发。

正在苦思到底下令开船进击还是留于原地伺机行事之际，司马元显忽闻桓玄已至建康郊外新亭。

小伙子顿时魂飞天外，弃船上岸，退屯国子监。不久，他又觉不妥，骑马在宣阳门下布阵。

刚刚列阵停当，军士们交头接耳，都讲桓玄大军已入台城南面。司马元显闻之恐惧，想率军逃入皇宫躲避。晋军好容易列成阵形，现在只得掉头整队往皇宫方向急行军。

桓玄早已派先头部队数十人入城，见晋军返回，就拔刀在他们身后大叫："放仗！"（放下武器）

晋军闻声崩溃。未用一刀一枪，司马道子父子几万大军顿作鸟兽散。回头一看，司马元显只见张法顺一骑跟从，余人皆跑得影子都不见了。

逃入东府，司马元显向其父司马道子问计。道子连连摇头，不出一语。父子二人相对而泣。

桓玄统军，浩浩荡荡入建康。

晋廷以桓玄为丞相、录尚书事、都督中外诸军事，一统文武大政。

清算开始。桓玄命人杀司马元显（包括他六个才两三岁的儿子），司马尚之、庾楷、张法顺等人于闹市，并流放会稽王司马道子于安成郡。未几，桓玄派人毒死了这位把持东晋朝政多年的酒色王爷，时年三十九岁。

处理了会稽王父子及其党羽，桓玄自然把矛头转向刘牢之。

桓玄借朝廷诏命，以刘牢之为会稽内史。

刘牢之闻讯，大出意料，惊呼："怎么，这么快就夺我兵权，大祸将至啊！"

刘敬宣返军，劝其父刘牢之发奇兵袭击桓玄。刘牢之犹豫不决，移军屯于班渎。

刘牢之招来刘裕，说："我想北去广陵，举兵以讨桓玄，你能跟随我吗？"

刘裕拒绝："将军以劲卒数万，望风降服。桓玄新得大胜，威震天下，朝野人情均已去矣，您又怎能到得了广陵呢？至于我嘛，现在只能率人还于京口。"

刘牢之外甥何无忌尾随刘裕走出营帐，问："我怎么办？"

刘裕说："镇北将军（指刘牢之）必不免于祸，卿可随我还京口。桓玄若守臣节，当与卿共事之。不然，当与卿共图之！"

刘牢之不死心，大集僚佐，商议要踞江北以讨桓玄。

众人默然久之。参军刘袭站起，大声道："事之不可为者，莫过于反。将军您往日反王兖州（指王恭），近日反司马郎君（指司马元显），今复反桓公（桓玄）。一人三反，何以自立！"言毕，刘袭拂袖而去。

见其言之有理，刘牢之身边佐吏多散走。

刘牢之见大势已去，又悔又惧，忙派儿子刘敬宣去京口迎取家眷。过了几天，见刘敬宣失期不至，刘牢之以为事泄，觉得一家人可能全为桓玄诛杀，便慌忙带领几个家丁往北逃。

行至新洲，老英雄彷徨无计，夜间自缢于林中。

刘敬宣慌忙来奔时，见老父已自挂东南枝，来不及哭丧，乘黑渡江逃往广陵。

听闻刘牢之自缢，其故僚旧吏念昔日情谊，选取上好棺木，殡葬老上司，归葬丹徒。

桓玄死人也不放过，命人斩棺出尸，砍掉刘牢之的脑袋，暴尸于市。

对于桓玄来说，真是福无双至今日至。邪教头子孙恩听闻晋朝内乱，进寇临海，被东晋临海太守辛景打得大败。这次再无好运，晋军追得孙恩上天无路，入地无门。惶急之下，这位邪教头子投海而死。

邪教洗脑真厉害，徒众们又觉得孙恩是入水成仙。随他自杀的徒党妓妾竟有数百人。剩余贼众千余人，复推孙恩妹夫卢循为主，遁逃而去。

桓玄高兴之余，又觉卢循是大族出身（其曾祖是晋朝司空从事中郎卢湛），就封卢循为永嘉太守。

卢循不理会，很快就兴兵攻打邻近州郡，桓玄只得令刘裕去征讨，打得卢循连连败北，乘船逃往岭南，驱逐了当地的东晋广州刺史，占领了广州。

至此，暂时按下卢循此人不表。

灵宝终为篡逆贼

桓玄破灭的帝王梦

桓玄，字敬道，又名灵宝，据说其生母马氏半夜见有流星下坠于铜盆中，变成了二寸左右的火珠，就以水瓢接取吞服，过后就怀孕，生下桓玄。因此，桓玄的小名就叫灵宝。晋人爱神异附会，这很有可能又是以讹传讹的故事。但有一点是真实的——桓玄从小就姿貌端妍，聪慧不凡，桓温非常喜欢这个儿子。

桓温有六子，他临终遗命，以桓玄袭承自己的南郡公之爵。

桓温的一年丧期满，昔日的文武属官，都齐集于桓温之弟桓冲的府中拜辞。面对满府的僚属，桓冲抚摸着桓玄的头，对这个年方七岁的小孩子说："这些人都是你家的故吏啊。"桓玄虽小，听此语忆念慈父，顿时泪流满面，使得一府文武都大相叹息。

长成之后，桓玄形貌瑰奇，风神疏朗，琴棋书画，无不关涉，又写得一手好文章。由于东晋朝廷一直疑忌桓家子弟，桓玄二十三岁时始得太子洗马这样的"素官"，根本没有实权。

孝武帝时，桓玄知道当时众议其父桓温晚年有篡夺念头，便上书皇帝，指称桓温"投袂乘机，西平巴蜀，北清河洛"，有兴复的大功，不仅如此，他还扬言父亲桓温有"废昏立明、翼戴宗庙"的不世之勋，为其父申屈明谤。失意之时，青年桓玄曾登高望远，叹息道："父为九州伯，子为五湖长。"（当时他做义兴太守的"小官"）

凭借门第贵显以及父亲名望，桓玄在优游中纵横捭阖，文武并用，最终能在东晋的混乱政局中节节而胜，一步步清灭了殷仲堪、杨佺期、刘牢之、司马道子父子，终于掌握了东晋朝廷的最高权力。

桓玄掌权后，"增班剑为六十人，剑履上殿，入朝不趋，赞奏不名"，已大有权臣跋扈的迹象。同时，他对桓氏族人大加封赏：以其兄桓伟为安西将军、荆州刺史，以堂兄桓谦（桓冲之子）为左仆射，加中军将军、领选（掌管朝中用人权），以堂兄桓石生（桓豁之子）为前将军、江州刺史，以堂兄桓修（也是桓冲之子）为右将军、徐兖二州刺史。同时，他委命自己的谋士卞范之为建武将军、丹阳尹，又命自己的姐夫殷仲文为侍中（此人是殷仲堪堂弟）。

与前代诸权臣一样，大事安排完毕，桓玄出镇姑孰。朝中大政，皆要他点头后才可施行，小事则决于桓谦、卞范之。

桓玄初当政，黜奸佞，擢俊贤，百姓欣然，朝臣推戴。没过多久，这位名家子弟的真面目便暴露出来了，他凌侮朝廷，幽摈宰辅，豪奢纵欲，众务繁兴。于是，朝野失望，人不安业。

不久，桓玄相继诛杀了高素、竺谦之、刘袭等昔日的刘牢之手下诸将，遇害之人，皆北府旧将，多是晋廷有功之臣。

异己清除得差不多，桓玄暗示朝廷，加封自己为豫章公，食邑七千五百户。接着，他自导自演，先上表请示要“北伐姚兴”，又自己派人以朝命“下诏阻之”，暴露出他虚荣好大言的轻佻习性。

在姑孰，桓玄造数艘轻巧小船，遍载书画古玩奇物。有左右问其原因，桓玄说：“兵荒马乱，倘有意外，这些东西轻而易运。”

大家闻之一笑，心里皆开始有轻视桓玄之意。

安帝元兴二年（403 年）九月，桓玄亲兄桓伟病卒，桓玄想以堂兄桓修代领荆州刺史一职，为其属下所阻，说：“桓谦、桓修兄弟专据内外，权势太重。”于是，桓玄就以堂兄桓石康（桓豁之子）为荆州刺史。

兄长病死，桓玄加快了篡晋的步伐。其左右亲信卞范之、殷仲文等人都暗劝他早受晋禅，私下已经把九锡文和册命准备妥当了。

元兴二年十月丙子，晋廷以桓玄为相国，总百揆，封十郡，为楚王，加九锡，楚国置丞相以下官。封王、开府、置官、加九锡，这是篡位的第一步。

桓谦私下问来京城述职的彭城内史刘裕：“楚王（桓玄）功高德重，朝廷上下均认为将有禅让之事发生，卿以为如何？”

刘裕马上表示："楚王，桓宣公（温）之子，勋德盖世，晋室衰微，民望已移，乘运禅代，有何不可！"

桓谦大喜："卿谓之可，即可耳！"

其实，早在来京之前，刘裕与高参何无忌就想在山阴起兵讨桓玄，但当地人孔靖劝他："山阴离建康道远，举事难成。现在桓玄未篡位，不如待其篡位之后，于京口起兵讨之。"

所以，刘裕期待的，就是桓玄篡位事成的那一天。枭雄气度，自是不与凡人相同。

十一月，桓玄假惺惺"上表请归藩"，同时，他又派人让安帝写手诏"挽留"自己。

桓玄还到处使人散布"钱塘临平湖开""江州甘露降"这样的"符瑞"，宣示自己登帝位的"吉兆"。

和王莽一样，才子出身的桓玄想在国内废除货币、用谷帛作交换单位，恢复肉刑。于是，国内制度大乱，最终一件事也没办成。

和古今大贪一样，桓玄喜好古人书画、图书、名宅、腴田。只要听说别人有他喜欢的东西，必把对方请到府中，以赌博的方式取为己有。试想，和桓玄赌博，谁敢不输啊！

桓玄数世贵公子，尤喜珠玉，竟然天天把名贵珠玉握在手心，把玩不已。

各项工作准备就绪，403年十一月丁丑，卞范之作"禅诏"，派临川王司马宝逼安帝照猫画虎抄了一遍，禅位于桓玄，文武百官，皆诣姑孰劝进。

十二月庚寅，桓玄筑坛于九井山。壬辰，继皇帝位，追尊桓温为宣武皇帝，桓温正妻南康公主为宣武皇后，封其子桓升为豫章王。

继位之后，当然要改元。桓玄喜欢吉利文字，就改元为"建始"，诏下，右丞王悠之忙进言说"建始"是"八王之乱"中赵王司马伦篡位用过的年号。桓玄马上下令更改，改为"永始"，但这个年号又是当年大奸王莽篡汉时用过的不祥年号。

冥冥之中，似乎已经预示了桓玄政权崩溃的结局。

接着，桓玄下诏封安帝为平固王，迁于寻阳软禁。此举还算厚道，桓玄对司马宗室及安帝兄弟均未加屠害。

改朝换代已毕，桓玄的仪仗大队从姑孰出发，向建康皇宫进发。当日，大风异常，所有的仪仗旗皆被吹折刮散。

桓玄临登御座，大龙椅子忽然散垮，朝臣们皆仓皇错愕。

幸亏殷仲文有捷思，忙在一边说："陛下圣德深厚，地不能载也。"

知识分子拍马屁，就是有板有眼，恰到好处。桓玄大悦。

晚上宴请群臣，桓玄内殿中坐帐以黄金为檐饰，四张雕木金龙，羽盖流苏，极尽奢华。

群臣私下相语："此帐颇似王莽篡位时所造的'仙盖'，金龙者，亢龙有悔也，皆不祥之兆！"

桓玄为了宣示他的仁主形象，以皇帝之尊，亲坐殿中面审罪人，罪无轻重，都一律释放，以示其"宽仁"。百姓中有不少当街拦乘舆呼冤叫贫的，桓玄时时散金银与之，行此小惠，以惑人心。

同时，他本性苛细，喜欢炫耀自己的学问大。臣下奏事，连笔画之间稍有细误，都会被这位皇帝以御笔朱点而出，必加纠挞，以示自己聪明。由此，天子似吏，其臣下苦不堪言。

桓玄凡事都"亲力亲为"，自任官员、手书条令，最终导致纲纪不治、案牍山积、法令不行。

桓玄好排场，大开建康诸殿大门，重修宽广的驰道，兴造可容三千人坐的大辇，以两百人牵曳，简直可入吉尼斯世界纪录大全。他还爱好出外打猎，令人制作了极其精巧的"徘徊舆"，机关众多，转动灵活，近乎现代汽车的古代版。

同时，桓玄日夜笙歌，游宴无度，即使在为其兄服丧期间，也"不废音乐"。由于土木频兴，徭役繁重，督迫严促，致使百姓愁苦，纷纷思乱。

说来也怪，桓玄篡位后，东晋各地守将立时起兵的人很少，只有益州刺史毛璩（东晋名将毛宝之孙）拒不受命，传檄周遭，进屯白帝，准备进军讨伐桓玄。

为了拉拢朝臣镇将，桓玄对刘裕分外看重，提拔他为徐兖二州刺史，并在朝会后盛大的酒会上向他亲自敬酒。

桓玄的皇后刘氏有鉴人之明，对桓玄说："刘裕龙行虎步，视瞻不凡，恐终不为人下，不如早除之！"

桓玄不从，表示："我正要平定中原，只有刘裕这样的人才英武可用。等到关、洛平定，我再想除掉他的办法。"

刘裕还京口，正所谓放虎归山。他马上与何无忌等人密谋兴复晋室，讨伐桓玄。同时参与密谋的，还有竟陵太守刘迈的弟弟刘毅。

主意已定，刘裕遣人入京联系，又招兵买马，以刘穆之为主簿。

404 年春，何无忌诈称诏使，率人骗开京口城门，直冲府门，立斩桓修，占领了京口重城。

刘毅之兄刘迈怯懦，在京城接到刘裕等人的密信后，惊吓过度，手持密信向桓玄"自首"。

桓玄大惊，立封刘迈为重安侯，斩杀与刘裕有联系的王元德、童厚之等人。第二天，桓玄想想不妥，又杀掉了刘迈。刘迈这个侯爷当得冤枉，不过十二个时辰。

眼见天下乱起，桓玄只得硬着头皮应付。他以堂兄桓谦为征讨都督，以姐夫殷仲文代领桓修军职，派手下悍将吴甫之、皇甫敷率兵抵挡刘裕。桓谦等人要求马上齐集大军先发制人，桓玄以持重为由，不从。

眼见桓玄眉头紧锁，忧色满面，其左右就劝解："刘裕乌合之众，势必无成，陛下何必如此忧虑。"

桓玄此时倒有见地："刘裕足为一世之雄；刘毅家无余储，樗蒲（一种博戏）一掷百万；何无忌酷似其舅（刘牢之）。此三人共举大事，何谓无成！”

果然，桓玄的“乌鸦嘴”很灵。皇甫敷、吴甫之二将与刘裕苦战江乘（今江苏句容），均被斩首，全军覆没。而此时的刘裕，其实手下总共只有将士不满两千人。

闻听二将死讯，桓玄惊惧。他命桓谦、卞范之等人合军二万，坚守覆舟山（今南京太平门附近）。

不进退守，桓玄败象已定。

刘裕军早晨进食一饱，悉弃余粮，以示必死之心。进至覆舟山下，刘裕先派羸弱之兵多带旗帜登山，以为疑兵吓唬敌军。接着，又把军队分成无数小队，数道并进，布满山谷。

桓玄得报，认为刘裕军士四塞而入，势众人多，心中打鼓。

桓谦所统军士，大多是北府兵旧人，以前受过刘裕指挥。进攻开始，刘裕、刘毅身先士卒，手下将士皆死战前冲，无不以一当百，呼声震天动地。

桓谦军队一时大溃，许多先前的北府兵也不战而降。

桓玄方面，在派遣桓谦等人出战的同时，已经做好逃跑的准备了。他让殷仲文在码头城附近预留数艘大舟，接到桓谦败讯，桓玄率兵数千人，带着儿子桓升和侄子桓浚两个小孩，以赴战为名，从南掖门往外逃奔。

途中，桓玄昔日的下属胡藩叩马进谏，劝他率余军与刘裕决战。桓玄以手指天（大意是“天亡我也”），鞭马而走。

行至码头，他坐上船就跑。由于逃亡仓促，众人一天都没进食。

夜间，左右进献粗米饭一碗，桓玄惊惧交加，竟不能下咽。其子桓升才六岁，抱其胸轻拍，安慰这位悲伤的“父皇”。

桓玄悲不自胜。

刘裕入据建康，焚桓温神主，尽诛桓氏未及逃跑的宗族。

桓玄逃至寻阳，带上废帝晋安帝等人，“迁都”江陵。一月之间，他倒也威势复振，有众二万，楼船器械甚盛。

至此，如果总结失败教训，养兵休整，桓玄还有翻盘的可能。但他却埋怨诸将无能，轻怒妄杀，使属下之人纷纷离怨。

桓玄接连接到败报。桓振（桓玄堂侄）、郭铨、何澹之、郭旭等人数道皆败归。

不忿之下，桓玄自率战舰二百艘，以苻宏、羊僧寿为先锋，前往峥嵘洲（今湖北鄂州江上）与刘裕军决战。

当时，桓玄兵多船坚，刘裕兵仅有几千人。但桓玄心怯，大战前即在指挥舰旁停靠了两艘便于逃跑的小船。属众知之，皆无斗志。

双方交战。刘裕军士乘风纵火，尽锐争先，不要命地冲杀而来。

桓玄军大溃，烧辎重连夜逃遁。桓玄部将郭铨、殷仲文相继投降。

桓玄逃返江陵，其将冯该劝他出城复战。桓玄破胆，不从，欲出汉川，投奔梁州刺史桓希。

混乱之间，桓玄乘马出城门时，在城门洞被左右兵卫袭击，卫士们混战一团，前后相杀，交横于道。桓玄勉强得命，逃到座船中。

当时，益州刺史毛璩的弟弟毛璠病亡，其孙毛祐之与毛璩参军费恬送丧回江陵，一行有二百多人。桓玄身边的屯骑校尉毛修之，是毛璩侄子，眼见大势已去，很想拿桓玄当作立头功的筹码，便劝诱桓玄入蜀。桓玄从之。

桓玄称帝后，首倡义旗讨伐他的就是毛璩。危急之时，竟然听信毛氏族人，自己前去送死。

毛修之早已和毛祐之等人打好招呼。桓玄一行人傻乎乎地大张布帆，向益州军船驶来。眼看距离不远，毛祐之令手下人放箭，迎击桓玄。毛修之趁机跳水而逃。

矢下如雨，桓玄身边两位太监真的很忠勇，以身蔽桓玄，皆被射得像刺猬一样，登时身死。

就这样，桓玄仍身中数箭，血流不止。他六岁的小儿子桓升一面哭，一面用小手拔去父亲身上的羽箭。

益州护葬军士中一个叫冯迁的小头目很勇悍，第一个跳到桓玄船头，提刀直前。桓玄忍住剧痛，拔出头上价值连城的玉导，递向冯迁，喝问："你是何人，敢杀天子！"

桓玄本人也是英武能战之人，当时之所以没动手，大概一是因为有儿子在身边，二是因为已彻底绝望。

冯迁大叫："我来杀天子之贼耳！"一刀挥至，桓玄头落，时年三十六。同船的桓石康、桓浚均被冯迁杀死。

桓升虽是小孩，气度酷肖其父其祖，眼见周围父亲、叔叔、堂兄的人头滚滚，敌人纷纷登船，仍镇静不凡，说："我是豫章王，诸军勿见杀。"

益州兵将虽暴横，见这么一个粉雕玉琢的小娃娃如此举止，均没敢动手。小孩子后来被送至江陵后，被刘裕下令斩首于市。

桓谦、桓振方面，仍有安帝兄弟掌握在手中。听闻桓玄死讯，桓振提剑，闯入晋安帝的住处，怒向安帝高叫："臣一门何负国家，而屠灭若是！"

安帝呆望桓振，口不能发一言。倒是其弟司马德文连忙向桓振施礼，说："此事岂是我兄弟之意！"

桓振稍稍怒解。

不久，听闻玉孩儿桓升又被杀于闹市，桓振怒极，又要杀安帝兄弟，为桓谦苦苦谏阻。

桓振是桓温亲侄桓石虔之子。桓石虔小名镇恶，少年时诸将射虎，开玩笑让桓石虔拔箭，小英雄真的从受伤怒跳的猛虎身上亲手拔出数箭。桓温入关伐苻健，桓石虔竟以单骑冲入前秦万人军中，救出被围的叔父桓冲，当时三军叹息，威震敌人。

桓振虽有父风，果锐敢斗，但暴横无行。眼见桓玄、桓升已死，桓振只得与叔父桓谦重推安帝为主，自为荆州刺史。

由于桓振勇武，刘裕派去的大将鲁宗之被打得大败。不久，刘毅等人击败桓玄将领冯该，桓谦逃走，众人迎安帝反正。

桓振收拾溃军，复袭江陵，败中取胜，竟能大败东晋宗室司马休之（谯王司马尚之弟）。

最后，桓振身边仅剩数十人，仍与晋将索邈大战于沙桥。

桓振虽兵少，左右皆力战，每战一合，桓振辄瞋目奋击，众莫敢当。估计是内心深知日暮途穷，桓振数战之后，以酒当水，痛饮完毕，乘醉突阵。

晋军齐放箭矢，桓振身中数箭，仍前冲不畏。最后，这位桓家勇将也战死于沙场。

桓谦闻桓振败亡，奔于后秦。后来，他又入蜀，与谯纵等人反晋，为晋将所杀。

桓氏亲族中，只有桓冲之孙桓胤被特赦，徙于新安软禁。但殷仲文等人日后"谋反"，想推立桓胤为桓玄之嗣。事发，桓胤也为晋廷所杀。

桓氏一家，烟消云散。

孙恩乱平，桓玄又死，但东晋的国祚，也马上要走到尽头了。

金戈铁马　气吞万里如虎

刘裕的开国之路

桓玄灭亡后，最大的赢家当属刘裕。

刘裕，字德舆，小名寄奴，彭城人（今江苏徐州）。据史书记载，他是汉高祖刘邦的弟弟刘交的后代。

其实，刘裕绝对城市无产者出身，家徒四壁，终日游手好闲，穷得叮当乱响，还特好饮酒赌博。当然，英雄不问出处，等他后来当了开国皇帝，连青年时代的游手好闲、不事产业也成了“有大志”的一种表现了。

刘裕的出身，百分百属寒人阶级。此人身躯伟岸，长七尺六寸，风骨奇特，无疑有一副冲杀拼命的好身板儿。孙恩乱起，刘裕初显身手，真正是一刀一枪拼出的功名。

特别显示其超凡人才的，是在众寡悬殊的情况下，刘裕“大赌徒”的性格毕现，竟敢一冒而起，扳倒本来已经代晋称帝的桓玄，不能不说是魄力至伟之人。

由于迎安帝反正，对晋室有“再造”之功，晋廷封刘裕为侍中、车骑将军、都督中外诸军事，使持节、徐青二州刺史如故。对此，刘裕“固让”。晋廷再“加录尚书事”，刘裕“又不受”，屡请归藩。

刘裕愈推让，群臣愈积极，簇拥着安帝亲幸刘裕宅第授官。刘裕假装惶惧，诣阙陈请，诚惶诚恐地推辞。是月，回镇丹徒。

此时的刘裕，诚惶诚恐的外表，想必还不全是假装。一是当时刘裕的政治资历较浅，虽新立大功，但仍没有多少可以篡人国家的势力基础。二是桓玄之灭，也使他清楚地看到：冒险称帝是件多么危险的事情。

但有一点，刘裕已经很有前辈权臣的风采：移镇京都之外，遥控朝廷。

他这样做，既保证了自己有军权在手不会被架空，又远离了京城是非之地，可以更加进退裕如，以观时变。

大将出手自不凡

刘裕平灭南燕

内乱甫定，逃于岭南之地的孙恩妹夫卢循、徐道覆向东晋朝廷遣使贡献，做出服从中央的姿态。由于当时内乱新定，刘裕未暇征讨，就顺便让晋廷趁势授卢循为广州刺史，以徐道覆为始兴相。

卢循为人诡谲，得便宜还卖乖，派人送给刘裕一大篓“益智粽”，意思是刘裕你缺心眼，应多吃这种粽子益智补脑。刘裕市井出身，当然明白其中含义，便回赠卢循一大坛“续命汤”中药，意思是先留你一条命让你再多活些时间，等我有空一定去收拾你。

内政搞得差不多，刘裕在外交方面也取得了空前胜利。他派使臣出使后秦，以平等姿态向姚兴示好，并要求讨还原为东晋领土的南乡诸郡。

姚兴大儒出身，竟出人意料地答应交还一大片土地。后秦群臣纷纷进谏，姚兴坚持己见：“天下善恶的标准是一样的。刘裕出身寒微，能够诛除桓玄，兴复晋室，内整庶政，外修封疆，对这样的人，我岂能因吝惜数郡之地而不成其千秋美名呢？”于是，后秦尽还汉水以北十二郡给东晋。

在互相攻杀的东晋十六国时期，这种“不战而屈人之兵”的天方夜谭般的故事，竟被大英雄刘裕变成了现实。

当时，北燕正遭国变，国主慕容熙被杀，大夏的赫连勃勃和后秦姚兴兵戈相见，互相攻伐得十分厉害。最可恨的，当属南燕，新任国主慕容超不知好歹，于东晋安帝义熙五年三月，派人发兵进攻东晋淮北的宿豫城，大掠男女士众而去。而南燕这次攻伐东晋的目的，完全与开拓疆土无关，只是因为慕容超喜好音乐。南燕从被掠的数万名晋民中，拣选二千五百名少男少女送入教坊司，强迫这些良家子女学习音乐技能。不久，南燕派数千铁骑入寇济南，攻城杀人不说，连东晋的太守也被掳走，再掠走一千多名当地士女。

刘裕得讯，又气又喜，正好拿南燕这个扁软的柿子下手，以显示自己攻无不克的声威。

至此，也需交代一下这个自动送上门的倒霉蛋慕容超所统治的南燕。

南燕非常短命，只传两代，共十三年，是十六国中仅比冉魏年头稍长的一个国家。

南燕的“开国”君主是慕容德。慕容德，字玄明，乃前燕皇帝慕容皝的少子、后燕皇帝慕容垂的弟弟。十七八岁时，慕容德已经身长八尺二寸，姿貌雄伟，身上积聚了慕容王族的显性遗传特征。不仅风度翩翩，青少年时代的慕容德人品也不错，博观群书，性清慎，多才艺。其侄慕容暐当皇帝时，慕容德曾劝侄子应该趁苻坚的将领苻双踞陕叛秦时主动出击。可惜，这么好的机略未被采用。前秦灭掉前燕后，慕容一族广获苻坚大帝优待，慕容德被封为张掖太守。他在当地为官数年，很有政声。

苻坚淝水之战大败，慕容德随慕容垂复兴燕国，获封范阳王，居中镇卫，参决政事。当时，还有一支慕容家族趁苻氏前秦大乱时在河东地区建立燕国，史称西燕（西燕不在十六国内，因其太小）。西燕当时的“皇帝”慕容永与慕容垂同辈，是前燕慕容廆之弟慕容运的孙子。慕容永先是向慕容垂称藩，后来，他在左右撺掇下在长子（今山西长子）称帝，还杀掉了不少他自觉可能和他争位的慕容王族成员。由于同为慕容家族，慕容垂在准备进讨时，左右大臣多有疑义。慕容德力排众议，认为慕容永僭建伪号，应予扫除。慕容垂大喜，于393年底亲率步骑七万多人直奔长子，一鼓作气消灭了西燕，斩杀慕容永，得八郡、七万六千余户。

慕容垂病死后，其不争气的儿子慕容宝继位，封慕容德为使持节，都督冀、兖、青、徐、荆、豫六州诸军事，车骑大将军，镇守邺城，独统中原地区。

北魏当时方兴未艾，道武帝拓跋珪大举入侵后燕，几个月时间就已经把慕容宝打得逃离国都中山，四处狂逃。

邺城方面，也有数万北魏大军来围。无可奈何，慕容德派人前往后秦姚兴处求救。不久，慕容德越城出击，大败魏将拓跋章。得胜之际，听说慕容宝逃亡无踪，鲜卑余众都劝慕容德称帝。当时，慕容德很忠义，没有答应。逃亡中的慕容宝给叔叔带信，封慕容德为丞相，领冀州牧。

慕容德的侄子慕容麟从义台赶赴邺城，认为邺城地方城大，难以固守，加上人情沮动，北魏再来进攻时很难拒守，劝慕容德移镇滑台（今河南滑县），去与当时镇守滑台的鲁阳王慕容和（慕容德另一个侄子）合兵。

东晋安帝隆安二年春天，慕容德率全城四万户居民以及二万七千多乘车辆撤出邺城。大队人马抵达卫河黎阳津，大风突起，预先准备的船只全被吹垮吹散，而尾随的北魏悍兵大队人马即将杀至。万分危急关头，当夜气温突降，河水忽然结冰变实，十来万军民及近三万辆车马竟然安全渡河。

更奇的是，转天早晨北魏兵赶到河边，艳阳高升，河冰又融散，只能望河兴叹，遥望慕容德一行慢慢撤走。

经此一劫大安，慕容德信心倍增，以为自己有神助，便自称燕王，称元年，置百官。

没过多久，后燕皇帝慕容宝逃到黎阳，到处遣使命令各地的慕容王族带兵前去“迎驾”。慕容德得知消息后，召集群臣，声称要备法驾迎嗣帝（慕容宝），自己退归私第，不问政事，以此试探群臣的反应。

大伙儿都不傻，黄门侍郎张华马上出奏：“舍天授之业，威权一去，身首不保，何退让之有！”大将慕舆护更知主上心事，要求率兵“驰问（慕容）宝虚实”，意思是要外出寻找那位倒霉的皇帝，好一刀结果了这个后患。

慕容德“流泪而遣之”。读书人出身的王爷就是会演戏，本欲干掉侄皇帝，也假装先挤出一把泪水。

慕容宝不是傻子，闻知叔叔慕容德“称尊号”的消息，惧而北奔，但最终死在了自己舅舅的手里。

“有难莫投亲”，显然是颠扑不破的警语。

后来，慕容德接连消灭叛乱的苻广（苻登之弟），攻杀内叛的李辩，率军攻取了广固（今山东益都县），占据了原属东晋的青、幽、齐一带。

400年，慕容德以广固为都城，正式称帝，史称南燕。由于齐、鲁本文明旧都，人才济济，土地丰腴，慕容德又是明君之俦，与民休息，很快就有强兵近四十万，战马五万多匹，并萌生了伐晋的念头。

但由于年老生病，慕容德伐晋之举半途搁浅。

慕容德当初跟随兄长慕容垂脱离前秦，其生母公孙氏以及兄长慕容纳都留在张掖。慕容德随苻坚进攻东晋之前，留下祖传金刀给母亲，以为纪念。至此，当“皇帝”已有五六年，慕容德仍不知自己生母和胞兄的消息。

其实，当初慕容家族起兵叛前秦，张掖太守苻昌已经把慕容德在当地的妻子、儿女以及兄长慕容纳一家尽数杀死。因为公孙氏年过七十，慕容纳妻子段氏有孕在身，苻昌对此二人加以特赦（从中仍可见苻氏家族的“柔仁”影踪），关在监狱中。

赶巧，狱吏呼延平是慕容德故吏，冒死救出公孙氏和段氏两个妇人，趁乱逃于羌中地区。不久，段氏生下了慕容纳的遗腹子慕容超。

公孙氏老太太临终，对已经十岁的慕容超出示祖传金刀，说：“倘若汝得东归，当以此刀还汝叔也。”

天下大乱之际，呼延平带着慕容超母子奔至凉州。后秦灭后凉后，呼延平等人又一起辗转移徙至长安。此时，慕容超身份已经暴露，他生怕后秦因慕容家族兴复燕国的原因而杀掉自己，就佯狂作癫，天天在集市上要饭行乞，秦人非常鄙视他。唯独后秦宗室姚绍见其姿貌不凡，劝姚兴授予慕容超官职，以更便于看管监视。

姚兴很好奇，召来慕容超相见。及见，慕容超果然体貌俊爽，身躯健美，但答非所问，双眼无神，半疯半傻。这一招，居然骗过姚兴，他对姚绍说：“俗语讲‘妍皮不裹痴骨’，真不可信呵。这小子长相这么好，脑子却进过水一样！”

由此，后秦任由慕容超出入长安，既不派人监视，也没把他软禁。

得知叔叔慕容德派人来迎接，慕容超又惊又喜，连自己的母亲、妻子也没敢通知，径自一个人携带祖传金刀，连夜随使者奔返南燕都城广固。

本来，慕容德知悉母兄被害的凶耗，号恸吐血，病得不能起床。郁闷之间，使臣带着一身新衣、风度翩翩的慕容超入见。验过金刀之后，得知是母亲嘱托侄子来投奔自己，慕容德不禁悲从中来。

痛定之后，眼见这位“身长八尺，腰带九围”的侄子精采秀发，容止可观，慕容德大喜，为其起名为“超”，封北海王，拜侍中、骠骑大将军。

由于慕容德自己无子，不久，他就立侄子慕容超为太子。

慕容超在苦难中长成，深谙人情世故，入则尽欢承奉叔叔，出则倾身接纳下士，内外称美。

405 年（东晋安帝义熙元年）秋，慕容德病死，在位六年，终年七十。他遗言死后要侄子即葬，并以虚棺十余，潜葬山谷，所以时人莫知其墓所。弥留之际，可能这位慕容氏人杰已有不祥之兆，预估到世祚不久，免得尸身再被敌国刨出来喂狗。

至此，美男子慕容超登上了十六国纷繁历史的一个小舞台。

慕容超继位后，把宗室慕容钟、慕容法、慕容镇等人虚衔高位，皆派外任，眼不见心不烦。在都城内，他大加任用公孙五楼等佞人（公孙五楼可能是慕容超祖母一支的亲戚，史不明载）。

很快，慕容法、慕容钟等人屡被谗言，皆被逼出奔敌国，慕容宗室之间相互残杀。慕容超在广固城内大杀异己，树立权威。至此，南燕已呈衰败之象。

慕容超继位时，才二十一岁，实际上讲应属少年老成之辈。按常理讲，青少年时代寄人篱下、颠沛流离的痛苦经历，应使他成为一个知民间疾苦的好皇帝（比如汉宣帝）。而且，当年他在后秦的长安城内装疯卖傻，证明他的情商肯定超出常人。

如此禀赋如此才干，倘若慕容超循规蹈矩，任用贤良，真正光复慕容氏燕国旧版图，也不是什么太大的难事。但是，这个青年人践登帝位之后，信任奸佞，不恤政事，狂迷游猎，杀戮宗室，凡是昏君应有的特征，在他身上集中而统一地现出个全活。

虽然自己为帝为皇，慕容超的生母段氏和妻子呼延氏（呼延平之女）还都在后秦姚兴手中被软禁着。姚兴听闻慕容超继慕容德皇位，便命使臣前往广固，要南燕称臣，并向慕容超索取宫廷乐队。后秦还表示，如果南燕不能送乐队，就要以“吴口千人”（千名晋人）来代替。

母妻皆在后秦的长安城内，慕容超不能不服软，他召群臣商议对策。

左仆射段晖认为："太乐诸伎（宫廷乐队）是前朝伶人，不易再得，可掠吴人送之。"

尚书张华不同意："如果侵吴（东晋），必成邻怨，兵连祸结，非国之福。可以暂时低姿态向姚兴称臣以尽孝道（赎回段氏），立刻派韩范去长安。韩范与姚兴两人在苻秦时同为太子舍人，能言善辩，必能办成大事。"

慕容超认为张华之计高妙，就派韩范出使后秦。

姚兴在长安见到韩范这个"老同事"，非常高兴。同时，他也很奇怪，就问韩范："燕王（慕容超）在长安时，朕亲自接见过他。其人仪貌不俗，说话吞吞吐吐，词不达意。"

韩范有辩才，回答得非常巧妙："大辩若讷，大智若愚。如果当初燕王呈露龙凤之姿，哪有今天继统的可能啊。"言外之意，是讲慕容超当年不在你面前装傻，早就被杀掉了。

姚兴闻言，也觉有理。眼见老友来见，燕国降号称藩，一高兴，姚兴就赐韩范千两黄金，并允诺送还慕容超母妻。

先前从南燕亡降后秦的慕容凝闻知此事，马上入宫见姚兴，劝道："燕王称藩，本非真意，只是因其母妻在长安，不得不假装低三下四。其母归国，一定马上重称帝号。"

姚兴想想，又深觉有理。于是，他又扣住慕容超妻母，非要南燕把宫廷乐团送过来。

不送也得送。南燕君臣上下合议，只得派张华等人亲率太乐诸伎一百二十人，携重宝而至长安。

姚兴大儒出身，礼乐方面绝对内行。酒酣之际，耳闻美轮美奂的中原正音，这位后秦皇帝大悦。

姚兴的黄门侍郎尹雅想为主子争脸，对张华说："昔殷之将亡，乐师归周，今大秦道盛，燕乐来庭。废兴之兆，见于此矣！"

张华不卑不亢，回答："自古帝王，为道不同。权宜之计，各随其行。老子曰：‘将欲取之，必先予之。’福祸之验，应观后效。”

姚兴闻言，老大不高兴：“从前齐、楚竞辩，二国开战。卿小国之臣，怎敢抗辩朝士！”

张华见状，忙卑辞下意，话说得有礼有节：“我是臣藩使节，衷心愿交欢上国。但上国朝士辱及小国寡君社稷，我又怎能不有所回辩呢？”

一席话，讲得信奉君君臣臣道理的姚兴也心服口服。赞许之余，姚兴立即派人护送慕容超母妻回国。

一家人终得团聚，慕容超自然喜色溢于言表。慕容超自己高兴，但南燕境内当年天灾不断，旱涝交加，都城广固又发生地震。古人迷信，认为这一系列的天灾皆是上天发怒，故而国人惴惴，皆暗忖要有祸事发生。

安帝义熙五年正月元旦，慕容超在东阳殿接受群臣朝贺，乐队奏乐，这位青年帝王一脸不悦——新招募的乐师，无论是技艺和外表都与昔日太乐诸伎相差甚远。但是，从后秦索回宫廷乐队肯定不可能，慕容超就想从东晋控制区抢掠晋人。

大臣进谏，慕容超不听，派人进袭东晋宿豫，大掠而还，从中挑选两千五百名青年男女，送入太乐府学习音乐以供日后宴饮朝会之用。不久，南燕又遣军入寇济南，掠男女而去。

“天作孽，犹可违；人作孽，不可活”。其实，当时的刘裕，在东晋国内还未树立起绝对的权威，蜀地有谯纵不服，岭南有卢循未灭。假使慕容超不派兵掠境，刘裕再怎么琢磨也不会把目光投向这位关系还算不错的近邻。

东晋安帝义熙五年四月，刘裕上奏朝廷，要征伐南燕。当时朝议皆以为不可，唯左仆射孟昶、车骑司马谢裕、参军臧喜以为必克，三人劝刘裕放心。

可见，大英雄立功名，绝不可在“大家”首肯的情况下才行动。

该出手时就出手，由此，得胜后所造出的后果则更具震撼力。

刘裕率大军自建康出发，先走水路，由淮河入泗水（二水交汇处在今江苏淮阴）。六月，晋军行至下邳（今江苏睢宁）。刘裕下令，尽留船舰、辎重于当地，轻装步行至琅琊（今山东胶南）。

刘裕虽为冲杀大将，但很注意细节，一路经过的每处战略要地，他均派精兵筑城守御，唯恐南燕有奇兵突袭断绝补给之路，以免重蹈当初桓温北伐的覆辙。

听说刘裕出兵，慕容超受惊不浅，他没料到攻掠东晋的边地会引起对方这么大反应。于是，南燕君臣忙开会廷议抵御之事。

公孙五楼虽是个卖官弄权的佞臣，却十分有战略头脑，对战事分析得头头是道："吴兵（晋军）轻果，所利在战。初锋勇锐，难与争锋。我们应该主动出兵，抢先占领大岘山险关，拒敌于国门之外。这样一来，旷日持久，敌军锐气必受摧沮，后勤也会逐渐供应困难。同时，我们还可以简选精骑两千，顺沿海边南驰，绝断晋军粮道。再令兖州驻军绕山东下，深入敌后。如此，腹背夹击晋军，可为上策；其次，可严命各地军将，凭险拒守，紧固坚城，除本军本城用度外，余下储积均焚毁，田中庄稼也都要令人芟除无遗，坚壁清野，坐守待时。此乃中策；下策，则是任凭敌军入大岘关，然后集合精兵，出城拒战。"

大臣你一言，我一语，议论纷纷。

最后，慕容超拍板定议："京都（广固）殷盛，户口众多，非可一时入守。青苗遍野，一下子也芟除不尽。我大燕今踞五州之强，带山河之固，战车万乘，铁马万群，待晋军过大岘关，出现在平原地区，我们正好发挥铁甲精骑的长处，冲践敌军，可一举成擒。"

贺赖卢、慕容镇等人苦谏，均不被采纳。

公孙五楼虽有谋略，但佞臣最大的特点就是"不拂主上之意"，当然不会坚持己见，默然而已。

刘裕出发前，已有参谋对此次行军表示过忧虑："燕人如果阻遏大岘关险道，或者放我军过去后坚壁清野，我们大军深入敌境，坚城不克，退路又堵，到时怎么办呢？”

刘裕胸有成竹：“这事我已想了许久。鲜卑人贪婪，不知远计。他们进攻时意在掳掠，后撤时又吝惜禾苗，肯定认定我们孤军深入，不能持久。燕军用兵，最多会进踞临朐，退守广固，不会用坚壁清野的谋策。”

一切皆如所料。刘裕未见南燕一兵一卒，顺利渡过大岘关。他喜形于色，以手指天，说：“兵已过险关，皆有必死之心。敌人田野中禾麦将熟，我们又无饥饿缺粮之忧。克敌必矣！”

“知己知彼，百战百胜。”慕容超行兵布阵，和刘裕想象的一模一样。他先派段晖、贺赖卢率五万步骑进踞临朐，守株待兔，不久，听闻晋军已经飞渡大岘关，惧上心头，慕容超亲率四万大军前往临朐与段晖等人合军。同时，他命令公孙五楼马上赶往川源，想在上游切断晋军水源。可惜的是，慕容超总属后知后觉之辈，刘裕早已先他一步派前驱将军孟龙符攻据川源，迎头把公孙五楼打得大败而归。

清晨，刘裕以兵车四千乘为左右翼，列奇阵，方轨徐进，与南燕兵在临朐以南的平地上交战。

燕军铁骑本来很厉害，但没想到晋军使用的兵车坚阵，使得他们骑兵冲荡践踏的优势完全发挥不出来。燕军铁马直荡，皆被兵车上的晋兵以利矛捅死在车前。侥幸跃过兵车的，又随即被阵内的晋兵刀砍斧剁，尸身散落。

毕竟燕军人多，双方大战，一直过了中午犹未分出胜负。

刘裕参军胡藩出主意：“燕人悉兵出战，临朐城内守兵肯定稀少。我愿以奇兵间道袭城，仿效当年韩信破赵国的计谋。”

刘裕称善，遣檀韶、向弥与胡藩率兵，绕过燕军正在战场上厮杀的主力，突然进攻临朐，高呼大叫，一举克城。

同时，刘裕派人四处散布晋军已有众多援军自海道赶至战场的消息。

慕容超身为皇帝，自己正在临朐城内大本营当总指挥。城内守兵，总共才有两三千人。眼见城陷，周围御林军拼死抵挡，慕容超捡得一命，单骑逃至段晖营内。

刘裕见临朐城已攻克，忙挥令旗，鼓声大作，晋军全面出击。本来燕军看见临朐插上晋军旗帜就已心慌，隐约又得知大批晋朝援军从海上来攻，怯意顿起。至此，他们再也坚持不住，纷纷扭头奔逃。

晋军得势不饶人，喊杀阵阵，更加神勇。段晖刚刚和皇帝慕容超打个照面，晋军已经冲进指挥营帐，刀砍枪捅，这位燕国名将登时被杀。

此次大战，共有十多个南燕大将临阵被斩。

慕容超运气不算太坏，又能逃出一劫，奔还广固。但他的玉玺、御辇以及全套皇帝仪仗，全部成了晋军的战利品。

刘裕穷追不舍，因胜而进，第二天就攻陷了广固的外城，逼使慕容超只得龟缩于内城死守。

晋军筑起长围，高三丈，外穿三重堑，给燕人一种插翅难飞的感觉。

刘裕派人告知晋廷，不用再从江淮输运粮米，晋军自可在当地解决粮食供应问题，以战养战，食粮于敌境。

慕容超逃回广固后，沮丧得不行。他先把自己骂了一顿，然后垂头丧气向群臣问计。

前燕宗室慕容镇进言，希望凭城一战，拼死决胜。但司徒慕容惠认为不可。他认为："晋军乘胜，盛气凌人。败军之将，何以御之！现今，只能派韩范出使，求秦国姚兴来援。唇齿之意，秦必来救。"

此时此刻，南燕也只有求后秦来援这一条路了。于是，慕容超派遣韩范出使长安借兵。

古代兴兵交战，攻城最难。晋军虽数战数胜，但面对广固坚固无比的内城，也一筹莫展，只得修治各种攻具，做成一种尝试一种，一一推向战场。

关键时刻，南燕一直以“奇巧精思”善造攻械著称的大臣张纲，从长安出使办事返回，他走背运，正好被晋军俘虏。刘裕很会用人，这位大“工程师”立时派上了用场。同时，南燕大臣张华、封恺、张俊等人相继为晋军俘获。这些人都是汉儒，自然马上倒向了东晋一边。

张俊给刘裕出主意：“现在燕人能够固守，主要是对外出乞援的韩范抱有幻想。可以高官厚禄劝诱韩范归降。如果韩范投降，燕人必定绝望，广固可不攻自破。”

刘裕从计，派人带着晋朝封授韩范为散骑常侍的诏书，前去招降。

慕容超窘急，亲笔写信给刘裕，表示要向晋朝称臣，以大岘山为界，献良马千匹，以通和好。

刘裕断然拒绝。

后秦方面，姚兴正与大夏国赫连勃勃相攻伐。见南燕乞援，姚兴不得不派使臣到广固城下见刘裕，威胁说：“慕容氏与我是友好邻国，以穷告急。我军准备遣十万铁骑，径据洛阳。晋军如果不退兵，铁骑当长驱而进！”

刘裕想都没想，当面斥呵后秦使节：“语汝姚兴，我定燕之后，息甲三年，当平关、洛。今能自送，便可速来！”

果然是天亡南燕。姚兴确实不仅仅是虚张声势，他还真派大将姚强率一万精骑前往洛阳，准备与当地的姚绍一起合兵，前来广固救慕容超。不巧的是，赫连勃勃大败秦兵，姚兴自顾不暇，忙追还姚强的精兵还卫长安。

出使的韩范见状大叹：“真是天亡燕国啊！”

正好，刘裕密使赶到长安，思忖一番，韩范便归降东晋。

刘裕见到韩范，免不了还嘲笑他一番：“您本来要立申包胥之功，何以虚还？”（春秋时申包胥哭于秦庭，最终哀求秦国兴兵救楚。）

韩范能言之士，自然有理有据，不卑不亢：“我祖孙三代仕燕，自然要尽臣下本分。但西朝（后秦）多故，丹诚无效，可谓天丧弊邑而赞明公。智者见机而作，在下怎敢不至！”

刘裕点头：“卿可至城下，告以祸福，劝守兵出降。”

韩范拒绝：“虽蒙将军殊宠，但我仍不忍为您反谋燕国。”

刘裕也不强迫他，内心赞赏此人有德量。转天，他派人载韩范于车，在广固城外转了一大圈。

前燕守军见到韩范，知道后秦援军不可能到来，人情离骇，完全绝望了。

广固城内，左右从人劝慕容超杀掉韩范全家，以此警诫反叛之人。慕容超虽属不明之君，也知韩范无奈，加上韩范之弟韩淖一直忠心不二，未忍下令诛杀韩家。

韩范真是智谋之士，假使他在城下向守军喊话劝降，激怒慕容超，一家人肯定会被杀得一个不剩。

张纲方面，穷极巧思，为刘裕造冲车、飞楼、悬梯、木幔等攻具，使守城的火石弓矢顿失作用，燕军日益困窘。

慕容超暴怒，派人把张纲母亲押至城头，倒吊起来，慢刀碎剐了老太太。

张纲血泣，化悲痛为力量，研制出更为精巧实用的攻具。

即是如此，南燕守军仍旧坚持了四个多月。

刘裕也不是特别急于进攻，反正广固周围人民都日夜负粮来助官军，吃喝不愁。同时，晋朝援兵源源不断，营于城下的，一直都是精神头十足的生力军。

410年正月朔旦，慕容超升登天门，依礼接受群臣朝贺。慕容超宠爱的美人魏夫人，也随他登城。

礼毕，二人凭城四眺，望见城下晋军军容整盛，一眼望不到边际，这一对俊男美女，相对执手而泣。

韩范之弟韩淖一直跟随左右，劝谏道：“陛下遭逢厄难，正应自强奋志，怎能对女子悲泣！”

慕容超擦拭眼泪，表示道歉。

尚书令董锐知道大势已去，劝慕容超出降。

慕容超大怒：“废兴，命也！吾宁奋剑决死，决不衔璧求生！”如此血气，倒不失男儿本色。

公孙五楼、贺赖卢等人想从城内挖地道偷袭晋军，皆大败而归。不久，晋军断绝广固城外渑水水源，城内守军只能喝含有很多有害杂物的井水，皆头昏脚软，日益穷困，出降者越来越多。

看见火候差不多，刘裕才指挥晋军四面攻城。南燕尚书悦寿先前劝过慕容超投降，今见势不妙，便开城门投降。

晋军喊杀入城，慕容超只带数十骑卫士仓皇出逃。没跑出多远，便被晋军悉数生擒。

刘裕坐于大帐正中，呵斥五花大绑立于帐中的慕容超，当面把他大骂一顿。

慕容超神色自若，一无所言，根本不求饶，只是要求自己死后请晋将刘敬宣照看自己的母亲。刘敬宣是刘牢之之子，其父被桓玄攻杀时，他曾逃至南燕，与慕容超有交情。

可见，这慕容超真是个做事没有条理之人。先前，他为了赎回母亲，把太乐诸伎送给姚兴；后来，为了能欣赏正宗宫廷音乐，他又派兵侵掠东晋，抢来南方士女进行音乐培训，最终导致刘裕的进兵乃至亡国。

国亡之时，小伙子这才又想起母亲，真不知他这份孝心是怎么转的，最后把家国性命全都搭上。

刘裕命人把慕容超关入槛车，送至建康处斩。小伙子时年二十六岁，在位六年。

由于痛恨广固城久攻不下，刘裕想要把城内男丁全部坑杀，并以其妻女赏将士当婢妾。

在场晋将百分百同意，倒是降臣韩范进劝：“晋室南迁，中原鼎沸，士民无援，强则附之，既为君臣，必须为之尽力。这些人皆衣冠旧族，先帝遗民，今王师吊民伐罪，如果尽坑广固之人，恐怕西北之民再无来归之意。”

刘裕立刻改容称谢，听取了韩范的谏劝。

但是，他依旧下令斩杀前燕王公以下三千人，收没家口万余，夷平广固城墙。

这三千人中，慕容王族占多半，男女老少、婴孩不免。

慕容氏的前燕灭亡后，苻坚待他们不错。不仅一个未杀，还个个送有权有地的大官做。但淝水之战后，正是这些慕容家族的人所在蜂起，“人面兽心”，最终导致了前秦帝国的覆灭。慕容王族的子弟们，以兴燕为名，建立了后燕、北燕、南燕、西燕，称王称帝，在北中国折腾个不停。虽然风光一时，亡国时皆被敌国整族灭掉。苻坚大帝“柔仁”的前车之鉴这么真切，谁都不想给这一几乎个个男人长相俊美的家族中的任何人留下任何机会。

后世儒臣史家，对刘裕的屠杀多有微词，笔者却认为大英雄此举是舍小仁存大义。假如遗漏了哪个狼性王族的后代，没准哪天忽然兴兵，再称王称帝。战事一起，死亡的恐怕不仅仅是三千人，得是三万人、三十万人，甚至数百万人！

其他几个慕容王国，国亡时宗室也大多被连根诛除，使得中国历史上基因甚是优秀的一个家族基本上被消灭殆尽。

平灭邪乱收岭南

刘裕击卢循

正当刘裕在广固大阅兵士、校核户籍、统计战利品数目时，患生心腹，孙恩邪教逃亡至岭南的残余势力卢循、徐道覆忽然率大军分两路直杀建康，几乎端掉东晋的首都。

卢循，字于先，小字元龙，是西晋卢谌的曾孙。大英雄刘琨最有名的《重赠卢谌》一诗，就是赠给卢循的曾祖。其五世祖卢志，也是晋朝忠臣，曾在成都王司马颖手下任幕僚长，做过不少利国利民之事。到了卢循这辈，却娶了妖贼孙恩之妹为妻。

孙恩生性残酷，杀人无数，当时卢循还时常加以规劝，被俘的东晋朝士多赖其得活。可见，卢循本是书生性情，不算大恶之人。史载，卢循“双眸冏彻，瞳子四转，善草隶弈棋之艺”，是个不折不扣的士大夫子弟。

孙恩死后，卢循被造反余众推为首领，从海路逃到番禺。占据广州后，他对东晋朝廷遣使贡献。晋廷当时正值多事之秋，便封孙恩为征虏将军、广州刺史、平越中郎将，封卢循姐夫徐道覆为始兴相。

刘裕率大兵征伐南燕的消息一传出，徐道覆非常高兴，忙派人前往广州，劝卢循乘晋廷内虚时主动出击。卢循大概当时感觉正惬意，名为大州刺史，实为小国国君，天天诗酒茶棋书画，根本不想找东晋麻烦。

徐道覆坐不住，从始兴（今广东韶关附近）亲自赶往番禺，面见卢循，说：“朝廷一直把您当腹心之患，刘公（刘裕）现正被牵制于坚城之下（广固），等到他擒灭慕容超回朝，肯定会亲自率军齐集豫章，派锐师越山过岭。到时候，您再英明神武，也只能束手投降。今日之机，万不可失。如果我们占领都城建康，刘裕即使率军赶回，也无可奈何。如果您不从我计，我自己率始兴之军单独向寻阳挺进！”

卢循虽然不想起兵，又无法辩驳姐夫，只得依从徐道覆，发兵相从。

于是，徐道覆从始兴出发，一路连克南康（今江西赣州）、卢陵（今江西吉水），直杀豫章（今江西南昌）。当时，东晋镇南将军何无忌在豫章驻守，这位爷在刘牢之、刘裕手下时远谋深见，待他自己独当一面，却显得轻佻少谋。

眼见徐道覆贼兵重楼巨舰顺流而下，长史邓潜之进谏："此战系国家安危，贼人自上流而下，舟舰大盛。我们应该掘开南塘之水，坚守城中，与其相持，俟其兵老师疲，然后趁势出击。否则，弃此万全之策，决成败于一战，万一失利，悔之无及。"

何无忌不从，命军将登战舰迎击贼兵。双方交战，大风突起，何无忌所乘的指挥船被风吹至东岸，贼军数艘大舰直逼靠来。晋兵见主帅不免，顿时崩溃，加上贼军多是三吴"思归忘死之士"，杀兴正酣，奋勇向前。

如此危急之时，何无忌还大叫"取我苏武节来"，辞色不挠。贼兵刀枪齐下，把何大将军分尸数段。

卢循方面，也是所向皆捷，他连克湘东（今湖南衡阳）、长沙诸郡，进至巴陵（今湖南岳阳）。

南方诸郡败讯继至之时，晋廷还没有接到刘裕平南燕的捷报。惊慌之下，只得连遣数道急使，征刘裕回军驰援建康。本来，刘裕最初的打算是在平燕之后，驻镇下邳，休养几年后再一举攻克关洛之地。听说都城告急，刘裕只得即日班师，星夜驰还。

大军行至下邳，刘裕命人以船只运送辎重，自己亲率精锐部队急行军从陆路奔还。

刚到山阳，何无忌死讯传来，刘裕如雷轰顶，只带数十卫士，卷甲兼行，疾驰至淮上，向过往旅客打探消息。

旅人纷纷告言："贼军还没到，如果刘公回来，我们也就没什么可怕的了。"

刘裕闻言大喜，马上单船过江，赶到了京口。

众人见到刘裕本人，都大松一口气。

驻镇姑孰的东晋抚军将军刘毅，本来在卢循刚起兵时就上表表示愿率军南征，但他忽然患病，一下子到了病危的地步。延迟数日，病势减轻，他马上要提兵灭卢循。

桓玄称帝时，刘裕、刘毅联手起兵，声名不相伯仲。眼见刘裕平灭南燕，刘毅心中不服，也想立功显威。

刘裕闻讯，忙写信给刘毅，提醒他提防卢循、徐道覆等人奸谋多端，善打游击战，希望刘毅充分准备，专心致志，与自己合军击灭贼众。

为了说服刘毅，刘裕派刘毅堂弟刘藩前往劝谕。

刘毅读毕刘裕亲笔信，大怒，投之于地，对堂弟刘藩说："当初平桓玄，我是因为谦虚才把首功推让于刘裕，难道为此你们便以为我不如刘裕了吗？"

于是，刘毅亲率两万水军自姑孰出发，直奔建康。

徐道覆听闻刘毅来逼，舍江陵而不攻，马上报卢循："刘毅兵重，成功在此一战，宜并力攻杀。"

于是，两个贼头连兵而下，约十多万兵将，乘千余艘战船，与刘毅晋军大战于桑落洲（今江西九江附近）。

本来就众寡不敌，徐、卢两人又是计谋之士，邪教教众斗志，比寻常军士勇锐，双方一交手，晋军大败。刘毅本人只与数百兵逃得性命，遗弃战船、辎重、器械无数。

晋廷知悉刘毅军败，惶惧异常。当时，刘裕北还将士因长途行军疲乏不堪，而且多伤病，战斗力极差。建康守军不过数千，皆有畏惧之心。

刘毅败还的军士回城，都讲敌军势盛，惊恐成为传染病，一发不可收拾。

确实，卢循、徐道覆有战士十余万，舟车百里不绝，楼船高十二丈，浩浩荡荡，势不可当，着实吓人。

朝中大臣孟昶、诸葛长民眼见建康危急，便想拥安帝过江以避兵锋。孟昶可称是个“乌鸦嘴”，当初刘毅、何无忌出战，他均预言会战败，结果两人果然一出即败。至此，他又在朝议中表示，如果刘裕出兵，也会重蹈覆辙，众人颇信其言。

刘裕坚决不同意皇帝出奔：“今重镇外倾，强寇内逼，人情危骇，莫有固志。若皇帝一旦迁动，自然土崩瓦解，江北又岂能逃得了呢！”

孟昶倒不是什么怯懦怀私的坏人，但他就是坚信刘裕必败。见自己争不过刘裕，孟昶便在大殿上表示要自杀。

刘裕也气，说：“你先看我一战如何，再死也不晚！”

孟昶性急又固执，当晚回府，向皇帝修书一封，表奏：“当初刘裕北讨，意见不同，为臣我力赞其行，致使强贼乘间，社稷危逼，此乃为臣之罪也。”

写完奏书，孟昶仰药自尽。未至山穷水尽，孟昶先自杀，可见这个人死得多不是时候。

徐道覆是个勇毅决断之人。听说刘裕已在石头城集兵设防，便苦劝卢循，从新亭疾趋白石，尽焚舟船，以示必死之志，然后数道进攻，毕全力于一战。

卢循一路大胜，更加有持重之心，回复徐道覆说：“我大军未至，孟昶就望风自裁。以此推之，敌军不久必自相溃乱。如果决胜于一战，万一有失，损兵折将，不如按兵待之。”由此，卢循指挥军队驻屯于石头城的西岸蔡洲。

徐道覆深知小舅子多疑少决，回营后对左右叹息道：“我终为卢公所误，事必无成。倘我得为英雄驱驰，天下不足定也！”

刘裕得此喘息之机，派人广伐树木，在石头城遍树丛栅，又在淮口筑查浦、药园、廷尉三垒，派重兵坚守。

待了一段时间，见晋军内部没有任何溃乱现象，卢循后悔先前不从徐道覆之言，就指挥军队对晋军展开猛攻，皆不克而还。

不久，突遇狂风暴雨，卢循许多舰只都倾覆翻掉，淹死许多兵士。

卢循郁闷，列阵南岸，与晋兵相斗。已经缓过劲的晋军奋勇争先，贼兵又败。无奈之余，卢、徐两人就指挥军队转攻京口，仍一无所得。

相持之间，刘裕玩起“心理战”。他派宁朔将军索邈率一千多鲜卑人组成的精骑兵，身披虎皮坚甲，五彩斑斓，装束奇特，每人手持一旗，自淮北至新亭，蹄声阵阵，威风凛凛。

卢、徐手下贼众聚观，心生畏惮。

师老兵疲之余，徐道覆建议卢循退据寻阳，伺机取荆州，再寻取机会掉头进攻建康。

自此，卢、徐两人转攻为退，厄运也自此开始。

刘裕一面率军追赶，一面派沈田子等人率水军走水道绕海直袭番禺。

卢道覆集三万贼兵攻江陵，反为荆州刺史刘道规打得大败，单舸走还盆口（今江西九江附近）。不久，晋将孙处等人乘大雾突袭番禺，一天即攻克卢循老巢。沈田子等人各率兵士，伺机攻灭岭南的邪教残余势力。

安帝义熙六年（410 年）底，刘裕集大军于大雷（今安徽望江）。

卢循、徐道覆率众数万，塞江而下，前后舳舻相连，无边无际。

面对敌人最后的疯狂，刘裕派出轻装小船，满载引火之物。战斗开始，他下令晋军用劲弩猛射敌军，待敌船聚泊西岸时，晋军岸上、小船上的兵士齐投沾满油的火炬，致使贼军船舰着火，烟焰涨天。火攻谁也顶不住，贼众随即大溃，投水淹死者就有上万人之多。

卢、徐二人逃回寻阳后，欲奔豫章，便在左里（今江西都昌左蠡山）下栅，欲阻止晋军前进。

左里之战，刘裕复大胜，晋军杀贼过万。

至此，徐道覆逃返始兴，卢循往番禺方向奔返。

411年2月，晋将刘藩等人攻克始兴，斩徐道覆。4月，卢循率残军逃回番禺，又把孙处等数千晋军包围在内。带兵在岭南一带攻伐的晋将沈田子等人一合计，认为番禺是卢循老巢，怕城内人里应外合，就一齐回军，反包围了正在攻城的卢循。

内外夹击之下，卢循大败，死数万余人，狼狈逃走，一路连连败绩，最后跑到交州附近（今越南北宁），与当地起兵反晋的俚、僚等蛮人合兵，进攻东晋交州刺史杜慧度。

杜慧度身处僻州，尽散家财以赏军士。晋军先在岸上向卢循舟船扔火把，然后又在两岸夹射浑身是火、四下奔逃的贼兵。

坐在华丽的指挥大船上，卢循自知此次难逃一死，便先用毒酒把自己的妻子、儿女十多人尽数毒死。然后，他把数十位貌美的姬妾召至座前，问："我今将自杀，谁能和我一起死？"

眼见大势已去，诸位美女皆表示："雀鼠尚且偷生苟活，从死实在太难！"只有两三个死心眼的，低声言道："官人欲死，我们也不愿活着。"

"考试"完毕，卢循让那两三个愿死的美女出舱，放她们一条生路。接着，他抬出大酒一缸，尽数毒死了那些不愿与他同死的美女。

怔忡片刻，望着满船的美女尸体，卢循攀上船头，赴水而死。

杜慧度得胜后，杀掉卢循老父。然后，他让人找到卢循尸身，再把首级割下，用小箱子精致包装，送京师邀功。

至此，卢循、徐道覆折腾一年多，功败垂成，最终为刘裕所平灭。算上孙恩，"五斗米教"折腾了十一年之久，严重削弱了东晋的政权元气。虽然最终邪教被扑灭，东晋的国祚也差不多走到了尽头。

孙恩、卢循之乱，对王、谢这样的东晋世家大族也打击极大，子弟纷纷被杀不说，经济方面也遭受了巨大的损失，丧失田产家财无数。同时，随着他们力量的削弱，以刘裕为代表的寒人阶级因军功不断躥上政权第一线，大族世家，渐渐从主角变成了配角。混得好一点儿的，也只能给将军们当当师爷和谋士了。

殊勋如此，晋廷授刘裕太尉、中书监，军权、政权，齐集一人之手。

面对当时豪强横行、广行兼并的现象，刘裕大行惩戒，严肃纲纪，诛杀藏匿亡命的豪族之士多人，致使“豪强肃然，远近知禁”。

清除异己独擅权

刘裕诛杀“老战友”

灭南燕、平卢循，声名赫赫，刘裕便把他那“猎人”的目光转向朝内。首当其冲的，非刘毅莫属。

刘毅，字希乐，彭城沛人，与刘裕还是同乡。桓玄称帝后，刘毅、刘裕等人共谋起事，刘毅京口倡义，首斩桓修。此后，江乘之战、覆舟山大战、峥嵘洲大战，刘毅均身先士卒，殊死拼斗。桓玄之灭，刘毅确实有一大半的功劳。桓玄死后，刘毅率军进讨桓振、桓谦以及冯该等人，平巴陵、降襄阳、入江陵，以功拜卫将军、开府仪同三司。

桑落洲一战，是刘毅威望急剧下挫的一个转折点，此战他所损失的不仅仅是数万精兵、无数辎重以及精船良舰，最重要的是他输掉了名声。以前，二刘均以平桓玄之功，在朝廷不相伯仲。如今，刘裕刚立灭南燕的大功，又把岭南削平。功业方面，刘毅这个败军之将，再也提不起精神来与刘裕抗衡。

刘毅初败时，说实话，刘裕还不失厚道，对老战友深加慰勉，复其本职，并未因其丧师败绩而落井下石。

安帝义熙八年（412年），东晋荆州刺史刘道规因老疾卸任，刘毅见有新机会，自告奋勇，以为国家开辟财源、养民富兵为由，申请外任荆州。

刘毅此举，也可谓深思熟虑。建康朝中，他已经全然不是刘裕的对手，只能坐拥上流重镇。众兵在手，才有资格在暗中与刘裕较劲。

刘裕仍旧未起杀心，以诏命刘毅为荆州刺史、都督荆宁秦雍四州诸军事。不久，刘毅再要求交州、广州也要由自己辖统，刘裕也照给不误。不久，刘毅上奏，要求把亲信郗僧施、毛修之等人委以重镇实职，刘裕还是一一同意。

眼见事事皆准，刘毅居上流之地，渐有阴图刘裕之心。

刘裕是武人，刘毅却“颇涉文雅”，故而京城朝士有清望者多心附于他。人以类聚，东晋一直崇尚清谈之风，就连谢安的孙子尚书仆射谢混也和刘毅打得火热。

刘毅爱好史籍，谈至蔺相如降屈于廉颇，就拍案大叹以为不可能。在平灭卢循的庆功会上，安帝在西池大宴群臣，诏群臣赋诗，刘毅诵道：“六国多雄士，正始自风流。”显然自以儒将自诩。他自知武功不如刘裕，只能向众人显示其“文雅有余”。

刘毅出镇前，往京口辞墓，刘裕自建康与其相会。

临行前，宁远将军胡藩劝刘裕趁机杀掉刘毅，刘裕沉吟半晌，说：“我与刘毅俱有克复之功，其过未彰，不可自相图也。”

刘毅到江陵后，不知谦抑，随意升降所统属官，并在不上报朝廷的情况下把豫州、江州等地万名文武随员和精兵划拨至自己麾下。更走倒霉运的是，每逢有大事发生前，刘毅就“疾笃”，估计是昔日死战冲锋，身上多创伤的缘故使然。

谋士郗僧施等人恐怕刘毅哪天暴死，一帮人失掉主心骨，便劝刘毅调他的堂弟刘藩来荆州给他当副手。

刘裕此时大怒，他再也抑制不住愤恨，上表请诛刘毅。安帝是个摆设，刘裕的“上奏”，其实就是上奏给自己，府中官员拟草，加印玉玺发出，宣示刘毅等人罪过，指斥他“轻佻躁脱，职为乱阶，煽动内外，连谋万里”，并收捕时任兖州刺史的刘藩和尚书仆射谢混，赐死于狱中。

谢混是东晋数一数二的美男子，是元帝女婿，风姿绝秀，文采茂然。刘裕后来受禅为帝时，谢混的族侄谢晦对刘裕说：“陛下应天受命，登坛之日，恨不得谢益寿（谢混小名益寿，字叔源）奉呈玺绂。”刘裕当时大发感慨：“吾甚恨之，使后生不得见其风流！”

但是，政治是你死我活的事情，叹赏归叹赏，杀掉还是要杀掉的。刘裕与谢混开始关系还不错，左里之捷，刘裕抓住杀害谢混父亲谢琰的叛将张猛，捆缚送交谢混。谢混生刳其肝而食之，以报杀父之仇。以此道之，刘裕于谢混还有恩。但在政场中，恩怨交牵，稍有不慎，则六亲不认。

刘裕自率大军讨刘毅。出发前，他称诏以宗室司马休之为荆州刺史，使刘道怜为兖青二州刺史镇京口，使豫州刺史诸葛长民监太尉留府事。由于对诸葛长民不放心，刘裕乃加心腹刘穆之为建武将军，配给军士，让刘穆之提防诸葛长民。

安帝义熙八年冬十月，刘裕以王镇恶为前锋，授其轻船百艘。

临行前，刘裕告诫王镇恶：“若贼可击，击之；不可击，烧其船舰，留屯水际以待战。”

王镇恶乃苻坚名臣王猛之孙，自是计谋多端。他首先派人烧掉刘毅在江津的大小船只，自率步卒全船上岸，直奔江陵城杀来。

半路，有人问到来的兵将是何人，王镇恶均遣人说是刘兖州（刘毅）亲军。因此，一路之上，他们没有造成任何惊扰，也无人阻挡。

离城五六里远，刘毅亲信将领朱显之正好带兵要去江津。与王镇恶军打了个照面后，他心起怀疑，问：“刘兖州何在？”

王镇恶军士回答：“在后面。”

朱显之心疑，径直策马向后军赶，却不见刘毅影踪。忽然，他发现这些兵士皆携带攻城器械，鬼鬼祟祟。远望江上，江津船队燃烧的大火正烧红半边天。朱显之大叫一声“不好”，掉转马头奔回城里向刘毅报告，下令关闭各个城门。

王镇恶和他手下兵士跑得也不慢，几乎是和朱显之同时疾驰入城，因此江陵诸城门未及落闸，王镇恶军已经冲入。

几番恶战，刘毅退入牙城，仍与司马毛修之等督促士卒力战。

刘裕送与刘毅的诏敕及赦文，刘毅看都不看，均立时烧毁。

刘毅手下有不少建康士兵，而进攻的台军（都城卫戍军）与这些人中不少都是表亲戚，双方一面格杀一面交谈，刘毅军士才知此次真的是刘裕本人率军亲来，于是人情骇散，渐渐不支。

傍晚时分，刘毅听事厅前的卫兵已散败而去，勇将赵索也阵亡。

刘毅的亲兵仍旧忠于职守，犹自紧闭东西阁拒战。

半夜，毛修之由于先前与刘裕有私交，知事不济，自己带人逃走。刘毅自率几百兵士，从北门突围，一路与王镇恶兵士勇斗，杀伤殆尽，至江陵城北二十多里的牛牧佛寺时，他身边已无一个从人。

刘毅紧拍寺门，要入内躲藏。寺僧隔着门缝表示拒绝，说：“从前我师傅收容了逃跑的桓蔚，被刘卫军（刘毅）下令杀掉，现在，我们实在不敢收留陌生人。”

七年之前，刘毅平灭桓氏，严刑峻法，至此，终于有了“报应”。

刘毅愣了半天，叹道：“为法自弊，一至于此！”

眼见逃藏无地，刘毅在寺门边找了棵歪脖树，自缢而死。

转天早晨，有人发现刘毅尸体。人死罪不免，刘毅尸身仍被抬入江陵市内，斩首示众，兄弟子侄皆伏诛。

刘裕至江陵后，宽租省调，节役原刑，礼辟名士，荆人大悦。他又打又拉，体现了政治家一贯的伎俩，成效不错。

“处理”了刘毅，刘裕下一个“惦记”的目标人物，就是督豫、扬等六州诸军事、留守建康的诸葛长民了。

诸葛长民是琅琊人，虽有文武干用，然不持行检。桓玄时，曾引用他为“参军平西军事”，不久就因贪污险些被罢免。刘裕等人伐桓玄，诸葛长民因为怨恨之故，踊跃相从，事成后被封为辅国将军。后来，诸葛长民率众击败桓歆，其部下又击退慕容超于下邳，应该说是个具有相当军事谋略的小人。

刘裕伐刘毅，诸葛长民居中用事，骄纵贪侈，不恤政事。他四处纳财收贿，家中美女珍宝无数，大营宅第，残虐百姓。由于所行多不法，诸葛长民很怕刘裕日后会纠劾他的罪行，其弟辅国将军诸葛黎民也劝说：“刘毅宗族覆亡，我们诸葛家也要有准备啊。趁刘裕未还建康，应该先发制人才好。”

本性贪财之人，拥易舍难。诸葛长民思来想去，犹豫不决，叹道：“贫贱常思富贵，富贵必履危机。今日欲为一布衣百姓，岂可得乎！”

私下里，诸葛长民修书给冀州刺史刘敬宣，表示要“共图富贵”。

刘敬宣是名将刘牢之之子，做人一直小心谨慎，回书婉拒，并把诸葛长民写信给自己的事向刘裕汇报。

刘裕闻之，更坚定了对诸葛长民的诛除之心。

为了试探周遭反应，诸葛长民趁上朝办公的时候，假装无意，问刘裕亲信刘穆之：“外边纷纷传言刘太尉和我有过节，是真的吗？”

刘穆之何其聪明，冷静答言：“太尉率军征行，把老母弱弟留在京城，托付给您，如果他对您有二心，能这样做吗”？

诸葛长民闻言，稍稍心安。即使如此，他仍是忧心忡忡，常对左右讲：“昔年醢彭越，前年杀韩信（喻指刘毅被杀），估计快轮到我了！”

刘裕心中确实很害怕诸葛长民在建康先发制人，诸如挟持安帝、以自己家属当人质等，便制造各种假象拖延归期。同时，他又命军队、辎重日夜兼行，先返回建康候命。

听说刘裕要旋师，诸葛长民等朝中百官连续几天都从早至晚在城郊的驿亭等候。

刘裕怕中埋伏，迟迟不露面。

待深夜时分，刘裕得知属下大军已经布满建康城，才连夜乘轻舟由水路急达建康，潜入东府。

转天早晨，忽然听说刘太尉已在府署办公，诸葛长民又惊又怕，赶忙亲自前往东府拜见。

刘裕见到诸葛长民，像没事人一样，笑谈如平日，命人大张宴席，两人在密室纵谈痛饮极欢。本来十二万分紧张，如今见刘裕如此友好地对待自己，诸葛长民终于把心放在肚子里，猛灌美酒，不停地搜索枯肠，找好听虚美的词语夸赞刘裕。

数杯过后，诸葛长民站起来，刚刚要进新谀之语，早已埋伏好的刘裕卫士从背后一根绳子紧勒住他的脖子。

刘裕仍坐于原处，边饮酒，边笑看诸葛长民蹬腿摇手、舌突睛出的恐怖死状。

杀掉诸葛长民后，刘裕立刻派人干掉了诸葛长民的几位兄弟，斩草除根。

诸葛长民大弟弟诸葛黎民骁勇绝人，力斗而死；小弟弟诸葛幼民逃于深山，仍被人告发擒斩。

从头收拾旧河山

刘裕北上灭后秦

安帝义熙元年（405年），益州将侯晖等人趁东晋内乱之际，拥当地大族谯纵为主，称成都王，割据一方。谯纵称王后，向后秦姚兴称臣，联合桓玄堂兄桓谦，不停进袭东晋，给荆楚之地造成很大威胁。

刘裕在击灭刘毅之后，立刻破格提拔大将朱龄石，发大军自外水取成都，又发疑兵佯攻内水，使谯纵分兵弱势。413年（安帝义熙九年）6月，晋军攻破成都，谯纵走投无路，自缢而死。至此，巴蜀皆平，重归东晋所有。

大胜连连之际，刘裕做事更加无所顾忌。宗室司马休之在荆州上流之地，颇得江汉人心，其子谯王司马文思，本性凶暴，常与一帮侠客厮混，在都城建康骄纵肆虐，引起刘裕的忌心。他派廷尉审验，杀掉司马文思的手下，并把司马文思执送给司马休之，意思是想让司马休之在江陵治所杀掉司马文思。

毕竟是自己亲生骨肉，司马休之只是上表要求废掉司马文思谯王的封号，向刘裕写亲笔信道歉而已。

对此，刘裕非常不悦，于415年初在建康杀掉司马休之次子司马文宝、侄子司马文祖后，发兵进攻江陵。

司马休之毕竟是宗室，立刻起兵抵拒，雍州刺史鲁宗之等人也起兵响应。

刘裕初战不利，女婿徐逵之以及数位亲信大将战死，迫使他不得不亲自出面，于四月率大军渡江，一战大败司马休之四万军队，攻克江陵。

无奈之余，司马休之父子以及鲁宗之等人逃往后秦依附姚兴。

至此，东晋国内再无与刘裕抗衡之人。朝廷下诏，授刘裕太傅、扬州牧，剑履上殿，入朝不趋，赞拜不名，并封刘裕第三子刘义隆为公爵，以刘裕之弟刘道怜为荆州刺史。

安帝义熙十二年（416年）三月，后秦皇帝姚兴病死，太子姚泓继位，主懦国疑，终于让刘裕盼来了北伐平秦的最佳历史时机。

后秦皇帝姚兴，字子略，羌人，自太元十九年（394年）即位起，共为帝二十二年。姚兴之父姚苌，是中国历史上人品最差的帝王之一。当年苻健开国不久，其大将苻黄眉杀姚襄后，俘姚苌，准备立时斩杀，幸亏当时同为大将的苻坚解劝，留姚苌一命，并以公侯之礼下葬了姚弋仲、姚襄父子，待姚苌可谓仁至义尽。淝水大败后，姚苌以怨报德，雪上加霜，不仅趁乱起兵反叛，最终还把苻坚大帝缢死于新平佛寺。

姚苌晚年，常于宫中梦见苻坚率鬼兵来抓他，大半夜满宫殿乱跑，被卫士当成妖人，挺矛刺中阴部，流血不止。虽经包扎稍有好转，但因阴部感染，阴囊肿得像个大西瓜。死前，姚苌一直跪伏于床，不停向半空叩首，连连称："臣苌，杀陛下者兄（姚）襄，非臣之罪，愿陛下饶臣一命。"

姚苌之子姚兴却是中国历史上少有的仁德帝王（当然，史臣不以正朔对待他）。姚兴即位后，平灭苻登，大定关中，彻底清除了前秦残余势力。姚兴以儒兴国，劝课农桑，收用贤士，广纳善言。399年夏，由于当时国内天灾频频，姚兴做出自降帝号之举，这也是中国历史上少有的事情。同时，他礼敬宗室，惩治腐败，交好邻国，曾做出一次割十二郡给东晋的友好举动。

作为帝王，姚兴车马无金玉之饰，后宫无纨绣之服，十分勤俭廉平。而且，姚兴时代，也是佛教传入中国的一个高峰期，佛经翻译大师鸠摩罗什深为姚兴礼敬，自此州郡化之，求佛者十室有九。礼佛的同时，姚兴的儒学教养已臻至境，是十六国帝王中具有极高修养和个人品德的佼佼者。

可喜而又可悲的是，帝王只要一有书生气，就缺乏大政治家的残忍和果于诛杀的气度。宽容过了头，有时就是给自己培养掘墓人。南凉的秃发傉檀、北凉的沮渠蒙逊、大夏的赫连勃勃、西秦的乞伏乾归等人，都因姚兴的宽宏捡得一命，但那些人狼子野心，脱逃即叛，纷纷反目成仇，竟也能从姚兴手下变出四个国家来。

姚兴晚年，依旧不免犯那种柔仁帝王最易犯的致命错误，他容忍阴谋夺嫡的儿子姚弼，差点酿成宫廷大祸。虽然最终姚泓嫡子继位，但所托非人，柔懦寡断，诚非乱世拨乱之主。

姚泓，字元子，自幼孝友宽和，但无经世之用。这样一个柔懦的老好人，不幸生于十六国大伪乱世，他的出生就是个错误，坐帝王之位，更是个天大的不幸。

姚泓身上孝服还没有脱，后秦国内就一片乱起，先有哥哥姚愔想夺皇位，后有弟弟姚懿、姚恢想杀他自代。当时，赫连勃勃刚刚抄掠数郡满载而归，南面的刘裕又统大军气势汹汹地杀来。

“屋漏偏遭连夜雨”，姚泓日日紧锁愁眉，没享受过一天称王为帝的快感，只感“茫茫来日愁如海”。

刘裕伐秦大军，共有四路人马。目的地为许昌、洛阳的一路，由王镇恶、檀道济所统领。目的地为武关的一路，由沈田子、傅弘之两人统领；水路两军，一路由沈田子、刘遵考由汴水经荥阳石门入黄河，为王、檀辅军；另一路由王仲德率领，由桓公渎自泗水入清、济，然后自清河入黄河。刘裕本人，后来也是经由王仲德军队的路线往前方推进的。

王镇恶、檀道济皆是能将，手下兵精粮足，一气攻拔项城、许昌等地，后秦诸屯守皆望风款附。

后秦留守洛阳的姚洸不听人劝，没有固守金墉，直搏晋军兵锋。随即几路大败，姚洸最终不敌，献城出降。

克复洛阳，刘裕更觉自己功高盖国，便派其左长史王弘还建康，暗示东晋朝廷给自己加“九锡”。留守京师的刘穆之本是刘裕心腹，见到主公如此赤裸裸地欲图篡位，愧惧发病，卧床不起。

晋廷当然只能照办。安帝义熙十三年（417 年）年初，晋廷下诏，以刘裕为相国、总百揆、扬州牧，封十郡为宋公，备九锡之礼，位在诸侯王之上。

诏下，刘裕辞而不受。权臣就是会演政治戏，他只是伸出一只触角，看看朝廷内外上下的反应而已。

当初，刘裕闻知卢循进逼建康的时候，他正在从广固得胜归来的途中，即有向朝廷索取太尉黄钺的举动；其属下大将朱龄石提兵伐蜀，形势未明朗之际，刘裕也曾要朝廷加自己为太傅并总镇扬州。现在，伐秦未见其果，刘裕试探朝廷加自己“九锡”，足见这个市井出身的大赌徒狡诈雄豪的一面。

刘裕种种举动，如在正常朝代，朝臣们早就喧哗怒骂，以其为不忠不义、挟威自重、谋逆不道。但在当时，晋室已失人心，傻子皇帝木偶人一个，大家知道忠于晋室没有任何好结果。

“人好逸而不惮劳，人好生而不畏死”，文武将士们，之所以不知疲倦地随刘裕东征西杀，都是想攀龙附凤，贪图立功于新朝，因此，刘裕权位愈重，他们的希望就越大。有此依恃，刘裕本人也就日益“胆大妄为”。

王仲德方面，东晋水军由清河入黄河，北魏滑台守将尉建竟然吓得连箭也不发一支，弃城狂逃。晋将得便宜还卖乖，占领滑台后对外宣称：“我们本来想给魏国七万匹布帛借道伐秦，谁想到滑台守将弃城跑掉啊！”魏主拓跋嗣闻讯大怒，派兵济河，把尉建斩于军前，投尸河中，并质问晋军为何侵占魏国城池。

晋军当时不想与魏国为敌，多添仇家，便说等平秦后马上归还。太尉刘裕也假装卑辞下意，表示：“洛阳，晋之旧都，一直为羌人所据，我们晋军来此只想进据洛阳修复陵庙。而且，秦人一直收留晋朝叛将，与晋为患，现在我们是借道伐秦，实不愿与魏国为敌。”

外交辞令虽然漂亮，晋、魏两国仍剑拔弩张，各怀鬼胎，密切关注对方的一举一动。

安帝义熙十三年（417 年）二月，刘裕从彭城出发，自引水军亲自参加北伐战争。

王镇恶、檀道济等人已合兵于潼关，对姚绍守军展开猛攻。姚绍是姚泓叔父，有谋善战，采取固守坚城的方法，希望孤军深入的晋兵兵老城下。同时，他派大将姚鸾出兵切断晋军粮道，不料，姚鸾“偷鸡不成蚀把米”，自己反被晋军偷营，数千后秦兵连同主将一起被杀。

刘裕水军入清河后，将溯黄河西上，为避免与魏军摩擦，就假装客气，遣使魏国，表示要借路。

姚泓窘急，后秦与北魏有姻亲关系，他忙遣使求魏国发救兵。

魏国君臣议事，大臣崔浩表示说："姚兴已死，姚泓懦弱。刘裕乘危伐人，其志必取。如果我们遏止其军，刘裕心生愤恨，上岸北侵，那样的话，我们魏国就是代秦受敌。现在，柔然在北侵扰，民又乏食，如果我们与刘裕开战，南北顾此失彼，不如听任刘裕西上，然后屯兵以塞其东。如果刘裕取胜，会因我们借道给他心存感激；如果刘裕战败，我们又有援秦之名，趁其撤退时还可攻击取利。"

拓跋嗣不听，以司徒长孙嵩督山东诸军事，遣振武将军娥清和冀州刺史阿薄干率步骑十万屯于黄河北岸，以待晋军。

刘裕待水军入河后，见魏军沿河活动，深感忧虑。王镇恶等人告急的使人来，刘裕打开船窗，指着河边的魏军说："我告诉你们攻克洛阳后等大军齐至才进攻，现在轻易进兵，又多出魏国敌军，我又该怎么分兵布将！"

气恼归气恼，岸边鬼魂一样的魏军不搭理还不行。他们一路随行，在北岸一直跟着刘裕的船队走。晋兵凡有小船因大风漂浮到北岸的，尽被魏兵箭射枪捅，一个不剩。

每当刘裕派军去追，晋军刚上岸，北魏骑兵便登时跑个没影。晋军撤回到船上，魏军就又冒了出来，继续跟着船走。

五月间，刘裕想出一招，他派白直队主（武官名）丁旿率七百兵士，给以兵车百乘渡北岸，在离河百余步的水边列开"却月阵"——"两端抱河，车置七仗士，事毕，使竖一白毦"。

魏军看不明白，不知晋军演什么戏，都立于原地不动。突然，一直待命未发的晋朝宁朔将军朱超石见白毦摇动，便率两千晋军疾趋上岸。他共带一百张床弩，每车站列二十甲士，左右前后列大盾掩护，组成一种看上去非常奇怪的兵阵。

魏军见晋军列阵完毕，便也列阵迎前。魏军统帅长孙嵩，亲率三万骑兵在步兵后面作后援，四面八方冲杀过来。

忽然，晋军强弩齐发。魏军不顾生死，虽然一排排被射死，后面的士兵仍喊杀声阵阵，冲势不减。

关键时刻，朱超石取出早就准备好的秘密武器——几百把大锤以及一千多长矟。晋军先把长矟从中间折成两段，只长三四尺，然后，一名兵士持矟前立装填，后面兵士用大锤猛击弩机柄端。

待魏兵蜂拥冲至，弩机猛力发射，一矟就穿死三四个人，像串糖葫芦一样。魏兵不能当，一时奔溃，死者相积。魏军大将阿薄干也临阵被斩，余众退至畔城。

晋军得势不饶人，一路追杀，斩魏国兵将数千。

魏主拓跋嗣闻言，才知晋兵勇猛，后悔不用崔浩之言。但是，对于刘裕是否能够击灭后秦，拓跋嗣仍有疑心，便就此问崔浩："刘裕伐姚泓，果能克乎？"

崔浩说："能。"

拓跋嗣问："为什么？"

崔浩说："昔姚兴好事虚名而少实用，其子姚泓懦弱多病，兄弟乖争，刘裕乘危而进，兵精将勇，必能战胜！"

拓跋嗣又问："刘裕与慕容垂相比，又如何？"

崔浩答："刘裕才能，当然在慕容垂之上。慕容垂借父兄之资，修复旧业，其国人归之，如夜虫就火，稍加依仗，易以立功。刘裕奋起寒微，无尺土之地，讨灭桓玄，兴复晋室，北擒慕容超，南枭卢循，所向无前，可谓才超常人！"

由此，魏军再也不敢轻撄晋军兵锋，刘太尉顺利抵达洛阳。

如此危急时刻，秦军屡败不说，最重要的御敌统帅鲁公姚绍，因忧急愤懑，发病吐血而死。

八月，刘裕至陕地。沈田子、傅弘之入武关，进踞春泥（今陕西蓝田）。

沈田子等人将攻峣柳。秦主姚泓至此横下一条心，御驾亲征。他率马步数万大军，想与刘裕主力正面决战，但又怕沈田子晋军从后掩袭，便想先以大吃小，击灭沈田子后，再倾国东出与刘裕交手。

人要是走背运，真是喝凉水都塞牙。沈田子一部，本来就是迷惑秦军的“疑兵”，总共才千把号人。忽闻探报，姚泓自率数万大军马上就到，沈田子就要提兵前去相斗。傅弘之持重，劝说兵力悬殊太大，想要退兵。

“兵贵奇用，不必在众。而且敌我双方人数相差太远，等敌军固列阵形，我们想逃也来不及。不如乘其始至，营阵未立，先发制人，可以立功！”言毕，沈田子转身对士兵们讲：“诸军冒险远来，正求今日之战，生死一决，可以一战封侯！”

晋兵闻言，皆踊跃鼓噪，手执短兵，高呼奋击秦军。

秦军一丁点儿思想准备都没有，忽然从树林中冲出一帮不要命的晋兵，随即惊慌失措，转身而逃。大败之下，被晋兵斩杀一万多。

姚泓奔还灞上，其御用乘舆仪仗皆为晋军所缴获。

王镇恶攻潼关坚城不下，便向刘裕请示，要转率水军自黄河入渭水，直袭长安。

王镇恶所领的晋朝水军，都乘艨冲小舰，兵士皆藏于船内向下划桨。后秦士兵没见过此种船只，他们只看见船走而不见有人摇桨划船，皆惊以为神。

王镇恶一军至渭桥后，立刻下令兵士在船上进餐。然后，持仗登岸，严令“后登者斩”！

士兵上岸后，小船无缆无锚，渭水迅急，呼啦啦全部顺水漂走，一只船也没剩下。

王镇恶作战前动员：“我们大家的家属都在江南，这里是长安北门，离家乡已是万里之遥。船舰衣粮，皆随流漂没。今进战而胜，则功名俱显。不胜，尸骨无存！大家努力！”

言毕，王镇恶身先士卒，第一个向前冲杀。他身后晋兵立于绝境，勇气倍增，无不以一当十，冒死直前。

秦将姚丕前来抵拒，马上被杀得大败。

秦主姚泓闻讯，自领兵卒前往，正赶上姚丕败军溃还，自己人践踏拥推，死伤无数。大败之下，姚泓单马还宫。

王镇恶军攻入长安平朔门。

姚泓惶恐无计，与宫内的家人商量，想出宫投降。其子姚佛念时年十一，对父亲说：“晋人将逞其欲，肯定不会让我们活命，还不如我们先行阖家自尽！”

姚泓怃然不答。圣贤书读得不少，临到“国君死社稷”的关键时刻，他还真下不了决心。

姚佛念人小，却有志气。自己登上宫墙，投地而死。

姚泓无奈，只得率妻子数人步行至城门外的刘裕大营中投降。姚泓之弟姚赞，随后带宗室一百多人来降。

此时，刘裕显现出街市流氓地痞本性中残忍横暴的一面，立刻把除姚泓以外的所有后秦宗室、妇女全部就地处决，血满营盘。接着，他用槛车押送姚泓至建康，斩于闹市之中，以彰功名。

姚泓死年三十，在位两年。从姚苌算起，后秦共历三世，三十二年。

史载，姚泓被杀后，“建康百里之内，草木皆燋死焉”。其实，草木枯死之事，肯定是因为天旱或植物虫害所致，史臣书录其事，也是委婉地表示出对这位后秦仁弱帝王的同情。

清朝时，康熙亲自向孔圣人塑像下拜，汉儒们就感动得不行，觉得异族帝王竟肯向先圣屈膝。其实，早在姚泓当太子时，他的老师淳于岐生病，姚泓亲至家中问病，拜于床下。以储君之重，亲拜老师，姚泓比康熙早了一千多年。

而且，姚兴、姚泓虽是羌族，其统治形式完全是采用汉人制度，没搞什么“胡汉分治”，更无民族压迫政策，仁义频施，礼教兴盛，推恩四及，基本上就是苻坚大帝的精神继承人。遗憾的是，处于十六国血腥乱世，又萧墙祸起，内乱频频，姚泓之败，也在情理之中。

不过，我们今人有所好奇的是，当刘裕望着兵士在营内砍瓜切菜一样处斩后秦宗室时，流血盈前，哀号满耳，他是否忆起姚兴昔日使他不动一刀一兵就收回十二郡的旧情？当时，他平定桓玄不久，立足未稳，如此一个天大人情，难道就这样以杀人子孙相报还吗？

寒人终成帝王业

刘裕篡晋建家国

刘裕站在长安城头，环望四周，扭头对身边的王镇恶说：“成吾霸业者，卿也！”

王镇恶虽是忘死名将，却也不乏诸名将最大的短处：贪。后秦府库充盈，王镇恶派手下军士盗取私拿，不计其数。刘裕对此一清二楚，但以其功大，竟不推问。当有人告称王镇恶私藏姚泓的御辇时，刘裕备感警惕，以为王镇恶有什么称王称帝的“异志”，忙派人暗中伺察。

派出之人回报，王镇恶只是贪图御辇上的珍宝装饰，悉数剔取后，御辇架子被扔弃在墙角旮旯。

刘裕闻此，其心乃安。

刘裕原先意向，是欲留在长安，准备经营西北，一统北方，但他手下将佐久役思归，没什么人想留下。淹留至年底，刘裕得知留守在建康的心腹刘穆之病死的消息，害怕根本无依托，才决意东还。

于是，刘裕以随军的次子刘义真为都督雍梁秦三州诸军事、安西将军；以王修为长史；王镇恶为司马，领冯翊太守；沈田子、毛德祖为中兵参军，沈田子领始平太守，毛德祖领秦州刺史；傅弘之为雍州治中从事史。

如此安排，好像挺妥当，功臣猛将，各据重镇。亲子为帅，坐镇长安——其实，一切大谬！刘义真官虽大，时年才十二，是个没有任何主见的毛头娃娃。各位将领呢，皆在平秦战役中立有奇功，谁也不服谁。特别是王镇恶，其祖父王猛在关中名气大得惊人，南来诸将对他皆心存猜忌，并因互相争功而产生怨恨。

刘裕急急返回，一般史书都讲是“将士思归”，其实不然。西征队伍只出来一年，非久疲之师。而且，关中形胜富饶之地，金银财宝无数，粮食积储丰富，大可以凭此重镇广土乘胜击伐北魏和大夏。只要专心，消灭周围的各个割据政权也绝非难事。天下一统之后，奇勋大权，刘裕自可以在长安或洛阳做“真天子”，何必返建康住在东晋的旧宫殿当新皇帝！遥想前朝，魏文帝曹丕就是邺城受禅，而并非要回洛阳从汉献帝手里夺回玺绶。

所以，刘裕急返江东，实是他平生一大臭招，也是他周围谢晦等短视谋士出馊主意的结果。这些人贪拥佐命之功，总是想刘裕快登帝位，既无平吞天下之志，又缺忠贞仁义之心。因此，从功业上讲，刘裕远胜曹操；但在用人方面，寄奴比阿瞒相差远矣！

刘裕东还前，沈田子、傅弘之二人多次对刘裕说：“王镇恶家在关中，不可保信！”

如果刘裕是个明白人，大可以调王镇恶回建康；或者他是个厚道人，则可以完全相信王镇恶，驳斥沈、傅二将毫无根据之言。可是刘裕好玩小伎俩，便私下对沈田子说：“当时钟会在蜀地叛乱不成，正是因为有卫瓘在。俗话说，‘猛兽不如群狐’，卿等十余人，难道还怕一个王镇恶！”以钟会比王镇恶，沈田子比卫瓘，自然就给了沈田子等人心理暗示，随时可以见机行事，行“卫瓘”之事。

为此，编纂《资治通鉴》的司马光最有感慨，他评论道：

古人有言："疑则勿任，任则勿疑。"（刘）裕既委（王）镇恶以关中，而复与（沈）田子有后言，是斗之使之为乱也。惜乎，百年之寇，千里之土，得之艰难，失之造次，使丰、鄗之都复输寇手。

一直觊觎关中的夏王赫连勃勃听说刘裕东还，大喜过望。其手下大臣王买德马上表示："关中形胜之地，而刘裕以幼子守之，狼狈而归，正是为急于回建康篡国。他无暇经营中原，这正是天赐我大夏的极佳机会，绝不可失！青泥、上洛两地，分扼南北险要，应先遣游军断其通路；接着，派兵东塞潼关，绝其水陆之路；然后传檄三辅之民，施以威德，刘义真小儿，必在我们网罗之中！"

赫连勃勃大喜，以其世子赫连愤为先锋，率铁骑二万奔赴长安；以另外一个儿子赫连昌屯军潼关，以王买德为抚军右长史，屯兵青泥。众兵发后，赫连勃勃自率大军，以为诸军后续。

赫连愤军队驰至渭阳，关中民众望风迎降。

刘裕东返，关中汉人对晋军已不抱任何希望。

东晋龙骧将军沈田子前去抵拒，但忌畏对方众盛，退屯刘回堡。也就是在几个月前，同样一个人，率一千多疲惫饥渴的晋军，能够一战击溃后秦姚泓御驾率领的数万军队。如今，晋军休整停当，人不缺食，马不缺草，赫连愤骑兵远来，属于疲乏之敌，沈田子却"畏其众盛"。双方未交手，心理上已经输了一大截。

究其原因，肯定是晋军兵将破秦后各自拥取大把金玉珠宝，又有思乡念土之情。想法一多，见敌必怯。

沈田子的信使到长安报告军情。王镇恶对王修说："刘公以十岁儿托付给我们，正当共思竭力，一举破虏，现在畏敌不前，大事何可得济！"

沈田子先前本来就与王镇恶因争功有隙，闻听信使回来陈说，心中又愤又惧。愤者，王镇恶不帮自己说话；惧者，未战先退，怕回去被军法从事。

不久，沈田子、王镇恶两人合兵，出长安以北共拒夏军。

沈田子派人在军营中散布谣言，说王镇恶要尽杀营中南方人，只留下数十人把刘义真遣送回江东，自己盘踞关中造反。为此，晋军人怀惴恐，南北兵士相互疑惧。

看见谣言已有效果，沈田子派人请王镇恶到傅弘之大营议事。

王镇恶本人没有任何戒备之心。他进得傅弘之营门，没见傅弘之本人，只见沈田子迎前，一脸笑意，很友好地搂着自己的胳膊，说有要事单独商议。

王镇恶不知是计，随沈田子走入营帐。刚要说话，幕后窜出沈田子预先安排好的亲戚沈敬仁，当面一刀，把王镇恶脑袋活活砍下。

沈田子一身是血，手提王镇恶人头，出营向士兵们宣布："遵刘太尉令，诛杀谋反主谋王镇恶。"更过分的是，沈田子派人杀掉在营中没有任何防备的王镇恶兄弟和堂弟七人。

傅弘之虽然早就向刘裕进言说王镇恶不可信，忽闻沈田子在自己营中杀掉王镇恶，错愕异常。他骑上一匹快马，飞奔回长安城内向刘义真等人禀报。

事情发生得如此突然，刘义真与其幕僚长王修都被吓一大跳。几个人贯甲执剑，紧闭城门，登上城楼观察情况。

很快，沈田子带着几十个从人驰来，马脖子旁挂着大将王镇恶以及其兄弟等人的数颗鲜血淋漓的头颅。

沈田子向城头喊话："王镇恶谋反，已被我们诛杀！"

他原先的如意算盘是：刘裕本来就对王镇恶不放心。现在，大敌当前，杀掉王镇恶，诬称他谋反，死无对证，一来泄愤，二来抵拒夏兵还需要自己出力，也不会因杀人得罪。

王修等人见沈田子没多少人马，就开城门放他们进来。刚一下马，实际主持军政的王修就命兵士上前捆绑了这几十号人，斥责沈田子无故专戮国家大将，立即加以斩首。

未及与敌交阵，东晋因窝里反已经自折两员大将。

虽如此，傅弘之受命出军，先在池阳大破赫连愦骑兵，又于寡妇渡再次攻击夏军，打走赫连勃勃的军队。

长安暂时得安。

刘裕听闻王镇恶死讯，吃惊不小，忙上表晋廷，说：“沈田子忽发狂易，奄害忠良。忠勋未究，受祸不图，痛惜兼至，惋悼无已。”于是，晋廷追赠王镇恶为左将军。刘裕建宋后，谥曰壮侯。

王镇恶是农历五月五日生人，当时风俗均以为不祥，家里人想把他过继给同姓疏宗。当时，他的祖父王猛见而奇之，说：“此非常儿，昔孟尝君恶月生而相齐，此儿亦将兴吾门！”因而为他起名“镇恶”。王镇恶十三岁时，苻坚败亡，关中大乱，他随家人避乱淆、浥一带，曾寄食于当地人李方家。王镇恶年少，志向不俗，当时他对李方说：“我若遇英明君王，当取万户侯，事成必厚报您！”李方厚道人，也随口答言：“相公您是王丞相之孙，人才如此，何患不富贵？等您成功之日，封我做本县县令就行。”不久，王镇恶即随叔父流寓江东，客居荆州。刘裕慧眼识英，提拔王镇恶。王镇恶知恩图报，讨刘毅，平司马休之，战功卓著。特别是长安一战，立下不世奇功。王镇恶不食前言，破洛阳后就亲至故人李方家，开堂拜母，厚赠金银，立授李方为渑池令（王镇恶大将，有封授县令等低级官吏的职权）。

如此英雄如此才，竟死于自己人当头一刀。王镇恶死年，仅四十六岁，正是盛壮之秋。

击退赫连愦后，少年刘义真有了感觉，觉得“强敌”不过如此，天天与左右侍奉他的小人嬉戏、玩乐，赏赐无度。王修为人正派，又亲受刘裕嘱托，不时对刘义真进行规劝。

刘义真左右小人们见小主人信口赏赐给自己的金玉银两总被王修借

口不发，非常怨恨，就向刘义真进谗：“王镇恶当时确实要反，所以沈田子杀掉他。王修反而杀掉沈田子，正是他自己也要造反！”

一来二去，刘义真信以为真，派人以议事为名，召唤王修进府，一刀结果了这位高参。刘义真乳臭未干一少年，长安真正的指挥者正是王修。至此，王修一死，晋军人情离骇，莫相统一。经手下一撺掇，刘义真下令外驻蒲阪和渭北的晋军悉数入城，全部龟缩于长安城防守。

这样一来，示敌以弱，关中郡县，纷纷向夏国军队投降。不久，赫连勃勃攻克咸阳，长安樵采路绝，失去补给。

刘裕闻讯大惊，忙派辅国将军蒯恩去长安，召回刘义真。同时，他派相国右司马朱龄石都督关中诸军事，代刘义真坐镇长安；又命中书侍郎朱超石去河、洛劳军。

安帝义熙十四年（418 年）底，朱龄石军队刚到长安，刘义真部晋军得知自己马上要被轮换回江东老家，临行大掠长安，多载宝货、子女，方轨而行。本来是替天行道的堂堂东晋政府军，这下倒好，一下子变成了比异族军队还不如的强盗。

赫连勃勃得知消息，派赫连愦率三万军士追击刘义真。

眼看晋军行动迟缓，建威将军傅弘之劝言：“现在辎重繁多，一日之行，不过十里，虏兵即将追至，何以抵抗！不如尽弃车载，轻行速进，方可免难。”

没等刘义真开口，他周围的宵小们皆使劲摇头。本来要带着大笔财宝、美女回江东做富家翁，怎可轻易放弃到手的一切。

很快，夏兵大至。傅弘之、蒯恩硬着头皮让小主人先跑，二将自己率兵断后，力战连日，边跑边斗，最终大败，傅弘之、蒯恩、毛修之皆被夏军活捉。傅弘之大骂赫连勃勃，不屈而死；蒯恩伤重而死；毛修之投降。

就这样，数万晋军，全被夏军杀了个一干二净，先前从长安抢得的金银美女，也为夏兵所得。

刘义真一少年，目标小，先前又得诸将护持，虽然左右尽散，他却能独自逃于草中幸免。晋朝的中兵参军段宏单人独骑，趁黑一路低呼，寻找主公爱子。

刘义真识得段宏声音，慌忙从草丛间奔出。这小孩子秉性虽坏，却很会讲话，边哭边对段宏说："您是段中兵吧，我是刘义真啊……您自己逃吧，两个人一起跑不方便，可以现在剁下我的脑袋带回给我父亲，省得他惦念我的死活。"

段宏闻言下泣："死生共之，下官不忍！"

于是，他把刘义真绑在自己背上，策马狂逃得免。

赫连勃勃方面，得胜后，他在长安城外大开庆功宴，把数万晋军的人头堆在一起筑土成"京观"，号为"骷髅台"，以彰其功。

长安城内，居民愤恨晋军无道，自发起义，把朱龄石驱逐出城。朱龄石临走，丧心病狂，一把火把后秦苦心经营多年的华丽宫殿烧个干净，自率败兵奔潼关。

长安至此，终为赫连勃勃所得。

刘裕得知晋军青泥败讯后，爱子心切，又不知刘义真存亡，即刻整理行装又要北伐。大臣谢晦等人纷劝："士卒疲弊，请待他年。"

刘裕不听。

准备之中，忽得段宏书信，知道刘义真安然无恙，老头子才放下一颗心。他登城北望，慨然流涕。

北伐之举，遂止不行。

牺牲无数将士、百姓的生命，耗费无数钱财物力，关中得而复失，诚乃刘裕一生中最大的败笔。一切的一切，皆由他篡晋自立的私心而起。

平灭桓玄时，刘裕的九龙绣衣只是一两件小裤衩小背心。灭南燕、平卢循后，刘裕的内衣已经全部变成明黄色。定蜀地、灭刘毅、诛诸葛长民、驱司马休之以后，刘裕冠带袍袖间已经插金边走金线遍绣金龙。

待得他灭后秦归来，皇袍应是当衬服来穿，袖领之间的龙纹云影已经不用避人了。

刘裕当时已年近六十，岁月无多，但他听闻谶言讲“昌明（孝武帝）之后尚有二帝”，就等不及安帝“善终”，密命中书侍郎王韶之得间鸩杀安帝。

安帝虽是个傻子，但他弟弟琅琊王司马德文终日侍奉左右，王韶之等人一直没机会下手。418 年年底，适逢司马德文患病，回府休养。王韶之就用衣带把傻皇帝活活缢死于东堂，时年三十七岁。

王韶之是王家大族之后，至此，翩翩世家大族子弟，已经成为寒人军阀弑帝的下三滥帮凶。

《世说新语·方正》有二则故事。

其一，大将军桓温权势最盛时，希望其部下王坦之之女嫁给自己的儿子。按照现代人的想法，与大将军缔成儿女亲家，是天上掉馅饼的好事。但是，王坦之没敢答应，说要回去问问父亲王述（蓝田）。王述很喜欢王坦之这个儿子，即使其成年后，每次见了这个儿子也都亲热地抱之于膝上。王坦之心中忐忑，把桓温的意思说了一遍，王述闻言，当即大怒，把儿子推落于地，怒声斥责说：“你怎么越来越傻啦，这么害怕桓温，士族女岂可嫁兵家儿！”

其二，晋武帝时，宠爱将军胡奋之女胡芳，以为贵嫔。武帝与胡贵嫔玩樗蒲游戏，胡贵嫔性格爽快外向，与皇帝夺投矢，误伤帝指，鲜血淋漓。武帝很不高兴，瞪着胡贵嫔，说：“真是将种啊（意指其为兵家女没教养），这么粗鲁无礼！”胡贵嫔不吃这套，回嘴反道：“北伐公孙，西拒诸葛，不是将种又是什么！”言外之意是武帝你爷爷司马懿你爸爸司马昭不也是带兵打仗的吗，武帝你也是兵儿将种呵。

这两则故事，皆可明白无误地表明，在两晋时期，士族门第的优越感是多么强大，任你大将家再贵盛，再有生杀予夺之权，就是不会把我“士家女”嫁你“兵家儿”。武帝你再尊贵，骂贵嫔为“将种”，也会使泼辣的美女发怒，反唇相讥。

但是，自刘裕寒门成为帝王后，士族高门就一代不如一代了。他们一是更加固执地封闭门户阶层，自我联姻；二是不得不在各个方面向寒人阶级低头，昔日朝中清显的官职，也都逐渐为寒素之人掌握。

至此，从前的荣光，渐渐淡褪。如果不依附“兵家”，世家大族的身家性命，随时堪忧。

安帝死后，刘裕立琅琊王司马德文为帝，以应谶言帝数，是为东晋最后一位皇帝：恭帝。

恭帝元熙元年（419 年）八月，晋廷进刘裕为宋王，移镇寿阳。

420 年 3 月，刘裕想受禅而难于开口直言，就大集朝臣在寿阳欢宴。

席间，为了试探诸人反应，他言道：“桓玄篡位，鼎命已移。我首倡大义，兴复帝室，南征北伐，平定四海，功成业著，遂荷九锡。今年将衰暮，崇极如此，物忌盛满，非可久安。我欲奉还爵位，归老京师。”

老头子突然表示要告老退休，群臣莫谕其意，只得起立，齐声盛称他的功德。事起突然，在座东晋大臣，谁也不知道这位“宋王”葫芦里卖的什么药。

晚间，宴会结束。中书令傅亮出府门走出好远，忽然开悟。于是，他连夜返回刘裕王府，叩门请见。

刘裕马上开门召见。

傅亮行礼毕，先开口说话：“为臣我现在应该马上回都城建康。”

刘裕很高兴傅亮明白自己的心思，也不多讲，只问：“需要多少人相随？”

傅亮答：“数十人即可。”

傅亮回建康，马上操办禅让典礼的事情。他以诏命“征”刘裕“入辅”，并帮助刘裕定下一系列重要人事的安排。

420 年六月壬戌日，刘裕大队人马至建康。

傅亮先入宫，劝晋恭帝禅位于宋，并把已经拟好的诏草呈上，让司马德文照抄一遍。

史载，“（恭）帝欣然操笔，谓左右曰：‘桓玄之时，晋氏已无天下。今日推国与宋王，本所甘心！’”

于是司马德文自书赤诏，“禅让”天下。至此，东晋亡国，自元帝建号江东，共一百零三年国祚。

各种史书，对东晋恭帝当时的记载有异，但都有“欣然”二字。晋恭帝司马德文二十多年以来，自少年时代就随侍傻哥哥安帝左右，眼看着东晋一个权臣干掉另一个权臣，离乱苦痛，惊惧寒悸，傻哥哥不知，他自己皆饱尝个遍！

兄皇暴死，他自己被推上帝座，想必度日如年，如坐针毡，好似一个未得判决书的死囚，天天愁坐宫中。此时，他忽然见到“判决书”，知道大戏即将谢幕，不能不“欣然”——恭帝内心深处，可能还有一丝侥幸，自己的这种“欣然”和“甘心”，说不定刘裕会感到高兴，能让自己像退位后的汉献帝（山阳公）一样安死床箦。

六月丁卯日，刘裕登坛南郊，继皇帝位，是为南朝宋武帝，改元永初。他下诏封晋恭帝为零陵王，徙至秣陵县，派重兵禁守。

晋恭帝怕被人毒杀，常与其妻褚皇后自己煮食吃饭。一年多后，刘裕派褚皇后的兄弟携毒酒去弑恭帝。褚淡之和褚叔度两兄弟，先把姐姐叫出来说要拉家常。引开褚皇后。三个兵士跳墙入室，进毒酒给恭帝。

恭帝信奉佛教，说：“佛教教义，自杀者不能转世投胎为人身。”

几个兵士闻言，也不犹豫，进前就用被子把恭帝活活闷死。

司马德文时年三十六岁，在位才半年。

篡位而杀前朝帝王，从此刘裕开了个坏头。一报还一报，日后南朝末帝，基本都是非正常死亡，均被新帝派人弄死。

把人弄死就弄死了，刘裕还不忘做戏，率百僚举哀于朝堂，给东晋恭帝大开“追悼会”。

一般朝代灭亡，大多亡于暴帝淫君之手。唯独两晋，实是亡于两个傻子，惠帝和安帝。这两个人，都行尸走肉一般。当然，嫡长子继统，是封建法统应该遵袭的定律，但推愚君上帝座，那真就是拿天下当儿戏了。

当时西晋惠帝被立为天子，还有大臣卫瓘、和峤出面谏劝晋武帝。待到安帝袭位，众位大臣只知保存自己大户门第，王恭虽为忠臣，但帝舅身份令他对于换掉这个傻外甥一言不发。司马道子虽无篡逆野心，却也乐得有个傻侄子尸位素餐，自己得以肆无忌惮地弄权。亲舅亲叔尚且如此，大臣们又有谁肯愚忠愚勇呢?

愚君在上，庸臣在下，有幸延迁二十余年以至于亡，东晋也不算是太倒霉的朝代。

刘裕当皇帝不到两年，即因病崩亡，时年六十。

刘裕虽篡晋自立，后世史臣对此极少有微言相加。何者，他武功盖世，莫可比伦——东灭慕容超、西擒姚泓，野心勃勃如赫连、觊觎得利如拓跋，北魏大夏这两个鲜卑、匈奴强悍种族的国家，皆对刘裕怀有惴惴之心，不得不讲大英雄果真是个顶天立地的男子汉!

“自刘渊称乱以来，祖逖、庾翼、桓温、谢安经营百年而无能及此”（王夫之语）。

而且，自刘宋以后，南朝的齐、梁、陈三朝，一代不如一代，无尺寸国土拓展，且日渐削夺，越来越弱。“永嘉以降，仅延中国生人之气者，唯刘氏耳。”

刘裕为人，本性节俭，寡欲严整。称帝之后，他常穿连齿木屐，在神虎门外散步为乐。他一生中两次北伐的光辉胜利，撑起整个南朝时代的立国基础。汉民族文明最终不为鲜卑等异族君主的野蛮暴力所残灭，应该说刘裕立有大功奇勋。

由于他本人出自寒门，知民间疾苦，采取了诸多行政措施，相对减轻了当地人民的负担，并对世家大族的横暴侵占进行了严厉打击，抑制了豪强势力。其子宋文帝日后鼎鼎大名的“元嘉之治”，实赖刘裕的丰厚基础而成。

遥想前朝，曹魏、司马西晋，直到东晋的桓玄废安帝自立，对前朝帝王都没有加以残害。汉献帝、曹魏末帝曹奂、西晋俘虏的蜀汉刘禅、吴国孙皓，这些人皆好酒好肉大宫殿里得享余年。但自刘裕起，就开始屠害前朝帝君，由此，南朝北朝相蹈此习，龙子凤孙们连根诛除，婴孩不免。

以刘裕之赫赫大功，得有天下，确实乃水到渠成之事，但“其为人神所愤怒者”，则是篡后弑君的下流阴毒之行。晋恭帝“欣然”让出国家，刘裕仍忍心诛除，而杀人者要想自己后代子孙免于屠戮，就未免流于天真可笑了。

在他之后，一代又一代，估计每位“开国皇帝”在锣鼓欢庆以及臣民的欢呼声中，都不免存有彷徨顾虑的黑色意念：

我家子孙，何时何地，会被何等臣下，以何种手段弄死呢？

宋武帝刘裕初宁陵石刻

大漠孤烟冲天起

鲜卑拓跋王朝的兴起

言及中国的强盛，总会让人脱口说出汉、唐两朝。至于北魏，由于中国历史上出现过那么多以“魏”为国号的朝代和国家，不少人常常不知所云。

即使知道北魏的大概情况，也多是从历史课本一类的书籍中“北魏孝文帝改革”这么一段一二百字的释义中稍有印象。

其实，北魏是中国历史上一个非常非常重要的国家（朝代）。没有北魏，就没有北周，就没有北齐，更没有隋唐。而且，正是北魏这么一个强盛王朝的包容性，造成了日后中华民族血脉大融合的根本范式，使得南北朝之后的中华王朝禁得住任何蹉跌，滚雪球一样越滚越大。

如果没有北魏，汉人与“夷狄”的天壤悬隔概念，就会永远停滞不前，中华王朝“正朔”的狭隘理念，也永远得不到纠正。那样的话，会日益走向民族萎缩的死胡同。

其实，属于鲜卑族一支的拓跋部，最早远居漠北，是个逐水草而居过着游牧生活的小部落。《资治通鉴》中，首先出现拓跋部记载的是曹魏元帝景元二年（四卷七十七）：“是岁，鲜卑索头部大人拓跋力微始遣其子沙漠汗入贡，因留为质。力微之先，世居北荒，不交南夏。至可汗毛，始强大，统国三十六，大姓九十九……”

也就是说，拓跋部最早在今天的黑龙江嫩江流域大兴安岭一带活动。后来，拓跋部离开此地，南出后进行部落重组，基本上就与嫩江流域的“祖地”没有什么关系了。

338年，什翼犍自称代王，建都盛乐（现内蒙古托克托），加速了拓跋部立国的步伐。

真正使北魏成为一个雄踞中国北方的王朝，则陆续是由太祖道武帝拓跋珪、太宗明元帝拓跋嗣和世祖太武帝拓跋焘来完成的。

“代国”时代的什翼犍

先介绍一下拓跋部的什翼犍。这个鲜卑头人，生而奇伟，宽仁大度，身长八尺，隆准龙颜，长发委地，相貌英伟。他经过三十多年苦心经营，兼并邻近诸部，击高车，破没歌部，攻伐刘卫辰部，节节胜利。

眼见开国有望，他自称代王，并与同属鲜卑族的前燕慕容氏广结姻亲，大具开国气象。可惜，什翼犍生不逢时，恰值比他更英武豪雄的前秦苻坚大帝弑苻生自立。

苻坚先是灭前燕慕容氏，而后就把目光投向什翼犍的代国。被什翼犍打败的刘卫辰往南跑到苻坚处求救，正给了苻坚大帝攻伐代国的最佳借口。

376年，前秦大司马苻洛率朱彤、张蚝、邓羌等一帮虎将，统众二十万劲卒进攻代国，独孤部、白部纷纷败退，什翼犍属下的南部大人刘库仁，也在云中仓皇败逃。

惶惧之下什翼犍忙拨十万兵马给刘库仁回击前秦军，可惜当时天道皇皇，苻家军队势不可当，石子岭一战，代国军队大败。

关键时刻，什翼犍却身患重病，他自己不能统兵打仗，就带着一帮人马窜逃到阴山之北。其时诸部离散，高车等部落全部反叛，四面侵逼，搅得拓跋部落惶惶不可终日。

过了月余，前秦兵因抢掠甚多，带着无数的战利品慢慢后撤。什翼犍稍稍喘了口气，回到云中安顿。

什翼犍的亲侄拓跋斤对自己在父亲死后不得重任而一直怀恨在心，就劝什翼犍的庶长子拓跋寔君说："王爷宠爱慕容妃，她生的儿子个个都已长大，王爷想立他们为后，准备先把你这个长子杀掉。如果现在不动手，大祸马上就要降临。"

什翼犍的世子拓跋寔五年前因救父亲伤肋而死，故而身为庶长子的拓跋寔君一直觊觎王位。听堂兄挑拨，他就信以为真，趁着败亡荒忽之际，他和拓跋斤带人杀掉慕容妃所生的六个异母弟，冲入帐中，顺便把什翼犍也一刀结果。

可怜老英雄征战一生，最终死于逆子之手。

由此，国中大乱，部落逃溃，已经回撤的前秦大军回师云中，一举灭代。深受儒家父子君臣伦理影响的苻坚大帝知道了拓跋寔君弑父的事，恨得咬牙切齿："天下善恶的道理到哪里也是一样啊！"

于是，派人把拓跋寔君和拓跋斤押至长安，宣布罪行，车裂了两人。

当然，历史也有猫腻，现代有学者研究，其实什翼犍是被儿子拓跋寔君出卖被俘，在苻坚帝垂怜下苟活了几年才死。但北魏的史官为尊者讳，曲笔、隐笔什么的，"编造"了这么一个故事，以此渲染遮羞。因为，"先帝"被人抓住实在是件很丢脸的事情。

所以，我们读历史书，还是应该注意，往往"本朝"实录隐讳甚多。要清醒地阅读，脑中事先一定要具有怀疑精神，这样，才能读懂历史。

尽信书，不如无书！

建立北魏的道武帝拓跋珪

代国灭亡的前五年，什翼犍的大臣长孙斤谋反，一次朝会时，他拔刀直奔御座想刺杀什翼犍。当时身为嫡子的拓跋寔徒手与其格斗，以身护父，被长孙斤刺中肋部，伤重而死。

而代国灭亡时，拓跋寔的儿子拓跋珪年纪尚幼，被生母贺兰氏带着逃走，归依刘库仁部。

后来，苻坚兵败淝水，北中国各部族乘乱纷起，刘库仁的儿子刘显要杀拓跋珪，多亏贺兰氏机智多谋，带着儿子逃回娘家贺兰部，依附拓跋珪的舅舅贺兰讷。

不久，贺兰讷的弟弟贺兰染干见自己这个外甥越来越得众心，想方设法要杀掉拓跋珪，但皆未得逞。

这拓跋珪也是个奇童，生下来就胖，体重比平常的婴儿重一倍，年纪很小就会开口说话。爷爷什翼犍死时，拓跋珪年仅六岁。

逃过几次劫祸，大难不死，加上他是什翼犍嫡长孙的身份，十七岁那年，拓跋珪在牛川即代王位，改元登国。当时，汉人崔玄伯、邓渊、王德等人帮助魏国制定国家制度、天文历法。因此，魏朝的创立就带有鲜明的华夏色彩。同年四月，拓跋珪改称魏王。

自此之后，拓跋珪连年征伐，先后击破刘显、库莫、高车诸部，又记恨前仇，讨伐舅氏贺兰部。

一直与代国（魏国）有世仇的刘卫辰此时也派儿子直力鞮攻击贺兰部，贺兰讷向拓跋珪乞降。毕竟是骨肉相连的血亲，拓跋珪率部反击直力鞮的军队。

接着，他率军征伐黜弗部。在戈壁上冒险行军，连追三天，在南床山大破柔然，斩杀不可胜计。(《魏书》中载，柔然是东胡苗裔，原姓郁久闾，世祖太武帝拓跋焘讨厌柔然人数次侵掠反叛，认为他们头脑简单，状类如虫，所以改其号为“蠕蠕”。故《魏书》上面只有“蠕蠕”，没有“柔然”。）

偏偏刘卫辰父子自己找死，面对拓跋珪如此雄主，他们不仅不避其锋芒，反而再三侵掠，趁拓跋珪伐柔然之际，又派兵攻击魏国南部。

拓跋珪大败直力鞮于铁岐山，获牛羊二十多万头，擒斩直力鞮。

刘卫辰连老巢悦跋城也顾不得守，奔遁而走，路上被手下所杀，传首于魏国。

拓跋珪忆起新仇旧恨，把俘获的刘卫辰家族五千多人不分老少，全部杀死，投入黄河中，一时间河水全部变成红色。

刘卫辰全族尽灭，只有刘卫辰的第三子勃勃逃脱，就是后来建立大夏国的那位杀人如麻、积尸成京观的赫连勃勃。

拓跋珪在攻灭刘卫辰部的战争中，共获良马三十多万匹，牛羊四百多万头，奠定了国家繁盛的物质基础，周围各部落纷纷降服。

前秦方面，苻坚消灭了北方最大的竞争对手前燕，但他攻伐东晋，导致淝水大败。此后，北中国狼烟四起，从前的部族蜂拥叛乱，大家打得不亦乐乎。

慕容垂乘苻坚败兵之际收复了前燕的失地，自己称帝，恢复了燕朝（史称后燕）。慕容垂立国后，先拿自己的亲戚开刀，灭掉同是慕容氏的西燕。西燕国主慕容永在都城被围之际，一面向晋朝求援，一面向当时还是后燕附庸国的北魏乞求救助。

拓跋珪知道唇亡齿寒的道理，犹豫之下还是派兵去救援西燕。北魏军队走到秀容，慕容永的西燕已经灭亡。

早些时候，拓跋珪为了巴结慕容垂，曾派弟弟拓跋觚向后燕进贡。慕容氏的年轻后生们知道北魏多良马，就扣下拓跋觚当人质。拓跋珪做事也很刚狠，坚决不向燕国献马，两国的关系也就陷入了断绝的地步。

既然撕破脸皮，一不做二不休，拓跋珪不时派兵袭扰燕国边境，侵逼降附后燕的部落。这些事情攒在一处，气得老英雄慕容垂派太子慕容宝、辽西王慕容农、赵王慕容麟率八万精兵自五原伐魏。

此时的后燕，连战连胜，锐气无比，且人强马壮，铠坚矛利，拓跋珪初闻燕军伐魏也吓得不轻。

幸运的是，燕军统领、太子慕容宝是个完完全全的绣花枕头。此人少而轻果，无志操。他的继母段氏就曾对慕容垂讲过："慕容宝资质虽雍容华贵，但柔而无断，太平时期能为仁明之主，乱世战时可不是济世救国的雄才。如要托之以国家大业，他不一定能承负得起啊。而且，赵王慕容麟奸诈任性，总有看不起太子的意思，恐怕以后要弄出事端。"可怜段后一派忠言，慕容宝登基后马上派慕容麟逼迫这位母后自杀。段氏临死怒骂："你们兄弟连母后都逼死，怎能保国家。我不是惜死，只是想我们燕国临灭亡也不久啊。"

可能慕容垂临老变得昏庸，没能听得进贤后和大臣之言，仍派慕容宝率兵灭魏，也想让这位太子兵胜立威，日后更顺理成章地承继帝位。

其间，燕国大臣高湖谏劝："魏国与燕国世为婚姻通好。为了索要马匹我们不让拓跋珪的弟弟回国，本来就理亏。加之拓跋珪沉勇有谋，从小就历经艰难，志气果锐，现在他手下兵精马壮，不是容易战胜的对手。我们的太子年纪太轻，现在让他专任一方统帅，他肯定会轻视魏军，万一得不了胜，可能会严重损毁太子的威望！"

北魏大将张兖听说燕军来攻，就上言魏王拓跋珪："燕军新近破翟钊于滑台，灭慕容永于长子，现倾国而来，肯定有轻我之心。我们应该假装害怕，退兵回避，让对方产生骄傲轻敌之心，才有机会战胜燕国。"

拓跋珪依计，把部落国人全部迁移，西渡黄河千余里，以避燕军兵锋。

燕军一路皆捷，在五原收降魏国别部三万余家，停车造船，准备渡河一举攻灭魏国。

东晋孝武帝太元十二年（395 年）八月，拓跋珪治兵于黄河南岸。十月，进军于岸边。

慕容宝整军准备渡河决战，忽然暴风大起，数十艘军船漂往南岸。

魏国俘获燕军甲士三百多，但全部释放，让他们归回燕军阵垒。

慕容宝出发时，慕容垂已经得了重病。到五原后，拓跋珪派人在路上截守，把燕国所有往来的使者尽皆抓获，他让军士押着这些人隔河对慕容宝大喊："你爸爸已经死了，还不早点回去争位！"

慕容宝等人非常忧恐，兵士们心中骇动。

魏、燕两军相持几十天，赵王慕容麟手下将领慕容嵩认定老皇帝已死，暗中作乱，想杀了慕容宝奉戴慕容麟为皇帝，自己抢个新皇功臣当当。

事情败露，慕容嵩等被杀，慕容宝、慕容麟兄弟两人暗中也互相猜疑。

十月，燕军烧船夜遁。

当时，黄河尚未结冰，慕容宝认为魏军没有船不能追击，就不设断后掩护的军队，慢慢后撤。

十二月，寒流忽至，一夜暴风，黄河结冰。

拓跋珪亲自引兵从冰上过河，不带辎重，只选精兵二万骑急追燕军。

燕军行至一个叫参合陂的地方，忽遇大风，黑气如堤，自后而前，飘忽于军营之上。

此时，随军一个叫支昙猛的和尚劝慕容宝："风气暴迅，可能魏军要追上我军，应该派兵防御。"

慕容宝认为已经离魏军很远，笑笑没有答应。

支昙猛坚持要派兵御卫。

慕容麟一旁大怒："以殿下神勇，兵士强盛，足以横行沙漠，魏军怎么敢追击我们！再妄言惑众，定斩不饶！"

和尚又急又气激动得直哭，谏道："苻坚以百万之众，败于淮南，还不是因为恃众轻敌啊。"

司徒慕容德劝慕容宝派兵护卫，不得已，慕容宝派三万军士殿后。

燕军派出的巡逻兵也大不以为然，他们骑行十多里地，就各自跳下马鞍躺在草地上睡起大觉来。

魏军晨夜兼行，四天后，于夜幕中到达参合陂西面。

当时，燕军在参合陂东面的蟠羊山水边扎营。拓跋珪连夜分派诸将，马束口，兵衔枚，偷偷逼临燕军。

日出时，燕军起营将要东还，回头猛一望，忽然瞧见山上像鬼神一般静静站立的魏军，顿时大惊扰乱。

拓跋珪纵兵击之，自山而下冲杀，燕兵赴水淹死的、被人马践踏而死的就有万余人。

北魏略阳公拓跋遵，率军迎前堵住刚刚游过河的燕军，四五万燕军一时懵住，都放下兵仗束手就擒。最终，燕军四散逃走的，不过几千人。

太子慕容宝、赵王慕容麟等人因所骑的马好仅以身免，单骑逃出。燕国陈留王慕容绍等数千将吏，不是被杀就是被俘。

魏王拓跋珪挑选了有才的燕国兵将后，想给被俘的四五万燕军派发衣粮并遣还。

中部大人王建劝道："燕国强大，现倾国而来攻打我们，我们侥幸大胜，不如都把这些人活埋掉，那么燕国就空虚易取了。"

拓跋珪听此言有理，就把近五万燕兵全部活埋。这个数字，为中国历史上活埋敌军的第四名。第一是秦将白起在长平"坑赵卒四十万"，第二是楚霸王项羽坑投降秦军二十万，第三是唐朝名将薛仁贵活埋铁勒军十三万。

说来也怪，古人一直认为"杀降不祥"，白起最后被秦王迫逼自刎，项羽自杀于垓下，道武帝拓跋珪被儿子杀死，唯独薛仁贵于七十之年善终。（"坑杀"，有人也解释为先杀后坑，即对手无兵器者进行集体屠杀。）

逃窜回国的太子慕容宝深以参合陂兵败为耻，劝慕容垂再次统兵击魏。慕容德也劝慕容垂："魏国击败太子，陛下您应该亲自挂帅伐魏，以免后患。"

怒极之下，慕容垂招集各处精兵，准备转年大举击魏。

396 年 4 月，慕容垂以古稀之年、皇帝之尊，不得不亲自率兵攻打魏国。

姜是老的辣，慕容垂引兵密发，越过青岭，经天门，凿山通道，出其不意，直奔云中。

驻守龙城的魏将拓跋虔认为燕军新败，不值得畏惧。不料，燕军从来未打过败仗的隆城兵勇锐争先，直攻平城。拓跋虔一战败死，部下皆降。

这下，轮到魏王拓跋珪肝胆俱裂，吓得他当时就想马上从都城逃跑，可当时属下诸部落听说拓跋虔败死的消息，都怀有二心。

拓跋珪又急又怕，不知能往哪个地方逃窜。

也是天不亡魏。燕军经过参合陂，见到积骨如山，残尸遍野，被活埋杀掉的燕军的父子兄弟见此惨状，放声大哭，声震山谷。

慕容垂悲从中来，惭愤吐血，在距平城三十里的地方旧疾复发。

十天后，慕容垂死于军中。拓跋珪想引军蹑追，但他又怕慕容垂假死，慑于老英雄威名，这位魏王退至阴山等候消息。

"死诸葛"能走"活仲达"，看来又老又死的慕容垂也能吓得年轻英武的拓跋珪不敢动弹。

慕容宝听说老爹驾崩，慌忙退军，至中山即位。这位草包登上皇帝之位，燕国国势不判而知。

同年（396 年）七月，魏王拓跋珪称帝，改元皇始。

八月，拓跋珪亲率四十万大军伐燕。魏军南出马邑，络绎两千余里，鼓行前进，民屋皆震。

转年二月，拓跋珪败燕国冀州刺史慕容凤，进至信都。

这一来，吓得幕容宝把家里的珍宝全部拿出来招募兵士抵御。

官人俑　北魏

397 年 2 月下旬，拓跋珪扎营于巨鹿，晚间，忽然被慕容宝的军队偷营成功，大火烧及行宫，这位魏帝来不及穿衣戴帽，光着脚丫子击鼓招兵。

天亮后，魏国将士缓过神来，列队成行，以骑兵攻击慕容宝军队。

燕军大败，万余人被斩首。又有十二三万将士逃入山中，忽遇大风，冻饿而死。

慕容宝一路败阵下来，中间子侄兄弟还相互攻杀，这位燕朝皇帝四处流浪，惶惶如丧家之犬。

398 年，他被自己的舅舅兰汗诱杀于龙城。至此，后燕在北中国已不是北魏的对手了。

不久，后燕分裂为北燕和南燕两个小国，慕容氏至此一蹶不振。

399 年，魏军大破高车三十多个部落，俘获七万军人，得骏马十多万匹、牛羊一百四十多万头。魏国卫王拓跋仪，统三万多骑横行沙漠千余里，击破高车逃迸的七个部落，俘二万多人，骏马五万多匹，牛羊二十多万头。

在此后的八九年间，北魏四处兴兵，征伐不已，成为北方强国。

道武帝晚年的暴虐

道武帝拓跋珪晚年，常服食一种叫“寒食散”的补药，其中矿物质的提成物对人体很有害，使得这位不到四十岁的皇帝屡屡病发，或数日不食，或数夜不睡，精神忧闷不安。有时，他整晚整晚地自言自语，好像对身旁别人看不见的鬼物说话。

白天上朝时，他又喜怒无常，追思朝臣旧恶前怨，大加杀害。见到大臣脸色有异，或呼吸不调，或言辞失措，就大叫而起，亲自殴打致死在大殿之上，尸体都一字排开摆放于天安殿前。

这一来，朝野人心骚动，各怀忧惧。

拓跋珪年轻时，在贺兰部见到自己母亲贺太后的妹妹很漂亮，就对母亲说明心意，要娶小姨为妻（拓跋珪部起自沙漠，礼仪人伦不同于汉族）。当时贺兰太后坚决答道：“不行！我这个妹妹太过于漂亮了，必有不善不吉的兆头。而且她已经嫁人了，不能夺抢别人的妻子。”

拓跋珪秘密派人杀掉贺兰氏的丈夫，纳之为妃，生下清河王拓跋绍。

拓跋绍自小就凶狠无赖，喜欢打劫行人，剥光人家的衣服取乐，又常常杀猪剁狗，荒悖无常。拓跋珪很生气，曾经把他头朝下吊在井里，垂死之时才放他出来。

409 年的某一天，性情无常的拓跋珪公然大骂贺兰妃，把她关在宫里，扬言要杀掉她。

贺兰妃派人向儿子拓跋绍求救。当时这位小王爷才十六岁，凶猛性格酷似其父，夜里与宦官宫人密谋，跳过宫墙，冲入天安殿。

周围侍者惊呼“有贼”，拓跋珪四处摸索半天也找不到弓刀，被冲进来的逆子拓跋绍一刀杀死，时年三十九岁。

拓跋鲜卑，在道武帝拓跋珪之前，确实是鲜卑种群中文化落后的一支。行军作战，拓跋部均是以部落组织为单位，即军事部落形式。北魏登国九年（394 年），拓跋鲜卑内部才采取类似汉人屯田制的“分土定居”。随着道武帝四出征讨的节节胜利，大部慕容鲜卑、中原汉人、“高丽杂虏”等多族人民均被北魏迁至塞上。这些人被北魏政府给以耕牛，计口授田，为拓跋鲜卑军队提供兵源和军粮。

渐渐地，拓跋鲜卑从氏族形态转变为地域形态，日益仿效中原汉族政权形式，奴隶制形式慢慢转化，军事贵族也渐渐成为汉地郡县制的统治类型（也就是国内一直沿用的“封建制”说法。其实，“封建制”一词极其不准确，自秦以后中国社会各王朝一直是以“郡县制”为统治样本，皇族、贵族即使有“封国”也是“食俸”而不“食邑”，对封地内人民没有实际统治权。特别是在西汉“七国之乱”后，真正意义上的“封建制”在中国已经消亡）。

恰恰是拓跋鲜卑制度的“汉化”和兼收并蓄的灵活化，田租户调日益成为拓跋北魏的主要统治形式，原来的鲜卑军事贵族，都逐渐成为类似中原汉族的“大地主”。由此，奠定了日后赫赫大魏强大的经济、政治基础。

前见兄杀弟　后见子弑父

宋文帝刘义隆的“元嘉时代”及其悲剧结局

千古江山，英雄无觅，孙仲谋处。舞榭歌台，风流总被，雨打风吹去。斜阳草树，寻常巷陌，人道寄奴曾住。想当年，金戈铁马，气吞万里如虎。

元嘉草草，封狼居胥，赢得仓皇北顾。四十三年，望中犹记，烽火扬州路。可堪回首，佛狸祠下，一片神鸦社鼓。凭谁问，廉颇老矣，尚能饭否？

这首流传千古的《京口北固亭怀古》，是南宋大词人辛弃疾讽喻权相韩侂胄冒险北伐金国而作。其中“元嘉草草，封狼居胥”，指宋文帝元嘉二十七年（450 年）王玄谟在其支持下北伐大败的故事。

辛弃疾讽喻的不错，韩侂胄兵败被杀，恰如元嘉故事。

观辛弃疾的诗词，后人多以为宋文帝刘义隆也是韩侂胄那样的绣花枕头。其实，论好大喜功，两人似之；若论文才武略，两人则有云泥之别。

宋文帝在位三十年，十七岁即位，诛杀权臣，修明政治，“元嘉文学”，是中国文学史上大书特书的时代，更有谢灵运、刘义庆、鲍照、陶渊明等群星照耀；武将赫赫，如檀道济、陈庆之、宗悫等辈，横槊跃马，四击不辍，皆为中国战争史上不可多得的英豪人物。

最为史者叹惋的，则是宋文帝盛年遇害，凶手是他自己的亲生太子刘劭，成为中国历史上著名的逆子弑父大命案。何者？杨广弑杨坚，是“可能之事”，没有确凿证据，史书存疑。朱友珪弑朱温，安禄山、史思明父子相残，既为僭伪，又都非皇后所生。

而刘劭弑逆，正史明载，有始有终，铁案如山。

少年英豪　临难登基

东晋重臣刘裕（小字寄奴）北伐大胜，先后灭掉南燕、后秦，光复洛阳、长安，真正是“气吞万里如虎”。

由于年岁大，来日无多，老头子无暇经营中国北方，匆匆返回建康篡位。刘裕建立宋国，为南朝之始。

老头子当皇帝才两年多，就因病崩殂，终年六十。太子刘义符继位，时年十七。

刘裕临终亲自写诏：“后世如有幼主，朝事一一委以宰相，母后不烦临朝。”他大概是怕吕后、贾后之类妇人乱政，朝事全权委托大臣。他遗诏强调，谢晦、傅亮、徐羡之、檀道济四位大臣辅政。

宋少帝刘义符，恰逢爱玩年龄，游戏无度，好与左右狎昵。遍观史书，这位继位不到三年的小皇帝，确实没有什么耸人听闻的大过错，既无凶酷杀戮大臣、又无宫闱淫乱的恶行。说到底，就是爱玩而已。

偏偏几位辅政大臣，怎么也不把少帝看上眼。

刘裕活着的时候，谢晦就劝告：“陛下年纪已高，应该考虑万世帝位的事情。君王神位至重，不应该使没有能力的人袭此帝座。”

刘裕想了想，问：“庐陵王刘义真如何？”刘义真十二岁时就跟从刘裕北伐，兴复关中后，刘裕匆忙回朝篡位，留下刘义真为兖州刺史，统管大片疆土。这个孩子不争气，不能驭下，其属下大将沈田子与王镇恶相互杀戮。混乱之间，夏国国主赫连勃勃趁机寇逼，刘义真诸将皆败，他自己也只身窜伏草中，仅以身免。当时，他还对救护自己的参军段宏说："丈夫不经此，何以知艰难。"似乎一下子懂事许多。

这位小王爷，非常聪敏，美仪貌，神情秀彻，性爱文学，和大文豪谢灵运、颜延之相交甚厚，但本性轻佻，没有政治才能。

听说父皇派谢晦和自己交谈，刘义真暗中准备好久，很想经过一番玄谈，给这位父皇身边的红人留下深刻印象，以能当上太子爷。

谢晦对刘义真有成见，对他爱理不理，回去就对刘裕说："（义真）德轻于才，非人主也。"

于是，刘义真被放于外州任刺史。

徐羡之、谢晦、傅亮等人暗中策划废掉少帝，次立者，理应是刘义真。可这位少年王爷，由于不为几位执政大臣看好，他们就先上书奏列他的罪恶过失，废为庶人，迁到新安软禁起来。接着，几位大臣把两位德高望重的武将——江州刺史王弘和南兖州刺史檀道济召入朝中，告以废立之谋。

当时，少帝刘义符在华林园搭了个市场，亲自穿上商贩的衣服买卖东西取乐。兴尽后，他与左右宵小登大船巡游天渊池，夜里困累之后就宿在龙船上。

檀道济奉诸文臣之命引兵突入，徐羡之等人随后。少帝未及穿衣，军士闯入，立杀两个侍者，争执间，少帝手指也受了伤。他被扶出东阁，缴收了玺绶，由士兵押送回太子宫软禁。

众大臣称皇太后令，废少帝为营阳王，迁到吴地的金昌亭软禁。为了免除后患，不久又派人去杀他。

刘义符孔武力大，见有人来杀自己，马上就挣脱而逃，一直跑到昌门的大门口。追赶的士兵赶上，用门杠猛击他的脑袋，将其打晕后勒死。

接着，徐羡之派人到新安杀掉另外一个当立的小王爷刘义真。

干完这两件事情，百官备法驾，准备迎武帝第三子、宜都王刘义隆于江陵。

祠部尚书蔡廓在事变后就对傅亮说："营阳王在吴地，应该厚加供奉；一旦有不幸发生，你们这些大臣肯定有弑主之名。如此，想以正名立身于世，又怎么可能呢？"

傅亮当时已经和徐羡之商量好要把少帝杀掉，听此言后甚觉有理，马上派人快马阻止，可是信使到时，少帝已经被杀。

宜都王刘义隆时年十七，当时正坐镇江陵。

江陵诸将，听说少帝和庐陵王刘义真双双被杀，都疑虑重重，劝阻他不要去建康继位，以防又被当朝几个大臣杀害。

宜都王属下司马王华力排众议："先帝（刘裕）有大功于天下，四海所服。少帝虽不堪重任，天下人望未改。徐羡之中才寒士，傅亮出身布衣诸生，都没有司马懿和王敦大将军那样篡夺的心机。在新安的庐陵王刘义真聪明严断，如果继位，肯定不能容下这几个人，故而被杀。现在，那几位重臣以为殿下您宽容慈仁，这才越过刘义真迎戴您，其实是希望您心里感激他们，由此握权自固。他们以少主待您，应该没有太多的妄念。"

刘义隆果决定断，毅然东行。见到傅亮之后，他号泣不已，哀动左右。

刚刚为宋国之不幸哭毕，刘义隆详细追问少帝及庐陵王被杀的原本根由，继而悲哭呜咽，旁边群臣莫能仰视。

傅亮又惊又窘，流汗沾背，口不能言。

刘义隆以自己的亲信严兵自卫，乘船直抵建康，即皇帝位，是为宋文帝。

彼时的宋文帝，临难不变，刚毅果决，确实有少年英主之姿。

徐羡之等人觉得宜都王原来掌握的荆州是军事重地，就委任谢晦为荆州刺史以为外应。

谢晦将行，和蔡廓道别，屏去左右旁人，问："我能免祸吗？"

蔡廓回答："您受先帝顾命之恩，废昏立明，道义上说得过去。但杀了人家两个哥哥，然后在殿中称臣，挟震主之威、据上流之重，以古推之，免祸太难呵！"

听了蔡廓一席话，谢晦脊背发凉，开始还怕出不了建康。

上船之后，回头一望，他高兴得大叫："今得脱矣！"

可惜的是，谢大官人高兴得太早，总以为飞鸟出笼，能自由翱翔，殊不知一张无形天网，已向他暗中撒来。

宋文帝继位之后，先以高官厚禄稳住几位大臣，任徐羡之为司徒，王弘为司空，傅亮加开府仪同三司，谢晦加封卫将军，檀道济进号征北将军。

元嘉二年（425年），徐羡之、傅亮上表归政，文帝假意不应，两人三次上表，才获准许。

元嘉三年，见时机成熟，宋文帝下诏暴露徐、傅、谢数人的罪恶，下命令将其捉拿法办。

谢晦的弟弟正在中书省值勤，知讯慌忙派人通告徐、傅二人。徐羡之爽快，可能内心深处早就战战兢兢等待这一天了，马上跑到城郭烧陶的洞子里上吊而死。傅亮在逃跑途中被堵截，文帝派人告之："以您江陵奉迎的诚心，当使您诸子无恙。"

于是，宋廷诛杀傅亮，流放他的妻儿于建安；杀徐羡之二子；并杀谢晦儿子谢世休。

接着，宋文帝下诏戒严，派大将到彦之等讨伐谢晦，下令王弘、檀道济等人一齐攻打。

当初，谢晦、徐羡之、傅亮为了保全自己，假借诏命使谢晦据江陵上流、檀道济镇广陵，各拥强兵，本来以为足以制扼朝廷。所以，当谢晦听说檀道济也率众讨伐自己，一时间竟惶惧失措。

文帝虽然年轻，二十岁刚过，就已经明察善任。他认为王弘、檀道济是武将，废立弑帝之谋原不是由他俩兴起，因此对两个人安抚招接，预先认定他们必能出死力。

果不其然，二将闻征而至，敬听命遣。

文帝问檀道济讨伐谢晦的策略。檀道济说："我和谢晦从前跟随先帝北伐，入关十策，其中有九策为谢晦所献，他确实才略过人。可是他从未孤军决胜，排兵布阵的事，并非他所长。我了解谢晦的才智，谢晦清楚我的勇武，现在我奉王命征讨他，谢晦必败无疑！"

史载，谢晦"美风仪，善言笑，眉目分明，鬓发如墨。涉猎文义，博赡多通，帝（刘裕）深加爱赏，内外要任悉委之"。有一次，他与有江左风华第一的族叔谢混立于皇廷殿堂，刘裕望之，慨叹道："一时间，竟然有两个玉人站立于此地！"（谢混这个老"玉人"因为为刘裕政敌刘毅所用，已先行被诛杀。）

谢晦率兵两万发自江陵，在彭城州小胜王师。不久，檀道济、到彦之大军继至，风帆旌旗前后相属，列舰过江，谢晦军一时皆溃。

谢晦和他弟弟仅仅带着七个随从逃走，他们想逃往北朝魏国避祸。

谢晦的弟弟是个大胖子，不能骑马，速度极慢。谢晦为了等他，耽误了逃跑，最后被追兵执捕，送至建康，兄弟子侄皆被斩于闹市。

谢家风采浑然，谢晦临刑前还口占五言诗，叹息曰："伟哉横海鳞，壮矣垂天翼，一旦失风水，翻为蝼蚁食。"其侄谢世基非常冷静，口占接连。

谢晦的女儿，是文帝的弟媳彭城王妃，聪明有才貌。临刑之时，她散发徒跣与父亲诀别，埋怨说："阿父，大丈夫当横尸战场，奈何狼藉都市？"言毕，泪下如雨，哀号不能自抑。

举手之间，宋文帝接连诛杀数位权臣。为此，史家赞叹少年天子刘义隆：承大难之余，居大位，秉大权，欲抑大奸以靖大乱……不贪大位，不恤私恩，不惮凶威，以伸其哀愤，则一夫之雄入于九军！（王夫之语）

英杰辈出　元嘉之治

宋文帝刘义隆承继其父刘裕一贯的治国之策，在东晋义熙土地的基础上清理户籍，下令免除百姓欠政府的“通租宿债”，又实行劝学、兴农、招贤等一系列措施，广大百姓得以休养生息，社会生产得到了极大的发展。史书记载：“三十年间，民庶蕃息，奉上供徭，止于岁赋。晨出暮归，自事而已……民有所系，吏无苟得。家给人足。……凡百户之乡，有市之邑，歌谣舞蹈，触处成群，盖宋世之极盛也。”

可以肯定地讲，元嘉之世（424—453年）是南北朝时期南方国力最为强盛、人民最为安居乐业的历史时期。

探究此段历史，综合《南史》《北史》《资治通鉴》等纪、传、编年史书，林林总总，其中多名中国历史知名的文人武将，都生活于元嘉时代，虽然他们的下场几乎都逃不出“悲剧”二字，但借助他们飞扬的风采和瑰丽的辞章，足以昭彰元嘉之世的人杰地灵、群星璀璨。

元嘉草草　仓皇北顾

宋文帝统治二十余年，府库充盈，器杖精良，国家日久无事，也正应了那句“无事生非”之语。恰巧，彭城太守王玄谟迎合宋文帝经略中原之意，不时慷慨进言，勾起刘义隆一腔热血。

吃饱喝足，他对侍臣讲：“观（王）玄谟所陈，令人有封狼居胥意。”这位皇帝，非常追慕汉朝霍去病伐匈奴并在狼居胥封山告天以临瀚海的雄图伟业。正如王夫之所言：“坐谈而动远略之雄心，不败何待焉？”

南朝自东晋谢玄以北府兵击破苻坚，一时间威震淮北。刘裕平广固，入长安，尽有河南之地；破姚兴，败拓跋嗣，也是倚仗北府兵。接下来，刘裕南返改朝换代，深觉自己的几个儿子没有盖世英才，听任王镇恶、沈田子等人内讧关中。文帝即位后，深惧权臣，连一个檀道济也容不得，大将凋零。所以，到这个时代，原先北府兵的精英，老的老，少的少，青黄不接，已经没有从前那样的战斗力了。

攻掠黄河以南之地后，宋军只想守住这些地方。而河南恰恰是四战之地，攻易守难。沿千里黄河屯戍置守，战线过长，每处皆可轻松被击破。黄河虽是天险，冬天结冰后就成平地，北方敌人无船即可冲杀过来。

所以，如果真正想攻败北朝，是要有一鼓作气进攻河北的雄才伟略的。

元嘉八年（431 年），第一次北伐时，北魏谋臣崔浩根据宋兵的分布情况，早已判定宋军不过是固河自守，没有北渡的想法。

当时，宋国只有青州刺史刘兴祖有远见，他上表进言说，应该进兵河北，堵塞太行山各个隘口，将北魏遏于山西之内，如此，河北平定，河南自然归宋所有。

可惜的是，刘义隆比起父亲刘裕要差得多，他没有采纳这一良策。难怪拓跋焘看不起他，曾不无轻蔑地讲："龟鳖小竖，何能为也！"

北魏太武帝拓跋焘是一代雄王，他击灭赫连勃勃的大夏国，平灭北燕、北凉等国，亲自率军八击柔然，使得柔然势力被极大削弱，西迁至欧洲。这支窜逃的败军，后来成为威震欧洲的阿尔瓦人。

元嘉二十七年（450 年），宋文帝北伐未成，反而惹恼北方邻居，招致北魏大举反击。

秋高马肥之际，北魏铁骑不仅尽夺河南，还大举南进，直抵长江北岸。十二月，太武帝拓跋焘已经亲自到达建康对面的瓜步山上。

北魏军鼓之声震天盖地，宋军各线溃退。建康城内居民时刻"荷担而立"，值钱的东西都放在了挑筐里，随时准备逃亡。

性命攸关之际，幸亏南朝有薛安都、鲁方平、张畅、臧质、沈璞等

砖刻画　南朝

血性男儿，战至流血凝肘而不退，保全了彭城、盱眙等重镇。他们命令士兵坚壁清野，把战争拖延到雨季，终于在付出巨大代价后，迫使魏兵北返。

史载：“魏人凡破南兖、徐、兖、豫、寿、冀六州，杀伤不可胜计，丁壮者即加斩截，婴儿贯于槊上，盘舞以为戏。所过郡县，赤地无余，春燕归，巢于林木……自是邑里萧条，元嘉之政衰矣。”

太子元凶　祸起萧墙

各种史书，对于宋文帝的太子刘劭，都有一个专有的称呼：“元凶劭”。

刘劭，字休远，文帝长子，皇后所生。出生三日，文帝去看视这个孩子。本来文帝头上的帽子系得很牢固，当时无风，却忽然无故自落，坠于刘劭身边。

对此，迷信的文帝很是不高兴。开始，给这个孩子起名叫“刘邵”，后来觉得召刀合起来的字很不吉利，改偏旁刀为力。

刘劭长大后，美须眉，大眼方口，身高七尺四寸，是个不折不扣的美男子。

刘劭的姐姐东阳公主，有个名叫王鹦鹉的侍婢，她认识一个名叫严道育的女巫，公主见后，很喜欢这个巫婆。姐弟俩平时关系不错，两人一起观看严道育表演，眼看巫婆举手之间，一道流光进入衣箱，过去打开，惊见两颗圆青可爱的珠子在箱子里面闪闪发光。这一小小魔术，让姐弟两人大为信服，认为巫婆有异术。

始兴王刘浚虽与太子异母，却与刘劭相交甚密，几个人在一起昼夜求神，又雕刻代表文帝的玉像埋在含章殿前，诅咒文帝快死，刘劭好快点继位。

东阳公主有个奴仆名叫陈天兴，与王鹦鹉淫通。东阳公主不久病死，侍婢应该出嫁。王鹦鹉生性深远，忧虑与陈天兴私通的事情泄露，写信让刘劭杀掉陈天兴。陈天兴被杀后，与他一起埋文帝玉像施行诅咒的小黄门宦者庆国吓坏了，觉得自己肯定接着也要被灭口，就向宋文帝告发了这些事情。

文帝又惊又叹，搜查王鹦鹉家，获得刘劭、刘浚和严道育等人往来的书信等罪证。

严道育剃发乔装成尼姑，先藏在太子东宫，后来被刘浚带着前往京口。这位刘浚小王爷资质端妍，少好文籍，其养母是文帝宠爱的潘淑妃。刘劭的生母元皇后，早因潘淑妃受宠而活活气死。刘劭本来深恨二人，但刘浚怕太子日后登基要杀自己，一直曲意逢迎，渐渐地两个人倒成了莫逆之交。

文帝知道了藏匿严道育之事，召刘浚严加责问。刘浚不答，只是在殿上伏地低头谢罪而已。

潘淑妃很爱这个养子，回宫抱抚刘浚哭着说："你们诅咒皇上的事情已经败露，还以为你会自行悔改，怎么又藏匿严道育呢？给我毒药，让我喝了吧，我不忍心看见你身败命死的那一天。"

刘浚拂袖而去，临行恶狠狠地说："天下大事不久就会水落石出，我肯定不会连累你的！"

当夜，文帝与尚书仆射徐湛之密谋准备废太子、赐死刘浚的事情。如此大事，文帝竟然又对潘淑妃当作夫妻悄悄话来讲。

潘妃爱子心切，假装上厕所，马上秘密派人通知刘浚。

刘浚大惊，立刻派人驰报刘劭。

刘劭没敢耽误，连夜起兵。他以朱衣披在甲胄之上，乘画轮车从万春门入宫。本来按皇宫规矩，太子卫队不能入宫门，刘劭声称受诏入宫有急事，门卫不敢阻拦太子爷，放军入内。

太子心腹张超之等数十人进入禁城，拔刀直上合殿。

由于文帝整宿都和徐湛之合计废太子的事情，蜡烛还未熄灭。当时，宫中值班的卫兵并不多，都在禁兵厢房中熟睡未醒。

抬头之间，文帝忽然看见张超之提刀冲人，本能地举起座凳自卫。

张超之不敢怠慢，快刀砍下，宋文帝五指皆落，随即遭断头，被弑于室内，时年四十七岁。

刘劭派人杀文帝左右亲信数十人，又入内室杀潘淑妃，并派人剖开其腹，看看潘妃心长在何处。

前去杀潘妃的人为逢迎太子，回来立刻禀报说："潘妃心邪。"

刘劭点头，表示非常满意。

刘浚带人接应，刘劭告之说"潘妃为乱兵所杀"，并观其反应。

刘浚一愣神，反应够快，忙说："这个结果，正是我所希望见到的。"

所以，虽然刘浚养母被杀，两人也相安无事。

刘劭即皇帝位，改元太初。为不留后患，他立刻下令杀长沙王刘瑾等宗室多人。

文帝第三子武陵王刘骏被部众推拥起兵，大臣沈庆之、柳元景、臧质以及南谯王刘义宣等纷纷拥护，集众讨伐刘劭。

一路之上，州府纷纷降附。

刘劭闭建康六门守战，城内将士纷纷跃城出降。刘劭的皇叔刘义恭也乘乱跑出。刘劭愤恨，立杀刘义恭十二子于市中。

辅国将军朱修之等攻入城内，诸军克台城。

亲自杀掉文帝的张超之跑到合殿御床从前他弑杀文帝的地方，意欲躲藏，被众军士找到击杀。诸将刳肠割心，碎割他身上的肉，生食以解恨。

刘劭逃到武库井中，被一副队长高禽捕获。

臧质、刘义恭等大臣前去观刑。到了这个地步，刘劭还想乞活，问臧质："能把我流放到偏远之地饶我一命吗？"

臧质说："主上（刘骏）近在航南，到时自有处分。"缚刘劭于马上，押至军门。

当着他的面，众人先把他四个年幼的儿子砍头。刘劭被缚于马鞍之上不能动弹，眼睁睁地看着自己几个漂亮的孩子哭泣哀求，仍被推翻在地，大刀剁掉了好看的小脑袋。

至此，这位弑父逆子也觉心伤，对一旁临观的皇弟南平王刘铄说："怎么会有这种事呢？"

四子杀毕，临到刘劭，这位天地不容的美男子叹息道："不料宋室自相残杀到了这样的地步！"

刘浚逃出城时遇到了刘义恭，眼看跑不掉，就假装投降，问这位皇叔："虎头（刘浚自己的小名）现在来，晚吗？"

刘义恭答："可惜晚了。"

又问："能饶我一死吗？"

答曰："可到皇上处谢罪。"

接着问："不知能否给我个职位让我为新皇效力？"

刘义恭心中又好气又好笑，答："这就不知道了。"命令他上马往回走。

刘浚一上马，兵士马上将其按住，后面的人立刻白刃注顶，小王爷颈血狂喷，也被杀掉。

大事过后，刘劭、刘浚两人的尸首被宋廷投入江中，他们余下的子女侍妾亲近左右，皆赐死于狱中，太子东宫被砸毁。严道育和王鹦鹉两个人被当街鞭杀，然后焚毁其尸，扬灰于江。

假如刘劭以孝悌为本，他是皇后所生，嫡子承袭，乃天下共推、没有任何疑问的储君。天生逆子，竟冒天下之大不韪，做出如此"天地所不覆载"的逆恶之事，身自横死，妻子屠戮，也属罪有应得。

其实，继宋室帝位的孝武帝刘骏，也不是什么好东西。

刘劭即位时，本来派沈庆之去杀刘骏。当时，刘骏只是一个无兵无权的光杆王爷，吓得哭泣哀求，请求和母亲辞诀后再挨刀。沈庆之、颜峻等人不仅没有杀他，反而和他的叔父刘义宣、刘义恭、大臣臧质等人拥立他起兵。正是依赖这些臣子的拥戴，刘骏才得以登上帝位。

当上皇帝后，刘骏“遍淫（刘）义宣诸女”，惹得这位身为南谯王的叔父与大臣臧质等人造反，最后皆兵败被杀。

刘骏起兵时，他因为惊怕过度一直生重病，其亲近大臣颜峻常常亲自抱持他喂汤喂药，帮他签署文件。继位以后，孝武帝因为小怨，就把颜峻下狱，刻薄之下，他先折颜峻双足加以折磨，然后才砍头杀死。接着，他竟下令把颜峻的几个儿子也沉入江中淹死，以绝其后。可见，此人残忍无情到了令人发指的地步。

据《北史》所记，刘骏闺门污秽，连亲生母亲都不放过，是二十四史中唯一蒸母的败类。

刘骏末年，更是嗜酒放纵，政纲紊乱，三十五岁时崩于宫内。

但此人能文工诗，自谓人莫能及。刘勰认为“孝武（帝）多才，英采云构”。但钟嵘在《诗品序》中把他的诗置于下品，以为“雕文织彩，过为精密”。

不过，他的《拟室思》一诗写闺思，很是精巧：“自君之出矣，金翠暗无精，思君如日月，回还昼夜生。”确实是情真意切的好诗。

后来，孝武帝太子刘子业继位，凶残暴戾，杀害臣下，荒唐骄淫，给姐姐山阴公主分配“面首”三十多人，是史上著名的荒唐少主，史称刘宋前废帝。没过多久，他即被臣下所杀，时年十七。刘骏的十一弟湘东王刘彧继位，是为宋明帝。这位明帝对臣下宽和，但是很害怕刘姓皇族与其子争位。刘骏有二十八个儿子，明帝杀了其中的十六个，余下的十二个，全被明帝的儿子刘宋王朝的后废帝刘昱所杀。这些皇族，同根同气，相互杀戮不迭。究其本由，大概元凶刘劭的戾狠之气，成为这个家庭的精神遗传吧。

总而言之，宋文帝刘义隆在位三十年，聪明仁厚，躬勤政事，朝野敦睦，在元嘉二十七年（450年）北伐之前，江南的国力达至鼎盛。而且，宋文帝本性又很俭朴，不好奢侈，连坐辇的皮垫都用很便宜的黑皮，史书美之。

可惜的是，他末年好大喜功，轻启战事，致使生灵涂炭；加之关键时刻该断不断，废立大事随便告诉潘淑妃，谋及妇人，事泄谋激，最后身首异处，遭古今帝王未有之惨祸。究其本由，令人深思。

十六国的终结者

威武雄豪、残忍无情的北魏太武帝拓跋焘

北魏开国皇帝道武帝拓跋珪末年，决定立当时为“齐王”的儿子拓跋嗣为太子。

按照北魏旧例，“子贵母死”，只要立嗣子，就一定先杀其生母。于是，道武帝赐死拓跋嗣的生母刘贵人。然后，他召儿子拓跋嗣入宫，当面训谕：“汉武帝杀钩弋夫人，就是提防母壮子弱，母后临朝乱政，搞出吕后那样的局面。现在准备立你为太子，我就效仿古人的做法，这样也是为了国家长久之计。”

拓跋嗣天性孝顺，闻言哀泣不已，伏地痛哭。被“寒食散”折磨得本来就烦躁不安的道武帝大怒，怒斥儿子出宫。

拓跋嗣回到自己住处，日夜号泣，拓跋珪闻此情形，派人召他入宫训话。左右宫人见状，都劝他不要入宫。“皇上大怒，殿下您入宫说不定就被杀，不如先找个地方躲避起来，等皇上怒气消解后再入宫不迟。”

拓跋嗣听劝，带着两个随从跑出都城藏了起来。

不久，清河王拓跋绍入宫弑父，道武帝死于逆子之手。第二天中午，拓跋绍召集百官于端门，隔着大门，从门缝问百官：“我有叔父，也有哥哥，公卿众人想拥立谁呢？”

大家闻言都愕然失色，没有搭腔的。过了好久，南平公长孙嵩回答：“我们拥戴王爷您。”

此时，大家才知道武帝驾崩。由于都不知死因，所以没一个人敢出声。散朝后，传闻纷纷，大家才知道武帝死因可疑。至此，朝野汹汹，人怀异志。

拓跋绍毕竟是个少年，又无人辅佐，听说外面人情不安，只知道从府库里搬出大批布帛赏赐王公，施小恩以自全。

拓跋嗣听说道武帝被弑，偷偷向都城奔返。拓跋绍派人寻找拓跋嗣想杀掉他，几次未果。

百姓和众大臣得知拓跋嗣回城，奔走相告，欣然响应，争出奉迎。

拓跋嗣在城西一露面，宫里的卫士就把一直混在皇宫的拓跋绍抓住送给拓跋嗣论处。

在大臣帮助下，拓跋嗣杀掉拓跋绍及其生母贺兰妃，同年登基为帝，时年十八岁。

内和外缉的仁德帝王

北魏第二任帝王拓跋嗣

明元帝拓跋嗣在位十五年，礼爱儒生，好学谦虚，采集经史，隆基固本，内和外缉，可以称得上是北魏开国以来较为仁厚的守成之主。

东晋权臣刘裕出身寒微，靠军功步步高升，他灭了邪教头子孙恩、卢循，又杀了自称皇帝的桓玄，进而灭亡南燕。刘裕本人，也成为东晋南朝第一位平灭北方国家的大英雄。

接着，刘裕平定蜀地，直逼曾经击灭前秦的后秦。此时的后秦国王，是仁弱儒雅的姚泓，加之内讧连连，落得只好向拓跋嗣求援。

北魏大臣纷纷劝拓跋嗣出兵助后秦，想从中捡便宜，唯有大臣崔浩劝谏：“刘裕必克姚泓。陛下您虽有精兵，但没有良将可使。不如安静等待，查观局势。刘裕灭秦后，一定返回南方篡位，到时关中可尽为我有。”

拓跋嗣对崔浩之议表示赞赏，赐崔浩御酒及水晶盐等奇物，但他毕竟想从交战双方中取利，仍派长孙嵩等将领沿河尾随晋军，随时准备攻击晋军。

刘裕不堪骚扰，在黄河北岸摆个却月阵，以两千七百士兵加上一百张可发尖槊的大弩，大败魏军。魏军三万骑兵被杀一万多，狼狈而还。

为此，拓跋嗣又惭又悔，忙向崔浩道歉。

刘裕俘获姚泓后，果然急忙回建康篡位，关中不久就被赫连勃勃夺占，其时为418年。留守关中以及继援的数万晋军，全部被赫连勃勃的夏军杀掉。

明元帝泰常五年（南朝宋武帝永初元年，420年），刘裕代晋称帝。为此，拓跋嗣连称大臣崔浩有先见之明。

明元帝拓跋嗣同其父拓跋珪一样，嗜服寒食散。帝王为了长寿和壮阳，总是服用今天看来实际上是毒药的东西，其中有毒的矿物质，数年就会使一个健壮的正常人濒于死亡。由于猛药吃得过多，拓跋嗣一直病魔缠身，加上当时天灾人祸不断，他就问计于崔浩。

崔浩劝明元帝早立皇长子拓跋焘为太子，以定国本。泰常七年（422年），拓跋焘以太子身份监国，时年仅十二岁。北魏的太子监国，绝不是后来明清等朝皇帝出征时的摆设，而是一种实实在在的“代摄”皇统，有自己的一套大臣班子和办事机构。

经过暗中观察，拓跋嗣发现拓跋焘聪明决断，见识深远，几个辅弼大臣又忠厚贤良，确实能支撑起魏国的大业，为此他心中十分高兴。

同年秋，南朝宋武帝刘裕病死，明元帝拓跋嗣就准备攻伐宋国。崔浩表示异议，认为魏、宋两国几年来一直礼尚往来，没有正面冲突，现在趁丧伐人，不仅理亏，而且不一定成功。

拓跋嗣不理会，说：“刘裕当年就是因姚兴刚死而灭其国家，现在趁刘裕死亡我攻伐宋国，也是理所当然。”

崔浩说："姚兴死后，其诸子相争，刘裕才有机会灭秦。现在，刘裕虽死，其国内军心民心未变，必死力拒战。"

拓跋嗣不听，大举伐宋。他先派奚斤等将率二万人渡黄河，自己亲率五万多精骑随后而行。既然战事开始，崔浩就建议先略地，后攻城。拓跋嗣又不听，不停派大军猛攻宋国各个坚城。

魏军最终攻克滑台、虎牢等数座重镇，但也伤亡惨重，元气大伤，可谓得不偿失。

明元帝拓跋嗣身体本来就不好，御驾亲征之间，一路颠簸，病情更转沉重。

423年年底，拓跋嗣病死，时年三十二，庙号太宗。其子拓跋焘继位，是为北魏太武帝。

明元帝为帝十五年，可以说是北魏初期一个重要的过渡性帝王。

一统北方的雄霸之主

太武帝拓跋焘

拓跋焘出生时，体貌瑰异，当时的道武帝拓跋珪见到这个大胖孙子，称奇大悦之，叹道："成吾业者，必此子也！"

北方的敌国柔然听说魏国明元帝死，也来个因丧伐人，急遣六万铁骑突入云中（今内蒙古和林格尔西北），杀掠吏民，攻陷代国旧都盛乐。

柔然似乎也是鲜卑族的一个近支，北魏立国时，柔然迅速发展，逐渐形成了一个东起外兴安岭、西至阿尔泰山、北括贝加尔湖、南到大漠的强大农奴制游牧帝国。在相当长的时间内，柔然一直是北魏在北方最主要的敌人。

年方十四岁的拓跋焘闻讯大怒，自率轻骑，马不停蹄，疾驰三天两夜，直抵云中。

柔然国主纥升盖看见魏帝独特的伞盖，立刻下命进围。铁骑层层，共五十余重。

鲜卑少年拓跋焘骨子里只有骁勇杀伤，望见敌骑重重，神色夷然。魏军将士见此，惧心顿消，杀心顿起，拼死进攻，在阵中射杀柔然大将于陟斤。柔然国主纥升盖见势不妙，掉转马头逃去。

太武帝始光二年（425 年）十一月，拓跋焘亲自率军，分五道征伐柔然，越过大漠直击柔然腹地，最终打得纥升盖部落离散，大败而逃。好长时间，他都不敢兴兵窥边。

赫赫武功之一　击灭赫连夏国

425 年（太武帝始光二年，宋文帝元嘉二年）9 月，夏国国主赫连勃勃暴死。这位赫连勃勃，就是曾帮助前秦大帝苻坚灭掉什翼犍代国的匈奴酋长刘卫辰唯一跑掉的儿子。所以，赫连勃勃本来应该叫“刘勃勃”。

勃勃身材魁伟，高八尺五寸，姿容秀丽。他跑到后秦后，后秦的皇帝姚兴一见面就很喜欢他，让高平公没弈于收留他。没弈于被勃勃的相貌堂堂所打动，把自己的女儿嫁给勃勃做妻室。姚兴下诏委任勃勃为安北将军，配以鲜卑族两万余户，帮助没弈于镇守朔方。

没几年，这位贪暴无情的勃勃就杀掉老丈人，并领其众，自称大夏天王，自立为国。

至此，勃勃改姓为“赫连”，意思是家族显赫，上与天连。与他自己有血亲关系的部落，均改姓为“铁伐”，意思是刚锐似铁，皆能伐人。

刘裕攻灭后秦后，赫连勃勃乘刘裕回朝时大破晋军，大败刘义真，积数万人头为京观，号为“髑髅台”。同年，他称帝，定都统万。

赫连勃勃最出名的，是他的凶残暴虐，视民众如草芥。他命工匠蒸土筑统万城，城墙完工一段，就以铁锥试验，扎进一寸，就立杀筑墙匠人，并把尸体筑进墙内再换一批工匠更筑。

在大夏国制造兵器的匠人最惨，必死无疑。制弓的匠人献弓，如果射甲不透，立杀；如果射甲透入，马上把制作铠甲的匠人杀头。循环往复，反正难逃一死。

赫连勃勃常常喜欢坐在城上，置弓刀于侧，随便看谁不顺眼就杀掉谁。

在长安时，赫连勃勃征隐士韦祖思入朝为官。韦隐士知道勃勃残暴成性，见面时赶忙诚惶诚恐地下拜，孰料，这一礼貌的举动也惹得赫连勃勃大怒，说："吾以国士征汝，奈何以非类处吾！汝昔不拜姚兴，何独拜我？我今未死，汝就不以我为帝王，吾死之后，汝辈弄笔，当置吾何地！"

随即，他一声令下，让人当场砍死了这位大知识分子。

赫连勃勃的"志向"倒很远大，名其京城南门为朝宋门（意即使宋国来朝），东门为招魏门（意指使魏国怀服），西门为服凉门（意指征服西凉），北门为平朔门（意指一统朔北）。

这位大夏国主统治末期，更加荒淫残暴。臣下有直视他的，立刻用刀上前捅瞎对方双眼；臣下有上朝时不经意地笑一下的，勃勃也会用刀把对方嘴唇划成两半。敢有进谏者，一律先割舌头然后处斩。于是，"夷夏嚣然，人无生赖。"

虽如此，赫连勃勃之赫赫武功，连史臣也不得不赞上几句："然其器识高爽，风骨魁奇，姚兴睹之而醉心，宋祖（刘裕）闻之而色动。岂阴山之韫异气，不然何以致斯乎？"

赫连勃勃原来的太子是赫连愦，胡人喜幼子，他后来想立小儿子赫连伦。赫连愦恼怒，兴兵攻杀弟弟赫连伦。赫连勃勃第三子赫连昌闻讯，立刻提兵杀掉赫连愦。赫连勃勃一高兴，就立赫连昌为太子。

赫连勃勃死后，赫连昌即帝位。

少数民族的鲜卑君主不像汉族（或高度汉化的少数民族）那样讲究什么"礼不伐丧"。听闻赫连勃勃死讯，拓跋焘就召集众臣，商议攻伐夏国的事情。

魏国宗室勋贵们大多力主先伐柔然，然后再伐夏国。

独崔浩发表不同意见，认为："柔然鸟集兽遁，举大众追之不能及，轻兵袭之不足以灭敌。赫连氏土不过千里，政刑残虐，人神共愤，宜先伐之。"

拓跋焘从计。始光三年（426年）十月，他先派奚斤率四万多大军突袭蒲阪（今山西永济），然后，又自率大军继后，直扑夏国。

到达君子津（今内蒙古准格尔旗），天寒地冻，拓跋焘自率两万轻骑渡河直袭统万（今陕西靖边县）。

夏主赫连昌出城迎战即败，退入城内。

魏军在周围杀掠一番，获牛马十余万，扬长而去。

同年夏天，拓跋焘再次自率轻骑三万倍道先行，再扑统万。

到了城下，魏人知道攻城最难，就把老弱残兵绕城示弱，把精兵埋伏于深谷之间。夏兵中计，马上鼓噪出城追击。

当时，正好有风雨从统万城方向顺风朝魏军而来。拓跋焘的亲信太监赵倪劝道："现在天不助人，风雨方向正和我军相逆，冲杀看不清，将士又饥渴，不如陛下您率兵躲躲，来日再战。"

崔浩一旁叱道："我军千里制胜，正是掩袭不意，怎能改变主意？"

拓跋焘大声说"好"，挥兵迎前。

混战中，拓跋焘身中流箭，战马中伤倒地，自己差点为夏兵俘虏。换马再战，这位魏帝亲手刺杀骑兵十余人，击杀夏国大将一名。

魏军乘胜追夏主到城北，赫连昌来不及入城，奔逃上邽。

拓跋焘只率少数几个从人直追入城，沿路砍杀。夏兵发觉，紧闭四门。忽然发现北魏士兵没有来得及跟上，后无援兵，拓跋焘等几人慌忙用妇人裙子系在槊上，往下吊人，勉强逃出城外。

夏国无主，又值天色已黑，坚城厚墙再也无用。跳落城外的拓跋焘马上指挥大军攻城。一会儿工夫，魏军乘乱突入。

统万城陷落。魏国军人尽俘夏国王公后妃，获马三十万匹，牛羊数千万头，珍宝无数。

天亮后，拓跋焘进城，看着穷极文采、雕梁画栋的壮大台榭，再摸摸坚硬得可以磨砺刀斧的统万城墙，他叹道："蕞尔小国，使用民力至此地步，怎能不亡国？"

赫连昌退保平凉（今甘肃平凉），大势已去，不久即被魏军生擒，送往魏国。

拓跋焘见赫连昌体貌不凡，惺惺相惜，竟把妹妹始平公主嫁给他，封其为会稽公，常带他一起涉山越谷打猎游玩。

赫连昌虽是败亡之主，却素有勇名、力大善射，魏国群臣皆劝拓跋焘提防他。

拓跋焘大大咧咧，说："天命有在，亦何所惧？"

赫连昌被俘后，赫赫勃勃的第五子赫连定自立为帝。他率残军不断袭扰魏军，并一度俘获北魏名将奚斤、娥清等人。

后来，四处兜转下，赫连定袭击西秦国主乞伏慕末。当时，乞伏慕末被北凉沮渠氏打得厉害，已经向北魏投降。他和手下军队接受北魏封爵，向魏人指定的平凉方向集合。半路，遇见了赫连定。这位天生杀才，打得乞伏慕末大败出降，并且临阵杀掉了北凉国主。

拓跋焘闻讯，立刻亲率大军，前去攻伐。赫连定向河西方向逃窜，在黄河边却被鲜卑另一个旁支吐谷浑偷袭，大军败亡，赫连定自己也被活捉。

赫连定这位俊美的小伙子被送至拓跋焘处后，没有哥哥赫连昌那么走运，当即被拓跋焘斩杀。

又过了几年，已获封为北魏秦王的赫连昌想趁机外逃，被魏国守将杀死。拓跋焘大怒，把先前被俘的赫连昌的几个弟弟全部杀死。至此，赫连一族灰飞烟灭。

这个号称要一统天下万城、皇族赫赫上与天连的国家，从赫连勃勃自己算起，一直到赫连定，满打满算才二十五个年头的命祚。

赫赫武功之二　痛击宿敌柔然

擒俘赫连昌后，拓跋焘很想北击柔然。

当时，大臣们都劝阻他出军。对朝政具有重大影响力的拓跋焘的乳母保太后，也竭力劝阻。大臣张渊等人，都认为柔然地荒人远，其地不可耕田，其民不可驭使，败之无用，又耗费国家财物、劳损士马。

唯独崔浩一人力主拓跋焘北击柔然：“柔然乃我大魏北边叛隶，今诛其恶首，收其善民，复旧役，非无用也。漠北高凉之地，水草丰美，夏则北迁。田牧之地，非不可耕而食也。高车之族，号为名骑，非不可臣而畜也。如以南人（汉人）追之，则患其轻疾难及。但于我国兵（魏军）则不然。柔然军能远遁，我大魏兵也可远逐，与之进退，非难制也。而且，柔然数年入境侵边，民吏震恐。如果今夏不乘虚掩进，破灭其国，后必为患复来！”

闻此，拓跋焘大意已定，决定攻伐柔然。

朝臣知道帝意已决，都不敢再辩。下朝后，好多人纷纷指责崔浩：“当今吴贼（宋国）南寇，却舍之北伐。北面柔然逃遁远踪，后有吴人攻至，至危至险，怎能出这种馊主意？”

崔浩胸有成竹，朗声言道：“根本不用顾虑宋国。今年不摧灭柔然，则无以御南贼（宋国）。先前击柔然，宋国也高言欲击我大魏，往还之间，不见其来。为什么呢？正是他们旧伤未愈呵！当年刘裕得关中，留其爱子，精兵数万，良将劲卒，犹不能固守，举军尽没。号哭之声，至今未已。现在，我大魏士马强盛，又灭夏国，宋人怎敢以驹犊饲虎口？柔然方面，自恃绝远，想当然地认为我大魏力不能至，没有任何警戒之心。因此，他们夏天散众放牧，秋天马肥而聚，背寒向温，南来寇抄边境。如果出其不意，攻其不备，大军猝至，定令其惊骇星散，望尘奔走，可趁其虚敞，一举而灭。正可谓是暂劳永逸，长久之利！”

众人无言以对。魏国大将、重臣，皆随拓跋焘伐柔然。

道士寇谦之和崔浩关系密切，将随皇帝征讨，也怀疑虑，就问：“此次军行，真能打胜吗？”

“必克无疑！但恐诸将琐琐，前后顾虑，不能乘胜深入，可能未必会得全胜。”

一切皆在崔浩意料之中。

429年夏天，拓跋焘率魏军大举北伐。柔然没有任何防备，民畜布野，看见魏军就惊怖四奔，仓皇逃命。

北魏大军分军援讨，东西五千里，南北三千里，俘获畜产车庐，多到弥漫山泽。原先投附柔然的高车族人，趁机大杀柔然兵将，归降魏国约达三十余万落。

拓跋焘沿弱水（今蒙古境内）西行至涿邪山（今阿尔泰山东南），一路连连克捷，柔然主一路狂逃。

但是，北魏诸大将怕深入遇伏，都纷纷劝拓跋焘止兵不要再追。道士寇谦之想起崔浩的原话，劝皇帝穷追。

拓跋焘见好就收，不听，满载战利品，徐徐还军。

回军途中，魏军得知：柔然主惊惧生病，身边只有数百从人，躺在车上窜入山中逃亡。其属下残余兵民无人统驭，乱哄哄散行，方圆六十里，兵民相杂。当时，魏军追兵，其实距这些残兵败民才一百八十里路程。正是由于魏帝下令停止追击，柔然余众才得以逃出生天。不久，来往凉州一带跑买卖的胡人又带来消息证实了上述传言，说魏军“若复前行二日，则尽灭之（柔然余众）矣”。

拓跋焘知此，后悔得不行。大军还至平城，南方的宋国也根本没有一兵一卒出击，完全同崔浩所料相符。

此后，拓跋焘对崔浩言听计从，并敕令各位尚书大臣：“凡军国大计，卿等不能决，皆先咨询崔浩，然后施行。”

后来，拓跋焘在443年和449年两次亲征柔然，打得柔然节节远遁，基本再不敢主动侵扰魏境。

同时，拓跋焘继续巩固道武帝时代设置的北部镇戍，修筑长城，绵延三千多里；设置六镇，迁柔然、高车降附人民于其中，形成了一整套严备的边戍制度。他派出吏员，积极戍守。

当然，最后北魏灭亡，也是源起六镇起义。此是后话。

赫赫武功之三　击灭北燕

说起十六国中的几个“燕”国，大家想当然地会认为又是慕容氏的支族当国主。北燕不同，当时的国主姓冯，不是鲜卑族，而是汉人。

说起北燕，还有一段有趣的历史要交代。

说北燕，必定得先讲一下后燕的倒霉皇帝慕容宝。

后燕老皇帝慕容垂死后，他不争气的儿子慕容宝就一直被当时北魏的道武帝拓跋珪追着打，狂逃至鲜卑老巢龙城。反反复复多日，后燕宗室自相残杀，慕容宝的舅父兰汗心怀野心，假装救援，迎慕容宝入龙城。慕容宝不疑，入城后即被兰汗谋杀。这位兰汗一不做二不休，先后杀掉慕容宝的太子慕容策及宗室、王公大臣一百多人，自己做起了皇帝。

慕容宝有个庶长子慕容盛，闻听父亲被害，竟然敢只身返回龙城为父吊丧。兰汗的女儿是慕容盛之妻，老丈人乍见这个女婿，也吓一跳，兰汗的诸弟皆劝说要杀掉慕容盛。兰汗的老婆自然不干，力持相反意见，大哭大闹为女婿求命。

想来想去，枕边风硬，爱女心切，加之刚刚杀掉人家的皇帝老子，兰汗就没好意思再杀掉他——怎么讲也是自己的亲女婿，他就任慕容盛为侍中，当作亲信加以利用。

慕容家族是有名的狼性基因，隐忍刚毅。慕容盛为了活命，假装谦恭，暗中一直准备复仇。他先是联系兰汗的一名外孙、自己的堂侄慕容奇做内应，又拉拢宫中卫士，暗中积聚力量。同时，他不断挑拨兰汗与两个兄弟兰堤、兰难的关系，使几个人反目成仇。

兰汗兄弟相攻，慕容盛自然一马当先，把兰堤、兰难打得逃出龙城。兰汗大喜，庆功宴上连连举杯，饮酒大醉。慕容盛立刻下手，斩杀了兰汗父子。接着，他派兵四出追捕，击斩外逃的兰汗二弟，终于为父报仇成功。

慕容盛的堂侄慕容奇本来被派出外结丁零诸族进讨兰汗。听说兰汗已死，慕容奇也想自立，在外拒兵。最终，他也被慕容盛杀掉。

慕容盛称帝后，竟也气象一新，把常常袭扰的高丽和库莫奚打得大败。但是，这位新帝治下过严，严刑峻法，惹得已故丁太后的侄子段玑等人密结宗亲，率禁卫兵趁夜谋反。

政变虽失败，慕容盛却伤重身死，年仅二十九岁。算算他的在位年数，只有三年。死前，他召叔父慕容熙入朝，托以后事。

慕容熙是慕容垂最小的儿子，辈分虽高，却比刚刚死去的侄子皇帝慕容盛还小十二岁，时年十七。当朝的丁太后（慕容全之妻）一直与小伙儿慕容熙通奸，便下令废掉慕容盛的太子慕容定，立慕容熙为帝。

慕容熙一即位，马上杀掉慕容盛的弟弟慕容元（年纪比他自己还长的“侄子”），清除了当时不愿意立自己为帝的朝中大臣。

转年，慕容熙娶苻氏二女为妃，夜夜流连。丁太后（也就三十岁左右）醋得不行，与娘家侄子丁信密谋，想废慕容熙另立他人。

慕容熙得知消息，杀掉丁信等人，逼老情人丁太后自杀。

苻氏二妃是前秦宗室之女，美貌绝伦。大姐名娀娥，小妹名训英。慕容熙对二美女爱宠得不行，役使数万人，建造花园宫殿，劳民伤财，耗损国力。

苻氏二女福薄。大姐娀娥病死不久，小妹训英又患病而死。慕容熙痛得不行，竟哭绝于地，太医抢救了半天才把他救回来。

“大殓既迄，复启其棺，而已交接。”皇帝奸尸，慕容熙可谓前无古人，后无来者。

为表哀痛，他严命大臣哭临，无泪者处斩。当时还没有辣椒传入中国，大臣们都以大蒜等辛辣物抹眼，以使自己“泪如雨下”。

慕容熙为爱妃建造方圆数里的坟陵。为使巨大的灵车出城，他下令拆毁城门。待他哭天抢地护送灵车出城，禁卫军统领冯跋等人便关闭大门，拥立慕容宝的义子慕容云为主。

慕容熙带兵反攻龙城，不克，扭头就跑。在逃跑途中，他被抓获，押回城内后，被慕容云杀掉，时年二十三，在位五年多。

至此，后燕才最终完全亡掉，时为东晋安帝义熙三年（407）。

慕容云称帝，也称燕国，但历史上称之为“北燕”，已经不是后燕了。

慕容云原姓高，是高丽人。慕容宝当太子时，喜他武艺高强，收为义子。

慕容云当皇帝后，复姓高氏，自称“大燕天王”。

高云自以为高丽庶种，虽被拥为帝，内心极其自卑。他天天大开府库，赏赐众位文臣武将，收买人心，想拿金银财宝买“支持”。

冯跋兄弟拥立高云，高云却对冯氏兄弟疑惧提防，养了一帮壮士在身边，天天与自己“同卧起”，吃饭、穿衣皆与自己同等对待，天天赐以金宝“以慰其心”。

这帮贴身侍卫的头目，是离班和桃仁（姓名殊为古怪，也许是高丽或别的种族之人）。天知道离班、桃仁这两个莽夫是怎么想的，如此好吃好喝、皇帝哥们儿一般的待遇，他们仍不满足。趁议事之机，两个人竟把高云当场刺死于御座上。至此，高云在位三年，死年大概三十六岁。

离班、桃仁两个武夫与高云在堂上推搡耍刀子时，冯跋也在殿中。他并没有上前护驾，反而跑到殿中高处，静观高云被杀。接着，他马上率兵，仗剑入殿，立斩离班、桃仁两个莽汉。

各种史书都没讲这二人弑君的因由，似乎也不是冯跋安排的阴谋。

让人绞尽脑汁，也想不出他俩为什么要弑杀对待自己那么好的皇帝。

冯跋为众人所推，即天王位，仍不改国号。因此，从他开始，这北燕便姓冯了。冯跋是汉族人，籍贯信都（今河北枣强）。

冯跋在位二十二年，是十六国中比较少见的仁德君主。他轻徭薄赋，崇尚儒学，劝民农桑、息兵止戈，使北燕境内人民享受了少有的乱世粗安。

430 年秋，冯跋病危，以太子冯翼监摄国事。冯跋宠妃宋氏，有儿名叫冯受居，她很想立己子为王，便矫诏禁止太子入内侍病。

太监胡福与冯跋之弟冯弘要好，忙把宋氏要谋篡的消息向冯弘汇报。冯弘立刻率兵冲入皇宫，幽囚宋氏母子。眼见乱兵突入寝宫，弥留之际的冯跋受惊吓而死。

冯弘自立为天王，废杀太子冯翼。最最过分的，冯弘把大哥冯跋多年来与嫔妃所生的儿子一百多人悉数杀死。

冯大哥真能生，冯老弟真能杀，古来兄弟相篡杀戮之事不少，但一口气杀掉一百多个侄子，且大多是怀抱小儿或十几岁的少年，这样凶残的叔父，中国历史上就这么一个。

杀掉众侄，冯弘见宋氏貌美，便据为己有。

冯弘即位后，众叛亲离，其长子冯崇等数个儿子竟然也都惧祸，奔亡北魏。

太武帝拓跋焘正是在这样的情况下，不停地发兵，想一举击灭这个卧榻旁的“外人”。

连战连败之余，北燕十多个大郡均为北魏攻陷吞并。

无奈之余，冯弘舍近求远，向南朝宋文帝求援，遣使称藩。宋文帝当然高兴，封冯弘为“黄龙国主”，并答应出兵助北燕。说归说，大老远的地方，宋军一时还真去不了。

自延和二年（433 年）起，冯弘做皇帝后没过几天好日子。最后，北魏四万大军兵临城下，冯弘只得送子为质，献上美女多人，北魏这才撤兵，临走掳走数千北燕士女。

想来想去，冯弘总觉得称臣当孙子的日子不好过，竟然突发奇想，秘密派人向自己的附庸高丽求援，得到高丽王允诺后，他于436年6月率宗族、后宫以及龙城百姓，连夜向高丽国境内逃窜。临行，这位北燕主还下令焚城，把宫殿烧个干净。

至此，在北魏连连进逼下，北燕灭亡，共三主（算上高云），二十九年。

冯弘窜至高丽，被高丽王安置在北丰（今辽宁兴宾县）。寄人篱下，装装孙子当一小城城主就算了，但他一向看不起高丽人，在当地发号施令，俨然是高丽的王上王。

高丽王闻讯大怒，尽驱冯弘侍卫，并把他的太子抓走当人质。一来二去，冯弘才感受到了“残酷的现实”，派人偷往建康，求宋文帝派人把自己接往建康。

当时，高丽也向宋国称臣，听说宋文帝派数千军队来迎冯弘，高丽王很没面子，就派兵一举包围了冯弘营地，把冯弘全家老小以及近侍统统杀掉，一个不留。然后，高丽人随便挖了个大坑，把这些冯氏宗族都埋掉，其时为宋文帝元嘉十四年（437年）四月。

冯氏北燕虽灭，事情却没完。冯弘的一位孙女，就是北魏日后大名鼎鼎的冯太后。这位太后智勇过人，多权略，性残忍，毒死继子北魏献文帝，又躬养献文帝儿子孝文帝，在北魏历史上赫赫有名。暂且不表。

北燕之灭，实是冯弘自找，天怨神怒，不得不亡。但无论如何，也是亡于北魏之手。

赫赫武功之四　灭北凉一统北方

拓跋焘英雄顾盼之时，气势正雄，北方最后一个割据势力北凉国主沮渠牧健自触霉头，其妻吃食里被人下毒，这位王妃险些丧命——这位

武人佣　北魏至东魏

姑奶奶不是别人，乃太武帝拓跋焘的妹妹武威公主。

北凉这个“国家”，其实是十六国中辖区最小的，只有甘肃中西部、青海北部那么巴掌大一点的“国土”。

北凉国主沮渠蒙逊是匈奴别种，本是后凉吕光的手下大将。后来，他背叛吕光，拥后凉大臣段业为“凉王”，史称北凉。

沮渠蒙逊为人阴狠毒辣，为了干掉段业，不惜牺牲兄长沮渠男成的性命，诱使段业杀掉沮渠男成，然后借“报仇”名义率部众杀掉段业，自为北凉之主（401年）。

其后，这位沮渠蒙逊左蹿右跳，见后秦灭后凉，大惧之下向后秦称臣，不久，他又反悔，结交南凉，向秃发氏称臣，一起进攻后秦。而后，蒙逊接着与南凉翻脸，但被秃发氏打得大败，只得送质子求和。其后，沮渠蒙逊重新归附后秦，但只被封为西海侯。消停了一阵，他带兵攻打秃发辱檀的南凉，最终占据了姑臧（今甘肃武威），并迁都于此。又过些时日，沮渠蒙逊与西秦乞伏氏大打出手，竟也大胜，夺了好几个城镇。

当时的夏主赫连勃勃听闻沮渠蒙逊厉害，派使与之修好，互结婚姻。眼见结亲有利，沮渠蒙逊又与西秦和好，建立姻亲关系。420年，穷兵黩武的沮渠蒙逊竟也攻入酒泉，灭掉了西凉李氏，尽占凉州之地。一时之间，西域诸小国，均向沮渠蒙逊称臣纳贡。

但是随后，他派太子沮渠政德攻打柔然，大败而归，太子也被杀。不久，眼看北魏越来越强，沮渠蒙逊就向北魏称臣。拓跋焘待他不薄，封他为凉王，并可以“建天子旌旗”。

沮渠蒙逊东征西杀了三十多年，最后还当上了大魏的“凉王”，终于病死，其子沮渠牧犍袭位。

沮渠牧犍向南朝宋国和北朝魏国均遣使报丧，同时，送其妹兴平公主于魏国，被拓跋焘纳为右昭仪，魏国也加封他为“河西王”。南朝宋文帝当然也厚报其使，加封他为“河西王”。

沮渠牧犍自小左右多儒生，深知臣藩之礼，同时孝敬南北两朝。

继位之初，他谦恭下士，留心朝政。但这小伙子是匈奴人体格，加之荷尔蒙分泌旺盛，好色喜淫。恰恰是这么一个君王“小节”，导致了北凉最终的灭亡。

北魏太武帝为巩固邦交，出于好心，把妹妹武威公主嫁给沮渠牧犍。惧于强势，沮渠牧犍只得把发妻、从前西凉国主李暠之女安置于酒泉，以拓跋氏为正妻。

估计拓跋焘的妹妹长相一般，沮渠牧犍娶回来，只当“菩萨”一样礼敬着，天天与他貌美如花的寡嫂李氏奸通，大乱人伦。

李氏这女人色胆也不小，为了长期和沮渠牧犍过小日子，竟派人往武威公主的吃食中下毒。北魏皇帝派御用“专车”载御医疾驰而至，才捡回妹妹一命，但公主已经落下了不小的残疾。

大怒之下，拓跋焘要沮渠牧犍交出李氏，沮渠牧犍舍不得，送李氏于酒泉匿藏。

拓跋焘由此，顿起灭北凉之心。

廷议之时，大臣多反对兴兵讨伐北凉。因为北凉距北魏太远，都听说那里“土地卤薄，略无水草”，怕大军进攻时野无所掠，补给困难。

司徒崔浩心里明白，他力赞伐凉。他引《汉书·地理志》上面的记载，说：“凉州之畜为天下饶，如无水草，牲畜何以生长。汉人绝不会在无水草的地方修建城郭，可以想见，凉州周遭必非荒凉之所。”

尚书李顺曾出使北凉十几次，他的话应该最公正。但李顺前后受沮渠父子金银无数。受人钱财，与人消灾，便反驳崔浩：“耳闻不如目见，凉州周遭荒凉无比，千真万确。”

拓跋焘大为犹豫。

北魏振威将军伊香发待群臣散后，向皇帝进言：“凉州如无水草，沮渠氏何以建国？众议纷纭，应该听崔浩之言。”拓跋焘一听，深觉有理，遂决议征伐。

太延五年（439 年，宋文帝元嘉十六年）六月，拓跋焘亲率大兵出发，列表沮渠牧犍十二大罪，分军两道，大举伐凉。大军之中，已故南凉主秃发傉檀的儿子秃发源贺自告奋勇当向导。他熟门熟路，带魏军向从前的“老家”出发。

八月，北魏大军直抵姑臧。果然，城外水草丰美，和崔浩所讲一样。沮渠牧犍在向柔然求救的同时，派兵抵抗，结果大败而归。不久，其侄沮渠祖城逾城降魏，秃发源贺还帮魏人招降了姑臧城外的鲜卑诸部。

穷途末路，沮渠牧犍只得开城出降。北凉灭亡。

至此，中国北方十六国时代打上了一个休止符。一百多年以来，北方终于一统于北魏。

中国南北朝对峙时期，正式开始。

拓跋焘进入姑臧后，亲眼见北凉库府珍宝无数、士民丰殷，心中大喜。

庆功宴上，这位雄才帝王叹道：“崔公一向智略不凡，他有胜利预见，我不足为奇；伊香发弓马出身，计与崔公相同，真可称奇。”

回平城后，拓跋焘忆起李顺先前说凉州荒凉没有水草的谎言，又因李顺定别官品不公，新账旧账一起算，把李顺赐死、抄家。

由于沮渠牧犍是自己的妹夫，拓跋焘饶其一命。带回平城后，令其在武威公主府居住，软禁起来。

过了几年，有人告发沮渠牧犍与北凉旧臣谋反，恰逢拓跋焘当时心情不好，便下诏赐死了这位妹夫。

太武帝拓跋焘末年的昏暴

拓跋焘灭北凉后，在军事上一直没有停止过行动。445 年，他带兵平灭卢水胡人盖吴；446 年，拓跋焘发军进攻南朝兖、青、冀三州，大肆杀掠；448 年，又派大军攻伐西域，灭焉耆等部；449 年，趁柔然可汗新丧，拓跋焘出三路大军因丧伐人；450年初，北魏发十万铁骑攻宋国，攻城陷敌，杀伤无数平民百姓。

至此，拓跋焘攻杀征讨似乎已经成瘾，狂热地迷信军事征服。

残暴行为之一　族诛汉族大臣崔浩

450年，南朝宋国皇帝刘义隆自以为元嘉盛世近三十年，国力空前，大举北伐，揭开魏宋第三次南北大战的序幕。

战争爆发前，太武帝刚刚族灭了汉族大臣崔浩。

说起这位崔浩，是最令人叹惋的一位知识分子。此人历仕北魏道武帝、明元、太武三帝，无论是平定北方诸国还是对南朝作战，崔浩的谋策都对北魏军队的胜利起到了决定性的作用。

崔浩其人，纤妍洁白，长相如美貌妇人，生性敏达，常以张良自比。平凉大胜后，太武帝在一次盛大宴会上手拉崔浩，向沮渠蒙逊的使者说："所说的崔公，就是眼前这位。才略之美，当今无比。朕做任何事情，一定先征询崔公的意见，成败在胸，没有一点不符之处。"

累积功勋，崔浩官至司徒。就这样一个善于谋略的大家，却不善自谋。他自己笃信道教，就讽喻太武帝灭佛。拓跋焘言听计从，寻个机会在全国大杀和尚，毁灭佛寺，成为灭佛帝王"三武一宗"中很有名的一位。

而在当时，北魏上至太子、公卿，下至庶民百姓，信佛的人不计其数，崔浩此举，得罪了一大批鲜卑贵族。

崔浩主修国史时，直书其原，不避忌讳，内容涉及魏王朝先辈许多同族杀戮、荒暴淫乱的史实。文人喜功，崔浩还下令把国史铭刻于石碑上，费银三百万，方一百三十步，想使国史内容万代流传。

鲜卑贵族、诸王以及嫉恨崔浩的群臣纷纷上言，惹得太武帝拓跋焘怒不可遏。

这位还未完全开化的胡人武夫，毕竟不是英武神明的苻坚大帝，他不仅尽诛崔浩全族，又族诛与崔浩有姻亲关系的范阳卢氏、河东柳氏以及太原郭氏。

临刑之前，崔浩被囚于城南木笼之内，兵士数十人在台上嗷嗷大叫，并在他脑袋上小便。

如此精明的文人谋士，受尽侮辱。此种遭遇，为几千年文人功臣所未遇，以至于写《魏书》的魏收发此感慨：

> 崔浩才艺通博，究览天人，政事筹策，时莫之二，此其所以自比于子房也。属太宗为政之秋，值世祖经营之日，言听计从，宁廓区夏。遇既隆也，勤亦茂哉。谋虽盖世，威未震主。末途邂逅，遂不自全。岂鸟尽弓藏，民恶其上？将器盈必概，阴害贻祸？何斯人而遭斯酷，悲夫！

北魏皇帝从道武帝开始就喜欢整族诛杀对手或者臣下，他攻克燕国都城中山后，就把出主意杀害弟弟拓跋觚的程同、傅高霸等人夷五族，用大刀慢慢挫死；讨伐刘卫辰胜利后，把刘卫辰宗室五千多人全都弄死并扔进黄河；到太武帝时代，则更“发扬光大”，对魏国最有大功的崔浩竟连姻亲都杀绝，惨绝人寰！而后，到了北齐高洋灭魏之时，魏国皇族几千人全被诛杀无遗，大概也是他们先辈好杀的报应吧！

后世研究北魏史的专家，无不对崔浩被诛一事深加推究，以为此事件是北魏上层统治阶级内部“胡汉矛盾和斗争的结果”。

确实，崔浩掌权后，“齐整人伦，分明姓族”，提高了汉人高门的地位，从某种程度上抑制了鲜卑勋贵的跋扈。但是，从本质上讲，崔浩的所有行动皆是服务于北魏皇权统治，只是在后期因一直受太武帝宠信而“得意忘形”，最终竟敢于和太子争任官员，如此争强好胜，完全忘掉了道家“明哲保身”“功成身退”的功夫。

虽有如许“闪失”，但拓跋焘也不是一直深思熟虑地想杀掉作为

“汉族”的崔浩。一向以来，历史学者认为太武帝杀崔浩是鲜卑贵族报复汉族的种族矛盾的集中爆发，这种看法，实际是化简为繁，小题大做。

太武帝晚年，征伐四克，已经感觉他自己就是万能的天下大帝。

多年酗酒成性，滥吃补药，加上中年男人的性情喜怒无常，他想杀谁就杀谁，想把谁族诛就把谁族诛，真是处于丧心病狂的状态。崔浩倒霉，正撞上有人告他修国史“暴扬国恶”，一怒之下，太武帝便率意作出如此残暴、令人发指之举。

从某种意义上说，崔浩是最后一位敢于直书国史的人物。从那以后，史臣们出于种种考虑，都是本着“为尊者讳”的态度撰写史书，无一敢直书帝王其人其事。

对于崔浩，历史学界还有另外一种说法，即此位北魏朝中的汉族大臣一直处心积虑地心存华夏，密图光复：

其一，神瑞二年，明元帝想迁都于邺城，崔浩力止，可能是不想让北朝蛮族入居中华旧地，贻害当地汉民。

其二，刘裕伐后秦，明元帝想出兵，崔浩竭力劝止，也是出于偏袒汉族军队的“私心”。

其三，明元帝立储君，崔浩力主立拓跋焘，正因为其生母是汉人，希望这个“汉种”日后为君对汉人有利。殊不料，此人长大后完全是鲜卑脾性，且残暴好杀。

其四，明元帝和太武帝北伐夷狄蛮族，崔浩无不全力支持，一旦有南征之意，崔浩总是反对，本意是帮助南朝的汉人政权。

其五，拓跋焘攻赫连夏国，连天风雨，士卒饥渴，崔浩力劝猛攻，实际上是希望魏国大败，但是拓跋焘神武，总能反败为胜。

其六，拓跋焘准备攻伐北凉沮渠氏，崔浩引用汉书的内容说明当地一直水草茂盛，但是自汉以后，多少年过去，水道不可能不改，兼之路途遥远，耗费巨大，胜败不定，可能崔浩原意也是希望北魏兵败。

以上种种，皆为后人揣测，笔者虽然觉得有一定道理，却不敢妄信，只希望读者根据自己的理解去判断。

残暴行为之二　疯狂南侵　草菅人命

450年，诛杀崔浩等四姓数千人后，9月，拓跋焘自领人马南征。滑台一役，魏军遇到了那位连连上书北伐，让宋文帝刘义隆起了“封狼居胥”意念的王玄谟。此人真正到了战场，却是十足草包，兵仗相接，即一败涂地。

魏军以每日一二百里的速度推进，连战连捷，南朝将士百姓死伤无数。

拓跋焘几路大军直指建康期间，宋国将军薛安都、曾方平、刘康祖等人竭力死战，救护了一些军队和城池，但总体仍抵挡不住北魏大军的攻势。

魏军很快攻打到长江边上，大拆民房，砍伐芦苇，声言要造船渡江。

建康城内居民惊骇，纷纷把家里值钱的东西放进箩筐里，荷担而立，随时准备在城破时逃命。自招兵灾的宋文帝刘义隆登上石头城，忧色满面，直后悔杀了能打仗的大将檀道济。

双方相持许久，魏军补给不济，便在一天晚上沿江举火以示威吓，遍烧民舍后退兵。

451年春，魏军回军途中攻到盱眙城，宋国大臣臧质守城。

拓跋焘在城外大大咧咧地向臧质喊话，要尝尝南国美酒。

臧质从城上吊下来两大坛屎尿送给魏军。

拓跋焘大怒，一夜之间在城外筑起长围把城团团围住，断绝水陆交通，运东山土石填平护城河。

围城之时，他写信给臧质说：“现在攻城的兵士，都不是我鲜卑族人。城东北是丁零族和胡人，南面是氐族、羌族。如果丁零兵士死掉，正可减少我大魏常山赵郡一带的贼人（丁零族常依常山、赵郡的群山叛乱）；胡族兵士死掉，并州贼就没了（胡人常据并州一带反叛）；氐人、羌人士兵死掉，关中贼可以灭掉（氐、羌两族虽国家已灭，族属繁盛，广居关中）。爱卿你如果替朕杀光他们，倒帮了我的大忙。”

臧质复信，凛然道：“我现在已完全知晓你的奸怀，童谣讲‘虏马饮江水，佛狸（拓跋焘小名）死卯年’，希望你有幸为乱兵所杀，不幸的话就被我俘虏后绑在驴上送闹市问斩。如果天地无灵，我被你俘虏，杀剐随意，足以报效本朝。现在春雨已降，军队四集，你别急着往回跑，但请安心攻城。如果缺粮的话，我送你些军粮。你送我做礼物的刀剑，等着我用它们向你身上劈砍吧！”

拓跋焘见信大怒，派钓车、冲车攻城，均不能破城。术穷之后，拓跋焘不惜人命，派兵士轮番肉搏攻城。由于后面立有鲜卑督战队，士兵前冲后退都是死。

最后，魏军死伤万计，死尸堆得与盱眙城墙一样高，仍然被勇敢顽强的南朝军民打退。汉人勇敢，坚城三旬不拔。

春天正是疫病频发时节，魏军水土不服，病倒许多。

害怕宋朝水军自淮入海与彭城的军队汇合夹击，拓跋焘便烧掉攻城器具退走。

回师路上，魏军杀伤当地人民不可胜计，中青壮年马上杀掉，婴儿贯穿在槊上挥舞盘旋以为乐，所过郡县，赤地无遗。而魏军自己，在南伐中也人马死伤过半，招致国人怨恨不已。

魏太武帝拓跋焘南攻时，太子拓跋晃监国。

这位太子为人精察干练，并信任属下仇尼道盛和任平城。拓跋焘有个宠信太监名叫宗爱，本性险暴，冒充皇帝的名义干了许多违法的事。他和道盛等人的关系紧张，就“恶人先告状”。待拓跋焘一回来，宗爱就捏造太子官属的罪名。太武帝大怒，处斩道盛等人，太子属下多名官员连坐处死。

由于属下多人被杀，太子拓跋晃很快就忧虑而死，其实就是被残暴的父皇活活吓死的，时年才二十四。

过了不久，拓跋焘追念起这位嫡子的好处，常常落泪思忆。天天伺候在他身边的中常侍宗爱，心中疑恨，害怕哪天这位性情暴躁的皇帝追究起前事，把太子死因推在自己身上。

于是，这位大太监先下手为强，夜里带人潜入永安宫弄死了这位威名卓著、不可一世的拓跋焘。这位暴君死时，四十五岁。

对于这位武功赫赫的北魏太武帝，史书上记载："帝……性清率俭素，不好珍丽，食不二味；临城对阵，亲犯矢石，左右死伤相继，神色自若；由是将士畏服，咸尽死力。群臣请增峻京城及修宫室，帝曰：古人有言，'在德不在险'，勃勃蒸土筑城而朕灭之。岂在城也？……听察精敏，下无遁情，赏不违贱，罚不避贵，虽所甚爱之人，终无宽假。然性残忍，果于杀戮，往往已杀而复悔之。"

时光再过二十年，拓跋晃的嫡长曾孙拓跋宏（元宏）继位，全面汉化，中国历史上第一次最大程度地加速了中华民族的大融合，奠定了以后隋唐盛世的牢固根基。进而，入主中原的鲜卑族，无论从相貌到文化，都融合并消失在中华大家庭的滚滚血脉之中了。

青春期的帝王们

南朝宋、齐两朝的荒淫少主们

读《南史·齐本纪上》，看齐国开国皇帝萧道成的传记，其中少不了中国史书中特有的“异征奇相”的描述，什么“姿表英异，龙颡钟声，鳞文遍体”等。为了把帝王附会成天授龙子，史书中有不少怪力乱神的类似记载。此外，总有“重瞳”的描述——上古的舜、楚霸王项羽以及大词人李煜都是“重瞳”，当然还有北齐的高洋是“重踝”。总之，除了生时“红光冲天”“异香满室”或其母梦与神（龙）交合以外，皇帝奇怪的身体形貌也占了相当篇幅。

究其实，“重瞳”不过是早发白内障，“遍体鳞文”是牛皮癣，“重踝”是脚跟部多长了根凸骨，算是畸形的一种，到了帝王身上都会被史家云山雾罩一番，不知是哄弄人还是骗自己。

每个朝代的史书都由后人或灭其社稷者的臣下们所编，修史者仍旧那么津津乐道帝王与凡人不同的灵异，想必是对自己奴才身份的一种自慰：甭管别人坐上龙座一年两年，但总是“真命之主”。

《南史》的萧道成本纪中，不仅记载了诸多祖坟冒烟、谶言童谣、龙影朦胧等“龙光吉兆”，还有梦中有神人对他说“子孙当昌盛”的鬼话。

其实，自萧道成479年篡宋建齐到和帝萧宝融禅位给萧衍被杀，有齐一代，不过短短四代二十二年。

这二十二年之间，子孙相互屠戮之惨，小皇帝暴虐为祸之烈，用“书罪未穷”“罄竹难书”八个字形容，一丁点儿也不过分。

萧道成的帝位，是从刘宋少主刘昱手中夺得的，最后他自己国家的败亡，也归于萧家几个不争气的少主，且“发扬光大”，一个坏过一个。

国权夺自荒淫少主

南齐的基业，始自萧道成。萧道成日后之所以建国，也是因刘宋的后废帝刘昱（死后被贬为苍梧王）荒淫滥杀而起变端所至。

南朝宋明帝死后第二年（474 年），桂阳王刘休范谋反，右卫将军萧道成临危受命，平灭反叛。476 年，萧道成升任尚书左仆射（宰相）。

南朝宋国的后废帝刘昱即位时，才十二岁。在太子东宫，这个孩子自小就喜欢猴一样地爬竿玩耍，喜怒无常。太子师傅等左右教习对他都没有办法，气得宋明帝每每令他的生母陈太妃用大棍子教训他。

初继帝位时，宫内有太后、太妃管制，宫外有诸位元勋大臣经营国事，刘昱还未敢放肆。十四岁，刘昱加元服（行成人礼）后，宫里宫外都以成人之礼待之。刘昱开始肆无忌惮，频频出宫游幸。

开始时，刘昱还有个帝王的样子，前后仪卫队伍齐全。而后，他就微服出入，身边只跟几个从人，或出郊野，或入市井。

他母亲陈太妃怕出事，常亲乘犊车跟随他。可是，一入郊野荒道，刘昱轻骑跑得飞快，转瞬之间就没影儿。陈太妃追之不及，其余仪卫从人也怕招惹祸端，只能停在当地远远瞻望小皇帝飞扬的马尘。

陈太妃年轻时，宋明帝有次一高兴，把她赐给自己的男宠、同性恋伙伴李道儿。不久，想起旧好，明帝又把陈太妃接回宫中，后来就生下了刘昱。刘昱自己听左右讲过这段故事，因此他出去游玩时，常常自称“刘统”或“李将军”。

每次出玩，他身穿窄小的衣衫，随从数人，或夜宿客舍，或大白天在路旁斜卧，与周遭一帮卖柴养马的商贩买卖交易，即使被人呵斥辱骂，他也怡然承受，真有些与民同乐的平民天子的味道。

史载，刘昱“凡诸鄙事，裁衣、作帽，过目则能；未尝吹篪，执管便韵”，显然天生就是一个手工匠人加音乐家的料子。

即位第四年，刘昱无日不出游玩乐，他常常是夜里从承明门突出，或夕去晨返，或晨出暮归。其间，他手下从人各执长矛大棒，路上凡遇见男女行人及犬马牛驴，立时杀死，致使人民惊扰，道无行人。

小皇帝左右从人，常携带钳凿斧锯，他每每喜欢施行击脑、椎阴、剖心的刑罚，以杀戮为乐趣，每日都要杀死数十犯人取乐。如果跟随他的从人在施刑时面有不忍之色，刘昱就让那人立正站直，亲自用长矛刺穿杀掉。

刘昱还是一位动物爱好者，他在耀灵殿上养着几十头驴，而他自己所乘的御马，就在床边喂养。

每次出门时，遇见婚丧嫁娶，刘昱就下马与那些拉车担货的少年相坐一处，高歌饮酒为乐，别人并不知道这位衣装普通的小子就是当今天子。

这个少年人，非常喜欢亲自动手杀人，对朝廷捕获的造反头目，他常常亲自杀死脔割。有一次，闻到一个叫孙超的宫中亲信口中有蒜味，为了证明他吃过大蒜，刘昱让左右抓住孙超使之不能动，自己亲自用刀剖腹探视，看看他肚子里到底有没有大蒜头。结果，孙超肚肠流下，被活活“解剖”。

不久，听说大臣孙勃家里金银财宝非常多，刘昱亲率人马去劫掠，而且他挺刀冲锋在前，“身先士卒”，第一个冲入。孙勃当时正居丧在家，眼看皇帝带兵前来，知道家族不免横死，就扑上前揪住小皇帝的耳朵，骂道：“你比桀、纣还要坏，日后难逃屠戮！”左右杀掉孙勃后，刘昱恨这位大臣敢揪自己的耳朵，亲自拿刀脔割尸体以解恨。

如果哪天没有杀人，刘昱就闷闷不乐。由于生母多次教训申斥自己，少年很烦，就让太医煮毒酒，准备鸩杀太后。左右从人劝他：“太后死了，陛下您就得以孝子身份参加那些复杂的丧礼仪式，那样就没时间出去玩了。”至此，刘昱才打消毒死老妈的念头。

一次，刘昱大热天忽然闯进领军府，看见萧道成挺着大肚子正在午睡。他命令萧道成起立，在墙边站直，用笔在老将军大肚子上画个箭靶，引弓持满，瞄准欲射。

萧道成吓得动也不敢动，只是嘴里连称“老臣无罪”。

刘昱有位亲信，见状在旁边劝说：“萧将军这大肚子是上好的箭靶，一箭射死，以后就不能用了，不如用代箭射着玩玩。”

刘昱听从建议，换支木制的代箭，一发正中肚脐，投弓大笑道：“这手活儿怎么样？”

过后，刘昱忽然无故发怒，边磨剑边咬牙切齿，“明天得把萧道成杀掉。”他生母陈太妃在一旁骂他：“萧道成有功于国家，杀了他，谁还为你出力。”于是刘昱一时间就没有再琢磨杀萧道成。

虽如此，萧道成内心不自安，密与几位大臣商议，欲借机废掉刘昱。禁卫军首领、越骑校尉王敬则，也与小皇帝身边的亲信暗中联系，伺机行事。

刘昱喜怒乖节，稍不如意，左右亲信不免横死。继孙超被剖腹后，另外一个亲信张五儿骑马随行未赶趟摔入湖中，气得刘昱掉转马头驰奔过去。张五儿刚从湖水中湿淋淋地走到岸边，就被刘昱一矛贯穿，然后他又被皇帝切劈成几块。

过了多日，一名叫杨玉夫的侍从，本来他很受刘昱喜爱，忽然之间，这位小皇帝无理由地憎恨他，见他就咬牙切齿地大骂：“明天就杀了你这个小子，取出你肝肺下酒。”赶上当夜是七夕，传说中牛郎织女渡河相聚，他就命令杨玉夫坐在殿外守看，说：“如果你看不见牛郎织女，转天我就要砍你头！”

言毕，小皇帝自己去搭建好的毡房露营。

王敬则等人探知消息，联同惊慌失措的杨玉夫，集召二十五个小皇帝平日的亲信，夜中突入毡房，杀掉了还在睡梦中的小皇帝。

刘昱被杀的时候，才十六岁。

王敬则等人拿着刘昱的脑袋去领军府向萧道成报告。老头子还怕是小皇帝蒙骗他出府好杀他，紧闭大门不敢出去。

王敬则等人把坏小子的脑袋扔入府中。萧道成用水洗净后观看，验明果然是混世小魔王，这才一颗心落肚，戎装上马出门，以重臣身份处理国家后事。

萧道成掌权后，马上以皇太后的名义，贬被杀掉的刘昱为苍梧王，迎立明帝第三子刘準为帝，时年仅八岁。

479 年，机会成熟，萧道成自立为帝，并假模假式地封刘準为汝阴王。

不久，汝阴王家门外有人跑马，监卫害怕有人劫持废帝，冲进室内一刀砍下十一岁小王爷的脑袋。

萧道成闻言大喜，不仅没有怪罪监守，还封他为大州刺史。

萧齐自出骄淫少主

萧道成篡宋后，建立齐国，在位四年，五十六岁驾崩。其长子萧赜袭位，是为齐世祖武皇帝。此人在位十二年，五十四岁撒手西归，传位于皇太孙萧昭业（其父文惠太子萧长懋早死）。

萧昭业继位时，已经二十岁，改元隆昌，时为 494 年。

萧昭业自小眉目如画，容止美雅，写得一手好隶书，齐武帝非常喜爱这个孙子。

他自小由二叔、竟陵王萧子良抚养，很被娇惯。竟陵王镇守西州，少年时代的萧昭业也随行。由于无人管教，他与左右无赖二十几人衣食饮酒皆在一处，天天嬉乐无度。他的妻子何妃也是个轻薄女子，与萧昭业同玩的几个美貌少年私通。

后来，竟陵王萧子良入京城，萧昭业一个人留在西州，更加胆大妄为，天天到各个营署淫宴，暗地里找当地的富人索要钱财。见是皇太孙要钱，没人敢说个“不”字。

为了犒赏左右无赖，他都以黄纸预先写上爵号官位，许诺自己当皇帝后立刻任命。

这些荒唐事情，武帝和文惠太子并不知情，萧昭业的老师和侍读都是七十多岁的老年人，又怕出事又惧祸，双双自杀。

文惠太子隐隐察觉其情，就抓紧了对他的监管，节制他的花费用度，让这位皇太孙很是老实了一阵子。

不久，文惠太子病重，萧昭业演戏逼真，哀容戚戚，哭声不断。太子东宫内那些不知底细的侍行、官员见到皇太孙如此孝顺，都感动得呜咽流泪。但他一回到自己的住处，就欢笑酣饮，大吃大喝，方才的戚容一扫而空，可以说，萧昭业从小就是一个矫饰大王。

文惠太子死后，萧昭业被立为皇太孙，移居东宫。

见爷爷齐武帝前来探视，他迎拜嚎恸，哭得背过气去。武帝亲自下舆抱持安慰，很为这孩子的孝心感动。

后来，听说武帝得病，萧昭业派巫婆杨氏诅咒爷爷早死自己好早登皇位，他给妻子何氏送信一封，上写一大“喜”字，周围绕以三十六个小“喜”字。

但是，待他进入宫内给爷爷侍疾，萧昭业一抹脸，就变成一脸哀戚状。这位皇太孙言发泪下，在武帝床前跪问病情。

齐武帝对这个孝顺的皇太孙深信不疑，认为他必能负荷帝业，嘱咐说：“宝贝儿，好好干吧，想念爷爷我，就一定要好好干。”说了两次，言讫而崩。

武帝刚刚大殓，萧昭业就把武帝的乐工演员们召来奏乐歌舞。

乐工演员们怀念老皇帝，边献艺边流泪，小皇帝则在宝座上嬉笑自若，欢饮大嚼。

武帝发丧之日，萧昭业刚刚送葬车出端门，就推说自己有病不能前去墓地。回宫后，他马上召集乐工大奏胡曲表演歌舞，喇叭胡琴，声彻内外。

大臣王敬则见状，问身边的萧昭业亲信萧坦之："皇帝现在就这么高兴欢歌，是不是太早了点？"

萧坦之也不乏幽默，回答："这声音正是宫内的哭声啊！"

萧昭业登基后，极意赏赐左右群小，一赏就百数十万。每次看见下面端上金银宝锭，就自言自语："我从前想你们一个也难得，看我今天怎么用你们！"御库中总共有钱八亿万之巨，金银布帛不可胜数，萧昭业继位不到一年，已经挥霍大半，都赏赐给得意的左右、宫人。

宫中遍布的文物宝器，这一群人平日里抛掷击碎，以此为乐。

估计萧昭业有奇装异服的癖好，他常在宫内穿五彩锦绣衣服。不久，他下令高价买来公鸡斗着玩耍，天天斗鸡走马，乐不可支。他自己的皇后何氏，非常"自由"，天天与这位皇帝的左右淫通乱交。

这对年轻夫妻，可以说是中国最早的性开放者，也是"伴侣交换"的先行者。

同为齐国宗室的近卫军首领萧谌、萧坦之见小皇帝日益狂纵，心中惊惧日后事发受祸，就暗中依附西昌侯萧鸾，准备行废立之事。

494年，萧鸾引兵入宫。当时，萧昭业正光着身子和宠姬霍氏饮酒。闻知有人造反的消息，他马上命令关闭宫门。

远远看见萧谌领兵持剑奔来，小皇帝知道近侍谋叛。自知无望之下，他用刀自刺脖颈。因酒喝多了加上胆力不够，手哆嗦着未能自尽。

萧谌派人用帛粗略地给萧昭业包扎了一下，以肩舆把他抬出延德殿。

萧谌初闯禁宫时，卫士们见有兵人进入，都持盾挺剑要迎斗，萧谌大呼："所取自有人，卿等不须动。"卫士们以为萧谌身为禁卫首长，是奉皇帝手令入宫抓人，都放下兵器原地待命。

不久，皇宫卫士们看见皇帝受伤被人扶出，都欲挺身上前救护。如果这位皇帝当时能喊一声，鹿死谁手还不一定。奇怪的是，萧昭业闷声不言，耷拉着脑袋坐在肩舆上，大家只得眼看着他被扛出殿门。

从卫士们的视野中一消失，萧鸾的兵士就在西弄里面一刀结果了这位淫乐天子，时年二十二。

萧鸾马上以太后的名义废萧昭业为郁林王，迎立其弟新安王萧昭文。

不到四个月，萧鸾废萧昭文为海陵王，自立为帝，是为齐明帝。很快，明帝就暗中派人杀掉时年十五岁的海陵王。

齐明帝萧鸾，是齐高帝萧道成的哥哥萧道望的儿子。由于萧鸾父亲早亡，他由萧道成抚养成人。老皇帝对他恩养之情，过于己子。

萧鸾即位后，自认为帝系旁枝，得位不正，加之自己亲子皆幼小，眼看着高帝、武帝子孙都日渐成年，于是就借故大杀两帝子孙。

高帝萧道成有十九个儿子，其中七个儿子于萧鸾称帝前病死，四个早殇，其余八个鄱阳王萧锵、桂阳王萧铄等都被明帝亲口下令杀掉；齐武帝萧赜二十三个儿子，只有文惠太子和萧子良是因病善终，鱼复侯萧子响在武帝时因造反被杀，四人早殇，其余十六个儿子，庐陵王萧子卿、安陆王萧子敬等，皆被明帝杀戮无遗。文惠太子的两个儿子，即废帝萧昭业和海陵王萧昭文被杀后，明帝又杀了文惠太子的另外两个儿子巴陵王萧昭秀和桂阳王萧昭粲。

王朝兴迭之时，杀戮前氏皇族都很惨烈，但自家骨肉相残之酷，是以齐明帝为最。齐武帝第十三子巴陵王萧子伦英果刚毅，被杀前正值镇守琅琊，兵精城坚。明帝派大臣茹法亮持毒酒与他，萧子伦正衣冠受诏，对茹法亮说："积不善之家，必有余殃。从前高皇帝（萧道成）残灭刘氏（言其尽杀宋宗室子弟），今日之事，理固宜然。”他端起毒酒对茹法亮说：“您是我们萧家的老臣，今日获此差遣，肯定不是本意。这杯酒我就不让您了。”言毕，饮鸩而死，时年十六。

齐国王室互相残杀之时，和北魏接壤的镇将纷纷向敌国投降，致使淮河以北的广大地区，全部被北魏所占。这样一来，淮南立刻变为抵挡北魏的前线，当地人民天天提心吊胆，烽火阵阵。本来富庶的淮南地区，成为准战场。

后来，北魏军队进攻青州、齐州地区，就把这些地区的人民劫掠一空，掠做奴婢。押至魏国后，这些平民都被当作赏赐品赐给王公大臣以及军将，称为“平齐户”。

可见，南朝自己内部的纷争，最终承受深重灾难的，还是其国内的人民。

后来居上的荒暴少主

齐明帝萧鸾在位五年，498 年，在他四十七岁时病死，太子萧宝卷即位，时年十六岁，这个少年，就是中国历史上鼎鼎大名的东昏侯。

齐明帝萧鸾死时，遗命徐孝嗣为尚书令，沈文季为左仆射，江祐为右仆射，刘暄为卫尉，陈显达为太尉，始安王萧遥光与上述大臣同参内外大政。

这辅政六大臣，不久皆不得好死。

萧鸾刚死，继位为新皇的萧宝卷每每看见巨大的棺椁摆放在太极殿就不高兴，因为黑森森的大木头盒子影响他玩乐的心情。于是，就让臣下速速拉去陵墓里埋掉。

古代礼法森然，停柩有固定的日数，徐孝嗣争执好久，才使萧鸾的棺材又多摆放了一个月。

其间，每当臣下祭拜或属国使臣临吊时，萧宝卷作为“孝子”应该在旁“临哭”，每次他都推称“喉痛”，只是在一旁站立装装样子。太中大夫羊阐是个秃头，哭拜时官帽落地，露出秃瓢脑袋，萧宝卷顿时哈哈大笑起来，对左右说：“这只大秃鹫也来号丧！”

一旁大臣们心中惊疑不已，从未见过这样的“孝子”，而且是在这么庄重肃穆的场合。

萧宝卷在东宫当太子时就十分顽劣，讨厌读书写字，天天玩乐，他最喜爱的事情，就是大半夜里和几个小太监一起挖洞抓耗子，一抓就抓到天亮。

萧鸾训子无方，临死时没有劝诫他如何当好皇帝守住社稷，反而提醒他要以被废掉的郁林王为戒，“作事不可在人后”，意思是对属下王公大臣要果于诛杀，不能先被别人算计废杀掉。

萧宝卷有口吃的毛病，他不喜欢与朝臣士人在一起谈论正事，总是和一帮太监和恶少们一起厮混玩耍。

始安王萧遥光、尚书令徐孝嗣等六位辅政大臣，在齐明帝刚死后，还尽力朝事，每人轮流在内省值班。

时任雍州刺史的萧衍（后来的梁武帝）对属下参谋说：“一国三公犹不堪，况六贵同朝，势必相图，乱将作矣！”于是，他私下里暗修装备，招集骁勇，准备乘乱而起。同时，萧衍写信给做益州刺史的亲哥哥萧懿：“今六贵比肩，人自画敕，争权睚眦……主上自东宫素无令誉……嫌忌积久，必大行诛戮！始安王欲为赵王伦，形迹已见，然性猜量狭，徒为阶祸。萧坦之忌刻凌人，徐孝嗣听人穿鼻，江祐无断，刘暄暗弱，一朝祸发，中外土崩……”

他劝萧懿据险重之地，在适当的时机废昏立明。萧懿是个忠臣，对弟弟萧衍的一番分析和劝告，丝毫没有听进去。

江祐、江祀兄弟是齐明帝生母景皇后的侄子，所谓“姑表亲，打断胳膊连着筋”，残忍好杀的齐明帝杀掉同姓叔、伯、兄、弟无数，却十分信赖这两个表弟。

萧宝卷继位后，辅政大臣对他的淫乐游玩虽有谏阻，但都是出于礼数而已，唯独这两个天天在内殿值勤的表叔一点面子也不给，说不行就不行，对小皇帝很严厉。

萧宝卷宠信的茹法珍和梅虫儿常为二江兄弟所责骂，怀恨在心，不时在小皇帝面前说二江兄弟的坏话。

江氏兄弟见小皇帝越来越不成体统，就与几位辅政大臣商议，要废掉萧宝卷。几个人意见不一，有人要立江夏王萧宝玄，有人要立建安王萧宝寅，有人要立始安王萧遥光，各怀私心，拿不定主意。

出于"国赖长君"的考虑，多数几人想推立成年的始安王萧遥光。但刘暄觉得自己起码是萧宝卷的亲舅舅，萧遥光当了皇上，自己就丧失了元舅之尊。萧遥光闻讯大怒，想派人刺杀刘暄。

刘暄察觉到自己有生命危险，惊惶之下先向小皇帝告发了江祐、江祀兄弟废立的密谋。

萧宝卷受惊后即刻派人逮捕两位表叔，虐杀于殿内。

刘暄虽然首告，但闻知二江兄弟被杀，也大惊失色，扑倒在门外，吓得连问仆从左右："逮捕我的人到了吗？"

徘徊久之，他回到屋内坐定，大放悲声道："倒不是我哀痛二江兄弟的死讯，我是自己悲自己啊！"

杀了江祐、江祀兄弟后，萧宝卷无所忌惮，白天黑夜地与近侍们在殿堂内鼓叫欢呼，跑马为戏。快活之余，他对近侍们说："江祐常不让我在宫内骑马奔跑，这小子今天如果还活着，我怎能这样快活？"接着，他忽然问："江祐亲戚中，还有谁活着？"旁人回答："江祐弟弟江祥还关在牢里。"萧宝卷骑着马，立刻挥笔写敕令，赐死唯一活着的表叔。

始安王萧遥光得知江祐兄弟被杀后，心中惊惧。萧宝卷下诏召他返回建康议事，更加让他相信小皇帝要杀自己。于是，他以讨伐刘暄为名，起兵造反。

萧遥光是齐明帝的亲侄子。明帝在世时，凡是诛杀齐高帝、齐武帝子孙诸王，都是在萧遥光的参谋建议下行使的，确实做了不少缺大德的坏事。

他率兵连夜攻占建康东城，由于出其不意，开始很顺利。但由于本性怯懦，萧遥光并没有乘胜攻入禁宫，丧失了最好的机会。

天一放亮，台军（首都禁卫军）大集，本来兵锋占优势的萧遥光，一日之内兵溃退走，最后跑到床下躲避，被兵士搜出砍头。

从萧遥光起事到被杀，全部加上才不过四日。

说来也怪，这位萧遥光少年时很正派，齐明帝常常让当时还是个孩童的萧宝卷和萧遥光吃住在一起，二人感情很深，萧宝卷常昵称萧遥光为“安兄”。

萧遥光被杀后，萧宝卷登上旧时和萧遥光一起玩耍的旧宫土山，遥望萧遥光被杀的东府，怆然呼唤“安兄”不已，黯然泪下，估计孩提时代两人的厚笃感情，在他心中的印象十分深刻。萧宝卷此种“正常人”的举止，史书上仅此一件（《南史·卷三十一·齐宗室》）。

平灭萧遥光后，萧宝卷觉得宰杀大臣太容易了。在近侍茹法珍等人的怂恿下，他不到一个月就杀掉本来参与镇压萧遥光叛乱的功臣刘暄、萧坦之和曹虎等大臣。杀刘暄时，萧宝卷还有些犹豫：“刘暄是我亲舅，怎么会谋反呢？”一个侍卫说：“明帝乃武帝同堂（指萧宝卷之父齐明帝与齐武帝是堂兄弟），恩遇如此，犹灭武帝之后，舅舅又怎么可信呢？”于是族灭刘暄。

六位大臣中，徐孝嗣、沈文季是文人出身不握兵，所以活得稍稍长久一些。有人曾劝徐孝嗣废昏立明，他总觉得大动干戈不妥，应该趁小皇帝出城游玩时关闭城门，再召集大臣共议废掉。正可谓“书生造反，三年不成”，迟迟也未见他有什么行动。

大臣沈文季借口自己老病请假在家，不预朝政，想借此落个善终。

他的侄子侍中沈昭略对他说："叔父您六十岁的年纪，官至仆射，想要免祸是不可能啊！"沈文季笑而不答，很有死猪不怕开水烫的风范。

499年冬10月，萧宝卷诏令徐孝嗣、沈文季、沈昭略三人入宫议事，一进宫门，茹法珍就把毒酒端上来。沈昭略大怒，骂徐孝嗣："废昏立明，古今令典；宰相无才，致有今日！"说着，他用盛着毒酒的碗砸向徐孝嗣："让你死也做个破面鬼！"三人全家被杀。

可能徐孝嗣平时应酬多，酒量好，那么毒的酒，别人饮了一碗就死，他饮了近一斗才被药死。

此时，六位顾命大臣中只剩下太尉陈显达一个人了。

陈显达，彭城人，寒人出身，在南朝刘宋时，以军功被封为丰城侯。齐高帝即位，拜护军将军、益州刺史。齐武帝即位，进位镇西将军，在益州诛灭山夷和大度村獠人的反叛。齐明帝即位后，进封太尉。

史载，陈显达谦厚有智谋，他自以为寒人出身而位居大官，每次升迁都有愧惧之色。他常常嘱诫自己的十几个儿子："我本意不及此，汝等勿以富贵凌人！"知道诸子藏有当时的"天下快牛四只"（南朝人常以牛拉车比赛炫耀，如同今人赛马。当时的名贵牛是非常昂贵的），陈显达非常不高兴子弟如此暴露富贵。其子陈休尚外出当官与之拜别，陈显达见儿子手里装模作样地拿着根麈尾（魏晋风度的象征物之一），上前就夺下当场烧掉，说："凡奢侈者鲜有不败，麈尾蝇拂是王、谢家物，汝不须捉此自遂。"

齐明帝残忍好杀，陈显达更是心怀不安。他平时所用车乘朽败，随从皆选用瘦小单薄之人。一次在宫廷侍宴，酒后他向齐明帝乞借枕头一用。由于是三朝老臣，齐明帝马上命人给老将军取来一枕。陈显达抚枕言道："臣年已老，富贵已足，唯少此枕死，特就陛下乞之。"一句话，说得嗜杀成性的齐明帝也心有不忍，忙说："公醉矣。"

萧宝卷即位后，陈显达在外督军进攻北魏，杀伤敌军无数，惊得魏孝文帝亲自率十余万大军增援，虽然最后陈显达被击退，但累得大名鼎鼎的孝文帝回去后不久就病死了。

就是这么一个历侍齐国三主、功高盖世的老将军，听闻徐孝嗣等人的死讯后，也感祸之将至。

499 年 11 月，他于寻阳起兵数千人，想掩袭建业。在采石，他领军与朝廷军相遇交战，大胜，都下震恐。

由于身经百战，陈显达太过轻敌，即刻北上袭城，一时间禁宫四门紧闭。

陈显达只带数百步兵，在西州前与台军大战。七十多岁的老人，挥矛如飞，矛杆杀断后拿着矛尖还杀掉十多人。

不久，增援的官军大集，陈显达不支败走，被杀于乌傍村，时年七十三。

他死后，诸子皆伏诛，被满门抄斩。

诛杀陈显达后，萧宝卷更加骄恣放荡，觉得自己帝位稳固无比。一月之中，他出外游玩的时间竟有二十几日之多。

每次出行，萧宝卷都不想百姓见到他的真面目。只要仪仗鼓声一响，百姓立刻奔走逃避，否则，一被发现，就当即杀头。

一次，萧宝卷游走至沈公城，有一个妇人正临产没来得及跑掉，他就和左右剖开妇人肚子，下刀前打赌婴儿是男是女；又有一次到定林寺，一个老和尚生病未及走避，躺在草丛中想躲过一劫。他下令左右侍卫发箭，把老和尚射得遍体是箭。

萧宝卷出游时，头戴金箔帽，着锦绣衣裤，手执七宝槊，随从数百，呼啸飞奔，不避雨雪。驰骋间感觉口渴，就下马解取腰边水舀，从水洼里舀出些脏水喝下，解渴后又上马驰去，过后也从未得痢疾什么的，确实真正有副好身体。

他爱玩“担幢”的游戏，做白虎幢高七丈五尺，左臂右臂来回担玩，就这样还觉得不过瘾，又把几十斤重的白虎幢移到牙上担玩，折掉了好几颗牙齿，仍旧担玩不已。

萧宝卷自小爱玩，身体强壮无比，弯弓能至三斛五斗。他还好以射野鸡为乐，城郭周围设射雉场就达二百九十六处，奔走往来，很少休息，简直就是“多动症”的极致。

由于数次诛杀大臣，豫州刺史裴叔夜很惊惶，以寿阳城降北魏。萧宝卷闻讯，派护军将军崔慧景前去讨伐。

崔慧景也是三朝老臣，出城后大喜过望，说：“此脖项终能免于被这群小辈所砍！”

萧宝卷的三弟江夏王萧宝玄当时坐镇京口，听说崔慧景带兵北行，就发密信劝他造反，“朝廷任用群小，残害忠良……君有功亦死，无功亦死。不如收吴楚劲卒，一同起兵立取大功。”

崔慧景见江夏王萧宝玄此信大喜，掉头返回，攻下东府、石头、白下、新亭诸城，包围建康。

江夏王萧宝玄是萧宝卷的亲弟弟，娶徐孝嗣的女儿为王妃。徐孝嗣被杀后，女儿也株连没命。萧宝卷“安慰”弟弟，把自己用过的两个姬侍送给萧宝玄。由此，萧宝玄又恨又羞，起了取而代之的想法。

众军包围都城后，都劝崔慧景发火箭烧掉北掖楼，这样，城崩后就可直入城里。

崔慧景觉得胜利在望，入城后立了新帝，又要重新造楼太浪费，摇头不用此计。他本人好佛理，有南朝人清淡的习性。大战前夜，竟住在法轮寺与宾客高谈玄言，见此，诸将怨恨失望。

萧衍的哥哥萧懿当时屯兵小岘。忠臣嘛，自然是要支持当今皇帝。他闻讯后即刻带兵驰援，从采石渡江，凌晨时分进战，率兵大破崔慧景军。

由于好几个将领临阵投降，崔慧景余兵跑个精光。最后，他单骑逃至蟹浦，遇见从前的门卫士兵太叔荣之。该门卫士兵假装请他饮酒，趁其不备，一刀砍下头颅去请赏。

崔慧景从起兵到被杀，仅十二天工夫。

江夏王萧宝玄也被擒获。萧宝卷把这个三弟招入后堂，用步障把他围起来，令数十太监敲鼓鸣金、绕行鼓噪，大声告诉他说：“前几天你和崔慧景包围我时，我就是这种感觉。”

隔了几天，萧宝卷越想越气，派人杀掉了这位三弟。

当时众兵收集到好多朝野人士投靠萧宝玄的信件，想以此为据追索杀人。萧宝卷命令把信全部烧掉，说：“江夏王尚且这样做，怪不得别人！”

同胞兄弟反叛，萧宝卷肯定大受刺激，很罕见地“宽容”了一回。

虽然众叛亲离，萧宝卷仍然荒纵不已。当时他最宠信的左右侍卫有名有姓的有三十一人，太监十人，都见于《南史·卷七十七恩幸传》，其中茹法珍、梅虫儿最为有名。

萧宝卷最宠幸的妃子姓俞，乐户出身。听说宋文帝有潘妃，得以在位三十年，萧宝卷就改称俞姓女子为潘贵妃。萧宝卷平素称呼潘妃的父亲俞宝庆和茹法珍为“阿丈”，呼梅虫儿为“阿兄”，这些人常在小皇帝左右捉刀应敕，时人谓之“刀敕”。

萧宝卷常戎服骑马前往诸刀敕家中游宴，婚丧嫁娶无不参加。一次，他前往俞宝庆家里，小皇帝本人亲自跑到井边打水，给厨子做饭打杂。一群人嬉笑互骂，倒没有一点儿帝王架子，与奴同乐。

他最得宠的小太监名王伥子，年纪才十三四岁，也参与朝政，控制大臣，甚至骑马入殿，呵斥天子，百官在一旁都屏息低头，不敢仰视。当时这帮人，都被民间暗中戏称为“鬼”。有位赵鬼，会读书晓文义，能读《西京赋》，把其中盛赞汉朝宫室之盛的描写读给萧宝卷听。小皇帝大喜，按照赋中的描述大起宫殿，刻画装饰，极尽绮丽。工匠昼夜不停地营建，仍旧被上面催逼赶工。

后宫之中，天下珍奇相聚，骇人眼目。萧宝卷又派人打制纯金莲花铺于地面，令潘妃舞行于上，叹赏道：“此步步生莲花也。”

穷奢极欲需要钱，萧宝卷不断加重赋税科敛，百姓困扰不堪。

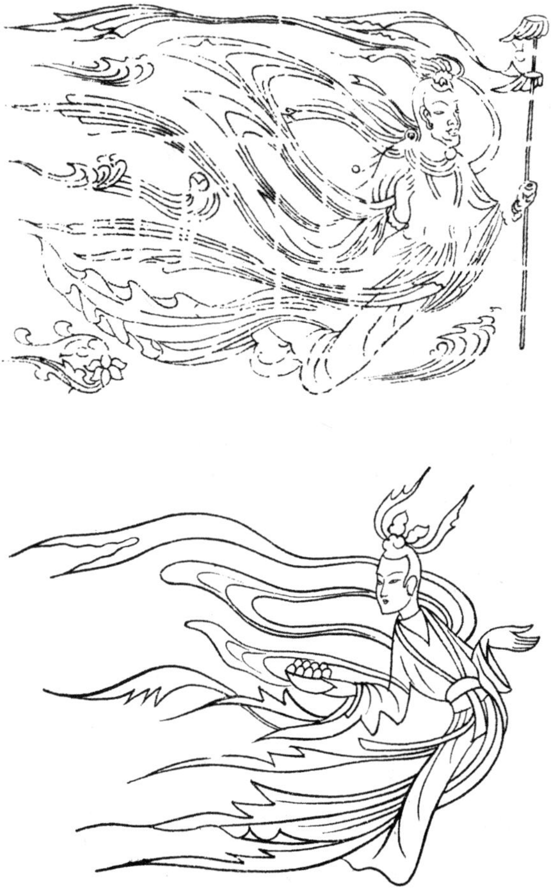

砖刻飞天纹　南齐

由于萧宝卷常爱出外游玩，宫殿内常有火灾发生（不排除太监、卫士偷东西后怕人发现而纵火），最大的一次火，一下子烧毁了华林至秘阁的殿宇三千多间。

旧的不去，新的不来，萧玉卷趁机大作新殿。其中专门为潘妃建造的就有神仙、永寿、玉寿三座宫殿，金碧辉煌，五彩绚烂。古代工艺不似现在的装修，那时一切物用，都是真材实料，耗费浩巨。其中玉寿殿中的飞仙帐，四面织锦彩绣，窗间尽画神仙飞舞飘荡，殿内的一切书字、灵兽、神禽、风云、华炬等都是用纯金纯银打制。

为了赶工，小皇帝命人把宫内外古代文物中的玉饰和佛寺中的宝物全部凿剥下来，重新剖剔一新，装饰潘妃的宫殿。

由于性情急暴，往往萧宝卷诏令下后，恨不得宫殿一日而成。情急之下，督建官员就大拆各个佛寺殿堂的藻井、仙人、骑兽等物，涂饰一新后直接安装上去。

小皇帝还喜欢园林景致，把阅武堂改建成芳乐苑，大暑天种树，朝种夕死，死而复种，反正最后没有一棵树活下来。匠人反复无穷，不断把活树挪进死树搬出。

为了保持园林常绿，他们在城里城外大肆搜刮，见树就取，破门毁院，从居民家里把树木倒腾出来。不少几人合抱的大树，费尽人工移掘至宫内，没看上几眼，就落叶荡尽，最终仅供俄顷赏乐。皇宫阶庭之内，全部细草铺地，绿色茵茵，其实都是刮取的草皮覆盖其上，太阳晒一天就枯死。如此，每日需要不停更换，以保持常绿常新。

更为可笑的是，萧宝卷下令把园林山石都涂上彩色，远远望去五彩斑斓，很像是童话世界。他大建紫阁等台阁，墙壁上绘满春宫图画，以供淫乐观赏之用。

齐国大臣中有位名叫张欣寿的，私下对人讲："以秦之富，起一阿房（宫）而灭；今（齐国）不及秦一郡，而顿起数十阿房，其危殆矣。"

由于潘妃之父是小商贩出身，潘妃自小就喜爱市场买卖的热闹景致。萧宝卷专门为她在皇宫后花园设立店肆，模仿城内集市的样子，放置所有日用百货杂物，他本人与宫人太监一起假装商贩立于店内高声吆喝。潘妃充任市令（市场管理员），萧宝卷自己做市吏录事（管理员助手），时不时还“扭送”几个“打架争吵”的“商贩”到潘妃前听候处罚。萧宝卷自己有过错，潘妃也怒目圆睁大声叫打。萧宝卷很惧内，只得暗中吩咐从人不能在潘妃发怒时用大荆棍对他施刑。

集市内游走时，潘妃坐小轿，萧宝卷自己戎服乘马跟随伺候。他在园中挖掘大渠模仿河流，在渠边设置码头，潘妃于小酒肆内当老板娘酿酒，这位天子立于肉案后当屠户切肉，两个人玩得有模有样，不亦乐乎。

五代词人毛熙震有《临江仙》词，叹述道：

> 南齐天子宠婵娟，六宫罗绮三千。潘妃娇艳独芳妍。椒房兰洞，云雨降神仙。纵态迷欢心不足，风流可惜当年。纤腰婉约步金莲。妖君倾国，犹自至今传。

萧懿平灭崔慧景之乱后，获封尚书令，执掌卫尉（禁军司令）兵权，旁人劝他密行废立，萧懿忠于齐室，不听。

茹法珍等人忌惮萧懿的忠正和威仪，撺掇萧宝卷杀掉他，说：“萧懿想效仿隆昌故事。”（即萧鸾废郁林王。）

有人得知消息后，在江边准备小船，劝说萧懿逃往弟弟萧衍处。萧懿说：“自古皆有死，哪有尚书令叛逃的？”

十月，萧宝卷派卫士于宫中赐毒药给萧懿。

此公愚忠，他仰药之际，还念念不忘地说：“我弟弟萧衍现在在襄阳，我深为朝廷忧之。”

当时齐国国内到处搜捕萧懿兄弟，九人中，官吏只捕得萧融杀掉，其余或占据州县，或藏匿乡里，竟无人告发。自大功臣萧懿攻灭造反的崔慧景，到他自己被杀，总共不到半年。

萧衍闻兄长被杀，集诸将起兵，得甲士万余人，马千余匹，船三千艘，直发都城。

由于萧宝卷不停地诛戮功臣武将，人人自危，萧颖胄等人相继投降萧衍。萧衍挟持南康王萧宝融为天子（明帝第八子，时年十四岁），连破竟陵、江陵，在湘中诸军相会，直压汉口，并攻克都城门户郢州。

郢州失陷后，萧宝卷一点也不慌张，驰马游玩依旧，他对茹法珍说："一定等敌军来到白门前（建康城西门），我才要和他决一死战！"

待到萧衍兵已围城，小皇帝才招集兵马固守城池，他把监狱内的囚犯放出，发给他们兵器充当守城军士，其中不可赦免的死囚，就近在朱雀门砍头，日杀百余人。此公大敌当前，竟有此闲心。

501 年 10 月，萧宝卷派征虏将军王珍国等率精兵十万人列阵于朱雀航南，让宦官王宝孙持白虎幡督战。

萧衍将士死战，王珍国等人大败，士卒土崩，淹死于秦淮河的不计其数，致使萧衍兵士踩着浮尸就可以冲过河去，于是萧宝卷诸军皆溃。

萧衍长驱直入，命诸军攻建康六门。萧宝卷派人烧毁城内营署，驱逼士民，逃入宫城内紧闭四门守城。

当时，宫城内仍旧有甲士七万多人，萧宝卷最喜欢打仗，外面攻城时，他还不断与卫士、宫人在华光殿前演习战斗格杀。

在殿中，他身着戎服，以金银为铠胄，遍插羽毛、宝石装饰，昼眠夜起，跟平常一样不慌不忙。听见城外攻城鼓声阵阵，他竟穿着大红袍登景阳楼向城外眺望观赏，几乎被飞弩射中。

萧宝卷之所以心中有底，主要是因为先前的陈显达、崔慧景等人的围城攻伐都以失败告终，所以就觉得萧衍肯定也不会例外，必败无疑。萧衍围城前，他也不以为意，下令有司只准备城内百日用的柴米，基本上没什么充足的后勤准备。

平日赏赐左右亿万计的萧宝卷，这时候忽然变得十分吝啬，不肯出钱物赏赐守城军士。茹法珍情急，叩头请求他出金银赏赐属下，萧宝卷回答：“贼来只是要我个人的命吗，干吗只找我要东西？”

后堂有数百张大木片，军人想拿去加固城防，萧宝卷想留着做殿门，竟下令不与。他催促御府赶制三百根精杖，准备萧衍退兵后庆功时给仪仗队用，还大施金银宝物给工匠，让他们雕饰仪仗铠甲。

城内人闻讯后，莫不愤恨，都想逃亡投降。

茹法珍、梅虫儿劝萧宝卷说：“大臣们不尽力，所以叛军攻城不停，应该把军将都杀掉才对！”

萧宝卷点头，表示要考虑考虑。

退败守城的王珍国等人听说这个消息，害怕自己被杀，就密谋串通宫内的宦官和侍卫一起，欲先下手为强。

十二月，丙寅夜，萧宝卷刚刚在含德殿吹笙唱歌完毕，躺下还未入睡，一行人就冲入喊杀。

小哥们儿身板好，感觉不妙，翻身跳起，想从北门跑出逃往后宫。跑到墙边，他才发现大门已闭。

手中无武器，叛兵们纷纷上前，这位爷的膝盖很快就挨了一刀。

萧宝卷仆倒，躺在地上还口中大喊：“奴才们要造反吗？”

兵士大刀在手，挥刀就把这位皇帝的脑袋剁下了。众人用浸过油的黄绢包起他的首级，派人送给萧衍投降（油过的黄绢透明，以便萧衍辨认）。

萧衍进城，收斩潘妃、茹法珍、梅虫儿等四十一人，又以宣德太后令废萧宝卷为东昏侯。

502 年，萧衍废掉齐和帝萧宝融，建立梁朝。

明末大儒王夫之在评价这段历史时，有很中肯的见解。他认为，萧齐的悖逆，远过曹操、司马氏和有功于国的刘裕，东昏侯萧宝卷的残虐，也非郁林王（萧昭业）和苍梧王（刘昱）可以比拟。“故萧衍虽篡，而罪轻于道成。自刘宋以来，一帝殂，一嗣子立，则必有权臣不旋踵而思废之。伺其失德，则暴扬之，以为夺之之名。”他列举东昏侯的辅政六大臣以及前后反叛诸将，指斥他们“不定策于顾命之日，不进谏于失德之始，翘首以待其颠覆，起而杀之”。其结论，则是“君臣道亡，恬不知恤，相习以成风尚，至此极矣”。

一言及南朝，总是令人联想起王谢风流、清谈玄言、六朝金粉、南朝四百八十寺等等的飘逸与轻松，殊不知，那个时代也是昏暴之君辈出、人民生活困苦的黑暗时代。统治者的荒唐、暴虐，几乎超出正常人的想象力。

如果不细细研讨史书，说起这么多“故事”，还真以为那些事情是后人集残暴之大成而编出来的演义呢。

李商隐有《齐宫词》一诗，慨叹伤嗟，特录于下：

永寿兵来夜不扃，金莲无复印中庭。

梁台歌管三更罢，犹自风摇九子铃。

鲜卑血汉族魂的伟大君王

北魏孝文帝拓跋宏

赫赫武功、嗜血凶暴的北魏太武帝，虽然颐指气使间可以让百万人头落地，但宫廷之内，吃喝拉撒全部归太监们统管。呼呼大睡之间，宗爱大公公生怕太武帝会追究自己涉嫌诬蔑太子的事情，先下手为强，抢先一步用一根绳子把拓跋焘送上西天。

人们可能要问，北魏的文武大臣，在这位嗜血君王前不敢仰视，大气都不能喘，一个太监奴仆，怎么敢下手勒死这位赫赫一时的帝王？要知道，奴仆面前无伟人，任你再伟大再光荣再正确，也会放屁、打嗝，浑身上下摔一跤也会哪儿都疼，蚊子咬了也会起包，喝醉了也会撒酒疯，高兴了也会光屁股自己跳舞。

因此，拓跋焘正襟危坐时的森然气象，在奴仆眼里一钱不值。在大公公与小公公们手下抽搐挣扎的太武帝，正是个失去金钟罩的常人肉身。

太武帝盛年暴死，先前太子拓跋晃已死，按理应该扶立拓跋晃之子拓跋濬。拓跋濬时年才十三。尚书左仆射兰延、侍中和定以及侍中薛提三人知太武帝被弑，考虑到主少国疑，就先秘不发丧，准备拥立太武帝的第三子秦王拓跋翰，并暗中派人把他唤至宫内密室之中。

薛提中间又变卦，觉得皇孙拓跋濬乃世嫡，按理应立。如果立秦王，恐怕消息传出后会引发动乱。这三个朝臣无断，商量来商量去，消息慢慢被宗爱公公侦知。

宗爱和秦王拓跋翰关系一般，与太武帝第五子吴王拓跋余私交甚好。大太监很有魄力，一不做二不休，他假借皇后诏令，召兰延三个人入内宫。兰延、和定、薛提三人以为宗爱一个阉人，从未正眼看他，没想到有什么阴谋，皆应召而来。

三个人一入宫门，几十个全副武装的太监都在大门后候着，一刀一个，斩于殿堂。

在密室等了两三天的秦王拓跋翰听见门外有脚步声，很高兴，以为是诸臣来扶立他为帝。一开门，闯进几个精壮太监，拥着他到永巷，二话不说，一刀也把这位爷结果掉。

拓跋余得立为帝后，为感谢大公公宗爱的“恩德”，封他为大司马、大将军、太师、都督中外诸军事，并加封冯翊王。

太监当上王爷，殿上皇帝又非皇孙拓跋浚，北魏朝廷大臣私下议论纷纷，渐渐觉察出发生了什么事情。

不久，拓跋余又觉宗爱权力过大，便想慢慢削夺他的权力。坏事做多了，胆子越来越大，宗爱抢先一步，派小太监一根绳子又把拓跋余送上西天。

此次弑逆，终于走漏风声。

禁卫军官刘尼急忙向殿中尚书源贺报告情况，源贺找到南部尚书陆丽，几个人定计，逮捕宗爱，“具五刑而杀之”，迎皇孙拓跋浚为帝，是为文成帝。

文成帝太安二年（456 年），立冯氏为皇后，即后来赫赫大名的文明冯太后。接着，文成帝立自己年仅三岁的儿子拓跋弘为皇太子。魏朝“子贵母死”，依据制度，当夜就赐太子生母李贵人自尽。

有文字记载以来的中国文明史，叱咤风云的大都是男性统治者，无论是万世流芳，或是骂名千载，帝王、国王们或强横、或英武、或暴虐、或荒淫、或懦弱、或颓靡、或文雅、或粗俗，是非易判，恩怨能名。而以儒家思想为主要统治思想的中国封建历史，女性统治者寥寥无几，从数量上讲，根本无法与男性帝君匹敌，但从名气来说，她们都是声明赫赫，最有名的当属吕后、武后、慈禧太后，无论她们的治国之术如何，母后临朝，似乎这四个字就比较暧昧地与“淫乱”“凶毒”“专恣”等贬义词相连，更有一个“牝鸡司晨”的成语专门讽刺女性统治者。

鉴于吕后临朝以后对国室、宗室的威胁，汉武帝晚年欲立小儿子刘弗陵为继承人，但忧虑其母钩弋夫人日后生事。汉武帝认为，自己死后刘弗陵为帝，钩弋夫人青春正盛，当为太后，可能对刘氏皇族极为不利。老皇上先是为儿子选定几个辅政大臣，思索数日后，忽然把钩弋夫人唤至殿前，大声谴责。年轻的美人见皇帝忽发雷霆之怒，惶怖至极，脱下头上的簪饰，跪下叩头不已。“把她押下，关进掖庭狱！”武帝大吼。祸从天降的年轻母亲浑身无力，被卫士扶持拖曳时回头以泪眼向武帝张望，梨花带雨，楚楚可怜，心中十分想让老皇帝回心转意，饶自己一命。武帝生性果决，大声喝道：“快走，你不能活！”于是赐死于狱。过了几天，汉武帝闲来无事，就问左右：“外面对赐死钩弋夫人的反应怎么样？”左右回答：“大家都说，既然要立儿子为太子，干吗要杀掉他的生母呢？”汉武帝回答：“这不是你们这些愚憨的人所能理解的。从前国家所以乱亡，正是由于主少、母壮，女主独居骄蹇，淫乱自恣，没人能阻止她。没听说吕后的故事吗？所以要先除掉这个隐患。”

当时及后世史臣，言及汉武帝，往往指摘其内侈宫室，外攻四夷，信惑神怪，劳民伤财，但对他立子杀妃之举往往持有正面的议论，以为能防微杜渐，且顾托得人。

即便如此，后世汉族帝君，罕有临崩而杀储君之母者。真正把汉武帝这一信条当成规矩的，恰恰是北魏王朝的拓跋氏。

魏太祖道武帝拓跋珪末年，决定立儿子拓跋嗣为帝，就先杀其生母，然后把拓跋嗣召至座前训话：“昔汉武帝将立其子而杀其母，不令妇人参与国政，使外家为乱。汝当继统，故吾远同汉武，为长久之计。”

其实，拓跋部开化较晚，在早期的代国时代，也仅仅是脱离母系氏族社会没有多久的父系宗长制时期，兄终弟及和母权为尊的遗俗，在北魏一直很顽固。

受汉族封建制影响，拓跋氏逐渐以“父子家天下”的制度使帝国长治久安。道武帝为了防患于未然，就使“子贵母死”成为魏朝的定制。手段虽然残忍，但他的出发点还是以王朝的万世基业为主要考虑内容。

拓跋嗣继位后，虽然感念生母，但立子杀母作为魏朝的“祖宗家法”并未废止，一代一代传承下来，除了肃宗孝明帝亲母胡太后外，储君生母无一例外，全被赐死。

当然，那些妃子们究竟是自杀还是宫人代劳，史无明载，总之，这些倾国倾城的美人真是命苦，数岁儿一经被立为太子，做母亲的虽然正值青春芳华之年，马上就要命归黄壤，再也看不到儿子身登九五、黄袍加身的那一日。日后她们再受尊谥，也是枉然。死人无知，只能怪怨天命如此了。

智略猜忍　威福兼作

文明冯太后

冯太后出身很不平凡。她的祖父冯宏，乃北燕最后一位皇帝。北燕被魏太武帝拓跋焘灭掉，冯宏跑到高丽后被高丽国王落井下石杀掉。她的父亲冯朗归附魏国后，曾被封为西域郡公，当过秦州和雍州刺史，后因牵连案件被杀。

冯太后小姑娘时，就被送入宫中。她姑姑当时是太武帝的左昭仪，亲自抚育冯氏。十四岁时，文成帝拓跋浚即位，冯氏凭相貌和才华被选为贵人，后来被立为皇后。

文成帝二十六岁就驾崩。根据魏国旧制，皇帝驾崩，三天后就要把他生前的御服器物一并烧焚。仪式期间，朝廷百官和宫中嫔妃哭临。冯后年轻丧夫，痛不欲生，悲叫着跳入火堆，左右急忙救治，好长时间才苏醒过来。由此可见，冯太后这出戏演得确实逼真，如果真想死，宫内金子、绳子、剪子无数，大可吞金上吊自刺，无论选哪件只要拣个无人处都没法活，非要大庭广众之下上演“火蝴蝶”这出大戏，也不知那一身雪肌花肤留下烫伤烧伤没有。

无论如何，这千古一跳，已昭显出冯后无比的勇气和过人的智慧。

魏显祖献文帝拓跋弘继位，时年十二岁，尊冯后为太后。拓跋弘的生母李氏，资质美丽。当年初进宫，文成帝从楼上远远望见就心旌摇荡，对左右言道：“这真是个佳妇！”马上下楼，来不及找个有床有铺盖的好地方，便在仓库里拥之临幸，怀上了后来的献文帝。献文帝出生后，李氏被拜为贵人。太武帝太安二年，其子被立为皇太子。太武帝的保姆，当时被封为保太后的常氏勒令她按魏朝规矩受死。临死时，李氏给自己兄弟写信，嘱托后事。死前，一讲到兄弟二字，李氏就拊膺恸泣，号哭不已。献文帝继位后，追谥生母为“元皇后”。

福兮祸兮。冯后自己没生太子，反而平安逃过死劫，又坦然安坐太后之位。当时，车骑大将军乙浑趁乱专权，矫诏杀害尚书杨保年、平阳公贾爱仁等于禁中，还把自投罗网前来奔丧的平原王陆丽杀掉，自称丞相，位居诸王之上，事无大小，都由乙浑一个人说了算。

主少国疑之际、奸臣擅权之时，冯太后显现出其过人的机智和胆识，经过短时间周旋后，她杀掉乙浑，临朝听政。

北魏献文帝拓跋弘刚毅有断，又喜好研习黄、老之学以及佛经，是那种天资特别聪明的人。他十二岁即位，几年后皇子拓跋宏（父子名字同音，在汉族帝王中很少见）出生，冯太后归政给他，使他更能自行其是，决断朝事。

渐渐地，权力之争，使这对名义上的母子之间的关系上发生了微妙的变化，隔膜顿生。

冯太后当时也还三十岁不到，守寡难熬，就与风流倜傥的臣下李奕有了那么一腿。

献文帝年轻人好面子，听到外面议论纷纷，心中生气，觉得这个李奕给自己死去的父皇大戴绿帽，不可忍耐。恰巧李奕的弟弟魏国南部尚书李敷在相州刺史任上时受纳贿赂，为人所告。于是，献文帝趁机穷究此事，以法连坐，诛杀了李奕李敷兄弟两家。

冯太后年轻的情夫被杀，内心毒怨可想而知。但她仍旧不动声色，暗中注视朝臣的动向和这个翅膀已长硬的小皇帝的举措。

估计是母子失和，又鄙弃富贵，心烦的小皇帝一年后就要把帝位让给叔叔京兆王拓跋子推。大臣们纷纷反对，劝谏说禅位给皇叔之举是紊乱宗祀的事情，要禅位也要让皇太子继位。

思虑久之，献文帝把帝位禅让给六岁的儿子拓跋宏。这个小孩子，在禅位大典上哭得泪人儿一样。年轻的父亲奇怪地问这孩子为什么这么伤心，拓跋宏回答：“代亲之感，内切于心！”这位小皇帝，就是日后名震寰宇的孝文帝。

帝位虽内禅给太子，献文帝仍然大权在握，他勤于政事，赏罚严明，慎择官员，进廉退贪。尤其在事关人命的大案判决方面慎之又慎，一改魏王朝刑虐过度的旧例，救了不少人命。

经过几年观察，冯太后觉得拓跋弘越来越英明，日子一天天过去，母子两人一天比一天疏远，相互猜忌之中，激起了冯太后的杀心。

476年夏天的某个夜晚，冯太后派人在继子的酒中下毒，鸩杀了这位年轻的皇帝，时年才二十三岁。

冯太后又升一格，以“太皇太后”的身份重新主持国家大政。

孝文帝拓跋宏，此时仅仅是十二岁的小孩子，但他天性至孝，对祖母能够承颜顺志，躬亲服侍，事无大小，都听祖母冯太后的决断。

正值虎狼之年的冯太后政事缠身之余，私生活也很丰富，其中王睿、李冲最受爱宠。

王睿，字洛诚，其父是以卜筮为生的江湖中人。王睿继承父业，以术自给，其人资貌伟丽，因事得为冯太后接见。他伟岸的身躯和英俊的容貌，令太后情不能已，床幄侍奉之后，马上被破格提拔为给事中。

不久，王睿步步登高，散骑常侍、侍中、吏部尚书，赐爵为太原公，官越做越大。王睿内参机密，外预政事，受宠日隆。

太和二年，文明冯太后与孝文帝率百官、宫人等去虎圈赏虎，有只偷跑出来的吊睛大老虎从阁道上跑下来，差点冲到御座之前。左右的卫士和宫人全都吓得四散，唯独王睿一人挥舞画戟，站在冯太后和小皇帝面前阻挡老虎。

王睿如此英武，老虎也吓得退走。此后，一切都不用说，信任更重。转年，他得升为尚书令，封爵中山王，置王官二十二人。

由于王睿与冯太后两情相洽，冯太后密赐其珍玩无数，都在夜里两人欢娱后让宦官们用大篷车装载，一车又一车地把宫中之物往王睿家里送；太后还明加褒赏，赐以田园、牛马、奴婢、杂畜。

为了掩人耳目，以示公平，太后赏赐王睿时，还对与他同等官职的人们一道封赏，所费又以万计。

估计费心用力过度，王睿四十八岁就得了重病，冯太后和孝文帝亲临探病，侍官御医，相望于路，但最终不免步入黄泉。

王睿虽身在《魏书》的《恩幸传》，但遍观其一生作为，除了把国库内宫的东西搬回家外（不是贪污，是因为卖色而受的赏赐），并无大的过恶。他还在和尚法秀谋逆案中进谏忠言，得免死者千余人。临死，他亲自上书，提出施政五要略：一慎刑罚；二任贤能；三亲忠信；四远谗佞；五行黜陟。其文多善言良谏，很是尽了淳诚的臣子之义。

冯太后与孝文帝亲自临丧，哀恸不已。其后王睿女儿出嫁，魏朝以公主之仪嫁之。当时的人看见那么大的排场，都以为是太后、天子出嫁自家女儿。

李冲，字思顺，陇西人，其父李宝曾获封敦煌公。李冲自少就沉雅有大量，清简皎然，又善交游，不妄杂戏，当时的声誉很好。他官至内秘书令后，上书首创三长制以防止平民的隐冒问题，文明太后览阅他的表章后很是赞赏，把他引见给公卿大臣一同朝会。

两人相见后，文明太后顿起爱念，召至宫内，就把公事和私事一起办了。很快，李冲就升任中尚令，赐爵顺阳侯，接着进爵陇西公，同宠爱王睿一样，冯太后从此"密致珍宝御物，以充其第，外人莫得而知焉"。

李冲家一向很清贫，"于是始为富室"。反正大魏王朝彼时国力雄盛，四方进贡不绝，冯太后以充国之富宠爱一两个小伙，于国无损丝毫。

而且，李冲是个器量不凡、学而广博的年轻人，他能在贵宠至极时谦逊自抑，广散家财，虚己接物，照顾寒士，所以，他当时的声誉，并未因和冯太后的关系就受到污损，反而得到很多的赞誉。这个人胸怀业大，不避前嫌，对仇人之子深加呵护，对远亲的孤儿也照顾有加。

魏朝按照旧制，皇帝对王公重臣都直呼其名，孝文帝尊重李冲，唯独见他不呼姓名，而叫他"李中书"。现在看来这是小事一桩，但在封建王朝这可就是非常规的大事。

冯太后死后，李冲议定礼仪律令，润饰辞旨，竭忠奉上，当时的旧臣宗亲都很敬服他的明断慎密，他与孝文帝君臣之间的关系也是亲密莫二。

孝文帝真正掌权后，几次南伐，包括迁都洛阳，李冲都善言劝谏，多方考虑，对魏王朝可以说是殚精竭虑。

魏朝北都平城的明堂、太庙、圆丘以及洛阳新都的殿阁堂寝，都出自李冲的构思。史载，李冲"勤志强力，孜孜无怠，旦理文簿，兼营匠制，几案盈积，剞劂在手，终不劳厌也"。四十九岁时，李冲病死。孝文帝亲自为他举哀，放声大哭，悲不自胜。

身为太后之尊，即使在找“男宠”方面，冯太后也有过人之处。比起吕后身边的审食其，武后的张易之兄弟、和尚面首，冯太后的“相好”都对皇室忠心不二，并是治国能臣。

除了封建史家略有微词外，史书中对冯太后的男女之事也没有过多渲染，更无刻意指摘。

自孝文帝承平元年起，冯太后以太皇太后之尊临朝听政，虽为妇人，但她天性聪达，刚入宫掖时就粗学书计，临朝时英明立断，省决万机，国家大事全部由她一人说了算。天性孝谨的孝文帝，什么事都不敢违背祖母意愿，事无巨细都一一禀明冯太后。

因为孝文帝年轻，冯太后自己作《劝诫歌》三百多篇，又作《皇诰》十八篇，以教授孝文帝如何修养德操，做好皇帝。她还尊重儒学，在长安为孔子立文宣王庙。平时，冯太后自己生性俭素，不好奢华的装饰，御膳十分简单，穿着打扮非常随意。当然，由于冯太后一家好佛，魏国因敬佛而花费的钱财巨亿，黄金上百斤上百斤地使用，金玉珍宝成斗成斗地装嵌于佛堂佛像上，形制恢宏，至今可见。

同时，冯太后又是个性情严明、不徇私情的女主子。左右侍奉之人，有小小过错，她动不动就大加捶楚鞭扑，多至数百下，少也有几十，然而她“性不宿憾”，事情过了之后心中不存芥蒂，仍然待之如初，许多人日后还会更加富贵，“是以人人怀以利欲，至死而不思退”。

冯太后虽性情暴躁，对孙子孝文帝也算是慈明仁爱，自拓跋宏一出生就自己亲自抚育。中间有段时间，她看到少年孝文帝日益聪明英达，怕自己死后青年皇帝会对自己母家不利而要加害于他，但最终在李冲等人劝谏下，回心转意，对孝文帝仍然善始善终，成就了孝文帝日后迁都改制的千秋万岁名。

当然，作为封建统治者，冯太后“多智略，猜忍，能行大事，生杀刑罚，决之俄顷”。毕竟妇道有亏，冯太后害怕别人背后议论自己，对群臣左右小有猜忌，马上就行诛戮。一直到冯太后死前，孝文帝都不知道自己的生母是何人，可见冯太后的威酷到达何种程度。

承明十四年，四十九岁的冯太后崩于太和殿。孝文帝五天五夜浆水不入口，哀痛至极，上谥曰：“文明太皇太后”，史称“文明冯太后”。

文明太后有两个亲侄女，都是她哥哥太师冯熙的女儿。姐俩儿都是由姑姑安排到孝文帝身边的。先为皇后的是妹妹。太和十七年，冯太后终丧礼后，她被册封为皇后。后来，她的异母姐姐进宫，被册封为昭仪，与其争宠。这位皇后本性虽不善妒，但也时有愧恨之色。冯昭仪在孝文帝面前百般诟毁她，枕边风最硬，冯皇后被废为庶人，罚去寺庙为尼姑，后又被赐死，史称“废皇后冯氏”。

那位冯昭仪的母亲出身微贱，因而入宫要略晚于其妹。史载：“后有姿媚，偏见宠幸。”孝文帝南征频频，冯后不甘寂寞，与中官高菩萨通奸。后来，她闻知孝文帝在汝南病重，更加公然不讳地与高菩萨宣淫。

不久，通奸的事情被人告发，孝文帝听说后骇愕至极。

孝文帝回洛阳后，把相关当事人押在一起鞠审，具得通奸情状。冯后自己陈说淫乱本末时，孝文帝只留一个卫士在旁，又让人用棉絮塞住卫士耳朵，所以，冯后说的话，自古至今天下只有她和孝文帝两个人知道。

审讯后，孝文帝唤兄弟彭城王、北海王入座，指着冯氏对他们说：“昔是汝嫂，今为路人，但入勿避！”

天性极孝的孝文帝思念祖母恩德，没有忍心马上明令废掉冯皇后的封号。待他临终之时，才嘱托两个兄弟赐死冯后。

冯后不肯服毒，两个王爷揪住她强把毒药灌进嘴里。其谥号为“幽皇后”。

鲜卑血汉族魂的伟大君王

北魏孝文帝拓跋宏

文明冯太后于490年逝世后，孝文帝才真正做了皇帝。他亲政时间虽然只有短短的九年，却完成了北魏从平城迁都洛阳、汉化、改革等在中国历史上影响甚巨的历史任务。

可以这样说，日后隋、唐光荣赫赫的大一统国家，孝文帝拓跋宏是真正意义上的奠基者。

虽然文明冯太后生前“威福兼作，严明猜忍”，有过棒罚孝文帝的举动，甚至一度曾想废黜这位孙皇帝，但孝文帝天性至孝，冯太后崩后，他“酌饮不入口五日”，毁慕过礼。而且，断绝酒肉，三年无房事，以尽孝心。汉族大儒们往往假装在父母墓前作庐守墓，常常出现偷偷与妾侍生子的丑闻。孝文帝鲜卑君主，自小受着无比正统的儒家教育，孝行严谨，真正做到了德行如一。

在他短短的九年执政期间，多次到冯太后的永固陵拜谒，思念祖母的抚养慈恩，着实令人感动。

反观前后汉族政权，母后临朝后，一俟幼君长成，坐稳帝座，总是逐渐显示出对“牝鸡司晨”的愤慨、怨毒之念。他们在太后死后，一般都把怨毒宣泄无遗，很少念及嫡母护育之恩。

长图远略　迁都洛阳

493年（北魏孝文帝太和十七年，南齐武帝永明十一年），经过深思熟虑，孝文帝准备迁都洛阳。

孝文帝迁都，史书上所讲的原因太过简单：“以平城地寒，六月雨雪，风沙常起，将迁都洛阳。”寥寥数语，给人以孝文帝迁都好像只是因平城气候所致。其实大谬！

从道武帝拓跋珪以平城为都城，就不断四处迁移人民聚集在平城周围，计口授田，采取汉人制度，从事农业生产。六镇兵民之粮，率多取于平城供应。后来，京城人口日益增多，官吏队伍逐渐庞大，粮食供给问题慢慢凸显出来。明元帝时期，每逢歉收荒年，北魏大臣们最重要的朝议内容就是商量是否迁都。因为当时交通极不发达，用牲畜从关内运粮到平城，不仅沿途消耗多，成本也极其高昂。

洛阳呢，相对处于北魏王朝的中心地带，可以“通运四方”，加之平原地区交通便捷，民以食为天，这样一来就解决了最根本的问题。

迁都另外一个重要的原因，就是平城的地理位置，太接近北方蛮族柔然。道武帝、太武帝时代，热血勃勃，战士凶悍勇武，自然可以把柔然打得嗷嗷狂逃，不敢轻易窥视。随着北魏日益南扩，王朝的军事实力和将士素质却不升反降，打南朝没问题，对付凶悍又多良马的北方柔然却有吃力之感。

平城邻塞，稍不留神，柔然铁骑就可能以迅雷不及掩耳之势把平城包围起来。国都如果有了闪失，北魏王朝就有可能会轰然中坍。思及日后历史，明朝之亡，其实就是亡于定都北京，使得满洲铁骑入关后可以飞速而至。明成祖朱棣雄豪，当时的明朝军将都是和蒙古人打过仗并取胜过的爷们，无论体力和心理都有优越感，因此在北京定都可以安然无恙。明朝末期，即使用克隆技术制造一个百分百保真的明成祖重为皇帝，军非昔日军，将非昔日将，战士们更是体格孱弱、安于享乐，清兵打来照样“玩儿完”。

因此，孝文帝迁都洛阳，真乃明智之举，不仅可以避开北来柔然的危险，又可以借机南扩，运气好的话，还可以混一南北，成为中华正统帝王。

当然，当时迁都的选择，有洛阳和邺城两处地点。洛阳位于黄河南岸，邺城处于黄河北岸。文成帝时代，大臣们的迁都之址多倾向于邺城。因为冀、定二州的粮食、布帛是北魏的主要收入来源。

但是，一直受正统儒学熏陶的孝文帝以华夏正朔自居，自然要定都传统的京都洛阳。邺城之地，曹操曾据之遥控汉朝，羯族石勒和前燕慕容氏也曾经营过，总让人感觉定位不正。因此，孝文帝的洛阳之选，实可谓是费尽心思。

孝文帝决计迁洛，又恐群臣不从，便以讨伐南朝齐国为由，派人当朝卜卦。太常卿呈上卦象——“遇革”。

孝文帝作欣然状，“汤武革命，顺乎天而应乎人！”

当时，群臣不敢发言，大家不知这位锐气正盛的帝王葫芦里面卖的什么药，没人敢接他话茬儿。

孝文帝的叔父、任城王拓跋澄，谨慎而又坚决地表示了不同意见，认为南伐不合时宜。

退朝后，孝文帝把拓跋澄唤入内宫，对叔父讲出实言，“当时就卦论卦，朕怕众议纷纷，阻我大计，因此声色俱厉，以威吓文武群臣。我大魏兴自北方，徙居平城，此乃用武之地，非为文治之都。移风易俗，其道诚难。朕欲以南伐为名，迁都中原，卿以为何如？”

皇帝讲出实话，任城王拓跋澄也只能附和：“陛下欲依凭中原以经略四海，正是周、汉兴隆的气象啊！”

孝文帝不放心，又问：“我们北人习常恋故，必将惊扰犹疑，怎么办呢？”

拓跋澄此时回答果断，“非常之事，故非常人之所及。陛下圣机独断，那些人又能怎样？”

孝文帝大悦，连说：“任城王，你真是我的张良啊！”

虽然有数位大臣上书谏阻，孝文帝心意已决。他拜辞文明太后的永固陵后，率三十万大军，遍从文武，以南伐为名，浩浩荡荡向洛阳进发。

十月，大军到洛阳后，正遇霖雨不止。孝文帝下诏命令诸军先发。然后，他自己戎服乘马，做出御驾亲征的模样。

文武大臣见状，呼啦啦跪倒一片，纷纷拦阻。事先安排好的主要“演员”李冲作反对状，高言道：“陛下南伐，天下人所不愿，只有陛下您一人想这样做。为臣等以死谏阻，请陛下勿行！”

孝文帝作大怒状：“朕正欲经营天下，一统南北，卿辈儒生，屡屡阻我大计，再欲拦阻，刀斧无情！”

说着话，孝文帝策马，挥鞭欲去。

安定王拓跋休等人没经过“排演”，见状大惊，他们一拥而上，抓马笼头的抓马笼头，拖后腿的拖后腿，声泪俱下，阻止孝文帝接着往南方亲征。

看着火候差不多，孝文帝故作沉吟状，似乎被群臣打动，便说：“这次兴军动静甚大，动而无成，何以示后？朕世居幽朔，欲南迁中原。如果你们不让朕南伐，我们就迁都洛阳，诸位以为如何？”

预先安排好的“群众演员”、南安王拓跋桢见机发言：“成大功者不谋于众。如果陛下停止南伐，迁都洛邑，此乃臣等之愿，万民之幸也！”

群臣皆呼“万岁”。随众之心，万口一词。

其实，大臣中诸多的鲜卑人都不想迁都洛阳，但又害怕冒生命危险南伐，两害相权取其轻，他们就都退而求其次，不再竭力反对迁都。

如此大事，一举而定，孝文帝自然欢喜。十一月，他留尚书李冲和将作大匠董尔等人留据洛阳营造新都城，自己途经邺城，暂还旧都平城。

迁都洛阳，是北魏孝文帝一生中最重要的功业之一。众所周知，历史上所有的改革都是非常艰难的，而国家的迁都，更是事关国体，是关键中的关键。

北魏歌谣中，虽然有这样的歌词：“悲平城，驱马入云中。阴山常晦雪，荒松无罢风。”但不少中老年鲜卑贵族，仍旧留恋“老家”的生活风俗和习惯。洛阳一带的气候，于他们而言还是太湿热了些。

孝文帝迁都，最根本的考虑是文化、政治意义层面的。只有迁都于传统汉地，才能真正彻底汉化，填平鲜卑人和汉人之间的心理鸿沟，从根本上消除种族之间的矛盾。最终，孝文帝在实际意义上取得了成功，尤其他稍后施行的门阀政策，不仅维护了鲜卑高门，同时也大大提高了汉族高门的地位，使二者处于平等地位，完全消除了西晋末、东晋十六国时期少数民族立国后那种不可调和、不可避免的民族矛盾（当然，北魏最终还是灭亡于六镇起义的阶级矛盾）。

太和十八年（494 年）春，孝文帝回到旧都平城，在任城王拓跋澄等人的协助下，逐渐说服了不愿迁都的鲜卑旧臣。

年末，由于得知齐明帝弑少帝自立，以维持正统自封的北魏孝文帝准备亲自统兵伐齐。

出发前，他下诏严禁国内士民穿着胡服，诏下，鲜卑族臣民对此诏都很反感。

太和十九年（495 年），孝文帝亲自率兵渡淮河，率三十万铁骑，屯兵寿阳。

此次出兵仓促，加上天气湿热，士卒疲劳，北魏军队基本没有什么战果可言，久攻数城不下。

而且，洛阳处于草创之际，本来就消耗了不少人力、物力，加上军中后勤供应短缺，又有不少鲜卑贵族反对，孝文帝不得不撤军。

统一语言　变姓改制

495 年，孝文帝太和十九年七月，拓跋宏亲下诏令："今欲断诸北语，一统正音。其年三十以上，习性已久，可以允许延缓；三十以下，久在朝廷之人，禁止讲鲜卑语。如果触犯，当作降黜。"

不久，他下诏切令："不得语北俗之语（鲜卑语）于朝廷，违者免所居官。"

很快，北魏依据《汉志》，改革度量衡。年底，孝文帝废除了北魏长久以来以货易货的交换方式，下令铸造太和五铢钱，并诏令公私使用。

建成金墉宫后，孝文帝在洛阳立国子监、太学、四门小学。

太和二十年（496年）正月，孝文帝更做出令人吃惊的举动，他颁布诏书，以为“魏之先出于黄帝，以土德王。夫土者，黄中之色，万物之元也。拓跋氏改姓元氏。”

不仅改皇族拓跋氏为元氏，对于鲜卑贵臣大姓，北魏孝文帝也下诏改姓：拔拔氏为长孙氏，达奚氏为奚氏，乙旃氏为叔孙氏，丘穆陵氏为穆氏，步六孤氏为陆氏，贺赖氏为贺氏，独孤氏为刘氏，贺楼氏为楼氏，勿忸于氏为于氏，尉迟氏为尉氏，“其余所改，不可胜记”。

为了使汉化改革更加彻底，孝文帝又“以范阳卢敏、清河崔宗伯、荥阳郑羲、太原王琼四姓，衣冠所推，咸纳其女以充后宫”，并下诏断定诸州士族门阀，对官品进行广泛的升降，还品定鲜卑族的穆、陆、贺、刘、楼、于、嵇、尉八姓为贵姓，成为与汉族四大姓相仿的鲜卑大姓。

当然，孝文帝也有矫枉过正之嫌。咸阳王元禧娶隶户女为妻，孝文帝“下诏切责”，并命令他的六个弟弟重新纳娶正室夫人，而先前所纳的正室，反而成为妾媵。好好的鲜卑贵族女孩，一下子因为此道“命令”而成了小老婆。至此，六王分别娶汉族大姓的女儿为正妻。

其间，还有一个小插曲：孝文帝与大臣廷议间，有人诏议薛氏为河东茂族，孝文帝表示不同意，“薛氏，蜀姓，岂可入郡姓！”

正巧，当时担任宫廷执勤任务的羽林监薛宗起正在殿门，听孝文帝如此说，便气呼呼地从殿门处直入中堂，入禀道：“臣之先人，汉末仕蜀。二世之后，复归河东，至今已有六世，非蜀人也！现在我侍奉陛下于北土，难道以后我们薛家就是虏姓了吗？”言毕，年少气盛的将军把手中的铁戟摔在当庭，不顾而出。

孝文帝也笑了。他忙派人召薛宗起回殿，说：“爱卿你说你薛家不是蜀姓就罢了，奈何又挤对朕为胡虏呢？”于是他宣布薛姓为河东郡姓，还鼓励说：“爱卿你名‘宗起’，实为‘起宗’啊。”

可见，孝文帝非常大度、幽默和宽容，绝少汉族皇帝的忌刻和阴毒。

太武帝时，崔浩想“大整流品，明辨姓族”，得罪了不少鲜卑权贵，并最终导致他数族被诛。如今，鲜卑帝王自上而下进行汉化，竟然能一举成功。

当然，孝文帝的“门阀主义”并没有得到广泛支持，汉族重臣李冲等人都坚决反对，他们纷纷以“贤才主义”为宗旨，站在士人立场上抵制门阀主义矫枉过正的形式化。

但是，中华之事，有时要达至成功，往往需要“矫枉过正”才能行得通。凡事皆有利有弊，孝文帝大兴门阀，胡汉高门倒是一泯界限，北朝的“寒人”阶层除凭恃武功外，再无寸进之阶。因此，武人阶层乐于见天下“有事”。原先的六镇鲜卑将士，逐渐丧失了“国人”崇高的地位，摒于“清流”之外，他们最终揭竿而起，给北魏皇权造成了致命的重击。

孝文帝迁都、改姓等举措，一直以来并没有遇到根本性的抵制和反抗，但他的太子元恂却“以身作则”，首先有惊人之举。

太子元恂“体素肥大，苦河南地热，常思北归”。孝文帝赏赐他汉制朝服，太子元恂只在上朝时穿穿装样子，一回东宫就又换上“胡服”。中庶子高道悦为东宫官属，常常苦谏，劝他别惹父亲不高兴。这位十四岁的大胖孩子不仅不领情，内心还十分仇恨跟前这位唠唠叨叨的大儒。其实，他的所有这些表现，不过是青春期的逆反心理。放在常人身上也罢，但身为太子，一举一动就是天大的事情。

496 年 10 月的一个晚上，孝文帝外出，太子元恂与左右密谋，召牧马轻骑，率众想逃离洛阳，夜奔平城。临行，他竟手刃高道悦，亲自刺死了苦口婆心的属官。

察见宫内乱起，同为宗室的禁军首领元俨立刻守住皇宫及洛阳各个城门。元恂毕竟羽翼未丰，东窜西窜，跑到半夜也没能跑出去。

尚书陆琇得知消息，连夜疾驰，奔告孝文帝。

孝文帝大骇失色，又不敢声张，仍旧继续按既定行程，到达目的地后，他才不紧不慢地还宫。

回洛阳后，孝文帝立刻把元恂逮至御前，亲手用大棒教训他。气急之下，他又令其弟咸阳王元禧代自己猛揍这个忤逆之子，打得这个大胖孩子基本不能站立，伤势养了一个多月才能起身。

喘定后，孝文帝马上于清徽堂召见群臣，议废太子。

太子太傅穆亮、少保李冲都是太子名义上的保傅，都当廷免冠稽首表示有罪，陈说自己有训导无方之过。

孝文帝并未迁怒于人，他表示："古人有言，大义灭亲。今元恂违反背尊，欲跨据恒朔谋逆。天下未有无君之国，此小儿今日不灭，乃是国家大祸。"

于是，他下诏废元恂为庶人，拘于洛阳，以兵守之，服食所供，粗免饥寒而已，基本是一般囚犯的待遇。

这位太子爷身陷囹圄后，颇知咎悔，常常一卷佛经在手，很是归心向善。

但是，生于天家，有些过错绝对犯不得。一年后，孝文帝巡视代地，中尉李彪上奏说太子又想与左右谋逆。已经对元恂大感寒心的孝文帝不问真伪，派兄弟元禧携诏书毒酒，于河阳监所赐死元恂，时年十五。杀掉太子后，葬以粗棺常服，随便找个地方在当地埋掉。更可惜的是，元恂的母亲白死了，她儿子并没有当成皇帝。

除此以外，鲜卑勋贵穆泰、陆睿等人也不喜南伐迁都汉化之举，想拥立宗室阳平王元颐，最终都为孝文帝镇压，并未在北魏造成太大的事端和动荡。

北魏孝文帝的汉化，还有不少细微之处，诸如改定官制，一洗昔日杂乱无章的鲜卑旧制，非常系统地统一了内外文武官员的职号。改定律令，废除残忍的环首、腰斩等酷刑，除去了从前北魏族诛连坐甚众的酷法，显示出孝文帝的仁德大度。

北魏孝文帝初期（其实是在文明冯太后掌权时期），还有一项非常重要的举措，即均田制。

云冈石窟开凿于北魏孝文帝迁都洛阳（493 年）前后　Gisling 摄

太和九年（485 年），北魏颁布均田法。法律规定：十五岁以上，国家授给男子露田（不栽树木的田）四十亩，女子二十亩。此外，还授男子桑田二十亩，需对每家课种桑五十株，枣树五株，榆树三棵。不适合种桑树的地方，男子授麻田四十亩，女子五亩。

均田法规定，桑田可留给农民作“世业”，死后可以不归还国家，其余土地，身死时要还给国家。这些举措虽然限制了农民的自由迁徙，但保障了北魏的租调来源。

均田制制定得严密，充分照顾到田地的肥瘦、远近、宽窄等诸多因素，同时，又辅以“三长制”，强化了地方组织，搜括荫户，最终使北魏均田制的实施顺利而到位，“课有常准，赋而恒分”，不仅对当时中国北方的农业恢复起到了重要作用，而且从根本上改变了鲜卑国家的经济结构，使得农业逐渐占据了绝对重要的地位，加速了鲜卑王朝脱离奴隶制的过程。

一生事业　万古流芳

回溯中华历史，仔细推敲，可以发现，北魏孝文帝是中华民族大融合过程中最最关键的人物之一。正是从他开始，汉人渐渐消除了对“胡”族统治者的恶感，消除了以往中原地区最难泯灭的民族界限，使北人南化，南人北化，文治武功，源远流长。

孝文帝，如此雄才大略之主，把鲜卑种族的勃勃生机，注入至汉文明衣冠礼仪之中。由此，精粹相糅，惠及海内。大隋盛唐，皆由此肇源而出。

太和二十一年（497 年）夏，孝文帝改革顺利进行，便又想彰显武功。他发兵二十万，直向南朝杀来。但天下事无完满，孝文帝南伐没获得多大成功，在宛城还差点被南朝南阳太守房伯玉埋伏的虎纹衣士兵暗杀掉，受惊匪浅。

左兜右转，魏军也没有占得什么大便宜。

太和二十二年（498 年）秋末，南朝齐明帝崩殂，笃信儒教的孝文帝下诏称“礼不伐丧”，引兵而还。

回军途中，孝文帝因为四处征伐的劳累，忽患重疾，便赴邺城养病。

太和二十三年（499 年）春，孝文帝还洛阳。

他不顾自己病躯未愈，一入城，就召任城王元澄入见，问：“朕离京以来，风俗有改变吗？”

元澄谨答：“圣化日新。”

孝文帝说：“朕入城的时候，见车上妇人犹戴帽，穿小袄，依旧北鲜卑的装束，如此，又怎能谓‘日新’？”

元澄回言：“穿鲜卑旧服的人少，不穿的很多。”

孝文帝语重心长：“任城王，此话怎讲！如果放任自流，满城妇人肯定都会穿回鲜卑旧服！”

元澄及留守诸官，闻言皆伏地叩首，免冠谢罪。

不久，孝文帝处理了冯皇后与太监高菩萨通奸案，幽闭冯后。

四月间，感觉自己身体有所恢复，孝文帝重新开始御驾亲征，想完成他统一中华的梦想。

行至梁城，他病势加重。不久，孝文帝疾笃，只能北还。

行至谷塘原，预感到自己将不久于人世，孝文帝安排身后大事，他先赐冯后自尽，以防她日后垂帘称尊，淫乱国家；接着，他亲写手诏给太子元恪，嘱咐他继位后要亲任叔父元勰等人，并遗诏元澄等六人为辅政大臣。

499 年丙午，元宏崩逝于谷塘原，年仅三十三岁，谥孝文皇帝，庙号高祖。

其子元恪即位，是为世宗宣武帝。

孝文帝一生，除了他迁都、改制的宏伟大业之外，个人品德方面也良善多多，史不胜书：

……听览政事，莫不从善如流。哀矜百姓，恒思所以济益……尚书奏案，多自寻省。百官大小，无不留心，务于周洽。每言：凡为人君，患于不均，不能推诚御物。苟能均诚，胡越之人也亲为兄弟……及躬总大政，一日万机，十许年间，曾不暇给……钦明稽古，协御天人……加以雄才大略，爱奇好士，视下如伤，役己利物……

史官美言，绝非虚誉！

当然，后世少数学者，尤其以明清之际的大儒王夫之为代表，从中华“正统”出发，认为孝文帝拓跋宏一切行为皆归于“伪”，其立国学、定族姓、禁胡服、载考绩、改胡姓，种种所为，“皆汉儒依托附会、逐末舍本、杂谶纬巫觋之言，涂饰耳目，是为拓跋宏所行之王道而已。”

王氏所说，全盘否定孝文帝改革，并诬之为“沐猴之冠、优俳之戏而已矣”。如此，汉人大儒一直以“索虏”视拓跋氏，真是太过偏激。

但是，只要想一想王夫之所处的时代，正是明朝亡清朝兴之时，大儒托史讽喻，不承认“索虏”正统，当是别有一番深意。

无论如何，任凭汉族学者生前身后如何“诋毁”孝文帝，他的丰功伟业绝不会泯灭无闻，且会日益为后人重视。

就史论事，元宏确为我中华大家庭中的一位赫赫人杰！

美妇人与美男子

雌雄双煞胡太后和尔朱荣：北魏亡国的祸首

历史，总是在关键时刻显示出其黑色幽默。

自道武帝拓跋珪起，子贵母死，已经成了魏王朝不可变更的“祖制”。每个皇帝即位后，只能上尊谥来忆念他的生母，没可能有和生母承欢膝下、共享天年的机会。

唯独胡太后诞下肃宗孝明帝元诩后，侥幸逃过被杀的命运，最终国权在手，号令天下。

而恰恰在她身上，发生了魏王朝列祖列宗最担心、一直设法避免却最终没法避免的事情：

主少母壮，骄淫自恣。赫赫魏国，实际上最终亡于胡太后之手。

成也太后　败也太后

精明多智、放纵轻脱的胡太后

世宗宣武帝元恪，是孝文帝之子。由于皇叔元禧叛逆一事，他对元姓（拓跋姓）皇族很不信任，反而对舅舅高肇言听计从。

佞臣高肇，娶世宗的姑姑高平公主为妻，其弟高偃的女儿，又得为世宗皇后，所以一时间权倾内外。他大结朋党，接连诬陷北海王元详和清河王元怿谋逆，然后加以杀害，并撺掇宣武帝严防诸位王族，对王府重兵防守，王爷们如同囚禁。

接着，高肇秘派宫人毒杀失宠的顺皇后于氏，令医官不予于氏三岁的儿子治病，使得小王子夭折。自此，朝野之人都对他又恨又怕。

为了进一步以武功树立威仪，延昌三年（514 年），高肇亲率大军征伐蜀地。

胡太后本是河州刺史胡国珍之女，十几岁时选入宫中。胡后的姑姑是个职业尼姑，很会讲论佛经，于世宗初年进入宫中服务。几年之内，她和宫内的宦官和嫔妃打得火热，并拜托他们向皇帝进言自己的侄女美丽聪明。

世宗得知后，把这伶俐聪俊的小姑娘召入内庭，临幸后，封为承华世妇。

根据魏朝太子“子贵母死”的旧制，宫内的嫔妃们都暗中祈愿自己生诸王、公主，不愿生太子。偏偏胡氏胆识不凡，她常常对旁人讲：“天子怎么能没有继承人呢？我不怕自己死掉。为皇上的宗嗣着想，最好能生太子。”

当她怀孕后，周围人都劝她想办法使孩子流产，免得生下太子自己被杀掉。由于世宗和皇后于氏仅有的儿子已夭折，如果胡氏所生是男孩的话，肯定能当太子。但根据魏朝制度，她这个做母亲的肯定要被杀。

对此，胡氏不仅不惧怕，反而在夜深人静时对佛发誓：“我希望自己能生下皇子，即使由此身死，在所不辞！”

果然，胡氏生下皇子，晋封为充华嫔。

由于世宗的儿子们大多生下来不久就被高肇或他的侄女高皇后想方设法弄死，世宗深觉可惜。待胡氏生了孩子，皇帝感觉自己年岁渐长，便对这个唯一的皇子慎加保护。他亲自选择良善之人给儿子当乳母和保姆，别选宫殿，对孩子进行专门养育，并严禁高皇后和胡氏本人去探视。

建昌四年，世宗病死，时年三十三。

大臣崔光、于忠、王显等人，急忙拥立时年六岁的元诩为帝，是为肃宗孝明帝。

高皇后得知肃宗得立，忙与左右计议，要把小皇帝的生母胡氏杀掉。崔光、于忠等人知道消息，马上派人把胡贵嫔安置到高太后找不到的地方，派兵严加守卫。

由此，胡贵嫔心中十分感激崔光等人。

由于高肇拥重兵在外，崔光等大臣假借高太后的名义，任命高肇录尚书事，让他立刻回朝。小皇帝也被安排以他自己的名义写信向高肇称名告哀，恳请他率军回朝。

高肇毕竟还没有资格做大阴谋家，听到京城中对自己言听计从的世宗崩逝，五雷轰顶，只知朝夕哭泣，没有任何计议和应变的准备。在回来的路上，他因为哀痛忧恐，瘦了好多。然后，他一脸的憔悴焦灼，趋至太极殿大哭。

高阳王元雍与于忠等人密谋，埋伏十几个壮士在殿外。高肇举哀礼毕，即被引入到中书省一间房内。还未来得及说话，几个大汉一拥而上，把他活活掐死。

然后，元雍等人以皇帝的名义下诏宣示高肇罪恶，并称其畏罪自杀，削除他一切职爵。黄昏时分，太监把他的尸体从宫中运粪的偏门送回家中。

除掉高肇后，大臣们尊胡贵嫔为皇太妃，废高太后为尼，逼迫她迁至用作冷宫的瑶光寺。没过多久，尊皇太妃胡氏为皇太后，并奏请太后临朝称制。

胡太后初临殿堂，还不敢太放肆，她行事称令不称诏，让群臣上书时称其为殿下。不久，她就改令称诏，命群臣上书言陛下，自称为朕。

她掌权后的第一个举措，就是封自己的父亲胡国珍为安定公，加侍中官衔。为了试探群臣反应，她称独生子太小不能亲自祭祖，想代行祭祀典礼，就问大臣崔光是否可行。崔光马上援引汉朝和熹邓太后的旧例加以赞同。

胡太后大悦，在大祭典礼上亲自主持一切。

胡太后一家人好佛，继世宗建瑶光寺后，开始兴建宏伟的永宁寺，极尽奢华，其中有高一丈八尺的纯金实心佛像一座，如同真人一般大小的实心金像十座，玉石巨佛两个。她还下令兴建九级浮屠，挖地筑基，深及黄泉。这个浮屠高九十丈，上刹复高十丈。夜深人静之时，浮屠风铃飘动，声扬十里之外的地方。其中的主佛殿，如同皇宫太极殿一样宏伟，而南门则如皇宫的端门一样巨大。寺中有僧房千间，珠玉锦绣充斥其间，骇人心目。史称："自佛法入中国，塔高之盛，未之有也。"

由于胡太后崇敬佛法，北魏国内民众诸多子弟皆入沙门为僧，从事生产、军事的人越来越少。

大臣们进谏，胡太后当作耳旁风。

518年，胡太后的老爹胡国珍没享几年福，就一命呜呼。胡太后对其父竭尽哀荣，赠假黄钺、相国、太师，赐号太上秦公。她给死去的母亲赐号为太上秦孝穆君，移柩与父合葬。谏议大臣认为前世的皇后、皇太后生父没有称"太上"的，"太上"之称不可用于人臣，又搬出孔子"必正乎名乎"的古训。

胡太后闻言，召集王公大臣聚集到胡国珍家里商议此事。王公重臣们纷纷附和胡太后。

于是，太后对上谏的张普惠说："朕之所行，孝子之志。卿之所陈，忠臣之道。现在王公大臣们已经同意，请你不要再就此发表议论。"接着，她专门为死去的老爹建造寺庙祈福，和永宁寺一样壮丽奢华。

这时，虽然胡太后过崇佛法，小皇帝又好游猎玩乐，但母子俩还是很听得进臣下进谏。尤其像张普惠这样的谏臣，常常上表议论时政得失，太后和小皇帝非常和蔼，常常将其请到宣光殿亲自听取他的意见。

对于王公亲戚犯法，胡太后也很少宽贷。

胡太后亲近宦官刘腾，他虽然大字不识一个，但善于揣测人主之意，奸谋多端。太后更念他当时对自己有保护之功，就下诏升其为侍中这样的大官。刘腾因此广收贿赂，助人升官。

此时，胡太后把魏王朝的大权全部揽于自己一人之手，做事开始无所顾忌。

天文官奏称天象有变，需一贵人之死以应之。胡太后马上想起自己的对手高太后，派人趁夜黑杀掉她，然后以埋葬尼姑的礼仪葬掉了这一代正宫皇后。

为了取得“真经”，胡太后派出好多使臣和和尚远涉沙漠，到西域去求佛经，耗财无数。

北魏王朝在北方雄霸多年，西边各小国进贡不绝，又和南朝往来贸易，府库充盈，万物皆备。

有一次，胡太后去盛放绢布的仓库巡玩，对从行的王公贵族一百多人笑着表示，众人可依自己的力气，随意取绢。这些人顿时丑态百出，使尽气力左夹右扛成百匹地往家里搬。尚书令李崇和章武王元融最贪心，他们负绢过重，颠仆在地，一人伤腰，一人伤脚，太后又笑又怒，让卫士把两人赶出仓库，一匹绢也不给他们。此事一时被人作为笑柄。

诸臣中，唯独侍中崔光只取两匹绢。太后很奇怪，问他为什么取这么少？崔光回答：“臣两手只能拿两匹。”

一旁众人都涨红了脸，羞愧难当。

崔光虽属忠臣，但是属于明哲保身的那一类人，对后来的元义乱政、胡太后滥杀均不加以阻救。他随时俯仰，进退有度，七十三岁时善终。

魏王朝在胡后掌政初期达至极盛，恰如一个人的回光返照时期。当时的魏朝宗室和贵臣，不干正事，只知道互相比富。

高阳王元雍，富可敌国，宫室园圃和皇帝的不相上下。他有僮仆六千，乐妓五百，出则仪卫塞满路，归则歌吹连日夜，一顿饭能吃掉几万钱。尚书令李崇和元雍身家差不多，但他生性吝啬，常对人讲："高阳王一顿饭，够我吃一千天的。"

河间王元琛常常想和元雍斗富。他养骏马的马槽都以纯银打制；窗户之上，玉凤衔铃，金龙吐珠。在和诸王宴饮时，元琛家中的酒器有玛瑙碗、赤玉杯，制作奇丽，中国所无。有一次，他一时兴起，大张女乐、名马以及各种奇珍异宝，带着诸王遍观自己的府库、金钱、绫罗绸缎，耀人眼目，不可胜计。

扬扬得意之际，他对身旁的章武王元融说："不恨我不见石崇，恨石崇不见我！"

胡太后不停地营造庙观，无复穷已。她下令各个州都兴建五级浮屠，民力为之疲惫。洛阳城内，诸王、贵人、宦官、公主等各建寺庙，相互斗比。这位风华绝代的妇人，还常常设立斋会，大加施舍，动以万计，府库为之虚竭，但她从未有施惠子民的举措。

世宗皇帝时，曾派宦官白整为孝文帝和文昭高后在龙门山开凿两个石窟，皆高百尺。后来太监刘腾又为世宗开凿一个石窟。二十四年之间，用工十八万二千多，竟然还不能完工。由此可见，凿窟开山修庙的耗费是多么庞大!

比起其他的太后、女皇宠养臣下、阉竖、和尚或无赖之徒充当男宠，胡太后则更技高一筹。魏国的清河王元怿风仪俊美，胡太后逼而淫之。堂堂一个王爷，竟然被自己的嫂子逼淫，确也是千古奇闻，可见这位胡太后确实不是平常人。

元怿王爷并非只是个德行轻薄的小白脸，他素有才能，好文学，礼敬士人，在当时很有威望。胡太后的妹夫元乂是当时掌管禁军的领军将军，他和太监刘腾都因卖官弄权受过元怿申斥，一直怀恨在心。

两个人密谋后，指派平日伺候小皇帝进膳的太监胡定告发，说元怿派他毒杀皇帝，许诺自己称帝后给胡定荣华富贵。小皇帝当时才十一

彩绘舞女俑　北魏

岁，对此话信以为真。

当夜，元乂和小皇帝等人就把胡太后幽禁在永巷门内，然后，几个人把元怿骗入宫，秘密杀害。这位王爷被杀时，年仅三十四岁。

一行人诈称胡太后诏旨，说太后自己得病，还政于皇帝。于是，胡太后被幽禁于北宫宣光殿，大门白天黑夜都不开。大太监刘腾自己亲自掌管钥匙，小皇帝想见亲妈都没有机会。

此时，胡太后衣食俱废，挨饿受冻，只能叹道："养虎噬人，正是讲我这样的人！"

此后，魏朝大政外由元乂把持，禁宫内由刘腾统领。这两个人威震天下。朝野有人想升官或当官，两人只看送礼多少而定，连元乂的父亲京兆王，也倚仗儿子的权势卖富弄权。他们坏事做绝，盘剥六镇边防军人，私自和南朝走私货物，欺男霸女，远近苦之。

由于魏朝朝纲大乱，边将陆续有人逃降至南朝，宗室内也接连有元正德、元法僧等人谋逆。

境内境外的事儿更多。除了柔然、朔州胡人举兵外，沃野镇民破六韩拔陵、高平镇民赫连恩，南秦州豪强等也扯旗造反。后来，边防六镇军民全都不堪虐待，大树反旗，狼烟四起，魏国大乱。

秀容郡乞伏莫于造反时，秀容酋长尔朱荣率兵讨平，而正是这一小小部落酋长，日后成了胡太后的夺命人。

523年4月，大太监刘腾病死。元乂已执政三四年，便觉天下完全由他自己一人掌握，对胡太后的防备之心也渐渐松弛。

胡太后趁着与小皇帝相见的机会，怨恨地说自己要去嵩山当尼姑，说着还拿过剪刀要自己落发，声色俱厉。

群臣与皇帝苦苦请求。

母子相会，趁机一同住在嘉福殿。娘儿俩相处几天，互诉衷肠，都觉元乂可恶。

小皇帝渐已长大成人，学会演戏，他假装把母子之间的往来情状一一告知元义，让元义觉得自己仍旧深受皇帝宠信。

525 年 2 月，胡太后、皇帝母子忽然解除元义的禁军统帅之职，为安慰稳住他，下诏封他为骠骑大将军、开府仪同三司、尚书令、侍中、领左右等一系列虚衔。

元义心中稍安，总觉自己不会有被废黜的危险。

胡太后毕竟是妇人，元义是她亲妹夫，迟迟不忍行诛。

胡太后夺权后，被元义贬出的宗室元顺被召还，任官侍中。有一天，他在殿上侍坐于太后身边，忽然指着太后身后的亲妹妹，说："陛下您奈何以一个妹妹的缘故，不正元义之罪，以致天下人民不得申冤诉愤呢？"

太后默言，不知如何回答才好。群臣趁机纷纷请求发落，皇帝也亲自要胡太后表明态度。

犹豫再三，胡太后下诏赐元义与其弟元瓜在家中自尽。

经过几年幽禁后，胡太后此时又可以畅行其志。虽然徐娘半老，她仍然非常喜欢浓妆艳抹，不停外出到贵臣亲戚家游幸。

大臣元顺犯颜直谏："按照古礼，妇人丈夫死后应自称未亡人，头上不能装饰珠玉，衣服上不能绣有花纹彩色。陛下母临天下，年将四十，整天修饰打扮过度，怎能给后世以模范作用呢？"

胡太后羞得面红耳赤，拂袖发怒，起驾还宫。她把元顺召进宫内责骂："我把你千里召至朝廷，就是让你在大庭广众之下羞辱我吗？"

元顺直言："陛下不怕天下人笑论您，难道就以微臣这一句话而感到羞耻吗？"

胡太后虽小有收敛，本性中的不羁因子仍没有任何收敛。她宠幸大臣郑俨，拜其为谏议大夫，昼夜宫中伺候，真可称得上是侍衣大夫。郑俨有公休假回家，太后常常让几个太监和他一起去。郑大夫见到自己正妻，只能匆匆聊上几句家里闲话，马上就被催促回宫。

此外，郑俨还和一个叫徐纥的中书舍人狼狈为奸，把持内外，时称

“徐郑”。

有个黄门侍郎李神轨，宫内外盛传他也和太后关系暧昧。李神轨的父亲就是那位在绢库扛绢过多而伤腰的家伙李贤。

据《南史》记载，魏国大将杨大眼的儿子杨华勇武过人，相貌堂堂，被胡太后见后逼幸。

虽然获蒙太后宠幸，杨华心中惧祸，怕事泄被灭族，趁机跑回老家，率部曲逃至南朝梁国。

胡太后对他追思不已，亲自创作《杨白华》歌词：“阳春二三月，杨柳齐作花。春风一夜入闺闼，杨花飘荡落南家。含情出户脚无力，拾得杨花泪沾臆。秋去春还双燕子，愿衔杨花入窠里。”

以物拟人，词甚凄婉，极尽浓情。她还让宫女们昼夜连臂环绕，踏足歌唱，忆念情人。

在这种朝廷荒淫、奸臣当道的局面下，魏国形势一片鼎沸。

西北边镇造反后，南方二荆、西郢等地的蛮族也纷纷占据山头，接着安州三地的戍兵又纷纷造反。没等稳当，齐州、东清河郡、东郡、广川、陈郡等地兵民四处响应，北魏整个国家处于分崩离析的状态。

在镇压叛乱过程中，秀容郡地方军阀尔朱荣日益强大，被封为安北将军，都督恒朔讨虏诸军事。他带兵路过肆州的时候，刺史尉庆宾不开城门迎接，他竟然派兵袭取肆州，自置刺史。

对此，魏朝也不敢管，眼睁睁看着一方地头蛇横行。到后来，连因梁灭齐而逃到魏国的齐国宗室萧宝寅也趁乱称帝，占据关右，改元隆绪。

528 年，肃宗的潘嫔生下一女，胡太后对外诈称皇子降生，大赦天下，改元武泰。

自胡太后再次临朝以来，奸臣擅权，政事紊乱，纲纪松弛，恩威不立，国内盗贼蜂起，封疆日蹙。

肃宗孝明帝年纪渐长，胡太后自知妇行有亏，怕左右人泄漏给儿子，凡是皇帝所爱信的人，想方设法把他们外放、除掉，不让皇帝知晓外间事务和朝事。

散骑常侍谷士恢和皇帝很投缘，两人常常互谈良久，太后听说后，便任命他为外州刺史。谷士恢不想外任，太后就找人诬称其有罪杀掉。又有一个密多道人，能通晓胡语，皇帝常置之于左右，顾问笑谈。太后马上暗中派人杀之于城南，然后诈称为盗所杀，还假意悬赏、捉拿杀手。

以上种种，小皇帝一切皆心知肚明，母子之间嫌隙日深。

秀容郡尔朱荣此时羽翼已丰，对魏朝国政产生出觊觎之心。他上书朝廷，要求允许自己率精兵入援相州。

胡太后很警惕，礼貌回绝，说北海王元颢已经率众二万奔赴相州，不需尔朱荣出兵。

尔朱荣见此策不行，就召集民兵，北捍马邑，东塞井陉，自己圈出好大一块地方以谋异图。

大臣徐纥劝说胡太后为尔朱荣属下赐颁誓书铁券，以离间他们之间的关系，尔朱荣知道后，心中更恨冯太后。

肃宗孝明帝非常嫌恶郑俨、徐纥两个人，但由于上面有母亲胡太后压着，他势孤力单，不能除掉此二人。

情急之中，小皇帝想出一个下招：秘密下诏给尔朱荣，让他举兵内向都城，想以此兵威胁迫太后归政。

尔朱荣受诏大喜，马上派高欢（此人后来化家为国，开北齐基业）为先锋，直杀洛阳而来。

军队到了上党，不知出于何种原因，孝明帝又以私诏制止尔朱荣军队继续前行。

郑俨、徐纥两人害怕祸事临头，不停向太后吹枕边风。胡太后淫妇心毒，一咬牙，毒死了年仅十九岁的孝明帝。

虎毒不食子。从前文明冯太后毒死献文帝，毕竟那还不是自己的亲生儿子。而肃宗孝明帝，乃胡太后肚子里面掉出的一块肉，是血亲亲子！

胡太后先立潘嫔所生皇女为帝，但随后很快改变主意，迎立临洮王世子元钊即位。

元钊当时才三岁，胡太后想要长久把持国政，故而贪其幼小而立之。

尔朱荣闻讯大怒。他对左右说："肃宗晏驾，虽然已经十九岁，国内都说他还是幼君。现在扶立一个还不能讲清楚话的小孩以临天下，想要国家太平，怎么可能呢？"

于是，他一面派军杀向洛阳，一面自己迎立长乐王元子攸为帝。

胡太后听说尔朱荣起兵的消息，非常恐惧，召王公大臣商议。众人心中都暗恨太后灭绝人伦的毒杀亲子的举动，没人肯献计策。只有老情夫徐纥说："尔朱荣小小胡人，竟敢兵锋直指朝廷。我们以逸待劳，肯定杀败他。"

胡太后信以为然，派面首李神轨统大兵抵御。

李神轨军行至河桥，听说北中失陷，吓得回马就逃。

徐纥脑子也快，他矫诏连夜从御厩中取最好的快马十匹，东奔兖州。郑俨呢，吓得连夜奔逃回老家。

至此，胡太后剩下孤家寡人一个，她只好连夜下令，命孝明帝的嫔妃全都剃发出家。然后，她自己也亲自落发，剃个光头，以示愿意为尼赎罪。

尔朱荣率军到达后，召集百官，让他们拜见自己新立的皇帝元子攸（魏敬宗）。同时，他派劲兵直扑宫内，抓住太后和小皇帝。

胡太后已失往日威风，费尽口舌，向尔朱荣陈说始末缘由，想解释自己的所作所为。

面对这位曾经母临天下、不可一世的胡太后，尔朱荣一声冷笑，拂衣而起。随即，他让人把胡太后和三岁的小皇帝扔进黄河淹死。

在滔滔浊流中浮沉之际，不知太后临呛死之前是否会觉得自己恶贯满盈？

功高孟德　祸比董卓

北魏王朝的掘墓者尔朱荣

北魏王朝，本来是国力强盛、控弦百万的北方大国。孝文帝迁都洛阳后，全面汉化，此举一方面促进了中华民族的大融合；另一方面，马背民族一旦经儒释道浸染，精粹与渣滓不加选择地全部吸收，勃勃雄武便顿时变成儒雅奢靡。

儒化之后，北魏的尚武之风急剧消退，南朝坐谈之俗顿侵，马上雄豪们，摇身变为衣冠士人，整个国家又处于北方周边少数民族的窥觎之下，隐患已经悄然滋长。

如果有个寿命稍长而又柔仁的守成之主，北魏王朝命运可能会更长久一些。偏偏魏王朝皇帝寿数不永，往往二三十岁就得病而死，或是在三四十岁的壮年被弑，或是在十几二十岁时就被母后鸩杀。

孝文帝死后，其子世宗宣武帝在位十七年，三十三岁病死；宣武帝的儿子孝明帝六岁即位，在位十三年，十九岁时被亲生母亲胡太后毒杀。胡太后临朝秉政，淫荡自恣，佞佛建庙，内宠面首，外侈财物，对人民取之尽锱铢，用之如泥沙，致使上恨下怨，民不聊生。

当其时也，倒没什么外患，北方的柔然和南方的梁朝均和魏国没有大规模战事，反而是国内人民到处造反，盗贼蜂起。堂堂大魏，竟在短时间内被蛀空，只等着一只强有力的手轻轻推它一下，就马上形成摧枯拉朽的局面。

英雄莫问出处。在群雄四起、狼烟遍地的情势下，尔朱荣出场了。

部落酋长　乱世立功

尔朱荣，字天宝，魏国北秀容人。尔朱荣的先世，一直居住于尔朱川这个地方，因此以居住地为姓氏。几代以来，尔朱氏一直是部落酋长，属于契胡种（羯族的一个支属）。

尔朱荣的爷爷名叫尔朱代勤，曾数次跟随太武帝拓跋焘外出征伐，屡建功勋，获封为立义将军。尔朱代勤曾与部落之人在山中围猎，部民射虎，误射中他的大腿。尔朱部落当时仍属于奴隶制社会，奴隶竟然以箭中主，按常理必死无疑。尔朱代勤自拔箭镞，竟然没有追问射箭之人，他对左右说："这是误射，我怎能忍心加罪于人啊。"其部落之人知道这一消息，都很感动，更加忠心于他。老头子心善人好，九十一岁善终。

尔朱荣的父亲名叫尔朱新兴，世袭酋长。到他这一辈，部落财货更为丰盈，牛羊驼马无数，以山谷为计量，而不是论只论头来算。朝廷每有战事，尔朱新兴都出人出马，出钱出粮。当时，孝文帝非常高兴，拜他为右将军、光禄大夫。迁都洛阳后，孝文帝特别准许他冬朝京师，夏归部落。每次入京朝会，王公贵族都以大量珍玩相送，尔朱新兴也报以名马回赠，人缘极好，被加封为散骑常侍、平北将军、秀容第一领民酋长。整个南北秀容地区，都归尔朱氏统领。

北魏肃宗孝明帝时，尔朱新兴恳请朝廷准许自己把酋长位传给儿子尔朱荣，自己光荣退休。他几年后寿终正寝，终年七十四岁。

初读《资治通鉴》，想象那位跋扈无道的尔朱荣，肯定样貌和安禄山差不多，是个腹大如轮，满脸络腮胡子、丑陋肮脏的大胖子。但细读《北史》《魏书》等史籍，才知道尔朱荣"洁白、美容貌，幼而神机明决"。原来他是个皮肤白皙、容貌俊美、自小就聪明伶俐的美男子。

长大以后，尔朱荣喜欢射猎，每次召集部民围猎，都以军阵之法行之，号令严肃，众莫敢犯，如同真的行军打仗一般。

尔朱荣曾经和尔朱新兴同游祁连池，忽然空中云间响起箫鼓之声。

尔朱新兴就对尔朱荣说："听部落老人讲，凡是听见这种声音的人都能位列公辅人臣之位，我现在老了，应该是应验在你身上。好好努力吧。"

尔朱荣袭爵后，恰值肃宗孝明帝正光年间，胡太后总揽朝政，四方兵起，天下大乱。尔朱荣招合义勇，给其衣马，先是跟随李崇和侵入魏境的柔然可汗阿那瓌作战，率属下四千人奋勇追击，追敌至大漠。接着，他受命镇压南秀容万子乞真的反叛，平灭秀容郡乞扶莫于的起义，获封为直阁将军、平北将军；瓜肆的刘阿如作乱，敕勒的北列步若作乱，都被尔朱荣讨平，以功封安平县开国侯，食邑一千户。

北魏王朝鼎沸之时，他大破斛律洛阳于深井，驱逐费也头至河西，武功赫赫，升为北道都督。不久，北魏王朝觉得这样能打仗的人不多，封他为武卫将军，不久又加使持节、安北将军、都督恒朔讨虏诸军，进封博陵郡公，增邑五百户。

南征北战之中，人马不过一万的尔朱荣，逐渐认清魏朝的虚弱，了解到数以十万、百万计的王朝军队和作乱的乌合之众，皆不堪一击。他转战至肆州时，刺史尉庆宾对尔朱荣又讨厌又害怕，紧闭城门不让尔朱荣入城。尔朱荣大怒，攻拔肆州，任命自己的族叔尔朱羽生为刺史，把魏朝的刺史尉庆宾关押在秀容郡。

这种事情，如果发生在承平之时，是谋逆造反的大罪，但当时北魏境内处处反叛，尔朱荣兵威且盛，朝廷也不敢责问，还加封他镇北将军一衔。

鲜于修礼反叛的消息传来，尔朱荣上表要求带兵东讨。朝廷大喜，加封他为征东将军，都督并、肆、汾、广、恒、云六州军事，进阶为大都督，加金紫光禄大夫。等到魏朝反叛的鲜卑人葛荣军势隆盛时，尔朱荣害怕葛荣南逼邺城，上表要求朝廷出兵三千增援相州，肃宗没有答应。

接着，他上表要求遣兵守滏口以防山东贼西逃，以胡太后为首的朝廷又不许。

尔朱荣大怒，广招人兵，北捍马邑，东塞井陉，俨然已成一方军阀强梁。

随后，肃宗孝明帝与母后胡太后闹僵，私下密诏尔朱荣进兵洛阳。

尔朱荣大喜，立马起兵。走在半路，听闻孝明帝已经驾崩（年十九岁，被胡太后毒死），兴头正盛的尔朱荣怒不可遏。他抗表朝廷，指斥朝臣。

尔朱荣勤兵拥众，直指京师杀来。同时，他派遣从侄尔朱天光等亲信密见长乐王元子攸，并于武秦元年立元子攸为帝，是为敬宗孝庄帝。

庄帝封尔朱荣为使持节、侍中、都督中外诸军事、大将军、开府、兼尚书令、领军将军、领左右、太原王，食邑二万户。

胡太后派李神轨统军抵挡，兵锋未交，李神轨就扔下军队跑了。

尔朱荣大军入京，胡太后见了尔朱荣还想辩解，但昔日连面见天颜的机会都极少的秀容酋长现在已是牛气冲天，拂衣而去，派军士把胡太后和三岁的小皇帝扔进黄河淹死了。

挟帝自重　扫平宇内

尔朱荣在拥立元子攸为帝的同时，又把元子攸的兄长彭城王元子劭和其弟霸城子正一起弄到河阴，封元子邵为无上王，元子正为始平王。

除掉胡太后和幼帝后，尔朱荣的亲信费穆劝说道：“您属下人马不过万人，现在直逼京都，前面并无拦路之师，既没有大胜之威，朝中群臣暗中也不会服从于您。如果您不大行诛罚，把朝廷官员换成自己人，恐怕您哪天离开朝廷一步，就会内中起变，有祸事发生。”

仔细思之，尔朱荣觉得费穆所言极是。

他又问另一个亲信慕容绍宗：“洛阳人士繁盛，骄侈成俗，我想趁百官迎拜新皇帝之时，一并杀之，你认为如何？”

慕容绍是个明白人，他劝说尔朱荣：“胡太后荒淫失道，奸臣弄权，四海沸腾，所以明公您才趁机兴义兵以清朝廷。如果无故歼夷朝士，忠奸不分全都杀掉，恐怕大失天下所望。”

尔朱荣不听。他请庄帝循河西至河阴，引导百官于行宫西北，告之大家要祭天，不能请假。

百官聚集之后，尔朱荣拣个高台四处张望，立马于上，大声叱责说：“天下丧乱，肃宗暴崩，都是你们不能辅弼造成。而且朝臣贪虐，个个该杀！”言毕，纵兵大杀。

这次杀戮，死难朝臣人数极多，据《北史》《魏书》记载有一千三百多人，《资治通鉴》记载有两千多人，反正是上至丞相高阳王元雍、司空元钦、义阳王元略，下至正居丧在家的黄门郎王遵业兄弟，不分良奸，全部刀劈斧砍，杀个精光。

接着，尔朱荣暗中唆使军士鼓噪：“元氏既灭，尔朱氏兴！”

接着，他派兵士举刀奔向行宫。当时的孝庄帝正与兄弟往帐外走，想看看外面发生了什么事情。

几个军士拥上，抱住庄帝，声称防卫，拥入帐中。余人抡刀，就把两个王爷砍成几段。

听见两个兄弟帐外惨叫，庄帝元子攸慌问究竟，军士也不回答，逼着他走到河桥，软禁于帐篷之中。

庄帝忧愤交加，没想到刚做皇帝几天不到，亲兄弟就横死在眼前。他派人对尔朱荣说：“帝王迭兴，盛衰无常。今四方瓦解，将军奋袂而起，所向无前，此乃天意，非人力也。我本相投，志在全生，岂敢妄希天位！将军见逼，以至于此。若天命有归，将军宜时正尊号；若推而不居，存魏社稷，亦当面择亲贤而辅之。”

尔朱荣属下高欢劝荣称帝。另一将领贺拔岳陈说相反的意见：“将军首举义兵，志除奸逆。大功未立，马上称帝，正可快速招惹祸端，不见得是什么好事。”

尔朱荣很迷信，派人铸他自己的金像。北魏王朝以及北方胡人凡做重大抉择时，比如选皇后等，常常铸金人以卜吉凶。

一共铸了四次，金像全部都没有铸成。尔朱荣信任的一个巫师也劝他，说天时人事都不成熟。

估计是诛杀朝臣太多，一方小酋长干出这样的大事情，精神大受刺激，加之迷信作祟，尔朱荣精神恍惚，不能自持，呆立了半晌才缓过神来，说："犯下如此大错，当自杀以向朝廷赔罪。"

大将贺拔岳劝他杀掉高欢以谢天下。左右劝止。

当夜四更时分，尔朱荣重新迎庄帝还宫。他从马上滚落，向庄帝叩头请死。

此时庄帝只是个傀儡，自己尚且为保住性命而庆幸，哪还敢让尔朱荣死？

尔朱荣属下契胡兵士杀掉这么多王公大臣，都不敢入洛阳城。城中士庶听闻尔朱荣要纵兵大掠的传言，纷纷狂逃，剩下的人不足十分之一二。

尔朱荣奉帝还宫后，上表要求封赠庄帝的哥哥无上王为无上皇帝，其余河阴死难大臣皆追赠官阶，以慰生追死。

接着，尔朱荣在廷议上建议迁都。

庄帝唯唯，众人诺诺。唯有都官尚书元谌公然说不可。

尔朱荣大怒道："迁都关你屁事，这么固执己见！难道不知道河阴之事吗？"

元谌回答："天下事当与天下人论之，奈何用河阴之事吓唬我元谌。我，国家宗室，位居尚书官位。生既无益，死又何损。即使今天碎首断肠，也无所惧！"

尔朱荣大怒，马上拔剑欲杀之。其从弟尔朱世隆一旁苦劝，尔朱荣才按下怒气。

当时在场诸人个个震悚，元谌却神色自若。

几天后，尔朱荣与庄帝登高四望，见宫阙壮丽，列树成行，他自己叹息道："为臣我先前愚昧啊，皇居如此之盛，我还要迁都，现在想想元尚书的劝谏，真是有道理。"由此，他不再坚持迁都之议。

五月，尔朱荣被加封为北道大行台。他亲自到光明殿入谢孝庄帝，发誓自己没有二心。魏帝亲自离座，止其拜，也发誓说自己从未猜疑过尔朱荣。尔朱荣大喜，求酒大饮，醉至不省人事。

望着这位残杀自己兄弟手足的权臣，庄帝杀心顿起，直想上前一刀结果尔朱荣。左右苦谏，说周围侍卫全是尔朱氏党羽，不能轻举妄动。

庄帝忍下恶气，派人用床担着尔朱荣，送到中常侍省内的房间里歇息。

半夜，尔朱荣酒醒，心中后怕至极，从此不再在皇宫里留宿。

尔朱荣的女儿本是魏肃宗的侧妃。他又想把女儿嫁给庄帝当皇后，全然没有"一女不嫁二夫"的概念。庄帝犹疑不决。黄门侍郎祖莹劝皇帝隐忍，而且抬出"反经合义"的古理，庄帝就答应了婚事。

尔朱荣大喜，自此他成了皇帝的老丈人。

尔朱荣举止轻脱，喜欢骑马射箭。他每次朝见，没有什么事办，只是上马下马找乐子玩，很像是表演马术。他常常和皇帝一起在西林园大设宴席，射箭为乐。同时，他还叫皇后女儿也在场观看，把河阴漏网未杀的王公贵族也共聚一处，一起喝酒赏艺。

每见到皇帝射中箭靶，他就起身边舞边叫，将相卫士们也随之盘旋起舞，公主嫔妃们也不得不举臂欢呼。

实际上，此时的魏王朝宗室已经汉化极深，内心深处肯定极其厌恶尔朱荣的这套胡人把戏。但他们身为线中木偶，只能对尔朱荣唯命是从。

酒酣耳热之时，尔朱荣又盘腿坐地高唱家乡胡曲。傍晚宴会结束，他又会和左右亲信牵手挽臂大唱"回波乐"而还。据笔者猜想，这种名为"回波乐"的歌舞，肯定很像俄国哥萨克那种蹲地盘旋前行的舞姿。

尔朱荣本性残暴，喜怒无常，刀槊弓矢，不离于手。有一次他看见两个和尚共骑一匹马，大怒，派人揪下两人，让他们光头互相重重撞击。撞得没有力气时，又派人挟住两个和尚，头对头猛撞，一直撞到两人死去为止。

尔朱荣率军回晋阳前，把自己的亲信死党元天穆等人召入洛阳，占据要职。凡是朝廷大官，全部换为自己熟悉的人。

对此，魏庄帝无可奈何。

这个时候，魏国的葛荣叛乱已经势不可遏。葛荣兼并四方武装，号称百万，围攻邺城。

尔朱荣听说这一消息，自率精兵七千（一说是七万），人携两马（一马为副，方便昼夜兼行），直扑河北。

葛荣听说尔朱荣这么一点人马，大喜于色，急忙让手下人准备些长绳子，扬言尔朱荣一来就马上把他们全捆起来。这位草寇出身的莽撞人，背向邺城，列阵数十里，散漫迎敌。

尔朱荣打仗绝对是个高手中的高手。他先派兵埋伏于山谷间，准备出其不意地出击。接着，他下令，三人一组，再派出几百组骑兵四跃，扬尘鼓噪，让葛荣军人不知己方数目多少。

由于双方近距离混战，考虑到刀不如棒好使，尔朱荣发给兵士每人袖里藏棒一枚，以便近击。

为了防止兵士贪功，割首级求赏，他下令战后不以人脑袋为封赏的标准，只以大胜为准。试想，如果百万人的脑袋一动不动让七千个人去割，也得把这七千人活活累死。

两军相接之时，尔朱荣亲自冲锋陷阵，带兵突出阵后。军队里外合击，大破百万葛荣军，当场生擒葛荣。

首领被擒，葛荣属下全部投降。

看见这么多乱哄哄的降兵，尔朱荣考虑到即使这么多人投降，也还是一百多人敌自己军士一个人，怕马上俘虏他们会引起对方惊骇反抗之心，就下令葛荣军士就地遣散，可以亲属相随，一概不问。

听到如此款待，被俘士兵群情大喜，登时四散。数十万众，一朝散尽。

等到这些散兵游勇出走百里之外，聚不起团时，尔朱荣才又派兵分道押领，并选择其中的头目首领，编入自己的军队服务，使新附军人都感服他的处置。

由此大功，尔朱荣又被魏朝加封为大丞相，两个儿子文殊、文畅同时封王。

击灭元颢　功盖魏朝

先前河阴之难时，魏国的汝南王元悦、临淮王元彧、北海王元颢都仓皇南奔，投降南朝梁国。魏庄帝元子攸即位后，天下有主，元悦和元彧都回到魏朝。

梁武帝萧衍很想趁乱捞便宜，就封元颢为魏王，派大将陈庆之带数千兵士护送他北还。

在此，不得不说一下南朝梁国这位陈庆之大将军。毛主席读《南史》，看毕他的事迹后，也亲批墨宝表示：千载之下，令人向往。

陈庆之，字子云。他自幼追随梁武帝，勤忠事上，很被武帝信任赏识。大通元年，涡阳一战他以少胜多，连破魏兵十三城，斩获数万，梁武帝手诏慰勉。529 年，梁武帝授任他为彪勇将军，将兵七千，送元颢北还。

当时，魏朝都认为元颢与陈庆之兵少势单，根本没拿他们当回事。不料，陈庆之率军先克荥城，直逼梁国（地名）。魏朝大将丘大千有兵七万，分筑九城抵御陈庆之。陈庆之率军进攻，从早到晚，连拔三城。丘大千不敌，降于陈庆之。

得胜后，元颢即皇帝位。

魏朝济阴王元晖业率羽林兵两万屯考城，陈庆之攻陷其城，生擒元晖业。

诸人率军继续西进，直抵荥阳，猛烈攻城。此时，魏朝的元天穆与尔朱吐没儿等人率领三十万大军赶来增援，前后继之，望不到尽头。

见此，梁朝士卒大惊。陈庆之神色恬淡，解鞍喂马，平静地对将士们说："我们一路上屠城略地，杀人不少。元天穆等人率领的军士，都恨得红了眼要杀我们。我军才七千人，敌众三十多万，只有抱必死的心才能得生。敌方马多，不能与他们野战，应该在敌军没有到齐时，急攻其城而据之。诸位不要狐疑犹豫，逃跑也不免一死。"

言毕，陈庆之击鼓发号，指挥兵士登城。已抱必死之心的梁朝将士蚁附攻城，几个小时就攻陷荥阳，抓住惊愕不已的守城将军杨昱，斩其辖下将领三十七人。

不久，元天穆引兵围城，陈庆之率三千兵士北城迎敌，大破敌军。元天穆、尔朱吐没儿两人败走。

陈庆之一鼓作气，直击虎牢，尔朱世隆弃城奔逃。

至此，魏朝大乱，被尔朱荣拥立的魏庄帝元子攸单骑奔逃。

元颢入据洛阳宫，魏朝宗室百官备法驾迎元颢。陈庆之获封为车骑大将军、侍中。

尔朱荣的亲信元天穆率众四万猛攻虎牢。元颢派陈庆之迎击。元天穆派费穆（就是劝尔朱荣大杀魏国王公朝士的那位仁兄）率两万兵士攻虎牢，自己带着余下的两万兵士在黄河边上驻守观望。

由于心里没底，没多久元天穆自己先率兵北渡黄河而逃。

本来，费穆两万大军很生猛，攻得陈庆之几千守军都几乎守不住，虎牢城即将被攻陷。忽然，费穆得知元天穆自己已经渡河跑掉，顿时泄气，以为没有后继军队接应，必败无疑，就于阵前向陈庆之投降。

陈庆之率军返击大梁、梁国二地，攻陷城池。自铚县至洛阳，陈庆之将七千之兵，横行数千里，共攻取三十二城，大战四十七，所向皆克。

陈庆之属下七千士兵，都穿白袍，这种装束在战场上看上去非常夺目，也显现出他们自信必胜的信念。为此，洛阳附近的民谣唱道："名军大将莫自牢，千兵万马避白袍。”

元颢进驻洛阳王宫时，侍卫后宫一人不少，安堵如故。毕竟都是魏朝的帝室近亲，黄河以南州郡，大都表示服从。

元颢坐上皇帝宝座后，四方人情都盼望新帝英明，能重整朝政。

元颢却自认是天授帝命，骄怠渐生。他把从前的宾客和近侍都升为大官，这些人干扰朝政，日夜纵酒取乐，不理国事。

数千南朝兵士一朝来到魏国的锦绣都城，也都乐不思蜀，凌暴市里。如此，魏朝国人开始对元颢失望。

尔朱荣闻听自己所立的魏庄帝元子攸奔逃于长子（地名），赶忙率兵奔赴。

魏庄帝即日南还，尔朱荣为前驱。十几天内，兵众大集，资粮器仗，相继而至，直杀奔洛阳而来。

元颢据洛阳后，与陈庆之开始互相猜忌。魏朝宗室诸王，都暗中劝说元颢脱离梁朝武帝的指挥。

陈庆之身在敌国，暗中也有准备，他劝说元颢：“现在外敌四集，应该禀明天子（指梁武帝）再派精兵增援。并宣令诸州郡，有南朝人流落魏境的，都要遣返回去。”

元颢不置可否，暗中与宗室诸王密议：“陈庆之兵士不过数千，已经难以控制。如果梁兵大至，我们魏国肯定要灭亡了。”

由于害怕陈庆之密启梁武帝，元颢就抢先上表，说：“现在河北河南皆在臣（元颢自己对梁武帝的自称）掌握之中，州郡新服，需要的是抚慰绥服，不宜加兵入魏，恐怕动摇民心。”

梁武帝此时也表现得像个痴汉，下诏军队在边境停止开进。

洛阳南朝的梁兵，人数不满一万，而降附的羌、胡士兵有十倍还多。军副马佛念劝陈庆之杀掉元颢，占据洛阳。

陈庆之为人谨慎，没有听从。

尔朱荣与元颢和陈庆之双方在黄河两边对峙。陈庆之军队三日十一战，杀伤甚众。尔朱荣窘迫无计，想要北还，避其锋芒，然后再想别的办法。

关键时刻，其属下杨侃和高道穆等人力劝他坚持不动，派兵造筏，抢渡黄河。

尔朱荣思前想后，同意此举，就派尔朱兆缚木筏，渡河进攻。果然，旗开得胜，一举擒获元颢的儿子——领军将军元冠受。

元颢属下安丰王元延明闻败大溃。洛阳很快失陷，元颢忙率百余骑南逃。

陈庆之率领步骑数千，结阵东还。

至此，陈庆之等人从前所得诸城，一时都复降于魏。

尔朱荣亲自率兵追击陈庆之。当时，正值嵩河水暴涨，陈庆之手下的梁朝军士死散殆尽。

最后，陈庆之削发装扮成和尚，只身一人，步行逃回梁朝。

虽如此，梁武帝仍以功封他为永兴县侯。

《南史》记载："（陈）庆之性谨慎，俭素不衣纨绮，不好丝竹。射不穿札，马非所便，而善抚军士，能得其死力。"

儒将风采，千载一时。如不以成败论英雄，陈庆之当为南北朝第一奇将。

元颢跑至临颍时，从骑逃得一个不剩，最后被县卒江丰杀掉，传首洛阳。

骄横跋扈　毙于帝刃

魏庄帝回京后，宴劳尔朱荣，并出宫人三百，赏赐有功将士。一时之间，魏朝的统治看上去又得以巩固。

不久，尔朱荣派尔朱天光和贺拔岳率兵，一举消灭掉关中大盗万俟丑奴等人，三秦、河州、渭州、瓜州、凉州、鄯州，全部降附。

"挽狂澜于既倒"，这句话用在彼时的尔朱荣身上丝毫也不过分。

恰恰也正在此时，自以为对魏朝有再造之功的尔朱荣跋扈至极。

他虽在京师之外，但所有朝政均由他在远方控制。魏庄帝左右的大臣、内侍，全是尔朱荣安插的眼线。皇帝的一举一动，这些人都会禀告给尔朱荣。

虽然事无巨细全为尔朱荣所伺察，魏庄帝仍旧勤于政事，朝夕不倦。他多次亲自览阅案卷，消弭冤狱。

尔朱荣听说皇帝留心于具体政务，非常不高兴。

吏部尚书李神隽清理官员选拔程序，发现尔朱荣推荐的曲阳县令没有任官资格，就没有批准任命，另选其他有资历的人上任。尔朱荣大怒，派自己推荐的人火速赴任，赶走了皇帝任命的官员。李神隽十分害怕，马上上表辞职。尔朱荣便派从弟尔朱世隆掌管甄选官员的事情，朝廷的一切，都由尔朱家的人说了算。

尔朱荣上书推荐一个人担任河南诸州长官，皇帝没有答应。尔朱荣死党元天穆就找到皇帝亲自说服，庄帝仍然坚持己见。

见状，元天穆说："太原王有大功于天下，又是大宰相，如果他请求替换全国所有官员，陛下您恐怕也不能不答应。为什么为了几个人担当州郡长官的小事，您要和太原王过不去呢？"

庄帝很有性格，正色道："太原王如果不想为人臣，朕也应该被替换。如果臣节犹存，那就没有更换天下百官的道理。"

此话传到尔朱荣耳朵里，气得他哇哇大叫："这个皇上是谁拥立的？现在竟敢不听我的话！"

尔朱荣的女儿尔朱皇后也不是善茬，经常和皇帝过不去，发脾气耍性子。庄帝派尔朱世隆规劝她，她愤愤言道："天子是我们家置立的，现在敢对我这样子。我父亲本来要自己当天子，事情很快就要定了。"

尔朱世隆随声附和："如果太原王自己当皇帝，我现在也是王爷了。"

魏庄帝外有强臣逼迫，内有恶后威吓，经常怏怏不乐，一点没有万乘之尊的样子。这种情况下，这位皇帝唯独庆幸天下多事、盗贼不息，这样尔朱荣有事忙不过来，对自己的压力还要少些。

等到关陇大定，捷报频传之日，庄帝反而面有忧色。

城阳王元徽与侍中李彧都憎恨尔朱荣专权，想自己掌握朝政，就天天暗中劝庄帝除掉尔朱荣。庄帝只要想起河阴大屠杀中自己兄弟大臣被屠戮的惨状，便觉得只有除掉尔朱荣才能免祸。

侍中杨侃、尚书右仆射元罗、中书侍郎邢子才、武卫将军奚毅都参与其谋。

此时，尔朱荣申请入朝，声言要伺候皇后坐月子。庄帝心中惊惧，既怕他来，又怕他不来。他天天与亲近大臣商量杀掉尔朱荣的办法。

尔朱世隆怀疑庄帝举动有异，自己派人在自家门上写个匿名帖子："天子与杨侃、高道穆密谋，要杀掉太原王！"然后，他自己假装发现匿名信，揭下帖子呈送给尔朱荣。

尔朱荣此时没把任何人放在眼里，唰唰几下撕毁匿名帖，往地上狠狠吐了口唾沫："世隆真是胆小鼠辈，谁敢生杀我的念头！"

大概妇人第六感官发达，尔朱荣的老婆也劝他不要去洛阳。尔朱荣不听。

530 年 8 月，在四五千精骑兵的簇拥下，尔朱荣从并州出发，旌旗招展，刀剑鲜亮。

当时，朝野人士都说尔朱荣要造反，又纷纷传说庄帝要干掉尔朱荣，一时间议论纷纷。

九月，尔朱荣到达洛阳。魏庄帝想马上杀了他，又怕留在并州的元天穆起兵为后患。于是，隐忍未发之际，他下了一道诏书让元天穆也进京。

有人上书尔朱荣说庄帝要杀他，这位爷不慌不忙，亲自拿着书奏给庄帝看。

庄帝说："外面的人都说大王您也要杀我，怎么能相信传言呢？"

于是，尔朱荣不再怀疑，每次入朝觐见皇帝，左右从人不过数十，还都空手不带兵器。

庄帝见此，也想停止刺杀尔朱荣的行动。

城阳王元徽劝道："即使尔朱荣不反，也不能忍受他对皇上您这样的逼迫，何况，根本无法保证他不反！"

九月中，天文怪异，长星出中台而扫大角。尔朱荣找来颇晓天文星象的恒州人高莱祖问其寓意，回答是"除旧布新之象"。尔朱荣很高兴，以为吉兆在己。

行台郎中李显和奉承尔朱荣："大王您得九锡的封赏都太轻，天子真是没有眼力！"都督郭罗察附和："岂止九锡的封赏，今年我正准备写禅文呢（意即庄帝应禅帝位给尔朱荣）。"参军褚光也讲："人们都说并州城上空紫气缭绕，肯定是太原王安登宝位的吉兆。"

尔朱荣听后，眉开眼笑。

尔朱荣手下个个都觉得自己会成新朝显贵，主子马上要开国登基，便对魏庄帝左右大臣横加欺侮。

尔朱荣的小女儿嫁给庄帝的侄子陈留王元宽，他常常指着这个小王爷说："我这个女婿最后肯定能帮我。"

城阳王元徽对庄帝说："尔朱荣现在肯定要除掉陛下，如果皇后生出的孩子不是男孩，他肯定立陈留王当皇帝。"

恰巧，前一夜庄帝梦见自己持刀割落自己十个指头，就问元徽和杨侃此梦何兆。

元徽说："毒蛇咬手，壮士断腕，割指的梦寓意就在此，是吉兆！"

元天穆被召入洛阳后，庄帝亲自迎接。几个人在西林园喝酒射箭之时，尔朱荣建议庄帝和他一起带几百人出外打猎。

想起几天前奚毅讲尔朱荣要借出猎的机会挟持天子迁都的事情，庄帝更加下定决心，欲除去权臣。

于是，他对中书舍人温子升说："朕现在所处情状，就是死也要做这件事，况且还不一定死。我宁可像高贵乡公那样死，也不要像常贵乡公那样活着！”（指曹魏高贵乡公曹髦亲自指挥御兵想杀司马昭，不克而死；常贵乡公曹奂禅位给司马氏被留下一命。）

恰值尔朱荣、元天穆并入奏事，庄帝便埋伏十几个人于明光殿东侧。

两个人坐下刚刚吃了几口东西，突然属下禀报军事，两人出宫。埋伏诸人从东阶上殿，两个人已经行至中庭，此次谋杀活动失败。

隔了几日，尔朱荣到小女婿陈留王宅中饮酒大醉，对外声言得病，连日不出。

庄帝与左右密谋杀掉尔朱荣的计划渐渐有所传闻，尔朱世隆得知后劝尔朱荣快些把皇帝换掉或干掉。尔朱荣向来不把庄帝放在眼里，听后摆摆手，认为青年皇帝根本没有能力做这种事。

参与密谋杀尔朱荣的众人得知消息外泄，都非常恐惧。庄帝也越来越怕，忧虑其中有哪个人把事情向尔朱荣告发。

城阳王元徽建议：“派人告诉尔朱荣，皇后生子，他肯定入朝道贺，趁此机会杀掉他。”

庄帝说：“皇后怀孕才九个月，他能相信吗？”

元徽答道：“女人怀孕不足月生孩子的很多，尔朱荣肯定不会起疑心。”

魏庄帝埋伏兵士在明光殿东序，对外声言皇子降生，派元徽快马加鞭奔向尔朱荣家里道喜。

当时，尔朱荣正和元天穆玩赌博游戏。元徽上前摘下尔朱荣帽子，就地欢舞盘旋。（唐朝李白诗有“脱君帽，为君笑”，显然北方胡人欢庆的礼节至唐朝时仍有存留。）

很快，皇宫内文武百官都络绎不绝地到府上道贺，祝贺尔朱荣做了外公。

尔朱荣不得不信，就与元天穆同时入朝。

魏庄帝听说尔朱荣来，不知不觉中因惊吓过度脸色变得青灰。中书舍人温子升见状，说："陛下色变。"

庄帝连忙索酒痛饮，以壮胆力。

尔朱荣入殿时，看见温子升手拿敕书（宣布尔朱荣罪行和诛杀他的敕令），就问温子升拿的什么东西。

温子升神色不变，只是回答："敕书"。

尔朱荣道喜心切，也不取视，直入殿内。

见到庄帝，未等尔朱荣开口道喜，他忽然见庄帝手下两个人提刀从殿东门跑进。

尔朱荣马上惊起，直奔御座，想挟持庄帝抵抗。

此时，庄帝膝上早已横备一刀，见尔朱荣冲上，直刺入腹，权臣应声毙命。

众人举刀乱砍，元天穆也死在乱刀之下。跟随尔朱荣入宫的十四岁的儿子尔朱菩提以及从人三十多个，全被伏兵所杀。

尔朱荣尸体横陈于地，庄帝发现一个他上朝时用的笏板，上面写着朝廷去留人名，凡不是他心腹的人都在除名之列。庄帝叹道："这个混蛋如果今天不死，过后再也不能除掉了。"被杀时，尔朱荣三十八岁。

身死三年　家族屠灭

消息传出来后，尔朱荣的妻子率领部曲，焚西阳门跑出，屯兵河阴。

尔朱荣的堂弟尔朱世隆本来想北奔，为尔朱氏亲信司马子如所止。于是，诸人合军，还军京师。他们遣胡骑一千，临城齐声号哭索要尔朱荣尸体。

城内，大家谁也没有料到尔朱世隆又敢回军，洛阳城只得紧闭四门。

不久，尔朱世隆北遁，沿途烧杀抢掠。尔朱荣的堂侄尔朱兆占据晋阳，尔朱世隆据长子，加上尔朱家庭其他成员纷纷拥兵略地，他们就推立太原太守、魏朝的长广王元晔做傀儡皇帝。

魏庄帝以元徽为大司马，录尚书事，总统内外大事。元徽原以为尔朱荣一死，其党羽肯定树倒猢狲散，不料，尔朱兆、尔朱世隆乱兵四起，贼众日盛，他又惊又恐，束手无策。

元徽本性猜嫉，不想让别的官员超过自己，只是自己和庄帝两人遇事商议，商议整日，也想不出个所以然来。

尔朱彦伯、尔朱仲远、尔朱世隆兄弟和尔朱兆等四面齐攻都城。十二月，尔朱兆以轻兵倍道兼行，从河桥西涉渡河。魏庄帝本以为黄河天险，水深流急，尔朱兵马不可能这么快过来。

岂料天意弄人，那年黄河逢旱，水不过马腹，尔朱兆的兵马一突而入，一直冲到宫门，守门卫士才发觉。他们搭箭欲射的时候，距离已太近，于是一齐散逃而去。

魏庄帝慌忙徒步赶出云龙门外，正遇城阳王元徽乘马逃跑，连声呼唤，这位与之共定大计诛杀尔朱荣的王爷，头也不回，径自逃命而去。

魏庄帝束手就擒。

夜晚，魏庄帝被单独锁在永宁寺楼上，冻得全身发抖，哀求看守兵士向尔朱兆要头巾取暖，尔朱兆根本不理。

当夜，尔朱兆在宫内宿营，扑杀尔朱皇后所生的庄帝亲子。孩子正在吃奶，即被活活摔死，可谓惨绝人伦。再怎么讲这孩子也是尔朱荣的亲外孙呀！然后尔朱兆与军人一起，遍淫宫内王妃公主。

接着，尔朱兆在城内纵兵大掠，杀掉临淮王元彧、范阳王元诲等人。

不久，挟持庄帝回晋阳后，尔朱兆亲手把皇帝勒死于三级佛寺之中。魏庄帝死时，二十四岁。接着，尔朱兆又杀掉庄帝的侄子陈留王元宽。

孝庄帝死前，曾作《临终诗》：

权去生道促，忧来死路长。怀恨出国门，含悲入鬼乡。隧门一时闭，幽庭岂复光。思鸟吟青松，哀风吹白杨。昔来闻死苦，何言身自当。

诗意凄婉，可悲可叹！

三个多月后，尔朱家族觉得先前所立的长广王元晔宗属疏远，又无人望，改立广陵王元恭为帝，是为节闵帝。

跟换东西一样，尔朱家族随即把刚刚换下的长广王杀掉。

朝廷大臣集合，尔朱世隆主持商议给死去的尔朱荣上谥号，并让大家考虑一下尔朱荣作为贵臣应配飨在哪个皇帝的庙中。

司直刘季明说："（尔朱荣）若配世宗，于时无功；若配肃宗，亲害其母；若配庄帝，为臣不终。以此论之，无所可配。"

尔朱世隆大怒，斥道："你应该死！"

刘季明答："我只是依礼而言，如果不合您的心意，杀剐任命。"

尔朱世隆也无可奈何。最后决定让尔朱荣配飨孝文帝庙廷，并在首阳山专门为他立庙。庙成不久，即被大火烧毁。

尔朱家族掌权后，公为贪淫，生杀自恣，随意封爵。尔朱天光占据关右，尔朱兆占据并州、汾州，尔朱仲远占据徐州、兖州，尔朱世隆把持朝廷。这一家人，尽为贪暴，如同虎狼。

由此，魏国境内上下，对身为契胡种族的尔朱氏恨得咬牙切齿，但因其势力强盛，表面都不敢违抗。

先前曾劝尔朱荣自立为帝的高欢骗得尔朱兆信任，取得从前葛荣降兵几万人的指挥权，寻机会脱离尔朱兆，另立山头。接着，他公开指责尔朱氏杀害魏庄帝，起兵相击。532年，高欢大破尔朱兆于广河。此时，尔朱家族内部也互相猜忌，尤其是尔朱世隆和尔朱兆，二人争权夺利最为不和。但面对高欢的军力逼迫，尔朱家族最后又联合一处，几个人各自带兵在邺城会师，号二十万众，夹洹水屯兵，准备与高欢决战。

高欢马不过二千，兵不过三万，将士皆有必死的决心。大战开始，高欢属下高敖曹等汉兵奋勇冲杀，一举击溃尔朱家族二十万大军。尔朱度律、尔朱天光等将率残兵奔逃洛阳。

本来与尔朱氏一伙的大都督斛斯椿倍道先还，谋划灭掉尔朱一族。墙倒众人推，他们于532年4月入据河桥，尽杀在洛阳的尔朱氏党羽。尔朱天光、尔朱度律将兵进攻，赶上连日连夜大雨，弓矢胶解，人士疲惫至极，于是西逃。尔朱世隆、尔朱彦伯被人抓住，在阊阖门外斩首，首级被送至高欢处。

不久，尔朱度律、尔朱天光也被擒获，一道问斩。

最后，只剩下一个尔朱兆，带着残兵回到老家秀容郡，时常四处抢掠，变成强盗一般的流贼。

已成为魏朝丞相的高欢屡次发令要率大军征讨，但连续四次出师又止。尔朱兆很是懈怠，以为近期不会有兵来袭。

533年初，高欢预测到尔朱兆会在年首召开部落会议大宴宾客，先派都督窦泰以精骑驰奔，一日一夜行三百里，高欢自以大军随后，直杀秀容郡。

当窦泰精兵出现在尔朱兆的家门外时，守卫军士已因近日宴饮喝得迷迷糊糊。忽见高欢军队，一时间惊跑迸散，不是被杀就是投降。

尔朱兆逃到荒山老林里面，穷迫无路，让左右下手杀死自己持首投降，左右不忍。于是，他自己先杀所乘白马，然后在树上套根带子上吊缢死。

至此，尔朱家族主要成员全部归西而去。较魏庄帝被他缢死，尔朱兆自缢的痛苦，又多了一层，真是现世报应，时间极速。

撰写《魏书》的魏收对尔朱荣有如下评价，大致公允（魏收收受过尔朱氏余留后人的钱财，有溢美之词），现收录于此，作为对这个盖世枭雄一生的总结：

> 尔朱荣……擒葛荣，诛元颢，戮刑杲，剪韩娄，丑奴、宝夤咸枭马市。此诸魁者，或据象魏，或僭号令，人谓秉皇符，身各谋帝业，非徒鼠窃狗盗，一城一聚而已。苟非（尔朱）荣之致力，克夷大难，则不知几人称帝，几人称王也。然则（尔朱）荣之功烈，亦已茂乎。而始则希觊非望，睥睨宸极；终乃灵后、少帝沉流不反。河阴之下，衣冠涂地。此其所以得罪人神，而终于夷戮也。向使（尔朱）荣无奸忍之失，修德义之风，则彭、韦、伊、霍，夫何足数。

无论如何，胡太后和尔朱荣，美女俊男，雌雄双煞，把大好的北魏江山，断送殆尽。

狼性男儿自英豪

北齐高欢的诡谲一生及东西魏五次大战

《资治通鉴》卷一百五十二记载，北魏权臣尔朱荣把北魏胡太后和三岁的小皇帝扔进黄河淹死，在河阴诛杀朝臣两千多人，派兵把自己刚刚立为魏帝的元子攸的两个亲兄弟杀害，把元子攸劫持于一个帐篷内，准备处理掉。一不做二不休，尔朱荣军士高呼“元氏既灭，尔朱氏兴”。“时都督高欢劝荣称帝，左右多同之”。

再看《周书·贺拔岳传》，关于此段历史的记载也基本类似。

可是，如果翻看《北齐书》和《魏书》中高欢的帝纪《神武纪》，倒成了这样的情形：“献武王（高欢）等曰：‘未若奉长乐王以安天下’，于是还奉庄帝”；“荣将篡位，神武（高欢）谏……”——此情此景与别的史书记载大相抵触。

《周书》《资治通鉴》说高欢为了巴结尔朱荣而劝他篡位自立，《北齐书》《魏书》反而把高欢说成是一个心存魏室宗庙的忠臣、大好人。

为什么会如此呢？

《魏书》的作者是魏收，他本来就是灭亡了魏朝的北齐的臣子，加之北齐帝王个个凶残荒淫，高压厚爵之下自然要美化老皇帝，否则也说不通高欢日后起兵反叛尔朱氏的理由。魏收本人也是个无良文人，谁和他关系好，他就在史书中美化这些人的先人前辈，谁和他关系不好，他就故意不给这些官员入传或有意丑化人家，并狂妄叫嚣：“何物小子，敢共魏收作色！扬之可以使之升天，抑之可以使之入地！”所以，《魏书》成后，纠纷不断，被后人称为“秽史”。

《北齐书》的作者李百药，其父李德林是入隋的北齐高官，为前朝尊者讳也在情理之中。《北齐书》大部分是李百药在其父编撰材料的基础上写成。

《周书》由唐朝人令狐德棻主编，《资治通鉴》是宋人司马光主撰材料，立场比较客观，在综合众家之议的基础上编撰而成，想必历史的真实性更高一些。

虽然历史是个可任意由人涂脂抹粉的“戏子”，可遍览众史，查看一个人一生的事迹，对其人品、性格、行事方法做出综合判断后，也不难发现表象之下难以遮掩的真实。

家境贫寒　落草为寇

高欢，字贺六浑，渤海蓨人（今河北景县）。据说，他六世祖高隐曾为晋朝的太守。后来的三位先祖，出仕慕容氏燕国，他曾祖父高湖在慕容宝亡国时降附魏朝。他爷爷高谧，官至魏朝侍御史，因犯法被流放到怀朔镇。上述“历史”，编造痕迹明显。但确定的是，到他父亲高树生时，高家家世沦落，高树生又是个“性通率”“不事产业”游手好闲的浪荡子弟。所以，高欢的少年时代确实是“在极其艰苦的环境中成长的”。

由于自小生长于边镇，周围都是鲜卑军人，高欢属于完全鲜卑化的汉人，终日舞枪弄棒。直到他和鲜卑族的老婆结婚，他才从女方的嫁妆中得到一匹马，有了马，他才有在边镇队伍中当队主（班长）的资格。

当时，没什么人对这个破落户子弟感兴趣，唯有镇将段长觉得高欢相貌不凡，资质卓异，对他说：“你有匡济时世的才能，这辈子不会白活！我这岁数，可能见不到你发达了，希望你日后能照顾我的儿孙。”当时这几句小小的鼓励，高欢一生不忘。等他掌握魏朝国柄后，追赠段长为司空，并提拔段长的儿子段宁为官。

讲起高欢，必须先讲北魏末年的六镇起义。

六镇是北魏沿长城而筑的六个军镇。自西向东，有沃野（今内蒙古五原）、怀朔（今内蒙古固阳）、武川（今内蒙古武川）、抚冥（今内蒙古四子王旗）、柔玄（今内蒙古兴和）、怀荒（今河北张北）。北魏为防御柔然等民族的入侵，专门派鲜卑族兵马长年驻守于此。

六镇的汉人和其他民族的人，都是内地的犯罪官民或被发配到这里来的。魏朝早期，边将待遇不错。孝文帝南迁洛阳后，快速汉化，王公朝士多以清流自居，在这种大环境下，六镇兵民不仅被边缘化，还受到朝贵的鄙视，从前他们依靠军功得官的机会再也没有了，魏廷变成像南朝那样以门第、才学取人。

魏孝明帝正光四年（523 年），柔然南侵，怀荒镇兵民无粮可食，请示镇将开仓放粮，好吃饱肚子打仗。镇将不准许。兵民忍无可忍，聚众杀镇将起义，一时间六镇大乱。

524 年，沃野镇的破六韩拔陵（匈奴族）起义，声势浩大，席卷边城。北魏大惊，联合柔然一同镇压，击杀破六韩拔陵，把二十多万被俘兵民全部安置到河北一带。

河北本来连年水旱灾害不断，一下子又来了这么多俘囚，矛盾激化，激使反叛不断，接连有杜洛周、鲜于修礼、葛荣等镇兵镇将的起义，这些人相互兼并攻杀，乱成一团。

最后，这些起义、叛乱，皆为魏朝权臣尔朱荣的势力所镇压。

高欢本来属于造反乱兵，他被俘后得到尔朱荣的信任，并被提拔为尔朱荣的卫队长（亲卫都督）。

精明善谋　乘乱而起

尔朱荣在其鼎盛时期，有一次忽然问左右："哪天我死了，谁能够做军中统帅呢？"

周边人都回答："尔朱兆。"

尔朱荣不以为然，道："尔朱兆虽然勇猛善斗，但能统领的人马不过是三千左右，军马多些他就乱了阵法。能代我统军的，只有贺六浑（高欢）。"

虽然奸雄识奸雄，却既惺惺相惜又相戒。对高欢产生疑戒心后，尔朱荣一方面提醒尔朱兆要暗加提防，一方面把高欢远调为晋州刺史。

不久，尔朱荣为魏庄帝诛杀，尔朱家族纷纷起兵反叛朝廷。身为一方之将的高欢，审时度势，打上了尔朱氏领下降兵的主意。

六镇造反的降兵，大多是鲜卑人，其中也还有不少汉人、匈奴人、高车人、氐人、羌人。他们被迁置于河北后，不断受到尔朱氏契胡兵的凌暴，屡屡造反，大小二十六次，被杀过半，仍旧造反不已。

当时，刚刚缢死魏庄帝、掌握魏国朝政的尔朱兆（尔朱荣族弟）对此感到头痛，向高欢咨询意见。

高欢回答："六镇降兵反叛不休，但也不能全部杀掉，大王您应选心腹之人去统领他们。如果再有反叛，就归罪其将领，不能每次都杀掉大批的兵士。"

尔朱兆觉得建议很好，就问谁能去当统领。

一起饮酒的贺拔允，傻不拉叽地在旁建议说，可以让高欢去统领六镇降兵。

闻言，高欢佯装大怒，起身一拳打得贺拔允满嘴冒血，门牙落地，骂道："太原王（尔朱荣）活着的时候，说怎么样就怎么样。现在太原王死了，天下事都听尔朱兆王爷的，你是什么东西，王爷没发话，能轮到你说三道四？"

尔朱兆很感动，觉得高欢忠心耿耿，就趁酒劲，宣布高欢为六镇降兵的统军。

高欢心中大喜过望。一直以来，他在尔朱氏手下混事，缺的就是自己能直接指挥的军队。天假其便，出了贺拔允这个大傻帽给自己提名，尔朱兆又因饮酒过量，在酒宴上发出了这么一个命令。

恐怕尔朱兆酒醒后反悔，高欢出大营后马上宣令："我现在受命统管镇兵，你们都到汾东受我号令。"言毕，他立刻驰奔阳曲川，建立统军大营。

六镇降兵一向厌恶尔朱氏和他手下的契胡兵士，极短时间内，就奔赴高欢处集合完毕。

不久，高欢上书尔朱兆说，山西霜旱灾多，兵士没有粮食，请求移师山东，以解决军粮问题。高欢本意，是远离尔朱兆，摆脱他的威胁和控制。

尔朱兆军中长史慕容绍宗见书立即劝道："不可！现在四方乱起，人怀异望。高欢雄才盖世，如果他握兵于外，正如借蛟龙以云雨，再也不能控制他了。"

尔朱兆有勇而无谋，解释说自己和高欢是拜过把子的兄弟。

慕容绍宗摇头："亲兄弟尚不可信，何况是把兄弟？"

尔朱兆大怒，把慕容绍宗关进牢房，下令高欢移师山东。

高欢率军自晋阳出发，中途遇见尔朱荣的老婆带着大车小车的财物从洛阳返回山西。看到她身边有好马三百匹，高欢派兵把马匹全都抢为己有。

尔朱兆听狼狈归来的嫂子哭泣陈诉自己马匹被抢，大怒，忙把慕容绍宗放出来问计。

慕容绍宗说："高欢现在还跑不掉。"

于是，尔朱兆自己亲率军队追赶。

追至襄垣，恰值漳水暴涨，高欢隔河拜谢："我借公主马（尔朱荣的老婆获封为北乡长公主）是为了用来抵御山东盗贼。如果您相信公主的谗言，我就过河受死。只怕您把我杀了，我属下这些人马上就叛亡而去。”

尔朱兆胆大无脑，竟然策马渡水，与高欢在营帐间坐定，抽出佩刀给高欢，伸出脖子让高欢砍。

高欢大哭，诉说尔朱家族对自己的恩惠和自己的忠心。

于是，两个人欢饮极醉，酒间杀白马盟誓。

夜间，高欢属下尉景（高欢姐夫）埋伏壮士要杀掉尔朱兆，高欢马上阻止："现在杀了尔朱兆，他的党羽一定奔归聚结报仇。我们马少兵饥，不能相敌，如果有英雄趁机而起，将成大祸。尔朱兆凶悍无谋，还是放了他好。"

转天早晨，尔朱兆归营，下令让高欢渡河到他的大营。

高欢本想壮着英雄胆过去，被部将孙滕劝止。

尔朱兆隔河破口大骂，无奈河水奔涌大军又过不去，只得带兵驰还晋阳。

高欢回营，到了军中统管兵士家属的念贤那里假意寒暄。念贤是尔朱兆安插在高欢营中的心腹，用以监视高欢。

高欢坐下后，就夸念贤腰中宝刀漂亮，取来观看。

念贤不知是计，递刀与高欢。高欢随手一刀，消除了尔朱氏在自己军中的最后一个钉子。

高欢到山东后，严肃军纪，秋毫无犯，每过麦地，自己都下马拉住缰绳，当地人民非常欢喜，受到拥戴。（这和《三国演义》中曹操的表演如出一辙。）

毕竟受尔朱家族恩多，高欢并不清楚自己属下对尔朱氏控制的魏朝有多么忠心，他还不敢挑明和尔朱氏决裂。

为了让属下军人无路可退，和他一道起兵，他想出一计——他派手下人伪造尔朱兆的军令，下令高欢所率六镇降兵全部回山西，作为契胡军人的部曲，去攻打稽胡。

本来六镇降兵就一直饱受尔朱氏契胡兵的欺凌，现在又要被征发去当契胡人的奴兵，都有生不如死的感觉。

高欢假装军命严急，从军中拣选万余兵士，马上催促出发。部将孙滕和尉景假装为士兵请命，得以宽缓五日。

士兵又忧又惧，高欢接着演戏，又假意再宽缓五日行期。

待到六镇军士的惊恐酝酿得差不多，火候正好，高欢作为统帅，与这支万余人的先遣军举行告别仪式。

当着众人的面，他自己泪落如雨，做出一副万般无奈的样子。

即将踏上山西之路的士兵一片号哭之声，悲从中来，惊天动地。

高欢叹息一声，说："我和你们都是镇户出身，一家人呵。现在西去打仗，肯定得死！迟误军期，到目的地后也得死；发配给契胡人当部曲，还得死！总之，都是死路一条。我们该怎么办呢？"

士兵马上齐呼："只有造反！"

高欢装出一副很焦急的样子："造反是不得已的事情，谁能带头呢？"

将士雀呼，共推高欢。高欢一副万不得已、为众担罪的样子。

踌躇再三，他对六镇降兵说："你们这些人，乡里乡亲的，很难统驭。想想看，葛荣有百万之众，就是因为没有军规战纪，散漫无制，最后难逃败亡。如果你们推我为领军，就不能再像从前一样，不能随意欺负汉人（六镇降兵多为鲜卑人），不能违犯军令。不然的话，我可不和你们一起造反。"

"生死由您做主！"万余军同声呐喊。

于是高欢杀牛宰羊，犒赏士兵，在信都起兵。

为了名正言顺，高欢与属下拎出一个魏朝宗室、时为渤海太守的元朗为帝。

532年，高欢初次与尔朱氏交锋，以少胜多，在广河大败尔朱兆，俘获五千多人。

尔朱兆、尔朱世隆等人在尔朱荣死后兴兵，杀入洛阳后缢死魏庄帝，立节闵帝，宰制天下。本来一家窝里斗，各怀异心，相互猜阻。忽然之中生出高欢这么个共同的敌人，反而一条心联合起来。

尔朱天光从长安出发，尔朱兆从晋阳举兵，尔朱度律发自洛阳，尔朱仲远从东郡赶赴，四路大军共二十万人，在邺城汇集，夹洹水列阵，准备和高欢决战，想一举攻灭这个“忘恩负义”的“贼子”和他手下的六镇降附兵士。

高欢派封隆之留守邺城，亲自率兵马屯兵紫陌。其时，高欢战马不满两千，兵不过三万，而敌兵有二十万之众。

众寡不敌情势之下，高欢将牛和驴系在一起堵塞自家军队的退路，在韩陵一带摆成圆阵，兵无退路，都有必死之心。

两军交战在即，尔朱兆立马于阵前责骂高欢反叛尔朱氏。

高欢此刻，理不亏词不穷：“本来我是想和你们一起共同辅佐皇帝，现今天子何在？”

尔朱兆策马言道：“永安王（被杀的孝庄帝即位前的封号）枉杀太原王（尔朱荣），我为报仇才做出这样的事。”

高欢大声叱责：“从前我们一同在尔朱荣帐下，你劝他造反的事我都清楚。况且，帝王杀大臣，何报之有？今天我和你恩断义绝！”

言毕，两军交战。高欢自领中军前突，大将高敖曹将左军，高欢堂弟高岳将右军。

接战后，高欢中军迎战不利，被逼后退。尔朱兆军直扑而来。高岳率五百骑兵突前迎敌兵。高欢另外一个将领斛律敦，收拾败退四散的兵士，重整旗鼓从尔朱兆后面扑上去。大将高敖曹，自率一千多骑兵横击冲入阵中。

尔朱兆军大败。

败逃之际，尔朱兆对慕容绍宗捶胸大叫：“不用公言，以至于此。”

尔朱家族四散奔逃。本来就首鼠两端的大都督斛斯椿等人，抢先一步回到洛阳，尽杀留守的尔朱氏党羽。尔朱世隆、尔朱度律、尔朱天光相继被俘斩。

为尔朱氏所立的节闵帝派人慰劳高欢。此刻，高欢觉得自己从前所立为帝的安定王枝属疏远，就派属下魏兰根前去观察节闵帝为人如何，准备重新拥立他。

魏兰根认为节闵帝神采高明，恐怕日后难以挟制。高乾兄弟及其他手下，也劝高欢说节闵帝是尔朱氏所立，其名不正，劝高欢废掉他。于是，高欢就把节闵帝幽禁在寺庙中。

挑来拣去，高欢选中平阳王元修。当时元修正躲藏在和他关系不错的散骑侍郎王思政那里，突然见到王思政带高欢属下人马找他，吓得面无人色："您是把我出卖了吧？"

王思政说不是。

又问："能保我一命吗？"

王思政答："世事变化无常，我真的说不准。"

元修被四百骑兵拥夹在中间，到高欢大帐中。高欢下拜，陈述衷由，泪下沾襟。元修回拜，表示不敢。

王爷这时才知道不是要杀他，而是要立他为帝。

很快，安定王手写的禅位表便递到元修手中，于是他签字同意。元修成为皇帝，是为北魏孝武帝。

五月，魏朝鸩杀节闵帝（时年三十五），又杀曾经为帝的安定王元朗、东海王元晔。可怜这些龙子龙孙，完全成为武将权臣们手中的"物"，想用就用，用完后就扔掉，杀了省心。不久，孝武帝下诏杀掉叔父汝南王元悦，因为他"位属逼迫"，太有当皇帝的可能。

魏朝孝武帝纳高欢女儿为皇后，高欢成为国丈。

转年，尔朱家族最后一个漏网之鱼尔朱兆在秀容兵败，被逼自缢。尔朱氏最后一个钉子被拔掉。

尔朱兆大将慕容绍宗携尔朱兆妻子及余众归降，高欢以其忠义，待其甚厚。他深知“各为其主”的道理，并未因从前慕容绍宗向尔朱兆进言要杀自己而计前嫌。

宰制朝廷　魏裂东西

原属节闵帝臣下、抢奔回洛阳杀光尔朱氏党羽的斛斯椿，见到高欢势力强大，心中很不舒服，于是，他与南阳王元宝炬、武卫将军元毗和王思政一同劝说孝武帝除掉高欢。

斛斯椿重新安排宫内都督人选，增加侍卫人数，选出数百骁勇武士担任孝武帝的近卫军。

皇帝多次以出猎为名，与斛斯椿排兵布阵，互相密谋。他们派人与在外拥兵的贺拔岳、贺拔胜兄弟暗中联络，准备内外响应。

魏朝司空高乾本是高欢的死党，孝武帝想收买高乾以为己用，借一次在华林园宴饮的机会，忽然要与高乾拜盟结为兄弟。由于事出突然，高乾来不及多想，表示自己“以身许国，不敢有二心”。

而后，高乾见到孝武帝增加武卫，屡屡结交外臣贺拔岳等人，知道事变即将发生，暗中劝高欢准备。高欢把高乾召至并州面议，高乾就劝高欢自立为帝。

高欢当时觉得时机还不成熟，装出非常害怕的样子，拒绝了高乾的提议。高乾进退两难，猜不透高欢的心思。由于在朝廷里夹在两派之间很难受，于是他密启高欢要求外派，很快被任命为徐州刺史。

孝武帝获悉高乾要外任为官，害怕他泄漏自己密图高欢的事，就先发制人，诏告高欢，说高乾与自己立过盟誓，反复两端。

高欢得知高乾与孝武帝盟约一事也很生气，就把高乾劝自己称帝的事通知给魏帝。这下倒好，高欢和孝武帝“和好”，等于把高乾给卖了。孝武帝把高乾召至殿上，厉声质问。

高乾被双方所卖，这位自少就“俊伟有智略”的河北豪杰也无计可施，叹息道：“陛下您自立异图，现在反过来说为臣我反复。人主加罪，无话可说！”

高乾被赐死。然后，孝武帝派人去杀高乾的弟弟高敖曹。高敖曹劫夺诛杀自己的敕令，带领十几个人奔晋阳投奔高欢。

高欢与他抱头痛哭，大叫“天子枉杀高司空”。高乾另一个弟弟高行密也投奔高欢。

借皇帝之刀杀人之兄，又能获得被杀者二弟的尊信。高欢手腕之高，由此可见一斑。

534年，魏孝武帝准备率军攻伐驻扎在晋阳的高欢，下诏戒严，声称要南伐梁国。他又和斛斯椿征发河南诸州兵马，在洛阳近郊进行大阅兵。

为了麻痹高欢，他密诏给高欢，说要带兵攻打关西的宇文泰和贺拔胜。

高欢何等人，他马上回复，说自己属下五路兵马共二十二万已出发，助援皇帝征讨，还要清除朝中奸佞，实际上，他正是明白地告诉孝武帝：我已带兵赶赴洛阳，要和你争个高下。

此时，孝武帝不得不和高欢摊牌，他令中书舍人温子升以自己的名义给高欢写了一封历史上有名的书信，内容精彩：

> 朕不劳尺刃，坐为天子，所谓生我者父母，贵我者高王。今若无事背王，规相攻讨，则使身及子孙，还如王誓……近虑宇文为乱，贺拔应之，故戒严，欲与王俱为声援。今观其所为，更无异迹。东南不宾，为日已久，今天下户口减半，未宜穷兵极武。朕既暗昧，不知佞人为谁？顷高乾之死，岂独朕意。王忽对昂（高敖曹名昂）言其兄枉死，人之耳目何

易可轻！

……王（指高欢）虽启云“西去”，而四道俱进，或欲南渡洛阳，或欲东临江左，言之者就应自怪，闻之者宁能不疑！王若晏然居北，在此虽有百万之众，终无图彼之心；王若举旗南指，纵无匹马只轮，犹欲奋空拳而争死。

朕本寡德，王已立之，百姓无知，或谓实可。若为他人所图，则彰朕之恶；假令还为王杀，幽辱齑粉，了无遗恨！

本望君臣一体，若合符契，不图今日，分疏至此！

古语云：“越人射我，笑而道之；吾兄射我，泣而道之。”

朕即亲王，情如兄弟，所以投笔抚膺，不觉唏嘘。

文人刀笔犀利，把皇帝一番忧惧无奈、不甘示弱、晓以大义、表面贬损自己实际威胁对方的心迹披露无疑。

温子升正是为孝庄帝草诏诛杀尔朱荣的那位爷，他的才华，公认是北朝第一。高欢日后确实没有怪罪他，还给他官当，很像当年曹操欣赏陈琳骂绝自己祖宗八代檄文那样的胸怀。高欢死后，儿子高澄上台后，怀疑温子升与叛乱有染，在让他撰写完《神武碑》后，关进晋阳大狱，不给饭吃，饿得这位大才子直吃自己棉袄里面的棉花，后活活饿死。

书面文字虽美轮美奂，高欢却丝毫不为所动，只是上表极言斛斯椿等人的罪恶，兵进不止。

孝武帝的亲信、中军将军王思政劝皇帝避高欢兵锋，前往关中依附宇文泰军队。东郡太守裴侠是个明白人，对王思政说：“宇文泰为三军信服，位处关中形胜之地，已握权柄，怎会轻易让权于人？如果去投靠他，无异于避汤而入火啊！”

王思政觉得很有道理，但仔细思之，南去荆州又离南朝敌国太近，就问该怎么办。裴侠说：“与高欢相战有立至之忧，西奔到宇文泰处有将来之虑，应该先往关右一带驻军，观察一下再做决定。”

于是，孝武帝以宇文泰为关西大行台、尚书左仆射，赐以公主为妻。他下诏宣示高欢的罪恶，两人从此公开决裂。

高欢对自己的军队说："孤以尔朱擅命，建大义于海内，奉戴主上，诚贯幽明，横为斛斯椿构谗，以忠为逆。今表南迈，诛椿而已。"

他以高敖曹为先锋，浩浩荡荡而来。

宇文泰闻信，发檄各地声言高欢罪恶，从高平出发到弘农屯军。贺拔胜屯军汝水。

两人都观望待变。

534 年 7 月，魏孝武帝亲率十万军队屯于河桥，以斛斯椿为前驱，列阵于邙山之北。

战斗开始前，斛斯椿请两千兵马趁夜渡黄河，趁高欢立脚未稳进行偷袭。孝武帝开始时觉得此计很好，但黄门侍郎杨宽劝道："现在这紧急关头把兵权给别人，恐生他变。万一斛斯椿渡河偷袭成功，那可是灭掉一个高欢又生出另外一个高欢啊。"

孝武帝闻言，马上下令斛斯椿停止发兵。

斛斯椿叹息道："皇上不用我计，真是天意不兴魏室。"

在关中附近的宇文泰听到风声，对左右讲："高欢数日内急行军八九百里，疲军迎敌，是兵家大忌，正好乘其疲惫奇袭。当今皇上以万乘之尊御驾亲征，不主动出击渡河决战，反而沿河据守，很是失策。而且，长河万里，只要一个地方被突破，皇上必败无疑。"

两军未交锋，孝武帝一方已有贾显智、田怙等人暗中约降，高欢很快就率军渡河。

魏孝武帝慌忙召集众臣商议对策，有的讲要奔依梁国，有的讲南依贺拔胜，有的讲西就宇文泰，有的讲守洛口死战，众口纷纷，不能定夺。

正争执间，朝臣元斌之为与斛斯椿争权，从军中跑至孝武帝处，欺骗皇帝说高欢军队已经逼近。

孝武帝又惊又急，他一面派人召斛斯椿还军，一面带着几个本家王爷率五千兵马准备出逃。

大家暗中知道皇帝要西逃，夜里就跑了大半。唯独武卫将军独孤信，从京城出发，单骑追随皇帝。试想，成千上万的人马往洛阳方向跑，唯独独孤信一人只身匹马逆向而追，情景感人至深。为此，孝武帝叹道："将军您辞父母、抛妻弃子跟随我，'世乱识忠臣'，此言不虚啊。"

天日昭昭，这位风度翩翩、忠心耿耿的奇男子，最后虽为宇文泰所害，但后代荣宠无比：长女为周明敬皇后，四女为唐朝元贞皇后，七女为隋文帝皇后。北周、隋、唐三朝天子，均是他的后人，诸子也加官晋爵，门庭赫赫。此为后话。

高敖曹为兄高乾报仇心切，率劲骑追孝武帝一直到陕西，终于没有赶上一路狂逃的皇帝。

孝武帝一路饥渴困顿，缺粮少食，最后在长安东阳驿遇见率兵迎驾的宇文泰。

高欢自晋阳发兵以来，给皇帝上了四十多封奏表，都没有答复。他亲自率兵追赶孝武帝，目的是把皇帝追回以掩饰自己逐君出逃的过错，但最终也没有实现此愿。

无奈，高欢回洛阳后立清河王世子元善见为帝，是为孝静帝，时年十一岁。

当时清河王元亶（元善见之父）自己已经准备好当皇帝，高欢怕他日后不好控制，就选择了这么个少年推上帝位，以免重蹈覆辙。从此，魏朝分裂为东魏和西魏。

两魏五战　英雄辈出

北魏孝武帝果然是才出虎穴，又入狼口。史载，孝武帝闺门无礼，有堂妹三人皆不令出嫁，名义上封为公主，实际上在宫中充当嫔妃。其中一个平原公主元明月，最受他宠爱。

宇文泰不耐烦，怂恿西魏元姓诸王把平原公主从孝武帝身边抢出来杀掉，以消乱伦之丑。

孝武帝恨恨不平，美人被夺，悲愤可知，他不时在宫内弯弓搭箭，或以刀砍击桌案，宣泄不平。言语之间，掩饰不住对宇文泰的恨意。

宇文泰在皇帝身边耳目甚多，闻此也做事干脆，派人把毒药放进孝武帝的酒里，毒死了这位很有主见的皇帝。孝武帝死时，仅二十五岁。

随后，宇文泰立平原公主的亲哥哥元宝炬为帝。

宇文泰，字黑獭，是鲜卑化的匈奴人。其父宇文肱，最早是六镇叛军中鲜于修礼的将领。其父战死唐河后，宇文泰加入葛荣军。尔朱荣击灭葛荣后，喜欢他的骁勇善战，授他为统军一职。高欢灭尔朱氏后，他受贺拔岳之托，去并州查看虚实。

当时，高欢见他身长八尺，垂手过膝，相貌非凡，想留下他为自己效力。宇文泰固请返军复命。高欢犹豫中，允许他回去。

过后，高欢反悔，想杀掉宇文泰以绝后患，但骑兵追至关口也未赶上，正如项羽不杀刘邦、曹操放走刘备、桓玄容纳刘裕，最终皆养虎贻患。

宇文泰的后人，最终灭掉了高欢后人建立的北齐。

高欢换掉皇帝后，觉得洛阳西近西魏，南近梁国，就决定迁都邺城。命令下达后，三日即行，洛阳四十万民众狼狈就道。他任命司马子如为尚书左仆射（此人就是尔朱荣被杀后不顾妻子随尔朱荣一家逃跑的那位流氓文人。他当时还劝尔朱世隆反攻洛阳，魏孝武帝之死，究之根由，实赖其成），高隆之为右仆射，高岳为侍中，孙滕留守邺城，共执朝政。

536年，高欢率大军造三座浮桥，在蒲坂准备抢渡黄河。

由此，第一次东西魏大战——小关之战拉开序幕。

宇文泰确实是兵中奇才，他对诸将说："高欢三面围住我军，搭建浮桥表示他要过河进击，实际上是想吸引我军的注意力，使窦泰从西进军两面夹攻我们。窦泰乃高欢骁将，屡战屡胜，将士必起骄心。如果我们发奇兵先击窦泰，高欢则不战而胜。”

诸位将领都不以为然，认为高欢近在眼前，不战不防反而掉头击窦泰，万一出了差错会全军覆没。

宇文泰的族侄宇文深与他意见相同，他认为，如果在蒲坂迎击高欢军，窦泰肯定乘机从反面扑来，双方夹击下，一定会失败。他建议选精锐兵骑直出小关（在潼关之左），窦泰性急，必来赴战。而高欢行事谨慎，肯定观望。战胜窦泰后，再回击高欢，敌军可破。

果然，西魏军突至小关，窦泰猝不及防，引兵赴阵，宇文泰从马牧泽中杀出，大破窦泰。

东魏兵死伤殆尽，窦泰自杀。

由于黄河冰薄，人兵辎重无法通过，高欢只能撤毁浮桥回军。

西魏军从后追击，高欢派去殿后的大将薛孤延一战之中砍坏十五把钢刀，战事异常惨烈，最终，才保得高欢一行人逃脱。

双方第一次交手，以高欢失败告终。

高欢另一路人马高敖曹进军顺利，从商山出发所向无前，在他率兵猛攻上洛时，被流矢射中，遍体鳞伤，其中三处是贯穿伤。死而复苏后，为安慰军心，他马上跳起来骑马免胄巡城，大大鼓舞了士气，攻陷上洛城。

城克之后，高敖曹躺在帐篷中疗伤，感觉自己要死掉，叹息道：“遗憾的是不见弟弟高季式当刺史。”

高欢闻言，马上任命高季式为并州刺史。

高敖曹是死于孝武帝和高欢两人权谋的高乾的三弟，他本名昂，以其字“敖曹”驰名于当世。

此人龙眉豹须，姿体雄异，自少年时代起就桀骜不驯，招聚剑客四出劫掠。《太平广记》中载有其诗三首，其中《征行诗》：“龙种千口羊，泉连百壶酒。朝朝围山猎，夜夜迎新妇。”可以想见他年轻时放荡不羁的生活。当初，尔朱荣恶其英武，一度把他诱捕，关在洛阳。孝庄帝杀掉尔朱荣后，知道高氏兄弟英豪，于黄河边亲自送他们还乡招集部曲。高敖曹意气慷慨，临行舞剑，以示效死之心。

孝庄帝被害后，他投奔高欢，大破尔朱氏。后来孝武帝杀掉他哥哥高乾，还派人杀他，他率十余骑奔赴晋阳归高欢。高欢引以为大将，南征北讨，立功很多。

小关之战后，高敖曹全军而还，被授为军司大都督，统七十六都督。

当时，高欢属下以鲜卑将领为主，这些人都轻蔑汉人，唯独惧怕高敖曹。

高欢在号令手下大将时，常常用鲜卑语发号施令，但只要有高敖曹在侧，他一定改用汉语讲话。

鲜卑将领刘贵与高敖曹不和，有一次，两个人同在一处议事，下面有人报告治河役夫有好多人被淹死，刘贵故意说：“性命只值一文钱的汉人，随他们死！”高敖曹闻言大怒，拔刀就砍刘贵。刘贵奔逃还营，高敖曹随之鸣鼓召集属下，勒兵欲攻，最后，经别人劝了好久才罢手。

又有一次，高敖曹与北豫州刺史郑俨祖玩握槊游戏（一种棋类），刘贵派手下召郑俨祖商议军事。高敖曹不让郑俨祖走，并派兵把刘贵的使者用木枷夹住站在一旁待着。刘贵的鲜卑偏将恃势骄横惯了，在旁跳脚喊：“枷则易，脱则难。”高敖曹闻言，从随从手中抽出一刀，往此人脖子上猛劲一抹，说：“又有何难！”人头落地。刘贵闻知后，也不敢过来理论。

还有一次，高敖曹去大丞相府拜见高欢，门口护卫不让他进去。激得性起，他兜转马头，弯弓搭箭，回手射杀了门卒。高欢闻知后，也不怪罪……

由此可见，高敖曹在高欢心目中的位置何其重要！

高欢深知属下鲜卑士兵与汉人之间的矛盾。他左右逢源，对鲜卑人讲："汉人是你们的奴仆，男人为你们耕作，女人为你们织衣，上交粟帛赋税让你们温饱无忧，为什么还要欺凌他们呢？"转头，他对统下汉人讲："鲜卑人是你们雇佣的兵客，得到你们一些衣物吃食，为你们防盗击贼，能保你们安宁度日，干吗那么恨他们呢？"

对于迂腐而不知变通的汉族大臣，他也想方设法予以说服。一次，高欢要出门打仗，一名叫杜弼的大臣请求高欢出征前先消除内贼。高欢问"内贼"是什么人。杜弼说是那些掠夺百姓的鲜卑贵族。高欢没有立刻予以作答。他下令营中军士都搭弓上箭，高举大刀，握槊向前，夹道层层而立，接着，他命令杜弼在行列中来回走动一次。杜弼是个书生，哪里见过这种阵势，吓得浑身哆嗦，冷汗直流。

见此，高欢对杜弼说："虽然搭箭不射，持稍不刺，举刀不砍，你都被吓得失魂落魄。诸位勋贵将领，在战场上冲锋陷阵，百死一生，虽然有人或许有贪污冒抢的行为，但与他们平时的战功相比，怎能相提并论？"杜弼跪地顿首，为自己冒失的举谏表示道歉。

高欢一举两得，既堵住了谏官的嘴，又收买了鲜卑军士的心。

537年，高欢自己带兵二十万自壶口出发赶往蒲津。第二次东西魏大战（河苑之战）开始。

由于关中旱灾大饥，宇文泰带着不到一万的军马在恒农谷仓休整了五十多天，好容易才让饿得几乎皮包骨头的军士歇缓过来。听说高欢渡河来战，赶忙入关准备。

高敖曹带三万兵马把恒农团团围住。高欢的参谋劝说道："西魏贼兵连年饥荒，所以冒险到陕州来抢仓粟粮食。现在高敖曹已经围住恒农粮仓，粮食运不出去。我们最好分兵诸道，不与敌兵接战，等到麦秋时分，敌方军民饿死大半，宇文泰不死也得投降。所以我们最好别渡黄河。"

大将侯景也劝告："我军几十万士兵一举前来，万一不胜，一时难以集结兵马。不如把大军一分为二，相继而进。前军若胜，后军全力攻上；前军若败，后军可以接应，到时作为后备队出击迎敌。”

高欢对这两条意见都没有听进去，自蒲津渡过黄河前进。

宇文泰到了渭水南岸，征召的诸州兵马都没有到位。他手下诸将以为众寡悬殊，建议待高欢军队再往西行后才出兵相会。

宇文泰坚持不可：“高欢如果到了长安，肯定人情民心全都会降服于他。现在，趁他远来新到，正好一举可以击破。”于是，他派人造浮桥渡渭河，令军士精装带三天粮食，距高欢军六十里处屯军。

宇文泰还派手下将领达奚武带三个骑兵化装成东魏军士，傍晚混入高欢营内侦知军中口令。这四个人昂首扬鞭，假装成督察官，各个军营都转了一圈，看见有衣冠不整或不遵法纪的高欢兵士，还上前举鞭乱打一顿。

他们转了个通宵，查明高欢军中一切部署后才返回营中复命。

高欢得知宇文泰兵到，引兵会敌。

宇文泰手下李弼认为敌众我寡，不能平地置阵，可在十里以外渭曲长满芦苇的沼泽地埋伏。宇文泰觉得此计可行，命令军士都偃旗息鼓，埋伏在芦苇丛中，听见鼓声就一起冲出。

高欢部下都督斛律羌举劝说：“宇文泰只想决一死战，就像个疯狗一样，豁上命也要咬人。渭曲芦苇茂密，泥泞不堪，士兵交战，用不上全力，不如与其相持，再暗中派精兵掩袭长安，端掉敌军的老窝，如此则宇文泰必可生擒。”

高欢听说渭曲芦苇丛生，灵机一动：“放把大火把敌军烧死，怎么样？”

一向精明的侯景，这时出了个馊主意，认为：“应该生擒宇文泰宣示百姓，如果他被烧成焦炭，谁会相信我们真的大胜呢？”

踌躇之间，高欢大将彭乐盛气请战，大声嚷嚷道：“我们人多势众，百人擒一，还怕不打胜仗吗？”

随葬佣　北魏

受此鼓舞，高欢下令进击。

东魏兵望见西魏兵寥寥无几，个个贪功冒进，应有的战阵，散不成形。

两军相交之际，宇文泰亲自擂响鼓号，埋伏于芦苇丛中的西魏兵士奋身挺兵而起，李弼率一支铁甲骑兵从侧面突出横击，东魏军队被截成两段，军卒大恐。

李弼的弟弟李标是个小个子，奋勇异常，每次跃马陷阵时，他都隐伏于马背上左劈右砍，东魏兵只要看见他那匹好像是“无人驾驶”的马就惊呼：“避开这个小个子。”

宇文泰远处望见，对左右叹道：“胆略如此，何必有八尺之躯！”

征虏将军耿贵也是武艺绝伦，每次入阵一圈，他身上的铠甲袍裳全被敌人鲜血染得透红。宇文泰说：“观其甲裳，就知杀了不少敌人，何必数首级论功呢？”

高欢的将领当然不是草包。大将彭乐深入西魏阵中，被数根长矛刺得肠子都流出来，他用手把肠子填回腹内，抡枪再战。

看见队伍散乱，高欢想先收兵集结后再出击。点名官过了一会儿回来，禀告说：“众营皆空，兵士死散，没人应答。”

高欢不甘心，还在犹豫。大将斛律金劝说：“众心离散，不可复用，我们应该立即奔往黄河以东。”

高欢据鞍叹息不动，斛律金以鞭击打战马，一行人逃走。到了河边，差点没找到船，最后狼狈渡河。

此战下来，高欢丧甲士八万人，丢弃铠仗十八万。高敖曹闻听败闻，也从桓农撤围，退保洛阳。

西魏宇文泰经此一胜，兵精粮足，皆大欢喜。

隔年，即538年，高欢大将侯景从宇文泰手中重新夺回洛阳金墉城，烧毁洛阳大量民居官寺。

宇文泰当时正带着西魏文帝元宝炬回洛阳祭扫魏朝先帝陵庙，闻讯后，立刻率军驰援，临阵斩杀高欢大将莫多娄贷文。

侯景连夜突围，宇文泰追击。

侯景摆大阵，北据河桥，南依邙山，与宇文泰大军交战。混战之中，宇文泰战马中流矢惊逸，把宇文泰甩在地上。东魏大军追围上来，左右皆散走。都督李穆下马，用马鞭击打趴在地上的宇文泰，假装叫骂："你这个糊涂兵，你们王爷跑到哪里去了，怎么自己留在这里？"

追围的东魏兵听李穆的口气，便认定宇文泰不是什么贵人达官，都扭头散去追杀更值钱的目标。李穆扶宇文泰上马，双双逃去。

由于此时西魏后军大至，军势复振，遂掉头迎击侯景军，侯景败北而去。

高敖曹心气高傲，一直看不起宇文泰，命左右大将持写有官名将名的旌旗和显示贵重的伞盖，跨马临阵。

见到这么一个名将，西魏军调动最精锐的军队围攻高敖曹，致使其全军尽没。血染战袍红，高敖曹大英雄最后单骑跑往河阳南城。

恰巧，河阳城的守将是高欢的一个堂叔高永乐，他素与高敖曹有过节，关闭城门不让高敖曹进城。

大英雄此刻龙卧浅滩，仰呼城上求绳，没人应答；他又拔刀猛砍城门，想劈出个洞来逃入城中。城门坚厚，砍了许久也砍不开。

西魏大队追兵赶到，高敖曹知道性命不保，转身昂头迎前，奋声大叫："来！与汝开国公！"（意思是来人斩其头，西魏肯定会以开国公的重衔封赏。）

那个斩去高敖曹头颅的兵士回到西魏后，获赏绢万段，每年按量发放，直至宇文泰创立的周朝（北周）灭亡，赏绢还没有给完。

高欢得知高敖曹死讯，如丧肝胆，打了高永乐二百军棍，追赠高敖曹为太师、大司马、太尉。

此次河桥大战，两魏军阵极大，首尾悬远，从早到晚，交战数十回合，气雾四塞，形势万变，团团相杀，也不知道谁胜谁负。西魏独孤信、赵贵等人交战不利，混乱中又不知宇文泰和西魏文帝的消息，都弃军先回。其他将领见状，也都和他们一起逃走。知此情形，宇文泰也烧营遁走。

文人出身的王思政下马，手持长矛左刺右刺，一刺就击倒数人。由于陷阵太深，从者皆死，他自己也因重创昏绝，由于天黑敌军收兵，才未被砍头。王思政每次打仗时都着破衣烂甲，敌军不知他的将帅身份，所以首级未被割去。不久，他的下属在尸体堆中找到他，扶他上马回营。

平东将军蔡佑下马步战，左右劝他乘马以便逃跑，他大怒道："宇文泰丞相爱我如子，今天怎么能怕死呢？"言毕，他带领十几个士兵齐声大呼，进击东魏兵，杀伤甚众。东魏兵把他团团包围十余重，都惧其勇武，不敢近前。蔡佑弯弓持满，四面转指箭锋。东魏兵找出一个身着厚甲手执长刀的兵士直冲蔡佑，距三十步之远，左右劝蔡佑发箭。蔡佑说："我们的性命，全都在此一箭，岂能虚发！"敌兵冲到十步远的距离，蔡佑一箭把来人射杀。包围他们的东魏兵见此情形顿时呼啦啦散开，蔡佑最终得与左右还营。

河桥一战，双方基本打平，只是高欢痛失汉族大将高敖曹，损失不可谓不大。

543 年，两魏第四次大战（邙山大战）揭开序幕。

此次战争的导火索，是由于高敖曹的哥哥高仲密以北豫州投降西魏引起。而更深层的原因，则是由于高欢的儿子高澄贪色引发。

高澄十四岁时就因与其父的宠妾郑大车通奸，差点被高欢杀掉，经司马子如从中周旋，杀掉首告的奴婢灭口，父子才重新和好。后来，高澄看中了高仲密美丽的妻子李氏，一见面就扑上去乱扯衣带想要强奸。李氏不从，衣带尽裂，脱身后向高仲密哭诉。恰值高仲密即将外放为北豫州刺史，他惊惧气恼之下，一到任上就向西魏投降。

这样一来，东魏的战略要地虎牢关落入西魏之手。

宇文泰亲率诸军接应高仲密，军至洛阳，包围河桥南城。

高欢也亲自将兵十万，自黄河北岸渡河，据邙山为阵，数日不战。

宇文泰尽留辎重，趁夜登邙山想突袭高欢。

侦察骑兵火速通知高欢，说西魏军只携兵械干粮而来，已距高欢四十里。

高欢勒兵，正阵待敌。黎明时分，两军相交，高欢大将彭乐以数千骑兵直冲入西魏北军，所向皆溃，一直深入西魏营内。这时，有人奔告高欢说彭乐临阵叛逃，高欢大怒。不久，西北方向尘土飞扬，彭乐遣使告捷，俘获西魏临洮王元柬等五个王爷及督将参谋等总共四十八人。

高欢大喜，鸣鼓进击，大败西魏军，斩首三万余级。

高欢派彭乐追击宇文泰。宇文泰狼狈不堪，边跑边在马上向彭乐哀求："这不是彭乐将军吗？今天你杀掉我，明天你还有用吗？干吗不马上还营，把我丢下的金银宝物一并取走呢？"

彭乐粗人，也觉此话有理，他舍掉宇文泰，回至宇文泰丢弃的营中，把一大袋金银放在马上奔回向高欢复命。看来"玩寇""养寇"不是唐朝将领发明，自从勾践诛文仲、刘邦杀韩信，"兔死狗烹"一直是武人最害怕的事情，以后被唐、元、明等诸多武将奉为长策，时不时就纵"匪"漏网。只有这样，天下有事，才能保武人位重权尊，更免鸟尽弓藏之祸。

彭乐马后悬着大包小包回见高欢报告："黑獭侥幸逃跑，已经吓得破胆。"

高欢既高兴彭乐大胜，又极怒他放走宇文泰，命彭乐趴在地上，亲自上前抓住他的脑袋猛往地面撞，咬牙切齿良久，手中刀举了几次，要当场砍下彭乐脑袋。但权衡再三，他未忍下手。

鼓乐满脸是血，扬头乞求高欢再给他五千人马，回阵复追宇文泰。

高欢骂道："你把人都放跑了，还说什么回阵复追。"于是，他派人取来三千匹绢压在彭乐背上，用以赏其战胜之功。

转天，东西魏两军重整旗鼓复战。

宇文泰三军合击东魏军，战无常势，高欢大败，步兵全被俘虏。一时间，高欢的坐骑也被射死，他手下大将赫连阳顺自己下马，把马让给高欢，连同七个人随后保护。

追兵聚至，高欢的亲信都督尉兴庆说："大王您赶快离开，我腰中有百箭，足以射杀百人，保护您撤走。"

高欢感动："如果我们都能生还，以你为怀州刺史。如果你战死，让你儿子做刺史。"

尉兴庆说："我儿子太小，希望用我哥哥做刺史。"

高欢允诺。

尉兴庆一人殿后拒战，矢尽，被西魏兵乱刀砍杀。

东魏有投降的兵士为了请功，把高欢逃跑的方向向西魏报告。宇文泰招集三千敢死队，都执短兵，以大都督贺拔胜为首，带军急追。

乱阵之中，贺拔胜发现正在仓皇逃命的高欢，执槊与十三骑追赶上来。他狂追了数里，好几次槊尖都几乎刺及高欢，大喊："贺六浑（高欢字），我贺拔破胡（贺拔胜字破胡）今天一定宰了你！"

高欢力竭惊恐，几乎心脏病发作，顿时晕倒在马上。他的随从在旁边放箭，射翻西魏两骑，又毙贺拔胜坐骑。

等到副马赶到，高欢已经跑得没影。贺拔胜叹道："今天竟然忘记带弓箭，真是天意啊！"

战后，高欢回到邺城，把贺拔胜留在东魏的几个儿子全部杀尽。贺拔胜听说后活活气死。宇文泰听到贺拔胜死讯，流泪良久，对左右说："诸将临敌，神色都显慌张，唯独贺拔公临阵颜色如常，真正是大勇之人啊！"

由于西魏赵贵等五个将领的手下军队败退，战场形势又发生变化。东魏兵重新集结，冲杀过来。宇文泰出击，不敌而退，率军逃跑，东魏军队追击。

由于独孤信等人收集西魏散卒从后袭扰东魏追兵，宇文泰才得幸逃脱，屯军渭河上游。

高欢将兵入陕州，部下封子绘劝高欢乘胜追击，定能一统两魏。但其余将领皆无斗志，志气衰竭，不敢再战。

当其时也，宇文泰已成强弩之末，只要高欢军至，必死无疑。

高欢见众将志沮，便下令还军，错过了绝佳的机会。

一直为宇文泰坚守恒农粮仓的王思政，听说西魏军大败的消息，不仅不逃，反而让人大开城门，自己解衣躺在城楼上，慰勉将士，以激励士卒，表示自己的胆略。

几天后，东魏兵杀到城下，见城门大开，又知道王思政的名声，心中大怯，竟不战逃走。诸葛亮的“空城计”乃演义所为，王思政的“空城计”实为正史所载。

东魏军重新夺回北豫州和洛州，侯景俘获高仲密妻儿，送至邺城。由于高乾、高敖曹都是高欢功臣，高仲密的弟弟高季式闻说兄长起兵的消息马上跑回自首，就没有被连坐族诛，高欢只杀高仲密一家长幼。

高澄打扮得漂漂亮亮，盛服去见将被处死的高仲密妻子李氏，问：“今日如何？”李氏默然，于是被高澄纳为妾侍。为一女子之故，勋臣外叛，老父几死，两魏兵人死伤数十万，高澄这一祸根，当时竟无人敢指摘。

最让后人感觉荒谬的，当属后来的结局。高澄日后被家奴刺死，其弟高洋篡魏自立，建立齐国，后来被尊谥为齐显祖。高澄从高仲密处得来的李氏入高澄母亲娄太后宫中为女官（官名昌仪）。齐显祖高洋死后，他仁弱的太子高殷继位。几位汉族大臣杨愔、郑颐等恐怕高洋的弟弟高演、高湛日后篡位，密谋派二王外出做刺史以消除威胁，并把此事向高殷的母亲李太后做汇报。李太后自认为和李昌仪是通家，就把杨愔等人的密信给她看，这位二夫之妇李昌仪，倒对娄氏太皇太后忠心耿耿，马上密报给娄氏。太皇太后娄氏当然喜爱自己两个亲生儿子高演和高湛，一起密谋杀掉杨愔等汉族大臣，不久高演废侄子高殷自立（次年派人扼杀高殷）。高演仅当了两年皇帝，因打猎马惊坠地伤肋而死，传位给亲弟高湛。高湛继位后酗酒淫虐，把高澄、高洋、高演的几个皇后奸淫殆遍（都是其亲嫂），又鸩杀高澄长子河南王高孝瑜，把高澄的三子高孝琬折断大腿杀死。待日后高湛的儿子高纬即位，毒杀高澄第四子兰陵王高长恭。而且，齐国灭亡主因，就在这位齐后主手里。究其本由，如果高澄不抢夺高仲密之妻李氏，此人就不可能在太皇太后娄氏处当女官。高洋的太子高殷自幼由汉族大臣和宿儒辅导，虽不失懦弱，但确为仁德之主，凭借父祖之力和北齐将士之强，说不定能一统北方。而高澄从高仲密处抢来的李氏一泄密，造成几位汉族大臣横死，仁德的小皇帝被废杀，高湛、高纬皆凶残荒唐，最终造成齐国倾覆。

这种历史真实的报应与埋伏，恰似小说中的伏笔，不过，即使是上好的小说家，也难以虚构出这样离奇的情节。

三年后，即546年，东西魏第五次大战——玉璧之战爆发。

当年十月，年过五旬的高欢率大军十万围攻西魏位于汾河下游的重要据点玉璧（今山西稷县）。

守城的，是西魏大将韦孝宽。

玉璧城中，兵士不过数千。高欢十万大军，昼夜攻城，一刻不停。

韦孝宽目不交睫，指挥拒战。西魏守军从汾河汲水供城内人马饮用，高欢派人改掘河道，一夕而成。他又在城南堆起土山，想凭高冲下入城。

韦孝宽在原先城楼上的两个高亭之间绑缚木柱，一直使木桥高于土山，投石掷火，使东魏兵不能近城。

高欢派人对韦孝宽叫喊："即使你韦孝宽搭楼上与天齐，我也会穿地入城取你人头！"高欢军士果然挖掘地道，想把墙根儿挖穿涌入城中。

韦孝宽在城周挖出一条大沟，高欢兵只要从地道尽头跌入长沟，马上派人就地擒杀。他还在长沟内堆满木柴，只要有地道通口暴露，就派人往洞口填塞柴草，放入火把之后，以气排往地道内鼓气，洞中东魏兵，顿时被烧焦。

高欢使用前面安有巨木尖铁的攻车撞城，由于攻车极重极尖，撞上什么马上随声摧垮。韦孝宽缝制无数大布为巨幔，士兵搭吊两端，随攻车方向而转移。由于大幔悬空，攻车以硬碰柔，撞物之前力量已经被消解一空。

此计不行，东魏兵把松薪麻骨绑在长竿上，浸满油烧着，想在烧掉大幔的同时焚烧城门。

韦孝宽派人做利刃缚在长竿上，砍断对方的长竿。

无计可施之下，高欢派人在城四周穿地道二十条，中间施以梁柱，再以猛火燃烧，地道内梁柱崩塌，好多段城墙也随之塌毁。

韦孝宽在城崩处又树以大木栅，后面施以尖槊弓弩，东魏兵还是不能攻入。

不久，韦孝宽派人夺取了土山的制高点。

高欢派参军祖珽说降韦孝宽："您孤城据守，四方无救，最终只怕坚持不住，不如早早投降算了。"

韦孝宽答道："我城池严固，兵食有余。攻者自劳，守者常逸。我怕的是你们军队回不去呀。我韦孝宽关西男儿，绝不会做投降将军。"

祖珽于是对城中大喊："城中有能斩韦孝宽的人，拜太尉，封开国公，赏帛万匹！"并向城内射赏格（悬赏令）。

韦孝宽在赏格背面亲笔书写"能斩高欢者也按此赏"。射还城外。

东魏苦攻玉璧五十多天，战死病死七万多人，都埋在一个大坑内。

久攻不下，又死了这么多军人，高欢忧愤发病，一卧不起。

一天夜里，有大星坠于营中（古人认为陨石是将星坠落），高欢惊惧，解围而走。

归途中，军中讹传韦孝宽大弩射杀高丞相，西魏闻知此消息，又派大军四处高喊：“劲弩一发，凶身自殒。”

为使军心不致摇荡，高欢不顾病重之身，在露天大营召集诸将宴饮以示自己还活着，并令斛律金唱《敕勒歌》：

> 敕勒川，阴山下，天似穹庐，笼盖四野。天苍苍，野茫茫，风吹草低见牛羊。

高欢亲自和唱，哀感流泪。

547年，正月朔日，恰巧日蚀。垂死的高欢叹道：“日蚀为了我吗？死亦何恨？”

弥留之际，回顾一生，出身孤弱，恰逢乱世，东征西杀，一生陷阵。不知老英雄是悲，是喜，是忧。

无论如何，从六镇一个戍卒熬到魏朝的王爷，想必没有辜负平生！

《北史》记载：

> 神武（高欢死后被儿子高洋尊谥为神武皇帝）性深密高岸，终日俨然，人不能测。机权之际，变化若神。至于军国大略，独运怀抱，文武将吏，罕有预之。统驭军众，法令严肃，临敌制胜，策出无方。听断昭察，不可欺犯，知人好士，全护勋旧……雅尚俭素，刀剑鞍勒无金玉之饰。少能剧饮，自当大任，不过三爵。居家如官，仁恕爱士……至南和梁国，北怀蠕蠕，吐谷浑、阿至罗咸所招纳，获其力用，规略远矣。

虽然文中不无溢美之词，但基本不失公允。

征战一生的高欢，又累又气又病，最后死于家中，时年五十二岁。

高欢死后，长子高澄独担魏朝大任，将篡未篡之时，被家奴刺死。

而后，高欢次子高洋袭位，这位“内虽明敏、貌若不足”的丑陋男子一鸣惊人，很快废掉东魏最后一位皇帝孝静帝，建立齐国，史称北齐。

北齐传至后主高纬，竟为宇文泰子孙所灭。

五十年繁华一朝尽

侯景之乱与南朝萧梁的灭亡

南朝梁武帝天监三年（504年）六月八日，刚刚称帝二年多的梁武帝以帝王之尊，亲自在重云殿讲佛法。忽然，一位名叫志公的大和尚“起舞歌乐，须臾悲泣”，口赋五言诗：

> 乐哉三十余，悲哉五十里。但看八十三，子地妖灾起。
> 佞臣作欺妄，贼臣灭君子。若不信吾语，龙时侯贼起。
> 且至马中间，衔悲不见喜。

当时，在座的武帝、众大臣、僧徒皆如坠云雾，摸不着头脑，均以为这位大和尚忽发狂癫。

孰料，四十多年后，志公和尚的预言一一验现：“乐哉三十余”，是指萧衍为帝时年仅三十八岁。“悲哉五十里”，是指梁朝大约享国五十年左右，萧衍本人为帝四十八年，近五十年。“但看八十三，子地妖灾起”，萧衍八十三岁时，侯景在悬瓠上表请降，其地正属“子地”。“佞臣作欺妄”，萧衍听信奸臣朱异之言，纳侯景之降。“龙时侯贼起”，戊辰龙年，侯景叛乱，最终使梁武帝饿死台城，“衔悲不见喜”。

上述记载见于《隋书·五行志》，从诗意上看，似乎应该不是后人伪造，而且所预言之事，四十多年后几乎件件成验，比《推背图》中模棱两可的话可要“实在”得多。

501 年，萧衍因其兄萧懿被齐东昏侯所杀，愤然兴兵，终于攻破建康，开基立业，于 502 年建立了梁朝。

萧衍三十八岁做皇帝，八十六岁饿死台城深宫，“自我得之，自我失之”，是中国历史上罕有的帝王现象。

萧衍死后他的子孙辈分别有三任皇帝，但均是命祚短促，萧察更是小城国主、西魏拥立的傀儡，无论“正朔”与否，基本都算不上数。

“南朝四百八十寺，多少楼台烟雨中”

梁武帝的统治时代

萧衍，字叔达，小字练儿，南兰陵人，据说是汉代名相萧何之后。

梁武帝继位后，把“禅位”给自己的齐和帝封为巴陵王。当时，齐国的宗室根本不用萧衍动手消灭，因为齐明帝和东昏侯基本把齐高祖和齐武帝的子孙杀了个干净。

萧衍称帝前，就以齐和帝萧宝融的名义先杀掉了湘东王萧宝晊兄弟，后来又杀掉齐明帝剩余的几个儿子。由于建国时他正值壮年，用不着像刘裕和萧道成两个老头子那样有“日薄西山”的紧迫感，起先还真想把退位的少年齐和帝在南海郡养起来。

他的高级谋士沈约劝他“不可慕虚名而受实祸”。于是，萧衍就派亲信郑伯禽到姑孰，送给年仅十五的齐和帝一大块生金，逼他吞服自杀。已经“禅位”的齐和帝虽年少，风采不减，朗言说：“我死不需金，醇酒足矣。”

郑伯禽一看废帝如此“配合”，也很高兴，便弄来一大坛美酒。少年人神情怡然，大碗大碗狂饮，很快就沉醉不省人事。郑伯禽上前，掐死了这位十五岁的少年。

虽杀戮齐明帝一支族属，萧衍对于前朝宗室还不算太残忍。萧道成一系的支属萧子恪兄弟十余人，均被授以清闲之官，活得好好的。其实，萧衍和南朝齐国还是同宗，不过宗属稍疏罢了。

依辈分，萧衍之父萧顺之是齐高帝萧道成的族弟。南齐时代，萧衍本人也是竟陵王萧子良“西邸八友”之一，他的文学修养确有大家之范（另七位是范云、萧琛、任昉、王融、谢朓、沈约、陆倕）。这几个人，当时“立骈文之鸿轨”，诗文开创南朝一代典范“永明体”，自是才高八斗之士。武功方面，萧衍盛壮之年也是军事天才，连大名鼎鼎的北魏孝文帝都说：“萧衍善用兵，勿与争锋。”

但萧衍晚年，昏聩怯懦，眼见侯景节节胜进，八十多岁的老翁，魄神全失，已经不是昔日愤起襄阳的那个萧衍了。

内政方面，萧衍一方面下达种种诏令优显士族高门，核实谱牒，严防冒袭；另一方面他一直重用寒素出身的士人，无论是早期的范云、沈约、徐勉，还是中后期的朱异、俞药等人，就连率七千兵士横行魏境的大将陈庆之，也是寒人出身。因此，在用人方面，为帝早期的萧衍应该是很有手腕的大政治家。

对外方面，506年，萧衍称帝没几年，曾派其六弟临川王萧宏在淮南与北魏对峙，梁军当时器械精新，军容甚盛，北朝人都认为是百数十年所未见。至于萧宏，“长八尺，美须眉，宽和笃厚”，但他打仗完全是个外行，一战即溃。

507年，梁朝大将梁景宗等人倒是在钟离大败魏军，杀死魏兵十多万（多为淹死），生擒五万多。而且，此次战役中的“火攻计”还是萧衍直接授意，可见这位帝王壮年时期的军事天才如何了得。

梁武帝普通七年（526年），北魏境内烽火纷起，六镇军人此起彼伏，葛荣起义号称百万于外，尔朱荣又擅权于内朝，梁朝趁机向北拓展。

527年，梁将陈庆之在涡阳大败魏军。529年，陈庆之以送“魏王”

梁武帝萧衍像

元颢为名，率七千人从铚县出发，一直杀到洛阳，四十七战，共攻取三十二城，所向皆克。百余年来，南兵能攻入洛阳，简直是前所未闻之奇事。

关键时刻，萧衍犹疑，没能派大军继续深入魏境接应，元颢又自立为帝。不久，元颢和陈庆之双双被尔朱荣的军队打得大败，元颢被杀，陈庆之一个人逃回建康。

由此，萧梁的巨大军事胜利，真可谓昙花一现。

当初，高欢逼走北魏孝武帝后，北魏分裂为东、西两魏。为了牵制西魏，东魏方面主动向梁朝示好，双方互使不断。但是，高欢死后，侯景叛东魏，萧衍竟然对此人予以接纳，不仅破坏了与东魏长期以来的“友好”关系，同时敲响了自己的丧钟。

南朝几代王朝的逐渐衰弱，实际上与北魏之乱一样，都是由于军人身份的持续低落引起。“士家”“兵户”自魏晋以来，代代承袭，他们父子相承，不仅负担沉重的兵役，还要佃耕政府的土地，交纳各种苛捐杂税，生活极端困苦，甚至连奴婢都不如。

由于持续战争，兵士来源不仅越来越少，世家、方镇为了自己的利益偷偷冒隐起来的人员也日益增多。为了征兵，南朝政府不得不重新想办法，从农村自耕农中征发“露户”“役门”，由于主将贪暴，克扣粮食军饷，农兵逃亡，惩罚连带又重，致使许多农村自耕农相继破产丧家。

如此，恶性循环，造成了经济衰弱、公田私化、土地兼并严重、租调以外的杂调日益加重等一系列后果。最终，南朝的士气日益低落，战斗力越来越差。

至梁武帝晚年，“人人厌苦，家家思乱”，社会矛盾空前激烈。

最要命的是，梁武帝萧衍还一直醉心佛事，是“佞佛”皇帝中最有名的一位代表人物。在他统治末年，建康“佛寺五百余所，穷极宏丽。僧尼十余万，资产丰富。所在郡县，不可胜言”。所以，诗人渲染的“南朝四百八十寺”，一点也没有夸张。

萧衍“佞佛”，不仅常常亲自讲经解义，更过分的是他还曾经三次“舍身”，自进寺院为“寺奴”，而且，他“舍身”的时间一次比一次长。皇帝“舍身”，大臣们得公私齐凑钱财为他“赎身”，三次“赎”皇帝，共花费三亿万，实为萧衍为佛寺变相敛财。

上行下效，佛教的盛行，不仅使南朝民心更加“慈懦”，而且大批男丁为了逃避兵役徭役出家为僧，使本来就积贫积弱的梁朝国力更是雪上加霜。

在南北对峙的年代，敌人强盛，梁朝上下如此喜佛，如此崇尚玄虚，侈奢无度，下层人民辗转沟壑，痛不欲生，整个国家，可以说是从里到外都烂透了。庾信所说“五十年来，江表无事”，是指梁朝统治阶级内部没有太剧烈的相互杀伐而言，繁荣浮华的下面，实际上蕴藏着巨大的危机。

主人本善良　豺狼终伤人

萧衍引狼入室

梁武帝太清元年（547 年）正月，萧衍做了一个梦：“中原牧守皆从其地来降，举朝称庆。”萧衍觉得此梦是个大大的吉兆。

转天上午，萧衍见到中书舍人朱异，便认真地告诉对方说：“吾为人少梦，若有梦必实。”

朱异乃奉迎之徒，马上相贺说：“此乃宇宙混一之兆也。”

朱异，钱塘人，自小就好聚众赌博。青年时代，忽然“学好”，“遍治《五经》，涉猎文史，兼通杂艺，博弈书算，皆其所长”。萧衍称帝后，朱异以进讲《孝经》《周易》为皇帝赏识，一路升迁，当权二十多年。

朱异善窥人主意曲，会阿谀以承上旨，所以特受宠任。由于他寒人出身，更是广收财贿，善自奉养，与他几个儿子连第接宅，从建康的潮沟一直绵延至青溪。

此人本性十分吝啬，他虽然天天和梁武帝谈佛理，却一点施舍心也没有。他家中厨房所扔弃的珍膳美味，每天都有十好几车，任其腐烂，从不接济穷人。这样一个精明无比的“佞人”，根本不可能让梁武帝清醒地认识现实，反而会替主子把梦“圆”得更好。

赶巧这一年东魏权臣高欢病死，专制河南的东魏司徒侯景与高欢世子高澄有隙，心不自安，便拥兵叛乱。

侯景首先向西魏称藩。西魏当时由权臣宇文泰掌权，此人乃人中龙虎，自然是聪明之人，便空口封侯景为太傅、河南道行台、上谷公等虚官，按兵不动。

眼见西魏不动真格，既不派兵也不送粮，侯景知道骗不了对方，就把目光转向梁朝，上书梁武帝请降：

> 臣昔与魏丞相高王（高欢）并肩戮力，匡扶社稷……现与高澄衅隙已成，请举函谷以东、瑕丘以西，豫、广、郢、荆、襄、兖、南兖、济、东豫、洛、阳、北荆、北扬等十三州内附……且黄河以南，皆臣所职，易同反掌。……

侯景在表奏中絮絮叨叨，列举大批东魏各州属官，讲这些人与他同心协力，河南广大地区可一下子就纳入梁朝版图。

其实，侯景初叛之时，只得到颍州刺史司马世云响应，其余几个刺史都是他“诱执”的。试想，一个大军区司令让归他管的军长开会，能不去吗？但他真正掌握的地盘，只有西兖州以西的数个州郡，因为以东诸郡在抵拒侯景的东魏西兖州刺史邢子才提醒下，各个严加防备，尽忠高氏。

所以，侯景狮子大开口，堆出河南十三州要给梁武帝做“孝敬”之礼，实际是空头支票，根本当不得真。

萧衍起先也犹豫，在殿上自言自语："我国家如金瓯，无一伤缺，今忽受（侯）景地，岂是合宜？如致纷纭，悔之何及？"

朱异揣知皇上心意，一旁添油加醋，力赞萧衍纳降侯景："圣明御宇，南北归仰。今侯景分魏土之半来归，实乃天意，如拒而不纳，恐绝后来之望，愿陛下勿疑。"

萧衍大喜，定意纳迎侯景，下诏封其为河南王，大将军，都督河南、河北诸军事。

同时，梁廷遣司州刺史羊鸦仁等提兵三万至悬瓠（今河南汝南县），运送无数粮草兵仗，接应侯景。

侯景，字万景，本是北魏怀朔镇人，羯族。六镇乱起之时，他和高欢先后去投附尔朱荣。虽然侯景与高欢是怀朔老乡，但他与"契胡"种（也是羯族一支）的尔朱荣应该从情感上更亲近一些。所以，直到高欢后来灭掉尔朱兆，侯景才真心投附高欢。

高欢虽委侯景大权，专制河南，其实也有不少制约和牵制。而且，把他投之于外，使他远离了东魏真正的权力中心邺城。也就是说，高欢一直对侯景只有百分之五十的信任。表面上，十万多重兵和近半东魏国土在侯景手里，但侯景起事时所能掌握的也只有几万兵马，没有为其"诱执"的刺史，个个紧闭城门反对他，当地民众也不支持他。

侯景貌不惊人，一腿长一腿短，可他谋略过人。当时，高欢手下高敖曹、彭乐等大将皆万人敌，侯景故作不屑："此辈狼奔豕突，意欲何为？"

侯景确有远谋，入镇河南前，他对高欢讲："我拒兵远地，奸人易生诈伪，大王若有书信来，请加以标记。"

高欢同意，每次给侯景书信，都在一个双方约定的暗页做记号。这个记号，只有两个人清楚，别人一概不知。

史书记载，高欢临终前，问床前侍疾的世子高澄："我虽病，你面有余忧，为什么呢？”

高澄俯首未答。

高欢又问：“你是忧虑我死后侯景反叛吧？”

高澄连忙称是。

高欢说：“侯景专制河南十四年，常有飞扬跋扈之志，我活着他不敢反，但我死后就非你能驾驭了。今四方未定，我死后不要马上发丧。如果侯景反，能与之相敌的只有慕容绍宗。我一直不贵显慕容，只是想留给你来提拔他，必当得其死力。”可见，权臣深谋远虑，对谁都不会真正信任。

慕容绍宗虽是尔朱荣表兄弟，为人却不失忠直，所以高欢留此人给儿子高澄。

高欢死后，高澄秘不发丧，以高欢的名义写信给侯景召他返京述职。史书上称，侯景发现信中没有两人约定的特殊记号，便拒不纳命。笔者觉得，这些是史臣们以讹为实。高欢何等狡诈之人，即使和侯景有约，临死前也会把这个秘密告诉自己的亲生儿子。高欢病重，消息早已透露，侯景见来信招他回京，肯定马上猜到是要削夺自己的威权，自然要乘势造反。所以，信上有记号无记号，并不重要。

高澄闻侯景反，给侯景去信劝解。侯景的谋士王伟以侯景口气回书，这一来一往的书信，也是中国历史上非常有名的书信应答，文采横溢，语意诡饰。

高澄去信内容的字里行间，有申前谊、有动威胁、有笑其愚、有悯其鲁、有伤其孤，并以妻子家眷相要挟。

侯景大奸大恶，自然对高澄来信内容置之一笑。他手下谋士王伟更是一代大文士，援笔立就，逐条驳回高澄指摘，且语言哀婉，条理清晰，明软实硬，针锋相对。

眼看劝说不成，双方开打。547 年 6 月，高澄派元柱等率数万人马昼夜兼行袭击侯景，双方大战于颍川北，东魏军大败。

虽如此，侯景未敢乘胜而进，他退保颍川，以待梁将羊鸦仁等人的接应。

东魏将军韩轨等人进围侯景。眼见梁兵未至，东魏兵多，侯景心里打鼓，忙派人带信带地图去西魏，答应割东荆、鲁阳、长社、北荆州四城给西魏，希望西魏施以援手。

西魏上下都很谨慎。西魏先前与东魏的五次大战损失惨重，虽然胜多败少，但消耗极大，再也禁不起大的折腾。于谨劝宇文泰："侯景自小学习兵法，奸诈难测，不如厚其爵位以观其变，不要马上派兵。"

西魏的荆州刺史王思政立功心切，表示"如果不因机进取，悔之无及"，马上率万余步骑从鲁阳关直奔阳翟。宇文泰闻讯，就派李弼、赵贵带一万兵马驰往颍川，并加侯景"大将军兼尚书令"。

王思政是被宇文泰毒死的北魏孝武帝的亲信，一直憋足劲想在宇文泰面前立功获取信任，故而急不可耐地出兵前往。

侯景割四城给西魏，还怕梁武帝生气，马上遣使上奏，表示自己割地之事是"饵敌"的权宜之计，豫州以东的广大地区仍在自己控制下，希望梁武帝理解。

萧衍闻报，不仅表示"理解"，还交口称赞，认为是"大将在外有所自专"，允许侯景"便宜"行事。

包围颍川的东魏大将韩轨闻知西魏李弼、赵贵两将引大兵进逼，自忖不敌，引兵还返邺城。

强敌围解，侯景打算在与西魏二将会面的机会一举拿下他们，并吞其军。赵贵也想诱侯景入己军军营，因执其人，并领其众，但被李弼劝止。可见，双方没有互相帮上忙不算，没见面就要算计对方。

很快，听闻梁将羊鸦仁手下军队已至汝水，西魏李弼为了避免与梁军交兵，就马上统领军士返还长安。

侯景自称外出略地，出兵屯据悬瓠，以避开大将王思政带来的那支西魏军。王思政占领了颍川。

为了平衡各方军事力量，把西魏拖得更深，侯景派人去西魏乞求援兵。宇文泰也动心，想派数将出援。大行台左丞王悦劝他："侯景与高欢，既有同乡之情，又有君臣之谊。此人任居上将，位重台司，高欢刚死，他就马上叛乱，暴露其野心甚大，终不会为人下之人。侯景连高氏都可以背叛，以后能保证他忠于我们吗？如果援之以军，益之以势，恐怕会贻笑将来呵。"

宇文泰深觉有理，就召侯景入朝长安。侯景马上意识到西魏要"惦记"自己。于是，他就铁下心来与西魏撕破脸。

表面上，他与四周布营的西魏将领把关系搞得火热，又送金元宝又送粮食，还常亲自去对方营盘饮酒赴宴，暗地里却加紧准备偷袭西魏军。

西魏的王思政文武兼备，绝不是好骗的主儿。未等侯景有所举动，他密召西魏诸将，部署严密，马上派人占领了原为侯景所据的七州、十二镇。

侯景惧怒惊急，终于和宇文泰撕破脸皮，派人表示说："吾耻与高澄为伍，安能和老弟（宇文泰）同朝并肩！"

宇文泰接书信，一笑置之，反正河南大部已归西魏所有，便把原先授予侯景的官职悉数转给王思政。

不久，梁将羊鸦仁赶至悬瓠城，与侯景会合。

梁武帝太清元年（547 年）九月，梁朝正式下诏伐东魏，并派萧衍的侄子贞阳侯萧渊明和萧衍的孙子萧会理分督诸将。由于萧会理"懦而无谋"，又总以直系王孙自居，与萧渊明互相不服，被萧渊明告状到朱异那里。不久，朝廷召回萧会理，只以萧渊明一个人为统帅。

梁军大队人马入居寒山（今江苏徐州东南），依梁武帝萧衍的吩咐拦水筑堰准备淹灌彭城（今江苏徐州），本意是想占领彭城以与侯景成犄角相援之势。

梁将羊侃派人筑堰二十天，大功告成，就劝萧渊明乘水攻彭城。

这位统帅不听，听凭被围得铁桶一样的东魏守将王则在那里“婴城固守”。

萧渊明性怯无智，诸将每逢向他问计，均回答：“诸位可见机行事。”以此敷衍。

东魏高澄听说彭城告急，准备派堂叔高岳、大将彭乐领兵去救，后经人劝说，加派慕容绍宗与高、彭两人一起前去击伐侯景和梁军。

侯景对东魏诸将非常了解，了如明镜一般，根本不放在眼里。当初，韩轨率兵来，侯景一笑，“这个只知道啃猪肠子的小子也前来送死！”听说高岳来，侯景也不为所动，说了声“兵精人凡”。等他听闻慕容绍宗来，“叩鞍有惧色”，自言自语地嘀咕：“谁能教此鲜卑儿（高澄）派慕容绍宗来，果真如此，高王（高欢）应该不是真死啊。”

慕容绍宗拥有十万东魏兵，屯据橐驼岘。梁将羊侃劝萧渊明乘其远来兵疲，迎袭东魏兵。萧渊明不从。转天，羊侃劝萧渊明悉众出战，又不听。

羊侃知道大事不妙，便率他统领的那部分梁军出屯堰上，以保证梁军即使兵败也不被全歼。

慕容绍宗从容安排妥当，便率步骑万余人进攻梁朝潼州刺史郭凤的军营。一时间万箭齐发，东魏军呐喊阵阵，想先从郭凤处冲开一个缺口。萧渊明当时刚刚饮得大醉，一嘴酒气地下令诸将去救，梁将“皆不敢出”。只有北兖州刺史胡贵孙勇武，率属下出击，斩东魏兵二百多人。

虽如此，其他梁朝将领皆立于垒壁观战，相顾而言：“虏盛如此，与战必败，不如全军早归。”未战，好几支梁军已经先遁。

其时，梁军一共有十四五万之多，人数上完全压过东魏军。

即使是这样，郭凤等人的坚守加上胡贵孙等人的勇击，已经使东魏军进攻失败。慕容绍宗深知“梁人轻悍”，怕自己所率的东魏军抵抗不住大溃败，便准备撤军。

为了安抚军心，避免兵败如山倒，使自己能多带些人回去，慕容绍宗佯装镇定，临逃跑前纵马扬鞭，对属下军士们喊话："我先假装退却，诱使吴儿来前，你们再从后扑上来，乘间击杀其背。"

由于慕容绍宗一直以勇武智略为名，本来留下要当垫后炮灰的东魏兵，对他的话还真的信以为真，又听话又整齐划一，呼啦啦向两边分散，给乘胜猛追的梁兵让出一条路来。

此前，侯景因为熟知东魏战法，一再警告梁朝兵将"逐北不过二里"。但大胜之下，谁也不记得这话，梁兵梁将只想追杀敌兵，多抢些军资马匹。

按常理，主将一逃，军胆已失，梁军又乘胜逐北，东魏军应该必败无疑。但先前垫后的东魏兵士，等到梁军从他们身边喊杀阵阵冲过去追杀慕容绍宗等骑马的主将和"中央军"时，这些人完全执行先前的"命令"，忽然又合军一处，跟着梁军后头大喊大叫冲杀上去。

正在狂逃中的慕容绍宗见此情形，将计就计，忽然勒住马头，指挥奔逃的东魏军站定，回头迎击梁军。

梁军见状，均以为误中东魏诱兵之计，顿时慌乱崩溃，不大会儿工夫，就有数万人被杀，连主将萧渊明也被生俘。先前打过胜仗的胡贵孙将军，也在俘虏之列。

梁军数部，只有羊侃一军因早移堰上，得以结阵撤退。

萧衍正睡午觉，听闻朱异报告寒山战败，惊得他差点从床上摔下来，叹息道："我不会步晋朝的后尘吧！"

东魏大胜，乘势而进，并使军司杜弼作檄文，其中数言，一一中的，十分恳切（先宣扬东魏国威，暴显侯景叛逆罪恶，然后，笔锋一指，直斥梁武帝）：

> ……彼梁主者，操行无闻，轻险有素，射雀论功，荡舟称力，年既老矣，耄又及之。政散民流，礼崩乐坏。加以

用舍乖方，废立失所，矫情动俗，饰智惊愚，毒螯满怀，妄敦戒业……灾异降于上，怨仇兴于下，人人厌苦，家家思乱……传险躁之风俗，任轻薄之子孙，朋党路开，兵权在外。必将祸生骨肉，衅起腹心，强弩冲城，长戈指阙……外崩中溃，今实其时，鹬蚌相持，我乘其弊……当使钟山渡江，青盖入洛，荆棘生于建业之宫，麋鹿游于姑苏之馆……

杜弼之文，恰似一篇上佳的预言，以后逐一应验。

大败梁军后，慕容绍宗引十万精兵，鸣鼓长进，进攻侯景。

当时，侯景仍旧有精兵四万人，他指挥这些人带着数千匹马、数千辆辎重，退保涡阳。

侯景不吃眼前亏，派人问慕容绍宗真正的意图："各位至此，是想拥兵送客，还是想一决雌雄？"

慕容绍宗回答："欲与公决胜负！"

慕容绍宗顺风布阵，排好队伍，准备进攻。

侯景是个高明的军事家，他忙命手下闭上营门，大风过后，才开垒门而出。

慕容绍宗虽刚刚大胜梁军，对战胜侯景仍旧心中没底，对左右讲："侯景多诡计，好乘袭人背后。"话音未落，侯景早先布置的数千敢死队从正面营门直杀而出，这些人皆披短甲，手执短刀，奔跑迅速，眨眼间已经冲至东魏军阵前。

最奇的是，这些敢死兵也不跳起与东魏兵士格斗，都沿着腰下俯视三路，抡刀猛砍马腿人腿，挥镰割麦一样，东魏兵立刻倒下数排人马。

大骇之余，东魏兵阵摇动，继而崩溃，死伤无数，连慕容绍宗本人也从马上摔个半死，几乎被擒。

最后，慕容绍宗带着残兵，撤至谯城（今河南商丘附近）。

东魏留守谯城的守将斛律光、张恃显见兵败如此，都数落埋怨慕容绍宗。慕容绍宗很气恼，说："我作战多年，从未见过像侯景这样难敌的对手，你们不信，自己出去试一试。"

二将不信，带兵出战侯景。未几，斛律光战马被杀，人也几乎被射死。张恃显被活捉，侯景觉得杀他无用，按住屁股打了数棍又放他出来。

两人垂头丧气回城，至此，再也不敢抱怨慕容绍宗无能了。

双方相持数月，侯景一方由于后勤支援跟不上，很快就有大将司马世云带人投降了慕容绍宗。不久，侯景军粮又尽，形势越来越不利于他。

梁武帝太清二年（548 年）初，侯景率军想突围，慕容绍宗以五千装备精良的铁骑夹击侯景。

双方开打前，先打"心理战"。侯景对手下军士大喊："你们在邺城的家属，都被高澄杀光了！"

慕容绍宗闻言，遥呼道："你们留在北方的家属没有丝毫损伤，如果北归，官勋如旧！"

为了让侯景兵士坚信自己所言，慕容绍宗临阵下马，披发仗剑，向北斗星发誓："如果我讲假话，天当杀我！"

侯景所率部队皆是东魏部众，本来就不愿南渡投人篱下。现在，听慕容绍宗这么一说，顿时失却战心，纷纷放下手中刀仗。原先被侯景"诱执"的东魏将领暴显等人，趁机率手下兵众向慕容绍宗临阵投降。

于是，侯景众军大溃，争赴涡水，水为之不流。双方未开打，侯景已经完全失败。

眼见大势已去，侯景与其心腹数骑仓皇南逃。渡过淮水后，收点散卒，从前的十万人马，死的死，降的降，只剩步骑八百余人。

狂逃之余，慕容绍宗追兵渐至。侯景派人对绍宗说："我若被俘，您对于高氏来说还有什么用？"这一句话，捅到慕容绍宗心窝子里了，他本非高氏嫡系，闻言长叹，于是召还追兵，任侯景跑掉。高欢大将彭乐，从前也是这样放掉西魏的宇文泰。

养寇自资，也是乱世中武将能臣赖以自保的手段，但对历史进程的影响却大得惊人。

侯景败后，河南的梁军守将个个心惧。羊鸦仁弃悬瓠，羊思达弃项城，个个未战而逃，东魏收复大部分旧土。

在此，顺便交代一下东魏大将慕容绍宗。慕容绍宗，字祖腾，是前燕名将慕容恪之后。

549 年 5 月，慕容绍宗等东魏数路大军围攻颍川，守城的是西魏名将王思政。见久围不克，东魏军决洧水灌城。多处城墙崩坍后，守将王思政仍身当矢石，与士兵同甘共苦。西魏宇文泰派大兵来援，皆因洧水泛滥而不得前。

颍川即将攻克之际，慕容绍宗因近来常做噩梦，便与刘丰生、慕容永珍二人一起坐乘楼船，一面散心，一面在颍川城水高处转悠，让船上士兵用箭俯射城中的西魏兵。本来此举纯属消遣性质，颍川指日可破。不料，忽然一阵暴风吹来，巨大的楼船竟然一下子被吹至城墙边。守城西魏兵一面用长钩钩船，一面乱弩齐发。穷急之下，慕容绍宗跳入水中，他水性不好，窝窝囊囊地淹死于浊流之中，时年四十九。

慕容绍宗有勇有谋，“容貌恢毅”，这样一位全能大将，竟如此离奇死亡，也是中国名将史上的一个异数。

养狼反噬　悔之无及

侯景进攻梁朝

大败彷徨之余，侯景进退失据。

天不亡曹。梁朝起先任鄱阳王萧范为南豫州刺史，萧范一直迟迟未至。梁朝当地有个戍垒小校刘神茂，一直与监州事（代理刺史）韦黯关系恶劣，听闻侯景败逃至此，便前去迎候，劝侯景趁机占据寿阳（今安徽寿县）以为远图。

韦黯开始并不想接纳侯景，刘神茂派老友徐思玉连劝带吓唬，说："侯景是朝廷客人，你不接纳，这位御封的河南王被杀城外，你吃不了兜着走！"

韦黯害怕，忙出城迎接侯景。

侯景倒干脆，入城就派自己人分守四门，拿下韦黯，呵斥他几句后，下令要杀。韦黯股栗，侯景拊掌大笑，又把他放了，置酒欢宴。

不费一兵一卒，侯景就把坚城寿阳骗到手。

梁廷接到侯景败讯后，起初还不知他的死活，深感忧虑。太子詹事何敬容独对太子说："侯景如死，乃朝廷之福。此种反复乱臣，终当覆人国家。"不久，他又对学士吴孜说："从前西晋祖尚虚玄，使中原丧亡于胡羯。现在太子又喜自讲老庄，清谈潇洒，江南恐怕又要为戎胡所乱！"

很快，侯景派人驰告败闻，并假惺惺地要"自贬封爵"，梁朝"优诏不许"。侯景派人索求军需物资，朝廷照发不误。

梁武帝还"哀悯"侯景新取败破，不忍心调他去别处为官，立授他为南豫州牧，改封鄱阳王萧范为合州刺史。

大臣萧介等人极谏，萧衍不听。

梁武帝如此"善待"侯景，除了他老迈昏庸、信任佞臣以外，可能也有自己的道理：侯景败亡之将，兵少人稀，地生人陌，看上去确实掀不起什么乱子。而且，抚纳侯景，也可以给北人来降树立个"样板"，争取更多的降附。

但是，人算不如天算，萧梁祸起萧墙，国内矛盾激烈，梁武帝均一无所知，而后多米诺骨牌一倒，连锁反应，五十年繁华江左，就这样毁在其手。

东魏高澄收复旧地后，多次移书遣使，表示要与梁朝恢复昔日“友好”关系。梁朝没有立刻答应。于是，高澄找来被俘虏后一直好吃好喝养着的萧衍侄子萧渊明，表示说如果两国重修旧好，萧渊明等被俘诸人以及侯景家属，肯定得以遣返梁朝。

萧渊明当然帮忙，马上给叔父梁武帝写信，转达高澄的意思，并告知自己一直在东魏获得优待。

梁武帝得信，览之泪下，忙招朝臣商议。

朱异等人希旨，都表示要和东魏重新和好，唯独司农卿傅岐有异议：“高澄本来得胜，何须请和，这明显是在搞离间计。如果与其讲和，侯景听说后肯定生出疑心，必会闯出祸乱。”

梁武帝救侄心切，当然不听傅岐之言。

侯景在寿阳，恰好把梁朝回报东魏的使臣截个正着，获悉全部实情。侯景写信给梁武帝，强烈反对与东魏言和，并“语重心长”地表述高澄内外交逼，偶然取胜，不足以与其通和。同时，侯景写亲笔信给梁武帝宠臣朱异，并送三百两黄金作为“孝敬”。

朱异收下金子，把信扔掉。

未几，高欢下葬，梁武帝遣使吊祭。侯景急忙上奏，力陈：“今陛下复与高氏连和，将使臣（指他自己）何地自处。”

梁武帝回信敷衍，表示：“朕为万乘之主，岂可失信于一物！”安慰侯景不要瞎想，表示自己肯定不会算计、加害他。

侯景天生是个政治动物，当然不会放心。他伪造一封东魏国书，派人装扮成东魏使节，表示东魏同意以萧渊明换回侯景。

梁武帝不知是计，救侄心切，决定答应此请。又是傅岐出列，劝谏：“侯景以穷归义，弃之不祥。况其百战勇将，怎会束手就擒？”

朱异等人附和梁武帝：“侯景奔败之将，派一介使臣宣诏即可立马擒来。”

梁武帝派人写信回告“东魏”，表示“贞阳王（萧渊明）旦至，侯景夕返”。

侯景从自己派出的假东魏“使臣”中得到此信，非常愤怒，对左右说：“我本来就知道萧衍老头是个黑心肠！”

于是，在谋士王伟等人撺掇下，侯景摩拳擦掌，准备造反。他不仅把辖下城镇男丁征为军士，又四处抢掠百姓子女，分配给辖下的壮士为奴为妾。

同时，侯景不停地向梁朝政府索要军粮、军服和铸造武器的锻匠。

其属下官吏因惧祸逃回建康，把侯景准备造反的消息报告给梁武帝，梁廷也没有任何表示和准备。

得寸进尺的侯景更加贪婪，上表要求娶王、谢大族之女为妻。

梁武帝答书，委婉拒绝了侯景的请求，说：“王、谢高门，非君之偶，可考虑朱异、张绾以下诸大族的女儿。”

侯景得诏愤恨，大言道：“待我得志，必将吴境子女全部配给兵士当奴仆！”

侯景报复心极强，想当初，慕容绍宗军队打得侯景大败，狂逃半路，有个人在一座小城上笑唱：“他说地不平，我说地有坑！下面一只大跛驴，一走一晃灯！”侯景不顾追兵在后，与左右猛攻小城，非把笑话他的人杀死后才走。其褊狭心理，可见一斑。

鄱阳王萧范密启朝廷，以确凿证据证明侯景要反，并多次反复上告，结果都被朱异顶了回去：“鄱阳王怎么就不让国家容下侯景这一个客人呢？”

随后数次启报，皆被朱异压住不准。显然，侯景送给他的金子没有白给。侯景密派人与驻军淮上的梁将羊鸦仁一起造反，羊鸦仁逮捕其使人，连人带信押送建康。岂料，梁朝根本不当回事，把人放掉。可见萧衍昏庸。

事已至此，侯景完全放开，变成一副泼皮无赖相，他上奏梁武帝，要梁廷杀掉羊鸦仁。同时，他指斥梁廷与东魏讲和，让他自己没面子，威胁说如果不割江西一块地给他屯兵，他就要带领甲骑攻打闽越，给朝廷不好看。

接到如此悖慢之书，侯景完全是造反的架势，依理梁武帝应“勃然大怒”才对，哪知他反而让人对侯景表示抱歉：“贫穷人家招待五个、十个客人，尚可使人人欢喜。朕唯君一客，待有怨言，亦朕之失也。”同时大遣使团，满载金银财宝，以慰侯景之意。

侯景一直寻找叛乱后自己在梁朝的内应，寻来找去，最后看中临贺王萧正德。

萧正德是萧衍六弟萧宏的第三子。刚发迹的时候，萧衍无子，把萧正德养为己子。萧衍称帝后，萧正德觉得自己可为皇太子。没高兴多久，萧衍自己生出儿子，立萧统（昭明太子）为储君，封萧正德为西丰侯。

萧正德愤恨之下，竟在普通六年叛国投东魏。由于魏人待其甚薄，转年又逃回梁朝。

对于这样一个卖国小人，由于是自己亲侄，萧衍“泣而恕之”，封其为临贺王。虽如此，萧正德仍抱非分之想，整日阴养死士，储米积货，希望国家内部激变。他接到侯景书信，听说要立自己为帝，大喜过望，马上答应，并劝侯景速发：“今我为其内，公为其外，何患不济！机事在速，今其时矣。”

梁武帝太清三年九月，侯景正式在寿阳造反。由于当时朱异等人奸佞骄贪，声名狼藉，所以侯景就托词以诛杀朱异等人为名起兵。

梁武帝闻侯景起兵，竟然笑了，说：“这瘸贼又能成什么大事？待我用鞭子抽他一顿！”虽轻视侯景，梁廷仍旧遣将布兵，下诏以合州刺史南阳王萧范为南道都督，北徐州刺史萧正表为北道都督，司州刺史柳仲礼为西道都督，通散骑常侍裴之高为东道都督，派宗室邵陵王萧伦持节督诸路军讨伐侯景。

听闻梁朝大军调动频繁，侯景问计于王伟。王伟说：“如果邵陵王集大军主攻寿阳，彼众我寡，必为所困。不如弃淮南，决志东向，率轻骑掩袭建康，萧正德反于内，大王攻其外，天下不足定也。”

侯景听劝，留其小舅子王显贵守寿阳，自己佯称出城游猎，率众出军。接着，他声东击西，降谯城（今安徽滁州市），下历阳（今安徽和县）。

历阳太守庄铁投降后，向侯景献上一条毒计：“国家承平日久，人不习战。闻大王举兵，内外震骇，宜乘此际速驱建康，可兵不血刃而成大功。倘若朝廷徐得为备，内外小安，遣羸兵千人直据采石，大王虽有精甲百万，也渡不了江啊。”庄铁食梁禄多年，降也就降了，竟还出此一剑封喉之策，要老东家性命。

庄铁“所忧”，梁朝都官尚书老将军羊侃早有所提防，建议梁武帝发兵两千急据采石，催促邵陵王萧伦急攻寿阳，以使侯景“进不得前，退失巢穴”。这样一来，侯景乌合之众，自然瓦解。

又是朱异出来力阻此议：“侯景必无渡江之意。”武帝当然听朱异的话。羊侃长叹：“今兹败矣！”

如此节骨眼上，不仅未派兵急据采石，梁廷还下诏派临贺王萧正德为平北将军，都督京师诸军事，屯守长江边上的丹阳郡。

萧正德窝里反，准备数十艘巨船，以渡芦苇为名，准备把侯景大军都密渡过江来。

侯景渡江前，还怕采石有梁兵，恰巧换防采石的梁将误期，原守将王质已率兵离去，侯景大喜，高叫“万事大吉！”便马上从横江渡江，占据采石。

此时，侯景只有军马数匹，兵士才八千人。

建康听说侯景已渡江，内外一片惊骇，宣布戒严。太子萧纲也穿起戎服，亲自指挥军事。

可悲可笑的是，梁廷仍命叛徒萧正德屯兵朱雀门，与太子萧纲的两个儿子分守建康几个关键城门。

侯景方面，在姑孰、慈湖（安徽当涂）进展顺利。不久，他进至建康城外的板桥，并派参谋徐思玉入见梁武帝。

武帝召见，徐思玉声称有要事禀报皇上，要求屏退左右。中书舍人高善宝大声提醒："徐思玉来自贼营，情伪难测，怎能让他与皇上单独见面！"

朱异在此时仍想做老好人，呵斥高善宝说："徐思玉这等人物怎会是刺客！"

徐思玉一点儿面子也不给朱异，他拿出侯景的奏书，高声说："侯景痛恨朱异等人蔽主弄权，乞求带甲入朝，以清君侧！"

朱异又惭又惧。

建康城内，混乱异常。公私混乱，无复次第。军士们毫无约束，争相冲入武库取兵甲，毫无任何纪律可言。幸亏羊侃老将，镇定自若，斩杀数人，方才稍稍稳住局势。

当时，自梁朝建立，已经有四十多年境内无事，满朝公卿和士大夫罕见兵甲，侯景猝迫而来，上下震骇。而且，梁朝宿将已尽，青年将领又几乎都居于外镇。所以，整个建康城内，只有羊侃一个老将真正懂得布兵打仗。

侯景大军进至朱雀桁南面（朱雀桁是秦淮河上一座有名的大浮桥）。太子萧纲以萧正德守宣阳门，以东宫学士庾信守朱雀门，并自率宫中文武三千多人在朱雀桁北屯营。

眼看侯景军逼近，太子萧纲命庾信拆掉浮桥，以从正面减缓侯景的进攻。

萧正德怕侯景军新到过不了河，忙劝阻太子说："百姓如果见浮桥被拆，必会惊骇奔散，不如静待敌军，以观其变。"

太子不知萧正德心怀鬼胎，从之。

侯景军冲杀而至，庾信忙命兵士拆除支撑浮桥的舟船。刚刚毁掉一个支撑舟，军士们便看见个个戴着铁面具的侯景贼军杀到，没怎么经过战阵的梁兵，个个退却，躲到朱雀门后面。

如此危急时刻，大才子庾信还有闲情在军营中吃甘蔗，听见外面喧闹阵阵，他怎么也没料到敌军会猝然杀至。忽然数箭飞射至营内，有飞箭中门柱，庾信哆嗦，手中甘蔗，应弦而落。庾信跳起，弃军而逃。

萧正德死党沈子睦马上找到一只船，叮叮当当一阵修补后，把朱雀桁稳稳支撑住，带领侯景贼军冲杀过河。

萧正德大开宣阳门，在张侯桥上率众迎接侯景。

二人见面，心照不宣，马上交揖，立刻合兵，一下子就攻克了建康外城。驻守石头城的西丰公萧大春弃城奔京口，驻守白下的谢禧和元贞也弃城逃跑。

侯景列兵于台城四周，遍树黑色旗帜，百道俱攻，惊天动地。贼兵多投火炬，想烧掉几个城门进攻。

羊侃等人率众死战，他亲自从门洞中往外死捅贼兵，又以桶水灭火，方才保得台城暂时躲过一劫。

见台城一时拿不下，侯景便派兵士纵火，太子宫、黄厩、士林馆、太府寺等外城建筑悉数焚毁。同时，为了“鼓舞”士气，侯景把数百名东宫女官赏赐给将士，任其轮流奸淫取乐。

休息过后，侯景军士做木驴车攻城，守军于城头投大石砸退了贼兵。

此计不成，侯景又做尖顶木驴，受力点小，石头砸不破。羊侃便派人多持雉尾炬，浸满麻油，从城上投于木驴之上，藏在木驴中的贼兵都被烧成灰炭。

侯景做登城高车，均高十多丈，派军卒携弩箭于上，想凭高射杀城头守兵。羊侃多经战阵，望见渐渐逼近的登城高车，说：“车高堑虚，近城必倒，可卧而观之。”果然，这些攻车没移多远，均轰然垮塌，摔死不少持弓拿箭的贼兵。

知道台城一时攻拿不下，侯景就筑起长围，断绝台城与外面的往来交通。

朱异等人见侯景小挫，矬人生威，要派兵出击。羊侃反对："今出人若少，不足破敌，徒挫锐气；出人若多，一旦失利，门隘桥小，兵退时必然导致大量伤亡。"

朱异逞能，不听，指挥千余人出战。可悲的是，未及交锋，梁兵扭头就跑，争桥拥挤，掉落下水，淹死了七八百人。

侯景知道羊侃是指挥守城的重将，恰巧逮住其子羊耽，便派人押至城下，唤羊侃上城来见。

羊侃于城头大喊："我倾宗报主，犹恨不足，岂惜一子，愿早杀为幸！"见计不成，贼兵过几天又押着大刑"伺候"过的羊耽于城下进行"攻心战"。

羊侃立于城头，望着儿子恨恨言道："还以为你早死了呢，怎么还活着！"言毕，引弓射之。

贼兵不知所措，忙拥着五花大绑的羊耽回撤。

侯景贼头，也叹羊侃忠义，没有杀掉羊耽。

先前出主意劝侯景"速趋建康"的梁朝叛徒庄铁见势不妙，怕夜长梦多侯景会失败，谎称回历阳迎母，与左右数十人驰至历阳，骗告侯景留在当地的两个守将说侯景已经被杀。

这招真灵，两个贼将慌忙弃历阳奔寿阳。庄铁入城也不敢守，载上母亲远奔寻阳。

乱世之时，这些阴险小人见势不妙，马上寻伺保命之机，反而时时能脱祸为福。

侯景围台城不下，急于找个幌子做心理方面的支持。于是，548年12月，他把萧正德推上帝位，改元正平。

萧正德称帝后，立世子萧见理为皇太子，又把自己如花似玉的女儿嫁给侯景做妾，并倾尽家里金银财宝，厚赏贼军将士。

萧见理虽贵为“皇太子”，日后却与群盗在浮桥边上劫掠财物的时候，中流矢而死。

不久，侯景进攻东府，杀掉梁朝守将东浦侯萧推，斩杀梁朝士兵三千多。然后，他移尸成垛，堆在台城外，吓唬守军说：“若不早降，正当如此！”

侯景刚到建康时，为收买人心，号令严整，严禁士卒侵暴。屡攻不克之后，害怕士兵无心恋战，一时溃去，侯景便放纵士兵于城内各处抢掠富家豪门金银、子女、妻妾。

由于不久粮尽，贼兵四处抢粮，建康及周边人民无吃无穿，出现人吃人的惨剧，饿死大半。

躁急之下，侯景在台城东、西两处起土山，驱赶士民，不分贵贱，皆荷担负土，苦力劳作。

为了加快进度，贼兵刀枪并下加以驱逼，老弱疲羸者都被当头一刀，杀以填山，百姓号哭声震天动地。

城内守兵及居民，也在里面垒筑土山。除太子以外，王公士庶都背负土石，营堆山垒。双方昼夜交战不息。

恰巧天降大雨，城内土山崩毁，贼军几乎攻城得手，幸亏羊侃率军执火炬抛击，断其进路，又一次保台城不失。

侯景脑筋灵活，他下发命令，凡是梁朝军民为奴客归降者，一概免为良民。

朱异有个家奴出逃，侯景马上封他仪同三司，并把朱异在建康的家产全部赏赐给他。于是，这个家奴乘良马，衣锦袍，亲至城下宣教，大骂朱异：“你伺候皇帝五十年，才得一中领军官职，我刚刚投靠侯王爷，已被封为仪同！”

榜样的力量无穷。三日之内，从台城内逃出投靠侯景的奴客，竟有数千之多。侯景对这些人个个加官，致使人人感恩，为之致死。

此时，梁朝荆州刺史、梁武帝第七子湘东王萧绎听闻建康台城被围的消息，移檄其所督统的湘州刺史河东王萧誉、雍州刺史岳阳王萧察，命他们率兵勤王。同时，梁朝江州刺史当阳公萧大心、郢州刺史南平王萧恪等人皆发兵入援。

知道梁朝宗室纷纷派军赶来，侯景在王伟等人劝告下，用箭往城内射了许多“劝降书”，其中不少内容确确实实揭开了梁武帝统治时代的“伤疤”：

> 梁自近岁以来，权倖用事，割剥人民，以供嗜欲。如曰不然，公等试观：今日国家池苑，王公第宅，僧尼寺塔……及在位庶僚，姬姜百室，仆从数千，不耕不织，锦衣玉食。不夺百姓，从何得之……今城中指望四方入援，吾（侯景自称）观王侯诸将，志在全身，谁能竭力致死与吾争胜负哉……

萧家宗室，真不知是何种遗传基因导致生成如此之多父子兄弟相残之徒。萧衍本人并非凶暴之父君。其侄萧正德叛梁逃魏，回来后萧衍唯哭泣申斥而已，照用不误，且当以重位。至于儿子辈，萧伦只是荒悖无断识，不算坏人；萧绎观望成败，居心叵测；萧纪、萧范、萧誉、萧察等人，似乎闻有君难马上提兵赴援，但都是“迁延坐视”，唯一的目的就是等敌人把骨肉亲属干掉后自己称尊。

找遍萧家子弟，只有简文帝太子萧纲是个全忠全孝的人物，至死不背君叛父。后人分析萧梁家族这种“不忠不义”病，大都认为是萧衍疏于教诲所致，所谓“慈过而背慈”。

萧家各位翩翩子弟，皆有文章名理之誉，智商个个超乎常人，但这些人，“所习有读者，宫体之淫词；所研诸虑者，浮屠之邪说”。因此，在忠孝仁义的道德教育方面，他们十分亏欠，故造成家国速亡的恶果。

至此，侯景遣使于东魏，肉麻地猛夸东魏皇帝和高氏一家上下，表示自己正在为东魏打江山，要高家兄弟放回他的家属。

萧衍好骗，高家诸儿可个个是人精。书报，人家连理也不理。

此时，发生了一件极富戏剧性的事件。

白马将军陈庆之的儿子陈昕，先前为侯景俘获，囚在侯景属下范桃棒的军营。陈昕有好口才，以忠义打动范桃棒，劝他袭杀侯景大将宋子仙等人，诣城降梁。

范桃棒从计，暗送陈昕连夜入城。

梁武帝大喜，下敕刻银券赐范桃棒，并答应封其为河南王。朱异等人赞同（皇上所讲他没有不赞同的），但太子萧纲犹豫，怕范桃棒是诈降。众人议来议去，一直没有下文。

紧急关头，范桃棒派人表示："我马上率亲随五百人来降，到城下后，我们一齐脱甲，乞望朝廷开城容纳，事济之后，必破侯景。"

本来是情急事切，太子萧纲听此更以为疑，一个劲摇头。朱异此刻倒真清醒，他抚胸大哭："皇梁社稷，大事去矣！"

机不可失，时不再来。范桃棒部下有人密告侯景，侯景立刻杀掉范桃棒。

陈昕不知范桃棒死，出城接应，被侯景抓住，也丢了性命。

原先奉命出击侯景的邵陵王萧伦，听说侯景已渡采石进围台城，忙回军京口，率三万精兵自京口西上。侯景闻讯，忙调军到江乘（今江苏句容以北）迎击。萧伦等人径向钟山，避过侯景军，在钟山上扎营。

侯景大惧，忙把先前抢掠的珍宝、美女集中在石头城，准备随时乘船逃走。双方初战，侯景大败。但是，萧伦没有抓住时机继续进攻，反而与侯景对阵不攻。

侯景佯退，梁朝安南侯萧骏以为有机可乘，忙率壮士追击，不料侯景忽然止步反击，萧骏不支败走。一旁的梁朝"常败将军"赵伯超根本不救援，扭头就跑。

侯景乘胜追击，梁军大溃，多名宗室、将领被擒，萧伦身边仅剩不到一千名兵士，仓皇逃走。

当晚，梁朝鄱阳王萧范的世子萧嗣与另外两路援兵赶到，于蔡洲扎营。

侯景见状，立刻把南岸居民全部赶到江北，并放火焚烧百姓田舍，把南岸烧成白地。

又过几日，湘东王萧绎遣世子萧方入援，还派竟陵太守王僧辩率舟师万人，自汉川出发，载粮东下入援。

最为不幸的是，梁朝担任守城真正总指挥的羊侃，因劳累过度，病亡于台城之内，死年五十四岁。

羊侃勇力绝人，年轻时候挽弓十余石，能手提高大石人互击，使石人皆碎。这样一个武将，竟也善音律，自制《采莲》《棹歌》两曲，新致感人。然而羊大将军生性豪侈，承平之日，天天宾客满座，酒樽不空，锦衣玉食，无日不宴。羊侃本性宽厚，气局宏大，其下属曾经因醉失火，烧掉他七十多艘大船的宝货，羊侃闻之，毫不在意。惹祸人惧事逃走，羊侃召还不问，待之如初。

可惜的是，如此豪俊之人，壮志未酬而死。

各地梁朝援军纷纷赶到。衡州刺史韦粲率五千精兵，会同江州刺史当阳公萧大心，赶至南州；韦粲表弟司州刺史柳仲礼率步骑万余人至横江；西豫州刺史裴之高、宣猛将军李孝钦、南陵太守陈文彻以及前司州刺史羊鸦仁均合军一处，屯于新林。

在韦粲建议下，众人推柳仲礼为大都督，统帅各路援军。

梁武帝太清三年初，柳仲礼把大本营从新亭移至大桁。

由于大雾，韦粲一军迷路，刚至青塘，便被侯景攻击，韦粲与子弟数人皆力战而死，亲戚死者数百人。

当时，柳仲礼正吃饭，闻讯，投箸披甲，率亲兵百余骑驰救大表哥，逆战侯景于青塘，一战大败贼军，斩首数百，贼军掉入淮水中淹死者，有一千多人。

其间，最惊险的一幕是，柳仲礼手中长稍仅差数寸就刺入侯景脖子，忽然，贼将支伯仁突马而前，一刀砍中柳仲礼肩膀。战马惊起，柳大将军堕于泥沼之中。

贼兵数百人围来，齐齐举矟要刺。恰巧梁将赶到，柳仲礼得免。

自此，侯景再也不敢上南岸，柳仲礼再也不言出战。

特别是柳仲礼，那一刀似乎不是砍在他的肩上，而是砍在他的胆上。自彼时起，昔日英威四振的大将，似乎完全变了一个人。

败走的邵陵王萧伦此时收散卒回返，与萧大连、萧在成等宗室合兵，屯于大桁南，仍推柳仲礼为大都督。

羊侃武将刚死，身为文臣之首的朱异也忧惧而死，时年六十七。这老坏蛋荣华富贵三十多年，竟也善终于家。虽然众人皆怨朱异，梁武帝却十分痛悼，特赠尚书右仆射。朱异虽逃过大劫，其子孙均惨死于日后的城陷杀戮之中。

台城内梁朝军民一直不知道外面数路援军复集，至此才得知消息，举城鼓噪，放声欢呼。

但是，大家都高兴得太早了。

鄱阳王萧范的世子萧嗣、邵陵王萧伦的儿子永安侯萧确、庄铁（他先出坏主意给侯景，后来“开小差”跑掉，又回到政府军）、羊鸦仁、李迁仕、樊文皎以及柳仲礼之弟柳敬礼等人一起将兵渡过淮水，猛攻东府前栅，放火焚毁了侯景贼军树立的栅栏，贼军败退。

李迁仕、樊文皎两位勇将率五千锐卒乘胜独进，向纵深冲击，所向披靡。但他们忽略了一点，侯景（包括几乎所有北朝将领），最会玩的战术，就是先败后胜，你说他诱敌深入也好，说他败中反胜也好，说他使回马枪也好，反正就是瞅准了南兵“勇于乘胜、怯于交斗”的弱点，总能反败为胜。

贼将宋子仙埋伏兵马，忽然半路杀出，反把梁军打得大败。樊文皎战死，李迁仕逃得一命，五千梁兵，基本被侯景贼军“包了饺子”。

此败之后，建康城外诸路援军离心离德，一盘散沙。乱世尊军将，柳仲礼不过一介州刺史，被推为大都督后，只是在刚到时为救大表哥韦粲亲自打过一仗，还差点临阵刺死侯景。

但他肩上中刀后，这位大都督就再没有亲自打过仗，只知天天于营帐内饮酒吃肉，而且看谁都不顺眼，神情傲狠，凌蔑诸将。宗室邵陵王萧伦每天执鞭至门，准时报到，这位柳将军也常常延迟不见。

由此，恨得萧伦和萧大连等人牙根直痒痒。

临城公萧大连与永安侯萧确合不来。诸军互相猜忌，莫有战心。

这些“官军”初至建康，老百姓扶老携幼迎候，谁料子弟兵刚过淮水，皆纵兵剽掠，从此士民失望，侯景贼营中那些本来想给官军做内应的人，闻之亦止。

内外相持，延至三月份，台城内军民日趋绝望。

当初战事刚发之时，大家都以储粮为念，积贮大米至四十多万斛，更为可笑的是，朝廷还聚拢府藏钱帛五十万亿，都堆在德阳堂内存放，而真正重要的柴木、食盐之类，却一无所备。

被困日久，必需品很快耗损殆尽，台城内众人，只能把尚书省全部拆毁，以名贵的梁木劈柴烧火。无奈之下，又拆掉各种席垫，剁碎干草饲喂马匹。草料用光，只能以米饭喂马。军士劳苦，没有下饭的吃食，只能煮铠甲、烧鼠尸、捕飞鸟来填肚子。

找来找去，有人发现御膳房后的平地上有一片干苔味咸，就连根刨起掰碎成小块，当成盐的替代品分给战士。最后，军人纷纷在禁宫内外台省之间宰马为食，杂以死人肉来吃，吃后就肚痛生病。

台城军民如此，侯景日子也不太好过。军粮吃尽不说，四处抢劫抄掠也一无所获。同时，听闻荆州勤王兵马也要赶至，侯景更是愁眉不展。

于是，谋士王伟给他出主意：“东城有米，可支一年。梁军阻断取粮之路，我们可以假装求和，趁机休息士马，修缮器械，伺敌懈怠，突然袭击。”

侯景为难，他已经把梁廷君臣一骗再骗，现在求和，对方肯定不会同意。但事已至此，死马当活马医，怎么也得试上一试。

侯景求和使臣入见，梁武帝大怒：“和不如死！”

太子萧纲觉得这是个机会，对老皇帝说：“侯景围逼已久，援军相仗不战，宜暂许其和，更为后图。”

梁武帝左思右想，叹息道：“你看着办吧，勿令取笑千载！”

先前范桃棒真投降，这位太子萧纲坚决怀疑不纳。如今侯景假求和，他竟然一口答应。

出乎侯景意料之外，梁廷不仅允许求和，还令太子之子萧大款以侍中身份入侯景营为信质，同时，敕令诸军不得贸然进攻，并下诏立封侯景为大丞相、河南王，还割江西四州之地给侯景。

为了郑重其事，双方在西华门外设坛盟誓。

讲和已毕，侯景军队一点要撤的意思也没有，长围仍旧。贼兵趁间休整铠杖，放松筋骨。

梁廷责让，侯景一会儿推说“没船无法撤围”，一会儿又推说“怕南军蹑后追击”，并遣回萧大款，要求换宣城王为人质，掩护贼军出走。

此时，城外梁朝新的一支援军赶到，南康王萧会理、湘潭侯萧退、西昌侯世子萧彧三人统大军三万来援，屯于马印洲。

侯景害怕这路梁军自白下突来袭击，便上书要这支梁军还于南岸，说这些人妨碍他渡江回撤。

恐令智昏，太子萧纲竟然同意，严令萧会理等人从白下移军至江潭苑。

侯景派人告知太子萧纲，说自己的寿阳老巢被东魏所占，要梁廷割谯州和广陵给他，并称要从京口渡江。

太子立刻应允。

最后，实在找不出不撤走的理由，侯景上启，指称："永安侯萧确和直阁将军赵威骂我，说‘天子和你讲和，我们最终一定灭了你’，如果皇上召回二人，我们马上引军解围。"

孰料，如此荒谬绝伦的"要求"，竟然获梁廷同意，梁武帝下诏调萧确和赵威入城，授萧确为广州刺史，赵威为盱眙太守。

为了确保萧确别再"招惹"侯景，梁武帝派吏部尚书张绾亲自出城入营召萧确入朝。

没办法，萧确先让赵威入城，自己想趁机南奔荆州投萧绎。邵陵王萧伦一直与侯景打仗，此时却把二儿子萧确召入帐中，泣劝他入朝面君。

当时，催促萧确入朝的台使也在萧伦营帐内，萧确恳切地对来人说："侯景讲和而不撤长围，其意自明。现召我入城，何益于事！"

台使坚称："敕旨如此，不能拒绝！"

萧确仍旧摇头。

其父萧伦大怒，对身边的谯州刺史赵伯超说："你替我杀了这小子，如此台使可持其首级复命！"

赵伯超此时来了精神，抽出刀来冲萧确比画。

萧确怕激怒父王，更怕内斗伤和气，只能流泪入城。

可怜梁武帝，堂堂五十年太平天子，台城之围，宫内蔬茹皆绝，缺吃少穿。邵陵王萧伦趁台使外出召萧确之机，为他捎去几百个鸡蛋，梁武帝手自料简，抚摸鸡蛋，唏嘘哽咽。

此情此景，令人心酸。

可怜之人，必有可恨之处。正是梁武帝父子的柔仁"好心"，使得侯景能从容把东府粮米皆运入石头城。同时，闻知心怀鬼胎的湘东王萧绎在西峡口屯兵不进，王伟便劝侯景立刻背盟进兵。萧正德想做"真皇帝"，也撺掇侯景："大功垂就，岂可弃去！"

侯景哈哈大笑，两人和他想得完全一样。

为了“有理有利有节”，侯景进攻前，王伟为他写檄文，陈述梁武帝“十失”，一一数罪，最后，又为梁武帝一生的统治“定性”：

> 陛下崇饰虚诞，恶闻实录，以祆怪为嘉祯，以天谴为无咎。敷衍六艺，排摈前儒，王莽之法也。以铁为货，轻重无常，公孙之制也（公孙述据蜀乱民）。烂羊镌印，朝章鄙杂，更始、赵伦之化也（东汉更始的滥授官职以及赵王司马伦的滥赏）……修建浮图，厚度糜费，使四民饥馁，笮融（汉献帝时佞佛事）、姚兴之代也……政以贿成，诸阉豪盛，众僧殷实……皇太子珠玉是好，酒色是耽……湘东（萧绎）群下贪纵；南康（萧会理）、定襄（萧祗）之属，皆如沐猴而冠耳。亲为孙侄，位则藩屏，臣（侯景自称）至百日，谁肯勤王！……今日之举，复奚罪乎！……

洋洋长文，文采华章，把萧衍家事国政骂得一无是处，且字字中的，大致无虚。

梁武帝览文，且惭且怒。于是，梁廷在太极殿前举行告天仪式，责侯景违盟，士兵们举烽鼓噪，大有化悲痛为力量的意思。

闭城时，台城中本有居民十多万，战士两万多，至此，死者十有八九，能守城者不满四千人，大多羸喘瘦弱。城内，横尸满路，不可瘗埋，尸液满沟。

到了这地步，众心犹望外援，仍抱最后一丝希望，幻想四周勤王军队可以进攻侯景。

其实，城内军民坚守如此，有必死之心。如果勤王诸部四处攻击，给侯景来个“反包围”，里应外合，贼军必败无疑。

但是，城外的大都督柳仲礼，天天在军营内招聚妓妾，置酒作乐，诸将日往请战，皆不获准。

安南侯萧骏劝邵陵王萧伦："城危如此，而都督不救，万一不虞，殿下何颜自立于世？今宜分军为三道，出贼不意攻之，可以成功。"

萧伦不从。这位爷是萧衍第六子，对父皇还算忠心耿耿，就是无勇断之谋。

柳仲礼之父柳津在朝内为官，他登上城楼，大叫道："汝君汝父临大难，你不能竭力，百世之后，谓汝为何物？"

柳仲礼假装听不见。

梁武帝找来气哼哼的柳津，向其问计。柳津回言："陛下有邵陵（萧伦），臣有（柳）仲礼，不忠不孝，怎可平贼？"

南康王萧会理与羊鸦仁、赵伯超进军于东府城北，相约夜间渡河突击侯景。不知何故，羊鸦仁一军至晓未至。侯景发觉梁军异动，主动派宋子仙出击。梁军刚立阵，赵伯超又依往常一样，未战先逃（寒山大败、玄武湖大败均因此人先遁而导致军溃），萧会理单军不支，大败，被杀及摔入河中淹死的梁军有五千多人。

侯景命贼军把死亡梁军的脑袋全部割下，堆在城下以恐吓台城内守军。

三月中旬，侯景见时机成熟，便掘开玄武湖水灌城，又命军士百道攻城，昼夜不息。

屯守太阳门的主将是邵陵王世子萧坚。此人不像其弟萧确那样英锐，见识庸短，喜欢草隶，是个书法爱好者，没什么统军管理能力。他担任守门如此要务，却天天赌博饮酒。吏士有功，从不奖赏。疫疠所加，他也没有考虑过抚恤，士卒心生怨恨。

关键时刻关键地点，萧坚的两个书吏叛变，他们在夜间从城西北楼用绳子吊侯景贼兵入城，先把萧坚剁成数段。

正在城中的永安侯萧确眼见哥哥的脑袋被贼兵从城头上抛掷而下，一腔仇恨激发，引兵力斗。

最终，他寡不敌众，贼兵大开城门，越涌越多。

萧确不敌，跑回内宫，直入爷爷萧衍寝宫，喘着气报告："城已陷没"。

武帝安卧不动，问："犹可一战乎？"

萧确曰："不可"。

梁武帝叹息："大好国家，自我得之，自我失之，亦复何恨！"

萧衍最后这两句话，多年来一直被认为是霉运帝王最终的潇洒雄豪之语，其实，自我得之失之，确实不必遗恨，但江东千万百姓的性命，皆随一家一姓的衰亡而遭屠灭，其恨其怨，不可谓不大。

萧衍还算镇定，对萧确说："你快跑吧，告诉你父亲，勿以二宫为念（指自己和太子萧纲）。"

萧确含泪而出。

很快，王伟奉侯景之命先至文德殿"奉谒"梁武帝，称侯景"领众入朝，惊动圣躬，今诣阙待罪"。

"侯景何在？可以召来一见。"萧衍帝王风度确实不减。

于是，侯景入见武帝于太极东堂，以甲士五百人自卫。

侯景于殿下稽颡施礼，典仪官引其坐于三公官榻，距武帝御座很近。

梁武帝神色不变，问："卿在军中日久，很辛苦吧！"

侯景不敢仰视，汗流满面。

梁武帝又问侯景籍贯以及家属何在，侯景皆因惶恐而不能回答。

最后，梁武帝问："你初渡长江时有多少人？"

侯景闻言，仰头自答："千人。"

"围台城时有多少人？"武帝问。

"十万。"

"现在有多少人？"

"率土之内，莫非己有！"至此，侯景忽然意识到自己才是建康的真正主人，高声悖辞，抗言梁武帝。

武帝顿时气索，俯首不言。千愁万恨，涌上心头。

见完武帝，侯景入见太子萧纲。太子并无惧容。

侯景亦下拜。太子和他谈话，他俯首吃吃，不能答言。

出得宫来，侯景对左右亲信埋怨自己不争气："我常年跨马对阵，矢刃交下，意气安缓，从不惊恐。今见萧公（武帝），使人自怖，岂非真是天威难犯！以后，我再也不见他了。"

于是，侯景派人撤尽武帝和太子的侍卫，纵兵大掠，把皇宫抢个精空。然后，他矫诏大赦，自封都督中外诸军、录尚书事。

布置完毕，侯景派太子的儿子、石城公萧大款出城，以武帝名义下诏遣散建康城外诸路援军。

柳仲礼召集诸位宗室、大将商议。邵陵王萧伦表示："今日之事，由将军您做主。"

柳仲礼一点儿表示也没有。

裴之高、王僧辩进言："将军拥众百万，致使宫阙沦没，正当悉力决战，何所多言！"

柳仲礼一言不发。

于是，诸军解散。萧伦、萧大连、萧方、萧嗣、萧侯退等宗室，皆各领人还镇，或奔亡他方；柳仲礼、羊鸦仁、王僧辩、赵伯超等人，都开营降侯景，军士见状，莫不叹愤。

但按理讲，这些人是向梁武帝"开营降"，因为侯景还没有弑帝篡位。

为此，后来在北周为官的梁臣庾信十分激愤："孙策以天下为三分，众才一旅；项羽用江东之子弟，人惟八千。遂乃分裂山河，宰割天下。岂有百万义师，一朝卷甲，芟夷斩伐，如草木焉！……将非江表王气，终于三百年乎？……"

柳仲礼等人入台城，先拜侯景，才去见武帝。

萧衍灰心，也不搭理这些人。柳津见到柳仲礼，恸哭大骂："汝非吾子，何劳相见！”

侯景留柳仲礼之弟柳敬礼和羊鸦仁于内，遣柳仲礼归司州，王僧辩归竟陵。王僧辩未留亲属为人质，就得以出建康，大概还是因为侯景认为他是“北人”的缘故。王僧辩的父亲王神念，是北魏降梁的鲜卑人，原姓乌丸，而侯景是鲜卑化的羯人，故而能使王僧辩“潇洒”出建康。侯景没想到，日后让他灭亡的主要隐患，正是这个“北人”老乡。

梁武帝父子都在自己手里，自然可以挟天子以令诸侯，侯景游刃有余，处理“得当”。同时，他下令尽焚台城内尸体。许多人饥饿困病半死，侯景贼军也把他们活活扔入火中烧掉。

梁武帝此时作为皇宫内一个囚徒，心中甚感不平。临老临败，萧衍暴倔脾气忽然上来，多次拒绝在侯景对内外官员的任用书上用玺画押。

侯景恼怒，逐渐断绝武帝的饮食。

549年五月丙辰，老皇帝躺在净居殿，多病口苦，想喝口蜜水，无人答应。凄惶之下，连叫两声“嗬嗬”，崩殂，时年八十六。

“嗬嗬”之声，后人有不少解释，有的讲是武帝作冲杀之声，有的讲是武帝作愤恨呐喊，有的讲是武帝临终冷笑。笔者认为，仅是临终的哀叹叫唤而已。

后世史官，对梁武帝个人的品格秉性评价甚高：

> 高祖生知淳孝……加以文思钦明，能事毕究，少而笃学，洞达儒玄。虽万机多务，犹卷不辍手，燃烛侧光，常至戊夜……又造《通史》，躬制赞序，凡六百卷。天情睿敏，下笔成章，千赋百诗，直疏便就，皆文质彬彬，超迈今古……草隶尺牍，骑射弓马，莫不奇妙。勤于政务，孜孜不怠。每至冬月，四更竟，即敕把烛看事，执笔触寒，手为皴裂。纠奸擿伏，洞尽物情，常哀矜涕泣，然后可奏。日

梁武帝修陵前仅存的天禄

止一食，膳无鲜腴，惟豆羹粝食而已……性方正，虽居小殿暗室，恒理衣冠……不正容止，不与人相见，虽觌内竖小臣，亦如遇大宾也。历观古昔帝王人君，恭俭庄敬，艺能博学，罕或有焉。

但是，身为帝王，自己一个人做"苦行僧"是没有用的，统治集团整个都糜烂腐化，尤其是武帝中晚年，宠任奸人，佞佛劳民，赏罚无章，最终使亿民涂炭，社稷成灰，可悲可叹！

对于统治王朝来讲，自魏晋之后，如果皇帝及士大夫崇信沉溺老庄、佛教、法家任何一方，对于其统治肯定会造成巨大的危害。"不相济则祸犹浅，而相沿则祸必烈"。

如果文人士大夫成日清谈老庄，肯定日益消沉荡志；皇帝醉心于佞佛求福，会慢慢使社会财力消耗巨大；最后，下层小吏以残酷之法，行申韩刻剥之术，又一定会造成民匮兵疲。

特别有意思的是，纵观石虎、姚兴、萧衍以来的中国历史，以佛、老妄诞虚理为"上层建筑"者，必会以申韩刻剥严刑为"基础建设"。不幸的是，梁武帝首当其冲，成了中国历史上正朔帝王亡于佛、老虚妄的第一个反面教材。

武帝死后近一个月，侯景才允许发丧。太子萧纲继"皇帝"位，是为梁朝简文帝。

侯景出屯朝堂，分兵守卫。萧纲完全是个傀儡。

先前密迎侯景的临贺王萧正德本来和侯景约定，台城攻破后他亲自率兵入宫杀掉叔叔萧衍和堂弟萧纲。现在，侯景食言，一入城就废自己为大司马；武帝死后，侯景又立萧纲为帝。

气急败坏之下，萧正德就派人送密信给鄱阳王萧范，让他带兵入城。信使出城不久，就被侯景军士捕得。

至此，侯景才想起这个"废物"，立即派人用绳子勒死了他。

侯景爱惜勇将，入城之后，常让永安侯萧确跟从于自己左右四处巡视。萧伦秘密使人劝儿子趁机逃出建康，萧确回报说："侯景轻佻，杀之一夫之力耳。我欲手刃此贼，未得其便，望父王勿以我为念。"

数日后，侯景率众人去钟山游猎为乐，萧确引弓假装要射鸟，忽然掉转箭头对准侯景。估计是国恨家仇一涌而上，美少年引弓用力过度，竟然拉断弓弦，矢落于地。

侯景从人发觉，争前击杀，萧确功亏一篑。

凶徒横虐　恶贯满盈

侯景的称帝及被诛

549 年 8 月，梁朝西江督陈霸先袭杀本欲投附侯景的广州刺史元景仲，迎梁朝宗室定曲侯萧勃做广州刺史。

至此，南朝最后一个朝代的开国者粉墨登场。

一直拥众兵坐视建康失守的湘东王萧绎仍旧没有下决心真正讨伐侯景。他因自己的世子萧方等被侄子河东王萧誉袭杀，命手下竟陵太守王僧辩和信州刺史鲍泉合力攻打湘州的河东王萧誉，"分兵给粮，刻日就道"。

萧方等虽为萧绎世子，全然不受父王宠爱。萧方的生母，是萧绎正妃徐昭佩。这位徐妃，乃南朝刘宋名臣徐孝嗣的孙女，于梁武帝天监十六年嫁与萧绎。迎嫁当夕，疾风大起，摧屋折木。不久，又雨霰忽降，帷帘皆白，萧绎当时就认为这些是不祥之兆。洞房之夜，果然发觉这位徐妃"丑而凶妒"，她不仅没有大家闺秀的气质，本性还极其淫荡。同时，徐妃妒悍异常，萧绎每有新妾怀孕，都会亲手刃杀。

徐妃与萧绎近臣暨季江有染，后者有语："柏直狗，虽老犹能猎；萧溧阳马，虽老犹骏；徐娘虽老，犹尚多情！"这就是"徐娘半老"典故的由来。

徐妃虽丑，却看不起萧绎。后来，萧绎宠姬王氏生下萧方诸，不久暴死，萧绎认为是徐妃所害，更加愤怒。萧方死后，萧绎更见不得她，不久逼令她自杀。无奈，徐妃跳井而死。

人都死了，萧绎还其尸于徐家，表示自己是“出妻”，并自制《金楼子》一曲令人传唱。他还自写徐妃秽行，悬于大阁，让人观看。

王僧辩入府，表示自己的竟陵部众还未集合完毕，要等几天才能出发。萧绎暴怒，大叫：“你害怕出战，抗拒我命，想与贼同伙吧？今日只有死于此地了！”言毕，挥剑就砍，正中王僧辩左大腿。

伤深入骨，王僧辩被砍得一下子昏死过去。苏醒过后，王太守发现自己被关在监狱中。王僧辩老母闻讯，徒跣哭喊入萧绎府为儿辩解，终于使得这位湘东王得以意解，赐以良药，王僧辩一命得活。

鲍泉一部出军，数败萧誉。最后，把这位河东王包围于长沙。

萧誉向自己的弟弟岳阳王萧察求援。岳阳王想使“围魏救赵”之计，自率两万多人马攻打江陵。萧绎忙向被自己关在狱中的王僧辩问计，王太守具陈方略。

萧绎很满意，放出王僧辩，并以之为“城中都督”。

恰遇大雨，萧察军失利，他忽闻萧绎属下有人正飞奔偷袭他的老巢襄阳，这位岳阳王连忙连夜遁逃而回，丢弃粮食、金币、铁甲无数。

由于得罪了叔父萧绎，萧察深感自己势单力薄，便向西魏送去自己的王妃和世子为人质，求宇文泰发兵相助。

宇文泰正想经略江汉，马上接纳，派大将杨忠都督三荆十五州军事，出兵梁地，与萧绎派去的、当时坐镇竟陵威胁萧察的柳仲礼相持。

梁朝邵陵王萧伦见自己的六哥萧绎和侄子萧誉兄弟窝里斗，非常悲愤，写信给萧绎进行劝解。萧绎不从，指斥萧誉引西魏军入梁地，发誓要消灭这两个侄子。

陈武帝陈霸先像

萧伦见书流泪，叹道：“天下之事，一至于斯，湘州若败（萧誉），我亡无日矣！”确实，只要萧绎干掉萧誉，下一个肯定要干掉萧伦。

550年5月，王僧辩与鲍泉果然攻克长沙，抓住河东王萧誉，就地斩杀，传首江陵。萧绎验毕侄子人头，非常高兴，立即封王僧辩为左卫将军，加侍中。

侯景属下贼将连克吴兴、会稽、信安等地，尽取三吴之地。东魏袭取司州，尽有淮南之地；西魏杨忠在安陆大败柳仲礼并俘其众，尽有汉东之地。

始兴太守陈霸先交结郡中豪杰，欲率数千人出大庾岭讨伐侯景。广州刺史萧勃遣人止之，并派南康豪强蔡路养等人在半路遏阻陈霸先。550年2月，军至大庾岭，蔡路养将兵两万堵住陈霸先去路，陈霸先打败阻军，进至南康，向萧绎上表臣服。

萧绎高兴，立即上封陈霸先为明威将军、交州刺史。

此时，西魏大将杨忠乘胜至石城，想向江陵方向推进。湘东王萧绎大惧，忙送儿子萧方略为人质求和，并相约两国以安陆为界，梁国也将作为西魏的附庸。

杨忠很满意，满携礼品以及人质回军。萧绎责怪侄子萧察引西魏军，这时候他自己反而做起“附庸”来。

此外，早在549年8月，鄱阳王萧范为了借东魏之军讨伐侯景，已经送两个儿子于东魏为人质，但最终被东魏所骗，一个兵也没有派来增援他。

550年4月，侯景纳简文帝年仅十四岁的女儿溧阳公主为妻，很是宠爱。一高兴，他把简文帝也叫到玄武湖南的乐游苑，大会群臣，畅饮三日。

简文帝被“护送”回宫后，侯景与溧阳公主共坐御床，面南背北，群臣文武列坐侍宴。

五月，侯景请老丈人“临幸”西州，精甲铁骑数千“护卫”于左右。

坐定后，耳听丝竹声声，简文帝悲从中来，泫然泣下，一是感叹父皇惊崩，二是想起自己的高级囚徒身份。

数杯热酒下肚，简文帝让侯景起舞，侯景亦请简文帝起舞。

两人喝得烂醉，简文帝一把把侯景搂在怀里抱于御床，口里直喊："我一直念丞相的好呀！"侯景也反抱老丈人，说："陛下如果不念我的好，臣怎能在这里？"两人抱头交泣。

湘东王萧绎方面，直到属下军队在王僧辩统领下攻克长沙，才开始为其父梁武帝发丧。

他不肯承认其兄萧纲的皇帝位号，对外犹称太清年号。至此，萧绎终于决定大举讨伐侯景，并移檄远近，大造声势。

一直坐镇巴蜀之地的萧绎八弟武陵王萧纪此时也蠢蠢欲动，他"响应"六哥号召，派世子萧圆照率兵三万出发，表示要听从湘东王的节度。萧绎私心甚重，很怕八弟萧纪出兵得胜后会与自己争位，便授侄子萧圆照为信州刺史，令其屯兵白帝，禁其东下。

邵陵王萧伦大修铠仗，准备响应讨伐侯景的号召，萧绎听说后心中打鼓，派王僧辩等人以拒贼将任约为名阻遏萧伦。

在鹦鹉洲，两军相遇，萧伦属下将士争请出战。萧伦不忍心与六哥自相残杀，乘船逃走，郢州为王僧辩占据。逃跑途中，萧伦又被"友军"裴之高抢掠一空。无奈之下，萧伦只得遣使向北齐请和，北齐封萧伦为"梁王"。

西魏方面，挑来拣去，宇文泰觉得梁朝岳阳王萧察最可靠，便派使臣册命萧察为梁王，使他正式成为西魏的附庸。

为了向新主子示好，"梁王"萧察亲自往长安朝见西魏帝，其实是去拜见权臣宇文泰。

可惜锦绣江南，自侯景乱起，百姓流亡，广受屠害，又值旱蝗天灾，纷纷窜入山谷、河湖之中，采食草根、野菜、树叶。极目望去，死者蔽野。富室无食，衣罗绮，怀珠玉，俯伏待死。千里绝烟，人迹罕见，白骨成聚，四处丘墟。

东晋渡江以来，三吴之地最为富庶，而侯景之乱，民间财产皆被贼兵、政府兵抢掠一空。尤其是侯景贼军，残暴异常，他们抢掠金帛既尽，乃掠人为食，吃剩下的，就卖给北朝人当奴隶。

镇兵出身的侯景本性残忍，他在石头城内放置一个大石碓，凡是他认为“犯法”的人，皆扔入石碓内，用铁杵慢慢捣成肉酱。平时，他“以身作则”之余，常常告诫诸将：“破栅平城，一定要尽杀其人，以使天下知道我的威名。”由此，诸贼将攻城陷地后，往往焚掠一空，杀人如草芥，以资戏笑。

也正是由于侯景贼军的残暴，南朝百姓虽死，终不附之。

侯景贼将于庆进攻豫章，守城的梁将侯瑱抵挡一阵，力屈不敌，便开城投降。被押送建康后，侯景认为侯瑱和他同姓，待之甚厚，留其妻子及弟弟为人质，任命侯瑱为湘州刺史，派他和贼将于庆一起外出略地。

属下诸将节节顺利，侯景一高兴，自己派人写诏，封自己为“宇宙大将军、都督六合诸军事”。

诏书送至简文帝处盖玺画押，吓了这位囚徒皇帝一大跳：“将军乃有宇宙之号乎？”

由于侯景贼将贼兵皆四出攻城略地，建康空虚，梁武帝的孙子南康王萧会理就与在京城的柳敬礼、西乡侯萧劝等人密谋举事，想起兵诛杀侯景首席军师王伟，并先派六弟萧义理出城至长庐招兵。萧义理出城，一下子就召集一千多散落的军士。

可恨的是，一直想当皇帝却被侯景勒死的临贺王萧正德的侄子萧贲，得知梁朝宗室密谋欲反侯景，立刻跑到王伟处告密。王伟马上派重兵逮捕了萧会理、柳敬礼诸人，加以斩首。事起仓促，萧义理也在奔亡途中被左右杀掉。

萧会理、萧义理两兄弟皆梁宗室青年才俊，死年皆二十出头。柳敬礼是见死不救的柳仲礼的亲弟，当初随其兄入城见侯景前，就曾劝其兄："侯景来会，我抱住他，大哥你拔刀杀之，敬礼我死亦无恨。"侯景、柳仲礼两人饮酒，柳敬礼一直给大哥使眼色让他动手，但这位大都督怯懦生悔，未能成功。至此，柳敬礼再谋不成，终于遇害。

父子兄弟，一支血脉，人品德行如此不同，令人感思叹惋。

至于告密的宗室萧贲等人，侯景"赐"他们也姓侯。

萧会理谋泄后，侯景怀疑简文帝萧纲事前知道并参与此事，对老丈人也起了杀心。

简文帝也知自己命不得久，指着自己所住的寝殿对侍臣说："庞涓当死此下。"

551年4月，贼将任约进攻失利，向建康告急，侯景自己率军西上。临行，他把太子萧大器作为人质与自己同行，派王伟留守建康。

侯景此次出军，开阵就不利。西阳一役，梁将徐文盛打得侯景败遁，贼将库狄式和也被梁军射杀。

侯景虽败，并不慌乱，听闻江夏空虚，便使贼将任约、宋子仙率精骑四百偷袭。

在江夏的郢州刺史萧方诸才十五岁，是湘东王萧绎的爱子。萧方诸完全是个无赖少年，天天饮酒赌博，没事就让其副手鲍泉趴在地上当马，他骑在上面满大厅转。贼军入城时，萧方诸正坐在鲍泉肚子上，用五彩线绕鲍泉的胡子给他"扎小辫"。听见外面贼兵叫喊，鲍泉一个鲤鱼打挺窜入床下，萧方诸又惊又吓，连忙向闯入的贼将宋子仙跪拜。

宋子仙往床下俯窥，看见一个五彩大胡子的家伙正偷眼往外望，当时吓一大跳，以为是妖怪。惊定之后，把两人抓起，全都执送建康。

刚刚取胜的徐文盛所部梁军，听闻江夏失守，大惧而溃，徐文盛等数人败归江陵。

虽取江夏，侯景丧钟已经响起。此次胜利，是这位贼头一生运命中的“回光返照”了。

湘东王萧绎闻知爱子被擒，悲痛之下，以王僧辩为大都督，率巴州刺史淳于量、定州刺史杜龛、宣州刺史王琳、郴州刺史裴之横等人，东上迎击侯景。

诸军进至巴陵（湖南岳阳），闻知郢州已陷，就留戍巴陵。萧绎派人送信给王僧辩，嘱咐说：“贼既乘胜，必将西下，不劳远击。但守巴陵，以逸待劳，无虑不克。”同时，萧绎命另外两将分别率兵前往巴陵，与王僧辩合军。

侯景这边也分兵遣将。他派宋子仙将兵一万为前锋，直杀巴陵；派任约率军，直击江陵；侯景自己率水陆大军随宋子仙之后，也直赴巴陵。

由于贼军来势凶猛，梁朝的缘江卫戍军，望风请服。侯景非常得意。

侯景自我感觉良好，他遣先头小队先过江，至巴陵城下，带头贼将仰头向城上喝问：“城内谁是主将？”

“王僧辩王领军。”

又问：“何不赶紧投降？”

王僧辩凭城答言：“如果大军直向荆州，此城应该不是障碍。”

侯景的小分队轻骑驰去。不久，数骑拥着一名儒官打扮的人至城下，城上人仔细一看，原来是江夏城破时被抓住的梁朝官员王峋，其弟王琳，正在巴陵城内协同王僧辩守城。

王峋此来，是受逼来说降王琳。

王琳闻讯，纵马上城，对王峋大喝道：“兄长你受王命讨贼，被俘不能死节，自己不惭，反而来为贼做说客！”言毕，搭箭当头射向王峋。

王峋惭愧而逃。

侯景自率大军继至，立刻挥军百道攻城。

巴陵梁兵士气旺盛，鼓噪呐喊，矢下如雨，迎接贼兵。

数轮进攻后，侯景贼兵死伤甚众，不得不停止攻城。

王僧辩乘胜，遣轻兵出战，凡十余战，每战皆捷。至此，终于出现一支真正能与侯景相抗的官军，他们不仅能守，还能转守为攻。

由于战事激烈，侯景亲自披甲持剑，于城下督战；王僧辩也不示弱，身披官绶、乘肩舆、排列鼓吹仪仗，全套行头，不紧不慢地绕城巡视，指挥若定。

侯景仰望，心中不得不佩服这位北人老乡王僧辩的勇猛与镇定。

相持数日，天气渐热。江南六月天，已经是湿热气候。侯景大军昼夜进攻巴陵，死伤无数，守兵仍然看不见一点松动的迹象。不久，贼兵军粮吃尽，死尸天热烘熏，疾疫四起，营中病死的，倒比城下被打死的还多。

这里两边相持，湘东王萧绎又遣晋州梁将胡僧佑率兵赴援。临行，萧绎告诫他："贼军如果与我们进行水战，一定要以大舰出逼，必定取胜。如果对方要与我们陆上交战，不要理他们，径直驾船驶往巴陵。"

侯景闻讯，立派任约率五千锐卒在中路准备迎击胡僧佑的梁朝援军。胡僧佑不与任约正面照面，率军从旁边小路疾驰而去。任约得意，认定胡僧佑胆怯，快马加鞭，在芊口追及梁军，举刀向胡僧佑高喊："吴儿，早点投降吧，逃能逃到哪里？"

胡僧佑根本不搭理任约，仍旧狂驰而前。待得马队跑出贼军视线之外，胡僧佑悄悄引兵至赤沙亭，与信州刺史陆法和合军。这位陆法和当时以卜算准确闻名，兵将询问，他均表示此行可成大功。有这种心理暗示，梁朝兵将自然斗志昂扬。

任约五千精兵一路如过无人之境，说说笑笑，精神抖擞。刚刚到达赤沙亭，就被埋伏在那里的胡、陆联军忽然横击。

贼兵大溃，一千多人被杀，三千多人逃跑掉入江中淹死，任约本人也被生擒，囚送江陵。萧绎见任约是个勇将，释而用之。

巴陵城下围城的侯景听到任约败讯，立刻焚营而遁。

逃跑路上，侯景安排得仍旧井井有条：留丁和、宋子仙率两万兵守郢城；遣支化仁镇鲁山；范希荣镇江州；任延和守晋州。侯景安排妥当，自率数千兵马顺河而下。

镇守江夏的贼将丁和为泄愤，把先前抓住的萧绎儿子萧方诸和鲍泉诸人押至江边，用大石头活活砸死，然后把尸体都扔入水中。

这位萧方诸虽只是十五岁的少年，调皮捣蛋，但自幼聪智博学，懂《老》《易》，善玄谈，不仅风采清越，还能辞辩锋生。

至此，还没当上皇帝，萧绎已经损失了两个儿子。

萧绎没心思悲伤。他立刻对王僧辩、胡僧佑、陆法和等人加官晋爵。陆法和自告奋勇，带兵去峡口屯结大军以拦自蜀地而来的武陵王萧纪。王僧辩等人乘胜凭气，一举攻克象山，生俘贼将支化仁；接着，他把宋子仙等人包围在江夏城内。

不久，宋子仙等人支持不住，表示要献城，求王僧辩放他们几个主将回建康。王僧辩假装答应，并准备一百多艘船。宋子仙等人信以为真，纷纷上船。将发之时，梁朝水军忽然进行包围，贼兵多被杀或溺死，宋子仙和丁和被生俘。

这两人被押送江陵，立即被斩首。

侯景逃跑途中非常狼狈。梁朝豫州刺史荀朗忽出濡须邀击侯景，大破其后军船队，贼军船只首尾不接，互相失散。

太子萧大器眼看船外箭飞火起，心腹从人就劝他乘乱逃跑。萧大器品德很正，表示："自国家丧败，志不图生。主上（其父简文帝）蒙尘，我怎会逃走。如果我逃跑，不是避贼，而是叛父。"言发泪下，太子命人划船跟从贼军后撤。

梁军一顺百顺。陈霸先在南康发兵，本来赣江多险滩，水军难度，岂料天降暴雨，江水暴涨，三百里间，巨石皆没，陈霸先乘风顺利，一下子就进至西昌。

不久，陈霸先至巴陵，并送三十万石粮食给已经杀至湓城的王僧辩一军。兵精粮足，王部梁军接连击败贼将于庆、范希荣、任延和等，屯军寻阳，准备诸军合集，一举破贼。

侯景跑还建康后，陆续收到诸将的败讯。不久，他得知先前投降的侯瑱又“反叛”，击走了于庆。侯景大怒，马上杀掉在建康作人质的侯瑱的儿子和兄弟。

本来，侯景攻克建康后，一直觉得梁人怯懦，易于攻取。待尽取荆、襄之后，再平定中原，一步一个脚印，最后称帝。

人算不如天算，巴陵一行，损兵折将，侯景十分郁闷。

心情不好，侯景天天过一天是一天。王伟当然是为自己的前程考虑，常常予以“忠谏”，侯景总把讲话内容泄露给溧阳公主，说王伟不让我整日和你缠在一起。公主也怒，常常向侯景说王伟坏话。

天长日久，王伟怕侯景耳根子软，总听公主讲自己的坏话对自己不利，便不时劝侯景杀掉简文帝自立。

巴陵败归，侯景爪牙多失，深恐伪政权不能久存，就想早登帝位。王伟出主意，“自古移鼎灭国，必先行废立，既示我们威权，又绝梁朝民望”。侯景从之。他派人写“禅位诏”，逼简文帝签字，又迎立已故昭明太子的孙子豫章王萧栋继位。

萧栋一直被关押于建康某处小破房内，正与王妃一起从地里挖野菜吃。忽然，虎狼之兵突至，二话不说，拥上法架，抬起就走。萧栋以为要被拉去杀头，不知所为，涕泣升辇。

侯景下令，把建康城内太子萧大器、寻阳王萧大心、西阳王萧大钧等二十多个龙子凤孙，全都杀掉，以除后患。同时，又下令其在京口、郢郡、会稽、姑孰的贼将，遍杀当地梁朝宗室。

自被幽执以来，太子萧大器一直神色怡然，未尝向贼人低声下气过。其左右近侍劝他不要再“摆架子”，太子说：“贼人如果慑于礼义，我即使凌慢呵斥，他们也未必敢杀我；如果运命将去，虽一日百拜，也不得活。”太子又讲，“我必死于贼灭之前。各位叔父如能灭贼，贼会在败前杀我；如果不然，贼也会除我以图富贵。如此，怎能以必死之命为无益之愁乎？”

果然，贼兵来杀，太子颜色不变，从容言道：“久知此事，嗟其晚耳！”刽子手上前要用衣带勒死太子，太子表示这东西杀不死人，命贼人取床上帐绳。贼人“听话”，以绳把太子勒死，时年二十八。

听闻侯景废简文帝，其党羽“太尉”郭元建从秦郡乘快马驰还，对侯景说：“我们挟天子，令诸侯，犹惧不济，怎可现在有废帝之举！主上（简文帝）乃先帝太子，又无过失，为什么忽然出此下策？”

侯景不知说什么好，便支吾：“王伟教我这样做。”思前想后，他想迎简文帝复位，以萧栋为皇太孙。

王伟坚执不可：“废立大事，怎能反反复复？”侯景只得随他。

在王伟撺掇下，侯景准备杀掉简文帝萧纲，目的是绝灭梁朝士众之心。

551年冬10月某夜，王伟与左卫将军彭隽、王修三人带酒去见被囚于永福省的简文帝。

“侯丞相担心陛下您幽忧已久，令臣等来上寿。”王伟假惺惺地说。

简文帝对三人来意心知肚明，笑道：“我已禅帝位，怎可再称我为陛下。既是寿酒，肯定要喝光呵。”

彭隽弹曲项琵琶，王伟等人唱曲，与简文帝大乐极饮。萧纲知道自己马上要遭毒手，狂饮尽醉，畅言道：“真不知能快乐到这种地步！”

醉倒后，作为弑君主谋的王伟不想亲自动手，让大老粗彭隽搬来一只二百多斤的大土袋子压在萧纲脑袋上，压死了这位废帝。而后，王修命人撤门板为棺，把这位废帝胡乱埋在城北酒库地下。

简文帝自被幽废，深知性命难保，找不到书写纸张，便用笔在屋壁及板障上“书写诗文数百篇，辞甚凄怆”。王伟贼臣，命人皆剥凿挖毁，所余无几，现录其中一首，以显囚龙之怀：

恍惚烟霞散，飕飕松柏阴。幽山白杨谷，野路黄尘深。
终无千月命，要用九丹金。阙里常芜没，苍天空照心。

侯景日子如此不好过，又传来新的坏消息：司空刘神茂与数位大将拥东阳背叛侯景，向湘东王萧绎投诚。

侯景被慕容绍宗大败后走投无路之时，是刘神茂给他出主意并赚取寿阳城。先是刘神茂，紧接着是庄铁，都力劝侯景乘虚袭建康。正是这两个人，引发了梁朝灭亡的导火索。此前不久，庄铁已被侯瑱杀于豫章。

侯景听说刘神茂等人叛己，急遣谢答仁、李遵二将前往攻伐。

551年年底，侯景等不及了，给自己加“九锡”没多久，就逼萧栋“禅位”，自称汉帝。

萧栋被废后，与两个弟弟一同被幽禁于密室之中。

侯景继位，登太极殿，其党羽数万，皆吹唇欢噪上殿，高呼万岁。恍惚之间，让人以为是在塞北哪个蛮族的大王或可汗帐落。

至此，有人可能有疑问，侯景被东魏慕容绍宗大败，当时身边仅八百余骑，怎么忽然冒出这么多贼人来？确实，他起先一步一步攻击梁朝时，皆是滚雪球一样，日益裹胁被他击败的各部梁军。攻克建康后，侯景宣布全部释放在南方为奴的“北人”，这些人加起来大概有两万多，再加上他所“解放”的奴客，构成了其主要心腹力量。

奴才翻身，穷凶极恶。所以，江南一带的人民才遭受这么深重的杀戮和涂炭。

当了皇帝，自然要大会群臣进行朝会。第一天朝会，王伟请立帝王七庙。

侯景一愣：“什么是七庙？”

王伟解释：“凡做天子，一定要立庙祭祀以前七辈的灵牌。”

侯景抓耳挠腮想了半天，说：“我只记得我爸名叫侯标……而且，他的游魂远在朔州，怎么会大老远来江南这里吃冷猪肉？”

众人皆笑，都觉得侯“皇帝”挺幽默。其实，侯景不是幽默，是实话实说。

还好，一位跟随侯景多年的老兵知道侯景他爷爷名叫乙羽周（匈奴名），至于以上四世“皇祖考”名讳，王伟只有乱编。

侯景当了“皇帝”，一点也不快乐，他不爱穿金挂银着御服，戴白纱帽，披青布袍，牙梳插髻，朴素得像个门人。在巨大的御床之上，他常常放置胡床，穿皮靴垂脚坐——胡人不习惯当时汉人的“跪坐”（类似于日本人现在的“坐式”），所以，侯景为了舒服，把“胡床”（马扎）又放在床上。

至于娱乐，侯“皇帝”也就吹吹胡笛、牛角，有时单马在宫中驰骋，最多也只能去华林园弹鸟为乐。

即使如此，“忠臣”王伟还老大不高兴，“谏劝”说帝王不可轻出，使得侯景极其郁闷，成日埋怨：“我没事当什么皇帝，怎么觉得跟做囚犯差不多！”

从前做“丞相”，侯景在西州大开府门，文武无论尊卑，皆得引见。入宫之后，当皇上了，非故旧不得入见，由是诸将心中多有怨望。

552 年 3 月，湘东王萧绎严命王僧辩等人东击侯景。

诸路大军齐发寻阳，舳舻数百里。陈霸先率甲士三万，舟舰两千，自南江出湓口，与王僧辩于白茅湾合军。诸位大将共读盟文，流涕慷慨。

梁军侯瑱一部首发得利，攻克重要军事据点南陵、鹊头二戍垒。不久，见梁朝大军齐发，贼将侯子鉴心惧，奔还当涂。

侯景早先派出的将领谢答仁进攻东阳的刘神茂，附近梁将要来救，刘神茂想自己打赢，便不让对方前来，欲在平地与贼将谢答仁对决。

侯景贼军最擅长的就是野战，刘神茂属下又多三心二意的北人。双方一开战，刘神茂大败。不得已，他只能开城向谢答仁投降，被囚送建康。

侯景见之，咬牙切齿，专门为刘神茂特制了一台大铡刀，背厚刃细，先进其足，寸寸斩之，以至于头，慢慢把这位反复小人折磨而死。

刘神茂本来只是马头地方的一个“戍主”，相当于梁朝一个民兵连长或炮楼楼长。正是他首劝侯景入梁，发江南之巨祸，竟也位至三公（司空）。他的司空一职是简文帝在位时诏书任命，具有“合法性”。背叛侯景后，刘神茂又想在新主子萧绎面前抢头彩立大功，但最终被凌迟处死。

王僧辩军队一路皆捷，进至芜湖，贼将张墨不战弃城而逃。

侯景听报，大惧，下“诏”赦湘东王萧绎等人“无罪”，闻者皆笑。

弑了简文帝，又废了萧栋，侯景手里没了萧家皇统的幌子，再怎么“下诏”都没有用。

贼将侯子鉴据姑孰抵拒梁军。侯景不放心，急派两千多兵马驰援，并想自己亲去姑孰督战。他派人警告侯子鉴：“梁人善水战，莫与争锋；如能步骑陆战，必可败敌。一定要于岸上结营，诱引敌船入港。”侯子鉴听话，舍舟登岸，闭营不出。

王僧辩等人也不着急，在芜湖附近的江面上停留十多天，也以静制静，动也不动。

侯子鉴大喜，回报侯景：“梁人畏惧我们兵强，看样子要乘船逃跑，如果不出击，就让敌人跑掉了。”

侯景求胜心切，复下令让侯子鉴准备上船追击梁军。

王僧辩水军慢慢驶至姑孰，侯子鉴率万余步骑渡洲上岸，于岸上挑战，同时，他以千艘窄长小船装载军士，准备随时乘胜逐战。

王僧辩挥令旗，梁军数千小船皆一齐退缩，只留大舰“夹泊两岸”。侯子鉴贼军见此情景，以为梁军败逃，争相挤上船，猛摇划桨，速度飞快，驶向梁军。

此时，梁军两岸边巨舰起锚，尽断其退路。双方于江中大战，梁军自然得胜，贼兵淹死、被杀数千，侯子鉴仅以身免，败逃回建康，收散兵残将据东府抵拒。

梁军乘潮入淮，已经抵至建康郊外禅灵寺。

听闻侯子鉴败讯，侯景大惧，泪下满面，拉起一床被子盖住头，躺了好久才起身，叹息道："这小子真害了我！"

即便如此，侯景仍未完全慌神，他派人搜集无数小船，塞满石头，沉于河中以塞淮口。同时，他下令沿淮河作城，自石头城一直到朱雀桁，十余里长的范围内，楼垒密布。

陈霸先自告奋勇，率军入据北岸，在石头城西面落星山立栅。

梁军诸部步步为营，连筑八垒，直出石头城西北。

552年3月19日，侯景率一万多士兵，铁骑八百余匹于西州之西布阵，准备与梁兵决战。陈霸先献计，分兵诱敌，以众击寡。

侯景挥兵，直冲梁将王僧志阵，想打开一个缺口。贼兵绝望，奋不顾死，杀声阵阵，王僧志一军不敌，立时动摇。

关键时刻，陈霸先令置弩手两千于王僧志军后，万弩齐发。贼兵不支，被射倒一大片，余众退走。

侯景豁出性命，自率百余骑，弃枪执刀，左右突阵，想与陈霸先做决死一斗。

陈霸先兵阵不动，贼众大溃。

据守石头城的贼将卢晖见大势已去，开城投降。

侯景逃至台城，也不敢入宫，立于马上，召王伟责骂："你让我当皇帝，今天真害死我了！"

王伟惶恐不能对，跑回殿内躲藏。

侯景用皮袋装盛他在江东生下的两个小儿子，准备去东阳投靠谢答仁。王伟见状，忙又跑出来，拉住马头谏劝："自古岂有逃跑的天子！宫中卫士，犹足一战，弃此宫殿，将欲何之？"

侯景长叹："我昔年大败贺拔胜，破葛荣，扬名河朔；渡江平台城，击降柳仲礼，易如反掌；今日之势，天亡我也！”言毕，仰观宏伟宫阙，泪下如雨。

感慨过后，他带房世贵等百余骑东逃。王伟、侯子鉴等人也夺路逃跑。

王僧辩军入台城，这位得胜大将不驭军士，听任政府军剥掠居民，城内男女裸露，号泣满道。

可怜老百姓，一茬苦过一茬。

夜间，军士失火，焚毁了皇宫的太极殿及东西堂，梁朝的宝器、羽仪、辇辂，焚毁无遗。

侯景逃至嘉兴，本来谢答仁还有一万多军马，准备上前迎侯。先前投降侯景的梁将赵伯超见势不好，反叛侯景，吓得侯景回返吴郡。

附近的侯瑱闻讯，咬牙切齿，提兵就追，在松江追上了侯景。

当时，贼军散卒相聚，还有大小船只二百多，士卒数千。但是，这些人已是败亡之余。侯瑱军一冲，立时星散，侯景多名亲随被生俘，包括那位用大土袋压死简文帝的彭隽。

侯瑱想起自己兄弟子侄皆被虐杀，怒火攻心，他绑起彭隽，亲自用刀活剖其腹，生抽其肠。

至此，侯景身边只有数十人，乘一小船由水路狂逃。半路，他把两个小儿子连人带袋推落于水。

连日奔逃，侯景累得要命，躺在舱内睡觉。随行人中，有羊鹍、王元礼和谢葳蕤三人。侯景纳羊侃小女儿为妾，羊鹍是羊侃儿子，两人就成了亲戚，平时侯景也待羊鹍甚厚。谢葳蕤是谢答仁弟弟。

这三人一商量，决定杀掉侯景以自全。

本来小船应该驶向海的方向。中途，侯景上甲板撒尿，忽见小船又回到了胡豆洲，大惊，忙命船工调转方向。羊鹍拔刀，叱令船工往京口方向划，并对侯景说：“我等为您效力可不算少，今至于此，终无所成，很想摘您项上人头以取富贵。”

侯景未及答言，三人白刃交下。

侯景想不到两个亲信和大舅子会杀他，急得想跳水，羊鹍当胸就是一刀。惶急之下，侯景跑回船舱，拉紧舱盖后，用刀砍舱底，想掏洞泅水。

羊鹍持长矛，从船表直捅下去，把侯景钉死在船上。由此，羊鹍也报了这大贼头奸污其妹、污辱其父羊侃威名的大仇。

侯景死后，尸体被分成好几份。为了怕侯景尸身腐败后难于辨认，报捷的梁军就用生盐塞进尸体肚子里，立即运送建康。侯景首级由王僧辩送去江陵由萧绎"验货"，又派谢葳蕤把侯景一双手送至北齐（当时萧绎也向北齐称藩）。

侯景尸体一入建康，在闹市中刚刚插标摆放，幸存的士民立刻涌上，争先恐后取食，把骨头都吃得干干净净。简文帝女溧阳公主也挤入人群，吃了一块肉解恨。但没过多久，梁军搞清算，溧阳公主毕竟嫁过侯景，还生过一子，她也被抓送集市，用大油锅烹死。千金公主，粉身碎骨，也消不了"为贼所污"的耻辱。

侯景在江南折腾期间，高澄把他在东魏的五个儿子尽数抓起来，首先把他大儿子虐杀。其余四子才十岁不到，都下蚕室阉割（并非要其入宫做太监，只为泄愤）。高洋当皇帝后，有天夜里梦见有只猕猴坐在他的床上，"猴"与"侯"同音，兆头不吉，转天早晨，这位北齐暴君就把侯景的四个儿子从监狱里提出来，用大锅热油一一烹死。

侯景，这位杰出的军事家、不俗的阴谋家，折腾五年多，叛东魏（北齐），乱梁朝，最终身死宗灭，可谓是罪有应得。

还是那位曾经预言梁朝命数的和尚志公，在三十多年前的天监十年（511 年）就已经"预言"了侯景的下场：

> 兀尾狗子始著狂，欲死不死啮人伤，须臾之间自灭亡。患在汝阴死三湘，横尸一旦无人藏。

侯景小名就叫“狗子”，其最后奔败灭亡之地正是巴陵附近，其周围地名有“三湘”之称。最后横尸于市，任人宰割，果然是“无人藏”。

王僧辩入建康时，王克等梁朝旧臣拜于道左迎候。看见这位王家大族出身、被贼军以家世声名而封拜的“太师”，仍然全须全尾地活着，王僧辩不免嘲笑：“您真不容易啊，天天伺候夷狄伪君。”

接着，他怅然叹息：“王氏百世卿族，一朝而堕！”

绵绵数世，清高世族，不仅不能忠于王室，竟还成为侯景贼朝的高级摆设。

秋后算总账。萧绎下令诛杀王伟、吕季略、周石珍等人于江陵闹市，赵伯超等叛臣“饿死于狱”，特赦谢答仁（此将一直礼敬简文帝）和任约（以其能将兵）。

有罚必有赏。萧绎任王僧辩为司徒、镇卫将军，封长宁公；陈霸先为征虏将军、开府仪同三司，封长城县侯。

自相残杀大乱至

梁朝的最后灭亡

湘东王萧绎在梁武帝时的官职，是“荆州刺史、都督荆雍湘司郢宁梁南北秦九州诸军事”，其辖区，大概是东至现在湖北与江西交界，南至湖南一直到云南边境，北至襄阳，西至陕南的汉中，除蜀地由他八弟萧纪统辖外，可以说尽括上流重镇。

萧绎手下兵多将广，粮食、器械充足，但侯景围台城时，各地勤王军有二三十万之多，萧绎派来的只有万把人。可以想象萧绎当时黑暗的心理，无外乎是希望台城早早被攻破，父亲和三哥早点儿被人杀掉，这样的话，按继位次序，当时活着的排他前面的只有六哥邵陵王萧伦。萧伦又在日后的东奔西逃中被西魏军杀掉，现在，侯景一灭，只有萧绎有资格做皇帝了。

王僧辩入建康前，曾派人向萧绎请示："平贼之后，不知应以何等礼节对待嗣君？"就是问怎么处置被侯景先立后废的豫章王萧栋。

萧绎马上回答："六门之内，自极兵威。"意思是让王僧辩杀掉萧栋。

王僧辩表示自己不愿行"成济之事"（成济是司马昭时弑魏帝曹髦的将领），萧绎就吩咐自己的心腹朱买臣见机行事。

侯景败逃后，萧栋和两个弟弟萧桥、萧樛互相搀扶逃出被囚的密室，路中有梁将遇见他们，为他们除去身上的锁链。两个小弟还庆幸，对萧栋说："今天终能免于横死！"萧栋摇头："福祸相倚，我仍有惧。"果然，朱买臣很快就找上门，呼兄弟三人上船饮酒。刚喝几杯，朱买臣站起，用大酒坛子猛砸三兄弟后脑，一脚一个，把被砸晕的三人全都踢入江中淹死。至此，萧绎又"做"掉了三个侄子。

侯景乱平，众臣劝进，萧绎终于登上了梦寐已久的帝座，于552年年底在江陵称帝，改元承圣，是为梁元帝。

虽称皇帝，萧绎当下所统的地盘却真的十分"拮据"。史载："侯景之乱，州郡大半入魏，自巴陵以下至建康，以长江为限，荆州界北尽武宁，西拒硖口，岭南复为萧勃所据。诏令所行，千里而近，民户著籍，不盈三万而已。"

而且，称帝初期，萧绎因疑忌大将王琳，把他召入江陵关押，激起王琳手下将领陆纳的反叛。双方打来打去，折腾了好几个月，死了不少人马。后来，萧绎释放王琳，双方才息兵。

早在552年5月，萧绎的八弟——益州刺史、武陵王萧纪已经在蜀地称帝，立其世子萧圆照为皇太子。9月，萧纪举兵由外水东下，也要来争夺平侯景后的"胜利果实"。

听闻八弟东下，萧绎愤恨，让方士画萧纪像，亲自在画像上钉割弟弟的肢体，想用厌胜之法，诅咒八弟早死。其实，萧纪出蜀，是由他的世子萧圆照“误导”。萧圆照本来知道侯景已死，却向其父报称“侯景未平”。萧纪以为七兄萧绎被打死，急着前来当皇帝。

梁元帝萧绎撺掇西魏出兵端萧纪的成都老窝。宇文泰闻讯大乐，忙遣尉迟迥派一万多铁骑伐蜀。萧纪刚到巴郡，听闻西魏来伐，忙分兵回救。

由于大军都由萧纪自带出去争天下，其成都老巢只有少数弱兵把守。很快，尉迟迥的魏兵就把成都团团包围。

萧纪到了巴东，才知道侯景已平，他又悔又气，唤来儿子萧圆照责骂。萧圆照说：“侯景虽平，江陵（萧绎）未服。”萧纪一想，儿子说的也有理，自己已经先称尊号，不可能再屈居人下，于是继续挥兵东进。

萧纪手下军将兵士的家属皆在蜀地，他们惦念亲人死活，根本不想再前进，纷纷进谏，让他先回成都保住根据地。

萧纪大怒，斥言：“敢谏者死。”依旧一意孤行。

见到事急，萧绎擢用侯景降将任约、谢答仁，派他们前往硖口与陆法和一起抵拒萧纪。同时，萧绎写亲笔信给萧纪，准许他回蜀后专制一方。萧纪不从，回信格式也不对，不承认七哥萧绎的皇帝尊号。

双方战了多日，胶着反复。萧纪不断接到成都危急的战报，忧懑不知所为，就派他的手下乐奉业去江陵，找七哥讲和。此时，他希望哥俩息兵，自己回蜀地。乐奉业深知萧纪内情，到了江陵后，把实情告知萧绎：“蜀军乏粮，士卒多死，危亡可待。”

至此，萧绎坚不许和，下决心要干掉这位八弟。

萧纪出蜀前，用黄金一斤为饼，百饼为一箧，共有百箧。此外，携带的银两，五倍于金。每次战前，他都将这些金银悬示将士，却从来不真正拿出来赏军。

其将陈智祖劝他出黄金招募勇士，萧纪割舍不得，不听。气得陈智祖竟然恸哭而死。

诸将要求见议事，萧纪怕人找他要钱，皆称疾不见，由此将卒解体，斗志皆无。

梁元帝承圣二年（553年）八月，萧绎手下任约、谢答仁率先攻败萧纪，收降峡口附近两岸十四城。

得胜后，萧绎派樊猛追击萧纪，打得这位老弟大溃，赴水死者八千余人。萧纪本人被包围在江上。

萧绎马上送密信给樊猛，表示“如果萧纪生还，不算你成功！”下死命令要八弟的脑袋。

樊猛攻入萧纪指挥大船。萧纪一边在船中绕床转圈逃跑，一面把大包黄金扔给樊猛，哀求说：“送我见一下七符（萧绎小名七符），当以此金相酬！”

樊猛听了直笑，回答：“天子何由可见？杀掉足下，金子照样是我的啊。”

他上前一刀，把萧纪劈死，顺手又把这位武陵王身边吓得号哭、年方五岁的小儿子萧圆满的脑袋砍下。

萧绎闻听八弟已死，大喜，把萧纪从皇族中除名，改姓“饕餮氏”。同时，他下令把侄子萧圆照、萧圆正兄弟关在狱里，不给吃喝。两个年轻人饿了十三天才死，饿极时，哥俩自己咬自己胳膊上的肉吃。

听闻萧纪败亡，梁朝成都守将投降西魏，蜀地归西魏所有。

至此，萧家宗室再无与萧绎争位之人。众臣齐聚江陵，商议在何处定都之事。

本来，萧绎要还都建康，领军将军胡僧佑、大府卿黄罗汉等人谏称：“建业王气已尽，与虏（北齐）正隔一江，若有不测，悔之无及！”但尚书右仆射王褒等人坚称：“今百姓未见銮驾入建康，还以为陛下是诸侯王。希望陛下应四海之望，入都建康。”

议来议去，由于当时萧绎群臣多是荆州人，不少人出来要求留都江陵，也有一些忠直之臣奏请定都建康。相持不下之时，萧绎竟然让一个巫师占卜，结果巫师说不宜以建康为都城。

萧绎本人也认为江陵未遭兵灾，而建康残破，便决定以江陵为都。

正是这个决定，导致了萧绎的迅速败亡。建康虽距北齐只隔一江，但长江自古天险。江陵方面，北有襄阳的仇敌侄子萧察虎视眈眈，西面蜀地已经陷于西魏，易攻难守，其实岌岌可危。而且，襄阳距江陵仅五百里，指日可至。

553 年 10 月，萧绎下诏，令王僧辩还镇建康，陈霸先镇京口。

554 年 4 月，西魏宇文泰以萧绎接待西魏使节的规模低于北齐使节为借口，准备大举入侵。经过紧锣密鼓的准备，11 月间，宇文泰派柱国常山公于谨、中山公宇文护、大将军杨忠统大军五万齐发长安，来攻梁朝。

消息传至江陵时，萧绎正和群臣在大殿上讲研《老子》。大家半信半疑，便下令戒严。不久得报，似乎没见西魏有动静，于是皇帝和大臣重聚朝堂，又开始研习，只不过是群臣皆身穿戎服，坐听皇帝讲玄。

身穿铠甲听课，真是一大奇观。

很快，大批西魏大军果真杀来。萧绎忙征王僧辩为大都督，命陈霸先移镇扬州。

梁元帝夜登凤凰阁，光脚倚在亭柱上，仰望天文，叹道："客星入荆楚，今必败矣！"随从的嫔妃闻言皆大哭。

早晨，梁元帝萧绎硬着头皮在津阳门外阅兵，忽遇狂风暴雨，狼狈还宫。

西魏大军迅速渡过汉水，于谨命令宇文护、杨忠率精骑先据江津，阻断东路。于是，西魏军很快就攻克武宁。

过了两日，西魏军已至黄华，离江陵仅有四十里，一下子就打到梁军所立的栏栅下面。

船漏又遇顶头风。梁军在江陵城四周六十里范围内广立木栅，突然又起火，焚毁二十五座城楼以及数千家民居。

萧绎亲登瞭望塔，眼望黑衣黑甲的西魏军气势汹汹地过江，四顾叹息。

于谨设围已定，命令在城周筑起长围，至此，江陵成为孤城。

王褒、胡僧佑、朱买臣、谢答仁等人开城门出战，皆大败而还。

气急败坏之余，朱买臣按剑觐见萧绎，大声道："应斩先前倡议定都江陵的黄罗汉等人，以谢天下！"

萧绎苦笑："定都江陵，实出我意，黄罗汉等人无罪。"

由于西魏兵突至，梁朝的重兵皆在外镇，一时根本来不及赴援。

西魏部署悉定，军队百道攻城。

梁将胡僧佑身先士卒，亲冒矢石，迎前督战，一时间竟也打得魏兵前进不得。不幸的是，忽然一发流矢，正中胡僧佑颈部，大将立时身死，梁军内外大骇。

魏兵趁势，悉众攻栅，又有内贼开江陵西门接应魏军。西门虽破，城内梁军仍苦战，至暮方散。

萧绎在朱买臣、谢答仁、王褒等人护持下，逃入内城。惶恐之下，萧绎派两个侄子萧大圆、萧大封出城向于谨求和。

梁元帝入至东阁竹殿，竟还有心思下令中书舍人高善宝点火，尽焚古今图书十四万卷，然后，他想赴火自杀，被宫人左右拦住。临死烧书，萧绎是古今亡国之君第一人。

悲惧之余，萧绎以剑砍柱，大叫："文武之道，今夜尽矣！"

于是，他让御史中丞王孝祀写降表，准备投降。

谢答仁、朱买臣谏道："城中兵众犹强，乘夜突围，可渡江往依任约。"萧绎胖，不便乘马，思忖了一阵，便说："事必无成，徒增辱耳！"

谢答仁自告奋勇，要求亲自护持萧绎突围。

萧绎扭头问大臣王褒，王褒回答："谢答仁是侯景贼党，怎能相信？与其为他所卖，不如出降。"

谢答仁闻言大哭，要求元帝让自己收兵坚守内城，王褒仍然力劝不可。急火攻心，谢答仁气得吐血，大哭而去。

当时，江陵狱中有死囚数千人，大臣们劝萧绎释放这些人为战士，萧绎不从，下令用大棒杀掉。

如此昏暴之人，败亡也是情理之中的事情。

西魏统帅于谨表示接受投降，让萧绎送太子为人质先出。萧绎忙派王褒带太子出城见于谨。

久闻王褒是江南书法大家，于谨挺好奇，请王褒写几个字给自己观赏一下。这王褒恬不知耻，飞笔走墨，大书九个字："柱国常山公家奴王褒。"

堂堂梁朝尚书左仆射，东晋宰相王导的直系后裔，国亡城破之时，竟奴颜婢膝到如此地步。后来，此人被西魏军当作"战利品"带往长安，在黄河边上，王褒作《渡河北》一诗："秋风吹木叶，还似洞庭波。常山临代郡，亭障绕黄河。心悲异方乐，肠断陇头歌。薄暮临征马，夫道北山阿。"意境凄怜，诚为好诗，启发杜甫后来写出"无边落木萧萧下"。

眼见身边随臣尽去，萧绎无奈，白马素衣，从东门而出，挥剑击门，长叹："我萧世诚（萧绎字）竟然有今天！"此时魏军一拥而上，把他往白马寺方向押送。

半路，西魏兵把萧绎踹下白马，让他骑上一匹劣马，派一高大胡人手扼其背，挟持而行。

路中遇见于谨，西魏兵对这位南朝皇帝拳打脚踏，让他下拜。

西魏的傀儡"梁王"萧察见到杀掉自己亲兄的这位七叔，恨得眼都冒火，派铁骑把萧绎押入自己营内，关进一间黑布营帐，上前拳脚相加，边打边骂。

西魏兵将纷纷前来看笑话。其中，有人问萧绎："你干吗要烧书？"萧绎答："读书万卷，犹有今日，故焚之。"萧绎爱书，甚过珍宝，所以才有如此令人痛恨之举。明朝魏忠贤败后，其一个铁杆死党知道捕吏将至，也是把平时搜罗的价值连城的宝玩横陈当庭，仰头一杯酒，摔砸一宝物。此种行为，与萧绎烧书实出一辙——如此世间稀罕宝物，我以后享用不到，别人也休想沾光，让它们与我一起毁灭！

当时，中国印刷术还没有发明，萧绎所集，一部分是他一生珍藏，另一部分是王僧辩从建康运回的梁朝皇宫内的精品，皆是手抄书卷。萧绎一炬，对中国文化的损失，几乎无法估量。

挨打挨骂挨过数日，554年十二月辛未，魏人让“梁王”萧察杀掉萧绎。他被侄子萧察派人用大土袋子活活压死，时年四十七。其太子萧元良和另一个儿子萧方略，也同时被杀。

萧绎被杀后，引狼入室的萧察也没得到任何好处。他被西魏立为“梁王”，所辖范围只有方圆三百里不到，而经营多年的根据地雍州（治所在襄阳），反而被西魏占取。西魏人命萧察据江陵东城，而魏军留守的兵将据西城，名为助援，实则监守。

当时，萧察手下将领尹德毅给他出主意：“魏虏贪残，肆其残忍，杀掠士民，不可胜记。江东人民涂炭至此，都认为是殿下您引至。如果您以设宴为名，引于谨等人来会，预伏武士，尽毙虏酋，可一举摧垮魏军，然后再抚慰百姓，招纳诸将，晷刻之间，大功可立。”

尹德毅之谋，确是上天给予梁朝的最后机会，而且萧绎已死，萧察是前太子昭明太子之子，于法统血缘方面宗属最近，梁朝众将必然会拥他为帝。

萧察无恢宏远略，当即拒绝，表示说魏人待他不错，不想做出“背德”之事。其实，西魏并非为了他出兵，实是要攻城略地，乘乱拓境。不久，当得知西魏割其老巢，又把江陵全城百姓、士人、财物均掳走时，萧察后悔，却已经为时过晚。过了几年，这个“梁主”（其实就是小城主）即郁闷而死。

个人品德方面，萧察这个人不饮酒，安于俭素，不好声色。特别值得一提的是，此人还有洁癖，见不得已婚妇人。他与女人相隔数步，就捂鼻说对方身上有臭味。他偶尔与姬媵过性生活，往往过后病卧累旬，并会把当夜所有的被褥衣物全部扔掉。

萧察另外一个怪癖，就是讨厌看见别人的头发，为他担轿的轿夫，无论冬夏，都要用帽子把头发遮住。

于谨回长安前，抢走梁朝全部府库珍宝、浑天仪、铜晷表等宝物，并把梁朝王公以下及良家百姓男女数万（《周书》记载有十多万）掠为奴婢，分赏三军将士，一路驱赶污辱。因为怕老人小孩消耗食品，西魏人便把他们统统杀死。配留给“梁主”萧察的，只有三百余户居民。

被驱北去的士家大族以及普通百姓，一路受尽折磨，人马所践及冻死者十之二三。平时峨冠博带、望若仙人的门阀子弟，也多被脖锁连枷，单衣赤足，一路任由西魏兵士拳打脚踢，完全沦为“贱隶”。像王褒、颜之推等人，名声太大，便能骑疲驴瘦马而行，有幸挨过寒冬跋涉，活着到达长安。

到达长安后，只有少数梁官被任为官。十二年后，周武帝下令，“放免江陵人年六十五以上为官奴婢者”；又过七年，武帝下令“放免江陵虏在官署为苦工者为平民”。一直到577年，周武帝才下令赦免公私全部江陵俘虏。

二十四年过去了，真正“享受”到豁免的江陵士人百姓实际已经寥寥无几。大多数被俘的南朝高门士族，终身在北方耕田养马，沦为贱隶奴婢。经此劫难，南朝的文化以及人才都受到严重削弱。

到了南朝陈国时，南北通使，北齐、北周已经看不起陈朝使节的文学水平。

颜之推日后回忆梁朝，写道：“梁世士大夫，皆尚褒衣博带，大冠高履，出则车舆，入则扶持，郊郭之内，无乘马者。……及侯景之乱，肤脆骨柔，不堪行步，体羸气弱，不耐寒暑，坐死仓猝者，往往而然……”

风俗至此，平日“薰衣剃面、傅粉施朱”的士家子弟们，终于迎来了地狱噩梦般可怕的生活。

梁武帝萧衍一时糊涂，因一个“吉梦”而接纳侯景之降，引狼入室，最终导致了萧梁家国的灭亡，大片国土也为北齐、西魏所瓜分。

在大动乱之中，西魏得到的实惠最多，雍、荆以及汉中和全部蜀地，全为西魏占取；相比之下，北齐方面由于当时北部边境多起战事，与契丹、突厥、柔然、山胡战事不断，占得的土地并不算多。

陈霸先号称英雄，但他建立的陈朝，“西不得蜀、汉，北失淮、淝”，版图日蹙，只能龟缩在江南巴掌大点的地方，苟延残喘而已。

经过侯景之乱，西魏（北周）成为最大的赢家，不仅国土扩展迅速，其经济和政治实力也迅速上升，为北周最后平灭北齐统一中国北方奠定了坚实的物质基础。而且，进一步讲，隋朝取代北周之后，正是由于南朝已失去蜀地等重要军事凭依，偏隅一方，也造成了陈朝的迅速亡国。

中国，最终在杨坚的手里，南北混而为一。

此外，侯景之乱带来的另一个后果，就是在不经意间极大推进了南北一统的社会基础和心理基础。

侯景破建康占城后，打着萧梁（简文帝）的幌子，不仅广用北人，对于当地“南人”也大加利用，南北之人同朝为官，没有什么格格不入的巨大争执或水火不容的死拼景象。萧绎灭侯景，诸多北人也没被当作“贼”连根清除，关键时刻，降将任约帮他灭武陵王萧纪，另一个降将谢答仁在江陵城要破时，还一直忠心耿耿地保护他。

由此，水到渠成之际，昔日南人北人天壤之隔、水火不容的理念，已日趋淡薄。

侯景乱江南，萧伦、萧察、萧绎以及后来的王僧辩、王琳皆向北朝称藩，也打破了先前“江南正朔”的神话，从前的“正统”沦为“附庸”，从前的“非正统”一跃而为“正统”。世道人心，已经逐渐丧失了昔日胡汉世仇的传统心理。

大乱世变，实际上在客观上促进了日后隋、唐的“大一统”。福兮祸兮，真是相伏相倚。

小怜玉体横陈夜　已报周师入晋阳

北齐诸帝及“无愁天子”高纬的荒唐故事

一笑相倾国便亡，何劳荆棘始堪伤。
小怜玉体横陈夜，已报周师入晋阳。

巧笑知堪敌万几，倾城最在著戎衣。
晋阳已陷休回顾，更请君王猎一围。

——《北齐二首》（唐）李商隐

言及南北朝，由于大多史官总是以“本正流清”的南朝为“正朔”，代代相袭，我们一直多对南朝的宋、齐、梁、陈有详尽了解。待笔者抽暇细读北朝的北魏、东魏、西魏、北齐、北周各国历史，却发现其中亦不乏让人拍案叫绝、引人入胜的故事。

笔者印象特别深的，是几代北齐帝王皆凶淫荒唐，所作所为，太似小说情节。

北齐帝王姓高，是鲜卑化的汉人出身。开国皇帝高欢（同曹操一样，高欢生前未称帝，创下帝基，死后被儿子高洋谥为“神武皇帝”）少年时代家徒四壁，娶媳妇后，才从女方一家的彩礼中得到一匹马，始有资格在边镇军队中当个小队长。

高欢一生追随过不少反叛暴虐的人物——杜洛周、葛荣、尔朱荣。

尔朱家族灭北魏，高欢背叛尔朱家族，立孝武帝。不久，君臣互攻，魏帝西遁，是为西魏。高欢立孝静帝，建立东魏。

高欢死后，其长子高澄接任大丞相。由此，开始了高家四兄弟一连串“兄终弟及”的统治。

人品方面，除了高欢第六子高演孝友英特以外，高家子弟中的主要人物，可以说是一个坏过一个。

飞扬跋扈　未篡身死

高欢长子高澄

高澄，字子惠，是高欢长子。他长身玉立，脸庞清俊，又具白部鲜卑人的显性遗传（其母娄氏是鲜卑族），肤色白皙如玉，风度翩翩。

十二岁时，高欢就为他迎娶了东魏孝静帝的妹妹冯翊长公主。婚礼上，这个美少男神情俊爽，意气风发。

高欢把持东魏朝政后，朝内勋贵日益横行，欺男霸女，贪污受贿。高欢不好下狠手整治这些“老哥们”，便于东魏兴和二年（544年）任儿子高澄做大将军，领中书监，摄吏部尚书一职。

当时，高澄虽只有二十四岁，做起事来却雷厉风行。高欢老友孙腾见大侄子高澄的时候，没有下拜，高澄立即一沉，马上叱喝左右把他牵出门外，用大刀把子迎头一顿乱打。司马子如广纳人贿，高澄命属下人把他押入大牢，还来个假杀头，吓得司马子如一晚上头发都白了。

对此，高欢得便宜卖乖，对老战友们说：“儿子浸长，公宜避之。”意思是我儿子大了，又是当朝大官，该给他面子一定要给面子，否则我这老脸也不管用。

高欢病死，高澄秘不发丧。东魏司徒侯景听闻高欢死讯，在河南造反。高澄命韩轨率众讨伐，安排妥当后，他才驰还晋阳，为父发丧。

傀儡东魏孝静帝，立刻封他一大堆官职：使持节、大丞相、都督中外诸军、录尚书事、大行台等。

高欢生前，对东魏的孝静帝礼敬有加。但高澄年轻气盛，对自己这位皇帝大舅子根本不放在眼里，任命亲信崔季舒为中书侍郎，实际把他作为监视孝静帝的耳目。

贵为皇帝，孝静帝与高澄在邺东打猎，骑马跑快了些，监卫都督就从后面急呼："天子您别跑太快，大将军不高兴！"

两个人打猎完宴饮，高澄没大没小，把满满一大觞老酒直捅到孝静帝鼻子下："臣高澄劝陛下饮尽此酒。"

孝静帝也急了："自古无不亡之国，朕这样活着也没什么意思！"

高澄也怒，觉得这位皇帝竟敢不给自己面子，破口大骂："朕！朕！狗屁朕！还敢在我面前充大！"言毕，站起身，让崔季舒"殴帝三拳"。

臣下敢给皇帝老拳，还不自己动手，让自己手下人"代劳"，此行此举，中国历史上再也找不出第二桩来。

虽然行为跋扈，高澄确实有真才实干，打得侯景仓皇而逃。接着，他亲自带兵，生擒西魏名将王思政。朝政方面，任贤择良，咸得其才，短时间内，攻得南朝江淮以北土地二十三州。

东魏孝静帝武定七年（梁武帝太清三年，549 年）五月，高澄进封相国、齐王，可以"赞拜不名，入朝不趋，剑履上殿"。本来，这正是高澄篡位的前期准备，下一步就要"受禅"。

不料，天意弄人，这年九月高澄被杀身死。

高澄死因，史书上记载，是死于一个名叫兰京的厨子之手。兰京是梁朝大将兰钦之子，先前双方交战时被俘入东魏，分配到高澄府中做厨奴。兰钦多次派人携重金要赎回儿子，高澄皆拒绝。兰京怀恨，与六个同在厨房工作的大师傅想趁机刺杀高澄。

事发当晚，高澄正与陈元康、崔季舒、杨愔等人在东柏堂密谋受禅之事。兰京举着食盘入见。高澄信手捡块肉放进嘴里，眼望兰京对旁人说："我昨夜梦见这个奴才用刀砍我……过阵子我就要宰了他！"

估计高澄只是随便一说，兰京却受惊不小，回到厨房，弄了把快刀置于盘下面，带着几个同伙再次进入房间。

高澄大怒："我没唤你，怎么敢自己进来！"

兰京抽刀，大呼："我来杀你！"

高澄手无寸铁，慌乱间从坐床上掉下来，把脚摔伤，趁机钻入床下。陈元康上前阻挡，立马被捅死；崔季舒当时躲在厕所，逃过一命；杨愔跑得快，也捡了一命。

几个厨子搬去床具，兰京当胸几刀，把这位"美姿容，善言笑"的高家王爷捅死在当地，时年二十九岁。

高澄死所，不在他自己的王府，而是北城东柏堂。他之所以住在这里，是因为宠爱一个名叫元玉仪的美人。此女是东魏高阳王元斌的庶妹，做过孙腾家伎，不知在哪里为高澄发现，立刻迷恋不已，封其为"琅琊公主"。

但上述种种史传，皆是铺陈故事，不少后世人揣测高澄是被其弟高洋派人谋杀，然后编出兰京和几个厨子刺杀的故事。

真实与否，大概只有高洋、杨愔、崔季舒三个人知道，别的当事人都已被杀，死无对证了。

武功不凡　暴淫绝伦

北齐显祖高洋

高洋，高欢第二子，字子进，比高澄小八岁。

高澄高洋两人，虽是同父同母兄弟，但高洋的样貌与其兄长有天壤之别，史载，他“（皮肤）黑色，大颊兑下，鳞身重踝”。史书把这些当作帝王“异征”来写，在现在人眼里，其实就是相貌奇丑的男子。

高欢对这个丑儿子很看重，一次，他为了试探诸子智力，每人面前扔一团乱丝线，观察当时还都是青少年的儿子们的反应。余人皆手忙脚乱想把丝理顺，唯独高洋抽刀斩之，口里还恶狠狠地说：“乱者须斩！”

高澄被害消息传出，内外震骇。时年仅二十一岁的高洋神色不变，指挥若定，亲自围捕兰京等人，亲自脔斩兰京。而后，他袭其兄位，成为东魏的相国、齐王。

高澄一死，东魏孝静帝还暗自高兴，对左右说：“此乃天意，威权当重归于我。”

没待孝静帝高兴几个时辰，高洋去晋阳宫入殿面辞，从者一千多人。和高洋一起持剑上殿的，就有十多个武士。孝静帝下阶相迎，呼啦啦二百多武士上阶迎前，皆攘袂扣刃，如对严敌。

高洋自己不说话，让随从人传话，告诉孝静帝说自己要去晋阳。然后，他虚拜两下，扭头便出。

孝静帝大惊失色，望着高洋背影，沉痛地说：“此人似乎更不相容，吾不知死在何日！”

没多久，高洋就在高德政、徐之才、宋景业等人撺掇下自晋阳向邺城出发，准备篡位。

当时，不仅司马子如、高隆之等人不大愿意高洋这么急着篡位，连他亲妈娄氏也说：“汝父如龙，汝兄如虎，犹以天位不可妄据，终身北面事人，你以为自己是谁，敢行尧舜之事！”

这样一来，高洋还真犹豫了，半路回返晋阳，忽忽不乐。

徐之才善察人意，进言道：“正因为您才望不及父兄，才应早升尊位以定人心！”

恰巧，高洋自铸铜像成功（北朝人喜以铸像占卜吉凶），闻言便欣然上马，率军马直奔邺城，登上皇帝之位。

由此，东魏灭亡，齐国建立，史称北齐。其时为550年5月，改元天保。

高洋追尊其父高欢为神武皇帝，其兄高澄为文襄皇帝，尊其母娄氏为皇太后。东魏孝静帝被废为中山王，一年多后就被毒死，其诸子也被杀（这些孩子都是高洋的亲外甥）。

建国初期，高洋励精图治。高丽、蠕蠕、库莫奚、南朝萧绎都相继遣使朝贡。

天保三年（552年）春，高洋亲自率军讨伐在代郡一带屡次侵境的库莫奚，大胜，获杂畜十余万；天保四年冬，高洋北巡冀、定、幽、安四州，北讨契丹。他亲逾山岭，指麾奋击，大破敌人，虏获十万余人。此次征伐，高洋以皇帝之尊，露头袒膊，昼夜不息，骑行一千多里，一路上唯食肉饮水，壮气弥厉。到达营州后，年方二十五岁的高洋和当年曹操一样，临碣石，观沧海。

年底，乘胜凭锐，高洋亲追突厥于朔州，吓得突厥送降表表示臣服。当时的突厥，刚刚灭掉北方强大的游牧帝国柔然，慑于高洋之威，也不得不遣使纳贡。

天保五年，高洋自出离石道，进讨山胡，斩首数万，获杂畜十余万。至此，远近山胡种落，莫不慑服。同年5月，柔然残部进犯肆州，高洋从晋阳出发击讨，大胜。

天保六年夏，高洋从晋阳出发，讨伐柔然残部。秋天，骁勇的高洋自率五千轻骑，追击柔然于怀朔镇，他躬当矢石，取得胜利。

同年底，高洋发一百八十万役夫筑长城，自幽州北夏口至恒州九百余里，建筑巨大的防御工事。

由于高洋征伐四克，一时间威震戎夏。

此后，高洋常以功业自矜，开始沉湎酒色，肆行淫暴。

高洋的暴行，《北齐书》记载得不多，《北史》中记录得却非常详

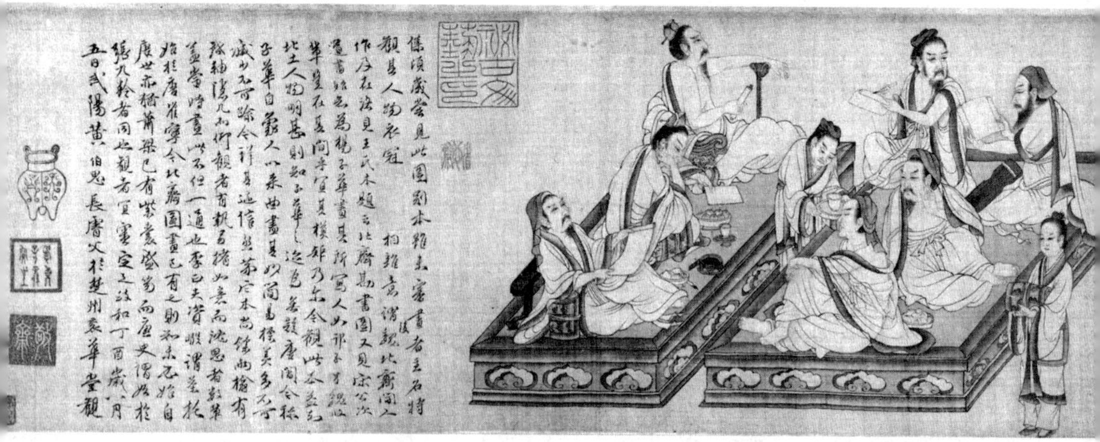

细，林林总总，骇人心目。

开始，高洋只是天天跳舞唱歌，高饮狂欢，夜以继日；不久，这位皇上又有“发展”，有时赤身裸体，有时涂脂抹粉，有时散发胡服，有时穿得像个小丑，手中提拎大砍刀，醉醺醺在街市坊间游走；慢慢地，高洋在京城不停出入“勋戚之家，朝夕临幸”；再往后，高洋爱裸骑着梅花鹿、白象、骆驼、牛、驴等出游，边游走边唱歌。无论隆冬炎暑、星夜白昼，高洋雨雪不避，“去衣驰走”。

高洋还有观淫癖，征集坊间淫女大批，弄入宫中后，命令侍从众官和卫士与这些女人群交，朝夕临视为乐。有时候，高洋骑高头快马，边跑边沿街抛撒金银珠宝，任人拾取，看着路人喧哗，以此笑乐。

一次，高洋被崔季舒背着，正在街上游玩，遇见一妇人，便问：“我这皇帝怎么样？”妇人性直，回答说：“癫癫痴痴，何成天子！”高洋大怒，抽刀就把妇人脑袋砍落。

随着酒瘾大增，高洋几乎每日沉醉。别人大醉时昏睡，高洋一醉就杀人。杀人还不是好杀，或肢解，或焚燃，或投河，总之以把人虐死

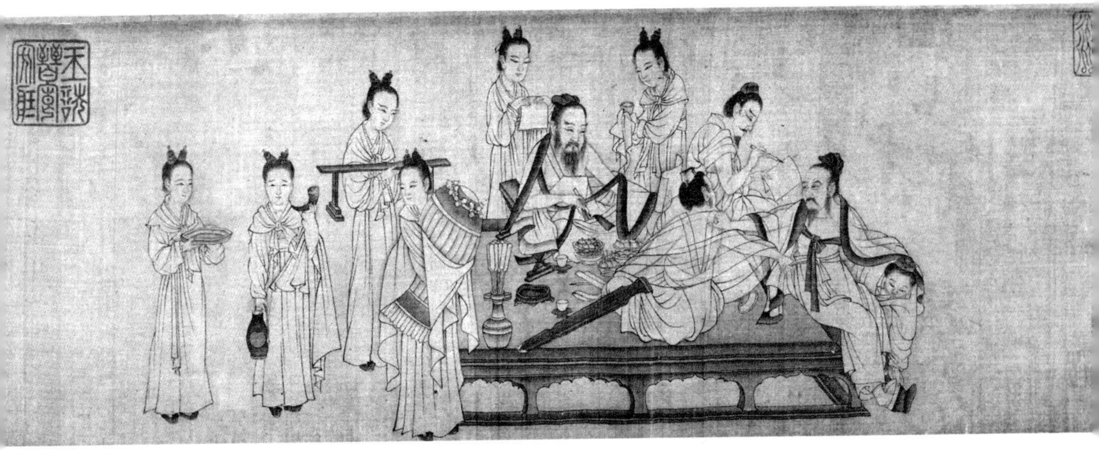

《勘书图卷》 北齐 杨子华

为至乐。

大醉之时，高洋六亲不认。一次，亲妈娄太后正在北宫中的小榻上坐着，高洋摇摇晃晃走过去，伸手连榻带人举过头顶，把老太太摔个半死。

酒醒，看见亲妈半边脸摔得血肉模糊，高洋“大怀惭恨”，聚柴成堆点燃，要自投于火，幸亏太后苦劝乃止。

他让宗室高归彦用大棍子打自己五十棒，并说：“杖不出血，当即斩汝。”

受杖后，跪拜母后，请求原谅，并因此戒酒。

十天后，高洋故态复萌，耽湎转剧，酒量比先前更大了数倍。

又有一日，他乘醉闯入岳母家门，当庭一箭，把岳母腮帮子穿个正透，嘴里还骂骂咧咧：“老母狗，我醉时连太后都不认识，甭说是你！”说着，他冲上前，用马鞭狂抽倒霉的老太太一百多下。

高洋酒醉时，常登上皇宫的屋顶疾走如飞。邺城三台构木高二十七丈，两持相距二百余尺。平时工匠上房，都身系安全绳一步一步慢挪前移。高洋只要兴起，常趁酒劲在殿尖快跑，从未失过脚。

对于文臣武将及其家属，高洋也以虐杀为乐。大臣高隆之是高欢的老友，高洋想起他先前谏劝自己不要称帝，便让卫士猛捣一百多拳，活活把他打死；大司农穆子容有事激怒高洋，暴君让老臣脱光趴在庭中，自挽弓弩射他，三发不中，高洋竟然拔起一根拴马橛，猛插入老头肛门，把这位贵臣活活插死；行到高欢贵臣、已病逝的仆射崔暹家里，高洋问崔暹妻子："你想崔暹吗？"崔暹妻子李氏回答："结发情深，当然思念。"高洋狞笑，说："如果想念，可以自己去阴间看他，我送你一程。"掏出刀来，一刀就把李氏脑袋剁下，掷于墙外；高洋去自己同父异母的五弟高潋家，见到高潋生母尔朱氏，大骂道："还记得你得宠时不待见我母亲的事情吗？"言毕，当头一刀把这位皇太妃劈成两半。东魏宗室元昂，是高洋皇后李氏的姐夫，高洋与李皇后姐姐通奸，就把她的老公召至内宫，以鸣镝射一百余下，凝血垂将一石，竟至于死。送葬之日，高洋亲自到元昂家中哭吊，然后，在棺材旁边，他当着元昂一家老小，公然奸淫李氏。三台殿上，高洋还亲自锯杀都督穆嵩；都督韩哲没有任何过错，正在值勤，高洋忽然看他不顺眼，叫出来当心一刀……

由于杀人上瘾，大臣杨愔只得从监狱里拉出大批死刑犯人，简取随驾，每日供应数十上百，号为"供御囚"，专用以预备高洋"手自刃杀"。

高洋有一个非常宠爱的薛贵嫔，是他从堂叔高岳那里弄来的美人。一日，眼见薛贵嫔巧笑倩兮于床上梳头，高洋忽然发怒。站起身，信手就把没缓过神的薛美人脑袋砍了下来，随手揣在自己怀里。

接着，他坐车驾到东山大宴群臣，大家刚刚举杯，高洋忽然从怀中取出美人头，投在食案之上。大臣们屏息惊骇之际，高洋唤人把薛美人无头尸首送过来，摆在面前食案上，亲自动手肢解，去肉剔骨，割筋除脏，剁下美人大腿做了个肉琵琶，安上柱弦自弹自唱。一座惊怖，莫不丧胆。

高洋连饮数杯后，弹唱几曲，忽然潸然泪下，叹息道：“佳人难再得，可惜！可惜！”

他命人把美人装棺，他自己散发步行，大哭送葬。

虽君昏于上，但臣明于下，大臣杨愔等人勤于政务，勤勤恳恳，所以，北齐的国事并没有糜烂到不可收拾的地步。

杨愔忠臣，又是高洋姐夫（高洋姐姐先嫁东魏孝静帝，后改嫁杨愔），高洋常在大便时让杨愔进厕所给自己擦屁股。有时兴起，高洋还爱用马鞭抽打杨愔，流血浃袍。最悬的一次，高洋醉酒后，亲自用小刀割划杨愔的大肚子玩耍。玩累了，又准备一口大棺材，把杨愔扔进去，准备拉出去活埋……

天保八年，高洋把高家宗室妇女百号人集结在一起，带去东山玩乐。他挑选精壮卫士数百，让这批兵士轮奸自己的女亲戚们，以为笑乐。

高洋同父异母弟永安王高浚进谏，高洋大怒，派人逮捕高浚，关在地牢里。高洋另外一个弟弟上党王高涣，天姿雄杰，排行第七。由于当时讥言有“亡高者黑衣”一说，高洋就问左右：“何物最黑？”有人答：“莫过于漆。”漆、七同音，高洋就把这位七弟关押，与三弟高浚同拘一个铁笼里，饮食溲秽同在一处。

不久，高洋亲临囚所。左右高歌，高洋命两个弟弟和歌。两人战怖，声音颤抖。毕竟骨肉亲情，高洋一时心软，泣下沾衣，想赦免二弟。但陪同高洋的同母弟长广王高湛与高浚不和，劝说：“猛兽安可出穴！”

高洋一听，大觉有理，下令卫士用矛槊乱捅，并投火焚烧，再填以石土。

杀人后，他下令把两个王爷的妃子赏给卫士。

天保十年，酒精深度中毒的高洋已经多日不能进食，天天以酒为食。六月的一天，他忽然问高氏女婿、东魏宗室彭城王元韶：“汉光武刘秀何故中兴？”元韶心中惶怖，也只能老老实实回答：“因为王莽没有把姓刘的杀绝。”

高洋狞笑点头，立刻下令诛杀东魏皇室元世哲等近宗二十五家。8月，高洋又下令，把剩余的几十家元氏宗族不分男女老弱，尽数杀死，前后死者共七百二十一人，然后投尸漳水。至于元韶，也被关入地牢，最后饿得啃衣袖，活活噎死。

当地百姓，日后捕鱼，剖鱼腹多得死人指甲，邺城人为此许久都不敢吃鱼。

同年 11 月，恶贯满盈的高洋因酗酒过度驾崩，时年三十一，谥文宣皇帝，庙号威宗。日后高湛继位，改其庙号为显祖，此乃后话。

高洋死，其太子高殷即位。

高殷，字正道，聪慧好学，为人温裕开朗，有人君之度。但高洋活着的时候不喜欢他，说：“太子得汉家性质，不似我（高洋以鲜卑人自居）。”

高殷十五岁时，高洋在金凤台杀人玩，让高殷用刀亲自杀囚，他恻然有难色。但父命难违，他只能战战兢兢去杀，砍了数刀，仍砍不掉犯人的脑袋。高洋大怒，上前用马鞭狠狠抽打他。惊吓之余，高殷自那时起患上了口吃和间歇性的神经病。

高殷即位后不久，大臣杨愔、燕子献等人惧怕其叔父常山王高演夺位，想以高殷的名义下诏外派他诸位叔王出京。

高演等人在娄太后支持下，杀掉杨愔等汉臣，废高殷为济南王，高演自己登上了帝位，是为北齐孝昭帝。

高洋死前，曾对高演讲：“日后你夺我儿子的皇位，夺就夺吧，不要杀他。”

皇建二年，在平秦王高归彦撺掇下，高演派人杀掉了时年十七岁的侄儿高殷。

文武全才　命数不永

北齐孝昭帝高演

高演，字延安，高欢第六子，是高洋同母弟。此人幼而英特，有大成之量。成年后，他身长八尺，腰带十围，仪望风表，迥然独秀。

高洋为帝昏暴，高演常忧愤形于神色。高洋也知这个皇弟忠心，便说："但令你在，我能不放心纵乐吗？"

虽如此，高演数谏之下，高洋也怒。一次，高洋酒醉，把数位从前东魏皇宫的美女赏给高演。转天，高洋酒醒不记前事，认为高演是自己"擅取"美女，下令卫士们用大铁刀把乱敲高演，差点把这位常山王敲死，养伤就养了一个多月，以后再不敢向高洋进谏。

幼主高殷继位后，汉臣杨愔等人想夺高演与其弟长广王高湛的兵权，两人先发制人，在娄太后支持下杀掉杨愔诸人。

560 年 9 月，娄太后下令高演继位，改元皇建。幼主高殷废为济南王。娄太后不放心，登基典礼过后，还嘱咐儿子高演："可别让济南王出什么事！"意思是禁止高演杀掉侄子。

高演明君，他继位后尽废高洋弊政。由于他青年时候就做高官，明习吏事，勤勤恳恳，不酗酒，不好色，实是高齐最好的一位君王。

此外，高演属于极孝之人，娄太后患心痛病，他数十天衣不解带，成日成夜侍奉于前，亲自煎药尝药，极尽人子孝心。同时，他友爱诸弟，无君臣之隔。政治方面，高演雄谋有勃勃之心，值其国富民强之际，将欲与宇文氏一决雌雄，以毕其父高欢一生未竟的事业。

高演生平最大的一件错事，就是杀了侄子高殷。有占卜者说邺城有天子气。古人迷信，高演也不例外，怕侄子高殷被人拥立复辟，就派人带毒药给侄子喝。高殷挣扎不从，兵士便把这位少主活活掐死。

为此，高演事后颇为愧悔。做此亏心事后，他常常精神恍惚，在晋阳宫常"见"到兄皇高洋带着杨愔等人忽来忽去，鬼魂们恨恨扬言要复仇。成日被这些幻觉折磨，高演身体越来越差。因此，他广请巫师神汉，大肆举行禳厌之事，常在宫中煮油四洒，或派人持炬烧逐。一切皆无济于事。幽幻之间，高演仍可“看见”兄长高洋以及被他杀害的杨愔、燕子献等人骑于皇宫梁栋之上，向他吐舌瞋目，大做“鬼”脸。

由于天文有日蚀，俗称天狗食日，迷信的高演强撑病躯，率军队于校场“讲武”以为厌胜。半途之中，草丛中有野兔跑窜，惊其坐骑，高演一头栽下，肋骨骨折。

在古代，肋骨骨折很要命，骨茬可能会挫伤肺或别的脏器。由于内部感染，高演很快就至于弥留之态。

娄太后探视病情，忽然想起多日未见孙子高殷，便问高演：“济南王何在？”高演愧惧，阖目不答。

老太太问了几次，见儿子均转脸不回答，心中已经明白。她大怒道：“你把那孩子杀啦？不听我的话，你死也活该！”言毕，娄太后起身拂袖便出。

高演临终，幻觉不断，一直在床上整衣跪伏，叩头求哀，估计是向他想象中的高洋等人的鬼魂求饶。

561年底，高演病死，时年二十七。临死前，他遣使召其同母弟长广王高湛入继大统，并亲手写下文字：“宜将吾妻子置一好处，勿学前人也。”意思是嘱托弟弟别学自己杀侄。

荒淫凶暴　国事日衰

北齐武成帝高湛

高湛，高欢第九子，也是娄太后所生。此人仪表瑰杰，也是个美男子。

其兄高演病重时，他就和族侄高元海以及族叔祖平秦王高归彦等人密议，准备发兵篡位，正好有一巫师占卜，说“不利举事，静则吉”，高湛才未动手。

很快，高演病死，遗诏高湛继统为帝，是为北齐武成帝。改元太宁。

高湛初继位，以高演原太子高百年为乐陵郡王，以胡妃为皇后，以儿子高纬为皇太子。

没过两三个月，高湛就把迎立他有大功的族叔祖平秦王高归彦外放为冀州刺史。不久，高归彦在冀州造反，高湛派大军围城，一举擒获这位老王爷，把他押至邺城，衔枚面缚，杀了他不说，还诛杀其子孙十五人。

太宁二年（562年），高湛改元河清。年底，高湛闯进二哥高洋寡妻李氏所居的昭信宫，一见面就自己脱光衣服，要奸淫嫂子。李氏挣扎，高湛恶狠狠地说：“如果不从，我马上杀掉你儿子。”李氏无奈，只得依从。

李氏怀孕，李氏之子太原王高绍德时年十五，拜见母亲，李氏托词不见，高绍德在阁外高声喊：“母后您怀孕了，我知道这事，你为这个才不见我吧？”李氏非常惭惧，竟然流产。

高湛闻讯马上赶来，见死婴是个女孩，大怒道：“你杀我女儿，我就杀你儿子！”于是，他派卫士把侄子高绍德按在当庭，当着李氏的面用刀柄猛击这位亲侄后脑，把高绍德活活敲死。一边敲击，高湛一边口中恶狠狠地说：“当初你爸爸打我，你为何不劝！”

李氏大哭。高湛暴怒，亲手扒光李氏衣服，一顿乱踢。李氏哭嚎翻滚，痛得死去活来。高湛命人把李氏装在绢囊里，扔在宫渠之中，差点把这位嫂子淹呛而死，后送至妙胜寺剃发为尼姑。

河清三年（564年）七月，由于出现“白虹贯日”“赤星见”的天文星象，高湛就想起了六哥高演的旧太子、自己另一个侄子乐陵王高百年。

当时，有个叫贾德胄的儒生教高百年书法，小孩子不懂事，看见什么写什么，曾描写过数个“敕”字。书法老师藏起这数个描画的字，秘密向高湛报告。这可不得了，“敕”字只可皇帝亲写，高湛抓住这个借口，传召侄子入宫。

这位十四岁少年入宫前，知道自己一去便凶多吉少，就与自己的王妃斛律氏辞诀，割下玉玦以作忆念。入宫后，高湛高高上座，阴沉着脸，让高百年写几个“敕”字。验看之后，与贾德胄上呈的“敕”字相同。

大怒之下，高湛重击桌案，立命武士数人上堂对这个侄子拳打脚踢，打得少年口中狂吐鲜血，倒于地上。高湛毫不留情，让人揪住少年头发在地上拖，后面卫士随行用大棒击打，所至之处，血流遍地。

将死之际，少年哀求说：“阿叔饶命，我愿给您做奴仆。”高湛起身，亲手用刀当胸给了亲侄一刀，随即一脚踢入池中，池水尽赤。还怕这位旧太子不死，高湛又亲至后园看人埋尸。

这位高湛真是凶虐至极，哥哥高演从未对他有一句恶言，又传皇位与他，他竟如此杀其亲子来“报答”同父同母的哥哥。

高百年王妃斛律氏闻知夫君死讯，持玉玦哀号不已，再不肯吃饭，月余而死，临死时仍紧握那个玉玦。

群臣之中，高湛最宠信侍中和士开。和士开先祖本是西域胡商，原姓素和，后来留居临漳，渐渐定居中原。高湛当王爷时好握槊（一种棋戏），和士开也是大玩家，于是两人便成了好朋友。

和士开倾巧便僻，又善谈弹奏胡琵琶，高湛特别喜欢他。这两人磁场相吸，非常投缘。当时，和士开奉承高湛：“殿下非天人也，是天帝也。”高湛回言：“卿非世人也，是世神也。”

当皇帝后，高湛与和士开须臾不能相离。

和士开为报答“知遇”之恩，放言“谏劝”高湛：“自古帝王，尽为灰土，尧舜贤君，桀纣昏君，死后又有何分别！陛下应该珍惜少壮之年，横行玩乐，一日快活敌千年。国事尽可吩咐大臣，何必自己劳心费神！”

高湛大悦，果然从此以后，三四天才上朝摆摆样子，随便签一两个字，然后就匆匆返回后宫继续玩乐。

和士开由于有谄谀的本事，前后获取赏赐无数。

高湛二十七岁时，有彗星出现，太史官奏称是“除旧布新之象，当有易主”，即该有新皇帝出现。

此时，北魏、东魏的皇族早已被高洋杀尽，高演时还有侄子高殷可杀，高湛已经杀却自己的侄子旧太子高百年。为了“应天象”，高湛就传位给自己的太子高纬，自称“太上皇”。至此，北齐改元天统。

高湛大哥高澄的儿子、河南王高孝瑜，因谏劝胡皇后不应该和做臣子的和士开玩握槊游戏，和士开便乘机对其加以谗毁。高湛大怒，在一次酒席上命高孝瑜饮酒三十七大杯，然后让人在他回家的路上往这位侄子嘴里灌毒酒。高孝瑜难受至极，投水而死。

高孝瑜的三弟河间王高孝琬是高澄嫡子，听说大哥被毒死，天天恨得扎草人射箭，以泄心中怨愤。

和士开听说后，对高湛说：“高孝琬把草人当成您来射！”

高湛命人鞠讯，高孝琬一个失宠的姬妾上奏诬称：“高孝琬画陛下图像夜哭切齿。”其实，那幅画像是河间王生父高澄，儿子忆父，每每对之流泪。

高湛怒极，把这个侄子抓进宫中，派卫士用鞭把击打高孝琬。

高孝琬看见高湛坐在上座饮酒观刑，大叫：“阿叔。”

高湛更气，便问：“谁是你叔？你怎敢唤我作叔！”

高孝琬也是执拗脾性，不仅不改口称“陛下”，反而说道：“我乃神武皇帝（高欢）嫡孙，文襄皇帝（高澄）嫡子，魏孝静皇帝（元善见）外甥，为什么不能叫你一声叔呢？”

高湛闻言暴起，用大棒亲自击碎这位侄子的两腿胫骨，高孝琬活活痛死。

568年（北齐天统四年年底），酒色过度的高湛病重，临终握着和士开的手大叫："别辜负我啊！"言讫而殂，时年三十二。

高纬于569年改元，年号武平。至此，北齐进入了后主高纬时代。

宠信奸佞　绝爱小怜

亡国的齐后主高纬

高纬当儿皇帝时很老实。高湛死时，高纬已当了五年皇帝。此后，他又做了七年皇帝。为帝的年头虽不长，他却干尽了荒唐的坏事，成为后世恶君昏帝的"楷模"。

史书上记载，北齐后主高纬小时候规规矩矩，很是个有上进心爱读书的少年人。十五六岁的时候，高湛暴死，他真正当了皇帝，但未几差一点被自己的弟弟高俨推翻。

高俨是武成帝高湛的第二个儿子。他很受高湛宠爱，常代替父皇高湛本人在含光殿办公。这么一个十二三岁的少年人老成大度，王公大臣都跪拜畏惧。高湛未死时，高俨的器玩服饰和当皇帝的高纬一模一样。有一次，他在高纬处见到有进贡的新冰早李，大怒："我哥哥有这东西，我怎么没有。"从那以后，只要是高纬宫里有高俨认为是新奇未见的东西，他的属官和工匠肯定获罪。

高俨生性威猛，经常患喉疾，医生下钢针直刺入喉医治，高俨虽痛但连眼睫毛都不眨动一下。他常常对父皇高湛说："我哥哥这么怯懦的一个人，怎么能统驭臣下呢？"

高湛好长一段时间一度想废了高纬，立高俨为帝。高湛暴死后，高俨获封为琅琊王。

后主高纬的宠臣和士开很怕高俨，对人说："琅琊王眼光奕奕，数步射人，刚才在他面前站一会儿就吓出一身大汗，在皇帝面前我都没有这种感觉。”

高俨也很讨厌和士开，见和士开盛修宅第，就讽刺他说：“你们可能等不到大宅子修好，自己就完了。”

疑惧之下，和士开在后主高纬前进谗言，要小皇帝解除高俨的兵权。

高俨在侍中冯子琮撺掇下，听说消息后，先发制人，假称高纬旨意，把和士开骗到御史台砍了头。

本来，高俨原意只为杀和士开，可一开了头就收不住，其手下徒众拥逼他去杀后主高纬。于是，高俨就带着禁卫军三千多人直向宫殿闯来。

高纬听到消息后吓得大哭，对冯太后说：“有缘的话能再见到您，无缘的话就永别了。”

他下旨急召大臣斛律光。高俨也派人召传斛律光。

斛律光的女儿本是孝昭帝太子高百年的妃子，高百年被杀后也绝食而死。但封建宗法社会尊正朔，斛律光仍卖命高家。而且，斛律光很憎恶和士开，听说高俨杀了和士开后大笑：“龙子做事，本来就不同凡人一样。”

他见高纬时，小皇帝已和四百兵士慌乱披甲操刀要出门抵挡。

斛律光劝后主说：“这些少年舞刀弄枪，一交手就乱杀一通不分尊卑。只要皇帝您露一露面，那些人就死了心。”果然，小皇帝一露面，高俨的徒众“骇散四奔”。

高俨没了主意，站在原地不动弹。

斛律光上前牵手拉他，说：“天子弟弟杀个人算什么呢。”于是，他把这位闹事的皇弟带到殿里。斛律光对高纬说：“琅琊王年少不懂事，成人后就不会这样了。”

高纬此时忽长精神，抽出弟弟高俨的佩刀，用刀背对这位胆大妄为的少年一顿乱击，咬牙切齿好久，他才把高俨放了。

秋后算账，高纬亲自用弓箭射杀高俨的党徒，肢解暴尸，以泄怒气。

胡太后怕大儿子弄死二儿子，就把高俨关在自己宫内。高俨每次吃饭前，太后自己都亲口尝试，以防有毒。

几个月后，高纬趁胡太后睡觉，骗高俨早起打猎。这位失势的小王爷不知是计，刚刚进殿，就被皇帝哥哥的卫士刘桃枝反绑起双手，用袖子堵住嘴，背负到宫里砍了头，时年十四岁。高俨的四个遗腹子，后来全部被高纬活埋。

皇帝位子坐稳，转年七月，高纬就诛杀了大臣斛律光。

斛律光一族，自其父斛律金起就卖命高氏。“敕勒川，阴山下，天似穹庐，笼盖四野。天苍苍，野茫茫，风吹草低见牛羊。”这首千古名曲，就是斛律金在高欢玉璧之战大败于周军之后，为安慰高欢用鲜卑语唱出的，当时听得高欢涕泪横流。

斛律光位极人臣，平生为高家打过无数恶仗，帮助高纬坐稳帝座，但他不贪权势，不结交高纬的宠臣穆提婆和祖珽。这两个人同上谗言，说斛律光有谋反之心，劝高纬杀掉他。

高纬性怯，不敢诛杀如此重臣。祖珽给他出主意：“赏赐斛律光一匹马，说明天一起游猎东山，他一定来谢恩。”

果然，斛律光来到凉风堂谢恩。

皇帝卫士刘桃枝从后击其脑，斛律光不倒，回头说：“桃枝你常常干这样的脏活儿，我到死也不干对不起国家和皇帝的事。”

刘桃枝和三个大力士便用弓弦勒住不做丝毫抵抗的斛律光的脖子，勒死了一代名将。

北周武帝听说斛律光死了，认为齐国此举，无异于自毁长城，高兴得在全国大赦。

诛戮功臣之后，高纬把目光转向亲族。

被谥为文襄皇帝的高澄有六个儿子。第四子是兰陵王高长恭。高长恭容貌美丽如纤洁妇人，上阵常面带一个铁面具以威吓敌人。邙山之战，他辅助高湛取得大胜利，武士们吟唱歌谣，名为《兰陵王入阵曲》，北齐人皆颂唱，声名显赫。

后主高纬有一次问他："你打仗时深入敌阵，如果失利的话后悔也来不及呵。"当时，兰陵王回答："家事亲切，不知不觉我就冲了进去。"

本来，这是效忠皇帝的话，但高纬对兰陵王"家事"一词深为忌讳，渐生猜忌。为免横死，英名一世的兰陵王得病也不医治，在家等死。

武平四年（573年），高纬派人送毒药给他。高长恭喝药前，对妃子郑氏长叹："我忠以事上，为什么要被毒死呢？"妃子哭劝让他亲自见皇帝诉说无罪。兰陵王说："天颜何由可见！"遂饮药而死。

以前读史未多，观小说、史书等记载岳飞、袁崇焕等人被冤诛死，心中慨叹这些人有兵有权，干吗不举兵造反自己称王称帝。二十四史阅毕，始知儒家"君君、臣臣、父父、子子"纲常大伦，几千年来深入人心。每个王朝嫡君继位，再暴虐专恣也是众望所推，诸如伍子胥之父、萧衍之兄被昏君杀头前还献策要把自己的儿子兄弟骗回来杀掉，怕他们造反给国家添乱。斛律光之弟斛律羡知道使臣来杀他一家，大开城门，与五子跪接诏书，引颈受戮。西汉七王，西晋八王，都是皇帝至亲骨肉，有兵有地有钱，但都不是嫡子正统，没有正当理由反叛，乱常逆伦，无一好下场。

因此，兰陵王虽勇猛绝伦，智力超常，呜咽受死，应不足为怪。

假使北齐末帝高纬同时代的都是像他这样的庸君，估计还能保善终。不幸的是，与他相邻为敌的是雄才大略的北周武帝宇文邕。

周武帝即位时，正赶上北齐高演废高殷自立。两国开战，北周一直打不过北齐。每年冬天，周国人一直捣碎两国界河上的冰，以防齐国军队来袭。到高湛在位后期，反过来是齐国人捣碎河冰，北齐恐被周国军队侵入。

后主高纬继位，杀大将斛律光、皇族高长恭，又平灭勇武能战的皇族高思好，亲痛仇快，让周国人大大高兴了一阵。于是周国扩兵略地，日复一日，下了一城又一城。

高纬当时宠信韩长鸾、穆提婆等人。一帮人天天宴饮无度，带刀走马，从未安生过。这些人，见朝臣就瞋目张拳，有吃人之势。尤其是鲜卑贵族韩长鸾特别憎恨读书人，常常大骂朝臣："我对这些汉狗不可忍耐，应该都杀掉才对！"

齐国大城寿阳被周国军队攻陷，高纬还真忧惧了一阵子。穆提婆就劝他："即使我们齐国尽失黄河南岸，还可作一龟兹国呢……人生如寄，唯为行乐，干吗犯愁呢？"左右嬖臣随声附和，高纬于是大喜，酣饮歌舞，夜以继日。

李德林著《北齐书》，专门为这些人作《恩幸列传》，有和士开、穆提婆、韩长鸾、高阿那肱等多人，"刑残阉宦、苍头驴儿、西域丑胡、龟兹杂技，封王者接武，开府者比肩……飞鞭竞走，数十为群"，连波斯狗和马匹都被封为仪同、郡君，可见其滥。侍奉高纬的宫婢都获封为郡君，宫女锦衣玉食者五百多人，一裙之费价值万匹布值，一个镜台就花费千两黄金，衣服只穿一天就扔掉。

高纬还大兴土木，在晋阳作十二院，在西山造大佛，一夜燃油万盆，劳费亿计。他还命人制作公马母马交合用的青庐、马饲料十几种之多，高纬每次都兴高采烈，看马匹交媾。

《颜氏家训》的作者颜之推在梁亡后被掳入周，而后逃至北齐，对于当时北朝世风有尖锐的描述："齐朝有一士大夫尝谓余曰：'吾有一儿年已十七，颇晓书疏。教其鲜卑语及弹琵琶，稍欲通解。以此伏事公卿，无不宠爱，亦要事也。'吾时俯而不答。"

显然，当时北齐的汉族士大夫，都以攀附鲜卑贵族为荣。

北齐承自东魏，高欢本人虽是汉人，但其老婆和诸多高氏儿媳妇都是鲜卑人，高欢自己也以鲜卑人自居，是完全鲜卑化的汉人。到北齐后主时期，原来北魏的高门大族已在尔朱荣"河阴之难"中被屠杀殆尽，汉族门阀也因杨愔等汉臣的被杀而一蹶不起。所以，北齐朝野上下皆是

“大鲜卑主义”盛行。而且，掌握实权的又多是昔日六镇边地穷苦粗悍的低级军士出身的鲜卑人，他们根本没有任何文化修养和素质，只知厮杀屠戮，完全看不起昔日的元魏门阀和没落的汉族士族。

高纬小皇帝刚继位时虽怯懦无志度，却有识人之智。高俨举兵时，左右误告他说是大臣谋反，他说：“这肯定是仁威（高俨字）啊。”杀了斛律光以后，众人推荐高思好做大将军，高纬独论：“高思好这人本性喜欢反叛。”这两件事应验后，高纬自认为策无遗算，更加骄纵放荡。他自己创作《无愁》之曲，亲弄琵琶歌唱，左右百人歌舞和之，民间称其为“无愁天子”。

他在宫内华林园建一个“贫穷”村舍，自己披头散发，穿叫花子衣服装作乞丐求食；又仿造穷人市场，自己一会儿装卖主一会儿装买主，忙活不停；还仿建一些城池，让卫士身穿黑衣模仿羌兵攻城，他用真正的弓箭在城上射杀“来犯”的“敌人”。

与北齐诸位列祖列宗相比，高纬不像爷爷、叔叔那些长辈们污秽闺门。高家诸位爷们几乎个个好色，肆行奸伦。高纬的爷爷神武帝高欢出身微贱，加之在鲜卑地方长大，伦常不修还能理解。掌权后，他先后纳北魏孝庄帝皇后（尔朱荣女）、建明帝皇后（尔朱兆女）、魏广平王妃郑大车、任城王妃冯氏、城阳王妃李氏等北魏宗室之后妃。高纬的叔父文襄帝高澄十四岁就和高欢妃郑大车私通，差点被父亲废掉；又想强奸功臣高慎的妻子，最后害得高慎叛逃至西魏；高欢的另一个老婆柔然公主也被高澄占有，还生下一个孩子。高纬另外一个叔父文宣帝高洋更过分，他称帝后就强奸了高澄的妻子元氏，又纳大臣崔修的老婆为嫔，娼女薛氏也被他弄入宫内为嫔，后来思起旧恶又砍头杀掉姐妹两人。其荒唐残暴的程度，简直超出常人的想象。高纬的父亲武成帝高湛逼奸高洋皇后李氏，残杀高洋的儿子、自己的亲侄高绍德。他还把魏静帝和高洋的嫔妃及几个功臣的女儿都一股脑儿招入宫中宣淫。

高纬本人，接连总共有三位皇后，斛律氏、胡氏以及穆氏。斛律氏因父斛律光“谋反”被废；胡氏是胡太后亲戚，因事忤犯被胡太后废掉为尼；穆后原是斛律后的侍婢，本名轻霄，后主宠幸她，立为皇后。

武成帝高湛曾经为高纬的妈妈胡后制造珍珠裙，所费巨万，不久为火所烧。至此，高纬又为穆后造七宝车，载满金银到周国买珍珠。周人恰值太后丧礼，不卖珍珠给齐国。齐主便花费巨亿从别的地方购买珍珠制造宝车和裙袴。

李商隐“小怜玉体横陈夜，已报周师入晋阳”说的是高纬与冯小怜。

史载，冯小怜慧黠能弹琵琶，善歌能舞，后主与她坐则同席，出则并马，常祈愿生死一处。如果生逢太平之世，这两个人可能也是对模范恩爱夫妻。不幸的是周军节节深入，后主勉强“亲征”，竟然无时无刻放不下冯小怜，带着她四处游走。

后世史书都言北齐亡于冯淑妃，确也不无道理。古代军队本来就视妇人从军为不祥之兆，心理上已有必败的暗示。

周朝军队猛攻晋州，齐军奋勇抵抗。高纬正在附近的三堆打猎，闻讯就想率大军驰援。冯小怜玩兴正浓，请高纬“更杀一围”。等到这一圈游猎结束，晋州已破。齐大军至平阳城，由于将领统帅有方，气势宏盛，周武帝一时间吓得要班师回朝。由于皇帝亲征，齐军无不以一当百，并修地道攻平阳，城墙塌垮十余步，将士人马乘胜欲入之际，高纬忽然传旨要暂停，派遣手下唤冯小怜观看大军攻垮城池的壮观景象。当时冯小怜正在化妆，对镜顾影自怜，磨磨蹭蹭，等她到来时周军已经修好塌垮的城墙，使这座战略要城重归防御之中。

周武帝亲率大军八万人，从长安出发，逼城置阵，与齐军相望。齐军和周军之间本来有一道深好几米的土堑，横亘双方之间，高纬问左右交战与否。其中一名叫安吐根的宠臣大言：“这么一小撮贼寇，马上刺取，掷向汾河中罢了。”诸位内宠太监不识军阵，也在旁边附和：“他是天子帅军，我们也是天子督阵。他们远来攻伐，我们堂堂大齐天子怎能挖堑示弱！”

高纬闻言觉得很有理，就下令填平两军之间的大沟，摆出两国天子决战的架势。

周武帝大喜，提兵奋击。

两军相交，齐军并不弱，奋勇冲杀。高纬和冯小怜并马观战。忽然之间，东翼阵脚略有退却，冯小怜吓得花容变色，大叫：“军队败了！”齐主手下将领谏劝：“半进半退，战之常理。陛下您如果马足一动，人情骇乱，军旅不可复振！”齐主不听，带着冯小怜奔逃而去。

齐师大溃，被杀万余人，百里之间，军资器械委弃山积。

一行人跑到洪洞，冯小怜在帐中涂粉施朱，从人又大叫周兵到，于是大家又跑。

其间，高纬忽发奇想，让太监化妆回晋阳取皇后衣饰，封冯小怜为左皇后，在逃跑途中，他让小怜穿上皇后礼服，反复观瞧欣赏后，诸人再接着奔逃。

高纬跑到晋阳后，忧惧至极。眼见形势吃紧，就想让安德王高延宗等人留守晋阳，自己去北朔州暂避兵锋。如果晋阳陷落，他就想顺势逃往突厥。众臣纷纷劝谏，高纬不听。

安德王高延宗哭泣苦谏，高纬还是不听，密遣左右送胡太后和皇太子前往北朔州。

夜间，高纬想趁黑逃遁，诸将都不听令。他就下令以安德王高延宗为相国、并州刺史，留守晋阳，统领山西兵马。

高延宗苦苦哀求说：“为了社稷江山，陛下您千万别走。为臣我定为陛下死战，肯定能击败周军。”

高纬宠臣穆提婆一旁叱道：“至尊已经考虑得很明白，王爷不要阻碍！”

于是高纬及属下从五龙门斩关而出，向突厥方向逃奔。途中，从官多散，谁也不肯抛弃家乡到突厥的地盘寄人篱下。见周围只有十余骑随从，高纬只得转向首都邺城。

见势不妙，高纬手下的穆提婆、贺拔伏恩等人纷纷奔向周军投降。

留守晋阳的将帅聚集一起，跪拜安德王高延宗，恳请道："王爷您不当皇上，我们军民就无法为您致死力。"

高延宗不得已，即皇帝位，下诏说："武平孱弱（武平是高纬的年号），政由宫竖，斩关逃遁，不知所之。王公卿士，猥见推逼，今承继宝位。"改元德昌。

齐人听说此讯，不召而至，大批大批涌向晋阳。高延宗以府藏和后宫美女赐赏将士，杀掉留在晋阳的高纬宠臣内侍十多家。

为了收买人心，高延宗亲自接见士卒，执手称名，流泪呜咽，士兵们都感动得表示以死回报。晋阳城内，就连儿童妇人，也都登屋上城，狂投瓦石以御敌兵。

高纬听说高延宗继皇帝位，气呼呼地说："我宁让周国得并州，也不想安德王以那里为窝。"

左右群小马上附和："是啊，陛下说的极是。"

不久，周武帝亲率军队围晋阳攻城。周军蚁附登城，四合如黑云，气势正盛。

高延宗亲自率领兵士在城北迎敌。高延宗本来身体肥硕，平时常常被人取笑。此时，他乘马奋矛往来督战，劲捷如飞，所向无前。

黄昏时分，周武帝率兵攻入东门，焚烧佛寺。高延宗指挥军马抵拒，齐军前后夹击，周军大乱，争相回头想跑出城门，践踏乱击，死伤无数。最后，连晋阳城的城门也都被周军尸体堵塞住。

齐军前后刺杀砍劈，杀死周军两千多人。

周武帝左右禁军侍卫几乎被杀光，幸亏高纬从前的宠臣、刚刚投诚不久的贺拔伏恩不知哪来的忠勇，与几个人殿后掩护周武帝，从城东缺口逃生。一路上，周武帝多次险些被剑槊击中。

当时，已值四更时分，高延宗以为周武帝为乱兵所杀，派人在尸体堆中寻找大胡子的人，结果没有找到。

天意灭齐，齐军取得城内胜利后，却都跑入坊间喝酒庆祝，军人们醉卧一地，高延宗再也整集不出一支劲军来。

周武帝出城后饥渴不堪，本想下令逃走，诸将也劝他回军。唯独宗室宇文忻力劝他死中求生，败中求胜，一鼓作气。周国的齐王宇文宪，认为兵败如山倒，如果现在逃跑肯定会被齐军追击，不免于死。投降的高纬宠臣段畅等人，告诉周武帝说晋阳城中空虚。

于是，周武帝鸣角收兵，不久兵士云集，军旅复振。

一大早，周军整军，还攻东门。此时，齐军多还大醉未起，城池很快被攻克。

高延宗逃至城北，被周军生擒。自十二月十三日受齐王高纬命令守并州，十四日称帝，十五日战败被俘，他总共才做了两天皇帝。当时好事者，以为高延宗的年号“德昌”，拆开就是“安德王为帝二日”的意思。

高延宗虽是高澄的儿子，却一直为高洋所养，很受宠爱。他十二岁时还骑在高洋腹上玩耍。高洋特别喜欢他，让这个侄子尿尿在自己肚脐中，疼爱异常。高延宗少年时，淘气出格，在楼上解大便让仆人在楼下张嘴接着，又把猪食和人粪掺在一起强令手下人吃。孝昭帝高演继位后，知道他的劣迹，派人到他任职的定州猛抽他一百多鞭，杀掉他手下哄他胡闹的九人。自那时起，这个顽劣少年开始痛改前非，成年后，他在与周国的交战中屡屡立功。可惜，时兮命兮，高延宗最终不免被囚的下场。

后主高纬逃回邺都喘息。他的亲妈冯太后回来，他理也不理。淑妃驾到，高纬马上凿开城北大墙并出外十里迎接。

齐国谋臣斛律孝卿请高纬亲自向守城将士发表讲话，鼓励军心，并亲自为高纬撰写了意气风发、拼死守城的讲话稿，劝小皇帝在演讲时“应该慷慨流泪，以此感动激励士兵”。

高纬面对十数万庄严肃穆、抱有哀兵必胜之心的将士，忽然忘了讲话稿上的词儿，于是，他自己先大笑起来。左右太监幸臣也跟着大笑。

由此，将士大怒，皆无战心。“皇帝都这样，我们急什么！”

高纬把群臣将士召集在朱雀门，商议对策。人人异议，不知所从。

宗室高励劝说：“现在叛逃的大多是贵族将领，士卒犹未离心。请陛下下令把五品以上官员的家属都汇集在三台，以此逼诸贵族将领力战，告诉他们，兵败就烧光三台。这些人顾惜妻子，必当死战。我们此前一直败退，周兵肯定有轻视我们的意思，如果背城决战，肯定打赢。”

高纬摇头，没有采纳此计。

宫内占卜官说天文有变，当有改朝换代的迹象。高纬就学自己父亲，禅位给太子，自己做太上皇。

高纬心虚，未等周军攻城，就带着妻儿老小往济州跑，只有百余骑随从。到青州后，他想跑到从前的敌国陈国避难。跟随他的宠臣高阿那肱动了鬼心思，想活捉他献给周朝请功，就骗他不要着急跑，说周朝的追军还很远。

高纬得闲，与冯小怜温存，殊不料，号角齐鸣，周军突然杀到。

高纬吓得肝胆俱裂，赶忙装了一大袋金子系于马鞍，带着后妃等十几个人狂跑。最终，他们在南邓村被周军追及，一网打尽。

被掳至长安后，高纬被封为温公。亡国之君，他仍不忘向周武帝乞求把冯小怜还给他。

周武帝不好色，笑言：“朕视天下如脱屣，怎么肯顾惜这么一个女人。”仍以冯妃赐还高纬。

然后，周国开演献俘太庙的大戏。高纬等家族大臣几百人作俘虏降臣状，跪于周国太庙前。

至此，北齐五十州，一百六十二郡，三百三十万户，皆入于周。周主大摆庆功宴，令高纬起舞。

历史上，末代帝王们，大都是高级文化人才。高纬、陈后主叔宝都是会作曲的音乐家，南唐李煜是千古词人，北宋徽宗是书法大家、国画圣手。这些人，天姿绝顶，就是不会治国。想前朝，就有晋朝两帝被俘后奉盏洗爵的先例。此后，被俘国君青衣洗酒杯、执酒壶劝酒、起舞、站在俘虏自己的胜王后擎伞盖成为定例，后来的徽、钦二帝等也遭此辱。

半年以后，为斩草除根，周朝人诬称高纬谋反，把高氏宗族百口（包括三十多个直系王爷）皆赐死，只有高纬两个患白痴病和有残疾的弟弟高仁英、高仁雅活了下来，被迁于西蜀偏僻之地，任其自生自灭。

杀掉高纬后，周朝皇帝把冯小怜赐给王室贵族代王宇文达。

这位代王宇文达是周文帝的儿子，本来绝对是个处事周慎的宗室老王。据《周书》记载，“（宇文）达雅好节俭，食无兼膳，侍姬不过数人，皆衣绨衣。又不营资产，国无储积”。是个典型的严守孔孟之道的正人君子。

周武帝俘获冯小怜后，正因为宇文达出名的不好声色、廉洁自律，才特别在高纬死后把冯小怜赐给他。

冯小怜虽遇新王恩宠，仍然不忘高纬的好处。一次，她弹琵琶断弦，即兴还作诗一首：

虽蒙今日宠，犹忆昔时怜。
欲知心断绝，应看膝上弦。

几年后，隋文帝杨坚篡了周静帝的位，大杀宇文氏，砍杀宇文达之后，把冯小怜赐给宇文达正妃李氏的哥哥李询。

李询先让小怜穿着破布衣裤舂米，不久，李询的妈妈恨不能消，严逼小怜自杀。一代艳花，香消玉殒。

“诗鬼”李贺有诗《冯小怜》：

湾头见小怜，请上琵琶弦。
破得春风恨，今朝值几钱。

裙垂竹叶带，鬓湿杏花烟。
玉冷红丝重，齐宫妾驾鞭。

在后世万代的唾弃声中，在红颜祸水的指责声中，清人蒋文运独云不然：

> 齐高纬宁亡国，终不肯逆拂小怜之意，正所谓生死好友如此！

低徊思之，别有一番滋味在心头。

被挥霍掉的帝国

北周宣帝宇文赟的荒唐旧事

俗语说：虎父无犬子。

但是，当人们读历史书多些，遍观历代王朝，就会发现一种很奇怪的现象：爹是盖世英雄，儿是无赖鼠辈，似乎已经成了屡见不鲜的现象。

自汉朝起，汉高祖刘邦撒手归天后，其子惠帝刘盈只知仰吕后鼻息，荒淫终日，不理政务；三国蜀汉刘备身后，更有“扶不起的阿斗”刘禅，在位四十二年，即使有诸葛亮这样的贤臣辅佐，最终也不免失国，被俘后“乐不思蜀”；晋朝武帝司马炎有呆傻痴憨的惠帝司马衷；隋文帝杨坚有汰侈昏淫的儿子炀帝杨广，游幸无度，致使以天子之尊为匹夫勒毙；唐太宗李世民有怯懦妇仁的高宗李治，武后最终竟变唐为周；明太祖朱元璋仁弱的太子早死，把国家遗给犹豫畏惧的太孙建文帝朱允炆，大好帝座，竟为叔王所夺。

此辈后生不仅仅是一般的昏庸无能，还把上辈殚精竭虑、经营一生的大好河山糟蹋得不成样子，甚至最后把家国拱手让人。

北朝到了北周武帝宇文邕时代，此人神武过人，沉毅有智，莫测高深。同时，这位勇武皇帝还崇尚节俭，平时身穿布袍，寝布被，全身上下没有金银宝玉装饰，同时对于那些雕文刻镂的宫室、锦绣衣物，全都一概禁止。前朝宫殿有恢宏华绮的装饰，他严命撤毁，改为土阶数尺，务为俭朴。

当皇帝十九年间，周武帝先是韬光养晦，族灭权臣宇文护。而后亲掌万机，平灭北齐高氏。史载，这位周武帝劳谦接下，自强不息，打仗时步行山谷危涧，履涉勤苦，一般人不能忍受的，周武帝自己甘之如饴。行军时见有兵士光脚走路，周武帝甚至脱下自己的靴子给小兵穿上。与敌对阵，皆亲冒矢石，一马当先，多次差点以帝王之尊身陷死阵。破齐以后，他降服突厥，进攻南朝。从当时周朝的气势来看，一两年时间内，天下统一很快就要成为现实。

然而，天妒英才，不假予年，宇文邕北伐路上忽遇暴疾，死在兵车之上，终年才三十六岁。遗诏，太子宇文赟袭统大宝。

恰恰是这位不到二十岁的儿子，史书上所称的"周天元"周宣帝，袭位两年多时间，把武帝辛辛苦苦打下来的大好河山折腾得烟雾四罩，民不聊生，言所难言！

讲起北周，还要简述一下西魏的历史。

北魏孝武帝被高欢所逼，逃至宇文泰处，也称魏，至此，北魏分裂为东、西两魏。宇文泰所掌握的魏，史称西魏。

孝武帝至长安后不久，即与权臣宇文泰发生龃龉，被毒酒毒死，时年二十五。

宇文泰毒死孝武帝后，推立孝文帝孙子元宝炬为皇帝，是为西魏文帝。文帝在位十七年，安死于宫，时年四十五。虽身为皇帝，元宝炬完全是个幌子，大权尽在宇文泰之手。正因为他听话，所以一直让他在帝座上待着。

文帝死，宇文泰立太子元钦为帝，是为西魏废帝。元钦只当了三年皇帝，便被宇文泰废掉，转立文帝第四子元郭为帝，是为西魏恭帝。恭帝也只当了三年摆设。556年，宇文泰病死后，其堂侄宇文护拥宇文泰第三子宇文觉建立周朝，史称北周。西魏恭帝不久就被毒死。三十余年中，西魏的皇帝虽姓元，其实真正的皇帝是宇文泰。

宇文泰不仅大大扩增了西魏的国土，最重要的贡献还在于他于535年建立了府兵制，并仿鲜卑旧制，将所统兵马分为八部，各设“柱国大将军”，称为“八柱国”。府兵是职业军人，专门编入军籍，只作军事用途，不从事屯垦生产（周武帝时，府兵制又走向“兵农合一”）。

宇文泰是鲜卑化的匈奴人，出身也是六镇军人之家。由于一直要和东魏（北齐）作战，他虽在长安，信奉儒学，但为了保持军队战斗力，不得不对汉人士兵进行“胡化”。当初，北魏孝文帝是改胡姓为汉姓，宇文泰反其道而行之，授有功的汉族兵将以胡姓，模拟鲜卑军事部落组织，下令“幌子魏帝”复姓为原来的“拓跋”，把原先汉化的鲜卑姓都改回来。同时，宇文泰用周朝官制仪典装饰朝廷。与北齐不同的是，宇文泰西魏内部胡汉之间的关系并不像北齐那样水火不容（鲜卑人欺凌汉人），而是相互间相处得比较融洽。

周武帝活着的时候，对几个儿子约束很严，尤其是对太子宇文赟，偶有小过，动不动就大棍子狂揍一顿，并警告说：“自古至今被废的太子数目不少，难道我的儿子就不堪继任大统吗？”同时，他严令太子东宫官属每月写一份详细报告，细细禀明太子一个月的所作所为。

这样一来，当时吓得太子竭力压抑自己的癖好，和众多臣下一样在北方冬天的五六点钟即冒严寒伫立于殿门外等候早朝，可谓是用心良苦，戏演得很投入。毕竟他惧从心来，真怕被废。

史称：“宣帝初立，即逞奢欲。”周武帝的巨大棺材还摆放于宫中，未及入殓，宇文赟脸上不仅丝毫没有愁容，还自抚着脚上的杖痕，大声对着武帝的棺材叫骂：“死得太晚了！”

一转身，这位新皇帝马上把武帝的嫔妃宫女叫到面前，排队阅视，模样俊俏的都一一纳入自己的后宫。

封建时代，伦常严谨，即使周武帝的嫔妃比宇文赟还要年轻，辈分上讲仍是母辈，是太妃级的人物。这位新皇帝全然不顾这些帝王礼仪。

此外，他当皇帝后下的第一道行政命令，就是破格提升他当太子时一直为他出谋划策的吏部下大夫郑译为开府仪同大将军、内史中大夫，委以朝政。正是这位郑译，两年后宇文赟一死就投靠杨坚，矫诏宣杨坚入朝辅政，为杨坚篡周立下首功。

宇文赟帝座刚刚坐稳，马上就诛杀了他的叔父、功高德茂的齐王宇文宪。

周武帝宇文邕当皇帝之初，受制于权臣宇文护，终日沉默不语。当时的宇文宪却和宇文护关系很好，常常率领大军与齐国军队大战，并打败过北齐的名将斛律明月、高长恭等人，威势渐隆。宇文护上奏书，多让宇文宪代奏，宇文宪对与自己同父异母的皇帝心存敬畏，经常调解权臣与皇帝之间微妙的紧张关系，周武帝对此心里十分明白，故而在诛灭宇文护以后，不仅没有杀宇文宪，还常常让这位能征善战的兄弟率领前军，攻战四伐。伐北齐时，宇文宪率军打得北齐后主高纬一路狂奔，还俘虏北齐最能打仗的宗室安德王高延宗、任城王高湝以及广宁王高孝珩等，可以说是北周王朝平灭北齐的头等功臣。

这位仁厚老成的王爷，也是一个深知急流勇退的有智之人，他深知当皇帝的兄长不仅英果刚毅，而且是雄才之主。平灭北齐之后，宇文宪觉得自己威名太重，就有意时常称病不出，不再追随周武帝攻打北方的外族，很想颐养天年，使自己能善终于家。

周武帝一死，刚一继位的宇文赟马上就想到了自己这位功高盖世的叔父。某晚，他下诏宗室诸王入见。大家齐聚殿门时，宇文赟独召齐王宇文宪入见。刚刚进门，殿门忽闭，一群壮士拥上前死死按住这位皇叔。

宇文宪辞色不曲，陈说自己没有任何罪过。

旁边录记证词的文吏就劝他："以您今天的情势，还用得着说这么多吗？"

宇文宪一声慨叹："我位重属尊，贵为皇弟帝叔，一旦遭逢此难，也是死生有命，并不想还能活下去，我只是留恋老母在堂，无人

人物缠枝纹　北周石刻

奉养呵……”话音刚落，壮士一拥而上，把这位齐王缢死于堂。时年三十五岁。所生六子，除长子宇文贵先前病死，其余五子一并伏诛。

封建时代讲究斩草除根，宇文宪这种下场并不奇怪。依理深究，如果宇文赟是幼主继位，主少国疑，尊亲大臣们为国家大计出发，诛杀像宇文宪这样位望尊隆的皇叔，可能并非什么坏事，这种做法，能维持封建皇统的正当延续。但宇文赟已时年二十，青春正盛，乾纲独揽，马上以无名之罪冤杀这位仁德善战的叔父，天下顿时大失所望。

宇文赟当太子时周围有硕儒指导，读书很多，对汉族的典籍很有研究。按理说，这位青年皇帝天资不低，但他偏偏断文取义，只尚浮皮表面的东西。

他上台后不久，大会群臣，规定大家都按古制穿上汉魏衣冠，峨冠云带，博领大袖，飘然欲仙，好看是好看，但实用性肯定不如他父亲周武帝在世时的窄紧胡服。战国时赵武灵王胡服骑射，在乱世之中占了不少先机，宇文赟一反其道，采用汉魏朝仪，华而不实。

当然，他身死以后，杨坚建立隋朝，由“胡”变“汉”的过程，倒由他本人先完成了大半。

刚继位时，宇文赟认为周武帝的《刑书要制》里面的刑罚太残酷，便下旨废除。为了收买人心，他大赦囚犯，一时间盗贼们纷纷从牢里跑出来，为患乡里。见到国家量刑减轻，周围人也纷纷“以身试法”，社会一片混乱。南北朝时期四分五裂，群雄环立，所谓“乱世用重典”，周武帝的刑法应该是必要的。宇文赟年轻不懂事，按书本治国，不知变通，不谙世事，一时间搞得自己下不来台。加之他本人“奢淫多过失”，为了慑服臣下，他颁布新法《刑经圣制》，上演祭天告地行新法的把戏，刑罚比周武帝时更重。臣下、百姓小有过失，马上就会被砍头且灭家。

几个月后，宇文赟忽然想起自己被父皇杖打的旧事，他闲聊天似的问宠臣郑译：“我脚上的杖痕该怪谁啊？”

郑译马上回答："都怪王轨和宇文孝伯！"

本来，这两个重臣皆无私心，当时周武帝在世时皆良言谏劝，希望太子宇文赟能自强自立。当时，王轨曾假装酒醉，摸着周武帝的胡子说："这么好的一个爸爸，可惜没有好儿子！"周武帝当时也深知宇文赟好酒好色不成器，但次子更加无德无能，别的儿子又是孩提儿童，最终也没有采纳王轨之言。

至此，宇文赟念起"旧恶"，加上郑译挑拨，把王轨杀死在徐州任上，将宇文孝伯赐死于家。王轨被杀之前早有心理准备，知道马上就要大祸临头，对亲信说："徐州地近陈国，如果我想保全自己的话易如反掌（意指投降陈国），但是忠义之节不可违，况且先帝（周武帝）对我恩重如山，不能忘怀。我就在此地等死吧，希望千载以后还知道我的一片忠心……"

古人父母死后，起码要居丧三年，不能听音乐，不可嬉笑，还要穿朴素无装饰的衣服。宇文赟全然不顾这些丧仪。他天天在殿前观看歌舞表演，其宠臣郑译把被周国灭掉的北齐末帝高纬的歌舞班子重新组织起来，招至殿前，号称"鱼龙百戏"，包括舞龙、侏儒搞笑、说相声、山车攻战、巨象游巡、拔河表演、杀马、剥驴皮等奇异怪端，夜以继日，忙个不停。

宇文赟在后宫聚集无数美女，增置千奇百怪的嫔妃位号，连周国写起居注的史官也记录不下那么多名号。

为了消遣时日，他沉湎酒色，整月地在宫内嬉乐，大臣奏事都由宦官处置。

继位不到一年，为了过一过当"太上皇"的瘾，才二十一岁的宇文赟，就传位给七岁的儿子宇文衍，自称"天元皇帝"。他所居住的宫殿，称"天台"。他还戴上有二十四毓的冠冕，车服旗鼓比古代帝王都多加一倍，对旧礼古仪随意变更，对臣下讲话时不称"朕"，而是自称"天"，妄自尊大至极。

他吃饭时，用典籍中记载的樽、彝、珪、瓒等古怪的东西装载饮食。他自己平素戴个高高的“通天冠”，加上金蝉做的饰物，斜佩夸张的大绶带，非常喜欢奇装异服。

大臣见他之前，都被要求斋戒三日，清身一日，浑身上下里里外外都干干净净的才能上殿。

周武帝曾以于国不利、奢侈浪费为由灭佛毁像，宇文赟一反父亲所为，精工制作了一尊大佛像、一尊天尊像，他自己坐在两像的中间，南向而坐，并派人在面前的广场上大陈杂戏，让长安的士民纵观，确实有“天王巨星”的风采。

周天元皇帝宇文赟很爱捶打臣下，而且打人也有“定制”，以一百二十杖为度，称为“天杖”，后来又翻倍，加至二百四十杖。即使被宠幸的皇后、妃、嫔等众多美女也不能幸免，且喜怒无常，想打谁就打谁。

虽然小皇帝荒唐，周朝的国力和战斗力并不弱。众大臣齐心合力，攻下敌国南朝陈国的寿阳、黄城、广陵等地，江北之地尽皆入周。

为了庆祝胜利，宇文赟在富丽堂皇的正武殿大集百官，又让宫人、内外命妇集体参加仪式，大张伎乐。

为了搞笑开心，郑译安排一帮“胡人”大冬天光着膀子在庭院里四处游走，装作要饭花子乞寒衣。皇帝自己和众大臣及宫人齐操家伙，用冷水乱浇乱泼，看见那些“胡人”被冰凉的冷水激得四处乱跳乱叫，众人齐声大笑不已。

玩完这些后，宇文赟忽然巡幸洛阳。而且，这位皇帝本人亲自驾着驿马，日行三百里，风驰电掣。倒霉的是他的四个皇后，皆被命令紧随其后并驾齐驱，文武侍卫都心惊胆战，稍有不如意就会遭受谴斥，并会挨皇帝自定的以一百二十杖为一回的“天杖”。

一路之上，人马顿仆，旌旗散乱，很像是大败退慌忙逃命的景象。

估计是游戏过度，纵酒荒淫，加上寒热不适，宇文赟回宫后不久就重病不起，几天后撒手西归，亡年二十二岁。

宫内上下一片混乱之际，又是一朝孤儿寡母惶惶不知所措。

年仅八岁的皇长子宇文衍被立为帝。刚死去的天元皇帝宠臣郑译矫诏以杨坚入朝辅政。此时的天元皇后杨氏，心中也高兴自己的父亲掌握权柄，以免他姓权臣或皇族中野心大的人篡位。

殊不料，这位杨坚夺起外孙的位来毫不手软（宇文衍亲生母亲姓朱，与杨坚之女是名义上的母子），不到两年，他就遍诛宇文皇族，共计杀周朝文帝子孙二十五家，节闵帝子孙及明帝子孙六家，武帝子孙十二家。荒唐皇帝宇文赟的儿子宇文衍禅位后即被杀，时年不到九岁。宇文赟另外两个幼子还在怀抱之中，为斩草除根，也被杨坚诛杀。加之其余宇文宗室疏属，几乎为杨坚诛杀无遗。成千上万的凤子龙孙，均于一年多以内惨遭屠戮。

清朝历史学家赵翼感叹说："古来得天下之易，未有如隋文帝者，以妇翁之亲，安坐而登帝位……窃人之国，而戕其子孙至无遗类，此其残忍殆毒，岂复稍有人心！"

然则，天道昭昭，隋文帝自夸为"真兄弟"的五个儿子（即五个儿子是同父同母，都是杨坚与皇后独孤氏所生），长子杨勇，被废后赐死。次子炀帝，被臣下勒死。次秦王俊，早死。次越王秀，废锢，死江都之难。次汉王杨谅，谋反被诛。而杨勇十子，均被炀帝贬于岭南杖死。杨俊、杨谅、杨秀之子，都死于江都之难。炀帝三个儿子，也都在江都被诛杀，杨氏子孙也无遗种。

最巧的是，日后灭了隋朝弑了炀帝的人又恰恰姓宇文（宇文化及与周朝皇族同姓，但并不同宗），冥冥之中，令人慨叹。

清代思想家王夫之在回顾这段历史时，认为周朝武帝宇文邕的政绩虽洋溢于史册，但其穷兵黩武已使民心背离。加之天元皇帝两年多的穷奢极欲，两代君王皆忘记以德治国，致使老少两位皇帝尸骨未寒而宗社已移。

细细思之，结果似乎也都在情理之中。

玉树流光照后庭

陈朝的兴起与衰亡

讲起南朝陈氏，后人了解更多的大概只有陈后主、《玉树后庭花》这两个名词解释。至于开国皇帝陈霸先，估计好多人只是隐隐约约知晓这个符号式的名字而已。

陈朝号称有五帝，祚命却只有三十二年。

这样一个短命的王朝，实际上，开国皇帝得之甚难，亡国皇帝失之甚易。从前史学家、文学家多对这个王朝太过忽略。

为什么如此呢？

大概是陈朝前后朝代的开国之主和亡国之君都过于大名鼎鼎——陈朝之前，开国雄主有宋武帝刘裕和梁武帝萧衍；陈朝之后，开国皇帝有大名鼎鼎的隋文帝杨坚、唐高祖李渊和唐太宗李世民，陈霸先在这些名字面前稍显黯淡。

亡国皇帝方面，宋、齐、梁各朝残暴的长君和青春期的小皇帝们一个坏过一个；陈朝之后的隋炀帝，更在亡国排行榜上数一数二。相较之下，陈叔宝真算是个很乖的"败家子"了。

靖难夷凶　英谋独运

陈高祖陈霸先

陈霸先，字兴国，籍贯颍川。永嘉之乱，其先辈南渡，迁居吴兴长城（今浙江长兴县）。

陈霸先家世寒微，《南史》《陈书》均讲他是西晋太尉陈准之后。

他相貌堂堂，身长七尺五寸，日角龙颜，垂手过膝。年轻时，陈霸先好舞刀弄棒，就先从小里长做起，最终使银两、走关系进入建康城，谋得一个很有油水的差使——梁朝的“油库吏”。陈霸先倜傥有大志，终日游手好闲，又有铁饭碗，时常还能倒腾“公家”的油出来贩卖挣些碎银。他年轻时的地霸身份，使他在都城的下层社会中很有人缘，上上下下认识了不少人物。

梁朝宗室新喻侯萧映当吴兴太守时，陈霸先通过送礼走关系，成为这位高干子弟的僚佐。从此，他才算正式开始了他发达的运程。

萧映对陈霸先非常器重，因为他讲义气，重许诺，在吴兴地面一呼百应，自然使得萧映对他另眼看待，很快就把他当作心腹来使用。

梁武帝大同年间，萧映获任为广州刺史，上任时自然带着这位使唤起来得心应手的陈霸先，并把他从原先“传教”一类的保安散职提升为“中直兵参军”。

由于在岭南镇压当地民乱有功，陈霸先不久就获升为西江都护、高要郡守。

梁朝新州刺史卢子雄讨贼不利，被朝廷斩首，他的儿子与部下造反，进寇广州。陈霸先率精兵三千，卷甲兼行，屡战屡捷，大破贼众。

梁武帝萧衍闻知，非常高兴，授他为直阁将军，封新安子，并派画师到岭南画陈霸先像送至建康亲自临观。

至此，陈霸先以一刀一枪拼出的功名，名闻朝廷。

萧映病卒后，陈霸先护送老上司的灵柩返回建康，中途获知贼人李贲重新反叛、朝廷任自己为交州司马的消息，便不顾私心甚重的定州太守萧勃的阻拦，拥兵进讨，大破李贲叛军。

梁廷嘉奖，加封陈霸先振远将军、高要太守、督七郡诸军事。可见，岭南之地，是陈霸先的发迹处。也正是在这里，他招降纳叛，在征战中生俘了卢子雄部下两位猛将杜僧明和周文育，此二人后来成为他的得力军将。

侯景乱起，广州刺史元景仲与侯景暗通。陈霸先马上提拔朝廷委派的宗室萧勃为广州刺史，带兵攻打元景仲，逼得这位前广州刺史自杀了事。

于是，陈霸先便以始兴（今广东韶关）为根据地，准备北讨侯景。

萧勃虽为梁武帝堂侄，却一丁点儿也不打算忠心报国，只想大乱之中保存个人势力，想方设法阻止陈霸先出兵。

始兴土豪侯安都慧眼识人，帮陈霸先四处招兵买马，也想在乱世取个功名。两人一起统兵，打破萧勃的心腹南康（今江西赣州）地头蛇蔡路养以及始兴令谭世远的大兵封锁，并收蔡路养的妻侄萧摩诃为将。萧摩诃当时年仅十九岁，勇武绝伦，成为日后陈霸先旗下一位得力大将。

后来，陈霸先与王僧辩会师，大败侯景，收复建康，被梁元帝萧绎封为长城县侯，成为攻败侯景贼军的重要功臣之一。

江陵失陷，梁元帝被西魏军俘杀，陈霸先就与王僧辩共迎梁元帝第九子、时任江州刺史的萧方智为帝，是为梁敬帝。

梁敬帝时年仅十三岁，一切军国大事皆是陈、王两人说了算。

北齐乘人之危，乘机掠地不说，又要把在寒山俘虏的梁武帝侄子萧渊明送回梁地为君。经过“洗脑”，萧渊明肯定会乖乖当傀儡。

王僧辩这个人，聪明一世，糊涂一时。起初，王僧辩确实不同意北齐“遣返”萧渊明，但不久，拦击萧渊明的梁将裴之横被北齐军攻杀，东关失守。在此种情势下，王僧辩大惧，出屯姑孰，就想接收萧渊明。

于是，萧渊明在北齐军千人与王僧辩军人共同“护送”下，入主建康，继皇帝位，改元天成。接着，他们把原先陈霸先与王僧辩共立的小皇帝萧方智封为“皇太子”。

陈霸先虽被萧渊明封为“侍中”，暗地里却十分不满，认为王僧辩废梁元帝之子萧方智之举名不正言不顺。他多次劝阻，皆被王僧辩拒绝。

这两个人，本来在平灭侯景过程中结成深厚的战斗友谊，还差点成为亲家。但王僧辩纳萧渊明，不仅给了陈霸先翻脸的口实，也使得王僧辩本人在道义上一下子跌于下风——外依夷狄（北齐），援立非次（萧渊明继位），确非人臣所为。

王僧辩丝毫没有疑心这位曾大度地分给自己三十万石粮食的老战友陈霸先。得知北齐有大举入侵寿春的可能，王僧辩派人告知陈霸先，要他防备齐军。

陈霸先以拒抵北齐为名，留于京口，准备举兵突袭王僧辩。

由于事关重大，陈霸先只与侯安都、周文育等四人密议。夜间出兵时，军人都以为陈大将军是要外出抵御北齐，根本不知是去建康突袭自己人。

侯安都自告奋勇，指挥舟舰、兵士向建康出发。解缆之际，陈霸先有些犹豫，驻马不前。

侯安都大惧加大怒，骂陈霸先：“今日作贼，事势已成，生死须决！若失败，大家一起死！你在原地犹豫，能免于被杀吗？”

陈霸先闻言也笑：“安都这是怪我呀！”于是拍马上船。

侯安都一部人马到达建康石头城北面，弃船登岸。由于石头城北接冈阜，地势高峻，兵士们一齐把侯安都抬起，合力把他扔入女墙之内。然后，侯安都扔下绳索，众人随之攀上。

陈霸先方面，也率军士自建康南门进攻。

王僧辩深夜还在办公，忽闻禀报说城外有兵来攻，慌忙四处寻找兵甲。

仓促之间，侯安都等人自内杀出。情危之下，王僧辩与他儿子趋出亭阁，率左右亲兵数十人在听事厅前与陈霸先兵士苦战。不敌，逃登南门楼，向众人拜请哀求。

陈霸先做事决绝，派人在门下纵火，烧得王僧辩父子不得不下楼投降。

陈霸先恶人先问罪，责斥王僧辩："我有何罪，你想与齐军一起进攻我？"王僧辩苦笑无言。一不做二不休，陈霸先派兵把王僧辩父子押下去，用绳子双双勒死。

这位平灭侯景的首功之臣，死得如此突兀，如此不堪，可悲可叹！

杀了王僧辩，陈霸先下一步自然就要废掉萧渊明，重新迎立萧方智为帝。

当然，陈霸先立足未稳，仍向北齐"称藩"，并以萧渊明为"司徒"，做做样子给北齐看。至于陈霸先自己，一下子"加尚书令、都督中外诸军事"。

555年（梁敬帝绍泰元年）年底，王僧辩的残余势力杜龛、王僧智等人纷纷起兵，并引北齐军入寇。

面对强敌，陈霸先披甲跨马，亲自带兵从建康西明门出击，大败徐嗣徽等人，接着，他击败北齐军，缴获无数战利品。

虽然取胜，龟缩于建康城内的梁廷大臣都内心疑惧，纷纷要求陈霸先以侄子陈昙朗为人质，与北齐讲和。陈霸先也想喘口气，他深知北齐想使缓兵计，就听从众臣建议，暂时与北齐息兵。

没过多久，556年（梁敬帝太平元年）4月，北齐派遣萧轨、东方老以及任约等人率十万大军入寇。但是，北齐出师即败，陈霸先帐下大将黄业在梁山迎击北齐军，大败对方。

相持一个多月，北齐军见无计可施，就要求陈霸先送还萧渊明。陈霸先一口答应，准备用船送人。但萧渊明人还未出建康，却突然"疽发背卒”，自己“病”死了。这当然是陈霸先等人做了手脚。

北齐军生气，兵发芜湖，准备进攻建康。白城一战，侯安都率十二骑突入齐阵，大破北齐军，并生擒北齐仪同三司乞伏无劳。另一方面，陈霸先派三千精兵在瓜步大败另一支北齐军，获舰百余艘，粟米万斛。

由于当时天降大雨，平地水丈余深，北齐军昼夜不得休息，脚趾皆溃烂。梁军也不好过，粮运不至，军士们都饿着肚子打仗。

陈霸先侄子陈蒨正好运三千斛米、一千多只鸭子至军中，陈霸先马上下令“炊米煮鸭”，让大兵饱餐一顿，然后就下令进攻。

双方交战，陈霸先手下大将侯安都、萧摩诃奋勇当先，大败齐军，生擒北齐萧轨、东方老等大将四十六人。北齐军被杀、掉入江中淹死的不计其数，逃回江北的大概只有五分之一，梁军大获全胜。

由此，梁廷进封陈霸先为长城公、司徒、扬州刺史。

北齐方面，见多数将领被杀，大怒之余，斩杀了做人质的陈霸先侄子陈昙朗。北齐当时正是狂暴皇帝高洋在位，几年之间曾经把强悍、野蛮的山胡、契丹、突厥打得狂逃、俯首称臣，却不想自己连连在江南平地里栽大跟头。

其实，北齐的失败，也有气候地理原因，大个子壮身板儿的北方士兵，过了长江就拉肚子、打摆子、水土不服，战斗力急降不说，时兮运兮，总是不利连连。

557 年 3 月，陈霸先原先在岭南的老上司、萧梁宗室萧勃起兵，周文育率军征讨。

一个月后，萧勃就被属下杀掉，广州被攻克，岭南悉平。

6 月，梁元帝旧将王琳在长沙起兵，扬言要出兵讨伐陈霸先。

陈霸先便遣亲信侯安都和周文育会军武昌，合军进击王琳。

557 年 9 月，梁廷“进丞相（陈）霸先位太傅，加黄钺、殊礼，赞拜不名”。十来天过后，“进丞相为相国，封陈公、备九锡，陈国置百司”。又过一二十天，“进陈公爵为王”。刚过三天，“陈王”就让梁敬帝“禅位”于己。

梁朝至此正式灭亡，共历四主，五十六年。

史载，“是日，梁帝逊于别宫。高祖（陈霸先）谦让再三，群臣固请，乃许”。

曹操、司马懿祖孙三代、桓温、刘裕、萧道成、萧衍等诸人，虽然篡国的进程后来居上，一个快过一个，但谁也没有陈霸先这么快，称王三天就当皇帝，简直是闻所未闻。

对此，史官竟下笔说陈霸先“谦让再三”，几乎就把滑稽当庄严了。

想想两年前王僧辩改立萧渊明为帝时，陈霸先大发一腔“忠义”之言：“嗣王高祖之孙，元皇之子，海内瞩目，天下归心，竟有何辜，坐致废黜！”而王僧辩还把萧方智当成“皇太子”，好好敬养着。陈霸先上台后，废梁敬帝为“江阴王”，不久就派人去杀他。

这个十六岁的少年被兵士追着围床而逃，边哭边喊：“我不愿当皇帝，陈霸先非推我入帝座，现在又要杀我！”兵士们大刀闪闪，少年身首异处。

寒人出身的陈霸先，读书不多，做事果决，省却不少“又当婊子又立牌坊”的拖泥带水，但也失于粗疏和远略。

无论如何，反正皇帝位子已经坐上，别的事就慢慢料理了。

陈霸先称帝前，确实是“武功独运”“殄歼凶逆”。当上皇帝后，他先去钟山祭拜蒋帝庙，然后又自称找到遗失的佛牙舍利，设无遮大会，他身为皇帝，亲自膜拜。

大概因富贵荣华到手得太容易，很想找精神寄托，又过了数日，陈霸先竟然也学梁武帝，亲自到大庄岩寺“舍身”，群臣“凑钱”，才把他请回皇宫。

搞别的把戏，皆可以使当时、后代之人容易理解，佞佛、舍身，完全是尸骨未寒的亡国之君梁武帝萧衍的衣钵，真不知陈霸先当时是出于何等考虑，做出如此之事。

陈霸先在建康城里大搞“义演”，王琳那边也没闲着。陈霸先派去的侯安都、周文育两员大将起先还很顺利，大军至武昌，王琳留下的守城大将樊猛不及交手，就弃城而逃。

侯、周两人在武昌城下“胜利”会师。正欢呼间，又有“大好”消息传来，陈霸先“受禅”为帝，梁朝已经变成陈朝。

侯安都闻此讯，不喜反忧，叹息道：“师出无名，肯定要打败仗了！”

本来侯安都、周文育二人攻伐王琳，打的旗号就是指斥王琳不依从梁敬帝指示，拒绝皇帝的封爵。挟天子以令诸侯，从道义上讲是正大光明。

如今，陈霸先已经篡位替君，侯安都、周文育大军一下子就变成了以邪侵正。因为，王琳名义上是一直效忠于梁朝皇室的。

王琳，字子珩，会稽山阴人。此人并非王、谢高门的王氏子弟，他生于兵家，出身寒微。由于王琳姐妹数人皆在梁元帝萧绎当藩王时入侍受宠，王琳自少年时代就在萧绎幕府中“行走”。依附萧绎这么一个亲王宗室，王琳得显才华。

侯景之乱，王琳随王僧辩立有大功，是攻克建康的先头部队，但他放纵将士在建康大掠，王僧辩当时惧其造反，密奏要杀他。萧绎遂派人逮捕了王琳。

王琳自己入江陵监狱陈辩，其长史陆纳率大帮江湖好汉奔赴湘州（王琳被授为湘州刺史，当时未及赴任）。

王琳在江陵被送入大狱，萧绎便派廷尉卿黄罗汉、太舟卿张载到王琳军内喻示众人解散军队。陆纳等人大哭，极言王琳冤枉，拒不受命。最倒霉的要属张载，此人先前在荆州地区驭下严刻，以法杀人，深为萧绎所信，而王琳属下的“群盗”们，对这位昔日屡屡杀伐自己人的“海军大将”恨之入骨，正好他自送上门，兵士们便把张载捆在木桩上，用小刀捅破肚腹，牵出一小段肠子，拴在马腿上，拉着马围着木桩慢慢转，张载肠尽气绝。

一不做二不休，陆纳等人囚禁黄罗汉等人，兴兵抗拒萧绎。王僧辩率军去镇压，陆纳等人败走，退保长沙。由于当时陆纳等人并非真的造反，宗室武陵王萧纪又从蜀地顺流而下与萧绎争位，萧绎只得放出王琳，让他随王僧辩一起去长河“招安”陆纳。

一见主帅平安，陆纳等人马上开城投降。

当时的梁元帝萧绎本性多忌，他见王琳部伍甚盛，又得众心，就授王琳为广州刺史，外放岭南。

王琳忠心耿耿，感觉乱世中将有更大乱事发生，写信给萧绎亲信，希望自己能坐镇荆南。书上不报，王琳只得率部众千里南下。

萧绎也是倒霉，如此虎狼之军，摒弃遐荒，待到江陵被西魏围逼，急下诏召王琳回援，却也远水解不了近渴。

王琳昼夜兼行赶到长沙，得知西魏军已经攻克江陵。他的老主人梁元帝被俘后，受尽凌辱被处决，而王琳自己全家老小，也被西魏军押送长安。于是，王琳为元帝发哀，三军缟素，他自己坐镇长沙，传檄四方共拥梁室，派遣手下将领侯平去进攻萧察的后梁。

不久，被外派将兵征伐的侯平阴图自立，不听王琳节制。王琳遣将征讨不克。师老兵疲之际，王琳只得先向北齐称臣。

陈霸先杀掉王僧辩后，推立梁敬帝，任命王琳为侍中、司空，征其入朝。王琳觉察到陈霸先不怀好意，拒不从命。他大修楼船，准备进攻建康。

王琳水军大将张平宅所乘坐舰，每次战役之前，如果能败敌，这艘战舰就自动发声，声如野猪。因此，王琳把新造的千余艘大舰都称为“野猪舰”。估计类似陈胜、吴广学狐狸叫的伎俩，以此在心理上鼓舞士气，给予士兵们必胜的暗示。

侯安都、周文育两将不和，部下交争。这两人进攻郢州，不能成功。他们听闻王琳大军已近，就弃郢州不攻，想擒贼先擒王，直朝王琳杀来。到达沌口，侯安都等人逆风，不得行船，便据西岸，与东岸的王琳相持。数日后，双方合战。

这两支大军，从前是一个战壕里的战友，平侯景攻建康时，他们都打着梁朝的军旗，而且当时王琳军是攻城主力，双方都知根知底。现在，双方开打，侯、周二军已经成为“陈军”，而王琳仍奉梁朝为“正朔”。

刚刚变换服色的“陈军”心里别扭，又惧王琳军神勇。一交手，陈军就大溃败，王琳指挥自若，他乘平肩舆，执钺指挥。此仗王琳打得特别漂亮，侯安都、周文育、徐敬成、周铁虎等陈朝大将几乎一个不漏，全被王琳活捉。

老战友相见，又骂又笑又问候，唯独周铁虎“辞色不屈”，惹得王琳恼怒，推出斩首。

这位周铁虎，原是与萧绎对抗的梁朝宗室萧誉部下。王僧辩平湘州，生擒周铁虎，本来要杀，周铁虎大叫：“侯景未灭，奈何杀壮士！”王僧辩奇之，宥其一命，收为部下。此后周铁虎屡有战功，并获封侯爵。陈霸先杀王僧辩，周铁虎率本部人马归降，就成为陈朝大将。

按理讲王琳和王僧辩关系很差，周铁虎又非陈霸先铁杆老部下，谁料这两人一见面就气场相克，谁看谁都别扭，言语相激，王琳就让刀斧手先要了这位大将的性命。

杀掉周铁虎，王琳愈想愈气，在自己指挥的舰底设置一个大连枷，把侯安都、周文育等人一排锁起，命一亲信太监王子晋看管。此人原为萧绎手下，与王琳是多年“老友”。

558 年（陈武帝武定二年）春，王琳奉梁武帝年方七岁的孙子萧庄为帝，率十万大军在白水浦屯结，准备大举进伐陈霸先。

侯安都、周文育等人在大船舱底和太监王子晋慢慢混熟，许以高官厚禄，九月间，几个人一齐逃出，得返建康。陈霸先引见，宽宥他们的败军之罪，恢复官职。

转年八月，为帝三年的陈霸先重病不治，殂于建康，终年五十七岁。

史官对陈霸先评价不错：“帝雄武多英略，性甚仁爱……雅尚俭素，不为虚费，其后宫衣不重采，饰无金翠，声乐不列于前。”

陈霸先虽属篡位之君，但相比赵匡胤，他有平侯景之功；相比曹操、司马昭，他无处心积虑之阴险；相比于萧衍，他非以下犯上贸然兴兵夺位。

假使王僧辩成功，奉北齐之傀儡萧渊明为主，江南说不定就沦于北齐暴主之手。当时北齐上下“大鲜卑主义”盛行，民族歧视现象严重，很可能使江南人民坠入万劫不复的痛苦深渊。从保存汉族文明这一角度讲，陈霸先居功至伟。

陈武帝死时，其亲生儿子陈昌在长安，在江陵陷落时和堂兄陈顼由西魏军俘掠而去。

于是，侯安都等人立推陈霸先侄子陈蒨为主，是为陈文帝。

恭俭勤劳　宁乱靖寇

陈文帝陈蒨

陈霸先死时，陈国处境不妙，内无嫡嗣、外有强敌，宿将皆将兵在外，朝无重臣。章皇后虽是妇人，非常明敏，急召侄儿临川王陈蒨入都，秘不发丧。

老皇帝尸身逐渐发臭，中书侍郎蔡景历害怕在宫内做棺材叮叮当当的声音泄露秘密，便与宫人用蜂蜡做棺材，先把陈霸先尸身密封起来，免得臭味招苍蝇。

侯安都还军时，正好与陈蒨相遇，便一起驰还建康。

众臣皆推陈蒨为帝，这位临川王先是谦让。章皇后觉得自己亲生儿子陈昌在长安未归，开始时不肯下令马上让侄子继位。为此，朝廷上下惶惶不决。

最后，侯安都在朝会中表态："今四方未定，何暇及远！临川王有大功于天下，应共立之！今日之事，后应者斩！"

于是，侯大将军按剑上殿，入后宫见章皇后，索取玺书，并亲自把陈蒨扶上帝座，让他以皇储身份发哀举丧。

于是，陈蒨就成为陈朝的第二任皇帝。

听闻陈武帝已死，一直厉兵秣马的王琳便于560年3月进军栅口，陈将侯瑱在芜湖屯军，双方相持。

西南风起，处于顺风的王琳自谓得天助，引兵直驱建康。

侯瑱等人从芜湖连连出兵，跟随王琳军后，结果，西南风反为侯瑱所用。王琳派军士掷火攻陈朝水军，被风一吹，反烧其船。

侯瑱也使火攻，大败王琳。接应王琳的北齐军在西岸自相蹂践，陷于芦荻泥沼中不能自拔，死伤无数。

最后，王琳乘小船突阵逃跑，只与左右亲随及妻妾数十人挣得性命，跑到北齐地面寻求庇护。

打败王琳与北齐联军，不久又破反叛的熊昙朗、周迪等人，陈文帝的帝座算是坐稳了。

陈霸先当皇帝时，屡向西魏乞要儿子陈昌，魏人扣住不放；陈霸先一死，陈蒨继位，西魏居心不良，反而马上放陈昌归建康。

由于王琳起兵阻道，陈昌一直被挡在安陆。王琳败后，道路通畅，陈昌便启程返建康。行于半路，陈文帝封其为衡阳郡王。

由于自恃是陈霸先嫡子，陈昌对于自己没有及时当上皇帝很生气，给堂兄陈蒨写信，言辞甚是不逊。

陈文帝很不高兴，对侯安都说："太子快回来了，我得找个地方当藩王去养老。"

侯安都是明白人，陈文帝又是自己当时力推，马上回答："自古岂有被代天子！"

侯安都自告奋勇，带兵去"迎接"陈昌。

过江时，侯安都挥却陈昌左右，自己与这位"真太子"登临船楼顶处"赏景"。没说几句，侯安都就掏出绳子把陈昌双手捆缚，以布塞口，把陈昌头朝下扔入江中淹死。

然后，侯大将军带自己人换船，凿漏陈昌座船，遍杀陈昌从人以灭口。诸事办完，侯安都上表，宣称陈昌渡江时遭遇"事故"，船沉被淹死。

陈昌之死，看似可怜，从历史角度看，此人也是活该。

北周宇文氏奸狡，总爱挑拨别人骨肉相残从中取利。萧纪与萧绎相争，宇文氏得巴蜀；萧察与萧绎相斗，宇文氏得江陵。陈昌身经数事，按理应该从大义出发，拒不返江南也好，或低调返江南做一藩王也好。他如此气势汹汹回去与堂兄争位，假如被一些人拥戴，陈朝内乱必起，宇文氏又可趁机得利，灭亡建康汉文明最后一脉。

由此观之，正是陈昌"愚而不仁"，也怪不得陈文帝"躁而不义"。

陈昌丧柩至建康，陈文帝假装悲痛，亲自临哭，将堂弟风光大葬。葬礼毕，他马上加封侯安都为清远公。

杀掉堂弟，但亲弟陈顼还在长安，陈文帝便以割地为条件，以土换人，西魏终于把陈顼"归还"给陈文帝。

这位文帝亲弟一回来，便被授侍中、中书监、中卫将军，以安成王的尊位，统摄文武大政。天道循环，陈文帝死后，正是这位皇帝亲弟陈顼，废掉陈文帝的儿子，自己坐上了帝位。

陈文帝天嘉四年（563 年）六月，陈蒨除掉了对他有拥戴大功的司空侯安都。

侯安都，字成师，始兴曲江人，数世为郡中大姓。自陈霸先岭南起兵，侯安都就拥兵相从。尤其是攻杀王僧辩，侯安都作为先锋将、先锋兵，单身一人被扔进石头城女墙，确实孤胆英雄。而后，侯安都率兵屡破北齐军，生擒数员北齐大将，并协助周文育擒斩梁宗室萧勃。沌口一战，虽败于王琳，侯安都又虎口脱险，威名未堕。陈霸先死后，他力推陈文帝继位，杀掉陈昌，进败王琳。于陈文帝而言，侯安都怎么说也是第一功臣。所以，投桃报李，陈文帝荣显侯安都一家老小，其父病死，文帝在建康予其风光大葬。侯安都小儿子侯秘才九岁，就被授为始兴内史。

侯安都如此一个赳赳武夫，却工隶书，能鼓琴，涉猎书传，能为五言诗，辞意清靡，可称文武全才，世所罕有。

由于功勋卓著，又"有恩"于陈文帝，侯安都慢慢"膨胀"起来，他多次招聚文武之士，或射驭驰骋，或命以赋诗，大加赏赐，为所欲为，完全就是个陈朝版的曹操大丞相。

而且，他的部下将帅仗着侯安都势力，多违法乱纪。朝廷查处，这些人纷纷逃入侯安都处躲避，廷尉也不敢抓人。

陈蒨本性严察，对此非常愤恨。侯安都恃功自傲，无所收敛，日益骄横，连给皇帝的书奏也不依格式，批公文一样随开随启，想写什么就写什么。

最过分的一次，陈文帝在皇宫宴请重臣，侯安都酒酣兴起，箕坐斜靠，大声问陈文帝："现在您与做临川王的时候相比感觉如何？"陈文帝愠怒，假装没听见，不答。侯安都不识趣，连问好几次。

陈文帝强按怒气，回答说："为帝虽是天命，也多亏明公之力。"

侯安都闻言大笑。

大宴毕，侯安都借着酒劲，向皇帝说要借用御用帐饮器具，转天想把全家老小都带来，也摆上数桌欢饮一次。

陈文帝虽然答应，内心却非常不爽。

果然，侯安都第二天满载妻妾家小而来，他自己坐在御座上，其文武宾客坐在群臣位上，各自向他称觞上寿。

陈文帝闻报，更是杀心骤起。

其实，侯安都也就是恃功骄傲、倚老卖老，没有任何不忠之心或篡位的企图。

后来，重云殿大火，他亲率甲士披甲仗剑入卫，指挥救火，对于老陈家，尤其是陈文帝一直忠勇不二。但他这种带兵入宫之举，更使陈文帝“甚恶之”，认定他有篡谋之心。

中书舍人蔡景历（曾为陈武帝做蜡棺材）揣知上意，便密奏侯安都要谋反。陈文帝下诏征侯安都为江州刺史、征南大将军，令他从京口还建康受命。

侯安都没什么戒备，率大批文武从官入城。

陈文帝亲自在嘉德殿“私宴”侯安都。刚喝一杯酒，卫士冲入，把侯安都五花大绑捆了起来。同时，御林军尽夺侯安都属下将校的兵杖和兵权。

转天，陈文帝“赐死”侯安都，时年四十四岁。

虽下诏称侯安都“骄暴滋甚、密怀异图”，陈文帝也觉亏心，未忍对侯家加以连坐族诛，宽宥其妻口家小，对其葬以士礼。

侯安都并非那种只知打打杀杀的粗蛮武将，知书达理之人，竟也不知韬晦之计，没事总让皇帝下不了台，身死家存，还算不幸中的万幸。

陈霸先有知人之明，他登基之际，品评诸将，就曾这样说过侯安都：“侯郎傲狠而无厌，轻佻而肆志，并非全身之道。”至此，此言果验！

陈文帝在位七年，于天康元年（566年）四月崩殂，谥曰文皇帝，庙号世祖。

史称，陈文帝“起自艰难，知百姓疾苦。国家资用，务从俭约……妙识真伪，下不容奸，人知自励矣”。

观其在位所为，确实是个不差的皇帝。

志大意逸　丧师弃地

陈宣帝陈顼

陈文帝死后，其太子陈伯宗继位，是为陈废帝，改元光大，时年十五岁。

安成王陈顼以叔父之亲尊，马上被封为骠骑大将军、司徒、录尚书事，都督中外诸军事。

陈文帝弥留之际，曾当着大臣的面对陈顼表示要传位于这位亲弟，想必是试探，陈顼不傻，泣涕固辞。

少帝继位后，中书舍人刘师知、尚书仆射到仲举、东宫通事舍人殷不佞等人以安成王陈顼“地望权势”过大为由，矫皇太后诏令让陈顼出镇扬州。

陈顼见诏，开始还很听话，马上收拾行装，准备带属官家人赴镇。其高级僚属毛喜劝谏：“陈朝享有天下时间不长，今日之诏，必非太后之意！大王您以宗室大臣之重，岂可轻出！您一出京，便受制于人，到时候，想当富家翁也不可能啊！”

陈顼觉得有理，称疾缓行。然后，他假托有事，召刘师知入府议事。同时，他派毛喜入禀太后沈氏。

沈太后确实不知情，对毛喜说：“今伯宗（少帝）年幼，国事并委二郎（陈顼），我没有下诏让他外镇。”

于是，安成王陈顼放开手脚，逮捕并杀掉了刘师知等人，自此国政尽揽于己手。接着，安成王把坐镇东扬州的少帝亲弟陈伯茂召回建康，任其为中卫大将军，实际上是剥夺了他的兵权，把他派在禁宫里值勤，形同软禁。

568年底，陈顼以太皇太后的名义下诏，诬称少帝陈伯宗与刘师知等人通谋，悖礼忘德，废之为临海王，出居别馆。同时，他废少帝母弟陈伯茂为温麻侯，并在就镇的路上派人杀掉了这个年仅十七岁的侄子。

过了一年多，陈顼派人杀掉被废的少帝，时年十九岁。

陈顼继位，是为陈宣帝。立王妃柳氏为皇后，世子陈叔宝为皇太子。

虽然只是窝在江南巴掌块大的地方当皇帝，陈宣帝继位时日子还很好过。因为，当时的北齐，正是武成帝高湛与后主高纬当政期间，朝政糜烂。北方的宇文氏刚刚篡西魏立国（北周），也无暇发兵相攻。不久，北周权臣宇文护派使臣来建康，与陈朝约定要一起伐灭北齐，平分天下。

北周的目的，其实是想让陈军牵制北齐，以便北周军队能一举灭齐。陈宣帝志大才疏，答应于太建五年开始北伐。

陈朝大将吴明彻等人北伐非常顺利，一举攻克历阳、合肥、寿阳等重镇，几乎使整个淮南地区重归南朝。特别是寿阳一役，吴明彻还活捉了一直与陈朝为敌的当时为北齐巴陵郡王的王琳。

当时陈军中有许多人是王琳老部下，都替老主公说情，送吃送喝。吴明彻怕日久生变，就命人把王琳押至城外，斩杀了这位一直忠于梁朝的将军。

王琳被杀时，年四十八。闻其死讯，当地百姓哭声如雷。

王琳体貌娴雅，喜怒不形于色。他强记内敏，刑赏不滥，轻财爱士，很得将卒之心。由于自年青时代就屡经离乱，他一直秉持忠义之节。当然，后世也有人怀疑王琳的节操，指斥他“去华即夷”，即向北齐称臣。而且，王琳为使妻子回归，还向当时的宇文氏称臣，似乎已忘元帝被杀之仇。

假若当初王琳受梁敬帝之召入朝，估计陈霸先也不会那么快篡位。但历史不能假设，当时的处境，也由人一念之差所造就，后人只是于嗟叹之余，抒发自己的感慨罢了。

当时，北齐后主高纬君臣听闻寿阳失陷，根本不以为忧，反而说：“本来就是他们的地方，随他们取回好了。”

陈宣帝陈顼 《历代帝王图》(局部) 阎立本

假若陈宣帝君臣上下齐心，一举而进，很可能就消灭了北齐。但陈宣帝只是一介南朝孱主，划淮而治就满足了，在当地磨磨蹭蹭，号为休整，实为观望，坐失了大好良机。

北周方面，趁着北齐、陈朝互相牵制之余，周武帝一举击灭北齐，统一了北方。

中原统一，陈宣帝却忽然来了精神，想与北周争夺徐、兖之地，并于太建九年（577年）下令大举北伐。

转年春天，陈朝大将吴明彻集数万大军，猛攻彭城。由于指挥失误，天时地利人和哪个也不搭边，退路又被周军堵截，陈军在清口之战中大败，吴明彻及三四万陈军皆被生俘，损失人马、器械无数。此战，陈军只有数千人逃回。

此后，北周再也不提与陈朝“中分天下”的事情，开始把矛锋指向陈朝，屡屡克捷，江北、淮南大片土地，尽为北周所有。如果周武帝宇文邕不死，估计一两年内，陈朝就会亡。

578年，周武帝病死，他的儿子周宣帝宇文赟又是历史上著名的荒淫暴君，在位期间没有再刻意南伐。

两年后，宇文赟病死，北周小皇帝才八岁，大权由姥爷杨坚把持。不久，杨坚篡位，建立隋朝，费尽心力在国内镇压宇文氏势力，无暇南顾，这才使陈朝苟延残喘了近十年的光景。

陈宣帝虽一时趁北齐之危“开拓”了不少疆土，其实也属短视之举。北齐在当时国政紊乱，移重兵而抗宇文氏北周，并非军力衰疲而不能与陈朝相抗。

历史总有惊人的相似之处。北齐甫亡，吴明彻就大败于昔日信誓旦旦要与陈朝“中分天下”的北周；正如北宋的联金灭辽、南宋的联蒙古灭金，二国刚亡，南北宋也旋踵而灭。上述之举，与陈宣帝如出一辙。

陈宣帝在位十三年，于太建十四年二月去世，时年五十三岁。

这位陈宣帝，美容仪，身长八尺三寸，手垂过膝；有勇力，善骑射，也算是个文武全才吧。当初，梁元帝在江陵称帝，征各大将子侄“入侍”，其实就是做人质，陈顼因此和堂弟陈昌两人到了江陵。

在江陵的时候，陈顼与好友李总一起饮酒，大醉而睡，李总上厕所后返回，发现醉倒的陈顼是条大龙，因此惊骇而走。中国历史上，尽记载这些荒诞离奇的事情，一直到民国，还有侍女见袁世凯是条“大龙”。袁世凯称帝失败后，婢女改口说见到的是大蛤蟆。

陈顼这条“大龙”，一生也很坎坷。江陵不久城陷，他与众多梁朝宗室、属官一起被掠押至西魏的长安。倘使陈顼后来没有登上九五龙椅，估计那位李总也不会编出那段故事来唬人。

偏尚淫丽　寄情文酒

后主陈叔宝

陈宣帝崩殂，其太子陈叔宝继位，这就是中国历史上大名鼎鼎的陈后主。

陈后主名叔宝，字之秀，小名黄奴，是陈宣帝嫡长子。

言及陈后主，一般人会马上就想到荒淫酒色亡国、张丽华、《玉树后庭花》什么的，再有联想起魏徵的评论：“后主生于深宫之中，长于妇人之手，既属邦国殄瘁，不知稼穑艰难。”

其实，陈后主自小也是命运多舛。两岁时，江陵城陷，他与其父其母一同被西魏掳走。而后，陈文帝继位，西魏也是先放还陈顼，仍留陈叔宝与其弟陈叔陵母子四人为人质（陈叔陵与陈叔宝异母）。直到陈叔宝十岁左右，才得返回建康。

少经战乱，生死别离，在陈叔宝幼小的心灵里面应该种下艰难苦恨的种子才是。

但不知为何，童年的苦难似乎在陈后主大脑中全无记忆，此人生来就是个多情种子、天才诗人。

他继位时，年已三十，绝对是“长君”了。

陈宣帝刚刚咽气，陈叔宝泪眼未干，就差点被同父异母的兄弟始兴王陈叔陵一刀砍死。

陈宣帝病重弥留，陈叔宝、陈叔陵以及另外一个兄弟陈叔坚三个“难兄难弟”入宫侍疾。

陈叔陵早就怀有异志，让典药的官吏把切药刀磨快些。药刀再快，也不好使，陈叔陵试了几次，都不顺手。

宣帝咽下最后一口气的消息传来，陈叔陵就吩咐从人到外面取剑。他手下人不知道他的意思，拿出上朝装饰用的木剑给他，惹得这位始兴王跺脚大骂。

陈叔宝另外一位弟弟长沙王陈叔坚起疑，便一直暗中监视这位二哥。

宣帝尸体小殓之时，陈叔陵拿出切药刀，忽然猛砍跪地痛哭的陈叔宝脖子。刀钝，伤口不深，却也使得这位储君当时就闷绝于地。

陈叔宝生母柳皇后跑过来，陈叔陵又剁了这位母后数刀。

太子乳母吴氏在场，赶忙从后面抓住陈叔陵胳膊。陈叔宝及时醒转，才得以起身往外跑。

陈叔陵揪住大哥的衣服拉扯，死命挣扎，陈叔宝挣脱得免。

追赶之间，长沙王陈叔坚冲入殿内，扼住这位凶狂二哥的脖子，夺去其手中药刀，用衣带把他绑在殿柱上。

陈叔坚急忙找到太子大哥，要听他吩咐如何处理二哥陈叔陵。

岂料，被绑的陈叔陵多力，奋袖得脱，跑出云龙门。

这位狂王驰还东府，赦免狱囚充当战士，大散金帛、披甲提刀，遍召在建康的诸王将帅，与他一起进攻皇宫。但王公大臣没有一人听召，只有新安王陈伯固单马来赴。这位新安王是陈文帝之子，貌陋心险，善嘲谑，与后主兄弟关系都不错。由于同有射野鸡的嗜好，陈伯固与陈叔陵的关系越来越好，所以一起谋反。

当初，陈宣帝太建元年，时年仅十六岁的陈叔陵就被封为都督江、郢、晋三州诸军事，独当一面。此人少年老成，生性严刻，横暴非常。太建三年，他被父皇超迁为都督湘、衡、桂、武四州诸军事，平南将军。

在任上，他为所欲为，对当地的少数民族时不时就以征伐为名大肆抢掠，征求役使，无所不至。陈叔陵对部下凌虐备至，阿谀奉承者，升官发财；刚直憨厚者，逼辱至死。

由于陈宣帝的宠爱，太建九年，他得授扬州刺史，都督扬、徐、东扬、南豫四州诸军事。太建十年，征入建康，于东府治事，几乎就是皇帝之下的第一人了。

太子陈叔宝虽为储君，但皇帝活着的时候，完全是个摆设，手中无军无地无实际统治权。

陈叔陵无论是在外任还是在京城的东府，都爱在白天睡觉，夜间玩乐。他烧烛达晓，呼召宾客，欢笑戏谑，无所不为。但他本性不爱饮酒，只是在府内大摆猪肉，昼夜食啖不休。

每逢上朝，陈叔陵还爱演戏，常在车中马上执卷读书，高声长诵，洋洋自得，做出一副手不释卷、翩翩大儒的样子。

他一回到自己府中，就马上换身儿衣服，为沐猴百戏，什么杂技都要亲自参与。

此外，陈叔陵平生最大的爱好之一，就是喜做盗墓贼。建康周围古墓众多，他常率一二百人纵马赏观。只要看见墓志铭上的墓主是知名人物，一定会驻马停留，下令左右挖掘，盗取石志古器，把“文物”据为己有。

这倒也罢，这位王爷还爱抚玩已死名人的“骸骨肘胫”，赏观把玩之余，还要带回家藏于库中。

游玩途中，只要看到微有色貌的民女，他就立即逼淫。不仅如此，其左右从官妻女也时常要替父亲、丈夫到陈叔陵处“值班”，供其淫乐。

种种丑事，陈宣帝一直有所耳闻，但他很喜欢这个儿子，从不加罪，只是责让而已。

陈宣帝太建十一年（579年），陈叔陵生母彭氏去世。东晋以来，王公贵族死后多葬于建康附近的梅岭（今南京城南），犹如洛阳附近的北邙一带。于是，陈叔陵也要把生母葬在这块“风水宝地”上。

找来找去，他发现东晋太傅谢安的墓地位置不错，就让人把谢太傅的大墓砸毁，从中抬出仍未完全腐烂的巨大棺柩，就近找个地方，把鼎鼎大名的谢安朽骨扔弃了事。然后，他重新构筑墓室，把彭氏尸身葬于其中。

遥想东晋末年，桓玄入建康，曾想占谢安旧宅为其“指挥部”。当时谢安的孙子美男子谢混力争抗诉。桓玄乃贵族子弟，虽已经是朝权在握，马上要当“皇帝”了，对王谢大族心中仍存尊敬，最后让一大步，谢家大宅平安无事。

时至陈朝，陈叔陵问也不问，就把这么一个“江左伟人”的尸体刨出来丢弃。当时，谢安的九世孙谢贞刚从北周回到建康不久，还有个“招远将军”的军号，却不敢反对，任凭赫赫先祖的大墓被人捣毁，谢安的骸骨也散落四处。

这一事件，也暗透出这样一个消息：高门士族，连同南朝的命数一起，已经是气息奄奄，日薄西山了。

谢贞这位谢家直系传人文采不俗，后来深为陈后主欣赏，但此人传世的诗歌只有一句，诗题为“春日闲居”，全诗散佚，唯留的一句是：风定花犹落！

说回陈叔陵。为其母亲居丧之日，他假装哀毁过度，呈献朝廷一部《涅槃经》，自称是刺自己身上的鲜血写成，其实是让手下人用狗血写出的。

在母亲丧礼上，陈叔陵一脸哀痛，回到内室他就大吃大喝，嬉笑欢歌，是个典型的“双面人”、伪君子。

仔细分析，陈叔陵此人，用大药刀砍他哥哥陈叔宝时，并非青春期叛逆，他已经二十九岁了。此人又非精神病，在外镇和东府，管理属下还非常有手腕。他与太子哥哥没有深仇大恨，两个人小时候还一起被西魏人拘押，同为人质——这么一个成年人，父皇刚死，就胆大包天地要当众谋杀他的太子哥哥，真不知是出于什么想法。

估计最大的可能，就是因为陈宣帝对他娇纵过度，让他总觉得自己是父皇的心肝肉，应该是理所当然的皇帝继承人。

陈叔陵又释囚又招兵，凑了半天仅有千余兵马。但是，当时建康城内也没多少军马，众军都外出缘江防守，京城空虚。

长沙王陈叔坚还算镇定，他请示柳皇后，派太子舍人司马申出宫，以太子名义召右卫将军萧摩诃入宫受敕。

萧摩诃当时虽然手下仅有数百兵马，但此人是百战名将，职业军人出身。听闻嗣皇有令，他马上披挂上马，直奔东府杀来，并于城西门屯置重兵。

听说萧大将军带兵来，陈叔陵心慌，忙派人把自己的全部仪仗鼓吹送过去，并许诺，自己为帝后，马上升任萧摩诃为“宰臣”。

萧摩诃智勇双全，回报说：“王爷您派心腹人自来，我才敢相信。”

陈叔陵大喜，忙派其两个心腹谋臣戴温、谭骐𬴂快马加鞭赶至萧大将军处。

二人才下马，兵士立即上前捆住，押至阁道处，咔嚓两刀，斩首示众。

听说自己“左右手”已经被杀，陈叔陵知道大事不妙，便飞奔入内宅，把他的王妃张氏和平时最受宠的六个美人叫到井边。他也不多说，亲自动手，把她们头朝下扔入井中淹死。

然后，他纵身上马，率左右亲兵数百人，想驰奔城外新林，那里有他的嫡系部属。如果能跑到新林，陈叔陵就可以乘舟船入水路，逃奔至北边的隋朝。

一行人跑到白杨路，萧摩诃手下的军士已经在那里候着，齐声叫喊，手舞白刃。

双方刚交手，陈叔陵手下就被砍死不少。

跟随陈叔陵的新安王陈伯固见势不妙，掉转马头就往路边小巷子里面跑。陈叔陵见此也生气，拔刀就追。堂叔陈伯固没办法，只得被迫返回陈叔陵身边。

也就打斗了十来分钟，陈叔陵手下兵士死的死、逃的逃，剩下的几十人也都弃甲扔刀，举手表示投降。

惶急之间，陈叔陵瞠目驻马，不知所之。

萧摩诃手下一个名叫陈智深的骑兵队长挺枪迎刺，一下子就把这位王爷挑于马下。本来跟随陈叔陵造反的小太监王飞禽，抽刀就剁，猛砍尸体十数下。另一个名叫陈仲华的骑兵队长纵马近前，一刀斩下陈叔陵首级，驰送宫城。

新安王陈伯固不必细表，当场也被乱兵白刃齐下，砍成数段。

于是，尚书八座议陈叔陵、陈伯固罪状，依据南朝宋国元凶刘劭弑父的故事，把陈叔陵宫室毁为猪圈，遍诛其诸子，并挖毁其生母彭氏之墓。陈伯固还算好些，其妻子儿女只被废为庶人，免死不杀。

而立功的两个骑兵队长陈智深、陈仲华，分别被封为内史和太守。小太监王飞禽也得授伏波将军，转祸得福。

长沙王陈叔坚功劳最大，陈叔陵的职务几乎原封不动地转移到他的头上：骠骑将军、开府仪同三司、扬州刺史。没过几天，加迁司空。

由于当时陈后主脖子上的伤很重，不能视事，朝政大事，全由陈叔坚一个人说了算，于是他势倾朝野。长沙王陈叔坚更加放肆骄纵，陈叔宝逐渐疏远他，对他深生疑忌。

陈叔宝当太子时的东宫旧臣以及孔范、管斌、施文庆等人，对陈叔坚又妒忌又愤恨，日夜在陈后主面前说陈叔坚的坏话，匿名信告状信不停地往陈后主案子上送。

后主至德元年（583 年），下诏命陈叔坚出任江州刺史。还未出镇，可能就有人劝后主不要纵虎外出，又有诏复封陈叔坚为司空，但尽去其手中兵马以及人事任用的实权。

陈叔坚心怀怨望。他怏怏之余，使用旁门左道，让匠人制作木偶，真人大小，衣以道士之服，内设精密机关，白天黑夜连轴转，起立跪拜，昼夜祝祷，诅咒陈后主早死。显然，陈朝时期，中国的科技已经非常进步了。可惜，这些绝活儿没有用于生产和军事方面，把好心思都浪费在这些乱七八糟的旁门左道上了。

没有不透风的墙。同年冬，有人上书告发长沙王诅咒之事。

陈后主大怒，派人把长沙王府搜查一遍，人证物证齐全，案验并实，就把陈叔坚囚于宫内反省，准备赐死。

当夜，陈后主命近侍太监宣读赦令，历数长沙王罪行。

陈叔坚跪地伏罪，大哭，连称该死。不过，这位王爷也有心计，服罪之余，泣诉道："臣之无本心，非有他故，但欲求亲媚耳。臣现犯王宪，罪当万死。臣死之日，必见（陈）叔陵，愿宣明诏，责其于九泉之下。"

这位长沙王意思很明白，表示他自己犯法，原本不是想篡位什么的，只想媚主求宠。既然要被大哥弄死，也死个明白，带口信给地下的罪人陈叔陵，再申斥他昔日悖逆之罪。

这一出"表功"真管事，陈后主感念这位四弟的前功，赦免其罪，以王爷身份免官还家。不久，他重新获起用，封为侍中、镇左将军。

陈叔坚此后再不敢闹事，也不敢在后主宠臣前摆谱，洗心革面，奉公守法。陈朝亡后，陈叔坚以亡国之王身份入关，迁于瓜州，更名陈叔贤。当了大半辈子的尊贵王爷，根本不知稼穑艰难，变成平民了，这位王爷与发妻沈氏开了个酒馆，当垆酤酒，成为著名的跑堂，作为一个

“改造”很好的前朝样板广为人知。隋炀帝大业年间，这位王爷还当过遂宁郡太守，最后善终于家。

该说陈后主了。

《陈书·毛喜传》记载：“后主为始兴王（陈叔陵）所伤，及疮愈而自庆，置酒于后殿，引江总以下，展乐赋诗……”

当时陈宣帝死了还不到一年，依据礼制，做儿子的不能奏乐饮酒。至于后主此诗全文，已经散佚不传。

大臣毛喜不悦，假装心绞痛忽然昏过去，搅了后主雅兴。这位毛喜，正是先前给后主之父陈宣帝出主意不要外出的“及时雨”。陈宣帝能为帝，全赖此人谋划。

陈后主酒醒后，对左右亲信说：“我后悔召毛喜入殿。他肯定没病，假装摔倒，全为阻我欢宴！此人负气，不为我所用，我准备把他交给鄱阳王兄弟（指文帝诸子），让他们报仇算了。这样做好不好？”

司马申等人附和，但中书通事舍人傅縡不同意：“不能这样做！如果把毛喜交给鄱阳王兄弟杀掉，先皇地下有知会怎么想！”

陈后主一听也觉有理，就把毛喜废置不用，外派到一个小地方当官。

可见，陈后主虽昏，但秉性不毒。虽如此，他一继位就开始玩乐，大臣劝谏又起心思杀人，亡国之君的面貌已经隐约显现出来。

陈叔宝的“大陈”朝，疆域局促，人口也只有二百万，户五十万。比起刘宋时期的户近百万、人口四百七十万，基本打了对折。

当然，真正的人口数和户数，应该比统计数字多，但这些数字，也虚透这样的一种消息——南朝一代不如一代，自耕农的破产日益严重，政府编户当然会随之锐减。至陈朝时期，繁重的徭役、兵役以及官吏的层层盘剥，致使广大底层人民生活更加困苦不堪、兵士身份也越来越低。在此种情况下，可以想见南朝的战斗力会衰弱到何种地步！

此外，在中国北方，隋朝建立，皇帝杨坚本人是汉族，北朝地区的人民基本上完全汉化；南朝方面，再以“犬羊”“索虏”“腥膻”等言辞激发民族情绪来抵拒北方军队，已经难以奏效。而北方士兵自西魏起就在均田制基础上创造性地发明了“府兵制”，军人的自豪感、荣誉感以及他们身份的日益提高，使得北军的战斗力越来越强。

因此，陈朝的灭亡，只是时间上的事情了。

其实，杨坚“受禅”建隋之初，很想和南朝陈氏搞一把“睦邻友好关系”。当时，陈宣帝还活着，对杨坚这位没建过什么功业的篡国老丈人不感冒，也不约束陈兵侵略北境。

隋军一度派军南征，适逢陈宣帝病死。“兵不伐丧”，隋文帝就下令班师，还遣使赴吊，信中谦恭地“称姓名顿首”。

陈后主自我感觉不错，认为隋兵是“退走”而不是“撤走”。他自恃文才，见杨坚来信这么“有礼”，更加自傲，复信内有“想彼统内如宜，此宇宙清泰”等倨傲之语，隋文帝览之恼怒。

583年底，陈叔宝遣使去隋朝，事前听说杨坚“状貌异人”，就派善于绘画的袁彦一起去，回来画隋帝“写真”给自己看。

展开画幅后，看到杨坚沉毅魁奇的姿容，陈叔宝大骇，掩面说：“我不欲见此人”，忙让人把画像拿走。

可笑的是，陈后主日后不得不数次“见此人”，而且是以亡国之君的身份，去“参拜”此人。

陈后主继位两年多，便在光照殿前建造三座弘丽高大的楼阁，分别命名为临春阁、结绮阁、望仙阁。当初，陈后主被陈叔陵砍伤，居于承香阁，其结发之妻沈皇后无宠，只有张贵妃张丽华一人侍奉，宠贯后宫。

张丽华出身兵家，八九岁时入太子宫，为龚贵嫔的侍女。十岁时，陈后主见而悦之，竟一临有娠，生太子陈深。后主继位，马上拜这位宠姬为贵妃。

由于出身贫贱，张贵妃聪慧的秉性发挥到极致，而且拥有男人最为心醉的美德：不妒。她常常把相识的美貌宫女推荐给后主，于是后宫妇人都很喜欢他，竞言张贵妃之善。

此外，张贵妃也喜好厌魅之术，常常召集巫婆神汉于后宫歌舞，陈后主也常常加入赏观以为笑乐。

由于自己出身于民间市坊，张贵妃喜爱侦访外事，听闻耳目们的报告后，马上告诉后主。陈后主非常高兴，大肆重用她的亲属做官。

张贵妃发长七尺，鬓黑如漆，天生丽质，不用什么妆粉，已是风采浑然。

这位贵妃娘娘气质还特别好，进止闲暇，容色端丽，当她瞻视盼睐的时候，“光采溢目，照映左右”。她常于阁上对镜靓妆，宫中遥望，飘若神仙。

可以说，张丽华是女人中的无瑕绝品，她用不着摆什么姿势转什么角度露出某个好看的侧面示人，而是全方位的艳丽照人。

更让人欣羡的是，她才辩强记，对皇帝知冷知热。

陈后主倦于政事，百官奏书，皆由两个太监进呈御阅。陈后主每每把张贵妃抱置膝上，一起批决奏章。美人自己就可以做主，而且条理分明，批奏有度，无所遗脱。

陈后主眼见张贵妃如此聪颖伶俐，对她“益加宠异”，言无不听。

除张丽华外，陈后主还有龚、孔两位贵嫔，王、李二美人，张、薛二淑媛，以及袁昭仪、何婕妤、江修容等。

不仅如此，陈后主还天天带着后宫这群美若天仙的嫔妃与大臣们游宴，共赋新诗，互相赠答。史载，他“采其尤艳丽者以为曲词，被以新声，选宫有容色者以千百数，令习而歌之，分部迭进，持以相乐。其曲有《玉树后庭花》《临春乐》等，大旨所归，皆美张贵妃、孔贵嫔之容色也”。

至于为美人们新建的三座新阁，更是极尽奢华。“阁高数丈，并数十间，其窗牖、壁带、悬楣、栏槛之类，并以沉檀香木为之，又饰以金玉，间以珠翠，外施珠帘，内有宝床、宝帐，其服玩之属，瑰奇珍丽，近古所未有。”

朝日初照，江南风暖，宝石、珍珠、金银的光芒，映彻宫廷。微风暂至，香闻数里。承德避暑山庄有一楠木殿，夏日凉风吹至，游人入内，顿有沁人心脾之感。而陈后主的一系列宫阁，均是上好的沉檀香木，其豪华奢侈的程度，让人遐思无限。

仆射江总，虽挂名宰辅，不亲政务，天天与都官尚书孔范等十余名文士于后宫侍宴，无复尊卑之序，插科打诨，嬉笑饮酒，时人谓这些人为“狎客”。

孔范更会趋炎附势，他与孔贵嫔结为“兄妹”。陈后主倒成了这位臣下的“妹夫”。同时，又有后主当太子时的从官施文庆以及施文庆老友沈客卿等人，皆掌理财政大权，不停地加重对人民的税赋盘剥，以满足皇上的穷奢极欲。这些人督责苛碎，聚敛无厌，致使士民嗟怨。

如果只是一帮轻薄文人，饮饮酒、赋赋诗，大概也没什么太大的祸害，偏偏有孔范这等人，自谓文武全才，感觉好得不得了。他对陈后主说：“外镇诸武将，行伍出身，匹夫之勇，哪里有什么深谋远虑啊。”施文庆、司马申等人也在一旁附和。

这样一来，只要陈朝将帅稍有过失，陈后主就会下诏夺去诸将手下的兵马，分与孔范等文士指挥。

任忠数朝老将，其属下部曲也被后主下诏解散，重新拆散后再行安排，拨派给几个受宠的手下当差役。渐渐地，陈朝文武解体，个个思变。

虽然昏淫侈靡，陈叔宝的诗词确实作得不错，文学修养极高。试想，数年酒醉金迷堆砌，文采不能不绚烂。现摘其《独酌谣》一首，以使后人想见其诗人“风采”：

独酌谣，独酌且独谣。一酌岂陶暑，二酌断风飙。三酌意不畅，四酌情无聊。五酌盂易覆，六酌欢欲调。七酌累心去，八酌高志超。九酌忘物我，十酌忽凌霄。凌霄异羽翼，任致得飘飘。宁学世人醉，扬波去我遥。尔非浮丘伯，安见王子乔！

乍见陈后主《独酌谣·其一》，可能有读者觉得眼熟。不错，后来有“茶中亚圣”之称的唐朝诗人卢仝《七碗茶诗》（又称《走笔谢孟谏议寄新茶》），流传千古，其语意诗髓正是脱自陈叔宝的这首诗：

日高丈五睡正浓，军将打门惊周公。口云谏议送书信，白绢斜封三道印。开缄宛见谏议面，手阅月团三百片……一碗喉吻润。二碗破孤闷。三碗搜枯肠，唯有文字五千卷。四碗发轻汗，平生不平事，尽向毛孔散。五碗肌骨清。六碗通仙灵。七碗吃不得也，唯觉两腋习习清风生。蓬莱山，在何处？玉川子，乘此清风欲归去。山中群仙司下土，地位清高隔风雨。安得知百万亿苍生命，堕在颠崖受辛苦。便函为谏议问苍生，到头合得苏息否？

虽然卢仝袭陈后主诗意，但卢先生属“形而上”，以茶代酒，又有“安得知百万亿苍生命，堕地颠崖受辛苦”的脚坠，整个诗境一反颓靡，变得高雅、深沉，可谓是“抄”亦有道，化腐朽为神奇了。

当然，言及陈后主的诗，还不得不提他的《玉树后庭花》：

丽宇芳林对高阁，新妆艳质本倾城。映户凝娇乍不进，出帷含态笑相迎。妖姬脸似花含露，玉树流光照后庭。花开花落不长久，落红满地归寂中。

诗句脱俗，诗格却极俗。

此外，陈后主与其发妻沈皇后关系很冷淡，一年半载才见一次面。即使偶尔去看望，也是暂入即还。

沈后人既贤惠，又隐忍，总是起身黯然相送，也无相留之意。

后主自己不正经，还问沈皇后："你怎么也不说句留我的话？"沈后无语。

于是，陈叔宝也诗兴大发，作《戏赠沈后》一诗：

留人不留人，不留人自去。此处不留人，自有留人处。

陈后主朝中，也不是没有正人君子。中书通事舍人傅縡，是陈叔宝当太子时的东宫属官，他不仅为文典丽，且非常懂得军国大事。但此人过于忠直，负才使气，得罪了后主朝中的一帮佞臣。

于是，施文庆等人诬称傅縡收受高丽使者贿金，把他逮捕入狱。

傅縡刚直，他身陷囹圄，仍上书后主，直陈过失："……陛下倾来酒色过度，不虔郊庙之神，专媚淫昏之鬼；小人在侧，宦竖弄权，恶忠直若仇雠，视生民如草芥；后宫曳绮绣，厩马余菽粟，百姓流离，僵尸蔽野，货贿公行，帑藏损耗，神怒民怨，众叛亲离。恐东南王气，至斯而尽！"

后主览奏，勃然大怒，咬牙切齿地转了几圈，念傅縡是自己东宫旧人，怒气稍解，派人对这位老臣说："我欲赦卿，卿能改过否？"

傅縡也干脆回答："臣心如面，臣面可改，则臣心可改。"

陈后主气急败坏，让太监"穷治其事"，把傅縡在狱中弄死，时年五十五岁。

陈后主昏淫如此，上下皆怨。

隋文帝杨坚坐稳帝位，平息了内部反对势力，开始把目光转向南朝。

585年，后梁国主萧岿病死（萧岿是萧察之子，其“国土”也就是江陵一城，一直是西魏、北周、隋的附庸），其子萧琮继位。隋文帝对新君等人不放心，于587年9月征萧琮入朝长安，并遣大将崔弘度带兵“戍守”江陵。萧琮叔父萧岩等人害怕隋军吞并自己剩余不多的军队，就向陈朝投降，率江陵城内后梁文武百官以及百姓十多万人叛隋附陈。

隋文帝趁机废除梁国，拜在长安的萧琮为隋朝上柱国，赐爵莒公。虽然二位叔父叛隋，但萧琮未受牵累，隋炀帝对他也甚见亲重，改封梁公。由于隋炀帝后期有“萧萧亦复起”的讥言，萧琮才受疏忌，但最后下场还是善终于家。

福兮祸所倚。对于陈朝来说，后梁的投附不仅不是好事，反而给了隋文帝杨坚大举伐陈的口实。

当时，陈朝的钱塘县临平湖一直因水草淤塞，却忽然自开。民间传言：“湖开天下平。”陈后主听后心感厌恶。依理，“天下平”是天下统一的意思，但陈叔宝知道，天下统一的主人，肯定不是自己，故而十分郁闷和忧虑。

于是，他又搞梁武帝“舍身”入佛寺的那一套把戏来欺骗自己和国人。

大臣章华在国家危亡之际，上表极谏陈后主：

> 昔高祖（陈霸先）南平百越，北诛逆虏；世祖（陈蒨）东定吴会，西破王琳；高宗（陈顼）克复淮南，辟地千里，三祖之功勤亦至矣。陛下继位，于今五年，不思先帝之艰难，不知天命之可畏，溺于嬖宠，惑于酒色，祠七庙而不出，拜三妃而临轩，老臣宿将，弃之草莽，谄佞谗邪，升之朝廷。今疆场日蹙，隋军压境，陛下如不改弦易张，臣见麋鹿复游于姑苏矣！

书上，正戳中陈后主短处，惶惶不可终日的陈叔宝不仅不幡然悔悟、重新振作，反而羞怒交加，当日就捕杀了章华。

大儒王夫之对此发表感慨："大臣不言，而疏远小臣上谏，其国必亡。小臣者，权不足以相正，情不足以相接，骤而有言，言之婉，则置之若无。言之激，则必逢其怒，大臣虽营救而不能免，况大臣之妒忌以相排也乎！"

观后世历史，此言极当，屡试不爽。

588 年 4 月，隋文帝下伐陈诏：

> 陈叔宝据手掌之地，恣溪壑之欲……驱逼内外，劳役弗已；穷奢极欲，俾昼作夜；斩直言之客，灭无罪之家；欺天造恶，祭鬼求恩；盛粉黛而执干戈，曳罗绮而呼警跸；自古昏乱，罕或能比。君子潜逃，小人得志。天灾地孽，物怪人妖。衣冠钳口，道路以目。重以背德违言，摇荡疆场；昼伏夜游，鼠窃狗盗。天之所覆，无非朕臣，每关听览，有怀伤恻。可出师受律，应机诛殄；在斯一举，永清吴越！

同时，杨坚派人抄写诏书三十万纸，暴扬陈后主罪恶，广泛散发，做足了宣传攻势。

各方准备充分，诸将安排妥当，隋朝便于 588 年冬以晋王杨广、秦王杨俊、清河王杨素为行军元帅，共九大总管（大将），五十一万八千士兵，八道并出，讨伐陈国。

隋军东接沧海，西拒巴蜀，旌旗舟楫，横亘数千里，以席卷之势，大举伐陈。隋帝的儿子杨广任名义上的伐陈总司令。由于晋朝郭璞有过预言："江东分王三百年，复与中国合。"所以，隋军文武，皆怀必克的信心。

陈后主听闻北军前来，还自我安慰："王气在此，自有天佑。齐兵三来，周师两至，无不摧败。隋军此行，又能何为！”

都官尚书孔范也马上附和：“长江天堑，自古以来，限隔南北，今日虏军岂能飞渡！边将军校想邀功，妄言事急，没什么大不了的！为臣我常患官小，北虏若渡江，为臣可依凭杀贼之功，将能当太尉这样的大官了。”

朝中众佞臣，你一言，我一语，互相吹捧。后主听得高兴，深以为然，便奏伎纵酒，赋诗不辍。

隋文帝开皇九年（589年）正月十五，隋朝大将贺若弼已从广陵渡江。同时，晋王杨广大军也在六合镇扎下大营。

正月庚午，贺若弼又攻拔京口，隋军南北并进，陈朝的缘江诸戍，望风尽走。辛未日，贺若弼军进据钟山，韩擒虎屯军新林，对建康形成合围之势。陈军大骇，降者相继。

当时，建康城内还有十多万军队，但陈后主不懂指挥，只会日夜啼泣，大权均委于施文庆。

施文庆知道诸将深恨自己，更怕这些人立功后对自己不利，就处处抑制军将。

此前，陈朝大将萧摩诃数次请兵，欲趁隋军立足未稳出击，皆为陈后主所拒。待建康城被围成铁桶一般时，大将任忠、司马消难劝后主，可以北据蒋山，南断淮水，坚守建康与隋军相持，待其师老兵疲后再想办法破敌。

如此关键时刻，佞臣孔范不知哪里生出胆子，想要立大功，他对陈后主说：“司马消难狼子野心（此人是北来降臣），任忠淮南伧士，怎能听这两个人的话！请陛下下令，我率军与敌一决，定能成功，博取燕然勒石之青史芳名！”

陈后主好主意不听，竟听这么一个军事方面百分百业余的“狎客”之议，于是他下令诸军出击。

陈军列阵，南北二十里，首尾进退不相知，号令不一。

隋朝大将贺若弼闻讯，率轻骑登山，观察军情后，以甲士八千人为阵，以待陈军。

陈军方面，只有大将鲁广达一人率部下两三千人进战隋兵，竟然也杀掉隋兵近三百人。

由于没有心理准备，陈军的进攻，吓得名将贺若弼纵烟自隐。

但是，陈朝其余诸将各怀鬼胎。孔范自不必说，他由一帮亲兵围着处于陈军核心中的核心，龟缩观望；萧摩诃前计不用，又恨陈后主与自己老婆奸通，故而一直率部下"观战"，没有出力。

刚得小胜的陈朝兵士斩杀隋兵后，纷纷拿着人头回奔建康城内向后主"领赏"。

趁陈兵骄惰，贺若弼指挥隋军，直朝孔范一军杀来。两军还未交手，孔范纵马便逃，一时之间，陈军骑卒溃乱，不可复止，被杀五千人，连大将萧摩诃也被活捉，军败如山倒。

陈朝老将任忠跑得不慢，奔回台城，告知陈后主："陛下您好好待着，为臣我无所用力。"

后主惶急，拖出两大箱黄金给任忠，让他出外募人再战。

任忠带着两大箱黄金，一出城就投降了隋将韩擒虎，并掉转头带领隋军直入朱雀门，为敌前导。

陈朝残军欲战，任老将军大手一挥，"老夫尚且投降，你们还要干什么？"众人闻言，一时散走。

陈后主召集百官，根本没有人来，只有尚书仆射袁宪一个人在殿中陪侍左右。陈叔宝长叹："我平日待卿甚薄，今日深感惭愧。非唯朕无德，也是江东衣冠道尽！"

隋兵四面八方冲入皇宫，陈后主又惊又怕，准备避匿。

袁宪劝说："请陛下正衣冠，御正殿，依梁武帝见侯景故事。"

陈后主本性怯懦，表示说："白刃兵锋，不知祸福，我还是避一下再说"。言毕，他下榻狂逃。他跟着一帮宫人往景阳殿跑，不大工夫就累得喘不上气，于是便想投井自尽。周围侍者阻拦。

不久，隋军到处搜查，发现一口水井，呼之不应，就要往下砸大石头。井中有人大叫求饶。隋军下绳引之，惊其太重。等人出来，才发现是陈后主与张贵妃、孔贵嫔三个人在一起，缘绳而上。

有关后主与两美人投井的描写，千百年来，大家一直是当作笑谈，但从未有对此产生怀疑：古代宫中大多是进口狭窄的小井，怎容三人一起龟缩于其中。又有人考证说“白莲阁下有小池，面方丈余”，即使如此，后主与两个美人如何“跳入”而不淹死，他们又怎能空手扒住那么湿滑的井壁或池壁的呢？井壁直上直下，普通人根本坚持不了多久。再者，后主跳井本意“自杀”，又怎么能有时间带着两个宠妃在井水中“潜水”！

种种推断，皆不能成立。

笔者认为，陈后主应该是举手投降。至于与两美女投井之说，可能是得胜的隋军编造的故事，一来彰显这位亡国之君的可耻与可笑，二来凸现隋军的声威。

而且，这一出编造的故事，也符合陈后主香淫好色的性格。

陈后主投降，其皇后沈氏却“居处如常”。张贵妃所生的太子陈深，年仅十五，闭宫门而安坐，舍人孔伯鱼一旁侍立。见隋军推门闯入，这位英俊少年安坐不动，神色安详，并向兵士道辛苦：“戎旅在途，众位辛苦。”隋军见陈朝太子如此风度，皆立于原地不敢妄动，一齐向他行军礼。

晋王杨广的长史（参谋长）高颎先入建康城，刚刚坐稳，其子高德弘就急忙入见，传杨广口讯，要高颎留下张丽华贵妃给晋王。高颎说：“从前姜太公蒙面以斩妲己，现在岂可留张丽华这样的祸水！”于是，下令斩张美人于青溪。

杨广闻之大恨。这件事情，也成为他当皇帝后杀高颎的导火索。

杨广入建康后，立刻下令，斩杀施文庆、沈客卿、阳慧朗等佞臣，以谢江南百姓。孔范等人当时“过恶未彰”，隋人未知虚实，所以逃过一劫。后来陈朝亡国君臣入长安，他们的坏事逐渐为隋文帝所闻，就把孔范等四个佞臣流放到边地荒僻之所。

陈后主被俘前，在建康的陈朝宗室王侯有一百多。陈叔宝怕这些人趁乱自立，都集中在皇宫内一个地方软禁。这下倒好，后主自己被抓，这些人也一并成为俘虏。

接着，隋军持陈后主亲笔诏谕，到陈朝各地招降，一时俱下，只有陈宣帝第十六子岳阳王陈叔慎在湘州起兵抵拒。他苦战数日，被隋军俘杀，时年仅十八岁。可见，陈家子弟当中，有血性的人还真不多，只有陈叔慎这一个例外，他情哀家国，竭诚赴敌，可惜身死国灭。

至此，陈朝灭亡，隋朝得三十州、一百郡、四百县，隋文帝下令平毁建康宫室。

589 年 5 月，隋廷献俘于太庙，陈叔宝及陈朝的王侯将相、乘舆服御、天文图籍等，顺次押入，陈叔宝本人也向隋文帝杨坚叩拜。

隋臣宣隋帝诏书，叱责陈朝君臣不能相辅，乃至国家灭亡。陈叔宝及宗室、群臣愧惧伏地，不敢抬头。

隋文帝统一四海，心中大悦，对陈朝亡国君臣，皆饶以不死，并把这些政治废物好吃好喝好宅子地养起来。

虽然杨坚把他所篡夺的周朝宗室皇族杀得一个不剩，但对陈叔宝一族却很宽厚，并赏他做三品官。每次朝宴时，隋文帝还怕陈叔宝伤心，嘱咐乐师不许演奏江南音乐。不料，不久后陈叔宝奏称朝会时自己没有官号，要隋文帝给他实封一个官当当。

隋文帝苦笑，对侍臣们说道："叔宝全无心肝。"

听监守的人说陈叔宝天天喝得大醉，很少有清醒的时候，隋文帝真心为陈后主身体着想，让监守官员节制供酒。不久，他又下令："任他喜欢供酒吧，否则他不畅意喝酒，日子肯定也过不舒服。"

隋廷把陈氏宗室子弟分置各州，赏赐土地衣物，派人护卫。

本性严酷的杨坚，之所以能容忍陈氏子弟存活，主要是他们没人能对隋朝构成威胁。

在南北皇朝迭兴、杀戮至惨的时代，只有南朝陈国几个皇帝及宗室子弟得以善终（陈废帝除外），也真是个奇迹。

后来，跟随隋文帝东巡游幸，陈叔宝还献诗一首："日用光天德，山河壮帝居。太平无以报，愿上东封书。"诗中大肆称颂隋文帝功德，表请封禅。

隋文帝心中十分快意，他目送陈叔宝下殿时，叹息说："如果陈叔宝把作诗和喝酒的心思用于治国，又怎会有今天呢？"

隋文帝仁寿四年（604年）年底，陈叔宝因疾善终，时年五十二岁，竟比隋文帝杨坚还多活了大半年。

可笑却又让后人深感意味深长的是，陈叔宝死后，被刚刚继位的杨广追赠为大将军、长城县公，谥曰"炀"。

谥法：好内怠政、好内远礼、去礼远众、逆天虐民曰"炀"。

谁料，十来年后，隋炀帝死后也被谥为"炀"，这真是中国历史的一个戏剧性事件。

为此，唐代大诗人李商隐作《隋宫》诗一首，以抒幽幽怅惋之情：

紫泉宫殿锁烟霞，欲取芜城作帝家。
王玺不缘归日角，锦帆应是到天涯。
于今腐草无萤火，终古垂杨有暮鸦。
地下若逢陈后主，岂宜重问后庭花。

最后，还有一事值得一提。陈叔宝被生俘的时候，隋军中有一大将名叫王颁，时为开府仪同三司，是王僧辩之子。

当夜，王颁亲自与兵士一起，挖开陈高祖的陵墓，焚骨取灰，以水饮服，以报三十二年前陈霸先缢杀其父王僧辩的深仇大恨。

倘使死人有知，陈霸先在天之灵，不知作何感想？

两晋南北朝史大事记

265 年　司马昭去世，其子司马炎接受曹魏禅让称帝，是为晋武帝，建立晋朝。

290 年　晋武帝司马炎去世，晋惠帝即位，外戚杨骏掌权。

291 年　杨骏威德不足以服众，被晋惠帝皇后贾南风发动政变诛杀，同年贾后专权，诛杀楚王司马玮。

300 年　赵王司马伦诛灭贾后一党，张华等名臣亦死于此役。

301 年　司马伦称帝，幽禁晋惠帝，开启导致西晋灭亡的八王之乱。

304 年　匈奴刘渊自称汉王，李雄称成都王，长沙王司马乂被杀。

306 年　李雄称帝，国号大成。

308 年　刘渊在平阳即帝位。

310 年　刘渊去世，子刘聪即位。

311 年　王弥等攻入洛阳，掳走晋怀帝。

313 年　刘聪杀晋怀帝，晋愍帝即位，琅琊王司马睿为丞相。

316 年　刘曜攻陷长安，晋愍帝投降，次年被刘聪所杀，西晋灭亡。

318 年　司马睿即帝位，开启了东晋南渡立国的历史，同年刘琨被石勒所杀，刘聪去世，刘曜自立为帝。

319 年　刘曜改国号为赵，是为前赵，石勒称赵，是为后赵。

322 年　晋元帝司马睿去世，晋明帝司马绍即位，同年王敦谋反。

324 年　王敦病逝，其余党被平定。

325 年　晋明帝去世，年仅四岁的晋成帝司马衍即位，由其母庾太后辅政。

327 年　苏峻、祖约叛乱。

329 年　陶侃等平定苏峻之乱，石勒灭前赵。

330 年　石勒称帝。

333 年　石勒去世，石弘即位，朝政大权由石虎掌握。

334 年　石虎杀石弘，自称居摄赵天王。

337 年　慕容皝称王，建立前燕。

339 年　王导、郗鉴去世，次年庾亮去世。

342 年　晋成帝去世，晋康帝即位。

344 年　晋康帝去世，晋穆帝即位，年仅一岁，由其母褚太后摄政，何充辅政。

347 年　桓温灭成汉政权，蜀地纳入东晋版图。

348 年　前燕国主慕容皝去世，子慕容俊即位。

349 年　石虎称帝，旋即病死，后赵政权大乱。

350 年　冉闵建立魏国。

352 年　氐族首领苻健在长安称帝，建立前秦。慕容俊杀冉闵、灭魏。

355 年　前秦国主苻健去世，子苻生即位。

357 年　苻坚成为前秦天王，迁都邺。

360 年　前燕慕容俊去世，子慕容暐即位。

371 年　苻坚灭前燕，桓温废立简文帝。

372 年　简文帝去世，孝武帝即位。

376 年　前秦灭前凉、代国，统一华北地区。

383 年　苻坚讨伐东晋，淝水之战大败，北方再次陷入纷乱。

384 年　慕容垂建立后燕，姚苌建立后秦，慕容冲建立西燕。

385 年　苻坚被姚苌所杀，吕光建立后凉，乞伏国仁称大单于，建立西秦。

386 年　苻登继任前秦国主，拓跋珪成为代王，改国号为魏。

394 年　后燕政权攻灭西燕政权。

396 年　慕容垂去世，子慕容宝即位；拓跋珪称帝，即道武帝；晋孝武帝被宠妃张贵人所杀，晋安帝即位。

397 年　匈奴支系胡人沮渠蒙逊建立北凉，鲜卑人秃发乌孤建立南凉。

398 年　北魏迁都平成，慕容德建立南燕；同年后燕慕容宝被杀，慕容盛即位。

399 年　后凉国主吕光去世，吕纂即位；东晋孙恩之乱爆发。

401 年　桓玄控制东晋首都建康，司马道子、刘牢之被杀。

403 年　桓玄接受禅位，建立楚国，后秦灭后梁。

404 年　刘裕杀桓玄，恢复东晋政权。

409 年　北魏道武帝拓跋珪被杀，明元帝即位。

410 年　刘裕灭南燕。

416 年　后秦国主姚兴去世，刘裕北伐攻陷洛阳。

417 年　刘裕攻陷长安，灭后秦。

420 年　刘裕接受禅让即位，东晋灭亡，宋立国。

422 年　宋武帝刘裕去世，少帝即位。

423 年　北魏明元帝去世，太武帝即位。

424 年　宋少帝被废，宋文帝即位。

439 年　北魏灭北凉，统一华北。

452 年　北魏太武帝被暗杀，文成帝即位。

453 年　宋文帝被暗杀，刘骏即帝位，是为孝武帝。

464 年　宋孝武帝去世，前废帝即位。

465 年　北魏文成帝去世，献文帝即位，冯太后摄政；宋明帝即位。

471 年　北魏献文帝让位于年仅五岁的太子宏——即孝文帝。

476 年　北魏冯太后杀献文帝。

477 年　萧道成废宋明帝，立顺帝。

479 年　萧道成接受顺帝禅位，称帝建立齐国，是为南齐高帝。

482 年　萧道成去世，齐武帝即位。

490 年　冯太后去世，孝文帝亲政。

493 年　南齐武帝去世，废帝即位；同年，北魏孝文帝确定迁都洛阳。

494 年　南齐废帝被杀，萧鸾自立，是为明帝。

498 年　南齐明帝去世，同年爆发王敬则之乱，东昏侯即位。

499 年　北魏孝文帝去世，宣武帝即位。

500 年　因东昏侯暴政，萧衍起兵。

502 年　萧衍接受禅位建立梁，是为梁武帝，南齐灭亡。

515 年　北魏宣武帝去世，孝明帝即位，灵太后摄政。

528 年　北魏灵太后杀孝明帝，尔朱荣攻入洛阳，大肆虐杀皇室、朝臣。

530 年　北魏孝庄帝杀尔朱荣，尔朱兆杀孝庄帝，次年立节闵帝。

532 年　北魏权臣高欢攻灭尔朱氏，立孝武帝。

534 年　北魏孝武帝投奔宇文泰，同年被杀；高欢立孝静帝。

535 年　宇文泰立文帝，北魏分裂。

548 年　梁侯景之乱爆发，次年侯景攻陷建康，梁武帝去世，简文帝即位。

550 年　高洋接受孝静帝禅位，北齐建国，是为文宣帝，东魏灭亡。

551 年　侯景杀梁简文帝，自称汉帝；西魏文帝去世，废帝即位。

552 年　王僧辩、陈霸先讨灭侯景，萧绎即位于江陵，是为梁元帝。

554 年　江陵被西魏攻陷，梁元帝去世。

555 年　陈霸先杀王僧辩，萧方智被立为帝，是为梁敬帝。

557 年　陈霸先接受禅位，建立陈，是为陈武帝；西魏宇文觉接受恭帝禅位，建立北周；同年宇文护废宇文觉，立宇文毓为帝，是为明帝。

559年 陈武帝去世，文帝即位；同年北齐文宣帝去世，废帝即位。

560年 北齐高演废帝自立，是为齐孝昭帝；同年北周宇文护废明帝，立宇文邕为帝，是为周武帝。

561年 北齐孝昭帝去世，武成帝即位。

565年 北齐武成帝让位于太子高纬，是为后主。

577年 北周灭北齐，统一华北。

578年 周武帝去世，宣帝即位。

581年 杨坚废帝自立，建立隋朝，是为隋文帝。

582年 陈宣帝去世，后主陈叔宝即位。

589年 隋平定陈，一统天下。

600年 太子杨勇被废，杨广被立为太子。

604年 随文帝去世，隋炀帝即位。

617年 李渊在太原起兵，攻入长安立杨侑为帝，是为恭帝。

618年 隋炀帝去世，李渊即位称帝，建立唐朝，是为唐高祖。